第六卷在第一章、第四章、第七章都有重要补充和修订。

第七卷在第十章增加了第三节"工农运动的中介群体"。

第八卷在第二章、第四章、第五章、第十章都有重要补充和修订。

第九卷特别说明了从1937年7月开始的全面抗战与从1931年9月开始的局部抗战,既有相当的延续性,又有极大的不同;并利用新公布的《蒋介石日记》,补充了关于中国争取苏联出兵参战、陶德曼调停、九国公约会议、"桐工作"与中日秘密接触等方面史实的论述;还在第十一章第二节增加了"收复失土与琉球问题的提出"的内容。

第十卷在第一章、第三章、第七章做了重要补充和修订。

本次修订,是在习近平新时代中国特色社会主义思想指导下进行的。原书某些带有含糊不清的、不尽准确的提法,都已经修订了。就全书而言,虽然修改幅度不是太大,尤其在补充新材料方面做得不够,但与初版相比,这个修订版还是有了一些新的面貌,为读者提供了一个更加可信的读本。

我作为《中国近代通史》全书的主编,认为有必要在序卷中阐明全书的基本的编撰原则、对中国近代史的基本观点、基本的写作体例和方法,作为各卷的原则要求。但是,在各卷写作中,不必重复这些原则和要求。这些基本的原则和要求,在课题组组成时,已提交各卷主编讨论和研究。各卷主编大体上赞成这些原则和要求。当然,这些原则主要是由本书主编提出的,体现了一种学术观点。是否妥当,还需要听取学术界批评。读者如有意见,可以提出商榷,开展正常的学术争鸣。任何学术争鸣,都是作者所欢迎的。

我们在《中国近代通史》完稿之时,就想到大概十年左右能够修订一次。这次修订,算是不忘初衷。当然,我们希望以后还有机会不断修订完善。值此修订版面世之际,我们期待能够得到学术界与社会各界人士的批评指教。

当初承担撰写任务的主要学者都是中国社会科学院近代史研究所的研究人员。现在还是这些人在参加修订,但情况已经有了很大变化。王建朗早已是近代史研究所所长,汪朝光担任了中国社会科学院世界历史研究所所长(以上两位所长新近也已退出领导岗位),杨奎松在华东师范大学担任教授,王奇生在北京大学历史系担任教授兼历史系主任,我和虞和平、姜涛、马勇、曾景忠都从近代史研究所退休了。原在华南师范大学历史文化学院担任教授的谢放也已退休。原来是副研究员的李细珠、卞修跃,如今是近代史研究所独当一面的研究员了。当初各位愉快地接受撰写任务,今天各位又愉快地接受修订任务,这是令人感动的。回顾十余年来的合作,深感这是一次很融洽的学术合作。这种合作,在一个人的学术生涯中是不可多得的。

这种合作不仅体现在本书的撰写者方面,也体现在撰写者与出版者的合作方面。当初,江苏人民出版社获悉我们正在筹划《中国近代通史》撰写的消息,立即找上门来,主动要求承担出版任务。从此,我们一拍即合。在出版《中国近代通史》的过程中,我们与江苏人民出版社的合作是非常愉快的。江苏人民出版社吴源社长和金长发主任给我们很好的支持与配合。当《中国近代通史》初版合同即将到期之时,就有几家别的出版社来联系再版事宜,我们也曾有过犹豫,但江苏人民出版社没有轻易放弃,而是努力再续前缘。徐海总经理与府建明总编辑特意到近代史研究所洽谈此事,促使我们下定了继续合作的决心。

在《中国近代通史》再版之际,我作为主持者,谨向各位合作者表示感谢!向有关单位的审读专家表示感谢!本书修订版吸收了他们提出的不少修订意见和建议。向江苏人民出版社王保顶社长、谢山青总编辑表示感谢!向阅读初版和修订版的所有读者表示感谢!

张海鹏

2018 年 2 月 21 日

2023 年 9 月 7 日修订

目 录

第一章　甲午战争后列强在中国的角逐 /001

   第一节　大赔款与大借款 /003

   第二节　列强对铁路矿山利权的掠夺 /029

第二章　维新运动的酝酿与蓬勃发展 /059

   第一节　思想准备与成型 /061

   第二节　公车上书的发动与影响 /079

   第三节　举人才与合大群 /087

   第四节　新团体与新报刊 /136

第三章　维新运动的局部试验 /165

   第一节　播散维新种子 /167

   第二节　转移风气 /183

   第三节　《湘学新报》与《湘报》 /199

   第四节　局部维新的终结 /206

第四章　维新运动的深化 /217

   第一节　危机：从胶州湾事件到列强瓜分中国 /219

   第二节　制度性改革方案与保国会风潮 /237

   第三节　张之洞的"中体西用"方案 /253

第五章　百日维新 /261

   第一节　维新变法正式开始 /263

   第二节　新政诏书频频颁发 /269

   第三节　新旧党争与帝后冲突 /285

第四节　政变起因与新政终结 /313

第六章　义和团运动的兴起 /349
　　第一节　己亥建储与政治格局的变化 /351
　　第二节　义和团运动悄然兴起 /360
　　第三节　卜克斯事件与公使同盟的建立 /378

第七章　列强谋划代剿义和团与清政府被迫宣战 /389
　　第一节　义和团转战京津与使馆卫队进京 /391
　　第二节　京津局势持续恶化与清政府举棋不定 /407
　　第三节　西摩联军受阻及其溃败 /420
　　第四节　大沽失守与清政府仓促宣战 /437

第八章　一场不平衡的荒唐战争 /453
　　第一节　克林德之死与中外联系中断 /455
　　第二节　奇怪的战争:围而不攻与暗中保护 /461
　　第三节　联军侵占天津 /466
　　第四节　东南互保:奇怪战争中的局部和平 /477
　　第五节　庚子中国国会与自立军事件 /494

第九章　京都蒙难与联军蓄意扩大战争 /505
　　第一节　京都蒙难:八国联军进入北京 /507
　　第二节　沙俄单独行动 /525
　　第三节　瓦德西蓄意扩大侵华战争 /531

第十章　辛丑议和:半殖民地化进一步加深 /537
　　第一节　列强协调立场 /539
　　第二节　议和大纲 /544
　　第三节　艰难的细节谈判 /549
　　第四节　《辛丑条约》签订:半殖民地化进一步加深 /562

主要参考文献 /567

人名索引 /574

第一章
甲午战争后列强在中国的角逐

1894 年的甲午战争是中国近代历史的分水岭。这场战争使中国在东亚的大国地位发生了根本的动摇，而日本在中国、在东亚的影响则获得很大的发展。东亚的政治格局开始出现新的变化，日本的崛起也为东亚乃至世界的未来变化注入许多不可预测的变数，而中国的历史也因这次战争而改变，过去的辉煌已经成为遥远的历史记忆，中国人需要面对的是能否继续在这个世界上立足的问题。

与东亚格局变化相伴而生的另一重要变化是，西方主要资本主义国家伴随其工业化的进程，已开始由先前向国外寻求商品市场转为寻求资本投资市场和技术转让市场。他们急于将自己的剩余资本和已经公开的西方近代技术向那些尚未获得充分开发的国家输出，急于抢占尚无自身近代工业的中国这一巨大的、尚未真正开发的资本市场。

第一节　大赔款与大借款

一　《马关条约》规定的对日赔款

1895 年 4 月 17 日,即光绪二十一年三月二十三日,正在日本进行战争善后谈判的中国全权大臣李鸿章与日本全权大臣伊藤博文、陆奥宗光举行第七次谈判,双方签订了《中日讲和条约》。由于该条约的签订地点为日本的马关,故历史上又称这一条约为《中日马关条约》(简称《马关条约》)。

《马关条约》完全肯定了日本在 1894 年对华军事侵略的可耻行径,使日本通过谈判轻而易举地获得了许多在战场上不曾得到的东西。这个条约不仅使中国丧失大片土地,而且规定中国必须向日本支付巨额的战争赔款。战争的结果不仅是清朝两百余年历史上的奇耻大辱,也使中华民族遭受了五千年文明史上从未有过的灾难。

根据《马关条约》的规定,中国承认朝鲜脱离中国而"为完全无缺之独立自主",事实上是承认朝鲜脱离与中国的宗藩关系,承认朝鲜已成为日本附庸。这样,日本不仅达到了其最初发动战争的目的,而且使中国国家安全丧失了一个重要的屏障。

日本通过《马关条约》的相关规定,从中国手里获得了朝鲜,这本来是日本执意发动甲午战争的主要目的,日本应该对这一结果感到满意。然而事实上,由于中国的国力太弱,中国当时的统治者实在太无能,特别是新兴的日本军国主义正处在上升的势头,他们对这一结果并没有感到满意,而是步步紧逼,期待从中国获得更多的利益和好处。

在日本的压力下,中国政府在《马关条约》中被迫同意向日本割让辽东半岛、台湾及澎湖列岛的管理权,并将这些地方所有用于军事目的的堡垒、军器工厂等一切属于中国政府所有的财产永远让给日本。

辽东半岛是中国北部的重要门户,它和山东半岛合成环抱渤海之态势,其南端的旅顺又是中国北方极端重要的军事港口。假如日本占有辽东半岛之后,不仅直接威胁天津及山海关一带,对中国的政治中心北京构成极大的威胁,而且可能随时以此为基地长驱直入松辽平原,整个东北地区实际上也就处于日本的控制之下。

至于台湾及澎湖列岛,它既是中国的第一大岛,也是南中国的重要门户,与中国大陆的福建省隔海相望,具有极为重要的经济价值和战略地位。中国割让台湾及澎湖列岛,不仅割让了台湾丰富的资源,向日本殖民者提供了台湾同胞廉价的劳动力,而且让台湾这一重要海岛成为日本向中国内陆腹地进行进一步侵略的基地。

从未来战略态势上看,辽东半岛、台湾及澎湖列岛这一南一北两大重要门户的割让,实际上使中国处于日本的严密包围和控制之下。日本占据这些重要的战略位置,既可扼住中国南北两大咽喉,以此作为日本继续侵略中国的桥头堡,又可随心所欲地掠夺这些地方丰富的资源与财富。

日本在疯狂地掠夺中国土地的同时,还在《马关条约》中要求中国向日本支付战争赔款 2 亿两(库平银)。这笔战争赔款约为 1842 年及1860 年对英、法战争赔款的 7 倍,而中国在 19 世纪 90 年代初的年平均财政收入在 8 000 万两以上,日本则为 8 000 万日元,合库平银 4 571万余两。因此,《马关条约》规定的战争赔款,相当于中国全年财政收入的两倍多,相当于日本政府四年半的财政收入。这笔巨额战争赔款成为中国人民的沉重负担,对日本却是一笔意外之财,对日本后来的发展起到了无可估量的作用。

根据《马关条约》第四款关于战争赔款的规定,这笔巨额战争赔款分作 8 次付完。第一次 5 000 万两,规定在《马关条约》批准互换后 6个月内付清;第二次 5 000 万两,规定在条约批准互换后的 12 个月内付清。余款平分 6 次,逐年支付。条约还规定,第一次赔款付清后,未付完之款应按年加5％的利息。

《马关条约》正式签订之后，在李鸿章反复争取下，日本政府同意，中国如在三年内将战争赔款全部付清，日本承诺"除将已付利息或两年半、或不及两年半，于应付本银扣还外，余仍全数免息"①，也就是说，中国如果用三年时间将这笔巨额赔款偿付完毕，日本方面可以免除赔款利息，中国方面即可由此而节省一千数百万两。②

蛮横的日本政府为了强迫清政府"认真实行约内所订条款"，又与清政府约定在中国向日本支付战争赔款期间，日本军队将暂时占领威海卫。在此期间，中国必须每年承担日本威海卫驻军费用50万两，总计400万两。中国如果在三年内支付完战争赔款，中国向日本支付的威海卫驻军费用也可相应减少为150万两。所有这些貌似优惠的条件，无疑对中国政府具有强大的吸引力，但也势必加重中国在短时间内的经济负担。

《马关条约》的签订以中国巨大的经济损失和国土损失暂时缓解了中日之间因甲午战争而引起的紧张关系，但由于日本政府的贪得无厌，不仅引起远东国际政治格局的变化，而且在一定程度上侵害了列强在中国的既得利益。

根据《马关条约》的相关规定，列强在通商、工业投资等方面获得了与日本一样的优惠待遇，这一点符合列强的共同利益。但是，日本迫使中国向其割让辽东半岛等，在列强中引起了激烈的纷争，西方各国开始有意识地向日本施加压力，以便调整各国在华利益。

较早进入中国，并在中国具有许多重要利益的德国多年来一直期望在中国取得一个港口，以便作为其进一步对华扩张的基地。德国的在华利益主要集中在山东及华北一带，因此德国最希望的是在中国北部沿海获得这一港口。而日本对辽东半岛的占领，破坏了德国的计划，威胁到德国的利益。基于这样的战略判断，德国政府认识到如果由德国出面阻止日本对辽东半岛的占领，中国政府一定会心怀感激，这样德国就可以在甲午战争之后转被动为主动，轻而易举地从中国东部沿海

---

① 王铁崖编：《中外旧约章汇编》(一)，615页，北京，生活·读书·新知三联书店，1957。
② 顾廷龙、叶亚廉主编：《李鸿章全集》第3卷，499页，上海人民出版社，1987。

得到一块地方作为海军基地和煤栈之用。

德国政府的方案决定之后,首先想到与英国联手。而英国的在华利益主要集中在长江流域,日本侵占辽东半岛在很大程度上似乎与英国的利益无关,所以英国政府对德国的邀请持消极的态度。英国认为,日本在《马关条约》中提出的商务方面要求对英国有利,至于日本占领辽东半岛,主要是损害俄国人的利益。在某种程度上说,英国最想实现的就是用日本的力量去抗衡俄国对中国的影响。至于中国政府因割让辽东半岛而使中国的首都失去屏障,则英国会建议中国政府将首都南迁至英国的势力范围,如南京。果如此,英国将用自己的力量保护中国政府,而中国政府在英国的保护下,势必也会最大限度地维护英国的利益。因此,英国政府无意与德国政府在辽东半岛问题上进行合作,它甚至期望通过日本政府向中国政府施加压力,中国政府不断屈服,并求助于英国,从而使英国政府轻松地达到"中国印度化"的目的。所以,英国对《马关条约》中割让辽东半岛的条款并不像德国人那样看重。

英国希望日本占领辽东半岛去抵制俄国对中国的影响,而俄国政府认为,日本如果能够实现这一目标,可以有效地抵消英国对中国的影响,俄国将英国视为最危险的敌人,因此俄国怂恿日本的扩张,寄希望于将来日本成为英国最主要的敌人。所以,当《马关条约》谈判的时候,俄国只是提醒日本不要占领旅顺,至于辽东半岛,俄国人和英国人一样,并没有看得十分重要。

英国政府不干涉的立场向德国政府表明之后,德国人转而开始运动俄国人,希望俄国人能与他们一道干涉日本对辽东半岛的觊觎。德国人提醒俄国政府说,一旦日本占据了辽东半岛,势必侵害俄国在远东地区的利益。其实,德国政府引俄国向远东发展的深层目的还有使俄国放弃至少延缓向欧洲的发展,以减轻俄国对欧洲、对德国的压力。

俄国人或许并不知悉德国政府的目的,但经过德国外交官的深入工作,俄国政府确实改变了对日本占领辽东半岛的态度。俄国政府开始认识到,日本侵占辽东半岛,将主要损害俄国人的利益。日本占领辽东半岛之后的下一目标或许就是吞并朝鲜,果如此,势必对俄国的远东领土和西伯利亚铁路构成极大的威胁,俄国为保护这片领土不得不常年派驻几十万军队去那里,甚至还要花费巨大的军费去扩充海军。因此,俄国即便不同意德国的建议,仅仅从自身利益去考虑,也不能容忍日本对辽东半岛的占领。而且,俄国政府像德国政府和英国政府一样认为,如果俄国帮助中国政府阻止了日本对辽东半岛的占领,中国人一定会将俄国人视为救星,中国一定会尊重俄国的功劳,同意用和平的方式修改两国的国界,调整两国之间的关系,俄国一定会在这个调整过程中获得更多、更大的利益。

法国政府原本无意干涉日本对辽东半岛的占领,它更不愿意与德国一起去干涉中日之间的冲突,但碍于签订不久的俄法同盟的制约,因此也只好追随俄国介入远东的事务。至此,以德国、俄国为中心的西方列强开始有意识地要阻止日本对辽东半岛的占领。

《马关条约》签字的同一天,俄国政府正式邀请法国政府和德国政府一起要求日本放弃占领辽东半岛,他们共同表示,如果日本对于三国的这一要求表示拒绝,即由三国海军联合行动,切断驻扎在辽东半岛的日军与日本本土之间的任何联系,使日本驻扎在辽东半岛的军队陷入孤立状态。三国政府在向日本政府发出通牒的同时,已经做好了与日本不惜一战的军事准备。

经过甲午战争的消耗,日本已经不堪再战;面对三国的干涉,日本更无招架之力,不要说与三国同时作战,即便单独与俄国人开战,日本也无胜算。日本最初寄希望于英国、美国的反干涉,但英美两国为了自身利益,更愿采取中立的立场,英国政府甚至明白地劝告日本政府不可和三国交战。

经过一番紧张的交涉,日本政府同意向俄、德、法三国集团让步,表示可以考虑不实质性地占领辽东半岛。但对于"弱大"中国,日本政府也向三国明确表示了"一步不让"的原则,希望三国政府能够充分理解日本政府的处境和决定,即为了确保日本已经到手的利益不致失去,坚持无论日本接受三国的要求与否,各国都应该通过外交手段促使清政府如期批准《马关条约》并和日本换约。日本的这一要求得到了美、英及德国的支持。5月5日,日本宣布接受三国要求,放弃对辽东半岛的占领,但条件是中国政府必须增加5 000万两赔款作为日本"还辽"的酬报。又经一番讨价还价,10 月 19 日,三国和日本在东京签订协议,约定日本放弃割取中国的辽东半岛,但中国必须为此而增加支付库平银 3 000 万两给日本作为"酬报费",日本在中国支付此项赔款后三个月内退出辽东半岛。这样,中国政府在甲午战争后向日本的战争赔款又增加了一大笔。

二 甲午战争期间对外借款情况

甲午战争后,中国不仅要作为"战败国"向日本偿付巨额的战争赔款和支付所谓赎回辽东半岛的巨额款项,而且在甲午战争进行的过程中,中国也在西方列强的诱导下,向这些西方主要资本主义国家借贷了巨额款项。

早在战争爆发之初,台湾巡抚邵友濂就上奏清廷,认为台湾孤悬海外,为了筹办海防,请求政府在划拨各省海关应付款项外,同意台湾先向上海洋商订约筹借 150 万两,以应筹办防务之急需。1894 年 8 月 12 日,李鸿章请求清政府同意他向外商借款,以购买快船一艘,年息可在六七厘上下。对于邵友濂、李鸿章在战争期间向外举债的请求,光绪帝最初并不同意,他赞成户部尚书翁同龢向内举债、发行国债的主张。9 月 8 日,清廷发布上谕,正式公布了翁同龢的举借内债的方案,要求各省督抚按照这个方案进行,向国内商民借款以应战争之需。然而翁的这个方案并没有得到商民的欢迎,各省商民反应极为冷淡,直至战争结束,也只筹措到 1 100 余万两,根本无法满足战争的需要。

国内借款无法满足战争的需要,迫使清政府于 9 月 15 日批准邵友濂向外借款,以筹办海防。邵友濂原计划借款 150 万两,但实际上他从上海洋商手里仅仅借到 50 万两,其余的 100 万两因洋商多方刁难而落空。这笔借款是甲午战争开始后清政府向外借款的第一笔,它对于缓解台湾防务经费的困难、加强台湾地区的防御力量起到了一定的积极作用。

随着战争的进程及其规模的不断扩大,清军对军械、军饷的需求也日益增加。10 月 23 日,李鸿章奏报北洋军需、器械所需费用都有很大的缺口,请求政府尽快调拨。28 日,湖广总督张之洞向清政府提出借

"洋款"以济时需的主张。① 29 日,天津海关道盛宣怀也向清政府提出向奥地利商业银行借款 1 136 363 镑的建议。

巨大的军事压力和难以缓解的经济现实,迫使清政府同意李鸿章、张之洞、盛宣怀等人的请求。11 月 2 日,清政府调张之洞署两江总督,责成张尽快筹饷筹械。接着,批准盛宣怀的建议,由李鸿章急电中国驻英公使龚照瑗,令其与奥国方面协商一切。后经反复讨价还价,借款协议于 12 月 5 日签订,双方约定一个月内交款,电汇天津。然而此后不久,奥方以"中国派人在伦敦另议借债为词,忽翻前约",②不愿继续履行已经签订的借款协议,虽经龚照瑗反复交涉,仍无法挽回,此次借款最终失败。

1894 年 11 月 9 日,恭亲王奕䜣经清政府批准,由海关总税务司赫德出面向香港英国汇丰银行借款 1 000 万两(库平银),实收9 945 255.47 两,年息 7 厘,期限 20 年,由海关税厘拨抵。该项合同规定,总理各国事务衙门会同户部代中国国家向汇丰银行商借银款,这就将此次借款的性质明确规定为严格意义上的国外公债,而不同于先前由各省督抚或统兵大臣请旨批准而举借的外债。该项合同还规定,此次借款应以中国通商各关之税饷为抵偿,并反复强调此后所有以关税为抵押的借款之偿还不得先于此次借款。依据此项规定,英国政府通过由英国人担任的中国海关税务司必将加强对中国海关的控制,中国政府对英国借款的偿还显然更具有保障,且将优先于其他国家。不过值得指出的是,所借汇丰银款对于缓解清政府脆弱的战时经济起到了一定的积极作用,其中在伦敦订购枪炮花费了 354 万余两,用于上海江南机器局的军火生产 40 万两,200 万两交给天津粮台,划拨 40 万两筹备招募洋将、训练新勇,其他部分主要用于加强沿海防御以及前线所需的费用;但其消极的后果是中国关税自主权的进一步丧失。③

第一笔汇丰银款显然不足以弥补正处于战争状态的清政府巨大的军事开支,于是清廷决定再次向汇丰银行举债 300 万英镑。1895 年 1

---

① 《致京李尚书》,见《张文襄公全集》第 3 册,468 页,北京,中国书店,1990。
② 《寄龚使》,见《李鸿章全集》第 3 卷,275 页。
③ 许毅等:《清代外债史论》,367 页,北京,中国财政经济出版社,1996。

月 26 日,总理衙门与户部代表清政府与汇丰银行正式签订第二笔借款合同。该合同规定,中国国家向汇丰银行借 300 万英镑,年息 6 厘,20年还本付息,其他条件与前次汇丰银款相同。由于这次借款是采用英镑为折算单位,故成为"汇丰镑款",以区别于此前的"汇丰银款"。这笔汇丰镑款为清政府有外债以来最大的一笔借款,其用途除了支付汇丰银款在伦敦订购枪炮不足的部分外,还分别划拨给天津粮台、东征粮台及台湾的防御等,这对于保证和改善前线将士的军需供应、加强台湾的海防,都起到了一定的作用。

在举借汇丰镑款之前,1894 年 11 月 13 日,新任两江总督张之洞到任。遵照清廷对他的交代,张之洞到任之后最主要的事务,就是设法向外国借款,以便为正在进行的战争购置、补充军备物资。经过张之洞的努力,西方国家先进的枪炮、弹药源源不断地输入中国,这对于加强长江口的防御以及前方军备的供应都起到了相当的作用。张之洞购买的这批武器以江海关的税收作抵,分期归还,但这笔借款究竟有多少,由于资料的匮乏,至今尚不太明晰。不过从事后江海关零星的归还资料看,此次借款的数目肯定不会太小。①

张之洞除以江海关税收作抵进行借款外,还曾经清政府批准于1895 年 6 月 20 日向德国国家银行瑞记洋行借款 100 万英镑,实收960 000 镑,年息 6 厘,折扣率 96%,期限 20 年,以江苏省盐厘担保。此项借款用于军饷、炮价约 126 万两,其余的则用于南洋纺织局、铁路总公司的发展上。② 由于这笔借款的办理是在甲午战争尚未完全结束之际,而且也有部分用于战争方面,故也应列为甲午战争中的借款事项中。

6 月 28 日,张之洞又通过中国驻英公使龚照瑗向英商克萨洋行借款 100 万镑,折合库平银 6 127 987.26 两,期限 20 年,年息 6 厘,折扣率95.5%,以盐课、厘金作担保。由于这笔借款的成立已经到了《马关条约》签订之后,因此清廷原本并不同意张之洞继续借款,但张之洞担心尽管中日之间已经订有和约,但江南的防御并不能稍有松懈,于是在他

---

① 参见许毅等《清代外债史论》,368 页。
② 徐义生:《中国近代外债史统计资料(1853—1927)》,28—29 页,北京,中华书局,1962。

的力争下,清廷最终同意了这笔借款。

所有这些借款,毫无疑问是为了战争,为了加强中国的国防,[①]然而中国并没有因为这些巨额借款而获得战争的胜利,反而徒增巨大的财政负担。同时,由于这些借款差不多都以中央或地方的海关收入、盐课收入及厘金作为担保,期限都比较长,这种具有浓厚政治色彩的战争借款,既没有帮助中国打败日本,反而使中国套上西方主要资本主义国家在政治、军事等方面进一步奴役中国的枷锁。

三 列强战后主动对华借款

甲午战争进行过程中的几次借款虽然具有明显的政治性,但这些借款就其条件与性质而言,仍与甲午战前的外债相似,尚不足以构成对中国的政治、经济侵略。而甲午战争后的借款,尤其是"俄法洋款",则在本质上与甲午战争进行过程中的几笔借款以及此前的外债具有本质的不同。甲午战后的巨额借款,实际上意味着近代帝国主义金融资本对华侵略的开始。

巨额的战争赔款不仅压得中国人民难以承受,即使清廷以政府的力量,也难以在这样短的时间里筹措到这些资金。当时清政府每年的财政收入不足 9 000 万两,财政支出与此相差甚少,政府每年在支出以后,已毫无积累。因此,依靠清政府的财政结余去偿还日本的战争赔款无疑是根本没有希望的。

似乎为了减轻中国政府和人民的负担,当时担任中国海关总税务司的英国人赫德曾建议中国政府将支付赔款的时间尽量拉长,不要在乎每年需要支付的巨额利息,这必将在一定程度上缓解中国政府与人民的压力。然而,中国人不愿意支付巨额利息,用别人的钱办自己的事,总觉得这样并不划算,认为长痛不如短痛。于是,清政府没有接受赫德的建议,而是认可李鸿章的方案,经向日本政府反复讨价还价,为了减少一千数百万两的利息,中国政府争取在三年之内将赔款还清。

现在看来,李鸿章的方案显然是短视的。两国交战必有胜负,如果

---

① 中国近代经济史资料丛刊编辑委员会主编:《中国海关与中日战争》,163 页,北京,中华书局,1983。

清政府当时将向日本的战争赔款期限尽量拖延，随着国际大环境的变化以及中日两国之间的继续交往，中国未必需要承担如此沉重的负担。而且按照清政府当时的财政收入状况，要想用短短的三年时间，并且仅仅依靠清政府的财政收入去偿还日本这笔巨额的战争赔款是根本不可能的。要实现这个目标，就必须大量举债，这是清政府唯一的选择。在当时的历史条件下，清政府对日赔款是非赔不可，没有如同后来抗日战争胜利后中国政府宣布放弃的丝毫可能。因此，中国政府如欲如期交付这笔巨款，唯一出路就是向西方列强筹措。

经过战争期间借款，清政府在战后借款赔款的问题上，将英国放在优先考虑的位置，并私下与赫德最先达成某种程度上的协议，准备委托英国汇丰银行全权办理。有了清政府的暗示，赫德很快通知其在伦敦办事处的代表金登干，声称尽管现在有许多国家在争着向中国人办理赔款的外债，"但迄今此事还在我手里"，"汇丰银行必须准备能与别人竞争"。①

以英国的汇丰银行为主经理中国在甲午战争后的借款事宜，原本是中国政府的既定方针，但英国政府在辽东半岛问题上的暧昧态度，以及英国鉴于英日同盟关系的制约而对日本侵略中国事实的无视乃至在某种程度上对日本的偏袒，都不能不引起中国政府的反感，从而使原本已经确定的方针发生了偏移，使中国政府在借款还款的问题上更多地倾向于依赖其他列强，而故意漠视英国的利益。而其他列强如俄国、德国和法国则利用他们在干涉日本归还辽东半岛上的"贡献"，竭力谋取最大利益，排斥英国。1895 年 5 月 2 日和 3 日，中国驻俄公使许景澄两次致电清政府，转达俄、德、法三国在中国战后借款赔款问题上的立场，强调三国对中国准备向英国借款表示不满，希望中国政府在这一问题上慎重考虑三国在干涉还辽事件中的"贡献"。许景澄甚至向清政府建议，在借款问题上应该首先考虑俄国，其次注意德国、法国的利益，至于中国政府已经与英国达成的某种私下默契或协议，应该缓行，以免引起不必要的外交麻烦。

---

① 《中国海关与中日战争》，167 页。

　　许景澄的忠告引起了清政府的重视。5 月 9 日,清廷决定组建由恭亲王奕䜣、庆亲王奕劻、户部尚书翁同龢、兵部尚书孙毓汶、步军统领荣禄等参加的专门机构,专责办理战后借款事宜。他们所拟定的借款方针就是许景澄提出的"以俄为先",然后考虑德国、法国。①

　　5 月 11 日,驻俄公使许景澄致电清政府,报告俄国政府有意向中国提供 1 亿两、5 厘息、内无折扣贷款的信息,并代为了解清政府偿还分期付法的具体情况、中国到底需要多少借款及中国政府准备使用怎样的方式进行担保或抵押三个问题。5 月 15 日,清政府回复许景澄说:俄国既然愿意向中国提供贷款,可以先订借 5 000 万两,息 5 厘以内,无折扣。至于担保或抵押,循中国以往借款的惯例,本利均由海关出票,户部盖印,按期拨还。

　　当时的俄国是西方列强中经济比较落后的国家,在某种程度上说,是纯粹的资本输入国,正如已经失去借款优先位置的赫德所分析的那样,俄国并没有多余的钱借给中国,但俄国之所以热衷于向中国政府借款,只是利用三国干涉还辽的事件以便取得政治、经济上的重大利益。因此,当许景澄接到清政府的回电与俄国财政部的代表进行谈判的时候,中国方面表示由于德国、法国向中国提供的贷款需单独进行,因此希望俄国原先提出的 1 亿两借款额度酌减。而俄国方面虽然无力提供如此巨大额度的贷款,但仍坚持 1 亿两的额度,只是为了避免俄国与德国、法国"争揽",俄国政府建议改由银行承办、海关作押,关款不敷,由俄国国家担保,以便减轻息扣。与此同时,俄国政府指派圣彼得堡国际银行总经理罗特施泰因到法国游说,争取与法国的银行共同承担对中国的借款。在共同利益的驱使下,俄法两国很快达成一致。

　　俄国、法国共同承担对中国的借款引起了德国的严重不满,德国驻华公使极不客气地向中国政府表示:德国政府在干涉日本向中国归还辽东半岛的问题上甚至比俄法两国还要积极和主动,中国政府为什么不让德国与俄国、法国一样分享借款的利益呢?

　　德国公使的责问提醒清政府在借款问题上应该注意各列强利益的

---

① 陈义杰整理:《翁同龢日记》第 5 册,2803 页,北京,中华书局,1997。

均衡,以免引起不必要的外交麻烦。5月22日,总理衙门致电许景澄,要求许在与俄国进行借款交涉的时候考虑到德国的利益,将第一次借款于6个月内先向德国借款付给。许景澄将这层意思向俄国方面做了转达,但遭到了俄国财政大臣维特的坚决反对。维特认为,俄国、法国一道向中国贷款的意向已不必再讨论,至于德国方面的利益,可以由各方另行设法解决。

维特的说法也提醒了许景澄,许在向清政府转述俄国方面的态度时,曾由此建议清政府考虑头两次借款全借俄国,似于邻交、边防两便;至于德国,中国可以许以榆关至珲春之铁路借款,若铁路缓办,以日后借款购置船炮等理由含混应付,似乎亦可渡过目前的外交难关。

许景澄的建议被清政府所接受。5月24日,总理衙门电示许景澄,向俄国借款一亿两的事情可以按双方已接受的条件早日了结,但对俄国、法国欲借此事干预中国海关事务的任何企图,都必须设法解决在萌芽形态,以防后患。

根据清政府制定的这一原则,许景澄与俄国政府的代表进行了正式谈判,双方同意,中国向俄国借款40 000万法郎,为售票方便,折扣率改为93%,但利息由原先议定的5厘减为4.75厘。此款存法国巴黎银行,亦可合算英镑,6个月交清,由中国自行指汇,海关作押,并由俄国政府宣布"加保"。这个议定大体符合清政府的指示原则。但许景澄在阻止俄国意欲干预中国海关事务的同时,却擅自主张由他本人向俄国外交部"立据四端",同意中国政府今后有义务向俄国政府通报中国海关的收入状况。

清政府以俄国为主进行借款的谈判在列强中引起了强烈的反响。英国政府对中国背弃原先与英国达成的默契转而依靠俄国极为恼怒,于是英国政府通过一切手段阻止中国向俄国借款。6月5日,英国外交部致电英国驻华公使欧格讷,要求他向中国政府强调,俄国在中国借款问题上的干预是要不得的,指示欧格讷联合赫德及其他对中国有影响的力量,用更强烈的言辞劝说中国政府不要接受俄国的借款,声称中国政府是因为过度地感激俄国对中国的帮助而将俄国的枷锁套在了中国人的头颈上。德国驻华公使也向中国政府强调:中俄借款如果成立,势必危害中国的国家主权。

英德两国的警告与威胁虽然危言耸听，但也不能不引起清政府的注意和恐慌。清政府指示李鸿章设法核实德国驻华公使所言的真实性，并指示许景澄在与俄国政府谈判的时候务必设法减去此款由俄国政府"代保"的条款，以免危及中国的国家主权。6月12日，李鸿章、许景澄相继复电清政府。李称：根据他的调查，此次借款利息之轻为前此所未有，"于公法、国体均无妨碍"，应该速成，甚至将来续借他国，仍可援例商办。许景澄也表示德国驻华公使所言与事实不符，德国人之所以诋毁中国政府向俄国人借款，是因为他们感到自己的失落及利益受损，至于由俄国政府"代保"的问题，容他再与俄国方面继续商量。

此后，许景澄与俄国方面就减去"代保"条款进行的谈判并不顺利。俄国方面表示，俄国已作了最大限度的让步，此条的修改看来非常困难，俄国政府目前所能做的，就是设法详述作保的缘由，"以免他疑"，而中国政府也不必对其他国家因嫉妒而制造的谣言过分留意。[1]

俄国政府不愿轻易让步，但为了维持中俄双方已经达成的协议，在某些非原则的问题上也表现出一定的灵活性。维特在谈判中曾向许景澄明确保证，俄国断不会在先前所拟定的"四端"之外谋求新的利益，此项借款由中国与银行直接进行，不必经俄国政府过手；至于协议中的"加保"字样，如果中国政府一定坚持减去，俄国政府也可以同意，但必须在协议中加上"如果中国海关因故付款延期，则由俄国政府垫付"等条款。这种表示虽然没有多少实质意义，但总算给了清政府足够的面子。

有了维特的保证，清政府对俄借款更趋积极。6月20日，光绪帝表示，此次借款俄不过手，除去"加保"字样，声明不别索利益，所有这些都可免除其他国家对此次借款的"訾议"，惟称中国海关因故延期付款，由俄国政府垫付一条，仍觉得有伤中国国体。为此，他指示许景澄就此条与俄国代表继续商量，"宜改为俄国确信中国海关付款，决不愆期方妥"，只要此条改定，此项借款即可订立正式协议。[2]

015

---

① 《许使寄译署》，见《李鸿章全集》第3卷，584页。
② 《清实录》第56册，817页，北京，中华书局，1987。

光绪帝的指示刚刚发出,不料俄国方面却发生了变化。俄国外交部向许景澄提交了修改后的借款"四端",前三端与此前所议基本相同,惟第四端改动甚大。原议为:中国以后向别国借款,如允海关及他项权利,亦准俄国均沾。而经俄外交部修改后的表述为:"如中国因事许他国预收关税及再借他款,凡监守、稽查等事许俄国;及他国民人所得权利,如管理地方刑名并制造商务等项,即准俄国同得。"不惟此也,俄国外交部还声称:"俄国经办款事,所要中国报答,以此限制。"①所有这些,不仅比原议扩大了利益范围,而且明显有害于中国的国家主权,为此后公然干涉中国内政提供了法律上的依据。

俄国政府的新要求理所当然地遭到了清政府的拒绝。光绪帝在收到许景澄电报的第二天即批复称:"俄款末端所云预收关税,监守、稽察、管理地方刑名等语,此中国所必无之事,何可虚拟列入条内? 至制造、商务亦与借款无涉。……俄国经办款事,原是美意,若以此求报,必为他国訾议。"因此,光绪帝要求许景澄继续与俄国进行协商,找出双方都能够接受的方案,尤其不可迁就俄方,损害中国主权。②

根据光绪帝的指示,许景澄在后来与俄方的交涉中自然格外注重借款的条件,坚守中国政府的既定立场。俄国方面在许景澄的坚持下,也只得改变自己的策略,以方法的灵活换取最终目的的实现。俄国人深知,如果他们一味坚守自己的立场,不顾及中国政府的面子,他们并没有绝对的把握赢得这次借款。因为谁都知道,除了俄国人愿意向中国借款外,其他列强都有很强烈的资本输出的愿望,尤其是被中国人暂时排除在外的英国和德国,不论在经济实力,还是在资本输出的愿望与要求上,都不比俄国人弱。因此,俄国人要想赢得这次借款,就必须在细节上、在不触及根本原则的问题上向中国人让步,否则中国人极有可能放弃向俄国人借款,转而向其他列强寻求支持。正是基于这种考虑,俄国外交部在后来与许景澄的谈判中主动提出放弃原先议定的第四端原有文字中的"海关愆期,由俄国垫付"等表述,表示也可参照中国方面的意见进行修改。

① 王彦威辑、王亮编:《清季外交史料》第 2 册,1919 页,北京,书目文献出版社,1987。
②《清实录》第 56 册,818 页。

俄国人同意修改借款的一些非原则性条款，当然并不意味着他们在原则问题上会对中国政府让步，他们在给足中国政府面子的同时，也深知中国政府的弱点之所在，即中国政府当时除了有求于俄国进行借款外，更期望通过俄国的帮助，促使日本放弃对辽东半岛的割让要求。假如俄国人一旦放弃此项努力，中国将遭受更大的损失。所以，俄国方面的代表在向中国方面表示借款条款的文字表述可以适当修改的同时，不忘向中国方面暗示辽东半岛问题，有意将借款与干涉日本归还辽东半岛两件事扯在一起，甚至使两者之间构成某种因果关系。6月23日，俄国代表向许景澄作出此类表示。同一天，俄国驻华公使喀西尼在总理衙门与中国方面讨论借款问题时，也无端拂袖而去，表现出极为傲慢的态度，引起中国方面的高度恐慌，中国方面也担心如果过分要求俄国政府在借款问题上让步，可能会影响俄国干涉日本归还辽东半岛的信心，不利于中国的整体利益。于是中国政府在要求俄国方面尽量考虑到中国的国家主权与内部事务不宜干涉的前提下，也想方设法乞求与俄国公使关系密切的法国驻华公使施阿兰出面调停，恢复与俄国之间进行的借款谈判。①

其实俄国人从来没有准备放弃与中国政府的谈判，他们之所以在与中国人的谈判中时而坚定地不愿让步，时而表现出让步的灵活性，都是为了最大限度地谋求自己的国家利益而已。经过曲折的谈判，6月26日，许景澄在圣彼得堡与俄国各银号商董签订了《中俄四厘借款合同》，规定中国政府向俄国各银号借款 40 000 万法郎，合库平银10 000万两，年息 4 厘，折扣率为94.125％，期限为 36 年，以中国海关所入税项及存票作为担保。其条件有：1896 年 1 月 15 日以前，除与银号商董商明外，中国暂时不得另向他国银行借款，亦不准他人售卖各种借款股票；此款付还时，不论遇到什么原因，只要中国方面"阻住及滞缓"支付，中国政府都应该允许俄国以别项进款加保。合同还规定，中国政府业已声明，无论何国、何故，决不许其办理照看中国海关税入等项权利。假如中国政府允许他国有此项权利，必须准许俄国政府享有此种权利，

---

① [法]A.施阿兰：《使华记（1893—1897）》，袁传璋、郑永慧译，71 页，北京，商务印书馆，1989。

即允许俄国参加中国海关行政的管理。此款的用途规定为:向日本支付甲午战争的第一笔战争赔款5 000万两及"归辽费"3 000万两。凡此种种,似乎有意恢复了经反复谈判而业已取消的各项特权,俄国政府终于在最后关头赢得了这场艰难的谈判。1895年7月7日,光绪皇帝指示许景澄在合同上画押,中俄借款合同正式生效。这就是甲午战争后为了偿付对日赔款而举借的第一批外债,也是到那时为止中国对外举借的最大数额的一笔外债。由于此项借款并不都是俄国银行所出,且有为数不少的法国银行参与,故史称"俄法借款"。

俄法借款的达成使中国暂时渡过了外交危机,而实际上的得益者毫无疑问是俄国和法国。中国的外交麻烦并不会因为俄法借款的达成而减轻,英国、德国等西方列强必然会因为自己没有获得相应的利益而向中国政府施加压力,中国的外交麻烦便愈演愈烈。

事实上,英德两国在中国政府与俄国政府商定借款的过程中一直在积极活动。英国外交部最早向西方列强提出发行联合借款的建议,也曾活动德国政府积极回应,只是因遭法、俄的反对而没有执行。而中国政府在与俄国政府商谈第一笔借款的同时,实际上也考虑到了英国、德国的利益,准备在与俄国政府的商谈告一段落时再与英德两国谈判新的借款。所以,赫德在1895年6月30日曾自信地表示:"其他借款现在看上去仿佛越搅越糊涂,我个人倒以为形势已经分明,俄法两国将承借一万万两,英、德方面也分到数目大约相等的一笔借款(一千六百万镑),两方所获大致均衡。"①后来事实的发展基本上证明了赫德的预见。

俄法借款达成之后,本来应该立即进行中国与英国、德国之间的借款谈判,但因中俄两国达成的借款合同中曾明确约定在1896年1月15日之前,除与银号商明外,中国暂不另行借用金银各债,亦不准他人售卖各种借款股票等。后经中国政府反复力争修改此项约定,均无果。这样,中英、中德之间的谈判只好暂时停止。

1896年1月中旬,清政府向英德两国借款的谈判恢复以后,英国

---

① 《中国海关与中日战争》,187页。

认为俄法两国已经向中国输出了巨额资本,他们再向中国提供巨额贷款的可能性基本上不再存在。于是,英国在谈判中漫天要价,提出利息5厘,95%的折扣率,再加上5.5%的经手规费,实际的折扣达到89.5%,这就比向俄、法借款贵而又贵,自然遭到中国方面的拒绝。1月底,中国政府主动中止了同英、德的借款谈判,准备先向美国的一个商业银行商借400万英镑,以应付时间紧迫的对日第二期赔款。

中国政府的姿态引起了英德方面的恐慌。赫德要求英国方面负责谈判事务的汇丰银行将一切费用减轻2/3,并按98%的折扣率发行。他还通过金登干转告英国政府说:中英之间的借款合同能否达成是关系到英国在华商务利益的重要问题,因为俄国人对日本归还辽东半岛的干涉已经牢牢地控制着中国人的情感,英国恢复与中国人情谊的企图在短时间内是没有希望的,对英国不太有利的中俄法同盟似乎正在形成,因此英国阻止俄国对华影响力继续增强的唯一办法就是在借款问题上尽量帮助中国。赫德建议英国政府向中国发放1 000万英镑的借款,利息为3厘,并参照俄法借款合同上所列的办法,由英国政府予以担保,这样就可以造成中俄法同盟的分裂,使中国减少乃至摆脱俄国对其财政上的控制。

英国方面的恐慌自然有利于中国。当中国向美国一个商业银行借款无法达成协议时,中国政府很从容地于2月28日求助于法国驻华公使施阿兰,希望法国能够向中国提供10 000万两的巨额借款,但条件必须比英德两国允诺的优越。

中国政府主动找法国借款,自然引起法国方面的欣喜。中法之间的借款谈判很快举行,法国方面爽快地表示可以较英德两国的借款条件稍微优惠,但条件之一是由法国管理中国的海关。与此同时,俄国政府也声明愿意支持俄国金融界与法国合作承办对华借款。法俄两国继续向中国提供巨额借款的机会越来越大。

法俄两国的态度更进一步刺激了赫德。赫德得知这些消息后于3月1日连电金登干,催促英国政府尽快答应向中国提供低息借款,他声称这完全是出于英国在华利益的考虑。他分析道:自从俄法借款达成以后,英国驻华使馆尽力争取其他借款,以缓和俄国、法国对中国的财政控制,从而分割政治上的统治。现在法国、俄国又决心向中国提供低息借款,如果中国政府接受了法国所提出的条件,那么英国将来的对华交涉势必失去重要的凭借。因此,赫德建议英国政府出面担保,向中国政府提供低息借款,以便获得英国在华政治上的优势。否则,法俄得势,英国不仅在经济上将失去许多好处,而且法俄联盟将使英国在军事上、政治上处于劣势。①

赫德的努力终于获得了巨大的回报,不过这个回报也是由于法国政府不愿按照最初的承诺提供更优惠的借款所造成的。3月6日,法国驻华公使施阿兰正式通知清政府,法国的银行发行率不会超过90%。法国的这个发行率仅仅比汇丰银行提供的借款减去费用5毫,在操作上毫无实际意义。中国政府自然不能同意法国方面的条件,中法之间的借款谈判由此陷入僵局。

中法之间的借款谈判无法继续进行,而日本方面又不断向中国催付第二期赔款,并不断威胁中国政府:如果中国不能及时向日本支付第二期赔款,中国方面必将承担极为严重的后果。中国政府为了减少与日本的不必要麻烦,于是在中法借款谈判陷入僵局的同一天,即主动找赫德商量,希望从英国方面获得一笔为数不少的借款。

中国政府的要求是赫德一直所期望的。第二天即3月7日,赫德就与清政府达成借款的初步协议,将借款事交给赫德办理,议定利息5厘,折扣率为94%。3月11日,英国汇丰银行、德国德华银行与总理衙门议定"草合同二十条"。14日,清政府批准了这个草合同中的条件。23日,总理衙门与英国汇丰银行、德国德华银行正式签订"英德借款(1896年)合同"。

英德借款合同约定贷款者为汇丰银行、德华银行,借款者为总理各国事务衙门,数额为1600万英镑,英德两国银行各分一半,彼此不相牵连。折扣率为94%,年息5%,期限为36年,需按月按数支付,不得提前归还;此次借款的担保依然是中国通商各关之税银,并表明"尽先偿还"字样。如海关收入不敷偿还,"中国国家应另外设法付还"。合同

---

① 《中国海关与中日战争》,205页。

规定的条件还有,自卖借票之期起,6 个月内,中国政府不得另借他款。并且规定,在此次借款未付还前,中国总理海关事务应照现今办法办理。换言之,就是在今后的 36 年中,中国的海关事务管理权完全掌控在英国人赫德及其继承人的手中。至于此项借款的用途,合同规定为支付甲午战争赔款第二次及威海卫军费。但实际上,当这笔借款到手之后,中国政府除了拿出约 6 933 333 332 两(库平银)支付对日赔偿的第二期款项及威海卫的军费外,还项住赫德的巨大压力,为芦保铁路拨付规银 400 万两,又拿出 200 万镑,约合 1 243.58 万两用于向英国、德国支付定造 6 艘巡洋舰的款项。[①]

由于英德借款的余额仅有 300 余万两,而应偿付日本的各项战争赔款在第二期付款之后尚有 8 000 余万两。因此,中国政府如果能够在 1898 年 5 月 8 日之前如数向日本支付这笔赔款,那么中国政府根据中日双方达成的谅解,不仅可以免付 8 000 余万两赔款的利息,还可以从中扣还已付息银 10 833 333 两,从而使剩余的数额减为 7 250 万两,再加上还需支付的日本 1898 年驻威海卫的军费 50 万两,中国政府此时尚需大约 7 300 万两的数额。[②] 所以,为了尽早了结这些赔款,中国政府在英德借款合同达成之后不久就开始张罗着新的借款。

1896 年 5 月 16 日,总理衙门就借款事宜征询赫德的意见,试图用中国内地的土产鸦片税、各通商口岸的常关税、厘金、盐税等作抵押,继续向英国、德国的银行借款。双方为此进行了断断续续的协商,后因此方案的结果对中国来说必将后患无穷,中国政府主动放弃这一方案,改由各省代为征收土产鸦片税,中国向英德等国的借款另谋抵押。

翌年 6 月 1 日,清政府正式任命由李鸿章负责办理借款事宜,李鸿章很快就与英国驻华公使窦纳乐进行了接触。在李鸿章提供的条件中,并无以外人管理税收作为追加保证的条款,李鸿章坚持内地税收主权必须独立作为此次借款的先决条件,中国政府坚决拒绝外人代为管理内地的税收事务。

李鸿章开出的条件无法为窦纳乐和英国汇丰银行方面所接受,英

---

① 许毅等:《清代外债史论》,434 页。
② 戚其章主编:《中日战争》第 5 册,564 页,北京,中华书局,1993。

国方面提出此项借款必须以盐税或厘金作担保,特别是长江一带的盐税至为关键,此项担保可以由总理衙门督新关征收。对于英国方面的这一要求,李鸿章断然拒绝。他认为,英国人的这一要求是扰乱国家定章,信任税司过于户部,碍难准行。中国方面只能由总署和户部作保。如果英国方面一意孤行,中国不必再与英方协商,可改向他国商借。

李鸿章的强硬态度引起英国方面的重视,汇丰银行为了保证获得此项借款的权力,同意改由总署和户部担保,但提出依照各省协饷惯例,由户部饬付某运司或某厘局,每年将课厘若干,解交附近新关税司上册,以为抵还洋款之用。如此办法,"既不扰国家定章,复有以取信股友"。汇丰方面的让步,李鸿章还算满意,但李鸿章强调该税司上册,只上所拨银数,不得干预征收之数。李鸿章据此指示中国驻英公使罗丰禄,如果汇丰银行同意此点,就可以开始借款合同的谈判。[1]

汇丰银行原本已经同意李鸿章的条件,双方在此后的一段时间里开始讨论此项借款的利息、折扣及期限等细节问题,极有希望很快达成协议。不料在谈判的过程中,汇丰方面出尔反尔,旧事重提,要求在合同中载明中国方面支付本利万一出现拖欠,即准税务司干预作保之盐课、厘局。汇丰的要求遭到李鸿章的拒绝。李认为,中国方面本不会拖欠,即便出现拖欠,准税务司就近向盐运、厘局查催,也没有什么大不了的事。但是,汇丰提出"干预"二字,实在要不得,流弊太大,无论如何也不能答应。双方的谈判不得不停顿下来。

在与汇丰银行的借款谈判停顿的一段时间里,李鸿章在其亲信盛宣怀的张罗下,与一个并不了解的英国中型公司就借款事宜进行了谈判。8月14日,由盛宣怀代表中国政府与这家公司代表订立了借款条约。从这个条约看,此项借款倒是一个纯粹的商业借款,不附有任何政治条款。无奈,这个英国公司根本无法向中国政府提供如此大数额的贷款,双方达成的协议只是一纸空文而已,李鸿章在借款问题上只得回到与汇丰继续协商的老路上,只是条件比先前更苛刻。

1897年11月14日,正当李鸿章准备就借款事宜重开与汇丰的协

---

① 《李鸿章全集》第3卷,740页。

商时,德国军队借口"巨野教案"占领胶州湾。为了驱逐德国军队,原本具有亲俄倾向的李鸿章于 11 月 15 日拜访俄国驻华公使巴布罗福,请求俄国协助解决胶州湾事件。李鸿章的请求正是俄国方面求之不得的事情,俄国方面一直在谋求在北中国找到一个不冻港,于是俄国的三艘军舰冠冕堂皇地开赴旅顺、大连。12 月 14 日,李鸿章向俄国财政大臣维特提出借款 1 亿两的要求。16 日,维特答应了李的借款要求,但条件是:(1) 由俄国独占满蒙铁路工业;(2) 建筑南满支线;(3) 租借黄海沿岸一港口;(4) 用俄国人为海关税务司;(5) 借款以田赋、厘金为担保。这些条件显然比英国人所提出的条件还要苛刻得多,但中国方面尤其是李鸿章除准备就某些细节如建筑铁路等问题进行交涉谈判外,原则上准备接受。

中俄之间借款谈判的消息传出后,引起了英国的不安。英国除了派出军舰游弋于旅顺口外,还指派其驻华公使窦纳乐就借款事宜向清政府施加压力。12 月 21 日,窦纳乐向总理衙门表达了希望中国继续向汇丰银行借款的想法,中国方面在巨大的外交压力下被迫表示只要汇丰方面考虑李鸿章先前提出的条件,中国有意恢复与汇丰方面的谈判。

有了总理衙门的承诺,窦纳乐于 22 日指示汇丰银行向英国政府寻求帮助,希望英国政府同意由英格兰银行会同汇丰银行联合发行借款,由英国政府担保,或者由英国政府声明在必要时保护债券持有人的利益。同一日,窦纳乐还致电英国外相,表示坚决支持汇丰银行的借款计划,希望英国政府能够明白地申述自己的立场,维护英国在华利益。27 日,赫德通过金登干致电伦敦汇丰银行,分析一旦中国此项借款落入俄国人之手将可能给英国带来的不利。赫德指出,俄国人干涉日本归还辽东半岛,中国非常感激,所以俄国人提出的借款方案,中国人也就乐于接受。英国政府应该明白,英国现在出力帮忙,虽然不能获得同样的感激,但仍可改变今后的局面。所以,为了远东的大局,为了英国的在华利益,赫德希望英国政府能够对汇丰银行向中国政府提供借款问题给予有力的帮助。赫德的分析引起了英国政府的高度重视,英国政府对此项动议进行了紧急磋商,有利于汇丰的局面日趋形成。1898 年 1

月 6 日,英国方面向中国驻英公使罗丰禄表示,英国政府以中国商务为重,极其愿意提供担保,至于如何办法,将由英国政府电示驻华公使窦纳乐与中国政府进行面商。

1 月 8 日,窦纳乐向中国方面正式提出借款方案,由英国汇丰银行等提供 1 200 万镑的借款,中国方面以关税、盐税、厘金担保,由英国人管理。另外,窦纳乐还要求清政府答应:(1) 英国建筑自缅甸至长江的铁路;(2) 长江流域不划让给他国;(3) 开放南宁、湘潭、大连为通商口岸;(4) 开放中国内河;(5) 永久用英国人为总税务司。

窦纳乐宣布的条件比俄国人的条件还要苛刻,中国政府自然无法答应。于是,李鸿章在窦纳乐提出这些条件的当日,即电示驻俄公使许景澄,并通过华俄道胜银行转告俄国财政大臣,希望恢复中俄之间的借款谈判。李鸿章的用意并不一定是向俄国借款,但难免有操纵英俄两国对华借款的嫌疑。①

李鸿章的举动引起了英国方面的极大不满。1 月 13 日,英国驻华公使窦纳乐到总理衙门大发雷霆,声称如果清政府执意向俄国借款,那么英国政府将立即采取最严厉的报复措施,即仿效德国,出兵占领对英国至关重要的舟山群岛等地。15 日,窦纳乐再次来到总理衙门就借款事宜进行具体的磋商,并明确向中国方面指出,中国之所以不愿开放大连,肯定是基于俄国人的压力,但他劝中国方面注意俄国人对大连湾具有不可告人的企图,因为大连湾是北中国到了冬季唯一的不冻港。

窦纳乐的直率言辞震动了清政府的官僚们,使他们开始思考俄国人确实有将大连湾据为己有的企图,于是考虑放弃向俄国继续借款的可能,转而坚定向英国人借款的想法。1 月 17 日,中英双方继续举行会谈。19 日,中国方面对英国的借款条件做了肯定性的回答:(1) 同意开放南宁与湘潭,如果条件允许,即能够建筑铁路,大连亦将开放;(2) 英国人在现有条约所允许使用帆船的地方,可以使用轮船;(3) 中国答应向英国提供有关货物内地税的一切细节,并考虑采取措施改进内地商务;(4) 中国同意由一英国公司展延由缅甸边境至中国领土内

---

① 许毅等:《清代外债史论》,444 页。

某一协商好的地点的铁路;(5)中国保证不将扬子江流域让渡与任何第三国;(6)中国同意成立协定,将免厘区域扩展到租界以外。此外,中国方面还要求英国提供的借款不再是1 200万镑,而应该是俄国所愿提供的1 600万镑。

中国方面对英国的让步激怒了俄国。1月20日,俄国外交部电示其驻华代理公使巴布罗福,要求他尽一切力量继续进行中俄之间的借款谈判,并设法与中国尽早订立租借旅大的协定。24日,巴布罗福到总理衙门,竭力劝说中国方面不要与英国继续进行借款谈判,宣称中国如借英款,英国将如对待埃及那样对待中国,中国的主权与国际地位都将受到极大影响。他甚至威胁说,中国如果执意借英款,那么俄国必将向中国"问罪"。

巴布罗福的威胁不能不引起中国方面的关注。不过,当巴布罗福刚离开,英国驻华公使窦纳乐就来到了总理衙门。窦纳乐对中国方面表示,英国政府已承诺照办借款,如果在一切已成定局之后,中国再反悔,那么中国必须承担由此而引起的一切后果。窦纳乐的警告也不能不引起中国方面的考虑。

英俄两国之间的拉锯令中国方面极端为难。1月26日,俄国亲王吴克托致电李鸿章,表示中国如执意向英国借款,则与中俄之间已经达成的专约不符,对于中俄邦交也必将产生极大的危害,他劝李鸿章充分考虑这些因素,再决定是向俄国借款,还是向英国借款。

吴克托的警告对李鸿章产生了重大影响,在这种情况下,李鸿章建议清政府采取折中的办法,在借款总额不变的条件下,向英俄两国各借一半,以免中国与该两国的关系受损。

李鸿章的好意在英俄两国都没有获得积极的回应。1月30日,吴克托致电李鸿章,继续要求清政府谢绝英国的借款,并威胁称,如果中国执意使用英国的借款,那么俄国将立即派兵占领蒙古与满洲。同一日,英国驻华公使窦纳乐也向军机大臣兼户部尚书翁同龢明白表示,中国如果执意向俄国借款而不使用英国借款的话,那么英国军队将立即占领舟山群岛。

英俄两国之间的较劲使清政府感到非常为难,当此时,又有尚未加入此次放债阵营的法国提出"借款国际化"的主张,强调中国此次借款既然无法向英俄任何一方单独完成,那么不如要求一切有关国家共同参加,必要时甚至不妨邀请日本参加。

法国的建议更引起清廷的恐慌,为了息事宁人,清政府只得于2月3日匆忙宣布此次借款不再进行,对日赔款所需的费用由中国在国内自行筹集。2月4日,清政府第一笔国内公债"昭信股票"正式发行,因借款而引起的风波暂时告一段落。但因政府威信的下降,昭信股票发行的结果并不理想,认购者寥寥,所筹款项远远不能满足偿付日本赔款的需要,对外借款的事情实际上并没有完全结束。

清廷宣布"两不借"的政策后,打消了英国、俄国在借款方面的想法,但英俄两国并未因此而罢休。窦纳乐很快向中国政府提出了补偿要求:(1)中国开放内河供英国船舶使用;(2)开辟南宁、湘潭为通商口岸;(3)中国政府担保不把长江流域让与其他国家,保证英国在长江流域的商业利益。2月10日,总理衙门照会窦纳乐,同意他的第一条要求;11日,总理衙门再次照会窦纳乐,同意他的第三条要求,保证不再将长江流域让与他国,从而使长江流域辽阔的土地成为英国的势力范围。至于窦纳乐开放南宁的要求,因南宁牵涉到法国的利益,清政府没有同意;对于开放湘潭,清政府则提出以岳州代替。2月13日,总理衙门第三次照会窦纳乐,同意英国先前提出中国海关总税务司继续由英国人担任的要求,中国方面提出的唯一条件是,只要"英国贸易较他国为多"。这样,英国即便不再向中国提供借款,也获得了它想得到的一切特权。

至于俄国,在中国宣布放弃对外借款,改由国内自筹的政策后,俄国对于借款问题也就不那么热心了,它决定在借款问题上向英国让步,以便换取英国方面对俄国租借旅大军港的认可。

俄国的因素消除之后,中国在对外借款问题上处于比较主动的位置,特别是当昭信股票的发行情况并不理想的时候,清政府为了能够及时偿还对日赔款,只得重新求助于英国方面尤其是总税务司赫德。2月13日,总理衙门向赫德暗示:"如果你收的厘金比现在收得多,那就证明我们不顾所有财政官员们的反对把厘金交给你管理是正确的,而且将来扩大你的管理范围也就更有理由了。"[1]表明中国方面有可能同意英国方面先前提出的借款条件,即以厘金为抵押。

厘金是清政府的一项重要的财政收入,也是赫德一直想插手的事情,总理衙门的暗示重新唤醒了赫德对厘金的兴趣,于是在赫德的积极撮合下,总理衙门于2月15日与英国的汇丰银行和德国的德华银行闪电般地签订了借款草合同。对此,赫德曾得意地夸耀道:"新借款1 600万镑的草合同已签字。总理衙门已听从我的意见,应允由我管理盐税和厘金,以每年约五百万两的收入,作为借款担保,并允将来扩大管理范围。"[2]3月1日,总理衙门与英国汇丰银行、德国德华银行正式签订"英德续借款合同"。至此,甲午战争后第三笔最大的借款终于成立,史称"英德续借款"。

英德续借款的借款人为总理各国事务衙门,贷款人仍为汇丰银行和德华银行。数额为1 600万英镑,由汇丰银行、德华银行各分一半,彼此不牵连。年息4.5厘,折扣率为83%,期限为45年。此项借款除了以中国通商各关之洋税为担保外,还规定苏州、淞沪、九江、浙东等处货厘及宜昌、鄂岸、皖岸盐厘共500万两,应即行委派总税务司代征,以尽先抵还借款。合同还规定,此项借款未还清前,中国海关事务应照现今办法办理。换言之,通过此项借款,英国赢得了控制中国海关至少45年的时间。关于此项借款用途,合同规定尽先偿付未经付清之日本赔款,不作他用。这是赫德针对清政府曾将英德借款挪作购置军舰及修筑铁路之事而专门设立的。至于此次借款的折扣率也是清代外债史上最低的,中国方面为此曾向汇丰和德华方面提出过,但这两家银行联手抵制,迫使中国就范。而中国方面因偿付日本赔款的日期日趋迫近,也就不得不接受如此苛刻的条件。

甲午战争后的三次大借款总额为3亿两,加上逐年滚动的利息共计6亿两之多。这一巨额借款不仅沉重地压在了中国人民的头上,而且从根本上摧毁了清政府的财政体系。其性质毫无疑问属于帝国主义金融资本的政治性的经济侵略,这与过去清政府所借的外债具有本质

---

① 中国近代经济史丛刊编辑委员会编:《中国海关与英德续借款》,35页,北京,科学出版社,1959。
② 《中国海关与英德续借款》,35页。

的不同。

这三次借款均以中国政府的海关收入及地方货厘、盐厘作为担保，如俄法借款合同规定，中国如果不能如期向贷款人支付本利时，则由俄法银团代为继续付给，但中国应另许俄国以别项进款加保。这显然已经超出金融保证的范围，而带有明显的政治含义。

这几次借款从表面上看是英、俄、德、法诸国对中国困难处境的支持，但其实质则是西方列强趁火打劫，是利用中国的困难赢得他们的政治、经济利益。俄法借款合同规定："中国政府决定不以任何名义、任何利益，关于中国境内税收之行政及管理事项，让与任何一国。假如中国政府对于列强中之任何一国，给以此种利益，则此种利益，俄国亦应参与。"这句话的真实含义是，中国政府允准俄国，不许他国干涉中国财政的监督或行政。反之，如果中国政府允许他国干涉中国财政的监督或行政，俄国便有权要求获得同等的权利。显然，这是俄国、法国对英国独占中国海关利益的现实不满意。当中国海关收入能够按时支付借款的本息时，这种可能并不会成为现实；反之，法俄便可借口干涉。这样，俄法便自然会以金融资本渗透到清政府，并将以此为契机向中国政府要求更多的利益。这为后来的中国政治发展留下了诸多隐患。

而英德借款合同则规定，当此次借款未付还前，中国总理海关事务应照现今办理之法进行。要求中国的海关制度在借款未还清之前不得作任何改变，则保证了由英国人担任中国海关总税务司的现行体制不得变更，保证了英国在中国已经攫取的利益，尤其是对中国海关行政权的控制。这样，英德借款合同的这条规定便与俄法借款合同的相关规定相冲突。

第二节　列强对铁路矿山利权的掠夺

中国在甲午战争中失败,其后果是极为严重的。中国从此不仅在经济上更为严重地依赖外国,尤其是外国的不平等借款而苟活,而且在政治上,中国陷入更严重的危机之中,其最明显的特征是外国列强在中国拼命地划分势力范围,割地狂潮一浪高过一浪,外国列强试图瓜分中国的阴谋逐步付诸实践。

一　对铁路的贷款、投资与控制

以甲午战争后三次大借款为契机,西方列强不仅进一步控制了中国的关税,而且通过借款合同所附有的条件,他们获得了修建铁路、开发矿山等项实业投资或贷款等特权,较甲午战前更多地攫取了路矿附近的经济、政治上的许多好处。他们既利用这些铁路向沿线倾销他们的产品,同时设法控制铁路沿线的经济发展,在铁路沿线及各通商口岸设立工厂,掠夺廉价的原料,获取沿线矿山的开采权。所以,近代中国,尤其是在甲午战争之后,列强争夺铁路的策略就是争夺在华势力范围的策略。铁路的让与在当时具有明显的政治性质,于是列强忙于规划中国的铁路建设,他们甚至对于中国那些没有打算兴建的铁路也争先恐后地争夺,因为他们清楚,只要能够争取这些待建的铁路项目,就意味着这些铁路所经过的地区就是它的势力范围,从而有效地拒绝其他列强对该地区的觊觎。

而从清政府方面看,他们在反思甲午战败的原因时,许多有识之士也认为中国之所以失败的原因之一是中国的铁路太少,严重影响了战时军事物资和兵员的运输。两江总督刘坤一指出:国家富强之本,莫急于铁路的建设,铁路建设跟不上去,中国在未来可能发生的战争中,依然很难获胜。关于中国未来铁路的建设,刘坤一主张设立铁路公司,可利用外国资金,而决定权断不能交给外国人,必须由中国人主持,归于商办。[①] 张之洞更认为:假如中国的铁路早些建成,中国何至于在甲午战争中失败?为了未来的战争与中国的发展,中国必须在铁路建设方面下大力气。而中国目前需要建设的铁路甚多,张之洞分析了各方面的条件之后,认为"当以卢汉(即京汉,引者注)一路为先务"。他指出:卢汉铁路只要不让英、法、俄等大国的商人包办,就可以充分利用外国的贷款,限以三年必成,成后准其分利几年,年限满后,收归国有。[②] 在张之洞之后,广西按察使胡燏棻也上书清廷,主张设立公司,开办卢汉铁路,并主张接通天津到卢沟桥的铁路,以取代先前拟议中的津通铁路。

地方大员的建议在清政府高层得到了积极的回应。1895 年 12 月 6 日,清廷发布"决心实力"修筑铁路的上谕,批准胡燏棻关于修筑津卢铁路的奏请,并委任胡燏棻督办。至于卢汉铁路,清廷决定参照刘坤一等人的建议,归于商办,规定各地集股 1000 万两以上者,准许设立公司,从事铁路的建设。

1896 年 1 月 10 日,胡燏棻奏准线路自天津起循运河迤北以达卢沟桥,津卢铁路的规划基本完成。根据规划测算,津卢铁路所需经费约合 240 万两库平银,最初的计划先由北洋大臣王文韶筹措 100 万两交给胡燏棻,以便尽早开工,其余的款项由户部陆续筹拨,待铁路股份招齐,再行归还这些拨款。然而北洋所需军饷等款项都属于迫不及待的事情,王文韶虽然勉为其难凑齐了 100 万两,但与胡燏棻约定只能作临时周转,必须随借随还。而北洋大臣主持下的关外铁路也即将兴办,届时势必无力兼顾津卢铁路的费用。而户部拨款,也没有如约到位。津卢铁路的经费实际上没有着落。

经过胡燏棻的多方筹措,津卢铁路开工前期所需的费用总算应付过去了,只是如果工程一旦全面开工,静等招集股份去应付,恐怕很难保证工程的进度。基于此种考量,胡燏棻建议:为了保障津卢铁路的施

---

① 中国科学院历史研究第三所编:《刘坤一遗集》第 2 册,882 页,北京,中华书局,1959。
② 宓汝成编:《中国近代铁路史资料(1863—1911)》第 1 册,200—201 页,北京,中华书局,1963。

工进度和质量,惟有以将来铁路收入为抵押,借用外国资本的办法解燃眉之急。经清政府同意,胡燏棻与北洋大臣王文韶议定向英商汇丰银行和德国德华银行借款 40 万英镑,折扣率为97.5%,年息为 5%,以全路作抵押,期限为 10 年,另行支付银行的费用10 000英镑。胡燏棻、王文韶的建议以及与汇丰、德华的议定遭到了奕䜣、奕劻等人反对,清政府此时的既定政策是铁路禁用外债。于是决定由户部即刻拨付 50 万两应急,并责成北洋凑齐 100 万两陆续交付使用。此两款用完后,再由户部划拨 50 万两,其余的 40 万两责成胡燏棻用招股的办法办理。

津卢铁路最初的预算为 240 万两,后来决定延长至马家堡,比原先的规划增加了 8 公里,故需增加经费 60 万两,全线总长为127.2公里,总造价达到 300 万两。在建设过程中,户部先后划拨 160 万两,北洋大臣王文韶凑借 60 万两,胡燏棻息借商款 40 万两,另留有缺口 40 万两。津卢铁路的开工及前期经费总算大体落实。

清政府依靠民族资本兴建铁路的政策引起了国内商界的高度兴趣,但是由于民族资本在当时的历史条件下发育尚不成熟,中国如果仅仅依靠民族资本自身的力量去兴建中国的铁路干线,构成一个完整的铁路网,显然并不现实。同时,政府拒绝利用外国资本的决定也使一些不法绅商钻了政策的漏洞,这些不法绅商虽然号称集股达到了清政府的要求,请求政府批准他们成立公司、承建铁路的计划,但实际上,在他们背后都有外国资本在支持,他们只不过是在为外商出头露面而已。所以这些绅商的不法活动在某种程度上也证明清政府禁止利用外资从事铁路建设的政策是不切合实际的空想,促使清政府重新考虑是否使用外国资本的问题,并最终于 1896 年 10 月 20 日下令改变先前不使用外国资本而依靠民族资本的既定政策,任命盛宣怀为铁路督办,设立铁路总公司,负责筹借外国资本,兴建卢汉铁路。

卢汉铁路的大规模借款不仅激活了中国铁路建设的高潮,也使资金一直短缺的津卢铁路出现了转机。清政府允许利用外资修建铁路新政策出台后的第三天,即 1896 年 10 月 23 日,津卢铁路的督办胡燏棻就由北洋大臣王文韶担保,从英国汇丰银行借款 40 万两,首开近代中国铁路建设中使用外国资本的先例,史称“第一次津卢铁路借款”。

津卢铁路从1896年1月开始施工,至1897年6月,自天津至马家堡全线竣工通车。由于这条铁路在规划中不取通州为终点,而经丰台以达卢沟桥,避免引起漕粮官吏和北运河船户的反对,但其目的仍在直达京师。所以,当1897年5月铁路修至丰台时,临时决定修改原先的规划,即另行引出一线至马家堡。这是实际经费较预算增长的原因之一。同时,主持津卢铁路修建的英国工程师金达不顾经费困难而运量并非繁重的情况,竟将天津—丰台—卢沟桥及丰台—马家堡间的线路铺设成双线,并使用当时造价甚高的重型钢轨,无形中又提高了津卢铁路的造价,使每公里的造价达到折合银2.76万两。故而当津卢铁路全线通车的当月,即1897年6月8日,胡燏棻又从汇丰银行借款30万两,是为第二次津卢铁路借款。到同年12月,又有两次铁路借款,总计4次借款,总额为154万两。

津卢铁路利用外国借款的成功范例证明了清政府利用外资修建铁路政策的正确,也引起了国际资本向中国市场的大转移,特别是当清政府筹借外债兴建卢汉铁路的消息宣布之后,立即引起了国际资本的高度兴趣,英、法、德、美等国的商人、银行纷纷与中国方面进行接触,有意以路权作抵押投资兴建卢汉铁路。外国资本的踊跃加入改变了卢汉铁路迟迟无法动工的被动局面,但由于中国方面主持其事的大员们背景不同,因此在究竟应该使用哪个国家的资金方面又发生了分歧。卢汉铁路的督办盛宣怀一心想借用美国的资本,而直隶总督王文韶力主借用英国的款项,湖广总督张之洞和李鸿章则倾向于由得到俄国支持的法比银团来承接卢汉铁路的工程项目。

美国对中国的铁路利权期待最早和最大。美国驻华公使田贝在甲午战争进行之际就向美国国务院建议,要注意中国在战后为了支付巨额的战争赔款,有可能向外国让与迄今都不曾让与的某些优先权,而这些优先权的重要部分可能就包括铁路的修筑权。此后不久,美国的摩根和弗林辛迪加就向清政府提议贷款20 000万两,但条件就是由他们拥有中国铁路的控制权。美国的华美合兴公司于1895、1896年两次派员来华,与中国方面探讨承建中国当时急需兴建的所有铁路工程。铁路总公司成立后,合兴公司的经理人巴时于1896年11月就与盛宣怀签订了卢汉铁路借款的草合同。紧接着,合兴公司又向中方提出包办全部工程、事权独揽的要求,并提出在借款利息和折扣外,中方必须向合兴方面另付给办公酬劳及余利红股的不正当要求。尤有甚者,合兴公司在谈判尚未结束的时候,竟然擅自派员勘察路线,并派员安插到将为卢汉铁路建设提供生产器材的汉阳铁厂。而美国驻华公使田贝也以美国在甲午战争期间曾经帮助中国谋致和平为由,威胁中国必须与美国公司签订长远合同,否则美国可能因此对中国产生恶感,以致影响中美之间的友好关系。所有这些,不能不引起中国方面的极大不满和反感,这就使美国获取卢汉铁路的修筑权蒙上了阴影。

美国方面有意承揽中国铁路的修筑权,但其真正的兴奋点并不在卢汉铁路,而是粤汉铁路和东北的铁路。但粤汉铁路属于英国人的势力范围,而东北铁路更与俄国、日本的利益密切相关。所以,美国资本谋求中国铁路修筑权的努力因这种种原因而告吹,不得不退出中国铁路修筑尤其是卢汉铁路修筑的竞争。

美国资本退出卢汉铁路竞争的另一个原因是英国的坚决反对。英国人认为,卢汉铁路将主要贯通其势力范围所在的长江流域,如果让美国势力染指卢汉铁路,那么英国的影响势必大减。为了摧毁美国公司在卢汉铁路兴建中的竞争力,英国方面不惜编造盛宣怀接受美国公司的贿赂、被美国收买的谣言,迫使中美双方不得不停止在卢汉铁路修筑项目上的合作。

在排除了美国公司之后,中英公司代表于 1897 年 3 月提出了一项400 万英镑的借款草约,并附有粤汉铁路也归该公司承建的条件。中国方面对这项合作表示了浓厚的兴致。王文韶竭力赞成与英国公司的合作,他认为从草约文本看,借款的利息不算太高,英国公司也没有提出过于苛刻的条件。但是,张之洞坚决反对使用英国的借款。他认为如果让英国承建粤汉、卢汉两铁路,那么英国必将控制从香港直至北京的全部路权,其后果将不堪设想。从国家安全的角度看,张之洞的分析自然很有道理,于是中国方面只得放弃与英国公司的合作。①

张之洞不仅无意与英国公司进行合作,而且从他本意来说,他根本

---

① 《张文襄公全集》第 3 册,693 页。

无意将卢汉铁路交给任何大国的公司去承建。他之所以同意各大国的公司来竞争，只是为了获得卢汉铁路"发包"过程中的主动权。事实上，他和李鸿章等大员倾向于"国小志短"的比利时，他们相信像比利时这样的小国决不会像英、美等大国那样霸道，比较容易与中国方面进行合作。因此，早在1895年7月，张之洞就曾与比利时营造官德海斯就修建卢汉铁路进行过洽谈，德海斯在此后不久也曾草拟两份较为详细的铁路建设方案转送给总理衙门。1896年，李鸿章出访欧洲时，也曾就修建卢汉铁路的问题与比利时国王进行过商谈。所以说，卢汉铁路在这个项目刚刚确定时事实上就基本定下由比利时承建的方案。

作为一个欧洲小国，比利时方面太清楚在各大国激烈的竞争中如欲获胜，没有大国的支持是根本不可能的，所以当中国政府有意将卢汉铁路的修筑权交给比利时的时候，比利时方面很快就找到了法国和俄国的银行、企业进行合作。而法、俄本来对在中国承建铁路就有很大的兴趣，但都因为中国政府惧怕与大国合作而告吹。现在由比利时这样的小国在前面负责交涉，法俄两国提供资本与技术，获取实际利益，故而事情的进展相对说来比较顺利。1897年5月27日，《卢汉铁路借款草合同》在武昌签字。合同规定，借款总数为450万镑，年息4厘，以铁路及其附属财产作保；自1909年起分20年还清本息，借款期内聘用比利时工程师修造、经营铁路；器材一半由中国自造，一半向比利时购买。

草合同签订之后，比利时方面援引英德借款的先例，向中方索要35万镑佣金，并在购置材料及用人等方面向中国施压。而英、美、德等国由于没有从这一巨大的工程项目中得到好处，也纷纷反对，甚至揭露比款中有法国资本，竭力期望中比之间的合作失败。

对于比款中的法国资本问题，中方早有觉察。盛宣怀早就知道这一点，他反对卢汉铁路与比利时合作的理由也正因为此。但是，张之洞等人则认为比款中的法国资本问题不必过虑，因为卢汉铁路的合作方毕竟是比方，而非法方，何况法国资本只是法国的商业资本，并非法国。"法商但能分比商之利，岂能出头揽我铁路之权？"[1]张之洞的这一判断

———————————————
[1]《张文襄公全集》第3册，693页。

在后来的交涉中被证明是错误的。

两个月后，即 1897 年 7 月 27 日，《卢汉铁路交款续增合同》签字，按照此合同的规定，比利时必须在翌年 2 月向中方支付第一笔借款 100 万镑。由于当时德国军队强占胶州湾，国际形势尤其是远东的形势日趋紧张，比方遂寻找借口不肯照合同办理，提出更改协议的要求。

由比利时承建卢汉铁路本来就遭到英、美等国的反对，比利时方面提出变更原议更为这种反对提供了新的机会。英国一直认为，比利时在法国、俄国的支持下承建卢汉铁路是侵犯英国在长江流域的利益，是一种反对英国的政治行动。1898 年 6 月 7 日，英国政府训令其驻华公使窦纳乐要求清政府将长江流域的铁路建设均交给英国的公司。两天后，英国政府又指使窦纳乐对总理衙门进行威胁，声称中国如果在长江流域对俄国或其他国家给予特别开放或赋予特权，那么英国政府在与中国有关的其他问题上将不可能继续以友好的态度进行合作。窦纳乐还竭力利用中比合作中出现的问题，怂恿清政府拒绝比款，期望中国政府将卢汉铁路的承建权交给英国的公司。

在这种情况下，王文韶劝盛宣怀不要贸然答应比方更改协议的条件，静观时变；而盛宣怀本来就不想使用比利时的借款而一直主张使用美国的资本，因此在这个时候，盛宣怀就名正言顺地提出放弃与比方的合作，卢汉、粤汉铁路均归美国承建的主张。[1]

盛宣怀弃比归美的主张不论是否有道理，但立即遭到法俄两国的反对。法国驻华公使施阿兰明确表示：比利时出面提供的卢汉铁路借款系法国银行代办，法国有权干涉，法国坚持认为必须维持由比利时承建卢汉铁路的原则，不愿意看到此项合作有什么改变。俄国驻华代办巴布罗福也向总理衙门提出类似的要求。

英、法、俄的争夺使盛宣怀无法将卢汉铁路的承建权转交给美国的公司，而清政府内部高层主持其事的李鸿章更不希望发生这种变化。李鸿章应比利时驻华公使的请求进行斡旋，一方面与比利时方面直接商谈借款条件，另一方面明示盛宣怀不要指望美国的投资，继续与比方

---

[1] 盛宣怀：《愚斋存稿》卷三十一，19 页，武进盛氏，1939。

进行合作,尽早达成合作协议。特别是在英德续借款合同已经签订之后,来自英德两国的阻力已大为减少,为了避免夜长梦多,盛宣怀遂于1898年6月26日在上海与比利时方面签订《卢汉铁路比国借款续订详细合同》及附件《行车合同》。①

卢汉铁路的竞争最终以法国及其盟国俄国的胜利而告终,倍感失落的美国在看到竞争卢汉铁路无望的时候,就通过曾经留学美国的容闳转而竞争津镇铁路的承建权。1898年1月18日,容闳以江苏候补道的身份向总理衙门递交《津镇铁路条陈》,建议招集洋股,设立公司,修筑由天津经山东德州至江苏镇江的铁路。同年2月,清政府批准容闳筹借洋款,设立公司,修筑津镇铁路。

清政府批准容闳修筑津镇铁路的建议首先遭到德国的反对,德国援引《胶澳租界条约》中的约定,宣称山东为其势力范围,在山东境内修建铁路是德国的专有权,无论何人都不能越过德国在山东境内修建铁路。如果中国政府一定要在山东境内修建铁路,就必须交给德国公司承建。②

在卢汉铁路竞争中失败的英国也一直在谋求所谓补偿。1898年8月17日,英国外相指示驻华公使窦纳乐向清政府正式提出补偿要求,扬言若清政府不立即同意英国的要求,英国政府认为这是对它蓄意的敌对行为,英国将为此而采取相应的措施。8月21日,窦纳乐致函总理衙门,一举提出包括津镇铁路在内的五路承筑计划,③以补偿英国未能承建卢汉铁路而少获得的利益。为了确保英国的要求能够获得清政府的满意答复,英国不惜命令其太平洋舰队进入战斗准备,并向威海卫和汉口集结。在英国外交和军事的双重压力下,清政府于9月6日照复窦纳乐,答应了其中的四条铁路可由英国承建,至于津镇铁路,由于必须通过德国在山东的势力范围,清政府没有贸然答应。

---

① 王铁崖编:《中外旧约章汇编》(一),773—782页。
② 容闳:《西学东渐记》,141页,长沙,湖南人民出版社,1981。
③ 英国提出的五路承筑计划:由天津至镇江,由河南、山西两省至长江,由九龙至广州,由浦口至信阳,由苏州至杭州或展至宁波。其中津镇铁路为其重点,英国的计划是把关内外铁路、津浦铁路、沪宁铁路、沪杭甬铁路连贯起来,使之成为纵贯中国东部的南北干线,以抵消俄法卢汉铁路与美国粤汉铁路所构成的腹地南北干线的影响与重要性。

英国政府知道修筑津镇铁路必须与德国进行协商,因为在英国强租威海卫的时候,英国为了换取德国的支持,曾公开承认德国在山东的权益。因此,为了获得津镇铁路的修筑权,英国开始有意识地拉拢德国。1898 年 3 月底 4 月初,英国首相就向德国驻英公使表示希望两国联合,共同阻止俄国进一步吞并中国,表示英国将尽力在中国支持德国。8 月 29 日,英国驻华公使窦纳乐建议英国政府发表声明,表明英国在中国所采取的行动绝无损害德国利益的意思,而是为了两国的共同利益。至于津镇铁路的合作,窦纳乐建议该路的长江一段由英国的公司承建,山东一段由德国的公司负责。8 月 30 日,德国驻英公使表示,德国希望两国资本在权利平等的基础上参加津镇铁路的修建;英国政府表示同意德国的建议,认为这是解决津镇铁路问题的最好办法。

按照英德两国政府达成的共识,两国金融界代表于 9 月 1 日开始在伦敦举行谈判,第二天达成两国共同修建津镇铁路的合作协议。[①]这份协议不仅确认了津镇铁路的合作方式,而且重新确认了英德两国在华的势力范围。

英德协议签字后,9 月 10 日,两国驻华公使分别照会总理衙门,要求按卢汉铁路同样的条件,由英德两国的公司承建津镇铁路。德国公使同时表示,德国商人要求承建津镇铁路代表了德国政府的意思,希望中国政府予以积极的配合。如果中国政府不答应此项要求,那么中德之间的友谊极可能因此而中止。[②]

从中国政府的立场看,其实津镇铁路的建设并非那么急迫,卢汉铁路建造后,中国并不急于再建造一条与之平行的南北铁路,因此清政府对于容闳过去提出的津镇铁路建造计划,事实上已经搁置不议。英德两国向清政府提出承建津镇铁路的建议后,清政府方面表示为难,但由于英德两国的强硬态度,也使清政府无法阻止,只得派出工部侍郎许景澄等人与之谈判。中方建议将津镇铁路的建设规划暂时搁置,不过考虑到英德两国银团的利益,建议德国将山东境内的铁路从济南向西连接卢汉铁路上的保定,建议英国将浦口西线接至卢汉线上的信阳。然

---

① 许毅等:《清代外债史资料》中册,318—319 页。
② 盛宣怀:《愚斋存稿》卷三十三,16 页。

而由于德国一心要南下长江、北上天津,根本不愿听从清政府方面的建议,中方也只好回到建造津镇铁路的原规划方案上来。

鉴于英德两国银团的分工与合作,德方在谈判过程中提出津镇铁路分三段修筑,其中由天津到济南一线由德华银行承建,济南至山东南境由德国包造,山东南境至镇江一线归英国的汇丰银行建造。这个建议对于英德两国银团的分工固然方便,但从许景澄等人的立场看,分段建筑实在障碍甚多,因此中方建议,津镇铁路的全线必须统一规划、一律办理。[①] 经过一番争论和妥协,双方达成的协议是,津镇铁路以山东峄县为界,分南北两段建造,南段由英国公司负责承建与管理,北段归德华银行承建和负责。1899 年 5 月 18 日,津镇铁路督办许景澄、帮办张翼与英国中英银公司、德国德华银行在北京签订《津镇铁路借款草合同》,其借款、承建及管理模式实际上是参照卢汉铁路的方案。

津镇铁路的最初动议原本是为了利用美国的资本,结果却被英德两国的银团获得了承建权,美国资本集团的失望可想而知,因此美国资本将重心转移到粤汉铁路的争夺上。

粤汉铁路最初拟议从武昌经江西至广州,后欲以粤汉路与法国自九龙起计划至湖南的铁路竞争,并拉直铁路,缩短距离,在湖南绅民的要求下,将粤汉铁路改为经湖南下广州。粤汉铁路全长约 1 048 公里,工程预算约为 3 000 万两,铁路所经的湖南、广东、湖北的绅民对粤汉铁路怀有极大的热情,倡议集股修筑,不用外国资本。湖南绅民迅速创办了湘粤铁路公司,准备集股自行修建,以此抵制外国资本的输入和外国人的控制。1898 年 1 月 26 日,清政府谕令直隶总督王文韶、鄂督张之洞、粤督谭钟麟、湖南巡抚陈宝箴等随时会商铁路总公司督办盛宣怀,参照卢汉铁路的办法,妥议招股借款各节,并选举各省绅商,设立分局,迅速开办。谕令建议,各国如有承办此路为请者,即由总理衙门告以三省绅商自行承办、已有成议为辞予以拒绝。[②]

清政府以三省绅商自筹资金为辞拒绝外国资本只是一种外交手段,实际上盛宣怀、张之洞等人并不相信三省绅商有能力自筹到足够的

---

① 《清季外交史料》第 3 册,2284—2285 页。
② 宓汝成编:《中国近代铁路史资料》第 2 册,498—499 页。

资金,他们的真正目的是将粤汉铁路的承建权交给美国,以三省绅商自筹资金为辞所拒绝的只是英、法、德、俄等国。按照盛宣怀的分析,德国已强占胶州湾,俄国也强租了旅顺,法国对海南岛虎视眈眈,英国或有图扼长江吴淞之谋,结果造成中国的各海口几乎尽为外国人所控制。仅有内地,尚可南北往来。而汉口为各行省南北东西水陆交通之枢纽,若粤汉铁路再被英国人控制,将来北方俄国人控制的铁路南引,南方英国人控制的铁路北上,那么中国的国家安全则不堪设想。基于此,盛宣怀认为无论如何,粤汉铁路的承建权都不能再落到英、法、德、俄的手中。而三省绅商的集资能力,盛宣怀、张之洞等人也深表怀疑,即使能够筹集部分资金,但肯定远远不够。为了使粤汉铁路早日建成,必然要利用外国的资本,而美国此时不断宣称保全中国,在中国既无势力范围,也无铁路权益,因此盛宣怀建议,为了以粤汉路保卢汉路,压制比利时在卢汉路上让步,并抵制英、法、德、俄等国的觊觎,维护中国的国家安全,只有利用美国资本修筑粤汉铁路方能达到目的。[①]

盛宣怀的建议获得清政府的批准,1898 年 4 月 2 日,清廷谕准粤汉铁路向美国公司借款。14 日,督办铁路大臣盛宣怀委托驻美大臣伍廷芳为代表与美国合兴公司在华盛顿签订《粤汉铁路借款合同》。[②]

粤汉铁路的承建权终于落入美国人的手中,在中国华南地区具有重要经济利益的英国自然感到不安,然而为了讨好美国,赢得美国对其在华利益进行支持,英国政府也未便在粤汉铁路的承建权问题上与美国人进行竞争。后经两国公使从中斡旋,英国的中英公司与美国的合兴公司进行谈判,并于 1898 年 12 月达成协议,约定今后任何一方在中国经办的企业均邀请对方参加一半的投资,只是对方不必承担必须参加的义务。根据这项约定,合兴公司承建的粤汉铁路,允许中英公司参加投资;中英公司承建的广九铁路,允许合兴公司参加投资。英美两国公司的约定,或许有助于粤汉铁路的建设,但另一结果却是使中国政府原本拒绝英国投资粤汉铁路,防止英国控制中国南北交通大动脉的设想化为泡影。

---

① 盛宣怀:《愚斋存稿》卷三十一,16 页。
② 王铁崖编:《中外旧约章汇编》(一),746—749 页。

粤汉铁路借款合同签字后,华美合兴公司即派员对线路进行了勘察。1899年3月,合兴公司向中国方面提交铁路附近开矿章程,提出在韶州、衡州、郴州等地开矿的要求。中方根据清政府路矿不能兼办的新章程,婉拒了美国方面的要求。然而美国方面坚持,中美粤汉铁路的借款合同在前,而新规定在后。根据中美粤汉铁路借款合同的约定,美方有权在铁路所经过的附近地区开矿。

美方的要求引起了湖北、湖南、广东三省绅商的强烈不满,而已经签署的借款合同中也确实同意合兴公司有在铁路所经地区开矿的权力。这种不可和解的冲突几乎使粤汉铁路的合作谈判陷入僵局,后在美国驻华公使及张之洞等人调解下,粤汉铁路合作的谈判得以继续。1900年7月13日,中国驻美公使伍廷芳代表督办铁路大臣盛宣怀在华盛顿与合兴公司签订《粤汉铁路借款续约》,[①]给予合兴公司开办同铁路有关的火轮、渡船、栈房及其工厂的特权。

粤汉铁路、卢汉铁路及津镇铁路虽然基本构成了中国铁路网的大框架,但这个框架的主体部分只是沟通了中国的华北、华中和华南地区,如果不能将东三省并入这个铁路网,那么这个网络结构总是不太合理与圆满的。

东三省的铁路建设也曾引起国际资本的高度关注,美、英、德、法等国的资本都曾有意于东三省铁路的承建权,但都无一例外地遭到俄国的反对。甲午战争之后,清政府有意联合俄国抵制日本,俄国也以主持干涉日本归还辽东半岛有功而向中国索取更多的特权。1896年6月3日,正在莫斯科访问的李鸿章代表清政府与俄国政府签订《中俄密约》,该密约以中俄结成军事同盟对付日本为借口,允许俄国以华俄道胜银行的名义组成铁路公司,建筑并经营一条从西伯利亚铁路引入中国境内,通过黑龙江、吉林两省以达海参崴(符拉迪沃斯托克)的铁路,并规定无论战时或平时,俄国均可使用该路运兵、运粮和运送军用物资。这条铁路又称"东清铁路"。李鸿章还允诺中国不拟展筑向北延长的铁路,如果一定要修筑,则使用俄国的资本,聘用俄国工程师。

---

① 王铁崖编:《中外旧约章汇编》(一),954—965页。

根据李鸿章与俄国方面达成的原则,1896 年 9 月 8 日,中国驻俄兼驻德公使许景澄与华俄道胜银行总办罗启泰在柏林签订《建造经理东省铁路合同》,议定由华俄道胜银行组建中国东省铁路(又称"中东铁路")公司,建造经理东省铁路,公司章程应照俄国铁路公司成规办理,所有的股票只准华俄商民购买。

12 月 29 日,东省铁路股票开始发售,由于开售仅几分钟就宣布结束,预告出售 30％的股票全部由俄国政府买进。东省铁路的各项权力实际上集中在俄国政府手中。同月,俄国督办西伯利亚铁路事务大臣库洛木金单方面公布经俄国政府批准的《东省铁路公司章程》,公然违背中俄双方先前达成的共识,更加放肆地侵犯中国的主权。1897 年 3 月 1 日,东省铁路公司正式成立,总公司设在圣彼得堡,分公司设在北京,清政府任命许景澄兼任公司总董(一称"督办"),俄国政府任命盖尔贝茨为会办。东省铁路的建设进入正式筹备的阶段。

041

俄国向来视中国的东三省为其坚固的势力范围,不许别的国家染指。俄国政府的真实意图是,所有邻近俄国边境的中国各省,尤其是东三省,除了俄国外,不希望有任何其他国家的势力。[①] 然而俄国自己却又是一个野心勃勃的国家,它除了期望拥有东三省的特权外,总是企图进入别国的势力范围,尤其是期望深入长江流域的英国势力范围。

在卢汉铁路借款的问题上,俄国人通过法俄联盟的关系,利用小国比利时战胜了英国和德国,其势力范围明显地进入英国人控制的长江流域。对于俄国人的进入,尤其是俄国人在卢汉铁路借款问题上的做法与胜利,英国人一直耿耿于怀,英国人认为一味被动地防止俄国势力的进入,不如主动地将自己的势力打入俄国人的地盘,于是对于俄国人在东三省的特权,英国人总想找机会进行挑战。

从清政府方面说,要进行大规模的铁路建设需要各列强的借款和支持,但是甲午战争后特殊的中国弱势又使中国政府对各国势力的进入保持一种警惕和怀疑,于是中国政府有意利用错综复杂的国际形势将各列强的在华势力进行分化和控制,铁路借款问题就是采取以夷制

---

① 宓汝成编:《中国近代铁路史资料》第 1 册,335 页。

夷的办法,坚决阻止英国承建粤汉路,转而让给对中国主张保全政策的美国,将卢汉路让与小国比利时。因此,对于俄国势力进入英国的范围,对于英国势力试图染指俄国人控制的东三省,清政府不仅不反对,而且可能更期望如此。

清政府的默许加剧了英俄之间的摩擦。俄国驻华代理公使巴布罗福最先以个人的身份向总理衙门表示:在天津—山海关铁路向北延长线上雇用英国工程师主持技术工作,将会引起俄国的不满。但是,他的这个建议遭到了总理衙门的拒绝。过了两三天,即1897年8月17日,巴布罗福带着俄国政府的训令,向总理衙门要求以俄国工程师替换金达的职位,并抗议中国政府修建山海关外铁路的决定没有事先与俄国协商,违反了中俄之间先前所达成的共识,侵犯了俄国的权益。[①]

英国工程师金达在中国铁路建设方面服务了十多年,设计修造了唐胥铁路及津卢铁路等一系列工程,根基深厚,贡献良多。津卢铁路通车后,关东铁路山海关至关外的绥中段也通车了,原津榆铁路总局与津卢铁路总局合并为关内外铁路总局,原津卢铁路总局督办胡燏棻改任关内外铁路总局督办,原先在津卢铁路总局主持技术的金达随胡燏棻调任关内外铁路总局,主持将要修建的关外铁路的技术工作,不仅顺理成章,而且也是中国方面自己的权力,俄国人并无权力干涉。

当然,俄国人的抗议及更换金达的请求主要是反对英国的势力向东三省延伸,并不是完全对着中国政府的。8月21日,英国驻华公使窦纳乐往访总理衙门,表明英国政府对可能免去金达职务这一问题深为不快,并提醒中国政府,英国没有反对西伯利亚铁路延长线之通过满洲,这表明了英国无意于阻碍俄国的发展;但是,除非认为山海关向北延展的铁路是一条俄国的铁路,俄国便没有理由反对中国政府雇用它所愿意的任何一个国籍的工程师,何况是这样一个充分得到他们信任的工程师。总理衙门的官员对窦纳乐明确表示,中国政府是决不会同意辞退金达的。

俄国方面步步进逼。10月上旬,巴布罗福为此事不断向总理衙门

---

① 宓汝成编:《中国近代铁路史资料》第1册,332—333页。

施加压力，窦纳乐则不断地向总理衙门鼓劲，希望中国方面顶住俄国的压力。总理衙门有了英国方面的支持，确实不准备让步。

10 月 18 日，巴布罗福径直往访窦纳乐，直截了当地提出了金达问题，他希望知道，总理衙门是不是已经如他们所说的那样正式答应了英国方面的要求，金达不应从天津至吉林的延长线上撤换掉。窦纳乐对巴布罗福说，他曾向中国方面作这样要求，并且已经得到了允诺。窦纳乐还表示，他当然已经听到巴布罗福对金达的抨击，所以立即采取步骤来保护一个英国公民的权利和利益。他指出，金达曾在中国政府供职十多年，人人都知道他是一个极干练、极诚实的人，中国人非常希望他保留职务。他最后还增加了一句，这种由一个友好强国的代表对于一个英国公民所加的抨击，实在使他惊诧万状。巴布罗福坦率地说，他并不因为金达是一个英国人而要驱逐他，而是因为他不是一个俄国人。他强调，俄国政府企望邻接俄国边界的中国各省内，除俄国外，不应有任何其他国家的势力。

巴布罗福与窦纳乐的这次正面交锋使"金达事件"暂时搁置起来，不料到了 1898 年 3 月，巴布罗福兼用书面和口头的形式，向总理衙门提出将金达从天津至山海关线上调走，而代之以一位俄国人，并再次向中国方面强调，山海关以北的铁路线应该用俄国资本和俄国工程师来建筑。巴布罗福的态度非常坚决，所用的语言也极为强硬，但由于总理衙门有英国政府在背后支持，并没有答应巴布罗福的要求。①

俄国政府此时正为强租旅大的事情与清政府进行紧张的交涉，为了获得英国政府对它强租旅大的支持或认同，俄国政府有意缓和与英国在"金达事件"上的冲突。② 这样，所谓"金达事件"就在英国政府的强硬态度下而不了了之。

"金达事件"只不过是英俄两国在东三省铁路建设问题上的前哨战，俄国政府以"金达事件"为借口，其目的是为了阻止英国势力向东三省渗透。而英国政府之所以在"金达事件"上寸步不让，还是因为它对

---

① 宓汝成编：《中国近代铁路史资料》第 1 册，338—339 页。
② 俄国政府在发现无法将金达撤换的时候，也曾指示巴布罗福设法收买金达为俄国服务。参见中国社会科学院近代史研究所《沙俄侵华史》第 4 卷上册，162 页，北京，人民出版社，1990。

俄国势力介入卢汉铁路的承建而不满,必欲将自己的势力发展到东三省,在俄国人的势力范围内打入一个楔子,其真实目的是要获得关外铁路的承建权。而清政府对于俄国人的霸道一直很恼火,也不希望东三省完全成为俄国人独占的势力范围,所以关外铁路的借款,清政府在最初阶段就将目标锁定在汇丰银行。1898 年 6 月 7 日,督办中国山海关内外铁路大臣、顺天府尹胡燏棻与汇丰银行并代英国公司在北京订立《关内外铁路借款草合同》,①约定中方向汇丰借款建造山海关外中后所至新民厅、营口的铁路,并继续委任英国工程师金达为关外铁路总工程师。

《关内外铁路借款草合同》的签订引起了俄国政府的愤怒。合同签字当天,巴布罗福就向总理衙门提出抗议,声称这条铁路的修建违反了中俄双方于 1898 年 5 月 7 日在圣彼得堡签订的《续订旅大租地条约》的相关规定。对此,总理衙门授权胡燏棻予以驳斥,指出《续订旅大租地条约》明确规定不包括这条铁路在内,而且胡燏棻还证实在《续订旅大租地条约》签订后,巴布罗福在与胡本人的一次会面中曾作出明确承诺,即展筑至牛庄的铁路线,不管雇用何国国籍人员或向何处借款,都将与俄国无关。

胡燏棻的答复并没有真正说服巴布罗福。7 月 12 日,巴布罗福向总理衙门再次提出抗议,并向清政府明确提出三点要求:(1) 中国如确欲修建此铁路,不得以该铁路抵押借款;(2) 该铁路将永为中国政府的财产;(3) 该铁路不得为外国人控制。②

巴布罗福的纠缠使中国政府相当为难,但巴布罗福提出的三个条件对总理衙门的官员也颇有诱惑,中国政府如果真的能够说服英国方面实行这三个条件,也不失为对中国有利的办法。因此,总理衙门在接

---

① 王铁崖编:《中外旧约章汇编》(一),767—768 页。

② 中国社会科学院近代史研究所:《沙俄侵华史》第 4 卷上册,163 页。窦纳乐丁 1898 年 7 月 27 日致总理衙门的照会称其从汇丰银行方面获得的俄国政府提出的三个条件是:(1) 不得以铁路抵押借款;(2) 不得以铁路为借款作保;(3) 铁路不得有泰西人管理。见宓汝成编《中国近代铁路史资料》第 1 册,337 页。

到巴布罗福的抗议要求后,似乎也确曾一度犹豫。[①]

中国方面的想法也为英国方面所洞悉。为了安慰中方,也为了平息俄国方面的抗议,英国一度想用关外铁路的权利与卢汉铁路的权利相交换,即中国政府答应由英国承建卢汉铁路的话,那么英国将放弃在关外铁路上的权利。然而,在英方得知卢汉铁路借款合同已于 6 月 26 日正式签订,英俄两国已不存在交换权利的可能时,又转而在关外铁路问题上采取强硬的态度。7 月 24 日,窦纳乐告知总理衙门:他昨天接到英国外交部的来电说,只要中国政府同意向英国借款修筑关外铁路,那么无论何国与中国有征战之事,英国必愿相助。总理衙门的官员说,俄国并没有征战之事,但不免常来总理衙门争论而已。对此,窦纳乐说:只要中国将修建关外铁路的事交给英国人,那么将来不论何国向总理衙门争论,英国均有办法。27 日,窦纳乐又照会总理衙门,反对俄国政府提出的三点要求,宣称如果中国政府答应了俄方的要求,势必对中英之间的关系产生较大影响。中国政府现在既然知道英国政府帮助中国,那么英国建议中方还是不要答应俄方为是。英国方面以软硬兼施的手段促使中国政府不要向俄国让步,但总理衙门实在抵挡不住俄国的压力及其条件的诱惑,还是拒绝了窦纳乐的建议转而答应了巴布罗福的要求。8 月 1 日,总理衙门就窦纳乐 7 月 27 日的照会作如下答复:关于关外铁路借款一事,俄国政府与本衙门议明借款不得以此路作押,中国国家嗣后应永为此路之主,无论如何,永不得以此路或此路之段借词托故改为外国人产业,亦不得归外国人经营,亦不准外国人干预铁路相关之事。中俄之间的这项约定于中英之间的交涉并无直接的关系,因此来照提出的要求,中国政府无法同意。8 月 6 日,总理衙门正式通知窦纳乐,鉴于俄国方面的坚决反对,中方不能履行中英双方于 6 月 7 日签署的关外铁路借款合同。

为了挽回局面,英国外交大臣索尔兹伯里于 8 月 8 日下午在伦敦

---

① 1898 年 7 月 24 日,总理衙门的官员在会晤窦纳乐时称,中方曾向巴布罗福说过,中国不论借何国的款项,俄不干预。胡燏棻此次向汇丰银行借款修建的关外铁路,自是中国的产业,无论何国,均不得占据。中方只是将此路作保,并非作押,这一点已向巴布罗福说明,转达俄国政府。中方还告诉窦纳乐,请将同样的意思向英国政府说明,即此次借款是以铁路作保,并非作押。这些均表明中方对俄国的三条建议有所考虑。参见宓汝成编《中国近代铁路史资料》第 1 册,337 页。

约见中国公使,称俄国没有任何权利来抗议汇丰银行贷与牛庄的抵押贷款,他"坚决建议"中国将俄国政府的抗议置之不理。然而,中俄之间的共识毕竟对中国是利大于弊,除非英国采取某些极端的措施,中国并不会轻易改变已经作出的决定。

英国在承建关外铁路问题上的挫折提醒了英国政府,使英国政府看到俄国人在占领旅大之后,将有效地控制住中国的整个东北地区,在俄国人的控制下,东三省不可能再向任何国家开放。而且更为危险的是,俄国人在有效地控制东三省之后,它的势力势必以东三省为基地,向京津地区逼近,并进而向扬子江流域长驱直入,威胁英国在长江流域的利益。鉴于此种危险,英国政府已经深感有必要同俄国政府进行直接谈判,确定两国在华的各自势力范围。

英国人的想法也正是俄国人的想法。英国意欲承建关外铁路,在俄国人看来,就是想将英国的势力渗透到自己的范围内,这是俄国政府无论如何都不能容忍的。俄国政府认为,整个中国的北部地区,特别是东三省是它独家占有的,至于它是否能在中国的中南部地区获得部分利益,那毕竟是不可测的未来,当务之急是俄国必须与英国就各自的势力范围确定一个大致的原则。1898年8月12日,俄国驻英代办雷萨尔奉命向英国政府建议就此进行谈判。在谈判中,雷萨尔坚持山海关—牛庄铁路不能抵押给汇丰银行,同时承诺如果英国不再坚持原有的主张,同意由另外的财源支付银行贷款,则俄国不再反对建筑这条铁路,并同意不在长江流域谋求租让权,同时英国也不得在中国东北地区谋求租让权。8月18日,英国驻俄大使斯科特往访俄国外交大臣穆拉维约夫,表示英国政府赞成雷萨尔的建议。然而,由于清政府已于8月11日批准《卢汉铁路比国借款合同》,俄国政府自认为通过卢汉铁路向中国中南部地区扩展自己的势力有了通道,因而临时改变态度,不愿与英国立即达成妥协。穆拉维约夫冷淡地对斯科特说:雷萨尔的建议纯粹是他个人的看法,并不代表俄国政府,目前最好的办法是哪一方面都不要作肯定的建议。英俄两国的直接谈判暂时中断。

在英俄两国进行谈判的同时,英国与其他列强就划分在华铁路利权范围的谈判也在紧张地进行。9月2日,英、德就各自在华的利益范围达成协议,互相承认在华利益范围。英国与美国的谈判也有了进展。9月6日,总理衙门就英国提出的五路承建计划作了答复,允其承建除津镇铁路之外的四条。英国在缓和了与德国、美国的矛盾以及获得清政府的承诺后,开始有精力集中处理与俄国之间的问题。英国政府鉴于俄国在关外铁路的问题上不可能让步的考虑,也有意识地改变某些策略,提出以山海关—天津—北京铁路作为向中国贷款修建山海关—牛庄铁路的担保,在某种程度上满足了俄国政府不愿中国政府以关外铁路作保贷款的建议。

对于英国政府关于山海关—牛庄铁路借款担保问题的建议草案,俄国政府基本满意。9月10日,俄国外交大臣穆拉维约夫致电俄国驻华代办巴布罗福称:鉴于这条铁路原本就在英国人手里,看来没有理由不同意英国政府的建议,以便结束英俄两国关于这一问题的争吵。

关外铁路贷款抵押问题只是英俄两国目前冲突的一个局部问题。英国政府在关外铁路贷款问题上的让步,是想以此换取俄国就两国在华势力范围的划分举行直接谈判。为了更准确地表达英国政府的意思,英国驻俄大使斯科特于9月21日向俄方提出一个具体的协定草案:(1)修筑山海关—牛庄铁路,可以使用汇丰银行的贷款,但该路应永为中国的铁路线,并置于中国人监督之下,不得抵押给任何非中国的公司;(2)俄国政府承担不在长江地区为俄国或俄国臣民谋求任何铁路租让权的义务,并且不直接或间接阻挠英国政府支持的在长江地区申请铁路租让权的活动;(3)英国政府承担不在满洲为英国或英国臣民谋求任何铁路租让权的义务,亦不直接或间接阻挠为俄国政府支持的在满洲地区申请铁路租让权的活动;(4)上述铁路租让不得含有任何有利于获得租让国家的铁路优惠运价或客货运特别税率的规定;(5)两国政府将本协议通知各国驻华代表,由后者提出建立同中国铁路租让有关的英俄两国银行、辛迪加之间的联系,并促使其与两国政府的行动协调一致。①

斯科特的建议在俄国政府内部引起不同的反响。外交大臣穆拉维

---

① 中国社会科学院近代史研究所:《沙俄侵华史》第4卷上册,169页。

约夫认为英俄两国应该就各自在华利益范围进行谈判,理由是俄国租借的旅大尚未巩固,中东铁路和南满支线还未建成,俄国在太平洋沿岸的地位尚无保障,因此俄国应该通过与英国的谈判阻止或缓解任何可能引起政治纠纷的行为,以便集中精力巩固俄国在东三省的地位。而财政大臣维特则认为,对俄国最为有利的是远东保持完全的自由行动,与英国进行划分各自势力范围的谈判等于束缚俄国自己的手脚,英国的建议也只是为了扩大英国自己的利益,并尽可能地限制俄国的利益,建议本身也没有任何值得交换的好处。俄国的势力虽然暂时局限于中国的东北地区,但俄国必须看到在中国的中南部地区还有许多潜在的利益可以去追求,英国所欲占据的长江流域的面积是东北的两倍多,人口稠密,物产丰富,俄国的势力在巩固了东北地区之后,完全有机会、有能力向南发展,如果此时与英国达成各自势力范围的协议,便只能束缚俄国未来发展的手脚。至于英国政府建议在各自承建、管理的铁路上不实行优惠运价和差别税率,维特更持反对态度,他认为如果真的实行了这个方针,那么将会导致俄国在东北的贸易和投资受到严重的伤害,甚至使俄国根据中东铁路合同所获得的利益化为泡影。维特主张俄国在东北地区通过运价和关税特权实行门户关闭政策,而期望英国在长江流域实行门户开放政策,允许俄国势力进入。

维特的主张在俄国政府内部暂时居于上风,因此俄国政府对于英国政府的建议草案置之不理。然而,形势的发展并不总是有利于俄国,俄国国内正在发生的经济危机,已经引起严重的社会矛盾。而国际环境的急剧变化,似乎也与俄国过不去,中国政府内部主张联俄抗日的李鸿章因国内维新运动的高涨而于 9 月 7 日被罢免在总理衙门的职务,没有李鸿章的总理衙门对俄国势力的南下充满着戒心,因此在关外铁路的借款问题上又开始倾向于使用英款而拒绝俄款。10 月 10 日,关内外铁路督办大臣胡燏棻与英国中英银公司(汇丰银行与怡和洋行合办)在北京签订《关内外铁路借款合同》①,约定该项借款以原有关内外铁路产业及进款和新造关外铁路进款作保;该路永远为中国产业,无论

① 王铁崖编:《中外旧约章汇编》(一),829—839 页。

中国近代通史【第四卷】
从戊戌维新到义和团(1895—1900)

/048

何国不得借端侵占；但又约定，在借款期间，总工程师应任用英国人，铁路办事处负责人员及司账均由欧洲人充当，以"监督"该路的建造和款项的使用。英国终于利用国际环境的变化如愿以偿地获得了对该路的实际控制权。

英国的成功使俄国政府感到非常沮丧。俄国政府在向中国政府交涉未果的情况下，开始反省其对英国的强硬政策是否值得。外交大臣穆拉维约夫认为，俄国在关外铁路承建问题上的最终失利，主要应该归结于维特的过高要求，从俄国的自身利益及当时的国际环境看，俄国为了巩固在远东地区的地位，必须尽一切可能与英国达成谅解和较为亲善的协议。基于这种判断，俄国政府对英国的政策开始出现重大调整，有意接受英国方面在 1898 年 9 月 21 日提出的就两国在华势力范围进行直接谈判的方案。1899 年 2 月 7 日，外交大臣穆拉维约夫照会英国驻俄大使，就两国在中国承建和经营铁路的问题提出建议：（1）俄国不阻挠英国在长江地区的任何铁路事业；（2）英国也不阻挠俄国在长城以北地区的铁路事业。这个建议是对英国原先建议的积极回应，但为了获得谈判中的主动权，穆拉维约夫的照会对双方最为关心的一方可否在另一方的势力范围内进行铁路投资的问题却只字未提。俄国政策的底线或许是，如果英国在俄国的势力范围内进行诸如关外铁路这样的投资，那么俄国就要在长江流域英国人的势力范围内进行同样的事情。因为按照维特先前的分析，长江流域的面积是东三省的两倍多，潜在的商业利益远比东三省大得多。对于俄国政府的这种心迹，英国方面似乎也洞若观火，因此当英国居于谈判的主动地位时，英国方面明确提出必须规定各自不得在对方的势力范围内进行铁路投资的条款。暂居弱势的俄国只能对此表示接受。作为回报或交换条件，英国同意俄国将其势力范围由中国的东北地区扩展到整个长城以北，并表示在协议中不再提出铁路运价和税率的问题。对于英国已经获得的北京至牛庄铁路借款的事实，俄国也作了相应的让步，表示俄国并不反对缔结为建筑这条铁路提供英国借款的合同，而是要使中国政府注意其不遵守对俄协定的倾向，将英俄两国关于关外铁路借款问题争吵的责任嫁祸于中国。

经过一番讨价还价和适度的让步,英俄两国于 1899 年 4 月 28 日以换文的形式确立了各自在华铁路利益的范围。换文称:英俄两国为真诚谋求避免彼此在中国的利益交错问题上可能引起冲突的一切原因,并考虑到中国某些地区在经济上、地理上的重要性,业经协议如下:(1) 英国约定不在长城以北,为自己或为英籍臣民或其他人士争求任何铁路让与权,并且不阻挠——直接的或间接的——为俄国政府所支持的对这一地区铁路让与权的要求;(2) 俄国方面约定不在扬子江流域为自己或为俄籍臣民或其他人士争求任何铁路让与权,并且不阻挠——直接的或间接的——为英国政府所支持的对这一地区铁路让与权的要求。

英俄两国政府的换文暂时平衡了两国在华利益,也有助于缓解在中国铁路事业发展早期各列强在中国盲目的争夺而导致的混乱。但是,这个协定毕竟是背着中国方面达成的,它虽然声称无意侵犯中国主权,但事实上还是对中国的主权及领土完整构成了很大的威胁。总理衙门在收到两国公使的照会后,于 1899 年 5 月 2 日分别照会两国公使,郑重声明该换文称英俄两国无意侵越中国自主之权,具征好意。惟本衙门应当申明者:扬子江一带、长城以北,乃中国土地,权在自主。两国自不肯侵越中国自主之权,将来中国设或欲作某处铁路,应由中国自主。即某国愿意承办何处铁路,亦应听中国商明准驳,方于自主之权无损,自不得以贵国与某国自行商议之事,作为中国允许之据。总理衙门的声明表明了中国政府的严正立场,对于维护中国主权完整,特别是对后来收回路权运动的发展提供了重要的历史文献依据。

列强通过向中国提供贷款承建铁路,确实在中国获得了不少政治上,尤其是经济上的特权,使西方资本主义国家的资本输出在中国巨大的铁路上获得超额的回报,也极大地加强了列强对中国政局和社会的控制能力。但是,资本的本性从来都是以利益的最大化为追逐目标,期望早期资本主义国家对中国铁路事业的发展进行无偿、低利率的投资,显然也是不现实的。而且,借款筑路是中国政府在甲午战争后的主动选择,也是中国政府在主要依靠民族资本大规模修筑铁路政策失败之后的选择。因此,让西方列强在获得铁路承建权的同时,获取某些高额利润,也是落后国家在发展初期不得不付出的必要代价。

从积极的方面看,清末尤其是甲午战争后至 1898 年的几年间,用借款大规模修建的铁路,不仅使中国的铁路建设从无到有、从小到大,而且基本完成中国铁路网的总体布局,对于中国经济的发展起到了重要的作用,促进了中国社会结构特别是近代经济成分的发展,极大地改变了中国的社会经济面貌。铁路的延伸,传播着近代文明的种子。铁路的兴建,不仅极大地改变了古老的中华大地的面貌,而且有力地改变了中国传统社会结构,改变了人们的物质和精神生活方式。短短几年间,近万里铁路所经过的地区,不仅带动了铁路沿线矿产资源的开发、新型工业的崛起,而且重绘了中国经济布局的蓝图。一批铁路沿线的新兴城市如哈尔滨、沈阳、郑州、石家庄等,渐渐地成为中国新的中心城市,而一批老的中心城市如天津、上海、武汉等,也因铁路的修建更加壮大,成为全国性的中心枢纽,西方近代以来的先进技术、先进观念,通过铁路这条大动脉源源不断地流向中华沃土。

二 对矿山的贷款、投资与控制

当三国要求日本归还辽东半岛的干涉活动还在东京进行而中俄之间的借款谈判也未尘埃落定的关口,俄法两国就开始着手制定深入中国的计划,利用干涉还辽的有利时机,向中国政府索取在中国开采矿产资源的权利。1895 年 5 月 8 日,法国外交部长哈洛托向中国驻英法两国公使龚照瑗表示,法国屡次帮助中国,但中越边界及通商问题至今尚未解决,请立即安排双方代表进行磋商,找到一个能为各方所接受的通融办法。法国驻华公使施阿兰也在北京四处活动,一再要求总理衙门允订中越界约和商约。他宣称:"此次中日和局,法与各国出为调处,大有益于中国,而法都议院屡诘外部,何以为中国如此出力? 故外部急欲订此约,俾阖国绅民咸知中国优待法国之意。"①

对于法国的这种居功要挟的姿态,总理衙门的官员们虽然看得很清楚,但是毕竟弱国无外交,也不敢断然拒绝法国的这些要求。在订约

---

① 《清季外交史料》第 2 册,1920页。

谈判中,法国提出割让云南边境上的一部分领土、滇桂开埠通商以及给予法国开采矿产资源优先权等要求。总理衙门为了避免开罪法国,不得不勉从其请,同意了这些要求,以示对法国帮助中国的酬答之意。1895年6月20日,奕劻和徐用仪两人代表清政府与法国驻华公使施阿兰在北京共同签署了《续议界务专条附章》及《续议商务专条附章》两个条约。根据前一个条约,划定了中越边界,把中国的一些领土给予法国。根据第二个条约,中国同意将来在云南、广西、广东等三省开采矿产时,可先向法国厂商及矿师人员商办。法国由此不仅获得了在三省开采矿产资源的优先权,而且实际上在三省奠定了法国势力范围的基础,并开始由此为基地进而向四川等地渗透。1899年5月,四川矿务总局招商保福公司,向在华法商民集资,组织由中外资金参与的福安公司,获得灌县、犍为、威远、綦江、合州、巴县等地铁矿、煤矿的优先开采权。同年11月,法商组织福成公司,又取得天全、懋功两处五金矿的开采权。

中法之间的两个条约在签订之前就遭到英国方面的反对。英国认为,法国通过这两个条约获得了在中国西南诸省的特权,这一方面势必动摇英国在长江上游的优势地位,另一方面也将割断英属印度、缅甸与中国的陆上交通,威胁英国在东南亚的地位。英国驻华公使欧格讷曾赴总理衙门进行交涉,希望中国不要签署这两个条约。当签约的趋势不可挽回之后,英国政府又制造借口,声称中国政府违背了1894年3月1日签订的中英滇缅条约,要求获得补偿。

法国在西南诸省获得的开采矿产资源的特权深深地刺激了英国,英商摩根于1896年向素来主张延聘外国工程师勘察中国矿产资源的盛宣怀提交说帖,表示要自备资本与设备,代替中国方面勘察中国全境与藩属的矿产资源,有意垄断中国矿产资源的勘探权,盛宣怀自然不敢答应。①

盛宣怀不敢答应的原因,是清政府此时尚未改变不让外国人开采中国矿产资源的既定政策,而事实上这一政策在借款修筑铁路高潮中正在逐步被打破。山西境内矿产资源丰富,尤其是煤炭资源更是国内

①盛宣怀:《愚斋存稿》卷二十五,31页。

各省望尘莫及。为了开发这些资源,1897年,山西巡抚胡聘之向清政府要求由山西省出面举借外债修筑太原至柳林堡(后改为太原至正定)铁路支线,以便与卢汉铁路干线相衔接,缓解山西境内煤炭外运的压力。1897年7月14日,清政府同意了胡聘之的建议。随后,胡聘之安排山西商务局职员方孝杰与俄国华俄道胜银行进行借款谈判,又指示候选知府刘鹗与意大利商人罗沙底的福公司进行另一笔借款谈判。福公司是意大利商人罗沙底利用英国商业资本创办的一家以开发中国矿产资源为主要目的的英国公司。1898年初,福公司与刘鹗经过谈判签订了一份开采山西省境内煤炭、钢铁资源的草合同。

　　利用外资开采中国的矿产资源应该说是一个有创意的大胆之举,但当清政府不许外资介入中国矿务开采方面的政策未改变的时候,山西商务局的借款草合同自然有违中国政府的规定。因此,当这一草合同签订之后尚未执行时,都察院左都御史徐树铭等人就上奏清廷,以"外人制胜之法,假铁路以侵地,假矿务以夺利"为由,反对山西商务局借款修路、开矿合同,并指责方孝杰、刘鹗等人劣迹素著,请求清廷将二人革职查办,以振纲纪。

　　徐树铭的指控虽然显得守旧,但毕竟符合清廷的既定政策。于是,清廷在研究了徐的指控后,于1898年2月28日下令将方、刘二人革职,不准他们再介入山西省的商业事务。方孝杰、刘鹗的行为原本就不是其个人行为,而是胡聘之交代他们的,因此如果他们真的触犯了清廷的法律,其责任也应该由胡聘之来承担,而不是由他们承担全部责任。3月7日,胡聘之应清廷的要求将山西省借款修路、开矿的全部情形报告清廷,并在这份报告中重申自己的观点。他认为,当甲午战争后强邻环伺的情形下,如将铁路的修建、矿山的开采全部交给外国人,种种要挟,不如其意不止;中国与其迁延坐误,丧失时机,不如借款自己兴办铁路,开采矿产,使外国资本为我所用,外国资本获得其应得的利润,既可因此而泯列强觊觎中国的野心,也可使中国因此而摆脱贫穷落后的现状。①

053

―――――――――――――

① 宓汝成编:《中国近代铁路史资料》第2册,409—410页。

胡聘之的意见引起了总理衙门的注意,再加上在京的意大利商人罗沙底、俄国华俄道胜银行的代表璞科第多次到总理衙门不断地催问,声称他们分别与山西商务局签订的合同不仅经过山西巡抚的批准,而且已报告本国政府,此合同只能照章履行,很难更改,因此希望总理衙门尽快批准施行。在各种因素的影响下,总理衙门向清廷提交了山西路矿办法的计划书,认为都御史的指控虽有道理,但多所牵强,不足以折服洋人,建议对合同章程斟酌妥善,批准借用外国资金兴办山西境内的铁路、矿山,于国于民都必将有莫大的好处。

总理衙门的意见引起清政府的高度重视。1898 年 5 月 21 日,山西商务局在北京与英国福公司及俄国华俄道胜银行分别签订了《山西商务局与福公司合办矿务章程》及《柳太铁路合同》,前者约定将山西省盂县、平定州、潞安、泽州与平阳府属煤、铁以及他处煤油各矿,转请福公司办理。合同甚至约定,以后中国他处有用洋款开采煤铁矿者,应一概仿照此章,将所有矿产值百抽五纳税,以归划一。①

福公司企图将其与山西商务局签订的合同原则推广到中国的所有用洋款开采的矿务中,虽然口气大了些,但在福公司自己所控制的中国利用其资金开发的矿山中,确实基本上遵循了这次合同的基本原则。1898 年初,福公司与翰林院检讨吴式训订立合同草案,准备由河南豫丰公司向福公司借款办理河南全省的矿务。其后虽有给事中郑思贺上奏清廷请求制止,但总理衙门因已经批准了山西矿务局的借款章程,没有理由制止河南借用洋款开发矿产资源,遂建议清廷予以批准。1898 年 6 月 21 日,福公司与河南豫丰公司就在河南境内开采矿产资源的合作问题在北京签订《河南矿务合同章程》,各项大的原则确实与福公司先前与山西商务局议定的大体相当。

山西、河南借款开采矿产资源的办法,意味着清政府先前既定的不准外资介入中国矿产资源开采的政策将发生重大变化,而且由此也引起各国的广泛关注和激烈的竞争。为了有序地安排外资进入中国的矿产资源开采领域,清政府于 1898 年初就开始酝酿建立一个专门管理矿

① 山西矿务章程由于山西绅民的反对似乎没有真正执行,故此次借款开矿实际上属于未成交的范畴。参见许毅等《清代外债史论》,526 页。

山开采事务的机构。8月2日,清政府下令成立"矿务铁路总局",特派总理衙门大臣王文韶、张荫桓专理其事,所有各省开矿筑路一切公司事宜,均归该局总管。

矿务铁路总局的成立,以及由该局会同总理衙门拟定的《矿务铁路章程》的颁布,对于引导、协调各省引进外国资金开发矿产资源起到了良好的作用。此后各省引进外国资金开发矿产资源一般说来比较有序,中外双方的责、权、利的分配也有了比较可靠的法律依据。

1898年10月10日,督办津榆铁路的大臣胡燏棻与英国汇丰银行并代怡和洋行经理华英公司在签订关内外铁路借款合同的同时,又签署了一份《南票矿务合同》,约定督办大臣向朝阳县之南票地方购买上、中、下三票煤矿,现与公司商订合同,合股开办。从合同上看,三票煤矿由中英合办,这是路矿总局成立之后产生的第一家利用外资而创办的企业,其分配原则、管理原则也基本上符合路矿总局颁布的章程,它对于三票煤矿开采的技术近代化,起到了积极的作用。

1899年4月14日,英国摩根公司与四川矿务局设立的华益公司在成都订立《四川矿务华洋合办章程》,以华洋合办、利益均沾、分利平权的原则,合作开采四川省境内的煤炭、钢铁、石油等矿产。

英国在短短的两年时间里,在中国获得了山西、河南、直隶、四川等省的矿产资源的优先开采权,是西方列强当时在中国获得矿产利权最多的国家。英国的成功刺激着其他列强向中国索取矿产资源的优先开采权,德国表现得最为积极。

德国对中国的矿产资源一直觊觎着。1891年,德国的德华银行利用开平煤矿资金不足的困难向开平煤矿借款200万两(库平银)以为周转,是为开平矿务局借款,也是德国资本染指开平煤矿之始。1898年3月6日,中德之间的《胶澳租界条约》在北京签订,该条约的第二项专门讨论铁路矿务等事,其第四款允准德国在山东境内修建胶济铁路的同时,于所开各道铁路附近之处相距30里内,如胶济铁路北路在潍县、博山县等处,胶沂济南路在沂州府、莱芜县等处,具优先开采煤矿的权利。其合作方式,亦可由德商、华商合股筹组合资公司。该条约的第三端约定,中国政府如果在山东省境内有开办其他实业的计划,并决定向外国招集帮助的时候,或使用外国人,或用外国资本,或用外国物质的时候,中国方面有义务先听取德国方面的意见,德国享有筹办工程、售卖物资的优先权,只有当德国商人无意于该项工程时,中国方面才有向其他国家咨询、商谈合作的权利。

中国的东北三省向来被俄国看作自己的势力范围,当三国干涉还辽尚在进行的时候,俄国政府就与法国政府合谋获取在中国境内开采矿产资源的特权,法国计划从南而北,俄国则准备从北而南发展。俄国通过修筑中东铁路及南满支线的过程,实际上已经获得了在铁路沿线开采矿产资源的权利。1896 年 12 月 16 日,俄国政府单方面宣布的《东省铁路公司章程》竟然擅自宣布东省铁路公司经中国政府准许有权开采煤矿,无论与铁路合办或单独办理,并有权在中国组织一切工商矿务之实业。也就是说,俄国政府已经将不仅在东三省,而且在整个中国境内开采矿产资源的特权视为理所当然。只是俄国政府并不以此为满足,它依然不断地向清政府要求给予他处矿产资源的优先开采权。1898 年 2 月,俄国政府向清政府提出开采黑龙江右岸中国境内的金矿和煤矿。4 月 9 日,俄国政府又向中国方面提出未经俄国方面的同意,中国不得将辽东半岛大半部分地方让与他国享用,并不得将造路、开矿及工商诸利益让给他国,实际上是向中国索取对辽东半岛的独占权。5月 7 日,中俄双方在圣彼得堡签订的《续订旅大租地条约》第五款确认了这一原则。1899 年 8 月,华俄道胜银行驻北京的代理人要求开采锦州所属各处的五金矿,随后俄国驻华公使也代表俄国商人向中国政府索要开采兴安岭金矿的权利。同年,华俄道胜银行又背着清政府与英国福公司达成一项协议,由华俄道胜银行允许福公司在柳太铁路所经地区建造支线,并给予经营矿务的便利,作为回报,福公司放弃太原等7 处矿产资源的开采权。不久,俄国又获得在蒙古鄂尔河地区开采金矿 25 年的权利。还是在 1899 年,俄国又与新疆办矿总局签订《合办金矿合同》,取得新疆塔城和库尔喀喇乌苏厅等处开采金矿 25 年的权利。俄国事实上已经获得长城以北及东三省、内蒙古、新疆等辽阔土地上开采各种矿产资源的优先权。

甲午战争的战胜国日本虽然通过战争获得了台湾,但它对列强在中国获得的铁路承建权及矿产资源开采权依然十分眼红,但由于日本的战争行为及战后的掠夺实在激怒了中国人,因此日本在甲午战争后中国市场的瓜分方面几乎一直处于被动的状态,直到1899年方才获得大冶铁矿矿石的合同,开始有机会染指中国内陆的矿产资源。

大冶铁矿由湖广总督张之洞于1891年主持兴建。为了与大冶铁矿相配套,张之洞于1894年又在汉阳兴建了汉阳铁厂。这两个企业成为后来组建的大型煤铁联合企业汉冶萍公司的两个重要支柱。1896年,清政府因官款支绌,遂将汉阳铁厂改为官督商办,派盛宣怀督办。盛上任之后,为了解决汉阳铁厂的市场销售问题,于1899年4月7日在上海与日本八幡制铁所签订《大冶矿石合同》,约定大冶铁矿所产铁矿石除汉阳铁厂自用外,应尽先供应日本八幡制铁所,其数量每年不少于五万吨;与此相应,八幡制铁所每年向汉阳铁厂供应不少于三四万吨的煤。八幡制铁所有权派员驻矿厂监督合同的履行。这是日本染指中国内陆矿产资源的开始,也是日本将参与列强在中国瓜分势力范围的重要信号。

第二章
维新运动的酝酿与蓬勃发展

　　甲午战争对中国来说,实在是一次极其严峻的考验,它的成功与失败远不是台湾宝岛的割让和巨额战争赔款,而是关系到中国的前途,关系到如何评估清政府半个世纪以来的洋务活动。如果甲午之战是以中国的胜利而结束,那么清政府在 19世纪中叶开始推行的洋务活动便基本正确,中国沿着这条道路继续走下去,便终有恢复往昔盛世的那一天。然而,甲午战争恰恰以中国的失败而告终,而且失败得如此之惨,屈辱如此之甚,实在是唤醒了中国四千余年历史之大梦。这不能不在中国青年知识分子中引起强烈的震动,于是有了康有为等人领导的维新运动的蓬勃发展,并最终导致一场规模宏大的政治变动。①

---

① 梁启超:《戊戌政变记》,见《饮冰室合集》专集之一,1 页,北京,中华书局,1989。

第一节　思想准备与成型

康有为等人正式登上中国政治舞台的时间恰是 1895 年春中国民族危机最严重的时候。不过，如果从思想史的立场去探讨，他们的思想追寻却要早得多。

一　康有为的学术传承

康有为(1858—1927)，初名祖诒，字广夏，号长素，又号更生，一作更牲。广东南海人，故学者称他"南海先生"。康氏的先人为广东名族，世以理学传家。康有为的祖父康赞修是广东地区有名的儒家学者，因此康有为比较早地接受了儒家思想影响，当然主要是程朱一系的理学思想影响。

光绪二年(1876 年)，19 岁的康有为拜岭南著名学者朱次琦为师，从此逐步放弃先前所接受的程朱理学，逐渐厌弃在故纸堆中讨生活的考据之学，转而对与程朱理学相反的陆王心学发生浓厚的兴趣。

朱次琦(1807—1881)，号稚圭，字子襄。广东南海九江堡人，故人称"朱九江"或"九江先生"。朱次琦为道光年间的进士，博览群书，学术造诣精深博大，对岭南学术的发展产生过重要的影响。朱次琦为学的基本宗旨是宋明理学，强调以程朱理学为学术的骨干与根基，但同时也不废陆王心学，以为陆王心学所论也有程朱理学家所不及的地方。于是他主张以程朱理学为主，兼采陆王心学，融合汉宋之长，而探源于孔子，从而形成以"济世经世，不为无用之空谈高论"为主要特征的学术思想体系。就学术的敏锐度而言，朱次琦较早地看到了当时最为流行的乾嘉汉学的内在不足和问题,故而主张汉宋兼容并重。①

康有为追随朱次琦究心于中国传统旧学的第三年,即1878年,他的知识已有很大的长进,儒家典籍、先秦诸子、汉宋以来的重要著作,康有为都曾系统阅读,许多重要的典籍甚至能够出口成诵。不过随着知识的积累,康有为开始与乃师朱九江的学术见解发生分歧,最突出的分歧发生在对韩愈的看法上。朱九江素来推崇韩愈的文章,而康有为却觉得韩愈道术浅薄,以致宋明以来的文章大家受其影响,皆徒有虚名,探其实际,皆空疏无有。所谓韩愈文章,不过为文工于抑扬顿挫,便于朗读,但能言耳,于道无益,于中国文化的积累,于儒家精神的继承与发展,实际上都没有多少用处。即便是被称为千古名篇的《原道》,如果仔细分析,也是浪得大名,极为肤浅。康有为开始怀疑以全副精力埋首于故纸堆"汨其灵明"的实际意义,开始反省考据学大家,如戴震等人的学术"究复何用"。于是,他逐渐厌弃故纸堆的生活,而私心好求安心立命之所,静坐养心。②

很显然,康有为的学术变化已经使他无法继续师从朱九江。1878年冬,康有为辞别师事三年的恩师,来到山水幽胜的西樵山,居白云洞,专讲佛、道之书,养神明,弃渣滓,时或啸歌为诗文,徘徊散发,枕卧石窟瀑布泉水之间,席芳草,临清流,常常整夜无眠,恣意游思,天上人间,极苦极乐,皆如亲身尝试一般。然而,"偶有遁逃聊学佛"的结果,仍旧"忧患百经未闻道"。③既而以事出城,遂断此学,佛教、道教的理论依然不能满足康有为的精神饥渴和思想需要。

居住在西樵山白云洞静养的时候,翰林院编修张鼎华(字延秋)与朝士四五人来游西樵山。张鼎华素以文学盛名于京师,康有为对之亦仰慕已久。至是两人相见,本该相谈甚欢,无奈议论不合,张鼎华遭到了康有为的大声呵诋,愤恨中拂袖而去。不过,涵养深厚的张鼎华并没有计较康有为的不逊,他对康有为的某些见解虽不认同,但还是佩服康有为的精神与为人的。他在回到广州省城后逢人便说:"来西樵但见一

① 简朝亮:《朱九江先生传》,见《清代碑传全集》,1787页,上海古籍出版社,1987。
② 康有为著、楼宇烈编:《康南海自编年谱》,8页,北京,中华书局,1992。
③ 康有为:《三年》,见汤志钧编《康有为政论集》上册,27页,北京,中华书局,1981。

土山,惟见一异人。"自是广东的知识界开始对康有为格外注意。

张鼎华的雅量感动了康有为,康氏遂以优美的骈体文字致书求见。张氏得读康有为的来书极为欣赏,谓粤人无此文,康、张二人由是订交。两人在省城的相晤通宵达旦。从张那里,康有为接触到一些西方近代的资本主义思想以及当时正在酝酿中的改良主义思潮,从而"尽知京朝风气,近时人才及各种新书,道、咸、同三朝掌故,皆得咨访焉"。康有为的思想从此发生重大的转折,张鼎华对此起到了极为重要的作用。康有为后来曾深情地回忆张鼎华在他这一思想转变中的重要性,说:"张君聪明绝世,强记过人,神锋朗照,谈词如云。吾自师九江先生,而得闻圣贤大道之绪,自友延秋先生,而得博中原文献之传。"①康有为将张鼎华与朱九江并列,尊为自己思想学术成长过程中的引路人。有诗为证:"南望九江北京国,捫心知己总酸辛。"②

张鼎华拯救了徘徊中的康有为,从而使后者就此舍弃中国传统知识分子安身立命的考据帖括之学,专意养心,"既念民生艰难,天与我聪明才力拯救之,乃哀物悼世,以经营天下为志",③开始研读具有经世致用特征的《周礼·王制》《文献通考》《经世文编》《天下郡国利病书》《读史方舆纪要》等,既而得《西国近事汇编》《环游地球新录》等。通过对这些新学读物的阅读与研究,康有为的思想境界更进一层。

正是在这一年(1878年),康有为因一个偶然的机会到英国殖民统治下的香港旅游,一个与自己生活在其中且厌倦的旧世界全然不同的新天地,给他以前所未有的心灵震荡,"览西人宫室之瑰丽,道路之整洁,巡捕之严密,乃始知西人治国有法度,不得以古旧之夷狄视之"。④康有为乃复阅《海国图志》《瀛寰志略》等书,购地球图,渐收西学之书,开始了"先进的中国人"向西方学习的艰难历程。

1882年,康有为因应顺天乡试第一次来到北京,在返回家乡时道经上海。他目睹开放仅仅几十年的上海在西方社会的影响下日益繁荣昌盛,"益知西人治术之有本",遂购置大量西书加以研读,"自是大讲西

063

---

① 《康南海自编年谱》,9 页。
② 《苏村卧病书怀》,见《康有为政论集》上册,20 页。
③ 《康南海自编年谱》,9 页。
④ 《康南海自编年谱》,9—10 页。

学,始尽释故见"。① 1884 年,中法战争爆发。康有为在乡间俯读仰思的过程中,所悟日深:"因显微镜之万数千倍者,视虱如轮,见蚁如象,而悟大小齐同之理;因电机光线一秒数十万里,而悟久速齐同之理。知至大之外,尚有大者;至小之内,尚包小者。剖一而无尽,吹万而不同,根元气之混沦,推太平之世。"②他有意于营造自己的思想体系。

到了第二年(1885 年),康有为遂根据他所掌握的西学知识手定大同之制,以《几何原理》为蓝本著《人类公理》。③ 在这部书中,康有为以西方近代资产阶级自由、平等、博爱的理论,猛烈抨击中国传统社会制度和传统的意识形态,在近代中国最先提出"人的解放"这一口号,并绘制了他的理想世界的蓝图。

1886 年,康有为在修订《实理公法全书》的同时,作《康子内外篇》《教学通议》及《韵学卮言》。《康子内外篇》之内篇言天地万物之理,外篇言政教艺乐之事。《教学通议》的撰述宗旨,据康有为自己说,是他看到"今天下治之不举,由教学之不修也";"教学之不修",是因为"患其不师古也"。而世人所学只是"师古之糟粕,不得其精意"。而他认为:"善言古者必切于今,善言教者必通于治。"所以,他著此书的目的就是言教通治、言古切今。④ 于是他循周公之典范,以《周礼》为蓝本,敷教言治,表现出浓厚的古文经学的倾向。这也就是梁启超所说的,康有为虽为晚清今文学经学的重心,在思想观念上也与常州学派的经学比较一致,但其以经世致用为标志,尤其是其早年曾精心研究古文经学的经典《周礼》等,似也是不诬的事实。⑤

在乡间的几年,康有为在大量阅读中西典籍、营造自己的思想体系的同时,也有意识地准备科举考试的内容。在那个时代,科举考试是青年知识分子走向仕途、走向成功的唯一途径。1888 年 5 月,康有为再

---

① 《康南海自编年谱》,11 页。
② 《康南海自编年谱》,12 页。
③ 《康南海自编年谱》,13 页。《人类公理》后更名修改为《实理公法全书》,全文刊载于《中国文化研究集刊》第 1 辑,上海,复旦大学出版社,1985。
④ 康有为:《教学通议序》,见康有为撰,姜义华、吴根樑编校《康有为全集》第 1 卷,80—81 页,上海古籍出版社,1987。
⑤ 梁启超:《清代学术概论》,见朱维铮校注《梁启超论清学史二种》,63 页,上海,复旦大学出版社,1985。

次赴京参加乡试,并因特殊的机缘开始了他的政治生涯。

是年 6 月 19 日,慈禧太后颁发懿旨,以光绪帝年已十八,经过这些年的学习与锻炼,已经能够处理军国大事,遂宣布于明年正月皇帝成婚之后,即由光绪皇帝亲政。同一天,光绪帝也发布上谕,表示接受慈命。清廷最高权力和平交接的消息震动了朝野,人们感到随着最高权力的和平转移,中国的政治局面很可能出现新的转机。

在京城待考的康有为或许因刚刚去世的张鼎华以及其他人的关系,与朝中大臣略有走动。当他得知光绪皇帝将要亲政的这一消息后,也与其他年轻的知识分子一样格外兴奋,萌生上书清廷、提出自己的改革意见,似乎也就在情理之中了。是年 9 月,康有为游西山,登高极望,辄有山河人民之感,几年来一直深藏在胸的忧国忧民情怀油然而生。他觉得,中国自 1884 年中法战争失败以来,国势日蹙,在远东的大国地位受到了极大的影响,20 余年的洋务活动并没有将中国变成真正的强国,中国如果不抓紧时机在未来的几年及时变法,恐怕还会继续沦为东亚弱国。基于这种认识,康有为于 1888 年 11 月 16 日上书朝中大臣翁同龢、潘祖荫、徐桐,表达了他对当时中国所处环境的看法,并提出了中国应兴应革诸问题。

康有为的建议在朝中大臣那里引起了一定的反响,"京师哗然",证据是这些大臣与康有为这一介布衣开始了交往,并请康有为在可能的情况下为一些大臣代拟奏章。或许正是在这些大臣,如翰林院编修黄绍箕、刑部侍郎沈曾植、御史屠仁守等人的鼓励和默许下,康有为于 1888 年 12 月 10 日第一次上书光绪皇帝,历陈中国处境危险的真相,"极言时危",建议皇上取法泰西,实行改革,及时变法,提出变成法、通下情、慎左右的三点建议。①

按照清朝既定的政治体制,科道及四品以上京堂方有权专折奏事,四品以下的官员如有条陈,须有所在衙门的高阶官员代奏,或呈请都察院转呈。而康有为当时是没有任何功名的一介布衣,根本无权上书皇帝。他先是托请国子监祭酒盛昱,盛昱遂将这份万言书转呈户部尚书、

---

① 《上清帝第一书》,见《康有为政论集》上册,52—61 页。

光绪皇帝的老师翁同龢,然翁以康有为的上书中"语太讦直无益,祗生衅耳"为由加以拒绝。[①] 至于上书中哪些部分"语太讦直无益",多年之后据康有为打听,主要是因为康有为在这份上书中有言及"马江败后,不复登用人才",以为人才各有所宜,能言治者,未必知兵,批评清政府用人之"失宜"。而张佩伦刚刚因为批评清政府用人政策的失误遭到处分,怎能指望翁同龢在这个时候为康有为这一介布衣去冒险呢?

翁同龢拒绝转呈康有为的万言书后,盛昱又转请都察院左都御史祁世长。祁对康有为的"忠义"精神颇为嘉许,约定时日到都察院呈递,不料届时祁推托有病,拒绝代递。康有为又致函徐桐等大臣请求帮助,也毫无效果,第一次上书终因九宫深远而难达天听。

康有为的第一次上书虽然失败了,但这一非常的举动不仅开启晚清数十年无布衣诸生上书言事的先例,而且实在是对当时沉闷的晚清政界、思想界投入一块巨石,乃至举国惊哗,"咸骇为非常之举"。暗中赞成、默许、支持者有之,而公开反对者也不少,"朝士久未闻此事,皆大哗,乡人至有创论欲相逐者"。康有为由此承担了不小的压力。

心灰意冷的康有为接受其好友沈曾植的劝告,不再昌言国事,而以金石陶遗、历代碑刻、书法绘画为事。在此后数月中,暂居京师的康有为尽观京师藏家之金石凡数千种,始著其书法理论著作《广艺舟双楫》。又因与朝中一些大臣有交情,也尽量帮助这些大员起草一些奏折,以自己的聪明才智"曲线救国"。然而,此时的朝政委实过于黑暗,吏治过于腐败,不独不能变法,即便旧政风纪,也很难维持。久居京师,目睹如此政局,康有为的失望自然而然地日趋加重,"决然舍归,专意著述,无复人间世志意矣"。1889年9月11日,康有为怀着依依惜别之情离开了北京。临行前,作有一诗言志:

眼中战果成争鹿,海内人才孰卧龙?
抚剑长号归去也,千山万水啸青锋。[②]

---

① 陈义杰整理:《翁同龢日记》第4册,2234—2235页,北京,中华书局,1992。
② 徐勤:《南海先生四上书记杂记》,见夏晓红编《追忆康有为》,292页,北京,中国广播电视出版社,1997。

康有为看到了中国的危机,自况为卧龙先生诸葛亮。他虽然不得已抚剑长号归去,但似乎也有再回京师一展宏图的信心。

郁闷的康有为出都之后,一路游山玩水,至 1890 年 1 月春节前夕方回到广东故乡。春,移居省城广州,暂居徽州会馆,后移居其曾祖父的故居云衢书屋,计划在这里通过讲学培养人才,凝聚力量;同时,"复事经说,发古文经之伪,明今学之正",①创建和完善自己的思想学术体系。

康有为对古文经学的怀疑由来已久,但真正将这种怀疑形成体系,应当是他受到廖平的启迪之后。廖平(1852—1932),四川井研人。原名登廷,字旭陔,后改名平,字季平,初号四益,旋改号四译,晚年更号五译,又更号六译。1874 年,入县学为诸生。时,张之洞督学四川,请当时今文学大家王闿运主尊经书院,廖平以学识被选拔入学,遂成为王的弟子。

王闿运(1832—1916),湖南湘潭人。字壬秋,一字壬父,因所居名湘绮楼,故晚年号"湘绮老人",学者称"湘绮先生"。王闿运青年时代即以文才有名于时,后入京应礼部试,落第后一度在京逗留,依附主持朝政的肃顺,及肃顺被逐,返回乡里不出。后参与曾国藩幕,而曾国藩不能用,独谓闿运文不慧业,目为著述之才。闿运亦自负其才,睥睨一世,貌似和谐,内实骄矜,故每到一处,都与人不和。于是退息林泉,无意用世,欲以教学著书终其身。② 后曾应四川总督丁宝桢之聘主讲成都尊经书院,终日为诸子讲说,多发明《公羊春秋》之义,其后开廖平今文经学一派。后归主长沙校经书院,移衡山船山书院,又一度出任江西高等学堂总教。弟子著籍者甚众,岿然为一时大师。其学推崇《公羊》何氏注,是晚清今文经学阵营中的重要人物。

对王的学术宗旨及对其学术价值的评估自晚清以来便不一致。皮锡瑞认为,王闿运的学说新而有据,异于宋明诸儒。③ 这是对王闿运的学说持赞成态度的评价。而其他更多的学者则认为:王闿运虽以治《公

---

① 《康南海自编年谱》,16 页。

② 张舜徽:《清儒学记》,346 页,济南,齐鲁书社,1991。

③ 皮名振编著:《皮鹿门年谱》,8 页,上海,商务印书馆,1939。

羊》闻于世,然故文人耳,经学造诣甚浅,无甚发明;①其学术价值似乎尚不及常州学派的今文学者孔广森的著述,②大抵王氏说经,想摆脱旧有传注,自成一家,其流弊乃至杜撰出奇,为世所讥。有人骂他"开著书笺《易》之路,成末流蔑古之风",不是没有根据的。大抵他一生治学,不外以抄书为注书,以翻史为读史,恃其才大,不能仔细做朴学笃实功夫,所以著述虽多,可传者少。③

王闿运的经学造诣确实不高,但其对近代中国学术进程的影响颇大。他那以文人的见解对儒家经典尤其是《公羊传》的浅薄解释,深深地启发了他的学生廖平。廖平受其影响,毕生致力于经学,尤其是《公羊春秋》学的研究,著书甚多,结集为《四益馆经学丛书》十数种,颇知守今文家法。不过廖平的思想并非前后一以贯之,其前后期的学术见解变化很大。他最初认为,今文经学与古文经学的重要区别仅仅在于礼制的不同,今文经学的礼制祖《王制》,古文经学的礼制宗《周礼》。此即其思想之第一变。稍后他认为,今文经学为孔学之真,所谓古文经基本是刘歆所伪,因此他竭力攻击王莽、刘歆的古文经学,以为古文经学与西汉正统的今文经学"天涯海角,不可同日而语";又鼓吹孔子受命改制,为"素王"。凡此,都表现出他鲜明的今文经学家的观点,对与此同时的康有为产生了相当大的影响。

在追随王氏治经学之后,廖平举于乡,成进士,用知县,以亲老不欲其远行,请就教职,选授龙安府学教授。1889年6月,他应两广总督张之洞的邀请,赴广州,居广雅书院。

对于廖平的学术见解,康有为应该早有所闻。他在与廖平见面之前,曾在他的朋友沈曾桐那里读到廖平的《今古学考》,对廖平的学术见解深表钦佩,引为知己。1890年春,康有为从乡间来到省城广州,寓居徽州会馆的时候,得知廖平在广州,遂由同乡黄绍宪(字季度)居间介绍,往访廖平于广雅书院。廖平并将自己已成的著述《知圣篇》《辟刘篇》赠给康有为,请其指教。康有为回去阅读之后,写了一封万余字的

---

① 梁启超:《中国近三百年学术史》,见《梁启超论清学史二种》,315页。
② 梁启超:《清代学术概论》,见《梁启超论清学史二种》,63页。
③ 张舜徽:《清儒学记》,348—349页。

长信批评廖平，斥其"好名骛外"，不该轻变前说，劝廖平将这两篇文章尽快毁掉，以免贻误后学。廖平答以面谈后再决行止。过了些时日，廖平到徽州会馆回访，向康有为仔细地解释了自己学说之所以变化的原因及学术上的根据，终于说服了康有为，使康有为觉得陆王心学虽"直捷明达，活泼有用"，但远不及今文经学的"灵活"；佛教哲学虽讲慈悲普度，但"与其布施于将来，不如布施于现在"。于是，康有为尽弃其先前的古文经学立场，而转向廖平以及常州学派的今文经学，决定利用今文经学的特点来对传统文化进行新的阐释，以创建和完善他的关于变法图强的理论体系，并在学术上成为晚清今文经学的集大成者。①

廖平的经学一生六变，对康有为产生影响的主要是其第二变，其著作为《今古学考》以及由《今古学考》而改写的《知圣篇》和《辟刘篇》。

《今古学考》成书于1886年。该书的宗旨为，据《五经异义》所立今古两百余条，专载礼制，不载文字，定为今学主《王制》、孔子，古学主《周礼》、周公。《左传》出于今学方盛之时，故虽有简编，无人诵习，仅存秘府而已。至于哀、平之间，今学已盛而将微，古学方兴而未艾，刘子骏目为此编，遂据以为今学之敌，倡言求立。至于东汉，遂古盛而今微，此风气盛衰迭变之所由。后来到了郑玄，"混合今古"，实在是"违古"。为了纠正郑玄的问题，廖平治经于此时力与郑反，旨在将郑玄所误判的地方区别出来。廖平认为，经学至郑一大变，至今又一大变；郑变而违古，今变而合古；离之两美，合之两伤，得其要领，以御繁难，有识者自能别之。这个观点实际上是廖平最初的经学见解。②

仅仅两年的时间，到了1888年，廖平自变其说，以为六艺皆新经，非旧史。以尊经者作《知圣篇》，辟古者作《辟刘篇》。③ 在《知圣篇》中，廖平对古文家乃至乾嘉汉学都提出了批评。他指出：以惠栋、戴震为代表的乾嘉汉学独标汉帜，收残拾坠，零璧断圭，颇近古董家；名衍汉学，实则宗法王莽、刘歆，与西汉古文经学天涯地角，不可同日语；孔子受命

① 关于廖平与康有为的思想传承关系是一个争论不休的复杂问题，本节叙述参见廖幼平《廖季平年谱》，45页，巴蜀书社，1985；章太炎《清故龙安府学教授廖君墓志铭》，见《章太炎全集》第5卷，264—265页，上海人民出版社，1985。
② 廖平：《今古学考》，见《廖平选集》上册，82页，成都，巴蜀书社，1998。
③ 廖平：《经学六变记·二变记》，见《廖平选集》上册，549页。

制作,为生知,为素王,此经学微言传授大义;帝王见诸事实,孔子徒托空言,六艺即其典章制度,与今六部则例相同;素王一义,为六经之根株纲领。① 这里对刘歆、王莽的攻击便与康有为的《新学伪经考》的见解极为相似。

康有为著《新学伪经考》辨析今古文,实启导于廖平。但对于此点,康有为素来忌讳莫深,不愿承认。而廖平对此则直言不讳,一而再再而三地向世人指出这一点。② 反复向世人强调,外间所传康有为的《孔子改制考》,即祖述《知圣篇》,《新学伪经考》即祖述《辟刘篇》,而多失其宗旨。③ 总之,廖平认为康有为的两部重要著作都与他的《知圣篇》《辟刘篇》有关。

对于康有为的《新学伪经考》可能因袭廖平著作的问题,廖平不仅在各种场合进行宣传,而且在当时也曾直接致信康有为进行争辩,然而康有为则始终不愿承认其思想见解直接来源于廖平,但曾协助其编写《新学伪经考》的大弟子梁启超对此则直言不讳。他曾明确指出,康有为早年酷好《周礼》,为古文经学,后见廖平所著书,乃尽弃其旧学。④ 显然,康有为的《新学伪经考》有受之于廖平者,但其论证、阐发的基本路数似乎是康有为的发明,并不与廖平的学术思路完全一致。换言之,康有为的《新学伪经考》肯定受到廖平的思想影响,只是在当时的情况下康有为不愿承认而已。但是到了后来,当康有为比较能够冷静地反省自己的学术道路的时候,他还是多少交代了自己的学术渊源关系。他在1917年所作的《新学伪经考后序》中比较隐晦地承认《新学伪经考》的一些观点与廖平的某些见解暗合,但他依然不愿意坦率地承认他曾受到廖平的直接影响,甚至以为廖平的见解没有他的《新学伪经考》来得彻底,而是介于今古文之间的模糊看法。

应该承认,廖平的今古文学术分析确实没有康有为的见解来得彻底与明白,然惟其如此,正可将廖平视为康有为的学术前驱。如果廖平将一切都讲得很明白,那么哪里还有康有为后来发挥的余地呢?

---

① 廖平:《知圣篇》,见《廖平选集》上册,175页。
② 廖平:《经语甲编》一,见《廖平选集》上册,447—448页。
③ 廖平:《经学六变记·二变记》,见《廖平选集》上册,549页。
④ 梁启超:《清代学术概论》,见《梁启超论清学史二种》,60页。

事实的真相可能是,康有为在与廖平在羊城会面之前,或许已对古文经学产生过某些疑问,但经与廖平"两心相协"的交谈之后,康有为的见解便更加明确,于是有他的《新学伪经考》一书。从这个意义上说,廖平是康有为的学术前驱,但并不能因此而否定康有为思想学术的独创性。康有为至死不愿承认廖平学术对他的直接影响固然不对,但廖平将康有为的独创性全然不顾,反复强调自己对康有为的直接影响,也是促成康有为愈趋反感而更不愿承认的直接原因。对此,还是梁启超的分析有点道理。他说:康有为其治经则综糅汉宋今古,不言家法。康先生之治《公羊》,治今文也。其渊源颇出自廖平,不可诬也。然所治同,而所以治之者不同。畴昔治《公羊》者皆言例,康则言义。惟牵于例,故还珠而买椟。惟究于义,故藏往而知来,以改制言《春秋》,以三世言《春秋》,自南海始也。改制之义立,则以为《春秋》者,绌君威而申人权,夷贵族而尚平等,去内竞而归统一,革习惯而尊法制,此康之言也。[①] 换言之,也就是美国学者勒文森在分析廖平与康有为的关系时所指出的那样,廖平与康有为的今文经学表现出两种不同的形态:康有为积极地干预现实政治并以今文经学作为干预政治的工具,事实上康有为在后期建立孔教会时就更加完全不顾今文、古文的区别;而廖平只是一个纯粹的儒生,表现出明显地超然于现实政治之外,"为儒学而儒学"的特点。[②] 这或许可以说明职业思想家与政治实践家之间的区别,更可以明了康有为与廖平之间的学术联系。

二 万木草堂讲学

大约在与廖平见面的同时,1890 年 4 月间,广州学海堂的高才生陈千秋慕名拜访康有为。陈千秋(1869—1895)字通甫,又字礼吉,号随生。广东南海西樵乡人。他少年时代就攻读过乾嘉汉学大师戴震、段玉裁、王念孙、王引之等人的著作,能考据,18 岁即著有《广经传释词》,纠正王念孙、王引之著作中的某些不足,由此可见陈千秋的旧学功底已

---

① 梁启超:《论中国学术思想变迁之大势》,见《饮冰室合集》文集之七,98—99 页。
② 参见《儒家中国及其现代命运》,见李学勤主编《国际汉学著作提要》,179—180 页,南昌,江西教育出版社,1996。

经达到相当的程度。他与康有为见面之后,相与讨论《诗经》《礼记》等儒家传世典籍中的问题,康有为也向他表达了自己的看法,告之以孔子改制之意、仁道合群之原,破弃考据旧学之无用。语及身世家难,陈千秋哀感涕下,而康有为则因以生死之理告之。既而,康有为又向陈千秋讲解他自己最近的研究心得,即尧舜三代之文明,皆为孔子所托,闻则信而证之。既而则告以人生马,马生人,人自猿猴变出,则信而证之。乃告以诸天之界,诸星之界,大地之界,人身之界,血轮之界,各有国土、人民、物类、政教、礼乐、文章,则信而证之。又告以大地界中三世,后此大同之世,复有三统,则信而证之。康有为的这些论点在今天看来可能已经不足为奇,但在当时乾嘉汉学笼罩天下一切学术的背景下,确实具有石破天惊、振聋发聩的莫大作用。陈千秋原本就具有极强的悟性,当他听了康有为的这些奇谈怪论之后,恍然有悟,闻一知二,遂决定追随康有为学习。① 7 月,陈千秋成为康有为的第一个弟子。

陈千秋拜康有为为师后,便将他所知道的康有为学说向他的同窗好友梁启超热情地介绍一番,认为康有为才是他们最理想的导师,他劝梁启超也放弃在学海堂的学业,拜康有为为师。9 月,梁启超首次拜见康有为,成为康有为招收的第二个及门弟子。

梁启超(1873—1929),字卓如,号任庵。广东新会人。少年时代即以神童闻名于乡里,17 岁中举,对于中国传统学术已有相当的造诣。他接受陈千秋的劝告后,便与陈分头引荐各自亲友中的有志青年,至年底差不多已经物色到 20 余人。1891 年春,他们二人协助康有为在广州长兴里开设长兴学舍,正式收徒授学。康有为"与诸子日夕讲业,大发求仁之义,而讲中外之故、救中国之法"。② 按照梁启超的说法,讲学内容主要是中国数千年来学术源流、历代政治沿革得失,取万国以比例推断之,以救中国之法。课则宋元明《学案》《二十四史》《文献通考》等。并著有《长兴学记》以为学规。

康有为长兴里讲学所阐发的思想见解明显不合乎清初以来的正统学派,故而在听讲者方面自然引起不小的震动。梁启超后来描述当时

① 《康南海自编年谱》,18 页。
② 《康南海自编年谱》,19 页。

的心情时说:"余出少年科第,且于时流所推重之训诂词章学,颇有所知,辄沾沾自喜。先生乃以大海潮音,作狮子吼,取其所挟持数百年无用旧学,更端驳诘,悉举而摧陷廓清之。自辰入见,及戌始退,冷水浇背,当头一棒,一旦尽失其故垒,惘惘然不知所从事,且惊,且喜,且怨,且艾,且疑,且惧,竟夕不能寐。明日再谒,请为学方针,先生乃教以陆王心学,而并及史学、西学之梗概,自是决然舍去旧学,自退出学海堂,而间日请业于南海之间。"①

康有为与众不同的奇谈怪论吸引了越来越多的青年学子,韩文举、梁朝杰、曹泰、王觉任、麦孟华、林奎、陈和泽等青年才俊先后来到长兴学舍就读,第一年就达到了 40 余人。长兴学舍旧有的房屋已不够使用。1892 年,移学舍于卫边街邝氏祠堂。1893 年以来,学者已达 100 余人。是年冬,再迁学舍于广府学宫文昌殿后面的一座祠堂里,康有为将学堂命名为"万木草堂",以树人如树木,寓培植万木为国栋梁之意。1897 年夏,万木草堂达到全盛期,就学者已有数百人。

从 1891 年开办长兴学舍到 1898 年戊戌政变后,万木草堂被清廷查封,康有为在广州办学历时 8 年。在这 8 年中,他虽多次离开广州,但他从来没有停止对万木草堂学员们的授课。当康有为不在学堂的时候,日常事务由学长陈千秋、梁启超、徐勤、林奎等负责,康有为只是学堂的总监督、总教授。他除了指导弟子们研习中国传统文化经典外,也指导他们阅读江南制造总局翻译馆译述的声、光、化、电等学科的西书,并着意培养学生对国家事务的关心,鼓励他们身居草堂,心忧天下,以爱国救亡为己任。经过几年的精心培养,万木草堂终于为后来的维新运动培养出一批健将,如梁启超、欧榘甲、韩文举、徐勤、麦孟华、龙泽厚、叶觉迈等,都在后来的维新运动中作出过各自的贡献。万木草堂不仅在中国教育史上具有相当重要的地位,而且在近代中国政治史上起到转移风尚的特殊作用。

---

① 梁启超:《三十自述》,见《饮冰室合集》文集之十一,16—17 页。

三 新学伪经与孔子改制

从 1890 年到 1897 年的几年间,康有为一边在长兴学舍、万木草堂以及桂林等地聚徒讲学,培养维新变法的理论骨干,一边勤奋写作,致力于理论体系的营造。在短短的几年中,他先后著有《婆罗门教考》《王制义证》《王制伪证》《周礼伪证》《尔雅伪证》《史记书目考》《国语原本》《孟子大义考》《魏晋六朝诸儒杜撰典故考》《墨子经上注》《孟子公羊学考》《论语为公羊学考》《春秋董氏学》《春秋考义》《春秋考文》《日本书目志》等等。而在后来影响最大、最足以代表康有为政治思想和政治理想的则是《新学伪经考》《孔子改制考》以及康有为当时秘不示人的《大同书》。

在《新学伪经考》中,康有为抨击清代正统学派——乾嘉诸老的汉学——所依据的儒家经典并不可靠,以釜底抽薪的手法否定正统学说的权威。他祖述廖平的学说又有新的发展,以为西汉并无所谓古文经学,东汉以来的所谓古文经学,皆是刘歆为了王莽"新朝"改制而伪造的,与儒家之祖孔子并无干涉,故名之曰"新学伪经"。其要点主要有:(1) 西汉经学,并没有后来学者所说的所谓古文,凡后来学者所说的古文皆为刘歆所伪作;(2) 秦朝焚书的实际效果过去被严重高估,其实秦王朝焚书坑儒并未危及儒家六经,两汉十四博士所传,皆孔门足本,并无残缺;(3) 孔子时所使用的文字,即秦汉间篆书,即以文论,亦绝无今古之目;(4) 刘歆弥缝其欲作伪之迹,故校中秘书时,于一切古书多所羼乱;(5) 刘歆所以作伪之故,因欲佐莽篡汉,先谋湮乱孔子之微言大义。康有为这几个学术看法,通过并不太复杂的历史考证方法,打掉正统学派所尊奉的古文经典的神圣灵光,而断定这些古文经书只是"记事之书",淹没了孔子作经以托古改制的原意,孔子之道遂亡矣。

如果仅就学术史本身来说,《新学伪经考》的价值确实并不值得称说,它决不像后来的辨伪学者所宣称的那样,是一部极重要和精审的"辨伪专著"。它的漏洞至为明显,"属词也肆","制断也武","立宜也不稽","言之也不怍"。[①] 甚至曾经协助康有为撰写此书的梁启超也不能

---

① 符定一:《新学伪经考驳谊》,载《制言》1939 年第 16 期。

不承认此书在学术上确实存在不尽人意或牵强附会之处,以为"有为以好博好异之故,往往不惜抹杀证据或曲解证据,以犯科学家之大忌,此其所短也。有为之为人,万事纯任主观,自信力极强,而持之极毅。其对于客观的事实,或竟蔑视,或必欲强之以从我。其在事业上也有然,其在学问上也亦有然;其所以自成家数崛起一时者以此,其所以不能立健实之基础者亦以此;读《新学伪经考》而可见也。"①

与康有为同持今文经学观点的皮锡瑞也指出:《新学伪经考》"以其说皆从今文以辟古文,所见相合。惟武断太过,谓《周礼》等书,皆刘歆作,恐刘歆无此大本领。既信《史记》,又以《史记》为刘歆私窜,更不可据。"②

不过,康有为的这些见解是否适当是另一问题,但其对晚清思想的冲击则是相当明显的:第一,清学正统派之立脚点,根本动摇;第二,一切古书,皆须重新检查估价,此实思想界之一大飓风也。③ 显然,《新学伪经考》的价值并不在于学术的层面,它的真正价值主要还是康有为为了给他的变法理论提供一种历史的和哲学的依据。从这个意义上说,我们不能也不必从学术上去与康有为过分较真。

就政治层面而言,《新学伪经考》于1891年正式刊行,立即在中国思想界引起极大的反响。据康有为1917年所作《新学伪经考后序》称,《新学伪经考》初出时,海内风行,上海及各直省翻印五版,徐仁铸督学湖南,以之试士,而攻之者亦群起,朝野哗然。甲午二月,康有为入京会试未第,六月归粤,七月,清廷即下令焚禁《新学伪经考》。戊戌、庚子,又两次奉旨毁版。由此也可见此书在当时的影响。

从思想政治层面反对《新学伪经考》的理由主要是,这部书诋毁前人,煽惑后进,于士习文教大有关系。他们指责康有为以诡辩之才,肆狂瞽之谈,以六经皆新莽时刘歆所伪撰,腾其簧鼓,煽惑后进,号召生徒,以致浮薄之士,靡然向风,从游甚众。此荒谬绝伦,诚圣贤之蟊贼、古今之巨蠹。他们除了咒骂之外,似乎也没有从思想理论层面进行有

---

① 梁启超:《清代学术概论》,见《梁启超论清学史二种》,80页。
② 皮名振编著:《皮鹿门年谱》,27页。
③ 梁启超:《清代学术概论》,见《梁启超论清学史二种》,64页。

力的反驳。

《新学伪经考》刊行之后,康有为在弟子们的协助下,于1892年开始写作《孔子改制考》,至1896年完稿。

在《孔子改制考》中,康有为通过对今文学经典的研究,断定《春秋》为孔子改制创作之书,正面阐发被古文经学所淹没的孔子托古改制的微言大义。他指出:孔子以前的历史,是茫然无稽的,孔子创立儒教和当时诸子百家一样,都试图通过托古的方式重建自己理想中的社会;六经中之尧舜文武,皆孔子民主君主之所寄托,所谓尽君道,尽臣道,事君治民,止孝止慈,以为轨则,不必其为尧舜文武之事实也;六经中先王之行事,皆孔子托之以明其改作之义。这就轻而易举地将孔子的偶像作为自己变法维新的王牌。

《孔子改制考》虽说为维新派寻找到了变法革新的王牌,也自然遭到守旧者的猛烈攻击。张之洞因康有为昌言"孔子改制"而一改先前对康有为等人的支持。王先谦更是对此大加攻击,必欲致康、梁于死地而后快,他不断地向湖南巡抚陈宝箴施压,迫使陈建议清政府下令康有为将《孔子改制考》的书版自行销毁。苏舆甚至说:"邪说横溢,人心浮动,其祸肇始于南海康有为。康为人不足道,其学则足以惑世。招纳门徒,潜相煽惑。……其言以康之《新学伪经考》《孔子改制考》为主,而平等、民权、孔子纪年诸谬说辅之。伪六籍,灭圣经也;托改制,乱成宪也;倡平等,堕纲常也;伸民权,无君上也;孔子纪年,欲人不知本朝也。"①在这种变故的影响下,甚至原先支持康、梁的孙家鼐也转而建议清政府"宜明降谕旨,急令删除"书中凡有关"孔子改制称王"等字样,以免更多的人受到蛊惑。②

反对者的攻击也从一个方面反证,康有为《孔子改制考》确实对晚清思想界产生过重大影响,其影响之要点或许如梁启超所分析的那样,主要在于这样几个方面:

1. 教人读古书,不当求诸章句训诂名物制度之末,当求其义理。

---

① 苏舆:《翼教丛编序》,见苏舆编《翼教丛编》,1页,上海书店出版社,2002。
② 孙家鼐:《译书局编纂各书请候钦定颁发并请严禁悖书疏》,见于宝轩《皇朝蓄艾文编》卷七十二,5页,1903。

所谓义理者,又非言心言性,乃在古人创法立制之精意。于是汉学、宋学,皆所唾弃,为学界别辟一小殖民地。

2. 语孔子之所以伟大,在于建设新学派(创教),鼓舞人的创造精神。

3. 《伪经考》既以诸经中一大部分为刘歆所伪托,《改制考》复以真经之全部为孔子托古之作,则数千年来共认为神圣不可侵犯之经典根本发生疑问,引起学者怀疑、批评的态度。

4. 虽极力推挹孔子,然既谓孔子之创学派与诸子之创学派,同一动机,同一目的,同一手段,则已夷孔子于诸子之列。所谓别黑白定一尊之观念,全然解放,导人以比较的研究。[1]

从学术史的观点看,《新学伪经考》和《孔子改制考》皆为整理旧学之著作,真正带有创造性意义的还是康有为的《大同书》。"初,有为既从学于朱次琦毕业,退而独居西樵山者两年,专为深沈之思,穷极天人之故,欲自创一学派,而归于经世之用。有为以《春秋》三世之义说《礼运》,谓'升平世'为'小康','太平世'为'大同'",[2]并由此演绎出一套大同社会空想体系。其"太平世"的社会制度理想条理如下:

1. 无国家,全世界置一总政府,分若干区域;

2. 总政府及区政府皆由民选;

3. 无家族,男女同栖不得逾一年,届期须易人;

4. 妇女有身者入胎教院,儿童出胎者入育婴院;

5. 儿童按年入蒙养院,及各级学校;

6. 成年后由政府指派分任农工等生产事业;

7. 病则入养病院,老则入养老院;

8. 胎教、育婴、蒙养、养病、养老诸院,为各区最高之设备,人者得最高之享乐;

9. 成年男女,例须以若干年服役于此诸院,若今世之兵役然;

10. 设公共宿舍、公共食堂,有等差,各以其劳作所入自由享用;

11. 警惰为最严之刑罚;

---

① 梁启超:《清代学术概论》,见《梁启超论清学史二种》,65 页。
② 梁启超:《清代学术概论》,见《梁启超论清学史二种》,66 页。

12. 学术上有新发明者，及在胎教等五院有特别劳绩者，得殊奖；

13. 死则火葬，火葬场比邻为肥料工厂。

康有为的这些理想究竟能否在现实中实现，自是另一问题。但由此不难看出，其思想资源之凭借，除了他那些来自西方的思想外，主要是中国儒家的政治理想。

第二节　公车上书的发动与影响

　　康有为并不是一个纯粹的儒家学者,他对儒家精神的重新诠释,并不具有纯学术的意义,他的目的只是为了中国的变革与发展,只是为了政治的需要,因此当甲午战争爆发之后,特别是《马关条约》签订之后,康有为义无反顾地投身于现实政治斗争中去。

　　1895 年 4 月初,从日本不断传来的消息令中国人忐忑不安。最先引起震动的当然是那些拥有知情权的统治层。4 日,直隶总督兼北洋大臣王文韶通过自己的渠道得知李鸿章在马关议和的大概情形,他虽然对日本政府向中国苛刻的索赔条件感到愤怒,但也深知中国拒绝日本政府提出的条件可能会出现的问题,中国实际上陷入两难的境地,对于日本的条件,"不允则目前无以自强,允之则日后何以自立,忧愤交萦,殆难言状"。[1] 中国既不能接受日本的要挟,也不能拒绝日本的要挟,这是比较矛盾的一派人的看法,而另外一派则坚决反对。4 月 4 日、6 日,翁同龢连续两次在廷议中力陈台湾不可弃,否则恐失天下人心。给事中余联沅及翰林院编修丁立钧于 4 月 15 日联名上奏清廷,请求政府不要同意日本的条件,重行备战,与日本决一雌雄。

　　反对派的意见曾一度被政府所采纳,但弱国无外交,中国政府终究顶不住日本的压力。4 月 14 日,清政府电示李鸿章:如果中国政府提出的条件日本还是不愿接受,中日之间的和约即可签字。第二天,李鸿章同意了日本的条件,中日之间的议和最终以日本的不让步而结束。4

---

① 王文韶著,袁英光、胡逢祥整理:《王文韶日记》,880 页,北京,中华书局,1989。

月 17 日,《马关条约》签字,中国承认朝鲜独立,割让辽东半岛、台湾及澎湖列岛,赔款两万万两,开沙市、重庆、苏州、杭州为通商口岸,日本人得在各通商口岸从事各项工艺制造。

《马关条约》正式签字的消息传来后,国内的反对声浪较谈判时期更为高涨。最激烈的反应首先来自将被割让给日本的台湾。台湾巡抚唐景崧在和约签字前后连电清政府,力言台湾不可割让,否则中国将何以立国? 台湾一旦割让给日本,那么百万生灵如何处置? 而且割让台湾必将在国内外引起连锁反应,"外洋能不生心,宇内亦将解体。闽、广、江、浙,邻台咫尺,一日不能安枕"。① 台湾民众在得知台湾被割让的消息后,一时哭声震天,无可抚慰,惨不可言。19 日,台湾绅民挽留唐景崧在台湾领导他们坚守到底。20 日,台北罢市,绅民请英国驻台湾领事想办法,拟将台湾交给英国保护。② 同一日,唐景崧致电清政府,表示台湾人民宁愿效死而不肯接受日本的殖民统治。

唐景崧的请求以及台湾所发生的变化深深地影响了清廷内部的看法。4 月 19 日,文廷式偕秦绶章、戴鸿慈、陈兆文等联衔具陈,指出日本在谈判及已经签字的条约中要挟过甚,要求清政府展缓商议,不要急于批准该条约;否则,中国必将在各方面受制于日本,"虽欲变法自强,其道无由""不知更以何者立国,何恃而与各国周旋? 此约若行,大变计日可待"。同一天,李秉衡也上奏折力阻和议,他的理由也颇有意思,他认为,中国割地赔款太不合算,中国如果拒绝此约,用这笔赔款去练兵,"以二十万人计之,每月只一百余万,岁计亦不过一千数百万。如能战胜,则赔款可以不给,而中国可以自强。"③4 月 20 日,张之洞致电清政府,要求政府出面阻止和议,主张联合英国、俄国,抵抗日本。他向清政府最高统治层反复表达的意思,只是要最高统治者明白,"和则不可为国,战虽不胜,犹未至于不国"。④ 4 月 26 日,侍读学士文廷式甚至授意其表弟汪曾武联络各省举人请都察院转呈《为和议窒碍难行请饬改议公呈》,提出地不可割、中国土货不得改造、倭奴之在内地贸易者不得免

① 劳祖德整理:《郑孝胥日记》第 1 册,483 页,北京,中华书局,1993。
② 汪叔子编:《文廷式集》,60—63 页,北京,中华书局,1993。
③ 戚其章辑校:《李秉衡集》,232 页,济南,齐鲁书社,1993。
④《郑孝胥日记》第 1 册,486 页。

税、苏杭各口不可通商等四点建议,全面抵制《马关条约》对中国的伤害。① 大臣们的意见对清廷的决策产生了些微影响,光绪帝在 4 月 23 日廷议时得知台湾民众死守的情形时,也沉痛地意识到,"台割则天下人心皆去,朕何以为天下主",②由此萌生变法图强的想法,对后来时局的变动发生过相当重要的影响。

清廷内部的讨论已经不再是孤立地进行的,由于事关国家、民族的命运,因此清廷统治层之外的知识分子也极为关心。当中日和谈在日本刚刚开始的时候,各省的举人正在向京师云集,参加对自己的未来前途最具有决定意义的科举考试,康有为及其弟子梁启超均在其中。4 月 15 日,康有为因偶然的原因在这批举人中最先获知《马关条约》将要签订的消息,他当即嘱咐他的弟子梁启超去发动各省举人联名上书清廷,要求清政府拒绝日本的议和条件。

根据康有为的安排,梁启超首先联合广东举人麦孟华、张寿波、赖际熙等百余人;湖南举人任锡纯、文俊铎、谭绍棠等数十人得知梁启超的活动后,也积极参与,联名上书,力言台湾万不可割让。4 月 22 日,他们将上书送交都察院,请求都察院代奏光绪皇帝。

都察院并没有将梁启超等人的上书立即代奏光绪帝。但一石激起千层浪。梁启超等人上书虽然没有转呈皇帝,却在民间引起了极大的反响。在梁启超等人上书之后,福建、四川、江西、贵州、江苏、湖北、陕甘、广西、直隶、山东、山西、河南、云南等省的举人莫不发愤,纷纷效法广东、湖南两省举人,上书都察院。当时,都察院逢双日为堂期,故 4 月 22、24、26、28、30 等日,在都察院门口总是挤满各省联名上书的举人,"章满察院,衣冠塞途,围其长官之车"。台湾省籍的举人罗秀惠等人更是捶胸顿足,垂涕而请命,痛陈台湾民众正向着京师恸哭,请求清政府不要抛弃台湾的土地,不要使百万台湾民众成为大清王朝的弃儿,"闻者莫不哀之"。③

中国人民空前的爱国热情深深地感染了康有为。康有为以民气可

---

① 《文廷式集》,65—67 页。
② 陈义杰整理:《翁同龢日记》第 5 册,2797 页,北京,中华书局,1997。
③ 《康南海自编年谱》,26 页。

用,意识到各省举人只有联合起来,发动一次更大规模的集体请愿运动,才能促使清廷当政者觉悟,也才能赶走那班守关的"虎狗",敲开紫禁城的"帝阍"。5月1日,康有为联络18省举人1 300多人聚会松筠庵,拟上一公呈,请清政府拒和、迁都、练兵、变法,"盖以非迁都不能拒和,非变法无以立国"。①

5月1日的松筠庵会议通报了最新情况,讨论了将要起草的上书的主要原则,会议委托康有为执笔起草,然后再讨论修改,征集签名。根据这一安排,康有为在此后的一昼两夜间奋笔疾书,草成长达18 000言的请愿书,由梁启超、麦孟华等连日缮写1 000余份,"遍传都下,士气愤涌",②在朝野内外起到了极大的震撼作用。

在康有为起草的这份请愿书中,③力言当时战守之方、他日自强之道,竭力反对割让台湾,忧心台湾一割,天下离心,士民涣散,西方列强必将效法日本之所为,接踵而来,瓜分中国。中国必将在列强的瓜分下土崩瓦解。所以,康有为在请愿书中警告清廷:割地之事小,亡国之事大。一旦开了割地的先例,中国就更没有能力阻止西方列强的瓜分,中国若是一一答应了他们,那就等于自啖其肉,手足腹心,应时殆尽,仅存元首,岂能生存?

中国已处于危难之中,那么有什么办法可以使中国摆脱困境,重塑辉煌呢? 为此,康有为在这份请愿书中提出四点方案:

1. 下诏鼓天下之气。康有为在方案中建议光绪帝速下三诏:一是仿历代先例,下诏罪己,激励天下,共雪国耻;二是下明罚之诏,严厉惩办那些主和辱国、割地通款的大臣,严厉追究那些战阵不力、丧师失地的将帅,以及那些调度非人、守御无备的疆吏,以期刷新朝政,一新士气;三是下求才之诏,破格提拔那些有作为、有能力、有胆有识、有谋有略的将帅和封疆大吏,甚至还可以采用一些非常手段,延聘山林隐逸、举贡生监、佐贰杂职,以便使天下之士既怀国耻,又感知遇之恩,为国出力,报效国家。

---

① 徐勤:《南海先生四上书杂记》,见《追忆康有为》,293页。《康南海自编年谱》称参加5月1日会议的有1 200余人,而梁启超《三十自述》则称"三千人上书言变法"。

②《康南海自编年谱》,26页。

③ 康有为:《上清帝第二书》,见《康有为政论集》上册,114—137页。

2. 迁都定天下之本。迁都的想法是当时朝野均为关注的问题，尤其是《马关条约》同意日本占领辽东半岛之后，京师的屏障已不复存在，实际上处在危险的境地。迁都之事非同寻常，不到万不得已，实在是很难痛下决心。在清廷内部，当战局紧张的时刻，也曾提到过"西狩"的方案，就是将首都暂时转移到西安，待时局稳定之后再迁回北京。① 这一方案虽然有助于化解京师的困境，但并不能从根本上解决问题。1895年4月21日，张之洞的幕僚郑孝胥就敏感地意识到："今日之事，惟迁都则可毁约，苟恋京师，智者不能谋也。"第二天，郑孝胥将他的这个看法整理成文报告张之洞，建议张以湖广总督的名义上书清廷，提出迁都毁约的方案。他认为，只有这样，才能伸天下之气，挽救时局。同一天，张之洞的另一幕僚叶临恭也向张之洞上说帖，称西狩不如南巡，且请张之洞合各督抚如合纵连横之势以动朝廷等。4月23日，郑孝胥再作说帖上张之洞，重申迁都之议。是日夜，张之洞与幕僚们面商诸事，叶临恭等幕僚申论南幸之旨，欲连衡以迎天子，张之洞笑其迂而并不表示自己的态度，②但他显然已意识到割让辽东半岛所导致的京师危机。他在7月19日的上书中，就曾建议清廷在陕西、山西等地建立行宫，遇有外敌入侵、京师告急之势，可临时巡幸，不必迁都，然后滨海及边关诸将可以放手攻战，毫无牵制顾忌。③ 换言之，张之洞期望以建陪都的办法缓解京师每每遇到的压力，替代不甚可行的迁都之举。

京师不时出现危机是中国在马关议和中被动的根源之一，所以康有为在其上书中列举最近50年来列强动辄出兵进攻京师、索巨款、开商埠、割领土、佯攻首都以索边省的事实，说明中国之所以在历次外交冲突与交涉中屡屡被动，最根本的原因之一就是京师距海太近。他批评过去50年割天下万里之地，弃千万之民，以保区区一都城的政策是至愚至狂，以后事料之，列强知中国不肯迁都为政策底线，必借此对中国进行要挟。所以，中国如欲改变被动的局面，必须痛下决心将京师迁往内地。否则，智者无所骋其谋，勇者无所竭其力，必将坐困区区京城，

---

① 根据郑孝胥1895年4月27日日记记载，翁同龢、李高阳"皆主西行"。见《郑孝胥日记》第1册，487页。

②《郑孝胥日记》第1册，483—486页。

③ 张之洞：《吁请修备储才折》，见《张文襄公全集》第1册，687页，北京，中国书店，1990。

受列强的胁迫,将边省割尽而后已。反之,如果将京师迅速迁往西安,深藏首都于中华腹地,即便列强攻占天津、塘沽,即便沿海地区糜烂,即便攻占北京,但朝廷深固,不为震慑,犹可聚兵与来犯者决一死战。因此,康有为相信迁都是目前中国缓解危机的唯一办法。

3. 练兵强天下之势。中国在甲午战争中失败的原因比较复杂,但将衰、兵弱、器窳则是不争的事实。鉴于此,康有为建议选将之道,贵新不贵陈,用贱不用贵。中国军队的那些老将们基于自己过去的经验,不思进取,不思改革。中国如欲在未来的战争中战而胜之,就必须不拘资格选拔将才,用这些新的将领替换那些已经明显落伍的旧将领,然后再由这些新将领各自训练新兵若干,以应付未来可能遇到的外患。与此同时,鉴于列强讲究枪炮、制作日新的现实,康有为建议,为了建设强大的军队,必须注意向西方先进国家购买新式武器,这样就可以做到器械精锐,有恃无恐,稳操胜券。

4. 变法成天下之治。下诏鼓天下之气、迁都定天下之本、练兵强天下之势三策,在康有为看来都是权宜应敌之谋,[①]而非立国自强之策。真正的立国自强之策,康有为认为,就是变天下之成法。

变天下之成法,是那几年康有为思考的重心。他以为,清朝的法度主要是沿袭明朝而有所变更,至今已有数百年之久。物久则废,器久则坏,法久则弊。而中国的外部环境也发生了与明朝时期根本不同的变化,方今当数十国之觊觎,值四千年之变局。如果当今统治者仍沿用过去的旧方法去治理天下,那就像盛夏已至而不释重裘,病症已变而犹用旧方,结果可想而知。康有为认为,当今中国变法的根本要义,就是要求当今的统治者当以开创之势治天下,不当以守成之势治天下;当以列国并立之势治天下,不当以一统垂裳之势治天下。道理很简单,开创则更新百度,守成则率由旧章;列国并立则争雄角智,一统垂裳则拱手无为。言率由而外变相迫,必至不守不成;言无为而诸夷角争,必至四分五裂。这是就大的原则而立论,在具体的变革方案中,康有为提出当时应该做而且能够做到的有富国六法、养民四法、教民四法。所谓富国六

---

① 参见林克光《革新派巨人康有为》,133—134 页,北京,中国人民大学出版社,1990。

法,即钞法、铁路、机器轮舟、开矿、铸银、邮政;所谓养民四法,即务农、劝工、惠商、恤穷;所谓教民四法,即普及教育、改革科举、开设报馆、设立道学。除了设立道学具有康有为的独特创造性外,其他各法似乎都是先前十几年间洋务思想家曾经提出而清政府不及实行的方案。设立道学的基本意思,用康有为的话来说就是"其有讲学大儒,发明孔子之道者,不论资格,并加征礼,量授国子之官,或备学政之选",即提倡以儒家伦理为武器挽救近日风俗人心之坏,抵制西方基督教对中国民间的影响。这实际上也是康有为后来意欲开创孔圣新宗教的思想萌芽形态。

此外,康有为在这份代拟的上书中还提出一些积极的建议,诸如建议裁撤冗员、紧缩机构、澄清吏治、改革官制等,都具有相当重要的意义。尤其是他提出的所谓议郎制,不仅继承了中国传统社会举荐体制的官吏选拔优点,而且赋予议郎们"上驳诏书,下达民词"的权力,实际上是要求建立西方近代国家比较普遍实行的代议制,最终达到"君民同体,情谊交孚,中国一家,休戚与共"的政治局面,具有浓厚的政治体制改革意味。

按照已经得知的清廷方案,中日《马关条约》的换约仪式定于5月8日在烟台举行。为了争取更多的各省举人签名,在康有为写作这份上书的同时,由其弟子梁启超、麦孟华负责誊抄,并在5月1日、2日、3日连续三天在松筠庵由各省举人自由传观,征集签字,定于5月4日(四月初十)都察院"堂期"时前往投递,请都察院代转清廷,以便赶在清廷决定换约之前影响清廷的决策。由于这份上书的签字者均为各省举子,所以史称"公车上书"。

松筠庵的集会在当时是一种公开的举动。与此次集会相伴而发生的各省举子上书清廷的消息在那几天接连不断。4月30日,都察院代转了广东举人梁启超等81人,湖南举人文俊铎等57人,湖南举人任锡纯等42人,湖南举人谭绍棠等20人,奉天举人春生等,江苏举人顾敦彝、刘嘉斌等,山东举人夏廷相等人的上书,其中广东、湖南举人的上书均为4月22日递交给都察院的。5月1日,都察院又代转了广东举人陈景华、徐绍桢、梁启超等279人及贵州葛明远等99人,福建沈清等88人,江西陈维清等120人,广西邹戴尧等115人要求清廷更正和约的上书。而在松筠庵内外,5月1—3日也是热闹非凡,车水马龙,各省举人来来往往,摩肩接踵,人流不断,群情激昂,纷纷在这份上书上签名。所有这些,在京师内外已经闹得沸沸扬扬,举国哗然,"内之郎曹,外之疆吏,咸有争论",①这既激起了国人的爱国热情,当然也使那些主和者甚感恐惧。

公车联章,本为主和者深忌,而上千公车大肆集会、联名上书,更是有清二百余年所未有,自然引起主和者的极端恐惧。5月1日晚,坚持对日议和的军机大臣、兵部尚书孙毓汶就密派心腹潜往各省举人聚居的会馆造谣生事,意欲恐吓、阻挠举人们联名上书。各省举人多有震动者。第二天,更"阴布私人"潜往松筠庵以惑众志,又在街上遍贴传单,污蔑、攻击各省举人之所为,有些意志不坚定的举人开始退缩,甚至有要求撤回签字的事。②

孙毓汶等主和者不仅设法破坏各省举人联名上书,而且利用自己的身份在朝中不断渲染中日交涉的困境,力主从快批准《马关条约》,声称中国如果拖延批准此约,将给中国带来更大的危险。实际上,孙毓汶等人的目的是要赶在公车上书之前批准此约,造成木已成舟、无法挽回之势。

光绪帝在翁同龢等人的支持下,有意拖延对《马关条约》的批准,以待国际局势的变化,并期待各省督抚能够重新振作,调整对日交涉。翁同龢等人本来就对5月8日的换约感到紧张,曾建议清政府致电日本首相伊藤博文,请展期5日。而孙毓汶等人担心夜长梦多,坚持尽快批准。他不惜与权阉李莲英勾结,由李莲英运动慈禧太后对光绪帝施加压力。不得已,光绪帝于5月2日开始改变先前拖延的态度,有尽快批准《马关条约》的意思。当晚,主和派就将皇帝已经批准盖印的消息广为传播,使不明真相的人普遍感到大局已定、不可挽救的态势,从而瓦解各省举人联名上书的举动。于是各省举人群议涣散,有谓仍当力争以图万一者,亦有谓大局已定,何必再为蛇足者,举人们纷纷散去,取消、撤回在公车上书上签名的就有数百人之多。轰轰烈烈的公车上书终于曲终人散,成为近代中国历史上的一段重要插曲。

---

① 沪上哀时老人未还氏:《公车上书记序》,见《追忆康有为》,296 页。
② 徐勤:《南海先生四上书杂记》,见《追忆康有为》,293 页。

第三节　举人才与合大群

公车上书没有送到光绪帝的案头上,然而最有意思的是,就在公车上书注定失败的那一天,即 1895 年 5 月 3 日,康有为却实现了自己多年来为之奋斗的理想,荣登龙门,成了新科进士。5 月 5 日,康有为被引见,授工部主事。

一　维新运动的发动

获取功名原本是康有为多年来的愿望,但当他真的获得了功名之后,他却因外部环境的变化,而基本不太看重这一功名。这个外部环境,一是民族危机的日趋加深,使他不能再像他的前辈们那样只能从书斋中讨生活,或者只在官场中周旋;二是通过公车上书以及前几年的机缘际会,康有为也不再是一个普通的只会读书的进士、文人,他不仅已经获得了巨大的政治资本,在京师知识分子中享有很高的名声,而且在朝廷大臣中也有了相当的背景,光绪皇帝的老师翁同龢就对康有为非常赏识。有了这些背景和资本,康有为当然不再看上那个工部主事的职务,他以自知非吏才为借口,甘愿放弃官方的职务,安心于以民间的身份继续他的变法维新活动。

康有为继续留在北京,观察形势的发展。5 月 8 日,中日《马关条约》的换约仪式如期举行。同日,日本首相伊藤博文致电李鸿章,表示日本政府愿意接受德国、俄国和法国三国的建议,可以考虑放弃辽东半岛,具体细节容后再商量。5 月 22 日,日军退出奉天、鞍山。中国与西方国家的借款谈判也已经有了眉目。所有这些,都使得一部分官僚觉得中国在甲午战争后的危机即将成为过去,"和议既定,肉食衮衮,举若无事",相信中国还将一如既往地存在下去,即便一二稍有人心者,亦以为中国积弱至此,是天运使然,无可如何,徒叹息悲伤而已。[①] 朝野上下弥漫着浓厚的苟且氛围。

这种苟且偷安的气氛深深地刺激了康有为。他认为,先事不图,临事无益,亡羊补牢,犹未为迟。中国不能再这样浑浑噩噩地度日,而应该汲取甲午战败的教训,速图自强,中国还是可以救亡图存、自立于世界民族之林的。基于这样一种认识,康有为取公车联衔之书,就其下篇专言变法的内容加以引申,并详及用人行政之本,于 1895 年 5 月 29 日第三次通过都察院上书光绪帝。

康有为此次上书长达 13 000 字,补充和发挥了公车上书未及提出的问题,详细讨论了变法下手之方及先后缓急的顺序,充分说明中国必须利用甲午战败后的形势赶紧变法的理由。他指出:甲午战败的后果是有清二百余年从未有过的奇耻大辱,中国经此剧痛,应该像越王勾践那样卧薪尝胆,深刻反省,急筹自强大计,而不应该上下熙熙攘攘、浑浑噩噩、复庆太平。

在具体的变法主张上,康有为重申了公车上书中的富国、养民、教士三个问题,另外增加了练兵一条。他强调,练兵之策,一定要改变过去大一统的陈旧办法,建议采用如下六法:(1) 汰冗兵而营勇;(2) 起民兵而立团练;(3) 练旗兵而振满蒙;(4) 募新制而精器械;(5) 广学堂而练将才;(6) 厚海军以威海外。康有为相信,如果按照他的这个办法去进行,水陆并练,那么以中国之地大物博,则将来饮马南洋、秣兵欧土也并不是一件什么难事,何况区区一个小小的岛国日本呢?

中国重塑辉煌并不是一件难事,但要实现这个目标,就必须不拘一格地选用合适的人才。他真诚地希望统治者能够求人才而擢不次,慎左右而广其选,通下情而合其力。因为处非常之世,应非常之变,必须启用非常之才,而过去那些寻常守旧、苟且偷安、奉行文书、按循资格的庸谨之才,虽然可以守常,但决不足以应变,绝不可能将中国引向一个

---

① 徐勤:《南海先生四上书杂记》,见《追忆康有为》,293 页。

自强、繁荣的坦途。他建议光绪帝务必要将选拔人才作为头等大事亲自抓起来,垂意旁求,日夜钩访,尽知天下之名士,尽知其数,尽知其所在,悉令引见,询以时事,破除常规,越次擢用,这样天下之士必踊跃发奋,冀酬知遇之恩,必出而为国家效力,辅佐皇上,共谋中兴大业。

从康有为列举的条件看,最关键的条件是要皇帝保持清醒的头脑,明白今日中国所处的环境及存在的问题,"仍在皇上自强之一心,畏敬之一念而已"。理由很简单,因为自古非常之事,必待大有为之君,自强为天下之健。康有为恳切地希望光绪帝能够接受他的建议,远鉴中国早期圣哲的谆谆告诫,近鉴俄罗斯、土耳其变革昌盛、不变革则亡的正反两个方面的经验教训,独揽乾纲,破除旧习,勿摇于左右之言,勿惑于流俗之说,权其轻重,断自圣衷,更新大政,厉行改革,将中国引向光明灿烂之途。①

康有为在这次上皇帝书中所表达的看法虽然显得惊人,但实在说来也是当时每一个关心中国时局的知识分子和有良知的高阶层官员所共同关注和思考的问题。那时,一部分官员和知识分子因为《马关条约》的换约变得浑浑噩噩,觉得中国已经暂时度过了战争危机;而另一部分官员和知识分子则觉得中国的问题刚刚开始,中国如果不能有效地汲取甲午战争失败的教训,变法图强,中国的危机还在后面。所以,此时的清政府内部已经有了愿意变革、愿意变法的迹象,整个大环境已与先前明显不同,清政府的一部分高阶层官员,乃至光绪帝本人都在认真地思考着中国的未来,都觉得中国不可能再沿着旧有的轨道前进。1895 年 4 月底 5 月初,天津海关道盛宣怀分别致函直隶总督王文韶、户部尚书翁同龢、大学士李鸿章,敏锐地意识到中国在甲午战败之后必须尽快调整内外政策,实行变法,才能变弱为强、转败为胜、后发制人。他在 5 月 5 日致李鸿章的信中指出:和议已定,社稷粗安,浮议只可置之不问。然而丧师失地之后,即不为收复计,亦当为善后计。中国苟能发愤自强,必须先在中央政府这一层面进行改革,除了吏政、礼政、刑政

---

① 康有为:《上清帝第三书》,《康有为政论集》上册,139—147 页。第三书的原名为"为安危大计,乞及时变法,富国、养民、教士、治兵,求人才而慎左右,通下情而图自强,以雪国耻而保疆圉呈",进呈原本载《历史档案》1986 年第 1 期,与坊间刻本文字稍异。

暂不更动外,户政、兵政、工政必须变法。其变法的决定权固然在光绪皇帝之手,但开诚布公、集思广益、征求各方意见等具体工作,除了李中堂李大人外,还有谁能够做得到呢? 所以他建议李鸿章应该将变法的事情认真地思考并付诸行动。如果言而不听,听而不行,则慷慨乞休,不再迁就,乃足以对三朝而谢天下。[①] 在 4 月 28 日致王文韶的信中,盛宣怀认为:中国目前之兵力、实力确实不足以废除《马关条约》而与日本再战,而是以暂时接受《马关条约》为上策,但如果中国沉醉在马关之约甘心顺受,何以纾宵旰之忧,而保中原之危局? 光绪帝若果能发愤以图自强,与其不忍于须臾,而以京畿一带为孤注,不若远效越王勾践、吴王夫差,近师普鲁士、法国,含忍目前,发奋图强,壮大国力,力筹报复。[②] 在 4 月 30 日写给翁同龢的信中,盛宣怀也表达了同样的意思,并强调:所谓自强之道,不外作人才、储国用、饬武备三大端而已。他实际上是劝翁同龢要利用与光绪帝的特殊关系,敦促光绪帝毅然变法,振兴国家。[③]

作为光绪帝的老师,作为甲午战争中主战派的主要人物,翁同龢对中国必须实行变法较他人有着更加直接的感受,他已明确地意识到"旧法实不足恃",中国"不变法,不大举,吾知无成耳"。基于这种认识,翁同龢在 1895 年初当《马关条约》尚未成立时,就开始考虑战后中国的改革问题。他在同盛宣怀、胡燏棻、伍廷芳等人通信中,曾经讨论如何改革户政、兵政及工政以及发行印花税、开设银行、办理邮政、修筑铁路等洋务思想家多年来一直建议而政府不及实行的新政。他甚至将陈炽的《庸言》、汤震的《危言》等著作推荐给光绪帝,希望以此促使光绪帝推动维新运动的开展。此后不久,翁同龢又与英国传教士李提摩太、美国传教士李佳白以及即将离任的英国驻华公使欧格讷等人一起讨论过有关聘请西人、效法西方近代国家实行变法等问题,彼此就进行币制改革、修筑铁路、开采矿产资源、举办实业,以及设立新政部、教育部、整顿海军、开办报纸新闻、开放舆论等问题充分交换过意见。翁同龢有意于聘

---

①《盛宣怀致李鸿章函》,见陈旭麓、顾廷龙、汪熙主编《甲午中日战争——盛宣怀档案资料之三》下册,440 页,上海人民出版社,1982。

②《盛宣怀致王文韶函》,见《甲午中日战争——盛宣怀档案之三》下册,434 页。

③《盛宣怀致翁同龢函》,见《甲午中日战争——盛宣怀档案之三》下册,438 页。

请李提摩太担任中国政府的新政顾问,李提摩太甚至还为翁同龢代拟了变法维新的计划书,由翁同龢提交给光绪帝参考。

翁同龢确实有意帮助他的学生光绪帝变法图强,改变中国积弱积贫的局面,但他也知道清廷的政治权力并不在小皇帝的手里,光绪帝虽然有意于变法图强,然而在清廷内部并没有一支真正值得信赖的政治力量。这也是他开始支持康有为上书言事,有意援引康、梁等政治新人的深层背景之一。

对于康有为的大名及其主张,翁同龢早有所闻,但在康有为获取功名之前,翁同龢无意于与其接触。只是到了他看到康有为 5 月 29 日的上书后,当时朝中已有变法维新的气氛,因此他开始有意识地与康接触,由户部主事、康有为的同乡陈炽陪同,不惜屈尊到康有为下榻的粤东会馆。可惜的是,康有为此时不在会馆,两人没有顺利见面。待康有为得知翁同龢的来访之后,他立即前往翁家回访,两人就中国面临的困境及可能的解决办法深入地交换了意见,翁对康的一些见解表示赞同,帝党领袖翁同龢与康、梁新派人物结盟由此开始。

翁、康相见的第二天,即 6 月 3 日,都察院将康有为 5 月 29 日的上书转呈光绪帝。这也是光绪帝第一次得读康有为的上书。据说光绪帝览而喜之,觉得康有为言改革之条理甚为周详精当,当即命抄录三份,以一份送呈慈禧太后,其余的三份一份留存军机处,发各省督抚将军议,一份放在乾清宫,一份存勤政殿,以备不时参考浏览。[①] 而翁同龢也在这一天向光绪帝密报了他昨日与康有为见面的情况,鼓励光绪帝应该利用康、梁等新派人物巩固自己的权力,推行变法。于是,光绪帝也开始注意康、梁等新派人物的言论与行动,有意将这些新派人物招募到自己的麾下。[②]

人才的不足或不合时用,是光绪帝最为忧心的重要事情之一,也正是甲午战败的原因之一。康有为敏锐地意识到这一点,所以他在 5 月 29 日的上书中不厌其烦地反复建议光绪帝要不拘一格地选拔人才。这一建议正中光绪帝及其老师翁同龢下怀,于是康有为赢得了光绪帝

---

① 《康南海自编年谱》,27—28 页。
② 谢俊美:《翁同龢传》,506 页,北京,中华书局,1994。

和翁同龢的赏识。其实,康有为不拘一格选拔人才的看法,在当时的知识界和高阶层官员中似乎是一种普遍的反省。就在康有为第三次上书送达光绪帝的同一天(6月3日),新疆巡抚陶模也向清廷上了一份《培养人才疏》。陶模认为,国家的强弱,完全依人才的昌盛、衰落为转移,人才不足,不但和与战均无可恃,即幸而战胜,亦无益于根本。而反观当时的人才状况,陶模以为太不如人意,所用非所养,所养非所用,已成为清王朝所面对的重大问题。因此,陶模建议,天下事所当变通者不止一端,然而人才选拔机制的变革已成为当务之急,非惩前毖后,破除一切拘牵之见,无以振天下之士气,而收实效于将来。基于这种认识,陶模提出了变革人才选拔机制的 13 点建议。[1]

当康有为得知自己 5 月 29 日的《上清帝第三书》被都察院转呈光绪帝的消息后,其激动的心情应该是难以言表的,这当然也激励他再接再厉于 6 月 30 日第四次上清帝万言书。他鉴于第三次上书只谈"通变之方",未发"体要及先后缓急之宜"的缺憾,在第四次上书中专谈变法体要、先后缓急及下手之法。[2]

在上清帝第四书中,康有为指出,治国之道在于审势度理。势就是大势所趋,本无强弱大小之分,一切都是相比较而存在,理就是道理,难定美恶,其是非是随着时代的变化而变化。古来的治国之道不断变化、不断创新的事实已经充分说明了这一点,这个道理甚为明白。时代发展到今天,国际、国内的环境都与往昔有了很大的不同,中外通商的开始与实行,不论中国是主动还是被迫,实际上都迫使中国加入一个与往昔完全不同的国际经济体系之中。同时,由于中国加入国际经济体系的过程在很大程度上是被迫的,而西方列强对市场的觊觎是主动的,因此,中国目前所面临的环境就是"外国环逼,既与彼我对立,则如两军相当"。这种中国往昔从未遇到的新情况就迫使中国的执政者无法继续沿用过去的经验与政策,而必须以变化了的形势为基点,研究西方之所以富强、中国之所以积弱积贫的原因。

---

① 陶模:《培养人才疏》,见中国史学会编《戊戌变法》(二),269—276 页,上海,神州国光社,1953。
② 康有为的《上清帝第四书》全称《为变通善后,讲求体要,乞速行乾断,以图自强呈》,见汤志钧编《康有为政论集》上册,149—162 页。

　　关于西方诸国之所以富强的原因,康有为在上清帝第四书中充分吸收此前改良主义思想家的观点,认为西方诸国之所以富强并不单单是西方依靠军事上的强大、向外不断扩展、不断寻求殖民地的结果,而是在强兵之外,尚有治法与文学。具体而言,至少有三点可以给中国的改革以有益的启示:

　　一是千百年来西方诸国并立,竞争激烈,若其内政稍有不振和疏漏,就有可能被其他的国家所灭亡,所以西方国家为了自己的生存,上下励精图治,日夜戒惧,尊贤而尚功,保民而亲下,其国君、大臣对于其一士一民,皆思用之,故其国内政治的设施与措施,对于民众多护养之意而少防制之意;相对待而存在,西方国家的臣民对于其国家、其政府,皆能亲之。所以,西方国家从总体上而言,有情而必通,有才而必用,其国人之精神议论,咸注意于邻国与他国,一发现邻国与他国有什么良法新制,必思步武而争胜之,有外交内政,必思离散而窥伺之。盖西方国家事事有相忌相畏之心,故时时有相牵相胜之意,所以西方国家讲法立政,精益求精,而后也能相持不衰,不断向别国学习,不断创新。分析康有为这段描述的深意,似乎是在说中国作为一个地域辽阔的大帝国,几乎一直没有遇到过强邻的入侵和挑衅,中国君臣乃至一般民众的危机意识较之西方诸国实在差得太远,结果使中国人养成不思进取、不思变革、因循守旧的劣习。

　　二是改革体制,鼓励发明与创新。康有为指出,大约在中国宋元时代,处在中世纪的西方诸国因为宗教的愚昧而相当的贫弱。到了明永乐时,英国哲人培根提出新的主张,以为聪明凿而愈出,事物踵而增华,主启新不主仍旧,主宜今不主泥古,建议政府改革旧有的体制,鼓励发明与创新。西方知识分子著有新书发前人未创之说者,赏以较高的地位及待遇;其技术人才每有新器之制作、发从来没有之巧者,政府就给予优厚的奖励,并允许其拥有此项专利。西方国家鼓励科学发明创新的这些措施,在不太长的时间里就收到了良好的效果,国人踊跃,各竭心思,争求新法,以取富贵。从此之后,西方科学技术获得了日新月异的大发展,将具有几千年文明历史的中国远远地抛在了后面,中西之间的差距越拉越大。所以,康有为建议中国政府应该从体制上考虑科学技术创新的问题,以便为中国的恢复与发展提供强有力的智力支援。

三是设议院以通下情。这是康有为在上清帝第四书中最重要的建议,也是引起争论最多的建议。他认为,设议院具有很多出人意料之外的好处,也是西方走向富强的制度化保证。他说:"人皆来自四方,故疾苦无不上闻;政皆出于一堂,故德意无不下达;事皆本诸众议,故权奸无所容私;动皆溢于众听,故中饱无所容其弊。"康有为强调,西方国家正是因为制度化的保证,从而使西方百度并举,以致富强。

从康有为的观点来看,西方国家的特点或者说优点,正是中国所不具备、所需要学习的地方。但是,由于中国积习太深,若不能尽弃旧习,再立堂构,无以涤除旧弊,维新气象。所以,康有为建议光绪帝:如欲变法图强,就必须痛下决心,革除弊政,从根本上进行改革,建立中国发展、富强的制度化保障。为了实现这一目标,康有为提出五点具体办法:

1. 下诏求言,破除壅蔽,罢去忌讳,准许天下言事之人到午门递折,令御史轮值监收,谓之上书处,如汉代公车之例,皆不必由堂官呈递,亦不得以违碍阻格,永以为例。若言有可采,温旨褒奖,或令面对,详加询问,庶辟门明目,洞见万里。

2. 开门集议,令天下郡邑每十万户推举一人,凡有政事,皇上御门令之会议,三占从二,立即施行。其省府州县咸令开设,并许受条陈以通下情。

3. 设立顾问馆,请皇上打开便殿,广陈图书,皇上每日办事之暇,以一时左右的时间到此闲坐,顾问之员轮二十员分班侍值,皇上翻阅图书,随宜咨问,访以中外之故、古今之宜、经义之精、民间之苦、吏治之弊、地方之情,顾问们应尽其所知,无所避讳,提供咨询,上以启皇帝之圣聪,即广所未闻;下以观人才,即励其未学。

4. 中国百弊,皆由蔽隔。解蔽之方,在康有为看来,莫若开放言论,命令直省要郡开设报馆,州县乡镇亦视条件令其续开,日月进呈,并备数十副本分送各衙门参考。至于外国出版的各种报纸,康有为也建议政府多加采购,由总理衙门委派专人每日翻译其政艺、言论,除了供皇上阅览外,也应多印副本,随邸报同发,供各衙门参考。

5. 鉴于中国各级官吏的实际情况,康有为建议恢复汉代行之有效的幕府体制,使从中央到各省督抚、各县县令都广开幕府,延揽天下之英才,合天下之知以为知,取天下之才以为才,然后兴举新法,经营百度,昭明融洽,天下一家,无几微之弊而不去,无几微之利而不举。

至于这五项措施实行的先后顺序及轻重缓急,康有为建议,先由皇上下诏罪己,以收天下之心;次赏功罚罪,以伸天下之气;然后举逸起废,求言广听,广顾问以尽人才,置议郎以通下情,数诏一发,天下雷动,变法维新运动自然就能推动起来。

康有为上清帝第四书的核心问题是要解决洋务思想家早就意识到的"君民之隔"。康有为的方案是建立议院体制,并在各省府州县都设立相应的议院,这是在体制内解决问题。另一方面,康有为在第四书中还提出设立报馆与学会,这是体制外保证中国能够像西方近代国家一样彻底解决君民之隔的问题。如果中国真的能从这两个方面解决问题,那么中国的政治体制不仅能从制度上保证决策的合理化、理性化,而且势必引导中国向近代国家发展,应该说这是康有为为近代中国贡献的一个重要的政治思想。在后来的维新运动中,维新派与守旧派之间的反复争议,实际上也是围绕着这一问题展开的。守旧派没有弄懂康有为的真实意图,总以为如果实行了这些政治体制的改革,势必影响皇权的至上性。实际上康有为并没有否认皇权的至上性,他只是觉得中国问题的真解决,是政治上必须有办法,只有政治上有办法,其他的一切都可迎刃而解。

康有为的第四次上书原本计划像第三次上书一样由都察院代递。然而都御史徐郙以康有为已被任命为工部主事为由拒绝接受,将此次上书于6月30日(闰五月八日)①转至工部。工部尚书孙家鼐对康有为第四次上书有称道之词,许为代递,五堂皆画押。然而,李文田适署

---

① 《康南海自编年谱》称于五月十一日(7月3日)到工部递之。

工部,可能是因为康有为第一次上皇帝书时与李结下了矛盾,李不肯画押。① 孙家鼐碍于情面,数次致书李文田并面责之,但李始终不肯同意,通过工部代递的可能已不复存在。之后,康有为与梁启超、麦孟华联名再递都察院,都察院以工部不收,"不便因此失欢"为由,②仍不肯收。又交袁世凯递督办处,荣禄亦不肯收。康有为的第四次上皇帝书终于不能上达。③

康有为的第四次上书虽然没有送达光绪帝的手里,但其在京师政界、学界的影响力却日益增加。7月5日,光绪帝发布《举人才诏》,命各部院堂官及各省将军督抚专折保荐人才,破格提拔那些具有真知灼见、器识闳通、才能卓越、究心时务、体用兼备以及那些具有奇才异能、精于天文、地舆、算法、格致、制造诸学的各种人才,一秉大公,详加考核,任命适当的职务或职位。应该说,光绪帝的这一举动,实际上是康有为以及陶模、翁同龢等人建议的结果。

光绪帝的《举人才诏》等一系列具有改革意味的诏书发布之后,获得了各省将军督抚的响应。署两江总督张之洞于7月19日上《吁请修备储才折》,就人才储备等问题提出九点建议:

1. 加速训练陆军,各省自设学堂,延聘西方国家的军事教练,采用西方近代的新式办法,争取在一年之内,沿海各省训练成三万陆军。同时,挑选年力精壮、明敏有志者百余人出国专修军事,待学成归国后彻底改善中国军队的人才构成。

2. 加强海军建设。由于中国海岸线太长,无论国家如何困难,即使借款,也应该建立一支强大的海军,至少要尽快恢复南北洋及闽、粤四支海军。若限于物力,则南北洋两支海军断不可少,否则势必失去海战的主导权。

---

① 按照康有为的说法,康、李结怨是因为时为侍郎的"乡人"李文田谓康有为在北京到处活动,却不向其拜谒,而康的辩解是:"吾谓彼若以为吾为贤也,则彼可来先我,我布衣也,到京师不拜客者多矣,何独怪我? 卒不谒,故见恨甚至也。"见《康南海自编年谱》,15—16页。而徐勤《南海先生四上书杂记》则以为康、李之间的矛盾另有原因:"顺德李文田方摄部事,误中构扇之言,谓先生所著《广艺舟双楫》于其书法颇有微辞,因抱嫌排挤,独梗僚议,甘为炀灶。实则先生于李某,向薄其人,而爱其书,《广艺舟双楫》中未尝攻之也。"见《追忆康有为》,294页。

② 徐勤:《南海先生四上书杂记》,见《追忆康有为》,294页。

③《康南海自编年谱》,28页。

3. 加紧铁路建设,改变先前不允许外资介入中国铁路建设的既定政策,在开始的阶段,可以先允许西方小国的商业资本投资到中国铁路建设上来。他指出,中国的版图太大,其所以长时期利不能兴、弊不能去者,除了各种复杂的原因之外,一个最重要的原因是地势之阻隔,各地不能顺利地交通、交流的缘故。若铁路成,则万里之外旦夕可至,小民生业靡不流通,朝廷耳目靡不洞达,山川之产靡不尽出,风俗之陋靡不尽除。假如中国各省铁路全通,则国家气象大变,商民货物之蕃息当增十倍,国家岁入之数亦当随之增加十倍。所以,张之洞认为,铁路的建设是当前中国最急之要务,必须充分利用西方小国的资本从速建设,但不能利用英法诸大国的资本,否则恐获利之后,收回或费口舌,惟小国、远国商业资本无此虑。

4. 在各地分设枪炮厂,大批制造新式武器。张之洞认为,甲午战败的技术原因,除了军队将士训练无素外,也因为中国军队的武器、装备不如人。为改变这种状况,应尽快提高新式武器装备的自造能力。如果多设有困难,也应选择两三处条件较好的旧厂加以扩充、改造。

5. 广开学堂,培养各方面的专门人才。张之洞指出:人皆知西洋各国之强由于兵,而不知西洋各国之强由于学。一国之强大与否由于人才,而人才出于立学。不能大规模地举办各级各类学校,何以指望人才辈出?他建议清廷下令各省全部设立学堂,自各国语言文字以及种植、制造、商务、水师、陆军、开矿、修路、律例各项专门名家之学,博延西方国家名师教习,三年小成,再选择其中才识较胜者,送到国外继续深造。当务之急,是选择一批粗通西方文字语言的青年才俊分赴各国留学,以应国家之急需。

6. 讲究商务,鼓励各省设立商务机构,兴办公司,振兴商务。国家制定相应的法律法规,保护商人的合法权益不受侵害。至于护商之要,张之洞认为不外乎合众商之力以厚其本,合国家与民间之力以济其穷。

7. 讲究工政。张之洞指出:世人皆言西方国家的富强是由于以商务立国,这种观点对近代中国实在是一种误导,是皮毛之论。西方国家在近代之所以走向富强,主要的是国家对工业的重视。西方国家讲究格致,通化学,用机器,精制造,化粗为精,化贱为贵,而后才有商业流通的剩余价值。他建议政府下令各省设立工政局,就各省的特色加以讲究,加快各省工业的发展步伐,如开矿、炼铁、制造、农副产品的深加工等等,都能采用西方近代工艺,何至有忧贫之事?

8. 中央政府及各省督抚应该多派各级官员及专门人才出国考察,增长见闻,增长阅历,知己知彼,熟悉国际商务中的通行规则,将来充任洋务、商务之职,以有效地提高洋务、商务的质量。

9. 预备皇帝巡幸之所,恢复久已不修的巡幸之典。对于当时包括康有为等人在内的迁都之议,张之洞均认为不可行。他指出:清朝立国以辽沈为肇基之所,若首都过于偏西,相距太远,则不能控引援应。而且京师为天下根本,人心所系,岂能轻易迁移?况诸家所提出的迁都方案,都以陕西、山西为目标,而陕西、山西的经济过于落后,不足以容万乘而供六师,若一一缔造经营,也不是现在的国力所能办到。即便从国际形势的角度而言,当时的国际冲突重在交涉,军事之强弱全在海防,商务财源也多在海口,若建都关中则距海太远,南北洋皆鞭长莫及,耳目难周,海军的建设必将废弛,中国的海口门户更易洞开。所以,为了清朝的长久之计,张之洞建议与其迁都,不如在关中建立巡幸之所,恢复巡幸之典,如遇外敌入侵、京师危机,则可巡幸关中。然后滨海及边关诸将便可放手攻战,毫无牵制顾忌。①

由于张之洞独特的政治角色和从政经历,他这九点建议不仅具有极强的可操作性,而且更切中时弊,其中有些建议在当时并没有及时得到采纳,但在此后不久开始的维新运动中也逐步演化成政治实践。

大约在张之洞上奏折呼吁修备储才的同时或稍后,御史胡燏棻也向清廷上了一份《变法自强疏》,②明确提出变法自强的政治主张。康有为在自编年谱中称光绪帝在 1895 年于群臣上书中凡存九折,并以胡燏棻为第一,康有为第三次上书为第二。称第一者,可能就是指的《变法自强疏》。③

在这份奏折中,胡燏棻分析了中国在《马关条约》签订后所面临的

---

① 张之洞:《吁请修备储才折》,见《张文襄公全集》第 1 册,678—689 页。
② 胡燏棻:《变法自强疏》,见《戊戌变法》(二),277—290 页。该疏题注为"光绪二十一年闰五月",即 6 月 23 日至 7 月 21 日间,或许在张之洞的奏折之后。
③ 《康南海自编年谱》,28 页。

问题,以为中国在接受了和议条款之后,虽然可以获得暂时的喘息,但如果不思改革,不思进取,恐怕数年之后,大局更不堪设想。在他看来,中国当时之要务,首在筹饷,次在练兵。而筹饷、练兵之本源,尤在敦劝工商,广兴学校。他指出:"今日即孔孟复生,舍富强外,亦无立国之道,而舍仿行西法一途,更无致富强之术。"为此,胡燏棻提出变法自强的十点主张:

1. 开铁路以利传输。中国铁路之议,屡举屡废,但经过甲午战争的测试,中国军事调动之所以迟缓,很大程度上是因为中国的铁路不够发达。因此胡燏棻建议采取各种办法广开支线与干线,这样一旦疆场有事,运饷运兵,朝呼夕至,今日寓强于富之道,恐怕没有比广建铁路更切合的了。

2. 改革、重建新的货币体制,设立隶属于政府的银行,建立全国统一的金融体系,采用西方国家行之有效的办法,用商务之章程,杜绝官场之习气。

3. 鉴于官办洋务企业的低效、腐败与不负责任,胡燏棻建议利用民间资本,大力发展民办企业,使官办、国有、官有的企业逐步减少,并最终淘汰。他指出,中国如果继续走官办、官有、国有办企业的老路子,即便再过一百年,中国企业也终无起色,不要说去与外国竞争,就连满足国内的需要都不可能。政府应该准许各省广开民厂,令民间自为讲求。政府如果需要购买枪炮、船械、机器等,也应该采用国家采购的办法,均托民厂包办、包用,其试不如式者,虽定造亦必剔退。果如此,则人人有争利之心、亏本之惧,自然专心致志,实力讲求,以期驾乎西制之上。胡燏棻的这个建议不仅立足于对洋务企业弊病的考察,实际上也为中国民间资本的发展提供了政策空间。

4. 鉴于先前中国开采矿产资源方面的教训,胡燏棻建议应该仔细研究开矿方面的政策及技术问题。他提出四个要点:一是用重金聘请西方国家高水平的矿师,不要像先前那样被西方那些"外托行家,阴图渔利"的低水平矿师所蒙蔽;二是慎重选择矿产地,要注意选择交通便利处,否则成本居高不下,终无利可图;三是要细考矿质,不同的质量有不同的价格,同样的成本而获利不同;四是要厚集资本,招散股不如招大股,招商股不如招官股,而其根本在于必须找到赤心为国、绝无一毫私见的人去管理,否则矿不成则害在公家,矿既成则利归私室。

5. 鉴于漕运南方大米运往京师的弊端,胡燏棻建议政府不要再介入此事,而改为市场化操作,南米北来渊源不绝,利之所在,人争趋之,市之有米与官中有米同,则少米之患在于今日可以无虑。据胡燏棻估计,如果实行这种市场化改革,仅此一项就可为政府节省数百万开销。

6. 实行大规模的裁军方案,减少兵员名额,对各省绿营无用之兵,裁其老弱,年裁二成,五年裁竣,用由此节省下来的军费按照西方军队的方法招募创练新军,同时仿西方巡捕之制在各城乡市镇维持地方治安。这似乎是近代中国警察制度的最初提出。

7. 鉴于中国旧有的驿递体制已经远远不能满足社会发展的需要,胡燏棻提议废除这一体制,而代之以西方近代的邮政体制,仅此一项,每年就可为政府节省 300 余万金。

8. 创练陆军以资控驭,命令各省一律改练近年新出之西法,设立武备学堂,聘请西方国家的军事人员充当教习,为军队培养一批懂近代战法、兵法的中下层军官;武科乡试的科目也应该进行改革,废除旧的内容,改为以枪炮命中为去取;酌情提高军队官兵的薪水与待遇,杜绝克扣之弊。

9. 重整海军以图恢复,在力所能及购置西方先进的设备外,更应该改定章程,选拔合格的将才,仿西方之制,海军提督但听枢府之号令,不受各省督抚、疆臣之节制,一旦发生对外战争,允许其便宜行事,提高海军的战时应变能力。

10. 设立学堂以储备人才。胡燏棻的这个看法与张之洞的看法基本相似,建议各省改书院为学堂,弃章句小儒之学,求经济匡世之才。

胡燏棻的十点建议确有不少新东西,其中有些内容是当时有心于时局者共同关心的问题,有些是他自己的独立思考,故而能够得到光绪帝及政府高层的重视,胡氏本人在此后也不断地被委以重任。

说胡燏棻的某些建议是当时关心时局的有心人的共同思考,主要是为了说明维新运动的发动并不单纯是康梁系维新派与帝党领袖翁同龢等人之间的密谋和筹划。在胡燏棻的奏折呈递的同时,农历七月(8

月 20 日至 9 月 18 日)间,曾经两次参加中日议和谈判并奉旨前往烟台与日本换约的道员伍廷芳也上书清廷,提出九点变法建议①,其中有些与康有为、陶模、张之洞、胡燏棻的看法相同或相近,有些是其独有的思考。

议论改革、昌言变法在《马关条约》签订,尤其是换约之后已经不是什么大不了的事情。经过光绪帝的鼓励,上书言事在官僚层、知识分子层已经成为一种风气。这种风气不仅为后来发生的维新运动提供了智慧资源,许多建议终于演化成政治实践,而且为后来的维新运动提供了一个极好的氛围。此后两年间,维新书报大量刊行,维新学会大量创建,人人争当新派人物,这些实际上都应溯源到 1895 年公车上书之后几个月中国政治形势的变化。②

二 京沪强学会的成立

在康有为的策动及影响下,中国国内的政治气氛自公车上书之后已有重大转变,公开谈论国事,提出变法维新的主张,已经不再是违规违纪的事情,高阶层的官员、关心时局的知识分子开始以维新为时髦,在这种政治气氛下,组建维新团体,团结志同道合的人一起推动维新变法的开展,就成为最急迫的事情。于是有京沪强学会的相继建立。

京沪强学会是中国民族资产阶级在甲午战败的强烈刺激下成立的一个具有近代政党性质的政治团体,它的发起人和主要成员鉴于国内政治形势的变化,已明确地认识到,要推动中国的进步与发展,要唤醒国人的觉悟与觉醒,就必须想办法开风气、开知识,必须将国人尤其是中国新一代知识分子组织起来。其实,早在万木草堂讲学的时候,康有为就已意识到,"凡讲学莫要于合群,盖以得知识交换之功,而养国体亲爱之习。自近世严禁结社,而士气大衰,国之日孱,病源在此"。③ 因

---

① 伍廷芳的这份上书不见于中华书局 1993 年 8 月出版的《伍廷芳集》(丁贤俊、喻作凤编),而见于"中央研究院"近代史研究所编辑出版的《近代中国对西方及列强认识资料汇编》第 4 辑,161—166 页,台北,1989。

② 在伍廷芳上书的同一个月,两江总督刘坤一与署两江总督张之洞也联名上《遵议廷臣条陈时务折》,就军事改革、实业建设、教育发展等提出了六项建议,其内容与见解多与时人同。参见王玉堂《刘坤一评传》,114—115 页,广州,暨南大学出版社,1990。

③ 梁启超:《康有为传》,见《饮冰室合集》文集之六,62 页。

此,欲改变国人的风气,提升新一代知识分子的意气,就必须将这些知识分子组织起来。康有为指出:中国知识分子的风气向来散漫,士大夫鉴于明代集权政治的高压摧残,自明末东林党失败之后,基本上不敢相聚讲求,故转移风气极其困难。甲午战争之后,中国经过痛定思痛的反省,社会风气稍有变化,但真正转移风气,就非合大群不可,"必合大群而后力厚"。合群,非组织团体不可,而在外省组织团体,则一地方官足以制之,而结合士大夫及中高阶层的开明官僚在京师组织则不然,既得登高呼远之势,可令四方响应,又因成立于京师这样的政治中心,还可以避免守旧官僚不必要的怀疑。①

基于这种认识,康有为在第四次上皇帝书被拒绝之后,并没有急于离开京师,返回故里,而是接受户部郎中陈炽、刑部员外郎兼总理衙门章京沈曾植等人的建议,留在京师筹划组织团体的事宜。他天天以"开会"之义号召于同志。康有为的弟子梁启超等人也"日攘臂奋舌,与士大夫痛陈中国危亡朝不及夕之故",②宣讲组织学会的必要性。经过康、梁等人的反复宣传,明白此中道理的人越来越多。在陈炽、沈曾植的支持下,康有为组织了三次"游宴"活动,试图通过这种士大夫比较容易接受的方式筹组团体。或许是因为康有为的政治企图太过于明显,康有为的三次"游宴"活动并不成功,筹组团体的工作没有很大的进展。但经过近两个月的宣传鼓吹,成立学会的舆论在官僚士大夫阶层已经获得越来越多的支持者。官僚士大夫阶层已从最初的惊恐中走了出来,他们终于听到从来没有听到的理论与见解,终于知道中国在当时世界格局中的实际地位,开始相信实行改革、实行新法的益处,并逐步认同康有为组织团体的呼吁。

在康有为等人积极宣传的影响下,组织学会的共识在新一代知识分子阶层逐渐形成,一些开明的官僚士大夫逐渐相信了组织团体、设立学会有益于中国的政治改革与社会进步。光绪皇帝的老师翁同龢以及孙家鼐等开明官僚开始暗中支持康有为筹组团体的活动。

1895年8月下旬(农历七月初),康有为在陈炽的帮助下,分头约

---

① 《康南海自编年谱》,29—30页。
② 梁启超:《保国会演说词》,见《饮冰室合集》文集之三,27页。

请袁世凯、杨锐、丁立钧、沈曾植、沈曾桐等人参加宴会,商谈筹组京师强学会的事情。康有为为了壮大声势,争取当朝重臣的支持以减少不必要的麻烦,又通过沈曾植拉拢军机大臣李鸿藻的得意门生张孝谦参加。此次聚会解决了京师强学会成立的几个关键问题:一是参与者约定各出义捐,一举而得数千元,袁世凯当场认捐 500 元;二是当场推举陈炽为提调,负总责,推举张孝谦协助陈炽;三是推举康有为负责起草强学会的成立宣言和章程,由康与其弟子梁启超拟定之后交给参与者讨论定稿。

参与筹备的丁立钧、张孝谦"畏谨"不定,康、梁负责起草的成立宣言与章程经数次讨论也难以定稿,康有为深知其中的困难,只好迂回而从之。此后,集会、宴会较前增多,来者日众。

筹设强学会的资金到位之后,他们就开始择地设置机关,在北京宣武门外后孙公园安徽会馆的一部分,即《万国公报》所在地设立会址,每十日集会一次,由康有为等人发表演说,宣传爱国自强主张。至此,北京强学会已粗具规模。

强学会的局面在初步打开之后,康有为开始利用这些条件进行更多的活动。他计划先开办一家图书馆,因为在强学会尚未正式定名之前,强学会又名为"译书局",其自定的职责似乎也主要是翻译西学书籍。1895 年 10 月,强学会在琉璃厂成立了一家图书馆,除了接受各界捐赠的图书、仪器外,还委派麦孟华等人去上海采购新书。

如果条件允许,康有为还计划向国外派遣一批留学生,直接接受西方的近代教育,为中国的持久发展准备人才资源。

为了这些长远的目标,为了购置图书、仪器,强学会在开办之初继续向官僚士大夫阶层筹款、募捐。他们经过多方活动,并发函给各省督抚,取得从中央到地方部分开明官僚的支持。户部尚书翁同龢答应每年从户部拨给若干资金进行资助,直隶总督兼北洋大臣王文韶、署两江总督张之洞及刘坤一也各捐 5 000 元,提督宋庆、聂士成等也各捐若干元。李鸿章主动提出向强学会捐款 2 000 元以入会,但强学会诸负责人考虑到他刚刚签订过卖国条约《马关条约》,而拒绝了他的捐款。北京翰文斋书店向强学会赠送了大批图书,英、美公使也向强学会表示愿

103

意捐助一批西学图书和仪器设备。在华的英、美传教士李提摩太、李佳白等人更是热衷于支持强学会,他们不时与强学会方面的人士相互宴请,宣传西学,不断发表关于中国进行政治改革的意见,双方时常就此进行讨论。①

参加强学会的人成分比较复杂,各方面的人物都有所包容,主要来自这样几个方面:一是以康、梁为首的维新志士,如麦孟华、汪大燮、王鹏运等,他们既是强学会的发起者,也是其政治上的设计者、倡导者和实际操作的人,他们忠实于强学会追求国家富强昌盛的宗旨;二是具有帝党背景的人物,如陈炽、沈曾植、沈曾桐、文廷式等人,他们基本上同意强学会的宗旨,是强学会的同盟者,但他们的目的不是为了强学会自身的发展与强大,不是为了使强学会自身发展成为一支独立的政治力量,而是为了联合强学会的人物,壮大帝党的势力,利用强学会的活动能量、社会影响、新学知识和变法才干,通过某些改革以与后党争夺对中央政府的控制权,他们的后台便是皇帝的老师翁同龢。而从强学会的主导力量方面说,他们也想利用帝党方面的支持以壮大自己的影响和势力,并真诚地希望能够通过帝党的支持、援引而打开通往清廷最高权力中枢的道路,从而实现他们自上而下的政治改革目的。从这个意义上说,强学会的中坚人物愿意与帝党方面相结合,也正是通过他们的相互利用促成了强学会的成立与初期发展,而强学会后来的被封杀,自然也导源于此。除了上述两个方面的势力外,在强学会内部还有第三种政治势力,这些人大体上说来是那些具有一定开明意识的官僚政客,在统治阶层中基本属于中下层的年轻官僚,他们一方面对现实政治表现出某些不满,期望改革,但是另一方面,他们也不全在于推动政治改革的发展,而是和其自身的政治利益、经济利益、社会地位的变化密切相关,因而他们加入强学会虽然有其真诚的一面,但更多的则带有政治投机的成分,他们把参加强学会作为一场政治赌博,作为提升自己政治地位的终南捷径。这批人物的代表者主要有张孝谦、丁立钧、褚成博、张仲炘、袁世凯、徐世昌等。除了上述三种政治势力外,在强学会内部

①《康南海自编年谱》,30 页。

还有一些人并没有明确的政治主张,而是游荡于各派政治势力之间,视各派政治势力的消长而决定自己的态度。

在强学会筹备成立之初,为了会名的问题,各方之间曾经展开过交锋。维新派的领导人主张以"强学"为名,但反对者担心此名会引起争议和麻烦,"咸欲避之,而代以他字,谓有其实不必惟其名也"。名称的争论从表面上看可能仅仅是一个斗争的策略问题,实际上这在某种程度上反映了不同的政治势力如何规定该会的性质与宗旨的大问题,反对以"强学"为名,实际上也就是担心强学会的宗旨与性质过于激进,他们只要点滴的、渐进的改良,根本不敢采取任何激进的手段与斗争方式。而当时的康有为抱定宗旨,不肯迁就。他强调,他之所以创办强学会,并没有真的指望这一机构能够对中国的政治发生多么大的直接影响,只是期望通过创办强学会,"将以破除数百年之网罗,而开此后之途径"。正是由于康有为的坚持,"强学会"的名称才最终得以保住。[①] 这可以看作强学会的主流派与内部异议者的第一次交锋。

在康有为等人的坚持下,强学会得以成立,但在康、梁起草的强学会成立宣言(《强学会序》)及章程的讨论过程中,又一次发生较为激烈的冲突。康有为在《强学会序》中首先分析了中国当时所处的国际环境,以为中国如再不变法,必将亡国。欲挽救中国的危亡,在康有为看来,就在于开学会,讲求变法自强之道,改变"风气未开,人才乏绝"的状况。而开风气、培养人才,就要建学会、集群贤,就新知旧学进行研讨。过去曾国藩、倭仁诸贤讲学于京师,与湘军将领罗泽南等讲练于湖湘,卒定拨乱之功,成同治中兴之伟业;而普鲁士也因有强国之会,终报法仇;日本有尊攘之徒,终成明治维新之治。[②] 因此,康有为呼吁新知识分子和开明官僚积极加入强学会,为中国的振兴贡献自己的心智。

康有为的《强学会序》是一篇振奋人心的重要宣言,他痛陈亡国之后残酷之状,激励了不少的新知识分子和开明官僚加入强学会,在某种程度上促进了强学会的发展与壮大。许多读者在阅读这份宣言的时候

---

① 梁启超:《康有为传》,见《饮冰室合集》文集之六,62—63 页。
② 康有为:《京师强学会序》,见《康有为政论集》上册,165—166 页。

情不自禁地"多为之下泪,故热血震荡,民气渐伸"。① 然而也正是这样一篇宣言却在强学会内部引起不同派别之间的激烈争论,张孝谦、丁立钧等人对于《强学会序》中的激烈言辞持反对态度,忧虑这些言辞可能会引火烧身。② 经过几番讨价还价,各方都作了一些让步,方使《强学会序》在强学会内部勉强获得通过,而各方的政见分歧并没有因此而消弭。

在康有为尚在北京亲自主持强学会的时候,强学会内部虽然有这样那样的矛盾与问题,但它毕竟在很短的时间内获得了很大的发展,在京师具有很大的影响,中外士人积极参与其事,势力扩张极快。③ 这自然引起守旧者的反感,守旧派官僚徐桐和御史褚成博等扬言要对康有为等人进行弹劾,于是吓得陈炽、沈曾植连忙催促康有为离开北京。于是康有为在 10 月 11 日出京南下,京师强学会的日常事务交给了陈炽等人料理。

康有为离开京师后,强学会的主要领导人为帝党人物陈炽。但过了不久,强学会却变成了以陈炽、丁立钧、张孝谦、沈曾植四人为总董,而以张"主其事"的格局。张孝谦为人"故反复",做事也不太有"经纬",他只是凭借与李鸿藻的特殊关系,以李为靠山,便"意见重,气焰大","以局为其局",将强学会看做自家的私有财产和自己的政治资本,联合丁立钧排斥陈炽、沈曾植等人。强学会的其他政治势力与人物由于幻想借重李鸿藻的政治势力以谋发展,故而对张孝谦的专横过于迁就退让,终于使强学会的领导权旁落,组织涣散,差不多达到不战而败的结局。

强学会的内部人事格局决定它不可能长久存在,而其外部环境也使得强学会很难获得新的进展。强学会的创办本为后党所不容,后党中的重要人物李鸿章在强学会成立之初曾向强学会的负责人表示有化解隔阂的愿望与诚意,并答应向强学会捐款。但是,强学会的负责人没有真正理解李鸿章的意图,反而因李鸿章刚刚签订过丧权辱国的《马关

---

① 梁启超:《戊戌政变记》,见《饮冰室合集》专集之一,128 页。
②《康南海自编年谱》,30 页。
③ 康有为:《记强学会事》,见《万木草堂遗稿外编》下册,568 页,台北,成文出版社有限公司,1978。

条约》为由拒绝了李鸿章的捐款。这样,双方的矛盾与隔阂越来越深。原本可以支持改革的李鸿章对强学会诸人的好感至此荡然无存,他在奉命出使俄国前曾扬言:"若辈与我过不去,我归,看他们尚做得成官吗?"这虽然有点"小说家言"的味道,但确实反映了李鸿章此时的心态。于是李鸿章乘李鸿藻"赴陵差"的机会,"欲借此以兴大狱",指使其儿女亲家、御史杨崇伊于1896年1月20日上折弹劾强学会"私立会党""植党营私",请求清政府下令查封。

清廷在收到杨崇伊的奏折之后,即着都察院查明封禁。当天中午,张孝谦得到这个消息,就吓得惊慌失措,一方面立即"嘱速迁",另一方面派人向李鸿章"献好",乞求李鸿章手下留情。强学会的另一负责人丁立钧甚至"泣下",想赶紧将书籍交还同文馆。褚成博、张仲炘等人更是吓得"纷纷逃匿"。只有沈曾植、梁启超、杨锐、汪大燮、王鹏运等人还算冷静,主张具呈力争。

面对清廷查禁强学会的命令,帝党的中坚人物翁同龢仍在设法挽回。他密奏光绪帝说:"教育人才,自强之本,未可阻遏,使天下寒心。"他建议清廷不要盲目地查禁强学会,以免引起许多负面影响。

1月29日,对强学会爱护有加的李鸿藻回到北京。翁同龢迅速往见李,希望李设法劝清廷收回查禁强学会的成命。与此同时,翁同龢还利用此时纷纷议论开学堂的舆论机会,鼓动由御史胡孚宸出面上书,批驳守旧派官僚强加给京师强学会的污蔑不实之词,指出强学会并没有利用学会获取经济上的好处,更没有违反法纪的事情,强调强学会下属的强学书局所藏图书除了列圣之训及各种政书外,更多的则是同文馆及上海制造局所刻西学著作,因此他建议清政府不要彻底查禁强学会,而是采取变通的办法,将强学会改为官书局,"此日多一读书人,即他日多一报国之人,收效似无浅鲜"。[1] 他的这一建议既在事实上保住了强学会,也给予弹劾者以足够的面子,未尝不是两全其美的办法。于是,清廷下令发还查抄的强学会的图书、仪器等,设立京师官书局,指派孙家鼐负责管理,调集译员选译各国新报及各国史书,继续承担宣传维新

---

① 胡孚宸:《书局有益人才,请饬筹社,以裨时局折》,转引自林克光《革新派巨人康有为》,178页,北京,中国人民大学出版社,1990。

变法的功能。

强学会改为官书局,在事实上保住了强学会。然而当这个消息传出后,强学会内部的一些投机者又开始了新一轮的政治投机,他们或"群奔走"于管学大臣,企图在官书局中谋求到新的差使;[①]或把官书局作为一个在政治上升官发财的终南捷径,趋之若鹜。只有那些真诚拥护维新改革的志士如陈炽、沈曾植、梁启超等,不再参与其事,退出强学会,自然也就退出了由此而来的新办的官书局。[②]

在京师,由康、梁等维新志士创办的强学会至此终结。

北京强学会的终结当然并不意味着维新运动的结束。事实上,当康有为离京南下,于 10 月 29 日抵达上海之始,就开始在上海这个相对更自由的城市创办一个新的政治组织。

为了取得具有维新色彩的开明官僚张之洞的支持,康有为到上海不久即专程前往江宁游说署两江总督张之洞,在张之洞那里前后盘桓有 20 余日,与张隔日一谈,每谈必至深夜,两人在许多问题的看法上应该有足够的共识。张之洞同意康有为在上海建立强学会的主张,并自愿捐款 500 两,划拨公款 1 000 两,以此充办会的经费。

有了张之洞的支持,上海强学会的开办比较顺利。11 月下旬,康有为偕同梁鼎芬、黄绍箕等人返回上海,很快便将筹备中的上海强学会的会所选在跑马场西头的王家沙 1 号。各项筹备工作有条不紊地进行着。

12 月初,康有为撰就《上海强学会序》,然后以张之洞的名义先后刊布在《申报》《中外纪闻》及《强学报》上。[③]康有为在这篇文章中重申和强化了他在北京《强学会序》中所陈述的观点,以为西方近代国家之所以走向富强昌盛的关键,就在于他们找到了"合群"的方式与方法,那就是开办学会、培养与积累人才。由此他认为,挽救中国的危亡在于开风气,在于人才的培养与积累;而开风气以及人才的培养与积累可以有

---

① 汪大燮:《致汪康年函》第 63 通,见上海图书馆编《汪康年师友书札》,722 页,上海古籍出版社,1986。

② 吴樵:《致汪康年书》,见丁文江、赵丰田编《梁启超年谱长编》,47 页,上海人民出版社,1983。

③《上海强学会序》,见《康有为政论集》上册,169 页。此序在《申报》《中外纪闻》《强学报》等报刊发表时,均署张之洞名。

多种办法,但在目前中国最有效、最便捷的办法就是讲学术,讲学术在合群。因此,康有为在这篇文章中借张之洞之口号召人们积极参加学会的活动,"以应天子侧席之意,而济中国之变",为中国的富强昌盛而共同奋斗。

康有为在替张之洞撰写了《上海强学会序》之后不久,又发表了《上海强学会后序》。他在这篇文章中依然重申先前组织学会有利于中国发展与富强的观点,并以中外历史教训作为例证,强调当前的世界一个最明显的趋势就是"兼弱攻昧",就是弱肉强食。因此落后的中国要想避免继续落后,要想自立于世界民族之林,唯一的出路就是自强。自强之术有二,一是力强,一是智强。美国立国仅仅百年,但其所以强大,在于美国人善于组织学会,其百年间著书立说多于希腊、罗马三千年,这就是智强。而智强的根本,不是一人逞智,而是群人共学,这是包括美国在内的西方列强之所以走向富强的根本;而反观中国,在过去的一年里,中国之所以被弹丸小国日本打败,割地赔款,丧权辱国,主要原因就是中国"散而不群,愚而不学之过也。今者思自保,在学之群之"。因此,康有为希望凡吾神明之胄、衣冠之族,思保其教,思保其类者,都应该"合群共学",学习西方及东洋的团队精神,结成一个强大的新民族、新国家。①

在进行舆论准备的同时,康有为也开始了组织上的准备与行动。在他与黄体芳、黄绍第、屠仁守、汪康年、邹代钧、梁鼎芬、黄遵宪、黄绍箕、左孝同、蒯光典、志钧、张謇、沈瑜庆、乔树枬、龙泽厚等 16 人于 1895 年 12 月联名发表的公启中,公布了《上海强学会章程》,正式开始筹建上海强学会。

《上海强学会章程》规定上海强学会是专门为了中国的自强而设立的政治组织和爱国团体,基本方法是聚天下之图书器物,集天下之心思耳目,略仿中国古代学校之规及各家专门之法,以广见闻而开风气,上以广先圣孔子之教,下以成国家有用之才;"专为联人心,讲学术,以保卫中国"。《上海强学会章程》规定上海强学会主要职能是办好四件事:

①《上海强学会后序》,见《康有为政论集》上册,171—172 页。

(1) 翻译和编印图书。欲令天下士人皆通西学,莫若译成中文之书,俾中国百万学人人人能解,成才自众,然后可给国家之用。(2) 创办报纸。(3) 创立图书馆。近年西政西学,日新不已。今之聚书,务使海内学者知中国自古有穷理之学,而讲求实用之意,亦未遽逊,正不必惊望而无极,更不宜画界以自封。上海强学会准备先购置一套四库全书,先搜其经世有用者,再旁及西人政教及各种学术图书,以广考镜而备研求。(4)创立博物院。如有余力,上海强学会还计划设立学堂以培养人才;设立讲堂以传播孔教;派员游历西方、东洋及国内各地以考察地舆、矿务、风俗;设立养贫院以收容乞丐,教以工艺技术等等,显然充满着理想主义的色彩。

或许是鉴于京师强学会队伍不纯的经验教训,上海强学会在竭力吸引人才的同时,也较京师强学会规定了更为严格的入会条件,强调入会的成员应该是"品行心术端正明白","不论名位学业,但有志讲求,概予延揽"。对于那些入会后可能会"别存意见,或诞妄挟议,及逞奇立异,或作奸犯科,致招物议"的人,《上海强学会章程》还规定了严格的处理办法,即"公议辞退"。①

尽管上海强学会规定了比较严格的入会条件及处理办法,但当上海强学会正式成立之后,实际上还是存在着激烈的内部冲突与斗争。以康有为为首的维新派自然不满意以张之洞为首的洋务派的政治、经济、文化主张,以为洋务的主张显然不再合乎中国当前的实际,而只有他们的变法维新主张才真正反映中国当时的社会需求。

对于康有为所主张的孔子改制问题,张之洞从一开始就不同意。他之所以以两江总督的重位支持康有为在上海创办强学会,实际上是想利用康有为当时的政治影响力、号召力以及他人所不具有的创办学会、网罗人才的能力为自己所用,并为自己在即将到来的政治变革中捞取政治资本。这是老练的政治家张之洞的如意算盘。可惜,张之洞过于低估了康有为的政治坚定性及政治原则性。他先是当面委婉地劝说康有为以后不要再宣传所谓孔子改制之类的荒唐学说,后又委派梁鼎

①《上海强学会章程》,见《康有为政论集》上册,173—179 页。

芬去向康有为明确表达这个看法，梁鼎芬甚至代表张之洞表示，只要康有为明白宣布放弃所谓孔子改制说，张之洞就一定为上海强学会提供足够的活动经费。张之洞相信，凭借他手中的政治权力以及他那颇为诱人的经济支持，一定能够说服康有为，使康有为放弃这种荒唐的学说，改弦易辙，回归到他所主张的渐进的"中体西用"的改良路线上来，不要用西方那些激进的思想路线来破坏中国既成的发展模式。

孔子改制说不仅是康有为在中国学术史上的一大"发现"，而且实在说来也是康有为在甲午战败之后积极从事政治变革的思想理论基础，因此他面对张之洞的威胁利诱并没有屈服，他坚定地表示："孔子改制，大道也。岂为一两江总督供养易之哉？若使以供养而易其所学，香涛奚取焉？"①换言之，康有为不愿意为两江总督张之洞提供的那点区区经费而放弃自己的原则和信仰。

康有为的不听话与不合作无疑激怒了张之洞。张之洞一计不成，便转而使用其他的伎俩。他已经明白，要让康有为从理论和信仰上屈从自己的"中体西用"的政治改革模式已经相当困难。那么，两害相权取其轻，张之洞便不再愿意在自己的辖区内发生什么激进的政治事件，更不愿意出现脱离自己掌控的激进的政治组织。鉴于他已经同意康有为在上海创办上海强学会的事实，于是他只能加派自己的心腹去上海从组织上把握和掌控这一组织，孤立康有为，将这一政治组织在实际上变成自己所能把握的、具有可以接受的政治色彩的组织。

根据张之洞的安排，其心腹梁鼎芬、黄绍箕等人随同康有为一起来到上海，参与筹办上海强学会。他们除了负有从组织上掌控上海强学会的使命外，也带有监督康有为的任务。这样，上海强学会在筹办之初就面临着复杂的斗争形势。

即将正式开张的上海强学会能否在张之洞的掌控之下，在张之洞方面并无绝对把握。因此他在加派亲信参与筹办的同时，也试图设法支走康有为。他利用康有为将回广东为其母亲祝寿的机会，劝告康有为不妨在广东也创办一个强学会，并建议由康有为主持广东的强学会，

---

① 《康南海自编年谱》，31 页。

111

另派他在湖北的旧属汪康年到上海主持上海强学会。

张之洞的打算似乎已被康有为觉察,康有为不仅无意在广东创办新的学会,而且利用自己所掌握的领导权,在离开上海回乡省亲的时间空当里,根本无意征得张之洞的同意,便调徐勤、何树龄来上海主办《强学报》。

当张之洞发现康有为根本不接受他的建议,并背开他单独进行强学会的活动时,他觉得应该与康有为划清界限了。于是他致电康有为,提出停办上海强学会,理由是"论学不合"。而康有为自此更无所顾忌,便以"会章大行,不能中止"为由拒绝张之洞的停办要求。①

康有为的拒绝无疑深深地激怒了张之洞。为时不久,当《强学报》强行出版之后,张之洞一系的梁鼎芬、黄绍箕等人便开始以《强学报》的内容、形式与发起人原先议定的原则不合为由向康有为发难,并最终导致张之洞于1月26日下令将上海强学会强行解散。

北京、上海的强学会相继被查封是维新运动所遭受到的挫折,但在这批志士仁人的影响下,以知识分子为主体的维新运动已从根本上不可遏制。各地纷纷组织学会和创办报刊,人们的爱国热情空前高涨。

三 《时务报》与《国闻报》

康有为等新知识分子在创办具有近代政党性质的社团的同时,更不忘创办自己的言论机关,试图以新闻媒介的作用去影响新一代知识分子,并期望以此去争取官僚士大夫的同情和支持。在某种意义上说,他们已经充分意识到创办自己的言论机关与创办学会具有同等重要的意义。康有为指出,中国士大夫不通外国政事风俗,而京师也无人敢创办报刊以开知识。而变法本原,非自京师始、非自王公大臣始不可。而陈炽甚至认为,创办自己的言论机关,可能比开办学会、聚集人才更为迫切,"办事有先后,当以报先通其耳目,而后可举会"。于是,康有为等人为了开风气、开知识,在创办强学会之初,就于1895年8月17日在北京先行创办了《万国公报》,并与发送《京报》的人协商,由他们在送

---

① 《康有为自编年谱》,31页。

《京报》的同时,每日附送 1 000 余份给朝中大臣及一些高级知识分子。《万国公报》创办两个月,舆论渐明,初则骇之,继亦渐知中国变法维新的必要性及新法可能带给中国的好处,从而为京师强学会的顺利成立提供了积极的舆论支持,使自愿参加强学会的达官贵人、知识分子愈来愈多。①

《万国公报》为双日刊,其刊式与《京报》相似,报名与英美传教士所办的报纸相同。其之所以定名为《万国公报》,是因为上海广学会编的《万国公报》在清政府的官僚中已经行销有年,甚有知名度,不仅在朝中大臣及知识分子中拥有相当大的知名度,康有为、梁启超等人都深受这份传教士《万国公报》的影响,光绪帝也经常阅读。因此,康有为等人创办自己的第一份刊物时不自觉地盗用了《万国公报》的大名,其目的也不外乎为了便于推广和扩大影响。

康梁系的《万国公报》出版两个月左右,李提摩太有机会与康有为直接会晤,不久,李甚至参加了京师强学会,并聘请梁启超担任他的临时中文秘书。当他发现康梁系的《万国公报》是盗用广学会的名义时,便向康、梁提出了抗议,康梁系的《万国公报》被迫停刊。

《万国公报》每册有编号,无出版年月,其第 1 册出版于 1895 年 8 月 17 日(光绪二十一年六月二十七日),前后共出版 45 册。这是最初 3 个月的全套刊物,也是康梁维新派在北京出版的第一份最有影响的刊物。它的大多数文章都是从上海广学会的《万国公报》上转载而来的,自己组织撰写发表而未署名的文章大都出自梁启超、麦孟华之手。这些文章主要是介绍西方先进国家富国、养民、教民之道,包括开矿、铸银、制机器、造轮舟、筑铁路、办邮政、立学堂、设报馆以及务农、劝工、惠商、恤穷等内容,基本上是在发挥康有为在《上清帝书》中所提到的那些变法主张。《万国公报》先后刊发的重要文章有:《地球万国说》《地球万国兵制》《通商情形考》《万国矿务考》《万国邮政章程价值考》《学校说》《铁路情形考》《铁路通商说》《铁路改漕说》《铁路备荒说》《铁路便行旅说》《铁路兴屯垦说》《铁路工程说略》《佃渔养民说》《农学说略》《农器说

---

① 《康南海自编年谱》,28—30 页。

　　《万国公报》所传播的新思想、新知识引起了新知识分子的兴趣，唤起了他们的救国热情，但同时也激起了守旧势力的反感与嫉妒。守旧势力利用自己手中的权力探知《万国公报》竟然出自康、梁之手，于是"谤言乃大兴，人皆畏而避之，拒不收"。当新出的《万国公报》循例送给这些达官贵人时，他们再也不敢笑脸相迎，而是"辄怒以目，驯至送报人惧祸，及悬重赏，亦不肯代送矣"。① 在这种政治高压下，共出版了45期的《万国公报》只好草草收场，被迫中断。

　　康有为离京南下之后，强学会的日常事务由其弟子梁启超负责，各项活动依然进行。1895年11月中，强学会更名为"京都官书局"，原强学会的政治、学术色彩逐步减弱，而商业气息逐步浓厚，似乎真的要演变成一个纯粹商业性的出版机构，与康、梁等人最初创办京师强学会的宗旨越离越远。只是这批书生并不真的懂经营、会管理，反而使商业化越来越重的京都官书局的经营每况愈下，人心也开始涣散。②

　　官书局的经营状况不算太好，但梁启超、汪大燮、麦孟华等人还算卖力，他们经过一个多月的紧张筹备，终于把被迫停刊的《万国公报》改名为《中外纪闻》，于1895年12月16日在北京继续出版。

　　《中外纪闻》的报馆仍然设在强学会的会址，报纸也仍如《万国公报》一样为双日刊，逢单日出版，木活字印刷，每册在中缝注明出版年月，无编号，竹纸印制，每册包括封面在内约有10页。封面"中外纪闻"四个字为紫红色，似出于康有为的手笔。每面10行，每行22字。这些方面似乎与《万国公报》没有太大的差别。但在编辑技术、栏目设置以及内容、篇幅上，《中外纪闻》对《万国公报》作了很大的改进。在经营方面，《万国公报》完全免费向京师官僚士大夫阶层赠送阅读，而《中外纪闻》则在免费赠阅10天之后，改为订阅或购阅。其不仅发行于京师，而且还向外地寄售。

　　在编辑方面，《万国公报》每期一般只有论说一篇，没有记事，而《中外纪闻》除了偶尔发表一些自撰的论文外，还有阁抄、译录英国路透社

---

① 梁启超：《鄙人对于言论界之过去及将来》，见《饮冰室合集》文集之二十九，2页。
② 《夏曾佑致汪康年函》第7通，见《汪康年师友书札》，1319页。

电、选译西报如《泰晤士报》《水陆军报》等,此外摘录各省新报如《直报》《沪报》《申报》《新闻报》《汉报》《循环报》《华字报》《维新报》《岭南报》《中西报》等等,[①]以及设有论考文章等栏目。

在《中外纪闻》之"译印西国格致有用诸书"栏中,曾经刊载或连载《英国幅员考》《各国商船及海上贸易价额考》《普国矿利考》《西国铁路考》《各国驻华师船考》《英国度支考》《格致穷理论》《地球奇妙论》等等,大都在文末附有简论,以简洁的文字启发读者思考。

1896 年 1 月 23 日(光绪二十一年十二月初九日),《中外纪闻》与强学会一起遭到清政府的封禁,前后共出版 18 期。

上海强学会成立之后,即着手创办了《强学报》,以此作为上海强学会的机关报。其宗旨"专以发明强学之意"。内容以论说为主,要目有《开设报馆议》《孔子纪年说》《论会即荀子群学之议》《毁淫祠以尊孔子议》《变法当知本原说》《论回部诸国何以削弱》《欲正人心先修法度说》等等。显然,《强学报》的政治观点较先前出版的《中外纪闻》更加鲜明和激进,但其要旨似乎都是康有为的观点。

《强学报》于 1896 年 1 月 12 日创刊,为 5 日刊。担任该报主笔的是康有为避开张之洞而专门从广州调来的徐勤及何树龄。

徐勤、何树龄在政治信仰上自然听从康有为的指派,他们主编的《强学报》自然在政治倾向上接近康有为的激进政治主张。他们不顾清廷的规定,擅自公布清廷未经公开的"廷寄",即光绪帝内发各省将军督抚议行十四条新政的上谕,此上谕已经遭到后党的反对和压制,明确不予实行,而《强学报》却把它公之于世,并附有短论称颂这份文件是清朝三百年来之"特诏",是"中国自强之道基,臣民讲求时事之本";甚至公然以为"破去拘牵之见,光大维新之命,化行风被,人人可以昌言新法"等等,以此鼓吹变法维新、救亡图强。凡此,显然都极易受到保守势力的攻击。

由于康有为在学术上反复论证孔子改制的理论,这对《强学报》的主编者有着很大的影响,因此在新创刊的《强学报》封面上,主编者徐勤

---

① 《军机大臣字寄各直省将军督抚》按语,见光绪二十一年十一月二十八日《强学报》第 1 号,3 页。

等人有意将"孔子卒后二千三百七十三年"的所谓"孔子纪年"置于"光绪二十一年"之前，同时发表《孔子纪年说》，鼓吹使用"孔子纪年"以唤起人们的改革激情。然而康有为等人这一做法的客观效果却恰恰相反，"见者以为自改正朔，必有异志"，[①]担心用孔子纪年取代清朝的纪年必将给强学会带来大祸，"会中一二俗士闻之，则舌挢汗下色变，惧祸将及己，汲汲请除名。曰是不奉今王之正朔也。"[②]不奉今王的正朔，在当时帝制体制下可是杀头的罪名。于是，发起人之一的梁鼎芬致函康有为，指责康不遵守发起人之间的约定，试图将《强学报》办成鼓吹自己的学术观点的私家刊物，"借局以行其经学"，已经违背了他们发起成立上海强学会、创办《强学报》的初衷，因此梁鼎芬表示"欲登报除名停办"。

上海强学会另一发起人，也是张之洞亲信的黄绍箕在看到新出版的《强学报》之后，也立即致函已到广东的康有为，指责《强学报》用孔子纪年实违反了清朝的"国制"，并告知康有为他已经通知强学报社，停止出版新的报纸，并说他和其他的发起人正在考虑怎样结束上海强学会的事宜。[③] 显然，《强学报》并不太明智的政治举动实际上使它失去了相当多的支持者。

梁鼎芬、黄绍箕都具有张之洞的背景，他们的指责在某种程度上代表着张之洞的真实想法。张之洞既然从一开始就不同意康有为的孔子改制说，更不能容忍康有为等人不顾"国制"，一意遵行什么"孔子纪年"，因此当他发现康有为根本无意听从他的指挥，根本无法将其收编到自己周围的时候，他唯一能够做的事情，就是断绝上海强学会的经济来源，甚者动用自己手中的权力，强行解散上海强学会。而恰当此时，北京方面查封强学会的消息传来，于是张之洞趁机于1月26日委派专人致函上海各报馆，宣布强学会报章未经同人商议，遽行发刻，内有廷寄及孔子卒后一条，皆不合。现时各人星散，此报不刊，此会不办。[④]上海强学会及其机关报《强学报》由此而正式结束。

---

① 梁启超：《与康有为书》，见《觉迷要录》卷四。
② 梁启超：《纪年公理下》，见《清议报全编》卷四，78页。
③ 黄绍箕：《致康有为书》，见《万木草堂遗稿外编》下册，845页。
④《强学停报》，见光绪二十一年十二月十二日《申报》。

当梁鼎芬、黄绍箕等人向康有为发难的时候,康有为正在广东,他虽然已经感到事态严重,但绝没有想到会严重到被强行解散和强行停办的地步。他在 1 月 26 日致函徐勤及何树龄时尚称:"彼有不办之心,我有必办之意。"他劝徐勤、何树龄二人要忍辱负重,坚守岗位,[①]又致电黄遵宪出面"力持",争取不停办。但终究没有阻止张之洞的决心,《强学报》与上海强学会还是被张之洞扼杀了。

张之洞之所以那么匆忙地改变自己的主张,由上海强学会的支持者一变而为反对者,除了理论上他实在不能赞同康有为托古改制的学说外,更主要的是他对政局的把握与回应。他一开始支持康有为到上海创办强学会,并与康促膝对谈 20 余日,是因为他觉得自京师而来的康有为或许有什么大来头,毕竟康在京师创办的强学会有那么多官员参加,所以他不仅不反对康有为在上海创办强学会,而且在某种程度上还是乐观其成的。但是,当康有为在上海创办强学会不几天,政治局面就发生了很大的变化。1896 年 1 月 20 日,清廷接受御史杨崇伊的建议,发布上谕查封了京师强学会。这就难怪张之洞要保全自己了,他不仅要与强学会划清界限,而且要在自己的地盘里彻底禁绝这种可能给他带来极大政治风险的组织。[②]

张之洞在下令停办强学会和《强学报》的同时,也为上海强学会和《强学报》预留了一定的空间,他要禁止的只是康有为的那些可能引起争议的学说,而无意将具有维新思想的青年才俊驱逐出自己的辖地。所以,他在下令停办强学会和《强学报》之前就决定调汪康年到上海主持强学会的事务,试图从人事布局上掌控强学会。

汪康年是张之洞门下具有维新思想的幕僚,与梁启超、麦孟华也有很深的交情。当甲午战争进行之时,他在京师与梁启超等人相商,"我辈今日无一事可为,只有广联人才,创开风气,此事尚可半主"。[③] 这一见解实与康有为的主张暗合。中国在甲午战争战败后,汪康年与张之洞的幕僚如郑孝胥一样,有迁都、拒和、联络英国和德国、进行变法的动

① 康有为:《致何树龄、徐勤书》,见康有为撰,姜义华、吴根樑编校《康有为全集》第 2 卷,206 页,上海古籍出版社,1990。
② 参阅蔡乐苏、张勇、王宪明《戊戌变法史述论稿》,331—333 页,北京,清华大学出版社,2001。
③《梁启超致汪康年函》第 4 通,见《汪康年师友书札》,1830页。

议,这些主张虽然没有被张之洞全部接受,但部分地融入了张的政治主张中。1895 年初,汪康年有意于联络同仁创办"译报"及中国公会,这个想法或许是与康、梁的想法的暗合,或许正是汪康年在京师时与梁启超等人商量的结果。在此后的几个月中,译报馆和中国公会的筹备工作在紧张有序地进行,只是由于汪康年的家事及其他人事原因的耽搁而迟迟未能公开成立,而北京的强学会则已成气候。

当北京的强学会初步成形的时候,康有为南下江宁,欲说服张之洞支持在上海创建强学会,经过 20 余天的交谈,张之洞不仅同意康有为在上海创办强学会,而且建议康有为应将上海强学会与广东的强学会同时举办,并暗示上海方面的事务可以由汪康年主持,而广东方面则由康有为全权负责。张之洞的用意虽然不太清楚,但这一建议对康有为来说则欢迎之至。1895 年 11 月 16 日,康有为将张之洞的建议向尚在湖北的汪康年做了通报,欢迎汪尽快到上海接收强学会的事务。[1] 所以当张之洞下令停办强学会和《强学报》之前,下令由汪康年接管上海强学会的事务时,康有为不仅有充分的思想准备,而且期望汪康年的到来会为上海强学会带来新的希望。[2]

接到张之洞的命令及康有为的邀请信后,汪康年并没有像康有为所期望的那样离开湖北赶往上海,主持强学会的一切。他此时似乎无意于放弃自己一直在积极筹办的译报馆和中国公会,而且由于京沪两处强学会内部纷争的消息不断传来,使他和他的朋友都觉得介入康、梁系的内部矛盾之中并不是一件太合算的事情,不如留在武汉干自己的事情,与京沪两地"不即不离",这或许是上策。[3]

汪康年离开武汉到上海接手强学会的会务,是因为他在武汉筹办译报馆与学会的事也遇到了不可克服的困难,而他刚到上海的时候,恰恰又遇到张之洞停办强学会与《强学报》的命令发布的时候,所以他一介入上海强学会的会务,就不是为了强学会的发展,而是按照张之洞的意图办理强学会的善后事宜。

---

① 《康有为致汪康年函》第 1 通,见《汪康年师友书札》,1664 页。
② 康有为:《致何树龄、徐勤书》,见《康有为全集》第 2 卷,205—206 页。
③ 《吴樵致汪康年函》第 3 通,见《汪康年师友书札》,461 页。

1896 年 4 月 23 日，上海强学会的善后事宜基本结束，那一天的《申报》刊登的《强学会收支清单》称已将强学会的余款点交汪康年收存，上海强学会及《强学报》的事务至此应该说已完全结束。

汪康年在办理强学会善后事宜的时候，似乎就有意于利用强学会的结余款项作为他一直想办而没有办成的译报馆，为此他曾与张之洞进行过协商，但张之洞似乎并不赞成汪康年在上海另办新的报纸，所以张对汪康年办理强学会善后事宜的权限也有所限制。按照《强学会收支清单》的说法，强学会共计收银 730 两，收洋 2 247.42 元。支出洋 2 172.7 元，实存银 730 两，存洋 75.14 元。另有一些自备的办公用品等。这里的余洋 75.14 元可能交给了汪康年，但存银 730 两可能已经按照张之洞的安排直接移交给了经元善。①

上海强学会的大笔余款由张之洞安排交给了经元善收存，汪康年准备利用强学会余款创办新报的想法并不能顺利实现，不过他对此也没有彻底灰心，而是将强学会原租房屋一年的租金追回了一半，得 350 元，又将强学会购置的办公用品、图书等加以变卖，得 200 余元。② 有了这笔钱作基础，汪康年继续进行创办新报的准备。他计划以他手头控制的强学会余款作资本进行招股，以此为基础与由京师强学会改组的京师官书局合作，以其分局的名义在上海恢复分会，然后以上海分局的名义出版他构思已久的《译报》，并考虑在条件合适的情况下，与康有为等再度合作。

汪康年的计划遭到吴樵、汪大燮、沈曾植、叶瀚等人反对，他们既认为京师官书局"诸人大率非我族类，万万不便沾染"，③也觉得与康有为等人恐怕并不好合作，"近则见挤于康，退又贻诮于人"，④与其将来发生冲突，不如从一开始就谨慎从事。

朋友们的建议对汪康年甚有影响，他与正在上海的黄遵宪商量进行办法。黄遵宪原本为强学会同事之人，对张之洞下令停办上海强学会本来就不满意，也一直试图设法重新振兴之。而汪康年的办报想法

119

① 参阅蔡乐苏等《戊戌变法史述论稿》，357 页。
② 《梁卓如孝廉述创办时务报原委》，见光绪二十四年八月十一日《知新报》。
③ 《汪大燮致汪康年函》第 66 通，见《汪康年师友书札》，729 页。
④ 《叶瀚致汪康年函》第 10 通，见《汪康年师友书札》，2535—2536 页。

正与黄遵宪吻合,所以黄遵宪毫不犹豫地对汪康年的想法给予全力支持。他自愿捐献 1 000 元作为新报的开办费,并明确告诉汪康年:"我辈办此事,当作为众人之事,不可作为一人之事,乃易有成;故吾所集款,不作为股书,不作为垫款,务期此事之成而已。"①

有了黄遵宪的大力支持,汪康年筹办新报的进展迅速加快。1896年 4 月 23 日、24 日,汪康年连续两次致电在北京的吴樵等人,告知筹办报馆的事情已经有了眉目,"大有成局",并催促梁启超尽快赶到上海,参与筹办的具体事务。② 梁启超对汪康年在上海筹办新报的事情早有所闻,他在 4 月 2 日致汪康年的信中就明确表示:"兄在沪创报馆,甚善。此吾兄数年之志,而中国一线之路,特天之所发,恐未必能有成也。若能成之,弟当唯命所适。"③虽然他对成功的可能性表示怀疑,但也保证只要创办成功,他将乐于合作。所以,他在收到汪康年催促南下的电报后,稍作准备就离开了北京,赶往上海,参与办报。

梁启超到了上海之后,通过汪康年的介绍与黄遵宪相识,在他们三人的共同策划下,就办报宗旨、体例、内容等基本达成共识。鉴于当时中国的政治环境,汪康年主张多翻译西方报纸的内容,因而继续倾向于他先前的"译报"构思;梁启超基于自己的经验和体会,主张在新创办的报纸上要多刊发自己的论说,以扩大政治影响;而黄遵宪基于自己在官场上的经验及去年强学会被封的教训,采取了折中态度。④ 于是汪、梁二人都同意论说可以增加,但不能有太多"讥刺"的基本方针。

办报的基本方针定下来之后,《时务报》的名称也随之确定,于是他们以汪康年、梁启超、黄遵宪、吴德潇、邹代钧五人名义印制《公启》一两千张分送各处同志。此《公启》有 30 条,为梁启超初拟草稿,由黄遵宪"大加改定",⑤比较系统地反映了《时务报》的创办宗旨,详细介绍了《时务报》招股集资的方法与方式。

《公启》的发布获得了各地同志的相应,邹代钧在黄遵宪首认 1 000

---

① 《梁卓如孝廉述创办时务报原委》,见光绪二十四年八月十一日《知新报》。
② 《吴德潇致汪康年函》第 13 通,见《汪康年师友书札》,394 页。
③ 《梁启超致汪康年函》第 5 通,见《汪康年师友书札》,1831 页。
④ 《黄遵宪致汪康年、梁启超函》,见《汪康年师友书札》,2335 页。
⑤ 《梁卓如孝廉述创办时务报原委》,见光绪二十四年八月十一日《知新报》。

元之后,也认捐 500 元。紧接着,各地的认捐消息不断传来,湖南矿务局同意捐助 400 元,并及时将这笔款项送交给汪康年①,而原本不太支持汪康年在上海办报的张之洞也终于同意将原上海强学会的 700 元余款转给汪康年作为办报的经费,这笔钱于 6 月 13 日由经元善派人送给汪康年,唯张之洞不愿就此出名,所以在《时务报》第三册公布各地捐款情况时,标明为"汪穰卿进士、梁卓如孝廉集银"。

光绪二十二年七月初一日(1896 年 8 月 9 日),《时务报》在上海正式问世。根据《时务报》第三册公布的时务报馆工作人员名单,该报的总理为汪康年,撰述为梁启超,另有英文、法文、日文翻译若干及具体办事人员等,黄遵宪、邹代钧、吴德潇等人可能因为其官方的身份背景,并没有归入报馆的工作人员中。《时务报》为旬刊,每月逢初一、十一、廿一日出版。第一册的主要栏目有"论说""谕旨""奏折录要"以及京外近事、域外报译等,这些栏目后来也有局部的调整,但大体上保持了第一册的栏目和风格。

《时务报》最值得看的,也是当时之所以风靡一时、成就梁启超大名的还是"论说"栏中的梁启超的文章,梁启超从第一册开始直到他离开《时务报》为止,几乎每一期都有他那议论新颖、文字通俗、笔头常带感情的文章。在《时务报》第一册上,署名为梁启超的文章有两篇,一篇是《论报馆有益于国事》,一篇为从第二册开始连载的《变法通议》之自序。

前一篇相当于《时务报》的发刊宣言,梁启超在这篇文章中列举西方近代国家报纸的发达与政治进步的互动关系状况,指出报纸的发达有助于耳目喉舌,而起天下之废疾。不了解世界发展之大势,不了解国内之政情,就是无耳目,无喉舌,结果便是"上有所措置,不能喻之民;下有所苦患,不能告之君",如此之上情不能下达,下情不能上达,就是废疾,就是一个不完整、不健康的社会。所以,要营造中国社会上下不隔的正常秩序,就要鼓励有识之士出来多办报纸,这样才能"去塞求通",有助于社会的良性发展。

121

---

① 1896 年 8 月 27 日,邹代钧致信汪康年说:"伯纯前寄上千五百金,据来示,五处购书价约六百余元,是所余尚多。伯严原欲矿局以四百元银钱助时务报馆,祈即于此项内照提,可不必登报,亦不必向右丈道谢。缘此事均等仅商知伯严,尚未回明右丈耳。"《邹代钧致汪康年函》第 22 通,见《汪康年师友书札》,2654 页。

后一篇所序的《变法通议》是梁启超的成名作。这篇长文共有 13 节,除第一册发表的《自序》外,分别为论不变法之害、论变法不知本原之害、学校总论、论科举、论学会、论师范、论女学、论幼学、学校余论、论译书、论变法必自平满汉之界始、论金银涨落、论变法后安置守旧大臣之法等。从这些目录中不难看出,梁启超的这篇文章对于中国当时将要到来的变法维新运动所可能涉及的问题都有所论述。他的这些观点虽然并不一定为当时所接受,但对于冲破旧思想的禁锢,对于新思想的传播,还是起到过极其重要的积极作用。

《时务报》第一册出版发行之后,在国内立即引起强烈的反响。北京方面在官场或半官场的朋友如汪大燮、沈曾植、李岳瑞、王鹏运等对第一册的编排及内容都感到满意,但同时也劝告汪康年、梁启超诸主持人要谨慎从事,不要有意去触犯朝廷的禁忌,"不必作无谓之讥评",[1]以免出征未捷而身先死,再蹈强学会的覆辙。这从来就是中国官场人士自我保护屡试不爽的规律。

从湖南方面传来的消息更是令人振奋,湖南巡抚陈宝箴的公子陈三立转达了黄遵宪对梁启超的称赞,称看了第一册《时务报》之后,确实感到梁启超真的是"旷世奇才",并相信《时务报》如果能够坚持办下去,"必能渐开风气,增光上国"。陈三立还建议增加一些货价表之类的东西,以便使商人亦可购买阅读。[2] 邹代钧也从湖南致函汪康年,他已经收到的 100 份已经散发完毕,现在向他索《时务报》的人很多,看样子在湖南省可以销售 200 份,嘱汪康年尽快补寄来。至 11 月,仅邹代钧经手的在湖南就可达到 400 份。[3] 至第二年即 1897 年底,邹代钧在湘的销售数已达 700 册[4],还不包括其不断加寄的一些合订本。

在湖北,黄绍箕致函汪康年称赞《时务报》"至美至美",并表示愿意帮助扩大该报在湖北地区的发行。[5] 而张之洞的幕僚叶瀚在读到《时务报》第一册之后,也致函汪康年称赞梁启超"大才抒张",为不可多得

---

① 《汪大燮致汪康年函》第 73 通,见《汪康年师友书札》,747 页。
② 《陈三立致汪康年函》第 13 通,见《汪康年师友书札》,1983 页。
③ 《邹代钧致汪康年函》第 35 通,见《汪康年师友书札》,2683 页。
④ 《邹代钧致汪康年函》第 63 通,见《汪康年师友书札》,2749 页。
⑤ 《黄绍箕致汪康年函》第 9 通,见《汪康年师友书札》,2306 页。

的办报天才。① 郑孝胥在南京致函汪康年说:"《时务报》灿烂而出,如挈白日,照耀赤县,可谓杰哉! 梁君下笔,排山倒海,尤有举大事,动大众之慨。"②正在"重庆舟中"的吴樵在收到《时务报》第一册之后,"急读之下,狂舞万状,自始至终,庄诵万遍,谨为四百兆黄种额手曰:死灰复炽;谨为二百里清蒙气、动物、植物种种众生额手曰:太平可睹。我辈亦当互相称庆。"③总之,《时务报》的出版发行,在全国各地都获得了良好反映,大受欢迎,在不太长的时间里,销量达万余份,为中国有报馆以来所未有之盛况。

《时务报》的畅销可能还有其他原因,但梁启超的文笔与思想应该是《时务报》获得迅速发展的重要原因之一。在第一册之后的每一期里,梁启超除了连载他那篇具有变法纲领意义的《变法通议》外,他还发表了许多重要文章,如《波兰灭亡记》《古议院考》《戒缠足会叙》《论中国积弱由于防弊》《说群自序》《论君政民政相嬗之理》④等等,都对国人产生过振聋发聩的启蒙作用。在这些令人耳目一新的文章中,梁启超从西方近代政治理论的原则出发,强调中国之所以落后,是由于政治上没有办法,是政治体制上不如人,中国自秦王朝以来的两千年间,君主专制的政治体制越来越严密,皇帝的个人权力越来越大,越来越没有制约,历代皇帝为了独揽大权计,不惜对人民实行愚民政策,结果便是举国上下了无声息,人人自危。这是中国在政治上没有办法最典型的表现。而西方近代则不然,西方近代鉴于中世纪的黑暗,高度注意兴民权,开议院,人人有自由之权,国事取决于公论,人人有爱国之心。由此,梁启超强调,现在的中国虽然民智未开,不宜骤设议院,但由君权向民权逐步过渡,既是人类社会发展的大趋势,也是中国解决当前困境的唯一办法。

梁启超在《时务报》上的言论,给当时中国一度沉闷的政治格局注入了一股清新的信息,在传播新知、启发民智、宣传变法、主导舆论等方

---

① 《叶瀚致汪康年函》第 24 通,见《汪康年师友书札》,2560 页。
② 《郑孝胥致汪康年函》第 1 通,见《汪康年师友书札》,2971 页。
③ 《吴樵致汪康年函》第 18 通,见《汪康年师友书札》,500 页。
④ 梁启超在《时务报》上发表的文章目录,见汤志钧《戊戌变法史》,175—176 页,北京,人民出版社,1984;又见李国俊《梁启超著述系年》,上海,复旦大学出版社,1986。

面都起到了莫大的作用,梁启超因此而"暴得大名",《时务报》也因此而畅销,甚至连最初不太支持汪康年创办《时务报》的张之洞在读过几期《时务报》之后,也致信梁启超,邀请梁在方便的时候到湖北一游,称有要事相商,并随信捐助银圆 500 元。① 与此同时,张之洞还下令湖北全省"官销"《时务报》,称:"本部堂披阅之下,具见该报识见正大,议论切要,足以增广见闻,激发志气。凡所采录,皆系有关宏纲,无取琐闻;所录外洋各报,皆系就本文译出,不比坊间各报讹传臆造;且系中国绅宦主持,不假外人,实为中国创始第一种有益之报。"②

张之洞对《时务报》的支持应该说在此时是真诚的。作为清政府当时最有权势的封疆大吏之一,张之洞在甲午战败之后确实希望中国能够通过变法维新重新振作起来,从这个意义上说,不必怀疑张之洞对《时务报》的支持及对梁启超赏识的真诚性。但是,张之洞的身份毕竟不同于汪康年、梁启超等人,他对《时务报》的支持是因为《时务报》的言论合乎他的主张,而一旦《时务报》的言论不再合乎他的主张,乃至侵犯了他的利益之后,再指望张之洞继续支持《时务报》显然也不太现实。

在张之洞"公费订阅"《时务报》的通知刚刚下发不久,梁启超却在《时务报》第五册发表的《变法通议》之《论学校》一节中,公开批评张之洞署两江总督时创建的"自强军"用高薪聘用洋人似有媚洋的嫌疑,又称满洲人为"彼族"。所有这些,都引起了张之洞的极端不快,他一方面准备不再"公费订阅"《时务报》,另一方面也在考虑另外创办一报馆,专门批驳《时务报》之议论。③

张之洞的不满通过与张有密切关系的吴樵及时转达给了梁启超,但梁启超对此似乎并不太在意。他在随后出版的第八册《时务报》发表的《变法通议·论科举》中对倭仁之反对西学的思想进行了严肃批判,在第十册发表的《变法通议·论学会》中又对当时尚在思想文化界占主导地位的汉学及其首领纪晓岚进行了猛烈的抨击,以为正是以纪昀为首的汉学家的崛起遏制了中国学术团体的正常发展。梁启超的这两个

---

① 《张之洞致汪康年、梁启超函》,见《汪康年师友书札》,1672 页。
② 张之洞:《札北善后局筹发〈时务报〉价》(光绪二十二年七月二十五日),见苑书义等主编《张之洞全集》第 5 册,3317 页,石家庄,河北人民出版社,1998。
③ 《吴樵致汪康年函》第 27 通,见《汪康年师友书札》,518 页。

观点今天看来并没有什么不妥,但在当时中国的政治背景下,无疑触犯了清廷的忌讳,时任张之洞幕僚的纪昀五世孙纪钜维"大怒"不已,张之洞看了之后也甚为不满,张立即授意其亲信梁鼎芬著文反驳。梁鼎芬是汪康年的朋友,他在著文反驳的同时,又致函汪康年进行规劝,反对梁启超对纪昀和倭仁的批评,告诫汪康年提醒梁启超在此后的文字中务必要小心才是。①

汪康年虽然在《时务报》创办之初与梁启超有某些意见分歧,但后来当他看到梁启超因《时务报》而名誉鹊起,也一度跃跃欲试,开始著文宣传维新变法的政治主张,甚至在某种程度上比梁启超的主张还要激进。在《时务报》第四册,汪康年发表《中国自强策》,在第九册又发表《论中国参用民权之利益》,公开宣传当时还比较忌讳的民权思想。他认为,中国在甲午战争后之所以裹足不前,"庙堂无定策,中外无定议,旧弊未一除,新猷未一布",其原因不在于中国之"无策",也不在于中国人不明白中国积弱积贫之根源,而在于中国在政治上一直没有办法,中国的政治体制出现了问题,这个问题就是"权无所归"。他举例说,现在清廷的执政大臣名曰军机大臣,人虽多而权不统一,但能唯诺于"上前"而不能坚持己见,但能"恭拟谕旨"而不能自发号令。所以,中国不变法则已,要变法就必须从政治体制改革始,必须使权有所归,权力统一。而要达到这一点,汪康年认为,就必须采用西方国家行之有效的议会制度,开议院以兴民权。显然,这些观点远较梁启超已经说过的还要激进,是《时务报》公开宣讲"议会""民权"的第一声。②

汪康年的想法或许是要建立自己报人及政论家的形象,不料他的这些激进的看法发表之后,立即引来张之洞一系的批评与反驳,叶瀚、梁鼎芬等在读过这些文章后纷纷致函汪康年,转达湖北方面一些政界要人的意见,劝他少发表这些容易引起争议的"伟论",③"万万不可动笔",④做好自己的报馆经理就行了,这样于《时务报》、于个人都有好处。在长沙的邹代钧也致函汪康年,劝其不必撰写文章,理由是,"报论

---

① 《梁鼎芬致汪康年函》第 41 通,见《汪康年师友书札》,1900 页。
② 参见蔡乐苏等《戊戌变法史述论稿》,382 页。
③ 《叶瀚致汪康年函》第 18 通,见《汪康年师友书札》,2547 页。
④ 《梁鼎芬致汪康年函》第 35 通,见《汪康年师友书札》,1897 页。

卓如主笔极佳,甚明通又不为时人所诋。公此后万勿出笔,缘前次所撰,已为梁大痛斥,且公笔亦逊卓如,各用精神于所长,庶能有济。"①

武汉方面张之洞及其幕僚们的不满以及各方朋友的劝说,引起了汪康年的重视,为了使《时务报》能够生存下去,汪开始注意调整《时务报》的言论,对一些过分偏激的言论稍有矫正;另一方面,汪也接受武汉方面的告诫,更加注意对《时务报》人事、经济等实际权力的掌控。

当汪康年接受武汉方面的建议,对《时务报》进行局部调整的时候,梁启超请假 40 余日回广东省亲。在省亲期间,梁启超继续履行《时务报》主笔的职责,不时为《时务报》提供稿件。1896 年 11 月 17 日,梁启超致信汪康年,称由于《时务报》的影响不断扩大,广东方面原康有为一系的同门康广仁、何穗田等计划仿照《时务报》的体例在澳门创办一份旬刊,并准备借用《时务报》的名气,取名为《广时务报》,又告诉康、何等人必欲得梁启超为新刊物的主笔,只是他并没有立即答应,而是同意待回到上海后视情况如何再作决定。② 25 日,梁启超又致信汪康年,对《广时务报》的情况做了更加详细的报告,强调之所以取名"广时务报"主要是基于两个意思,一是推广之意,二是谓广东之《时务报》。其"广"之法,约有数端,一是多翻译格致各书、各报以续《格致汇编》;二是多载京师各省近事,为《时务报》所不敢言者;三是报末附译本年之列国岁计政要,其格式一依《时务报》。梁启超还建议汪康年应尽量促成此事,"令彼知我实能办事,则他日用之之处尚多"。③ 显然,梁启超此时虽然愿意全力支持《广时务报》的创办,但他的立场还是站在《时务报》方面,并没有离开《时务报》的丝毫想法。

对于梁启超关于《广时务报》的建议,汪康年在最初的阶段似乎并没有反对,《时务报》第 15 册刊登的《广时务报公启》,基本上是梁启超对汪康年报告的那些内容,注明《广时务报》将由梁启超"遥领",并称对于近事"不容已于言者",也"拟抉择多载",以言《时务报》所不敢言。

《广时务报公启》的刊登,立即引起各方面的注意。与《时务报》关

---

① 《邹代钧致汪康年函》第 35 通,见《汪康年师友书札》,2683 页。
② 《梁启超致汪康年函》第 19 通,见《汪康年师友书札》,1845 页。
③ 《梁启超致汪康年函》第 20 通,见《汪康年师友书札》,1846 页。

系密切的吴德潇、邹代钧、吴樵等群起而反对。吴德潇的态度相对温和，他认为，《广时务报》的主笔，梁启超似乎可以兼领，但必须坐镇上海。以梁启超的才华，兼领几家刊物的主笔，当不是难事。然《时务报》为中国报馆之祖，汪康年、梁启超为祖馆之主，"万不可降而他适"，"祖馆两字无取于让，为祖者岂可他就"。① 吴樵认为，《广时务报》的办法极好，能言《时务报》所不能言，这样南北两刊相互呼应，应该是一个不坏的主意。"惟有一层极不妥，断不宜与《时务报》相连。惟其能言《时务报》所不能言，尤不可如此。吾辈此时利在多营其窟，将来澳报必有大振脑筋之语，我堂堂大国于澳门只可瞠目而视，然《时务》必任其咎矣。"显然，这是出于对《时务报》未来地位的考虑。② 对于梁启超可能兼任《广时务报》主笔的事，吴樵也不赞成，甚至对于"广时务报"之名，吴樵也建议汪康年函请广东方面更改报名，不要造成与《时务报》有关系的印象，"与其两败，毋宁慎之于始"。对于吴樵的态度，谭嗣同致函汪康年解释道："铁樵深怪贵馆不当与《广时务》馆粘连一片，恐一被弹而两俱废也。此其关键，甚微而甚大，高明宜早筹之。"③邹代钧在致汪康年函中也对梁启超兼领《广时务报》的主笔，表示不满，认为梁启超如执意留在澳门担任《广时务报》的主笔，则是"大有阴谋"，④他建议汪康年务必说服梁启超放弃这一想法。

反对《广时务报》与《时务报》发生联系，本是出于对《时务报》的爱护，他们的共同担心是处于殖民统治下的《广时务报》放言高论，虽然能够起到与《时务报》遥相呼应的效果，但总有一天会将《时务报》拖下水，这对正在进行的维新变法宣传活动显然是有害的。他们的真实想法是，各地的维新报刊各自另立门面，暗通消息，以成鼎足之势，而不必在表面上连为一体，以免一损俱损，对维新势力造成太大的伤害。⑤ 应该说，这一主张是有道理的。然而或许是由于沟通不够，或许是汪康年的解释对梁启超来说太缺乏说服力，《广时务报》虽然在后来接受汪康年

127

① 《吴德潇致汪康年函》第 28 通，见《汪康年师友书札》，413 页。
② 《吴樵致汪康年函》第 29 通，见《汪康年师友书札》，523 页。
③ 《谭嗣同致汪康年函》第 3 通，见蔡尚思、方行编《谭嗣同全集》，495 页，北京，中华书局，1981。
④ 《邹代钧致汪康年函》第 44 通，见《汪康年师友书札》，2703 页。
⑤ 《叶瀚致汪康年函》第 35 通，见《汪康年师友书札》，2578 页。

等人的建议改名为《知新报》,并于1897年2月正式创刊,梁启超也只兼任一般的撰稿人,但梁启超对汪康年的误解却由此而加深。① 两人关系的破裂只是时间问题了。

1897年3月,梁启超从广东回到上海,在《时务报》工作的同门梁启勋、韩云台向梁启超汇报了在梁离开上海这段时间里的情况,并向梁抱怨汪康年在这段时间对他们多有不公正的举措,而馆中的用人甚至也对他们另眼相看。对于梁、韩的抱怨,梁启超当然不会高兴,他在随后写给黄遵宪的信中,也多少抱怨汪康年对这些问题的处理不尽妥当。黄本来就与汪康年稍有矛盾,在《时务报》筹办之初就不希望汪一人揽权,于是在收到梁启超的信之后,立即致函汪康年,提出仿西方近代国家立宪政体,将立法、行政分开,设立报馆董事会,提议汪康年辞去《时务报》馆总理的职务,而改任总董,提议由吴樵或康有为的门人龙泽厚担任总理。②

梁启超致信黄遵宪或许仅仅是为了获得黄的同情而已,而黄致汪康年的信则使问题更加复杂化。梁启超认为,他自己虽然不太满意于汪康年的一些举措,但事情尚未闹到需要汪辞去总理职务的境地,《时务报》馆的总理在当时非汪康年莫属,于是他抱怨黄的建议实在是"卤莽不通人情",反而使梁启超自己在报馆中的处境更为尴尬。③ 汪康年在收到黄遵宪的信之后当然很不高兴,他觉得黄遵宪与梁启超联手是在有意识地排挤自己。

黄遵宪的来信使汪康年与梁启超的矛盾几近公开,这对于刚有起色的《时务报》的未来发展极为不利,汪、梁的一些共同朋友如谭嗣同、张元济、夏曾佑、吴德潇、邹代钧等得知此事后也万分焦急,纷纷劝说他们以大局为重,不要因正常的意见分歧而影响报馆的事务。④

在各方友人的劝说下,也正是出于对大局的考虑,梁启超主动与汪康年和解。他向汪解释说,这次矛盾之所以产生,主要是因为双方性格差异所致,相互之间又缺乏及时的沟通,至于黄遵宪的建议,也不应只

<hr>

① 梁启超致康有为函,见《梁启超年谱长编》,95页。
② 《黄遵宪致汪康年函》第25通,见《汪康年师友书札》,2348页。
③ 梁启超致康有为函,见《梁启超年谱长编》,95页。
④ 《张元济致汪康年函》第18通,见《汪康年师友书札》,1704页。

从消极及权力一层去分析,黄的建议就其本质而言,也是为了《时务报》的未来发展所考虑,有其合理的成分在。他与汪康年共约,既然各自的意见都已讲明,从此以后,当"誓灭意见",为《时务报》的未来贡献各自的心智。①

或许由于梁启超的大度,使梁、汪之间的冲突得以消解。然而这种消解并没有维持很久,他们之间却又因其他方面的问题再次冲突。梁启超回到上海重新主持《时务报》的笔政后,可能是因为刚从广东拜见康有为回来的缘故,在此后所发表的文章中,他一反《时务报》创办之初的承诺,而热衷于宣传康有为的"三世说""大同说"以及创立孔教等主张,在时务报馆中的梁启超同门甚至以康有为为"教皇","又目为南海圣人,谓不及十年,当有符命"。如此狂妄的说法当然激怒了也在《时务报》馆主笔政的古文经学干将章太炎。章太炎借酒壮胆,大骂康有为为"教匪",遂于1897年4月14日与康门弟子发生极不雅观的肢体冲突,章太炎愤而辞职,离开了时务报馆。②

《时务报》的内部矛盾,势必增加梁启超与汪康年之间的相互猜疑,梁启超离开《时务报》的想法也就越来越清晰。1897年8月,黄遵宪奉调署湖南按察使。抵湘之后,闻湘中官绅有创办时务学堂之举,他遂向湖南方面主事者推荐由梁启超担任时务学堂中文总教习,遥领《时务报》主笔。③

梁启超出于多种原因,急于接受湖南方面的邀请,后经与汪康年反复协商,终于达成一致。梁启超如愿以偿,于1897年11月中旬赴湖南就任时务学堂总教习的职务。

梁启超抵达长沙之后,继续兼任《时务报》主笔的职务,但他与汪康年之间的关系并没有因为距离的扩大而有所缓和,反而越演越烈,终于导致二人关系的彻底破裂。经过一番交涉,《时务报》继续由汪康年主持,梁启超不再兼任《时务报》主笔。不过由于梁启超的离开,《时务报》已经没有先前的气势,在思想理论界的影响也远不如以前了。

---

① 《梁启超致汪康年函》第31通,见《汪康年师友书札》,1857页。

② 参见《章太炎自定年谱》及章太炎光绪二十三年三月十九日致谭献书;又见孙宝瑄《忘山庐日记》,89页,上海古籍出版社,1983。

③ 《黄遵宪致汪康年函》第34通,见《汪康年师友书札》,2360页。

《时务报》的影响主要在南部中国,而在北部中国当时最具影响力,且与《时务报》齐名的有《国闻报》。主持《国闻报》笔政的严复与梁启超齐名,有"南梁北严"之说。

严复(1854—1921)原名宗光,字又陵,后改名为复,字几道,晚年自号瘝垫老人。因他是福建侯官人,故学者又称其"侯官先生"。严复是近代中国睁眼看世界,积极向西方寻求真理,以挽救中国于危亡、促进中国进步与发展的杰出代表。他翻译的《天演论》以及其他西方学术名著,第一次比较系统地把西方近代资产阶级的政治、经济、哲学等著作介绍到中国,在中国思想界发生了持久的重大影响,使近代中国人向西方寻找真理的活动达到了一个崭新的阶段。

严复早年入马江学堂学习海军,初步接受了西方文化的熏陶。1877年5月,他被选派到英国继续学习海军。他在英国除了学习海军必修课程外,更愿意接受西方近代以来的思想文化,从历史文化层面探讨西方之所以富强、中国之所以逐步衰弱的根源。1879年7月,严复奉调回国,充任母校马江学堂教席。又一年,他调任北洋水师学堂,后升任北洋水师学堂总教习,在此奉献了凡20年。

在北洋水师学堂的那些年,严复在尽心尽力办好学堂的同时,也密切关注着祖国的命运和前途。尤其是1894年的甲午战争,使北洋海军几遭灭顶之灾,这对北洋水师学堂的总教习严复来说,其刺激显然要比一般的中国人还要激烈、直接,因为在那些为国捐躯的北洋海军将士中毕竟有不少是他在英国留学时的同学或他在北洋水师学堂的学生。甲午战争唤醒了国人,更唤醒了严复,使严复由此深切地感到,中国的富强除了发展海军之外,可能还有许多更重要的事情要做。

1895年2月4日,严复开始在天津《直报》上连载他的第一篇重要论文《论世变之亟》。此后一发不可收拾,他相继在该报发表《原强》《原强续篇》《辟韩》等一系列振聋发聩的战斗檄文,不仅奠定了他在中国学术界尤其是早期传媒界的地位,而且唤醒了国人,为维新运动的蓬勃发展提供了重要的西方思想资源。

严复的这一系列文章从文化背景、历史趋势等多角度地分析中国在甲午战争中失败的原因乃至必然性。他认为,中国之所以在向西方学习了数十年之后不堪一击,是因为中国并没有从根本上学习、掌握西方的真精神,"夫与华人言西治,常苦于难言其真"。那么西方社会的真精神究竟是什么呢? 根据严复对西方社会文化的体认,西方的真精神"不外于学术则黜伪而崇真,于政刑则屈私以为公而已"。这两个问题,原本与中国社会先前所信守的道理没有多大的区别,但之所以在西方社会"行之而常通",在中国行之而常病,其根本原因就在于"自由不自由异耳"。这就将中西之间的差异归结为东西方对"自由"这一根本要义的理解。

东西方对自由的理解既然不同,那么由此而产生的问题也就不一样,比如中国最重三纲,而西人首明平等;中国亲亲,而西人尚贤;中国以孝治天下,而西人以公治天下;中国尊主,而西人隆民;中国贵一道而同风,而西人喜党居而州处;中国多忌讳,而西人重讥评。其于财用也,中国重节流,而西人重开源;中国追淳朴,而西人求欢虞。其于接物也,中国美谦屈,而西人务发舒;中国尚节文,而西人乐简易。其于为学也,中国夸多识,而西人尊新知。其于祸灾也,中国委天数,而西人恃人力。像这些差异,在严复看来,虽然难说其优劣,但确实由此确定了中西社会所走的不同路向,也由此决定了中国现在的结局。显然,严复的这些分析较康有为在甲午战争后的那些分析更趋于理性,也就更为深刻。可以这样说,严复这一段对中西社会文化差异的分析,已成为近代中国人看待中西社会的经典看法。

正是基于这种判断,严复认为,中国目前的唯一出路,就是要学习西方,进行政治、经济、文化、军事、外交等方面的全面变革,使中国步西方之后,也能够坦然地走上富强之一途。舍此之外,留给中国的就是自绝于世界民族之林。[①] 为此,严复郑重提出颇具个性特色的"开民智、兴民德、鼓民力"的所谓三民主义。[②]

由于严复特殊的西学背景,他所强调的向西方学习显然已不是洋务活动期间所致力的科学与技术,而是近代西方最新的思想学说即达尔文的进化论和斯宾塞的社会有机体论。

---

① 严复:《论世变之亟》,见王栻主编《严复集》,1—4 页,北京,中华书局,1986。
② 严复:《与梁启超书》第 1 通,见《严复集》,514 页。

在严复看来，中国的危机之所以如此严重，是由于今日西方国家已远非昔日中国所面对的那些"夷狄"，中国已经不可能再用过去那些传统的观点如以夷制夷、以夏化夷等去处理中国与西方的关系，现在的西方"无法与法并用而皆有以胜我者"，主要在于西方人的思想观念在近代以来发生了很大的变化，这主要体现在这样几个方面：（1）自其自由平等的立场观之，西方人则捐忌讳，去烦苛，决壅敝，人人得以行其意，申其言，上下之势不相悬，君不甚尊，民不甚贱，而联若一体者，是"无法"之胜也。（2）自其官工商贾章程明备观之，人知其职，不督而办，事至纤悉，莫不备举，进退作息，未或失节，无间远迩，朝令夕改，而人不以为烦，则是以"有法"胜也。其"有法"与"无法"的有机结合，为西方社会建立了良性的循环秩序，不仅促成了西方的强大，而且推动了西方在"德慧术知"诸方面远较我中华民族领先。故所谓耕凿陶冶，织纴树牧，上而至于官府刑政，战斗转输，凡所以保民、养民之事，其精密广远，较之中国之所有所为，其相越之度，有言之而莫能信者。且其为事也，又一一皆本于学术；其为学术也，又一一求之实事实理，层累阶级，以造于至大至精之域，盖寡一事焉可坐论而不可起行者也。推求其故，严复认为，这主要的差别就在于西方社会的基本结构是"以自由为体，以民主为用"。

将西方近代的社会精神概括为"以自由为体，以民主为用"，这在某种程度上说严复已触及中西社会差异的本质问题，也在根本点上为中国社会的前进指明了方向。中国不进步则罢，中国如欲向西方学习，步入近代国家的行列，就只能沿着"以自由为体，以民主为用"的道路前进，舍此则别无他途。[1] 显然，严复的这些观点已不是在中国旧有的观念中进行修补，而具有根本性的改革意义。

当严复在天津"突发高论"的时候，康有为、梁启超等人也正在北京谋组学会，创办报刊，鼓吹变法维新、救亡图存。严复与康、梁的思想见解在大方向上基本一致，但在细节上则有同有异，所以严复也很快与梁启超取得联系，探讨各自观念的异同。[2]

对于上海《时务报》的创办，严复虽然没有直接介入，但他出于与

---

① 以上两节见严复《原强》，《严复集》，5—14 页。
② 王蘧常：《严几道年谱》，29 页，上海，商务印书馆，1936。

康、梁几乎完全相同的心情,曾经给予很多的支持。他在致汪康年、梁启超的信里对《时务报》称赞有加,以为"于此见神州以内人心所同",此中消息甚大,不仅振聋发聩、新人耳目而已。他还随信附寄汇票百元,以表其"乐于观成此事之心"。①

金钱的支持尚属其次,由于严复觉得与康、梁至少在此时算是志同道合的同志,于是他同意梁启超的建议,将自己去年已经在《直报》发表过的《原强》《救亡决论》《辟韩》等文章在《时务报》上重新发表。

《时务报》重新发表严复的《原强》《救亡决论》《辟韩》等文章,自然扩大了影响范围,引起强烈的社会反响。赞成者拍手称颂,反对者则深恶痛绝,视为洪水猛兽,原本对严复一度尚有好感的张之洞竟然急令屠仁守撰写《〈辟韩〉驳议》,并强行要求刊登在《时务报》上。②

为梁启超主编的《时务报》供稿,只是严复在维新运动中所作贡献的一个方面,而真正确立严复在维新运动中的历史地位的工作,还是他与友人王修植、夏曾佑、杭辛斋等于 1897 年 10 月 26 日在天津租界所创办的《国闻报》。此报由杭辛斋、王修植主持,日出 1 张,计 8 开,用四号铅字排印,毛边纸,单面印,对折成 4 面,每日 8 000 至 1 万字。《国闻报》的栏目设置主要有上谕及直隶总督府的公文;路透电报;社论及全国性的重要新闻;地方新闻,首天津本地新闻,次京师新闻,次保定新闻,次山东、河南等北方各省新闻,次西藏等地新闻,次东南各省新闻;次外国新闻。

至于《国闻报》的办报目的和宗旨,《〈国闻报〉缘起》一文中强调以"求通"为其根本宗旨,而通之道有二:一曰通上下之情,一曰通中外之故。从国家的立场而言,必以通下情为治国之要义,下情不通,则有利而不知兴,有弊而不知去,若是则国必弱。而进入近代之后,世界经济日趋一体化,中国与世界的联系也日趋增多,不论从哪一个方面说,中国都不可能再如过去那样闭关锁国,独自发展,因此近代中国的最大问题之一,就是通外情,昧于外情则坐井而以为天小,扪龠而以为日圆,若

---

① 严复:《与汪康年书》第 1 通,见《严复集》,505 页。

② 据说张之洞企图借此迫害严复,只是由于郑孝胥出面解围,才使严复得免此难。而严复则始终认为屠守仁的《辟韩》驳议并不出自屠的手笔,而是张之洞自己撰写的。他在一封私信中猜测:"前者《时务报》有《辟韩》一篇,闻张广雅尚书见之大怒,其后自作《驳论》一篇,令屠墨君出名也。《时务报》已照来谕交代矣。"严复《与五弟书》,见《严复集》,733 页。

是者则国必危。① 基于这两通的原则,《国闻报》当然以沟通上下之情和中外之情作为自己的奋斗目标,其根本宗旨就是强调民主,强调学习外国、改造中国,使国家富强起来。故而《国闻报》出版不久,就成为"北方报纸之最佳者",②是戊戌维新运动时期与南方的《时务报》地位相埒的重要报刊之一。

严复等创办人感到日报的文章很难有深度,遂决定仿《泰晤士报》的先例,在办好《国闻报》日刊的同时,又于1897年12月8日创办出版旬刊《国闻汇编》,并由严复、夏曾佑负责主编。10日1册,约3万言。

《国闻汇编》的创刊宗旨显然是为了弥补作为日报的《国闻报》之不足,有意识地系统介绍西方的新知识和西方各国新闻的深度报道。其第一册所载《国闻汇编叙例》规定其内容为:译泰西名论第一,译俄国各报第二,译英国各报第三,译法国各报第四,译德国各报第五,译美国各报第六,译日本各报第七,述各国近闻第八,述盛京、吉林、黑龙江、蒙古、新疆、青海、西藏近闻第九。显然,《国闻汇编》的重点在翻译东西各国的一些重要言论和重要著作。基于这样的方针,《国闻汇编》从第一册起连载严复翻译的西学名著《斯宾塞尔劝学篇》,从第二册起连载严复翻译的《天演论》。第一册还发表有伍光建的《欧洲政治略论》。各册的翻译作品多来自欧洲各大报如《泰晤士报》《中法新汇报》等,其内容多为各报对中国政治、经济等方面的分析和评述。

《国闻汇编》共出版6册,1898年2月15日终刊。《国闻汇编》的翻译作品在当时产生过一定的影响,但是该刊时间太短,在京津一带真正具有持久影响的还是《国闻报》和《直报》两大日报。

旬刊《国闻汇编》停刊后,所有人员集全力于日报。严复总其成,经常为这份报纸写社论,但往往不署名。

严复在《国闻报》充当当时中国最著名的政论家的同时,更注意利用自己的专业特长,致力于西方思想文化的翻译介绍,并由此而奠定了他在近代中国历史上的地位,其中最著名的译作就是《天演论》。

据考察,进化论首先传入中国是1873年由华蘅芳翻译的英国著名

①《〈国闻报〉缘起》,见《严复集》,453页。
② 戈公振:《中国报学史》,29页,北京,生活・读书・新知三联书店,1955。

中国近代通史【第四卷】
从戊戌维新到义和团(1895—1900)

/134

地质学家莱伊尔(又译赖尔、雷侠儿)的《地学浅释》(一名《地质学初步》《地质学原理》)。这部书比较详细地阐述了古生物的缓慢进化学说,指出从地层中间所保存的动物甲壳和骨骼以及绝种的植物的茎、叶和果实,证明了植物和动物进化的历史。这本译著的出版便把自然进化观念最早引进中国。此后如1877年傅兰雅主编的《格致汇编》所载《混沌说》;1881年益智书会出版的《地学指略》;1891年格致书院出版的《格致汇编》所刊载的《地学稽古论》等,均有关于介绍进化论的内容,只是没有明确提及达尔文或赫胥黎的名字而已。

比较详细地向中国介绍进化论的是美国传教士丁韪良(1827—1916),他的《西学考略》不仅介绍了拉马克的物种变异说和赫胥黎的人猿同祖说,而且对达尔文的进化论做了比较详细和系统的介绍。

在华西人,特别是传教士将达尔文的进化论传播给了近代中国人,但是由于当时特殊的历史条件及文化背景,他们介绍达尔文学说的主要目的不是为了向中国传播西方的近代科学观念,因而他们不可避免地曲解或者歪曲进化论的积极内容。只是到了严复向国人介绍达尔文及其进化论的时候,中国人对这一具有划时代意义的新学说才有比较正确的理解。就思想的文本而言,严复译介的进化观念主要来源于达尔文,但严复从事翻译的底本,却是赫胥黎1894年出版的《进化论与伦理学及其他》论文集。严复将之更名为《天演论》,而所译内容也只是赫胥黎原著的《导论》和《进化论与伦理学》两个部分。

严复向中国人译介进化论的时间在学术界一直存在争议,但大体上说严复开始翻译《天演论》的时间应该在甲午战争后不久,因为现在已经发现有《天演论》1895年3月的陕西味经售书处重刊本,当然这个版本与后来的流行本有很大的区别,显然还不是严复的最后定本。此后,严复屡加订正,至1898年正式出版。

严复"煞费苦心"的翻译对进化论在中国的传播影响巨大。他的翻译使千百万中国人知道了"物竞天择"的道理,促进了中华民族的觉醒。因此,他在翻译的过程中,删除了原著中着重介绍的生物学方面的进化原理,同时结合中国社会实际情况,通过大量的按语发挥书中的论点,试图以此唤醒中国人保种自强、与天争胜、变法图存的政治意识。

第四节　新团体与新报刊

　　《时务报》和《国闻报》的先后出版发行,标志着戊戌维新时期主要维新报刊均已登上历史舞台,而这些新报刊的背后也差不多都有一个或多个新的社会团体作为支撑。

　　自从群学观念传入中国之后,新知识分子群体相对说来都比较重视组织社会团体的作用,京师、上海两地强学会相继成立之后,风气所及,各地的维新社团如雨后春笋般地涌现。特别是当京师强学会被清政府强行封闭之后,并没有真正遏制新知识分子的结社风气的蔓延,相反这一极端的措施却促使新知识分子离开了京师,利用清政府政治统治力量的不平衡和各地开明官僚的力量,创办新的学会和新的报刊。

　　在京师,强学会成立于1895年11月。为便于立足并号召四方,强学会在成立之初不得不拉入一批权势人物以壮声威。强学会复杂的人事构成显然不便于开展工作,于是参与强学会的一批新知识分子及部分开明官僚紧接着又组织成立了更加松散的"强学小会",规模只有数十人。[1] 可能是由于康有为已经离开京师,所以强学小会就没有康氏列名,其主要骨干人物有梁启超、吴樵、夏曾佑、黄绍箕、陈炽、汪大燮、沈曾植、沈曾桐等。这些人物显然都是京师强学会的主要骨干。[2] 他们没有固定的会所,也没有固定的主题,但每隔几天就在陶然亭聚会谈

---

[1] 闵杰:《戊戌学会考》,载《近代史研究》1995年第3期,52页。强学小会是否为真正意义上的维新社团还可讨论,李文海认为,所谓强学小会"其实不过是一些志同道合的京官士夫的不定期会晤,他们在一起讲学论政,却并没有说已经成立了什么组织,更无所谓强学小会之名"。参见李文海《戊戌维新运动时期的学会组织》,见胡绳武主编《戊戌维新运动史论集》,58页,长沙,湖南人民出版社,1983。

[2] 张元济:《戊戌政变的回忆》,见《戊戌变法》(四),323页。

论朝政,"相与讲论治平之道,亹亹勿绝"。①

　　强学会遭封禁后,强学小会也随之而亡。② 不过,在李鸿藻奏请将强学会改为官书局后,强学小会也因此而逃过劫难,继续开展活动,"相与讲求实学,惟日孜孜",人数也逐步扩大,文廷式、徐世昌等开明官僚相继加入。后经总理衙门同意,由刑部主事、总署章京张元济主持,在琉璃厂设置固定场所,延聘通西文者数人,作为教习,每日皆有固定的课程,会中人每日咸集于此,彬彬济济。③ 强学小会继续演化,于 1897 年 2 月 12 日由张元济主持改名为通艺学堂,④招收 20 余名学生补习外国语言文字。

　　1897 年底因胶州湾事件的影响,康有为再返京城的时候,他便开始计划重续强学会之旧,与粤籍旅京人士 20 余人于 1898 年 1 月 11 日在南海馆成立粤学会,意在团结粤籍维新志士。康有为又觉得各省会馆皆为各省京官会集的中心场所,因此值得在各省会馆中推广这一以地域方式命名的新学会,"乃草书交御史陈其璋上言,请将总署同文馆群书颁发各省会馆,以便各京官讲求,奉旨俞允。"⑤正是在康有为粤学会的影响下,清政府接受陈其璋的建议,各省旅京志士纷纷成立区域性的维新团体,从而使百日维新前的新学会总数急剧上升。

　　1898 年 1 月 31 日,闽籍内阁中书林旭遍谒闽籍旅京同乡贤达,鼓吹成立闽籍旅京人士参加的新学会,"一日而成"。闽籍旅京知名士大夫云集福建会馆,正式成立闽学会,张铁君等为领袖。

　　3 月,由川籍内阁中书杨锐与川籍刑部主事刘光第等人发起,邀集旅京川籍同乡在北京四川会馆成立蜀学会,"集赀巨万,规模仓卒而成"。⑥

　　粤学会、闽学会、蜀学会后来都相继加入康有为于 1898 年 4 月成立的保国会,为保国会的主要骨干和成员单位。

137

---

① 梁启超:《会报叙》,见光绪二十三年八月十一日《时务报》第 38 册。
②《吴樵致汪康年函》第 4 通,见《汪康年师友书札》,464 页。
③《学会彬彬》,见光绪二十三年五月初一日《知新报》第 20 册。
④ 梁启超:《会报叙》,见光绪二十三年八月十一日《时务报》第 38 册。
⑤《康南海自编年谱》,34 页。
⑥ 梁启超:《戊戌政变记》,见《饮冰室合集》专集之一,102 页。

保国会成立之后，没有来得及在北京成立区域性维新团体的各省志士转而追随康有为之后，纷纷成立类似的组织，主要有保浙会、保滇会、保川会等。它们的发起者和主要成员均为各省旅京志士和开明官僚，成立的时间也大都在 1898 年 4 月保国会成立之后。

在创办成立粤学会的同时或稍前，康有为又与文焕、夏虎臣等满洲官员数人计划筹组"经济学会"，拟将京中八旗士大夫自亲王及各大臣以下集中在经济学会的旗下，"讲求实学，可以为天下风气"。① 由于该会的组织构成以八旗贵族为主，故曾一度有"八旗学会"之称；②又由于此会的主体为八旗士大夫，因此康有为等人计划邀请庆亲王奕劻主持，并将已经拟定的章程送呈奕劻，甚至已代奕劻草就序文。奕劻似乎原则上答应了康有为等人的请求，但对"经济学会"这一名称略有异议，坚持要删除"会"字。奕劻的意见也不为康有为等人所接受，"议不合，事遂已"，③经济学会终于胎死腹中。

经济学会虽然没有办成，但康有为办学会的想法正浓，于是他令丁叔雅协助满洲贵族弟子寿富创办知耻学会。知耻学会的筹设至少应在 1897 年 9 月，因为 9 月 26 日出版的《时务报》第 40 册上就刊载有梁启超的《知耻学会序》及寿富的《知耻学会后序》。梁启超在这篇文章中着重强调中国经过甲午战争的惨败，已经证明中国确实处在危机之中，中国人应该由此而觉悟，更弦易辙，知耻而后勇。然而反观中国现实，官、士、商、兵、民，几无一真知中国所面临的真实处境，无一真知中国之耻。他指出，对于一个国家而言，偶然的失败并不可怕，但举国上下在失败之后而不知耻，则是更可怕的事情。④

知耻学会的内部组织及其活动情况和影响，由于史料阙如，现在都已不太清楚。有学者结合寿富的整体活动，认为该会的创设"在当时清朝官僚士大夫间颇有震动，对外地也有影响"，⑤而另外一些学者则根

① 光绪二十四年三月十六日《湘报》第 27 号。
② 闵杰：《戊戌学会考》，载《近代史研究》1995 年第 3 期，56 页。
③《康南海自编年谱》，34—35 页。
④ 梁启超：《知耻学会序》，见《饮冰室合集》文集之二，68 页。
⑤ 汤志钧：《戊戌时期的学会和报刊》，373 页，台北，台湾商务印书馆，1993。

据梁启超的记载,以为知耻学会之设,"都人士咸以为狂,莫或应也",[①]以为此会的参加者寥寥无几,影响不大。[②]

继知耻学会而成立的是关西学会。关西学会又称"西学会",[③]成立于1898年2月8日,[④]发起人为陕西、山西旅居京师的阎乃竹、宋伯鲁和李岳瑞等,"学会题名"者还有内阁中书雷延寿、户部主事王步瀛、户部主事王凤文、候选府焦连城、举人张翰等。关西学会当时公布的成立缘起强调,该会的成立主要是基于甲午战败的刺激,欲组织学会,唤醒国人,更要唤醒沉睡已久的关中人民。[⑤]

根据关西学会制定的学规,关西学会确乎为一学术性的维新团体,其目标为推动中国的变法维新运动,其方法则是从学术入手,致力于学习西方及日本的语言文字、自然科学等。对于外省的有识之士,关西学会也不拒绝其参加,愿入会者,不分畛域,一律延揽,所有会员,交会费二十金,享有会员的同等待遇,每星期聚会一次不少于四小时,各以读书所得,质疑辩难,会员若有著述,也可互相质证,以期相互提高。[⑥]

百日维新前在北京创办的学会多为政治性的维新团体,而在上海,或许是因为当地的社会风气使然,百日维新前虽然也创办了为数不少的学会,但除了康有为创办的上海强学会以外,更多的不是政治性团体,而是知识性、专业性学术团体。

在上海最新创办的学会现在看来可能是新学会,而新学会究竟成立于上海强学会之前还是之后,似乎还很难判断。1897年8月出版的《新学报》第2册发表的《节录本报章程》称,"数载以来,同人等本设有新学会,取《大学》新民、日新之意"。根据同年10月《新学报》第5册发表的《本学会谨启》,可知新学会实际上是一个以研讨、传播新知识为宗旨的学术性团体,其主持人为江苏吴县人叶耀元,叶原为上海广方言馆生员。1897年,新学会在上海创办《新学报》,开始成为上海比较活跃

139

---

① 梁启超:《饮冰室诗话》,见《戊戌变法》(四),347页。
② 李文海:《戊戌维新运动时期的学会组织》,见《戊戌维新运动史论集》,61页。
③ 闵杰:《戊戌学会考》,载《近代史研究》1995年第3期,74页。
④ 《康南海自编年谱》,37页。
⑤ 《京师关西学会缘起》,见光绪二十四年二月十一日《知新报》第45册。
⑥ 《京师关西学会缘起》附《学会略规》,见光绪二十四年二月十一日《知新报》第45册。

的一个学术团体。①

新学会内部原本就有研究、传播算学的人才和功能,然而似乎为了更强调算学的重要性等原因,1896年又由新学会出面在上海创办专门研讨算学、传播算学知识的算学会。②

在算学会成立的同一年冬,罗振玉、蒋黼、徐树兰、朱祖荣等人在汪康年及《时务报》馆的支持下于上海发起成立农学会。农学会又称"务农会",其宗旨是"采用西法,兴天地自然之利,植国家富强之原",推广西方近代以来在农业技术方面的新成果,从而使中国新知识分子知道"以化学考地质,改土壤,求光热,以机器资灌溉,精制造之法之理",以及农业产品的各种深加工技术和工艺等。③

农学会并不仅仅只是重视农耕,而是兼及农、圃、林、泽、畜牧、酿造等方面,并注意改造土壤、农业工具以及育种等,同时农学会注意引进西方农艺知识,聘用西方化学师、动植物师等,所以在它成立之后引起各地的普遍重视,各种形式的农学会先后在各地成立,有的还自称是上海农学会的"分会"。④

由农学会创办,罗振玉、蒋黼主编的《农学报》初为半月刊,后改为旬刊。其计划通过若干年的努力,系统翻译出版东西方各国关于农学方面的一些重要著述,"近师日本,以考其通变之所由;远撖欧美,以得其立法之所自;追三代之实学,保天府之腴壤"。⑤ 该报初创时拟名为《农会报》,有农学会机关报之意,后正式出版时命名为《农学报》。先后为《农学报》撰稿的除了创办人罗振玉、蒋黼外,还有梁启超、张謇、史念祖、马良、陈虬、谭嗣同、汪大钧以及张之洞、刘坤一、袁世凯等,担任翻译的有王丰镐、吴治俭、吴尔昌、朱树人、陈寿彭、胡浚康、沈纮、罗振常等。

《农学报》的栏目设置主要有奏折录要、各省农事、西报选译、东报选译、农会博议,以及农学入门、蚕桑问答、农学初阶、农具图说等。其

① 参见汤志钧《戊戌变法史》,203页;闵杰:《戊戌学会考》,载《近代史研究》1995年第3期,48页。
② 算学会的成立时间据闵杰《戊戌学会考》,载《近代史研究》1995年第3期,48页。
③ 《务农会章》,见光绪二十三年三月二十一日《知新报》第13册。
④ 汤志钧:《戊戌时期的学会和报刊》,383页。
⑤ 梁启超:《农会报序》,见《饮冰室合集》文集之一,131页。

论说栏先后发表有梁启超的《蚕务条陈叙》,张謇的《论农会书》,罗振玉的《农官私议》《论农业移植改良》《垦荒私议》《德意志农会纪略》《闽中农语》,谭嗣同的《浏阳麻利述》《浏阳土产表叙》,汪大钧的《论农会书》,史念祖的《史抚军推广开垦折》,以及马良、汤寿潜的《务农会条议》等。

《农学报》共出版 315 册,1906 年 1 月终刊,是近代中国最早的农学专门刊物。

在算学会成立的同一年即 1896 年,邹代钧、汪康年、陈三立、吴德潇等人在上海成立了地图公会,设会址于上海四马路时务报馆内。邹代钧(1854—1908),字甄伯,又字沉帆,湖南新化人。他出生于一个舆地世家,其祖父邹汉勋是清代著名的舆地学者,曾协助魏源绘制过《海国图志》中的列国地图,并有地理学及地图绘制方法方面的著作传世。邹代钧自幼致力于测地绘图之事,通晓历代疆域沿革,精于测绘之学。1885 年,经两江总督曾国荃的推荐,邹代钧曾随刘瑞芬出使英俄两国。在出使途中,他一面协助办理外交,一面利用一切可以利用的机会研究地学,所著《西征纪程》详细记录所经各国的地势、疆域、山川、海洋、政教及历史、风俗等。1889 年归国后,他一度出任会典馆纂修。1891 年,湖北舆图局成立,邹代钧应张之洞之邀,出任舆图局总纂,主持湖北全省地图的测绘与编辑。1894 年,他完成测绘任务后转任武昌译书局海国地图编辑。1895 年,他列名上海强学会,并且于此时在吴德潇、陈三立、汪康年等人的支持下,在武昌创办了一个名为"舆地会"的新社团。[①] 不久,邹代钧应邀赴湖南主持《湘学报》舆地门,在南学会主讲舆地学一门,似乎还曾出任过湖南时务学堂舆地学教习。

邹代钧的思想倾向介于新旧之间,他在总体上对当时中国的危机有清醒的认识,认为中国必须向西方学习,有所改变,否则不足以救亡图存。但是,他似乎也不赞成康、梁等人的政治解决方案,而认为中国问题的真解决应该从各个方面的细节做起,所以他虽然列名过强学会,但对这种只图政治热闹的事情并不太热心。他曾指出:"盖学会有甚难处,所讲之学,门径甚多,我辈数人自问所有,似不足以答天下之问难,

---

① 邹代钧在致汪康年函第 12 通中说,"舆地会断不可入强学会",似乎表明舆地会为后来地图公会的前身,也表明舆地会的成立应该与上海强学会同时或稍前。见《汪康年师友书札》,2642 页。

且泰西学会无非专门,如舆地会等类是也。今欲合诸西学为会,而先树一学会之的,甚不容易。"①所以,由邹代钧牵头成立专研地图的新学会,也就在情理之中。

在地图公会成立之前,以中文注记的世界地图已有数种,如《瀛寰志略》本、《海国图志》本、制造局的《地球图》本等,这些地图虽然都是照西文原图翻译,但辗转绘刊,不无差异。且此前的地图比例过小,山川形势等标记也不太清晰。而坊间所印的一些万国舆地图及中外地舆图说等等,则错误更多。邹代钧计划将德国、俄国、英国、法国等比较权威的地图尽量照原图石印,以便为国人提供更加权威、更加实用的世界地理知识和地图。至于国内各省的地图,邹代钧"拟用胡文忠全图为底本,而以本会所藏近今中外测定各种新图","参订胡图,误者改之,略者增之。并不惜重赀,托友人于京师将各省业经咨呈会典馆图稿摹绘一分,以资参订,分省为图,其分率较外国图大倍之",②大约有 600 幅。

译印西文地图是邹代钧多年来的夙愿,在汪康年等友人的支持下,邹代钧在长沙组织了一批人,似乎以舆地会或舆地局的名义进行了艰难的工作,他们大约用了一年的时间,就绘出国内各省地图近百张,极为精美。③ 为了体现更好的印刷效果和提高绘制速度,邹代钧同意改变原来用石印的计划,准备引进日本的印制技术,改用铜版进行印制。④

译印西文地图公会成立于上海,但由于邹代钧个人主要在长沙协助陈宝箴办理矿务总局的新政事宜,所以绘制地图的工作也就主要在长沙进行,汪康年与邹代钧之间主要依靠通信进行联系。大约到了1896 年 10 月底,西比利亚、西域、蒙古等处的新图百余幅已经绘制完毕,邹代钧等人开始着手绘制中国内地的新图。⑤ 1896 年 12 月 30 日,邹代钧收到汪康年寄来的印制地图合同,确定第一批百余幅地图在武

---

① 《邹代钧致汪康年函》第 9 通,见《汪康年师友书札》,2639 页。
② 《译印西文地图公会章程》,见光绪二十二年七月初一日《时务报》第 1 册。
③ 邹代钧在致汪康年函第 19 通中说:"敝图局刻下甚窘,然未尝一日停工,办事者已满十人,今年必出百张,以符原议。"见《汪康年师友书札》,2649—2650 页。
④ 《邹代钧致汪康年函》第 18 通,见《汪康年师友书札》,2647—2648 页。
⑤ 《邹代钧致汪康年函》第 30 通,见《汪康年师友书札》,2670 页。

汉印制,预定于 1897 年 5 月 16 日前后出版发行,计划于 1897 年"七八月间又可接印第二批"。① 从译印西文地图公会的组织结构及运作情况看,这类新学会虽然列名者不少,但真正从事此项工作的人并不多,这种专业性特强的学会事实上只是少数人的职业。

在上海,与译印西文地图公会相类似的新团体还有王仁俊(干臣)于 1897 年 8 月 28 日创办的译印中西书籍公会及由顾涧宾、黄尧圃等人于 1897 年 10 月创办的上海印书公会,由董康、赵元益等人于 1897 年秋创办的译书公会等。②

译印中西书籍公会的发起人和实际日常事务的主持人王仁俊为《实学报》的总理,而《实学报》创刊于 1897 年 8 月 28 日,王仁俊为总理,章太炎任总撰述,孙福保、项思勋、范祎、王季锴等任撰述,王斯源、朱树人等任翻译。大约在《实学报》创设的同时,王仁俊就在《实学报》下附设有译印中西书籍公会,以便利用各方力量,广译英、法、日等有关实学的著作,介绍东西方近代以来的新知识。③ 由于该会为实学报馆集股创办,所以其会址也附设在上海英大马路泥城桥的《实学报》馆内。译印中西书籍公会经过两个月的筹备,似已略显规模,资金股本问题似乎也已解决。但中西书籍的翻译出版并不太理想,至《实学报》终止,以实学报馆的名义出版发行的《实学丛刻》也只有十余种,而算得上翻译作品的更少,只有《格致古微》《中西政学问对》等寥寥数种。

上海译书公会由恽积勋、恽毓麟、陶湘、董康、赵元益等人发起,创办于 1897 年秋。此前,赵元益计划翻译出版法文地舆史学一大册,正当他集资兴办的时候,适有董康提议创办译书公会,双方遂合作兴办,④并邀集其他发起人共同发起,邀请章太炎等担任主笔,其实际主持人为董康和赵元益。

在译书公会成立之前,西文及日文书的翻译在中国已有一段时间,但总数并不太理想,仅有 400 种左右,无法包容近代西方的全部新知识。同文馆的翻译偏重于法律类,上海江南制造局、天津水师学堂的翻

---

① 《邹代钧致汪康年函》第 42 通,见《汪康年师友书札》,2694 页。
② 参见闵杰《戊戌学会考》,载《近代史研究》1995 年第 3 期,66—67 页。
③ 《译印中西书籍公会启》,见《实学报》影印合订本,67 页,北京,中华书局,1991。
④ 《译书公会章程》附志,见《湘学报》第 20 册。

译则多为兵家之言,各在华教会也翻译了不少西文著作,但多偏重于宗教,而于西方国家政教之本与一切农工商艺术却极少翻译。译书公会的成立,在某种程度上是要弥补先前翻译西文图书之不足。

译书公会的创办宗旨是为了翻译介绍近代西方与日本的新知识,"使中国识字俊民人人得窥泰西东国之由与致用之实",[①]"以采译泰西东切用书籍为宗旨",延聘翻译高手,并与伦敦、巴黎等地各大书店相联系,及时将西方各国出版的有关政治、学校、法律、天文、舆地、矿务、农学、军事以及光、化、电、汽等诸种新学译介国中。[②] 章太炎更期望译书公会的成立,能使中国人接受西学的进度大大加快,"然则是译书会者,安知不如微虫之为珊瑚,与蠃蛤之积而为巨石也。呜呼!斯又夸父、精卫之志也。"[③]

按照译书公会同人的设计,该会最初集股 20 份,每股规元银 500 两,官利暂提周年 6 厘,三年后将所获盈余按股均分。在组织结构上,译书公会延聘总理一人,协理二人,英文翻译六人,法文翻译三人,德、俄、日文翻译各一人,西文总校一人,中文总校一人,另有一般工作人员若干。至于译书之法,译书公会规定,翻译能够兼通中西文者,由自己笔译,否则如当时最流行的翻译办法,由一人口授,一人笔录,然后相互勘校。译书公会原本是要将西方和日本近代以来有用的自然科学和社会科学方面的新知识全面介绍到中国来,但从其第一批选译的书目看,仍然侧重于社会科学,尤其是各国历史文化及典章制度,法文有《五洲通志》《东游随笔》《欧洲今世史》《国政制度字典》《拿破仑任总统及得国记》《俄帝王本纪》《英政府议院制》《欧洲通制》等,英文著作有《交涉纪事本末》《中日构兵记》《拿破仑失国记》《西事纪原》《维多利亚本纪》《英民史略》《各国和约》《欧洲人物志》《古今人物传》等,日文著作有《日新丛书》共 7 种及《欧洲新政记》等。[④] 这些书籍的来源多为各国报刊上的连载作品,而翻译成中文后,也多先在译书公会的机关报《译书公会报》上发表,然后再视情况而决定是否单独成册出版。

---

① 屠寄:《译书公会序》,见光绪二十三年十月初一日《译书公会报》第 1 册。
②《译书公会告白》,见《译书公会报》第 1 册。
③ 章太炎:《译书公会叙》,见光绪二十三年十月初七日《译书公会报》第 2 册。
④《译书公会告白》,见《译书公会报》第 1 册。

《译书公会报》于 1897 年 10 月 26 日创刊。由恽积勋、陶湘等任总理,董康、赵元益任主编,章太炎、杨模等人主笔,主要翻译人员有沈晋熙、胡濬谟、陈佩常、周传谋、胡惟志、张书绅、吴宗谦、张国珍、潘彦、施仁耀等。章太炎在《译书公会叙》中对译书公会的性质、任务以及当时中国需要何种新学都有比较详尽的分析。他指出,现在西方各国科学技术获得了突飞猛进的发展,各种新学理层出不穷,社会变化日新月异。中国如果不能及时获得西方国家的这些新知识,继续以中国文化为世界先进,甘做井底之蛙,画地为牢,故步自封,那么中国欲摆脱半个多世纪以来的落后局面,只能是一厢情愿,肯定无法成为现实。在章太炎看来,中国自鸦片战争之后,虽说五口通商给中国带来了不少的新知识,但在中国知识分子层"不治国闻,怀安饰誉",其结果便是洋务成绩经不起考验,中国在几十年的相对升平之后终于迎来了甲午战败的大灾难,中华民族蒙受了奇耻大辱,中国的士大夫阶层实际上应该承担相当重要的责任。基于这种考量,章太炎等人发起成立译书公会,创办《译书公会报》,就是为了推进变法维新,推动中国知识分子去积极地了解外国,推动中国的进步与发展,"以草莱数人,仅若稀米,而细绅五洲书藏之秘,以左政法,以开民智"。[①] 这就是《译书公会报》的创刊宗旨。

《译书公会报》选译的东西方报刊有英国的《泰晤士报》《律例报》《东方报》,法国的《非轧罗报》《勒当报》《国政报》,德国的《东方报》,美国的《自立报》《纽约报》,以及日本的《政策报》等数十种,分设的栏目主要有西报汇译、东报汇译、各国报译、外报选译、交涉纪事本末、各国人物、大事纪略、章程、文编等。从这些栏目的设置看,《译书公会报》实际上是一份外国报纸的中文选编,具有明显的文摘功能,对于开拓当时中国人的视野显然具有直接的帮助。

由于《译书公会报》是译书公会的刊物,因此该报在选译外国报刊文章的同时,也注意系统地翻译和介绍东西方比较有系统、有体系的著作,曾经连载过的翻译著作有《交涉纪事本末》《拿破仑兵败失国记》《威灵吞大事记》《维多利亚载记》《英国史略》《五洲通志》《东游随笔》《中俄

---

① 章太炎:《译书公会叙》,见《译书公会报》第 2 册。

扬兵记》《万国中古史略》《各国金银铜三品货币表》《延寿新法》等。1898 年 5 月 24 日,《译书公会报》停刊,共出版 20 期。

译印中西书籍公会和译书公会虽然均具有商业的目的,但其宗旨无不为向中国输入西学和日本的经验,所以他们致力于翻译和印制西学书籍。稍后于它们两家成立的上海印书公会,虽然同样致力于印制图书,具有明显的商业目的,但宗旨不是为了扩大西学和日本经验的传播,相反却是为了寻找西学及日本经验在中国的同构关系。上海印书公会的发起人为顾涧宾、黄尧圃等。其会址设在上海六马路格致书院东首,自备有全套的铜模铅字和机器。印书公会的宗旨虽然以印制中国传统典籍为主,兼及"海内通人"尚未出版的著述,但在实际工作进程中似乎也不绝对拒绝"有市场"的西文翻译书籍,而是一个以经济效益为主要评判标准的团体。①

上海是具有浓厚商业气息的近代城市,它在百日维新之前成立的一批新学会,除了极个别的如强学会具有浓厚的政治气息外,更多的则为具有商业目的的专业性机构,它们在客观上为上海乃至全国的进步与发展作出了贡献,但其发起人的本意也只是追随潮流、与时俱进地追逐商业效益而已。各新式印书机构还算具有相当的政治、文化追求,而更专门化的团体,其商业目的似乎更加明显。

在百日维新开始之前,上海成立了不少专门化的学术团体,除了已经说过的农学会等外,仅医学类的团体就有医学善会、医学会等。

医学善会的创办人为吴以棨和龙泽厚。吴以棨,字仲弢,又字子信,四川达县人,是戊戌时期重要人物吴德潇之子、吴樵之弟,也是梁启超的学生。吴樵为庸医所误,英年早逝,对乃弟吴以棨构成极大的打击,伤感无比,发誓提倡医学。龙泽厚(字积之)也因其父于客栈患痢疾,为庸医所误,痛心疾首。于是,龙泽厚与吴以棨联合发起成立上海医学善会,"开医会以通海内海外之见闻,刊医报以甄中法西法之美善,立医学堂、选高才之士,以究其精微,设医院、循博施之义,以济贫乏"。②

---

① 《上海印书公会启》,见光绪二十三年九月廿五日《求是报》第 3 册。
② 梁启超:《医学善会叙》,见《饮冰室合集》文集之二,72 页。

或以为医学善会虽为戊戌时期的学会,但其确立的主要依据似乎只是梁启超的那篇《医学善会叙》,而其成立之后实际活动在1897—1898 年的多种报刊中都很少见到,于是有学者断定该会的"社会影响极小"。① 医学善会的实际活动很少见诸报刊或许是事实,但报刊不记载也不能断定其没有活动,吴以棨 1898 年 1 月下旬致汪康年函,不仅证明医学善会有不少活动,还可索隐出医学善会的参与者还有汪康年、黄春圃等人。② 由此可知吴以棨的方案是着力于医学的研讨与传播,而汪康年或其他一些人似乎更倾向于先办医院。

上海医学会的创办人为孙直斋、王仁俊、沈敬学(习之),成立时间为 1897 年秋。③ 上海医学会的成立目的主要是为了介绍和引进西方近代的医学知识。该会成立之后,"广购书籍及西医各种器具,以备入会之人随时可以取阅试演"。④ 上海医学会成立之后的主要活动有:一是从 1898 年 5 月 20 日起邀请一些名医在上海举办义诊;⑤一是于1898 年初在上海创设医学堂以培养人才,至是年秋初具规模;⑥一是于1898 年 7 月创办月刊《医学报》,广泛传播西方近代医学知识。⑦ 1898年 5 月,苏州仿设医学会后,上海医学会遂改称"上海医学总会"。⑧

从行业分布的角度说,百日维新前的上海除了医学类的专业学会外,教育类的新学会更多,主要有蒙学公会、中国女学会等。

蒙学公会的创办人为叶澜、曾广铨、汪康年及汪钟霖等,成立时间也为 1897 年 11 月。蒙学公会以"童幼男女,均沾教化"和"正蒙养,造人才"为宗旨。该会发布的《蒙会学报简章》阐述了其立会的理论依据和未来考虑,应该说是对中国传统的幼儿教育理论的超越。⑨ 从蒙学

---

① 闵杰:《戊戌学会考》,载《近代史研究》1995 年第 3 期,67 页。

②《吴以棨致汪康年函》第 7 通,见《汪康年师友书札》,294—295 页。函中有"昨得农会电示,公已返沪,到东不及半月,何神如是",而汪氏离日回国的日期为 1898 年 1 月 18 日,故可断定此函的日期为 1898年 1 月下旬。

③ 1897 年 10 月 17 日《申报》。

④《上海医学会》,见《广智报》第 3 册。

⑤《报纪医学总会送诊书以志喜》,见 1898 年 5 月 21 日《申报》。

⑥《上海医学总会定期送诊招学生告白》,见 1898 年 5 月 20 日《申报》;《扩广医学》,见 1898 年 9月 5 日《中外日报》。

⑦《上海医学总会告白》,见 1898 年 7 月 31 日《时务日报》。

⑧ 闵杰:《戊戌学会考》,载《近代史研究》1995 年第 3 期,68 页。

⑨《蒙会学报简章》,光绪二十三年九月二十一日《时务报》第 42 册,见《时务报》合订本第 4 册,2904—2905 页,中华书局影印本,1991。

公会的创办宗旨看，显然是要以西方近代以来的儿童教育学的理论和方法去改善或取代中国传统的幼儿教育理论和方法，这在很大程度上确实抓住了中国教育体制中所存在的问题，故而梁启超深感兴趣，①给予格外的关注和支持。

蒙学公会所从事的具体内容据其成立公启称有四：一曰会，即成立学会，"连天下心志，使归于群，相与宣明圣教，开通故蔽"；二曰报，即创办其机关刊物《蒙学报》，"立志广说新天下之耳目，而为蒙养之表范"；三曰书，即编写印制一批适合儿童阅读和使用的启蒙读物，"为图书歌诵论说，便童蒙之诵习而浚其神智"；四曰学，即设立童蒙师范学及幼童养育学两馆，并视条件改善，逐步扩大为中学专门之学，"端师范，正蒙养，造人才，必兼赅而备具"，"庶成才日多，上之可备国用，下之不失本业"。蒙学公会工作的起始之点，还是从汪康年等人最熟悉的领域开始，即从翻译、编辑印制书报开始，进而创办学堂，而以会学为其归宿。②

中国女学会又称"上海女学会""中国女学堂""上海女学堂"及"女学会""女学堂"等，成立时间为1897年11月，主创人为经元善。或许因为经元善在上海实业界具有举足轻重的地位，故会同创办或局外主持者多为上海绅商各界乃至京师政界及全国范围内的知名人物，如严信厚、郑观应、施则敬、陈季同、康广仁、袁梅、梁启超、汪康年、康有为、张謇、沈敦和、周舜卿、赵凤昌、朱幼鸿、杨子萱及谭嗣同、文廷式、钟天玮、吴保初、狄葆贤、陈三立、曾广钧、麦孟华、吴德潇、徐勤、王修植、黄遵宪、江标、龙泽厚及西儒林乐知、斐理思、李提摩太等，给予支持的新闻界则有《苏报》《上海汇报》《文汇西报》《字林西报》《万国公报》等。

中国女学会初名为女学堂，其创办的宗旨，据经元善后来的叙述，显然是为了应对甲午战败之后的国际国内环境变化，也是当时国内舆论界兴办女学、重振民族雄风的必然结果。经元善说："甲午后，创巨痛深，朝野之间竞言兴女学，今议开办女学以翼中国自强本计。"他认为，社会的构成本来就是男女两性，如果中国人口总数一半的女性无法接

---

① 梁启超：《蒙学报演义报合叙》，见《饮冰室合集》文集之二，56页。
② 《蒙学公会启》，见《时务报》合订本第4册，2903—2904页。

受教育,那么中国的自强也只能是一句空话,"使妇而无学,何以为劝勉之资乎?""感切世变,每以今日中国不振,归咎于二千年女学不开。"① 所以中国的未来出路就在于能否将占中国人口总数一半的女性的智慧开发出来。"中国人数号为四万万,而妇女因不读书,遂不能明天下之事,凡言论事功,皆依靠男子,则中国人去其一半矣。西人谓吾为半教之国,乍闻之必愤惊,然细思之,非半教而何也?"② 正是基于这样的认识,经元善遂邀集同志创办中国女学会。

11 月 15 日,中国女学堂在上海一品香举行第一次会议,张謇、林乐知、斐理思、汪康年、吴保初等数十人出席了会议。会议宣布中国女学堂的筹备工作正式启动,会上还就一些具体问题作出规定。关于女学堂的经费,他们除了向政府当局申请资助外,主要的是依靠社会各界的捐助,并交给已经成立的上海不缠足会代为保管,凭经元善、康广仁、梁启超三人的签名字条支取,其收入支出状况按月在《时务报》及上海各日报上公布。会议还决定中国女学堂的堂址设在沪南桂墅里,校舍的建设争取在翌年 3 月完工,第一批计划招收 3 个班,约 60 人。

经过紧张的筹备和会商,中国女学堂发出公启,宣布于 12 月 6 日"大会中西女客"。此公启的单行本署名"中国女学会",而发表在《申报》上的文字则为"中国女学堂",表明此会的名称在此时已有了某些调整,也表明中国女学会的筹备工作已经基本完成。③ 12 月 6 日,中西女客 122 人在张园如期集会,讨论女学会的发展事宜及女学堂提调沈瑛拟定的女学堂条规。④ 根据中国女学堂的章程规定,该学堂起先聘有专职教习 4 人,中文西文各半;堂中设提调 2 人,中西各 1 人,常驻学堂,负责处理学堂的日常事务,领取薪水;设不领薪水的外董事 12 人,皆以曾经捐款之人之子、若父、若兄弟为之,负责筹款及延聘教习、提调等学堂大事。女学堂在开办之初设有专门之学三科,即算学、医学和法学。三科之外别设师范科,专门讲究教育童蒙之法。堂中功课,中西文各半,皆先识字、次文法,次读各门学问启蒙粗浅之书,次读史志、艺术、

---

① 《中国女学堂缘起》,见虞和平编《经元善集》,182—184 页,武汉,华中师范大学出版社,1988。
② 《女学堂答杭垣友人书》,见《经元善集》,207 页。
③ 《中国女学会大会中西女客启》,见《经元善集》,198—199 页。
④ 《内董事张国安嵋第公宴中西官绅女客会议第四集》,见《经元善集》,199—203 页。

治法、性理之书。①

中国女学堂的创办,在当时引起了各方的高度关注。南洋大臣刘坤一予以褒奖,以为"此举有益,可开风气之先,并准刊用木质关防,以昭信守"。② 经元善动员自己的家人率先认捐开办费 400 元、常年费 60元。在他的带动下,上海各方人士的捐助也有不少,以为此举为当时应办之事,仅半年时间,就有 102 位女界人士捐款,筹集开办费6130元,常年费 575 元。③

经过几个月的紧张筹备,中国女学会主持的女学塾于翌年 5 月 31日在上海城南高昌乡桂墅里正式开办,沈瑛、魏瑛、李端惠、廖之华、刘靓、蒋兰等负责堂中诸务。④ 第一期共招收女学生 20 余人。同年 8 月17 日,秋季开学,就学学生日多,至是年底已达 40 余人,学堂遂于秋季开学时聘请美国人林梅芯为西文总教习,并于是年 10 月 31 日在城内淘沙场增设分塾,延请中西教习各一人。至 1899 年 3 月,中国女学堂的声名已远播四方,自愿入学者已达 70 余人。⑤ 1900 年 1 月,经元善因领衔发出上海绅商反对朝廷立储的通电而遭到清廷的通缉,不得已远走他乡,中国女学堂在随后不久而停办。

上海在百日维新之前成立的另一个专业团体为经济学会。1898年 2 月,南汇县绅士奚世干(干臣)等"以时事关怀,为振兴学校,辅翼富强起见,集同志四五十人拟定章程",准备设立上海经济学会。⑥ 会址最初计划设于上海,后因某种原因暂设浦东召稼楼镇。⑦ 得知奚世干准备设立上海经济学会的消息后,吴县叶耀元、沈敬学等,均愿意以各自所创办的并已有相当成效的算学、新学、医学等会加盟经济学会,"以期渐推渐广"。⑧ 显然,这家新成立的经济学会在很大程度上是先前上海所创办的一些学会的联合体,至于其后来的活动目前尚不太清楚。⑨

---

① 《上海新设中国女学堂章程》,见《经元善集》,225—228 页。
② 《上海创设中国女学堂记》,见《经元善集》,232 页。
③ 虞和平:《经元善集·前言》,见《经元善集》,16 页。
④ 《中国女学会致侯官薛女史绍薇书》,见光绪二十四年六月初一日《知新报》第 59 册。
⑤ 《上海创设中国女学堂记》,见《经元善集》,232—233 页。
⑥ 1898 年 4 月 13 日《益文录》。
⑦ 《经济学会试办简明章程》,见 1898 年 7 月 21 日《时务日报》。
⑧ 1898 年 2 月 26 日《益文录》。
⑨ 闵杰:《戊戌学会考》,载《近代史研究》1995 年第 3 期,68—69 页。

江浙地区受上海的影响比较大,但在百日维新之前所成立的新学会中,江浙地区的并不像上海的新学会那样,只局限在专业的、非政治性的团体方面,江浙地区的一些新团体似乎像京师的团体一样,具有相当的政治倾向性。

先看江苏的情况。

在江苏最先成立的是明通学会。该会的成立明显受到甲午战败的强烈刺激。据该会的创办人金梫基自述:"中日一战,天地震荡,山渊反复,阨塞不足以守险,船械皆以之赍敌。盖中国二千年来未有之巨创,五大洲不经见之奇辱。而士气不奋,异才不出,外彝罔笑侮弄,至侪诸非洲之族类,睡国之喻,形于报章。瓜分之谭,不堪入耳。而我衿缨冠带之属,讵可有耳者辞聋,有目者诿瞽,有足者怡躄,有胸者养愚乎?圣君耻之,朝相耻之,疆将耻之,有司耻之。伍有耻兵,陇有耻农,府有耻工,市有耻商,学校有耻士。立庭以呼卧薪而旦,汲汲顾景挥以鲁戈。呜呼!人尽能耻,未有国运之不能转弱为强也。金子深耻中国之积弱,自发大心,欲为四万万人请命,于是慨然耻须眉丈夫之不立,而思创学会……丙申之春,与陈君庆林结明通学会于里塾,考求当时之务。"①丙申为 1896 年,"陈君庆林"即陈去病,二人均为江苏吴县人。由此可知,明通学会为金梫基与陈去病合作在 1896 年春成立于江苏吴县。1897 年 12 月,金梫基与陈去病将明通学会改组为雪耻会,"联络英俊,集思广益",会员扩大为 40 余人,其中有柳亚子的父亲柳念曾等。雪耻会后来一直延续到义和团运动兴起之后。

在江苏境内,继明通学会之后、雪耻会之前成立的是金陵测量会。金陵测量会是一个专业性极强的学术性团体。该会成立于 1897 年 5 月 2 日,创办人主要有谭嗣同、杨文会、刘聚卿、黄子贞等,会址设于南京花牌楼杨文会的公馆。按照该会章程的约定,所有参加者均应向测量会提供自己所有的新式仪器,于是金陵测量会在成立之初就拥有不少新式仪器,如天文镜、子午仪、经纬仪、纪限仪、叠测仪、罗盘、测向仪、行船记里轮、陆地记里轮、水准钢练带尺、度时表、带佛逆之寒暑表、水

---

① 金梫基:《雪耻会叙》,见《实学报》影印合订本,808、885 页。

银风雨表、空气风向表、燥湿表、量风器、量雨器等等。当然,这些新式仪器虽为所有参加者自愿提供,但大部分还是该会的主要创办人杨文会从英国购置的。①

在江苏境内成立时间稍迟于金陵测量会的新学会为1897年夏季成立于苏州的苏学会,发起创办人为章钰、张一麐、孔昭晋等。苏学会的成立与明通学会一样,也是直接受到了甲午战败的强烈刺激,但它又与明通学会不同,是在其宗旨中明确表示自己的纯学术的学术团体,而不是以议论朝政、改革政治为目的政治团体。其成立公启在谈到之所以成立这一学会的背景与宗旨时称:"自中东一役,吾华人士,稍稍知苟安之不可狃,而自强之不可迟也。读新会梁君之《变法通议》,则勃然以兴。读长白富君之《告八旗子弟书》,则又悱然以思。""往者曾左诸公,既平大难,赞成中兴,汲汲焉讲求西法。"当此时,苏州思想家冯桂芬的《校邠庐抗议》"实开变法之萌芽"。进而求之,昆山顾炎武也曾"慨然以经世为己任"。这都是苏学的优良传统,值得继承与光大。"比者,国家广设学堂,力开风气,两湖两粤,皆兴学会,虽僻小郡邑,亦知自新,而吾吴省会之地,独阙如焉。讵非吾党之耻哉?惟事难创始,而效期于有恒。长州章钰、元和张一麐、吴县孔昭晋,今拟各集同志,量为醵赀,多购图书,以增智慧,定期讲习,以证见闻,不开标榜之门,方屏门户之见,远师亭林有耻博文之宗旨,近法校邠采西益中之通论。"②这就是苏学会的成立背景。但在其发布的《苏学会简明章程》中,他们又标榜:"本会专以学问相砥砺,凡非分所应为,不得干预,但当实心实力,讲究有用之学,储为经济,以报国家,勿议朝政,勿谈官常,庶可持久。至标榜倾轧诸习,尤为学者易犯,更当痛戒。"③

苏学会成立的具体目的,就是要以学会的名义进行筹资,然后再集中财力和精力,创办新式学堂。至于学会、学堂的为学宗旨,他们参照京师官书局的办法,主张"以中学为主,西学为辅;中学为体,西学为用。中学有未备者,以西学辅之;中学有失传者,以西学还之。以中学包罗

---

① 汤志钧:《戊戌时期的学会和报刊》,388页。
② 苏州来稿:《苏学会公启》,光绪二十三年六月二十一日《时务报》第33册,见《时务报》影印合订本第3册,2264—2265页。
③《试办苏学会简明章程》,见《实学报》影印合订本,207页。

西学,不能以西学凌驾中学,此是立会宗旨。"①这种主张显然与后来张之洞所宣传的"中体西用"说一致。

按照"定期讲习,以证见闻"的约定,苏学会成立之后大约每半个月集会一次。会中的管理人员如经理、协理、分理等,均由参加者公举,民主管理,不领薪水。苏学会与此时成立的其他新学会略有不同的地方是,对会员规定有比较严格的纪律,如规定:"会友均读书明理之人,应守身知耻,如有逾越规矩,不安本分,为经理察知,或会中人公同纠举,初次劝戒,二次出会,会费充公,至士子吸食洋烟,原干例禁,亦宜戒绝,以端志趣。"②这似乎是当时其他新学会所没有规定的。

苏学会成立之后,先是利用会友交纳的会费购置了一些图书,供会友借阅。1898年2月,又由苏学会经办张一鹏、蒋祖庚等在苏州设立一所中西学堂,添造洋式楼房,聘请英文教席,设置甚为详备,第一期招收学生30人,后来又逐步增加到120余人。学堂分小学、大学两院,小学毕业后即升入大学院。③ 苏学会为苏州地区的教育发展作出了积极的贡献。

与江苏境内的新学会情况基本相似,浙江境内在百日维新运动开始前的新学会,既有政治性团体,也有专业性团体。同时,由于浙江是汪康年的故乡,因此浙江在此时的一些重要政治团体、学术团体,也差不多都与汪康年或与汪康年的朋友有或多或少的联系。

在浙江境内最先成立的新学会是杨临主持的群学会。杨临,字仲庄,浙江仁和人,杨文莹的次子,后曾官农商部主事。杨文莹(1838—1908),字粹伯,号雪渔,光绪三年进士,翰林院编修。1883年,杨文莹出任贵州提学使,三年后告归。维新运动时,杨文莹曾在杭州协助杭州太守林启创办养正书塾,任总经理。后充任浙江学海堂掌教。年长汪康年近20岁的杨文莹似乎与汪氏家族有着某种亲戚关系,而其辈分似乎也比汪康年要低一辈。④ 或许正是这种复杂的关系,使杨临在创办群学会的时候,首先想到找汪康年帮忙。1897年2月16日,他致信汪

---

① 《试办苏学会简明章程》,见《实学报》影印合订本,207页。
② 《试办苏学会简明章程》,见《实学报》影印合订本,209—210页。
③ 《苏学会章程二则》,见光绪二十四年八月二十日《湘报》第172号。
④ 杨文莹在致汪康年函中自称"愚侄",见《汪康年师友书札》,3366页。

153

康年报告将要成立的群学会的准备情况及成立宗旨,①还告诉汪康年,群学会的会址设在杭州丰乐桥直街觉苑寺,并已请到慈溪承甫费先生出任会中掌教。他请求汪氏践行在《时务报》第 17 册告白中的承诺,即各省学堂学会均可获得免费赠阅的《时务报》一册。

1897 年 3 月 3 日,群学会如约正式开馆,第一期共招收学生 12 人,住校者 4 人,其余的则隔日到校。按照该会拟定的《习算条例》规定,该会的基本宗旨是研讨中西算学,教学方法实际上介于传统的书院和新式学堂之间,掌教尽其所能进行讲述,而学生则逐日笔记,自行阅读,记录自己的研究心得,也可进行自由研讨,强调"中西两派殊途同归,各抒己见,正可互相发明,幸弗伐异同党,致开聚讼"。②

浙江境内在百日维新之前成立的第二家新学会为兴浙会,又称"兴浙学会"。时间约为 1897 年 6 月,参与创办的有董祖寿、连文澂,以及与汪康年有相当深厚关系的章太炎、宋恕、陈虬等。章太炎在《兴浙会序》中指出,浙江为中国东南地区最具优良传统的省份,在浙江的历史上曾经出现过五位值得浙人自豪的民族英雄,即参与推翻蒙元民族统治"论功最高"的刘基,抗击蒙古贵族入侵而令"北虏震慄"的于谦,"学与政兼之"的大学者王阳明,"比迹其子,以阐大同""圣智摩虑"之黄宗羲,坚贞不屈、"功败身歼"而"后世尤悲其志"的抗清名将张煌言。这五位民族英雄为浙人树立了良好的榜样,他们之所以成立兴浙会,也就是要继承浙人的优良传统,振兴浙江,进而振兴中国、振兴亚洲。③

从兴浙会的宣言看,这一团体显然具有政治目的,而这一政治目的并不仅仅是为了改革政治,而是具有明显的反清诉求。因为从它所表彰的五位民族英雄的事迹看,至少兴浙会的参与者已渐渐地对清政府失去了信赖和信心,他们已经不愿意继续扶持清王朝的变革,开始倾向于反对清王朝。④

根据兴浙会章程的约定,该会以研讨刘、于、王、黄、张五公的学问为职志,但也不排斥与会者博览群书,更不鼓励与会者墨守成规,独守

---

① 《杨临致汪康年函》第 1 通,见《汪康年师友书札》,2416 页。
② 《群学会习算条例》,见《汪康年师友书札》,2418 页。
③ 《兴浙会序》,见《经世报》第 1 册。
④ 参见姜义华《章太炎思想研究》,52—55 页,上海人民出版社,1985。

五公之学,而是鼓励学者各从性情所近,研讨中国历史文化尤其是历代典章制度,"大抵以《周礼》、两戴记为最要,由训诂通大义,足以致用。史以三史、《隋书》《新唐书》为最要,所谓五世之庙,可以观怪。子以管、墨为最要,至荀子则入圣域,固仲尼后一人。持衡诸子,舍兰陵其谁哉?"可见盛赞管子、墨子及荀子的学说。至于经世之学,兴浙会的章程主张"法后王",以为"虽当代掌故,稍远者亦刍狗也。格致诸艺,专门名家;声光电化,为用无限。而学者或苦于研精覃思,用心过躁,卒无所成。……大抵精敏者宜学格致,驱迈者宜学政法。官制、兵学、公法、商务,三年有成,无待烨掌。且急则治标,斯为当务。若自揣资性与艺学相远,当亟以政法学为趋向。"它将向西方学习视为当时中国最急迫的任务。

在具体的研讨内容上,兴浙会一如邹代钧的地图公会那样,格外强调舆地学的重要性,认为应该借鉴西方近代以来的地理学方法重新绘制中国地图,尤其是对浙江的地理环境更应该有新的认识,强调兴浙会应该致力于浙江地理方舆之学的研究。此外,《兴浙会章程》还提出,要设法研究和变化浙人的"文弱"气质,这一点似乎开了后来的"军国民教育"的先声。[1]

兴浙会在成立之初,设会长一人、会董二人,皆以平等相待。会长必取博综古今、通达经济的学人担任,会董则必取敏练庶务、综核名实、具有极强办事能力的人担任。会董常驻省城,负责与遍布全省的会员进行联系和沟通,会员中凡有著述甚佳者,既经会中同人评议,复有会长同意,即由会董刊为报章,每月一册,此即后来兴浙会的会刊《经世报》之来历。会中的经费,一如当时其他团体一样,除了个别大额的捐赠外,主要依靠会员的会费。

据认为,由章太炎负责起草的《兴浙会章程》末尾注明"丁酉五月同人拟定",可知兴浙会的酝酿、成立应在 1897 年 6 月。不料到了"丁酉九月中",即 1897 年 10 月 6—15 日,《经世报》第 8 册却刊登出一篇《本馆告白》称:"本馆第二、三期报所登《兴浙会序》及《章程》,迭接友人来

_____

[1]《兴浙会章程》,见《经世报》第 2—3 册。

书,谓措词殊欠妥洽。遵即转致会中同人,属令改订。"①而这个修改稿就是刊登在《经世报》第5—6册上的《续拟兴浙学会章程》。作者署名为许家惺。许家惺(1873—?),字默斋,别号东雷,浙江上虞人,光绪庚子辛丑并科举人。甲午战争后,他曾在杭州参与创办群学辑译社,《时务报》刊行时,曾应汪康年之邀充任《时务报》书记,是时与担任《时务报》主笔的章太炎应该有不少接触。他在重拟的《续拟兴浙会章程》中,不但将"兴浙会"更名为"兴浙学会",而且所规定的学会宗旨与性质也与先前所宣布的《兴浙会章程》有异。《续拟兴浙会章程》写道:"本会学术门类,虽分政法、艺事、舆地、商务四纲,然其余细目,如天地、动植、兵战、医矿等类,亦当一律研求。苟能举浙中切要兴革之事,尤合本会兴浙微意,如两浙物产、土宜、民情俗尚、形势要隘、水道通塞、纱线明暗,皆须切实详述。"这实际上等于废弃先前弘扬刘基等浙中先贤的民族精神的宗旨,而将兴浙学会定性为一个纯粹研讨振兴浙江实业和经济的学术团体。

至于该会将要从事的主要工作,《续拟兴浙学会章程》也对章太炎先前研讨、弘扬浙中先贤的民族精神予以放弃,而改为以著书劝世为第一要务,更使章太炎无法接受的是颂扬孔教成为学会的一样重要工作。② 这些普及教育的工作固然重要,兴浙学会也确实值得去做,但显然这种变化已与兴浙会成立之初的宗旨相差太远了。

1897年8月中下旬,浙江秀水人董祖寿在《经世报》第3册发表《学会兴国议》,对中国传统的教育体制进行了严肃的批评,提出兴学会以救中国的政治主张。他强调,中国自甲午战败之后,虽然变法维新的声音在国中此伏彼起,朝野俱有共识,但中国的教育体制却没有在这变法维新的声音中有真正的变革,"朝廷以八股试帖取士如故也,书院以帖括词章课士如故也。所谓岁科乡试兼取算学格致时务者,不过考据而已;所谓书院添课算学格致时务者,不过皮毛而已。夫考据皮毛之西学,与帖括词章浮文空谈之学,相去几何? 涉猎其藩篱,掇拾其端绪,剽掠其章句,不辨西学之一器一物,不习西学之一技一艺,而谓足以踔武

---

① 《本馆告白》,见《经世报》第8册。
② 许家惺:《续拟兴浙学会章程》,见《经世报》第5—6册。

泰西,富强中国,此西人谭笑之柄,而我华梦呓之境也。"那么,怎样才能使中国步入学习西方的正途呢? 董祖寿的方案就是"非广兴学会不可",他提出应该及早建立的学会至少要有化学、农学、矿学、商学、电学、算学、博物等。至于化学学会,他的认识和规划是,"化学为一切格致工艺之本,不明此学,无以考万类之根源,各质之形性,凡农学、矿学、地学、电学、医学、动学、植学,均浮而不切,略而不详,堕于虚无影响,而莫可究。即他格致学,有必待化学而明者,亦无可措手。西人幼童入塾即授此业,良有以也。"①在他看来,化学为一切科学之基础,之所以成立化学学会、集中同志研讨化学,是当时一切新学之急务。

由于有这样清醒的认识,董祖寿于 1897 年 9 月在杭州创设中国第一个化学公会,"联合同志,创兴斯学,购备器料,订期试验,上遵朋友讲习之经训,近采联邦公学之略例"。② 先后加入该会的有 33 人。③

化学公会成立之后,暂设会所于《经世报》馆,并由该会创办人出资略备器料,先行试验,并采用当时其他学会的办法,由后来入会者量力集资,添置设备。该会由同人公举总理一人,主招集同志,收管银钱,及推广办理等事,不取薪水。④ 1897 年 11 月 9 日,化学公会举行第一次试验,并规定以后每月于农历初一日、十五日各举行一次试验。⑤ 然而,或许由于经费方面的原因,化学公会也仅仅存在了一个月左右就不了了之。⑥

除京师、上海、江浙外,百日维新之前的政治中心还有湖北。湖北在张之洞的治理下,对于新思想的吸收、新人才的引进,相对说来也比较积极,但在维新运动正式开展之前,湖北境内成立的新学会却只有质学会一家。

质学会于 1897 年春成立于武昌,其宗旨意在劝学,务充质实,故名质学会。学会内部拟分经学、史学、法律、方言、算学、图学、天文学、地

157

① 董祖寿:《学会兴国议》,见《经世报》第 3 册。
② 董祖寿:《化学公会缘起》,见《经世报》第 5 册。
③ 《化学公会题名》,见《经世报》第 7—14 册。
④ 《化学公会简明章程》,见《经世报》第 5 册。
⑤ 《化学公会告白》,见《经世报》第 7 册。
⑥ 《本馆告白》,见《经世报》第 15 册。

学、农学、矿学、工学、商学、兵学、格致学等 14 目,前六科为兼习之学,后八科为专门之学,习专门必兼六科,乃有体有用。质学会强调"深之六经诸史,以植其体;达之中外古今,以拓其用";"须知六经皆圣人经世之书,西国富强之术,不能出其范围"。① 这实际上也是张之洞的所谓中体西用思想指导下的新学会宗旨。由此可见,所谓质学会实际上是湖北境内一个综合性的新的学术团体,这也从另外一个角度说明为什么在湖北这样一个新人才甚多、新思想引进也不少的地方只有一个新学会的原因。

按照质学会的章程规定,该会成立后的主要工作与当时的其他新社团大体相当,即利用社会资金和资源组建一个新的图书机构,"广搜图书,以饷学友,中书而外,兼购西书,凡五洲史籍、格致专家、律例章程、制度政典,皆储藏赅备,用资他山",而与会的学友之间交流的主要方式是依靠学会将创办的学报及将刻图书。但关于这些活动的详细情况,由于史料阙如,目前不得而知。

与湖北的情况正好相反,湖南是全国新政治的中心,所以湖南的新学会、新报刊都远较他省兴盛。为了叙述的方便,将在探讨湖南新政的时候予以集中描述。

广东省虽为康有为、梁启超、孙中山等维新志士和革命志士的故乡,但在百日维新运动开始之前,也仅有新学会数家。以成立先后的时间为序,一是孙中山首创的农学会。早在 1890 年,孙中山就已意识到中国应该像西方国家那样,高度重视农业的改进与发展,"道在鼓励农民,如泰西兴农之会,为之先导"。② 在这前后几年的时间里,孙中山不仅在自己的故乡采用西方的新知识与新技术进行农业改良方面的试验,③而且为郑观应起草《农功》专论,后被郑氏收入其名著《盛世危言》中。④ 由此可见,孙中山对农业的重视由来已久。1895 年 2 月,孙中山往来广州、香港间,准备进行广州起义。同年 10 月 6 日,在广州双门底王家祠堂发起成立农学会,并在广州《中西日报》发表成立宣言,称该会

---

① 《武昌质学会章程》,见光绪二十三年六月二十一日《知新报》第 25 册。
② 孙中山:《致郑藻如书》,见《孙中山全集》第 1 卷,2 页,北京,中华书局,1981。
③ 《农功》,见夏东元编《郑观应集》上册,737 页,上海人民出版社,1982。
④ 其说详见《孙中山全集》第 1 卷第 3 页《农功》题解。

"首以翻译为本,搜罗各国农桑新书,译成汉文,俾开风气之先。即于会中设立学堂,以教授俊秀,造就农学之师。且以化学详核各处土产物质,阐明相生相克之理,著成专书,以教农民,照法耕植。再开设博览会,出重赏以励农民。又劝纠集资本,以开垦荒地。"①此即孙中山创设农学会的基本宗旨。

孙中山创立农学会的想法得到了广州官绅潘宝璜、潘宝琳、刘学询等数十人的支持和署名赞助,②康有为的弟子陈千秋在得到孙中山的邀请之后也"颇有意"于参加,只是后来碍于康有为的反对而未果。③

广州起义失败之后,孙中山流亡海外,其所创办的农学会当然也不会继续进行下去,广东境内的新学会也一直没有进展。直到1898年春,方由梁肇敏、邓家仁、谭颐年、陈兆煌、陈芝昌、邓家让、陈国照、邓纯昌等发起成立了一家具有新式学堂性质的新学会,即广州时敏学堂。时敏学堂成立《公启》称:"今春明降谕旨,诏开经济特科,方闻之彦,应时而起,咸争自振厉,以期副国家需才之意,吾党二三志士,闵时艰之孔亟,惧儒术之寡效,首倡学会,各集同志,量为醵资,广购图籍,日有讲习,以扩见闻;日有课程,以抒心得。凡期人读有用之书,国储远到之器,诚谊举矣。"④显然此为具有新式学堂性质的学会组织。

广东境内于1897年成立的群学会,虽有不少著作著录,但其详细情况尚不得而知。⑤

康、梁等维新志士没有在自己的家乡建立相应的维新组织可能另有原因,但康有为于1897年2月抵达广西桂林,与正在桂林主持广西一切的广西按察使蔡希邠及广西地方士绅唐景崧、岑春煊等人发起成立圣学会,并创办广仁学堂,刊行《广仁报》,在与广东比邻的广西传播维新思想的种子。

康有为之所以在广西筹建圣学会,主要是因为梧州通商以后,外国

① 孙中山:《拟创立农学会书》,见《孙中山全集》第1卷,25页。
② 汤志钧:《戊戌时期的学会和报刊》,664页。
③《戊戌前孙康二派之关系》,见冯自由《革命逸史》初集,47页,北京,中华书局,1981。
④《广州创设时敏学堂公启章程》,见光绪二十四年四月初一日《知新报》第53册。
⑤ 张玉法:《清季立宪团体》,202页,台北,"中央研究院"近代史研究所,1971;闵杰:《戊戌学会考》,载《近代史研究》1995年第3期,73页。

人云集,外国教会的势力在广西也有很大的发展,而广西士大夫"乃不知独尊孔子以广圣教",①听任外国宗教的传布,似乎已在很大程度上影响了中国正统意识形态的存在,所以他期望在广西成立圣学会以抵制外国教会势力的影响,"以尊孔教救中国为宗旨"。② 康有为的想法得到了蔡希邠及广西各界的支持。经过一番紧张的筹备,1897 年 3 月7 日,广西政界、学界及士绅 200 余人齐集桂林西华门爱经堂,举行隆重的圣学会成立典礼,宣布广西圣学会正式成立。

由于圣学会得到广西当局和士绅的广泛支持,因此具有明显的官方色彩,其经费来源比较充裕,其政治、文化色彩也趋于保守。它虽然不忘鼓励学习西方的科学技术,但其根本是要维护地方之安宁以及"发扬大道,激励后士"而已,③其所渴望达到的目的也只是"光宣大教,俾孔子于二千五百年后,道大光明"而已。④

尽管圣学会具有相当浓厚的保守色彩,但由于是新锐人物康有为发起和主持的,所以当时也引起国内舆论界的高度关注和期待,梁启超将之列为与强学会并行的两大新学基地,称:"方今万国交通,新学大启,欧米条法,日益详明,于是中原志士,咸发愤而言变政,报馆学会,缤纷并起,北肇强学于京师,南开圣学于桂海,湖湘陕右,角出条奏,云雾既拨,风气大开。"⑤或以为"将来风气日开,见闻日广,桂地虽僻,有此会而士人借以通知时务,讲求经济,他日人士之成,孔教之不坠者,官绅提倡之力也"。⑥ 总之,圣学会是一家具有官方背景、具有一定守旧色彩的维新组织。

依靠官方背景成立新的维新组织,是百日维新运动开展之前新学会的一个重要特征。在江西南昌,1898 年 5 月成立有奋志学社,其发起人就是"卸事回省"的"江西典史"李荣植(瑞庭),其成立背景也是感于清政府特设经济科之御旨,期望以此组织邀集同志,"专意讲求吏治

① 康有为:《两粤广仁善堂圣学会缘起》,见《康有为全集》第 2 卷,620 页。
② 《圣学会开会》,见光绪二十三年四月十六日《知新报》第 18 册。
③ 蔡希邠:《圣学会序》,见光绪二十三年六月初一日《时务报》第 31 册。
④ 唐景崧:《圣学会后序》,见光绪二十三年五月初一日《知新报》第 20 册。
⑤ 梁启超:《日本横滨中国大同学校缘起》,见《饮冰室合集》文集之四,79 页。
⑥ 《桂林圣学会续闻》,见光绪二十三年八月十一日《知新报》第 30 册。

时务实在学问"。①

在奋志学社成立的同时,在南昌由周鹿坪发起成立有励志学会。这个学会也具有深厚的官方背景,由南昌知府江切吾"主会","以昌孔教,讲实学,开风气,祛积习"为学会宗旨。由于当时清政府已经开始提倡变法维新,"迩来新政迭举,非洞达中外情形,深明措施本末,断难推行尽利",因此具有维新宗旨的新学会实际上是在清政府的政策鼓励下所产生,已远非先前冒险成立的那些维新社团所能比,自然为各路官僚所欢迎和支持,"各大宪深为嘉许"。②

在四川,四川尊经书院院长宋育仁和杨道南、吴之英等人一起于1898年3月22日间在成都创办蜀学会,川省学界名流廖平等72人出席了成立典礼,宋育仁、易静山、吴之英、吕典桢、廖平等相继发表讲演,竭力鼓吹儒家伦理的现代意义。③宋育仁指出:"孔子始言圣人之德,无加于孝。"而廖平更重申"孝道自天子以至庶人,自圣人以至椎鲁,皆能行之",孔子志在《春秋》,行在《孝经》。《春秋》的宗旨是外王,而《孝经》的主旨则是内圣。"内圣可以统外王,故《孝经》可以统万事,倘于孝字之外,别求一道,别定一名,万不能统一。""人受天之气而生,人皆天之子也。第尊者得尊名,卑者得卑名。帝王者,天下之尊者也,故得其名。"④就是这样一种极端守旧的伦理观念基本上支配了蜀学会的全部。

蜀学会的政治理念如此怪异也不足为奇,它的成立背景实际上与江西等省的情况大体相似,都是带有响应清政府号召的意味。按照其章程的规定,蜀学会仿照京师官书局及各省中西学堂而变通之,稍有不同的是,蜀学会"以集讲为主,推广学堂之意,即寓其中,各就本地措办,不动官帑",坚守民间的立场。至于蜀学会的政治倾向,多少隐含有地方自治和坚守传统伦理道德以抵抗西方思想文化的入侵等意味。⑤

蜀学会成立后大约每半个月就举行一次集会,参加者除川省的学

---

① 《创设学社》,见光绪二十四年四月十四日《湘学报》第76号。

② 《励志学会会约十章》,见光绪二十四年十二月初一日《知新报》第77册。

③ 《蜀学会开会记》,见光绪二十四年闰三月望日《蜀学报》第1册。

④ 《学会讲义》,见光绪二十四年闰三月望日《蜀学报》第1册。

⑤ 《蜀学会章程》,见《蜀学报》第1册。

术名流外,主要以尊经书院的学生为主,研讨的内容大体都以经训为主,围绕着儒家伦理的意义尤其是《孝经》中的一些问题而展开,因此多涉及中国古代礼制等问题,他们主张以孝道为立身治行之本,强调"唯孝为至德,五伦虽天下之达道达德,独孝为至"。所以蜀学会的研讨会气氛总是带有浓厚的复古主义色彩。蜀学会的研讨也曾涉及现实问题,诸如"当今之势如何变"、怎样选拔有用的人才、怎样改革学校制度等等,但由于章程明确规定他们的研讨是"以经训为主,与祖尚西人、专门西学者有别",所以其结论不外乎"复古制",而很少像康、梁等人那样从现实出发提供方案。从这个意义上说,蜀学会虽然名为学会,但其本质依然类似于旧式书院,与当时各省的维新社团明显不同。

蜀学会是四川在维新运动中的一个奇特现象,但四川省内在维新运动时期也曾创办过具有维新性质的新学会,即 1898 年在四川威远创办的威远农学会。其发起人为郭中元、袁光中、徐廷萃、胡执中、隆作栋等,[①]其宗旨为"始则约会讲求,继则择地试验,总以广树艺、兴畜牧、浚利源、究新法"。[②]

百日维新开始之前在各地成立的新学会,其宗旨及政治倾向总依创办者、参加者的情况不同而有异。同为边远省份的贵州,在此时却因人事关系的特殊而成立了比较激进的政治性学会,即仁学会。

仁学会的创办人为吴嘉瑞,湖南长沙人,既是谭嗣同的同乡,又是谭氏的好友。谭嗣同于 1896 年与康、梁在北京结识之后,遂奉父命以同知入赀为候补知府,分司浙江。他在南京候补的时候,闭户养心读书,潜心孔教、佛教义理,会通群哲之心法,著有《仁学》一书,阐发君民关系的新观念,深刻批判了君权神授的虚假性和中国传统伦理道德观念的荒谬。当此时,吴嘉瑞"说心法于上海",与谭嗣同交往密切,"谭以《仁学》示吴,吴录副而去"。[③]吴嘉瑞由此接受了谭嗣同的仁学思想。

大约 1897 年的时候,吴嘉瑞出任贵州贞丰州白层河厘金局总办,他遂与杨虚绍等人一起在贵阳文昌宫发起成立仁学会,先后加入该会

---

① 《威远创办农学会章程》,见光绪二十四年四月《蜀学报》第 4 册。
② 郭中元:《威远创办农学会叙》,见《蜀学报》第 4 册。
③ 章士钊:《疏黄帝魂》,见全国政协文史资料研究委员会编《辛亥革命回忆录》第 1 集,225—227 页,北京,中华书局,1961。

的有 30 余人。他们大肆宣扬维新思想,①结合维新变法的思想讲解国内外政治时事,同时还讲授算学等新的知识,②"以为新学之渐",③对贵州这一边远省份新思想的传播起到相当大的作用。④

在福建,自清政府颁布乡试及岁科试改时文为策论之后,福建境内的知识分子也纷纷响应,各书院纷纷按照新要求进行改革,并先后创办有新学会、实学会、闽学会、汇贤堂等新团体,以便互相观摩,相互促进。⑤ 但这几个新学会的详细情况,诸如成立时间、人员状况等,目前尚不太明朗。

百日维新运动正式开始之前的新学会当然不止这些,像成立于湖南的公理学会、⑥方言学会,⑦以及在各地都曾存在,且规模最大、数量最多的不缠足会及戒鸦片烟会、延年会等等,虽然也应该算作百日维新运动正式开始之前的新学会,但毕竟过于偏重社会风俗的改良方面,在此不详加论述。

---

① 《贵州革命散记》,见《云南贵州辛亥革命资料》,74 页,北京,科学出版社,1959。
② 刘灿文等:《清末贞丰仁学会的成立及其影响》,见《贞丰文史资料选辑》第 4 辑,1984。
③ 黄友群:《孟广坰先生传》,见《贞丰文史资料选辑》第 4 辑。
④ 汤志钧:《戊戌时期的学会和报刊》,662 页。
⑤ 《振兴学会》,见光绪二十四年七月二十二日《湘报》第 148 号。
⑥ 闵杰:《戊戌学会考》,载《近代史研究》1995 年第 3 期,60—64 页。
⑦ 李文海:《戊戌维新运动时期的学会组织》,见《戊戌维新运动史论集》,60 页。

第三章

维新运动的局部试验

　　在甲午战败的刺激下，维新思潮在京师、上海等中心城市迅速发展，并逐步影响了内地。湖南及一些内地省份在开明官僚的主持下，不仅迅速回应了京师、上海等中心城市的维新思潮，而且在自己主管的辖地内进行了维新变法的局部试验。

第一节　播散维新种子

自从曾国藩创建湘军、平定太平天国之后，湖南人在中国政治舞台上一直居于重要的位置。但曾国藩去世之后，李鸿章与淮军相继崛起，皖籍军人与政客一度在中央政权中取代湘籍军人与政客成为主导性的力量。所谓中国在甲午战争中的失败，并不是整个中国军队的失败，实际上只是淮系军阀与淮系政客的失败。所以在淮系军队一败朝鲜，再败辽东之后，中国政府并没有彻底失望，而是希望重温"中兴名臣名将"的旧梦，选派湘军将领领命出征，试图挽回败局。时任湖南巡抚的吴大澂也有意于重振湘军昔日的辉煌，故主动请缨。清政府遂命令湘军将领魏光焘、陈湜、李光久、余虎恩等招集兵勇，开赴前线，并令吴大澂募集湘勇北上。

有了清政府的命令，吴大澂在省内开设"求贤馆"，延揽人才，而湖南士人也群情激昂，以为重振湘军的辉煌、打败日本犹如探囊取物。然而，当时的日本不是昔日的太平天国，吴大澂苦心经营的新湘军实际上只是一群未经训练的乌合之众，他们在训练有素的日本军队面前，毫无招架之力，一败牛庄，二败营口，三败田庄台。湘军的连连败绩震动了国人，更震动了一直处于虚骄状态的湘人，"湖南人始转侧豁寤，其虚骄不可向迩之气亦馁矣"。[①]

湘军的失败是湖南人的奇耻大辱，但湖南人并没有在这次失败之后一蹶不振，而是很快形成一种寻求变革、追求进步的新风气，并与京

---

① 谭嗣同：《浏阳兴算记》，见蔡尚思、方行编《谭嗣同全集》，174 页，北京，中华书局，1981。

师、上海等中心城市的维新思潮遥相呼应。1895年10月,陈宝箴就任湖南巡抚,由于他的开明引导与鼓励,湖南的维新运动较其他省份更早发生。

陈宝箴向来推崇曾国藩、左宗棠、曾纪泽、郭嵩焘等湖南先贤的思想与事功,就任之初即以开化湖南为己任,锐意进取,致力于革新。他以为湖南地处内陆,向以守旧而闻名,拒斥西方近代的新思想与新文化,所以湖南要想成为中国改革的先锋,就必须在思想观念上进行彻底的更新。他到任之后,迭与湖南省内的官绅反复磋商,寻求振兴湖南的根本办法。在经济上,陈宝箴认为只要是有利于湖南经济的发展、有利于国计民生的新举措,都应该给予支持和扶植,很快成立了湖南矿务总局,主持开发湖南的矿产资源;又倡导修建湘粤铁路,企图以湘粤铁路的开通带动湖南社会风气的根本改变。湖南一批具有近代特征的新兴实业,差不多都成立于陈宝箴任内。

在开发经济的同时,陈宝箴更注意文化观念的转变和教育制度的更新。他和1894年出任湖南学政的江标一起,提倡经世之学,以改变士风、开创新的社会文化风气为己任。同时着力整顿旧式书院,购置不少天文地理、物理化学等方面的科学书籍和实验仪器,并设立舆地、算学、方言等学会,试图将旧式书院改造成培养新式人才的基地。陈宝箴、江标的思想认识和这些做法深深地影响了湖南知识界,从而使湖南知识界很快形成一批具有维新思想、变革精神的新知识分子群体,为后来湖南新政的顺利推行准备了有用的人才。

与湖南官方倡导变革几乎同步而行的,是湖南民间新势力的自发维新运动。1895年7月,在外漫游多年、具有维新思想的湖南青年知识分子谭嗣同致函乃师欧阳中鹄,提出在湖南进行变法维新的系统主张,以为中国的变法必须先从改变中国的知识分子始,只有知识分子的知识构成发生了大的变化,才能带动中国社会的大变化。而要改变中国知识分子的知识构成,又必须先从改变传统的科举制度始,"从士始,则必先变科举,使人人自占一门,争自奋于实学"。[①] 基于这种认识,谭

---

① 谭嗣同:《上欧阳中鹄书》,见《谭嗣同全集》,159页。

嗣同建议欧阳中鹄及湖南学政江标先从一县进行改革试验,在浏阳创办一算学格致馆,造就有用的人才,为即将到来的变法维新运动服务。

　　根据谭嗣同的建议,欧阳中鹄在湖南积极筹备,准备将浏阳县原有的书院改为习格致诸学,并以算学为入手之始,同时计划将南台书院直接改为算学馆,但遭到了守旧势力的竭力反对。谭嗣同得知这些情况后,迅即邀请具有维新思想,并在湖南学界略有影响的知识分子唐才常、刘善涵等人联名禀请湖南学政江标,继续表达将浏阳南台书院改为浏阳算学馆的要求,指出:"算学者,器象之权舆;学校者,人才之根本⋯⋯考西国学校课程,童子就傅,先授以几何、三角术,以后由浅入深,循序精进,皆有一定不易之等级。故上自王公大臣,下逮兵农工贾,未有不通算者,即未有通算而不出自学堂者。盖西国兴盛之本,虽在议院、公会之互相联络,互相贯通,而其格致、制造、测地、行海诸学,固无一不自测算而得。故无诸学无以致富强,无算学则诸学又靡所附丽。"①他希望江标转饬浏阳知县同意将南台书院改为算学馆。这一建议正合乎江标的主张,江标遂于 1895 年 9 月批准了这一方案,并决定在当年的乡试中"搜取试卷中之言时务者拔为前列,以为之招"。② 但浏阳知县仍借故拖延,拒不执行,浏阳南台书院改为算学馆的计划似乎并没有成为现实。

　　有了江标的支持,欧阳中鹄、唐才常等人开始自行筹款,于浏阳文奎阁创办了算学社,聘请新化晏孝儒为教习,开始讲授算学。最初入学者仅 16 人。人数虽少,但这是湖南境内开始学习西方近代科学技术的最初起点。"浏阳果大兴算学,考算学洋务,名必在他州县上,至推为一省之冠。省会人士始自惭奋,向学风气由是大开。"③1896 年,浏阳算学社的规模继续扩大,欧阳中鹄等人遂将算学社改名为算学馆。制定章程规定公推 7 人主持馆务,馆中设山长一人,监院一人,负责管理学生的学习和生活。规定入学生员除学习规定的算学外,也应"余时温习经史,阅看外国史事、古今政事、中外交涉、算学、格致诸书及各新闻纸。

① 谭嗣同:《上江标学院》,见《谭嗣同全集》,181 页。
② 谭嗣同:《浏阳兴算记》,见《谭嗣同全集》,184 页。
③ 谭嗣同:《浏阳兴算记》,见《谭嗣同全集》,184 页。

其有心得及疑义,与夫应抄录以备遗忘者,即随时分类录入杂记。每日杂记,无论行楷,总需过百字。有分数可相比较者,列为图表。有变通可须发挥者,即作论说、杂著。"①

谭嗣同、欧阳中鹄等人创办算学馆、改革旧式书院的想法与做法既合乎当时的思想潮流,也合乎清政府的政策。从思想潮流方面说,在甲午战争之后,包括康有为、梁启超、谭嗣同在内的所有进步思想家在反省中国之所以失败的原因时,差不多都追因于中国旧式教育体制已经远远不能满足时代的需要,中国旧有的具有上千年传统的旧书院体制已经全面变质,19世纪80年代就已有人指出,现存书院有名无实者十居八九。② 即便那些依然进行正常教学活动的书院,其所传授的内容已经严重过时,"或空谈讲学,或溺志词章,既皆无俾时用,其下者专摹帖括,注意膏奖,志趣卑陋,安望有所成就?"③所以,梁启超在《变法通议·论变法不知本原之害》中敏锐地指出:"吾今一言以蔽之曰:变法之本,在育人才;人才之兴,在开学校;学校之立,在变科举。"④这就将改变科举制度、兴办新式学校的重要性提到了一个此前所未有的高度。

在清政府高层官僚中,也有一些人比较早地意识到中国旧有的教育制度必须改变,西方的新式教育体制应该有计划地引进。1896年6月12日,刑部左侍郎李端棻上《请推广学校折》,向清政府建议命令地方各省、府、州、县设立学堂,并请在京师设立大学堂。17日,清廷从陕西巡抚张煦奏,立格致书院于泾阳。7月,山西巡抚胡聘之等奏请变通书院章程,主张书院教授天文、算学、格致等具有实用价值的新学科。8月11日,清政府批准李端棻的建议,命令各省推广学校,致力于实学。8月21日,孙家鼐议复开办京师大学堂办法六条。10月,礼部议复整顿各省书院折。1897年3月,安徽巡抚邓华熙奏请各省都应该在各自的省会城市另行设立格致等学堂。清政府同意了邓的建议,此后各省兴办新式学堂蔚然成风。这也是湖南时务学堂之所以成立的大背景。

---

① 谭嗣同:《浏阳算学记》,见《谭嗣同全集》,178页。
② 潘衍桐:《奏请开艺学科折》,见舒新城编《中国近代教育史资料》上册,30页,北京,人民教育出版社,1981。
③ 胡聘之:《请变通书院章程折》,见《中国近代教育史资料》上册,70页。
④ 梁启超:《饮冰室合集》文集之一,10页,北京,中华书局,1990。

湖南时务学堂成立与湖南乡绅王先谦等人的实业活动有关。陈宝箴就任湖南巡抚之后,对于湖南省的实业开发采取鼓励和支持的态度。1896年,湖南地方乡绅王先谦联络黄自元等人,集股创办机器制造公司,名"宝善成公司"。宝善成公司原为官督商办,由王先谦始终经理其事。公司成立之初,购买有各种机器,且有小锅炉一具,刨床、车床各一台,计划制造电气灯、东洋车等,1897年在长沙创设了一个规模不大的发电厂,由是长沙省城开始有了电灯照明。宝善成公司在经营实业的同时,也注意在文化教育事业上的投资。1896年冬,王先谦、张雨珊、蒋德钧、熊希龄等公司高层负责人为了扩大公司的业务规模,向陈宝箴申请30 000两的资助,陈在申请报告上批道:"公极则私存,义极则利存。"这两句带有多重含义的批语使王先谦等人极不高兴,以为未办事而先受申饬,遂改为少用公款而多用民间资本。嗣后不久,参与其事的蒋德钧更觉得宝善成公司"迹近谋利",不太合乎他们原先创办该公司的宗旨,于是提议在机器制造公司之下也即宝善成公司之下设立时务学堂,推广工艺。[①] 这大概是湖南时务学堂的最早动议。

蒋德钧提议创办时务学堂归属于机器制造公司即宝善成公司,这个学堂的创建目的似乎也只是为了推广工艺,计划招收二三十名学生,常住局中学习制造;并计划聘请一位通重学、汽机等学的老师主持其事,"俾日与诸生讲解制造之理,并随时入厂,观匠人制造"。[②] 这似乎带有机器制造公司培训人才的意味。

机器制造公司创办学堂的计划,由公司负责人王先谦等领衔上报湖南巡抚陈宝箴,这一计划与陈宝箴的思路不谋而合。陈宝箴于1896年12月将这个计划批准立案,并将之命名为"时务学堂"。时务学堂的性质似乎也由此而变,因为陈宝箴在批准创办时务学堂的同时,还同意每年从湖南省矿务赢利中划拨3 000两作为学堂的常年经费,并经清廷批准,援天津、湖北武备学堂的先例,每年于正款项下划拨1.2万两,

---

① 熊希龄:《为时务学堂事上陈宝箴书》,见林增平、周秋光编《熊希龄集》上册,53页,长沙,湖南人民出版社,1985。
②《邹代钧致汪康年函》第42通,见上海图书馆《汪康年师友书札》,2695页,上海古籍出版社,1986—1989。

酌充时务学堂和湖南武备学堂的常年经费。① 这样一来,时务学堂虽然由王先谦等人动议创办于机器制造公司之下,但现在实际上成为湖南省政府下的一个机构,享有与官办武备学堂同等的待遇。

时务学堂收归政府主办之后,在名分上仍是机器制造公司的下属机构,"开局之初,刊发关防,本以机器制造公司时务学堂为名,欲令教授学徒,俾通制造"。当时,除了王先谦之外,还有熊希龄、蒋德钧、张雨珊、陈程初一同受命负责,熊希龄因有他事,在最初阶段并没有到任,蒋德钧、陈程初参与过二三次会议,唯王先谦、张雨珊在一起主持其事约年余。在最初阶段,他们因商股难以招集,建议两江总督刘坤一将湖南盐斤加价二文,盐行余厘项内每百斤补收二分,以作为机器制造公司及时务学堂的经费。他们的报告已经写好,适蒋德钧有事前往上海,就决定由蒋自带面商于刘坤一。不料,熊希龄擅自"改窜禀词,专以时务学堂为言"。所以,待刘坤一批准这一方案后,机器制造公司的各位主管就此发生了分裂。蒋德钧飘然入都,不再回湘。② 而熊希龄则以避免责成不专、互相推诿之敝为由,建议将制造公司中的轮船、制造、学堂三事分开,由熊希龄独任时务学堂事宜。

熊希龄接手时务学堂的管理责任后,遂邀谭嗣同、黄遵宪等人参与其事。黄遵宪为新任湖南按察使,他得知时务学堂创办后,即向巡抚陈宝箴、学政江标竭力推荐《时务报》主笔梁启超担任时务学堂的中文总教习,《时务报》的翻译李维格(峄琴)任西文总教习。1897 年 9 月 9 日,黄遵宪致函《时务报》总理汪康年,称"学堂人师为天下楷模,关系尤重",他劝汪氏从维新事业的大局考虑,同意梁启超、李维格二人来湘主持时务学堂的学政。③ 与此同时,湘中人士谭嗣同、熊希龄、邹代钧等也纷纷"劝驾",甚至声言如果汪康年不同意放梁启超、李维格到长沙主持时务学堂,他们不惜"蛮拉硬作"。在这些友人的反复动员下,汪康年同意梁启超、李维格赴湖南兼任时务学堂的中西文总教习。

在梁启超抵达长沙的时候,时务学堂在陈宝箴、熊希龄、黄遵宪等

---

① 《湖南巡抚陈宝箴折》,见国家档案局明清档案馆编《戊戌变法档案史料》,243 页,北京,中华书局,1958。

② 王先谦:《与陈佩蘅》,见王先谦《葵园四种》,929 页,长沙,岳麓书社,1986。

③ 《黄遵宪致汪康年函》第 34 通,见《汪康年师友书札》,2360页。

人的筹办下已经成立。1897年9月，时务学堂的创办手续已经基本完成，常年经费也已经落实，办学所需的图书仪器或已购置，或正在置办，筹办工作已经大体完成。在这种情况下，遂由陈宝箴出面发布《招考新设时务学堂学生示》，既介绍时务学堂设立的原委，又鼓励青年学子勇于报考时务学堂。根据他在这篇文章中的说法，时务学堂计划招收120人，均由各府厅州县学官绅士查报汇册考试。惟早一日开学，即早收一日之效，而建造学舍尚需要时间，所以第一年议定暂租衡清试馆开办，延聘中西学教习，择期开学，一面拓地建筑校舍，拟先行招收60人入学，其余的60个名额俟校舍建筑略有头绪时再由各府厅州县录取选送。在谈到学堂的教学内容及学生的未来出路时，陈宝箴强调：鉴于西方近代科学文化，均有精微，而取彼之长，补我之短，必以中学为根本。惟所贵者不在务博贪多，而在修身致用。诸生入学三四年后，中学既明，西文既熟，即由湖南省政府负责选择数十名优等生，由政府提供经费，或送往京师大学堂继续就某项专门学问进行深造，考取文凭；或公费送往国外，就水师、武备、化学、农商、矿学、商学、制造等专业进行深造。待这些学生学成归来，省政府再按照每人的情况加以提拔使用。至于那些依然愿意由正途出身者，陈宝箴许诺他们可以作为生监，一体乡试，获取功名。① 这一举措在科举制度仅仅开始松动而并没有真正废除的条件下，应该说对于那些青年学子极具吸引力。

陈宝箴的《新设时务学堂学生招考示》发布之后，在湖南省境内各府厅州县获得了广泛的反响，至9月24日正式考试的时候，"诸生投考者至四千余人"。② 经过较为严格的考试，最后录取了40名，陈宝箴原计划第一批录取60名并没有实现，坚持了宁缺毋滥的原则。

当湖南时务学堂的招生在紧张进行的时候，梁启超还没有离开上海，他与熊希龄等人之间书信往来，就学堂的设置、教学内容、教学方法及人员配置等问题进行了反复磋商，他根据自己追随康有为在万木草堂的经验及所知广雅书院、两湖书院的教训，坚持分教习必须由学堂总教习自主聘任，否则总教习与分教习发生分歧，或观念差别太大，势必影响

① 陈宝箴：《招考新设时务学堂学生示》，见《中国近代教育史资料》上册，147页。
② 《时事杂志》，见光绪廿三年十一月初一日《知新报》第38册。

学堂的教学质量。熊希龄等人接受了梁启超的建议,同意梁启超聘任其同门好友韩文举、叶觉迈、欧榘甲三人为中文分教习。在教学方法上,梁启超认为新办的时务学堂应该兼容旧式书院和新式学堂两者的优点,兼学西文者为内课,用新式学堂的教学方法进行讲授;专学中学不学西文者为外课,用旧式书院的教学办法进行传授。他觉得既然准备在时务学堂花费一两年的时间、心力,那么就应该尽量多地培养出一些有用之才,所以在招生规模上,他主张教授四五十人与教授一两百人所花费的时间、心力相去并不太远,所以在招生规模上不必太保守,而应该多多益善。① 他的这些建议在后来的实践中逐步成为时务学堂的主导思想。

/174

1897 年 11 月 14 日,梁启超偕韩文举、叶觉迈、欧榘甲及西文总教习李维格从上海抵达长沙,稍事准备,即于 11 月 29 日正式开学。

梁启超到了长沙之后,正式公布《湖南时务学堂学约》②共十章,以此作为时务学堂的办学原则。这十章的内容分别是立志、养心、治身、读书、穷理、学文、乐群、摄生、经世、传教。从形式上看,这个学约更多的是继承了传统儒家尤其是宋明儒学的讲学遗风,强调了个人修养的"内圣"功夫,然后再以"内圣"开出"外王",培养出合乎时代需要的人才。但在实际上,这个学约在继承儒家思想精华的同时,更多地强调了向西方学习,即便是在"经世"的层面,也强调学生在深通儒家六经制作之精意的同时,证以西人公理公法之书,以求治天下之理。显然,梁启超的心目中,实际上是期望时务学堂能够成为即将到来的变法维新运动的人才基地。

时务学堂的功课,梁启超也有比较独特的设计。他将这些功课大体上分为两类,一类是所有学生入学后半年必须修的博通学,其中包括儒家经学、诸子学、公理学、中外历史地理以及比较浅显的自然科学基础等。这门课所用的教材主要有《孟子》《春秋公羊传》《礼记》《论语》《荀子》《管子》等先秦诸子之作。其教授方法,主要是指导学生反复研读这些经典,仔细体会其中的"微言大义",如《孟子》中的民权思想,然后指导学生用中外政治法律进行比较参证,使学生充分理解变法维新

---

① 梁启超致陈三立、熊希龄函,见中国史学会编《戊戌变法》(二),592 页,上海,神州国光社,1953。
② 梁启超:《湖南时务学堂学约》,见《饮冰室合集》文集之二,23—29 页。

的历史必然性。经过大约六个月的所谓博通学的训练之后,学生将按照各自的志趣和特长选择不同的专门学,从而使之学有专长。专门学主要有公法学、掌故学、格致学及算学等。只是在学习专门学的时候,学生仍应就博通学中一些书目进行学习。

在要求学生所读的书目中,由于种类太多,梁启超又将之分为"专精之书"和"涉猎之书"。专精之书由总教习或分教习负责全部讲授,循序渐进,仔细体会,认真研读。此类书约占每天学习时间的 6/10。涉猎之书,则由教习指导略加浏览,约占全部学习时间的 4/10。不论是专精之书还是涉猎之书,梁启超都要求学生随时作札记,每日将所读之书,按照书名、篇名等详细注明,或写出自己的阅读心得,或抄录书中的内容。这些札记每隔五天上交一次,由总教习和各位分教习批阅评定。

梁启超刚到长沙出任时务学堂总教习的时候,受到湖南各界各方面的一致欢迎。到达的当天,湖南巡抚陈宝箴的公子陈三立、湖南学政江标、湖南按察使黄遵宪、时务学堂代总教习皮锡瑞以及湖南官绅、社会名流邹代钧、熊希龄、唐才常等前往迎接,学堂全体师生更是齐集学堂门前燃放鞭炮予以欢迎。第二天,人们又在北门内左文襄公祠堂设宴为梁启超一行洗尘。在此后的几天里,梁启超的住处每天都是宾客盈门,甚至连湖南最有名的守旧派人物王先谦在梁启超刚到的时候,也发自内心地感到高兴,对梁尊礼有加,曾专门设宴唱戏,以示欢迎。① 然而没过很久,梁启超却与湖南的旧势力发生了极为激烈的冲突。

在《时务报》主持笔政的时候,梁启超就有意于宣传其师康有为的孔子改制说和新学伪经说,只是受制于张之洞一系和与《时务报》创建诸人的约定,梁启超在宣传其师的主张上,还显得比较谨慎和克制。然而到了时务学堂,他觉得这些约束已不复存在,故而敢于放言高论,无所顾忌。他在重印康有为的《长兴学记》的时候,有意鼓吹康有为创立新孔教的意义,提出"推孔教以仁万国"。② 在其所撰写的《读西学书法》中,梁启超认同康有为新学伪经的说法,强调学生应该知道孔子之

① 熊希龄:《为时务学堂事上陈宝箴书》,见《熊希龄集》上册,52 页。
② 梁启超:《重印长兴学记志》,见康有为《长兴学记·桂学答问·万木草堂口说》,24 页,北京,中华书局,1988。

为教主,应该知道儒家六经皆为由孔子改定制度以治百世之书,应该知道东汉以来所畅行的所谓古文经学并不是儒家的正宗,而是刘歆的伪造,应该知道东汉以来以训诂名物为基本特征而至乾嘉时代鼎盛一时的所谓汉学也非儒学正统,而是儒学的变异与无聊,应该知道三代以后中国君权日尊、民权日衰是中国积贫积弱之根源,而导致这一恶果最有影响的人物则是秦始皇、元太祖、明太祖。凡此种种激烈的言论,势必开启与湖南思想界旧势力的争论。

为了指导学生阅读《春秋公羊传》和《孟子》,梁启超在繁忙的教学之余著有《读春秋界说》和《读孟子界说》两篇文章。前者借用其师的观点,强调《春秋》为孔子托古改制而制作的以教万世的著作,《春秋》为明义之书,而非记事之书。《春秋》立三世之义,其目的就是为了以明古往今来天地万物递进的道理。后者将孟子视为儒学的正统,以为孟子所传的大同之义,都属于儒家思想最有价值也最有现实意义的内容,至于《孟子》中的民权思想,梁启超也做了极致的发挥,以为与西方近代以来的民权思想具有相似或相近的地方。这显然也是其师康有为大同学说的翻版。

梁启超在时务学堂时代更激烈的言论还不在自己写作的文章中,而是在批阅学生札记时所反映出的那些言辞中。他鼓励学生独立思考,写读书笔记。这些学生在梁启超的指导下,本来就读过不少西方近代以来的政治、法律方面的翻译书籍,受到过基本的启蒙教育,而当他们再听到梁启超的启发式演讲和阅读梁氏那些具有异端倾向的文章之后,学生在札记中的言辞自然容易出现激烈的异端倾向,而梁启超的批语则更与这些激烈的思想倾向相呼应、相激荡。比如,有的学生在札记中提及民权学说,而梁启超在批语中则借题发挥,强调《春秋》大同之说就类似于西方的民权,如果将六经中关于民权的文字汇集起来,肯定是洋洋大观。有的学生在札记中提及议院,梁启超也就此多有发挥,积极提倡。他认为,议院制度虽然创制于西方,但在中国古代的思想传统中也多有类似或相近的意思,只是中国的君主专制时间太长,议院制度在中国就没有从思想转化为实践的可能。至于有学生在札记中提出废除跪拜式的旧礼仪,梁启超在批语中表示极为赞成,甚至强调中国如欲变法维新,就应该从天子降尊始,这样如果不先废除跪拜礼仪,上下仍习虚文,就不仅为外国人所嘲笑,也无法建构合理的政治体制。有的学生提到改正朔、易服色这一中国自古以来作为改朝换代的象征问题时,梁启超在批语中也不加回避,而是直抒己见,不但将改正朔、易服色与即将到来的维新变法运动联系起来,声称:"衣服虽末事,然切于人身最近,故变法未有不先变衣服者。此能变,无不可变矣。"而且由此引申,梁启超毫无顾忌地声讨清兵入关后残杀汉人的野蛮行径,"屠城屠邑,皆后世民贼之所为。称读《扬州十日记》,尤令人发指眦裂,故知此杀戮世界,非急以公法维之,人类或几乎息矣。"①这显然已经不是帮助清政府的"自改革"运动,而带有势必推翻清廷、改朝易代的意味了。

不过,梁启超的这些极端言论均在时务学堂内部发表,由于时务学堂的学生全部住校,这些极端言论所发挥的作用也只在学堂的内部,学堂内部的空气日日激变,而学堂的外面并无人知晓。所以,在时务学堂开学之后最初的几个月里,湖南各界对时务学堂很恭维,比较一致地认为时务学堂在梁启超费心思的操持下总算走上了正轨,教员比较卖力,学生也知道用功。然而,到了是年春节放年假的时候,来自全省各地的学生离开学堂回到各地,他们将那些具有异端思想的札记及教习们的批语散布出去,于是"全湘大哗",②"引起很大的反动",③甚至为后来发生的戊戌政变都提供了最有力的口实。

1898 年 3 月 3 日,梁启超因故暂时离开长沙。随着梁启超的离开,攻击时务学堂的流言蜚语开始在长沙学界散布,或谓陈宝箴对梁启超已经有了意见,或谓陈宝箴将调王先谦取代熊希龄出任时务学堂总理,由叶德辉出任总教习,④或指责熊希龄不该聘请粤人出任分教习,指责熊更不该同意梁启超让学生读《春秋公羊传》,散布康有为的异端邪说,"议论纷纷,是非莫辨"。⑤谣言的流传对时务学堂构成了相当大的影响,再加上梁启超已不在长沙,学堂分教习韩文举、欧榘甲、叶觉迈

---

① 《宾凤阳等上王益吾院长书》,见苏舆编《翼教丛编》卷五,146 页,上海书店出版社,2002。

② 梁启超:《清代学术概论》,见朱维铮《梁启超论清学史二种》,69 页,上海,复旦大学出版社,1985。

③ 梁启超:《蔡松坡遗事》,见丁文江、赵丰田编《梁启超年谱长编》,84 页,上海人民出版社,1983。

④ 唐才常:《致欧阳中鹄函》,见湖南哲学社会科学研究所编《唐才常集》,237 页,北京,中华书局,1980。

⑤ 熊希龄:《为时务学堂事上陈宝箴书》,见《熊希龄集》上册,51 页。

三人对谣言的传布极为愤怒，相率辞职，后在唐才常的再三挽留下，勉强留了下来，但心中的不满并没有平息。[①]

6月30日，岳麓书院学生宾凤阳、杨宣霖、黄兆枚、刘翊忠、彭祖尧等上书山长王先谦，以维护纲常名教、忠孝节义为名，肆意攻击黄遵宪、徐仁铸，主要目标对着时务学堂和梁启超。他们强调，湖南民风素来淳朴，本为一安宁的世外桃源，不料黄遵宪到湖南后，提倡什么民权之说，民风为之稍变；而自徐仁铸来后，肆意传播康有为的异端邪说，湖南风气为之大变；自熊希龄力邀梁启超主持时务学堂之后，由于梁启超为康有为的大弟子，大畅师说，鼓吹什么孔子改制、新学伪经之类的东西，深刻地影响了湖南青年学子，改变了湖南原本纯正的学风。他们指出，康、梁所用以蛊惑人心的，不外乎什么民权、平等这些口号，而中国及湖南目前所需要的并不是这些东西，"试问：权既下移，国谁与治？民可自主，君亦何为？是率天下而乱也。平等之说，蔑弃人伦，不能自行，而顾以立教，真悖谬之尤者！"他们还搜集梁启超等教席所批学堂课艺日记等作为证据提供给王先谦，请求王先谦利用自己在湖南学界的影响力，要求湖南当局对时务学堂严加整顿，辞退梁启超等新派教习，另聘品学兼优者接管时务学堂。[②]

收到宾凤阳等人的检举信之后，王先谦也对梁启超等人在湖南肆意传播康有为的异端邪说深表不满，大为震惊。他指出：清政府鼓励开办新式学堂的目的是为了采纳西学，并不是让中国人去信奉西教。西教的流行，在中国已有不可阻挡之势，但真正的西教也有其合理的地方。而康、梁今日所以惑人，自为一教，并非真的西教。其言平等，则西方国家也并没有完全做到平等；言民权，则西方国家或有君主，或有总统，也并不是将国家权力交给人民。王先谦说："康梁谬托西教，以行其邪说，真中国之巨蠹，不意光天化日中，有此鬼蜮！今若谓趋重西学，则其势必至有康梁之学，似觉远于事情。且康梁之说，无异叛逆，此岂可党者乎？彼附和之者，今日学堂败露，尚敢自号为新党乎？"[③]显然，在王先

---

① 《唐才常集》，237 页。
② 宾凤阳等上王先谦书，见《葵园四种》，874—875 页。
③ 王先谦：《复吴生学兢》，见《葵园四种》，864 页。

谦看来，梁启超在湖南放肆地鼓吹康有为的异端邪说，就不仅仅是个新旧思想的学术论争，而是严肃的政治问题，是关系到清廷的合法性问题。

基于这样的认识，王先谦即联络湘籍守旧士绅叶德辉、张祖同、孔宪教、刘凤苞、蔡枚功、汪概、黄自元、郑祖焕、严家邸等联名于 1898 年 6 月 10 日向湖南巡抚陈宝箴呈递《湘绅公呈》，附录宾凤阳等人禀词，控告梁启超借充任时务学堂中文总教习之机，"承其师康有为之学，倡为平等、民权之说"，"学子胸无主宰，不知其阴行邪说，反以为时务实然。丧其本真，争相趋附，语言悖乱，有如中狂。始自会城，浸及旁郡。虽以谨厚如皮锡瑞者，亦被煽惑，形之论说，重遭诟病。而住堂年幼生徒，亲承提命，朝夕濡染，受害更不待言。是聚无数聪颖子弟，迫使斫其天性，效彼狂谈，他日年长学成，不复知忠孝节义为何事。此湘人之不幸，抑非特湘省之不幸矣！"上书中除了控告梁启超外，尚涉及中文分教习韩文举、叶觉迈以及湘省维新人士谭嗣同、唐才常、樊锥、易鼎等人。他们请求陈宝箴对时务学堂严加整顿，屏退主张异学诸人。[①]

王先谦等人的请求义正词严，似乎应该能够获得陈宝箴的同情和支持。无奈在王先谦等人的上书送达陈宝箴的时候，陈宝箴已经获悉在长沙街头到处流传的署名宾凤阳等人的揭帖。此揭帖的内容除了王先谦等人致陈宝箴书中的控告外，还有不少对时务学堂的污蔑不实之词，如称"学堂教席争风，择堂中子弟文秀者，身染花露，肆性鸡奸"等[②]，这就有点捕风捉影、不负责任了。结果，待王先谦等人的控告函送达陈宝箴的时候，陈宝箴就接获了时务学堂控告宾凤阳等人污蔑时务学堂的函件并附有宾凤阳等人署名的揭帖。陈宝箴大为光火，觉得此揭帖"丑诋污蔑，直是市井下流声口，乃犹自托于维持学教之名，以图报复私忿。此等伎俩，阅者无不共见其肺肝。若出于读书士子之手，无论不足污人，适自处于下流败类，为众论多不齿耳。"陈宝箴批示指出：此等下流污蔑之语，对于被诽谤的学堂和学堂教席毫无所损，但其根本用意是为了解散时务学堂，阻挠新政之推行，既违背了朝廷兴学育才之至意，又大为人心风俗之害，于是他指示总理学堂事务布政司立即查明

---

① 王先谦等上陈宝箴书，见《葵园四种》，876 页。
②《附时务学堂禀词》，见《葵园四种》，872 页。

此事,彻底查究。①

王先谦闻讯后也极为恐慌,立即致函陈宝箴进行辩解,声称遍询诸人,均未见长沙城中有此揭帖,他认为此揭帖可能是那些不怀好意的"痞徒"乘机播弄是非,有意向宾凤阳及岳麓书院栽赃。他还向陈宝箴保证,宾凤阳是岳麓书院"品学俱端"的学生,绝不会有此"造言恶习"。他甚至流露出自己的委屈,有意辞去岳麓书院山长的职务。陈宝箴收到王先谦的这封辩解信之后复函道,此揭帖中的下流污蔑之语虽不能遽然断定为宾凤阳等人所为,但以理度之,如果为人假托,宾凤阳等如果品学皆端,见此等市井下流之词,俨然指为己出,必且面赤背汗,于心不安,即使不顾及受到诽谤的人与之为难,亦当考虑用什么办法进行辩白,有以自处,而宾凤阳等人却选择了持续沉默,这就不能不令人怀疑了。他劝王先谦相信事实总会调查清楚,既不要过于偏袒自己的学生,更不必因此而辞职。② 收到陈宝箴的复信后,王先谦第四次致函陈宝箴进行辩解,而陈宝箴也再复书坚持自己的看法。③ 不过,陈宝箴还是给王先谦留足了面子,此事后来也就不了了之。

王先谦等人并没有就此停止对湖南维新势力的打击,他以岳麓书院山长的身份联络城南、求忠两书院,以三书院学生的名义邀请湘省绅士订立所谓《湘省学约》,进一步攻击时务学堂和梁启超等人。他们声称湖南开办时务学堂,本为当务之急,凡属士民,无不闻风而起。但学堂用人不当,竟然聘请广东举人梁启超出任中文总教习,广东人韩文举、叶觉迈等为分教习,他们自命西学通人,实皆"康门谬种",他们大张其师康有为之邪说,蛊惑湘人,无知之徒,翕然从之,其始在随声附和,意在趋时;其后迷惑既深,心肠顿改。"考其为说,或推尊摩西,主张民权;或效耶稣纪年,言素王改制,甚谓何种以保种,中国非中国;且有臣民平权、君统太长等语。……似此背叛君父,诬及经传,光天化日之下,魑魅横行,非吾学之大患也哉!"他们企图通过《学约》中所标明的正心术、核名实、尊圣教、辟异端、务实学、辨文体、端士习等内容,继续约束

---

① 陈宝箴在时务学堂禀词上的批示,见《葵园四种》,873 页。
② 陈宝箴复王先谦函,见《葵园四种》,877 页。
③ 王先谦:《四致陈中丞》及附陈宝箴复书,见《葵园四种》,878—879 页。

青年知识分子追随以康、梁为代表的维新思潮，进而阻止湖南正在开展的新政活动。

湖南的维新势力和守旧势力一样强大，面对守旧势力的不断挑衅，维新势力也从没有放弃过反抗。当王先谦等人《湘绅公呈》送达陈宝箴之后的第三天，即1898年7月13日，时务学堂总理熊希龄联合湘籍户部主事黄膺、翰林院庶吉士戴展诚、前广西知县吴獬、候选训导戴德诚等，向湖南巡抚陈宝箴呈递"整顿通省书院"的请求，针对全省书院的积弊，提出从七个方面进行整顿：（1）定教法，聘请纯正博学、兼通中西的著名学者编订教法章程；（2）端师范，书院不再由庸陋之绅士占据山长的位置，而是聘请明正通达之士担任；（3）裁乾修，即裁去那些不称职的书院山长的薪酬；（4）定期限，规定书院山长不能任意决定到院时间，规定凡山长住院每年以十个月为度，不得视书院为传舍，致负朝廷殷殷教育之至意；（5）勤功课，厘定各书院课程，规定书院课程虽不能照新式学堂那样中西并学，亦须令学生每日必呈札记一条，由山长亲自评阅，不能再托人点窜；（6）严监院，改革书院内部的管理制度，废除由学生选斋长的办法，改为任命本地教官为监院，或以绅士充当，限令住院，申明条规，免滋流弊；（7）速变通，从前山长多半守旧、不通时务，若听其主持书院，则不能适应时代发展需要，应仿江苏另延山长的办法，将本年束脩全行致送，另筹款项，邀请博学者主讲，以免旷时弛业，致误学生前程。[1] 这些建议不仅切中湖南各旧式书院的时弊，而且所批评的内容多为针对王先谦为山长的岳麓书院等而发，故而也是对湖南守旧势力的有力反击。

熊希龄等人的反击固然有助于湖南维新势力的增长，但湖南巡抚陈宝箴出于息事宁人、平衡大局的考虑，对王先谦欲以挽留，下令免去熊希龄的时务学堂总理职务，委派黄遵宪、汪贻书主持，之后又将中文分教习韩文举、叶觉迈、欧榘甲等辞退。时务学堂与湖南旧势力的冲突获得暂时的平息，而湖南的维新势力却因此蒙受巨大的伤害。

时务学堂虽然因梁启超的离去、熊希龄的去职而基本结束了它在维新运动早期的使命，但其在维新运动史上的历史功绩还是值得人们记忆的。

---

① 熊希龄：《为整顿通省书院与黄膺等上陈宝箴书》，见《熊希龄集》上册，47—49页。

　　首先,湖南时务学堂的开办,极大地刺激了湖南省内各府县开明士绅改革旧式书院、创办新式学堂的热情。在此之后不久,岳州府巴陵、平江、临湘、华容等县士绅仿照湘省校经书院章程,改岳阳书院课程为经学、史学、时务、舆地、算学、词章等六门。宝庆府武冈士绅将鳌山、观澜、峡江三书院,一律改课实学,课程分为经义、史事、时务、舆地、兵法、算学、方言、格致等八门。浏阳士绅也计划将该县六个书院合并为一所规模较大的致用书院,后因县内守旧势力的阻挠没有成功,只能将南台书院辟为讲舍,进行新式教育。郴州士绅在新式教育的影响下,也集资创办了经济学堂,致力于培养通达时务的新式人才。[①] 所有这些,应该说都是在时务学堂的影响下所发生的。

　　即便从办学成果看,时务学堂也为湖南乃至全国培养了一批对西方近代以来的新思想、新学说有相当体会的新型知识分子,为湖南正在开展的新政运动及全国范围内的维新变法运动输送了一批人才。首批40名学生在此后的10余年间大半死于国事,在戊戌变法、自立军起义、辛亥革命以及后来的反袁斗争中都立下了不朽的功勋,如自立军起义时牺牲的林圭、秦力山,反袁运动中的领袖人物蔡锷等。

　　更重要的是,湖南时务学堂的开办,尤其是在梁启超等人主持下,对于开通内陆省份湖南的风气,对于冲击湖南的守旧势力,都发挥了无与伦比的巨大作用。学生们得到了一种新的信仰,不独自己受用,而且向外传播,极大地改变了湖南的社会风气,湘中志士于是靡然发奋,湖南很快成为全国瞩目的中心。

---

① 参见湖南省志编纂委员会编《湖南近百年大事记述》,162—163页,长沙,湖南人民出版社,1980。

第二节　转移风气

在湖南时务学堂开办前后，湖南的维新局面已大体形成，陈宝箴网罗了一批有真才实学的新知识分子，有力推动了相对独立于全国维新运动的湖南新政。而在这些活动中，除了以梁启超为主导的时务学堂外，最值得注意的还有南学会等一大批维新团体。

湖南具有悠久的学术传统，省城长沙很早就有岳麓、城南两书院，历史悠久，为湖南全省士子、生童肄业之所。只是在过去的若干年里，这两所书院和全国的其他书院一样，着重于科举考试，对于入学生童、士子的教育，也只是怎样去应付科举考试，而根本不顾及不断传入中国的西方新知识。

经过几十年的发展，设置在岳麓书院之内的校经堂的规模已经无法满足湖南的社会发展需要，后经湖南新任学政张亨嘉的提议，并经巡抚张煦的批准，湖南当局决定在长沙湘春门外为校经书院建立新址。1890 年 12 月，校经书院新址落成。翌年 5 月，校经书院在新址重新开办，新增学生 20 名，连同原来的 44 名，共计有学生 60 余人。书院内分设经义、治事两斋，专课湖南全省通晓经史、熟悉掌故的青年知识分子。办学目的也略有调整，已经开始注意适度放弃专门训练科举考试的方法，转而注意培养对地方发展有实际效用的人才，这对于湖南后来吸收外来的新思想，尤其是湖南新政的开展，无疑起到了一定的奠基作用。[1]

---

[1] 参见《湖南近百年大事记述》，113 页。

1894年江标出任湖南学政后,为了扩大校经书院的办学规模,在书院原有的空地上建造了一所藏书楼,广购图书,并添置了天文、舆地、测量等学科所需要的实验仪器,并计划添设算学、舆地、方言、学绘诸科,创办《湘学新报》,专门讲述各种新学和艺学,以期学生在学习中国传统文化知识的同时,"开人知识","兼可知今"。对于校经书院的管理体制,江标也进行了一些改革,于1897年春夏间于校经书院设立校经学会,"为多士讲学之地"。① 由此可知校经学会之由来。

校经学会与校经书院为二名一体,是典型的书院式学会,同时兼有对全省教育的指导责任,所以校经学会又称为"湘学会",或称"校经书院学会"。根据《校经书院学会章程》规定,该会设有三门,即算学、舆地和方言。算学务求浅近实用之法,舆地须知测量、绘图之法,方言专习英文。三门各有学有专长的学长自行制定章程,自主招生,每类学额为40名,报名逾额即分作前后两班课习。学会设有总理即监院一人,负责学会的日常管理。校经书院学会对学生的要求也比较严格,三年学习期限结束后,成绩优异者由湖南当局会同学会保荐至总理各国事务衙门或南北大学,或直接任职,或继续深造。② 从这些情况看,校经书院学会虽然号称学会,虽然也以湘学会而得名,但实际上只是湖南省内的高等学堂而已,其学会、社团的色彩甚少。

与湘学会的性质极为相似即具有书院或学堂色彩的还有谭嗣同等人创建的浏阳算学会。浏阳算学会实际上也是一所专门研讨算学的学堂,除了系统地对入学生员进行算学教育外,似乎对学堂之外并没有太多的影响。

在浏阳算学会成立之后,在湖南乃至全国最有影响的新学会为湖南南学会。

1897年冬,德国出兵强占胶州湾,中国的民族危机日益加深,谭嗣同等湖南爱国志士在这种大局相对危险的时候,开始考虑作"亡后之图",计划以湖南的独立获取未来的发展空间,"而独立之举,非可空言,必其人民习于政术,能有自治之实际然后可"。正是基于这种考虑,谭

---

① 《湖南学会林立》,见光绪二十四年五月十一日《国闻报》。
② 《校经书院学会章程》,见光绪二十二年四月初一日《湘学报》第2册。

嗣同向湖南巡抚陈宝箴建议设立南学会，"以为他日之基，且将因此而推诸于南部各省，则他日虽遇分割，而南支那犹可以不亡，此会之所以名为南学也"。[①] 显然，南学会是在中国民族危机日益严重的历史关头所作出的一个试验，其目的是期望在大局不保的情况下，以地方的独立与自治换取南方各省的继续发展，为中华民族的未来复兴奠定基础。

陈宝箴同意了谭嗣同的请求，并以湖南巡抚的身份为南学会遴选湖南省内较开明的绅士十人出任南学会的总会长，南学会的筹备工作正式开始。1897 年 12 月 14 日，由梁启超撰写的《南学会叙》在《湘学报》上正式发表，标志着南学会的正式成立。在这篇文章中，梁启超刻意强调了湖南在中国未来政治格局中的作用，希望湖南等南方各省能够像日本幕府末年的萨摩长州藩士那样，成为推动全国维新变法运动和民族复兴的重要基地。他指出：中国地域辽阔，积弊已久，期望中国能够坚实地联合一体，共同发展，恐怕并不可能成为现实。中国具体的国情决定了中国发展在区域上的不平衡性，所以中国未来的真正希望之所在，可能就是先由一些省份的局部试验推而广之，成为风气，相邻诸省逐步联合，然后形成全国性的维新变法格局，推动中国在整体上的进步与发展。湖南居天下之中，有着良好的学术文化传统，人才辈出，其任侠尚气的民风民俗，也与日本幕府末期的萨摩长门藩士的情形相类似。前有魏源、郭嵩焘、曾纪泽诸先贤精神的遗存，后有过去几年湖南巡抚陈宝箴的经营与影响，"官与绅一气，士与民一心，百废俱举，异于他日"，具有其他各省所不具备的政治环境与人气，故将来强天下而保中国者，舍湘人则难成。[②] 按照梁启超的期待以及南学会章程的规定，新成立的南学会具有地方议会的性质，其直接的功能是为实行湖南地方自治作准备，官绅士商，只要同意参加，俱可作为会友，俱可参加南学会组织的相关活动，希望通过这种活动，将湖南地方一切规制及兴利除弊等各项地方事务进行研究，以通上下之气，去雍阂之习，以"通民隐，兴民业，卫民生"，[③]为湖南正在开展的新政及将来的湖南自治提供

---

① 梁启超：《戊戌政变记》附录二《湖南广东情形》，见《饮冰室合集》专集之一，138 页。
② 梁启超：《南学会叙》，见《饮冰室合集》文集之二，66 页。
③《南学会大概章程十二条》，见光绪二十四年四月二十四日《湘报》第 34 号。

具体的方案，以供湖南当局参考。

按照南学会章程的约定，由湖南巡抚遴选的十名总会长负责扩大会员，他们根据自己所知，吸收新的会友。会友的性质分为三类：一类是"议事会友"，由南学会的创办者谭嗣同、唐才常、熊希龄等人充任，负责会中具体事务、章程的制定与执行；一类是"讲论会友"，聘请学识渊博、擅长言辞的学者充任，请他们根据自己所掌握的新知识定期向会友进行演讲，并随时回答会友的疑问。讲期规定每月四次。根据最初的安排，推举湖南著名学者皮锡瑞主讲中国传统学术，黄遵宪主讲政教，谭嗣同主讲天文，邹代钧主讲舆地。另一类为"通讯会友"，主要是指那些远离长沙不便即席听讲的各州县官绅及其他会友，只能通过通讯的办法，提出问题，由讲论会友或议事会友们负责解答。据统计，先后加入南学会的全省各地会友达 1 000 余人。

1898 年 2 月 21 日，南学会第一次讲论在会所巡抚部院孝廉堂举行，到会听讲者有 200 余人。陈宝箴、黄遵宪、谭嗣同等在这次会议上发表了讲话，而主讲人为皮锡瑞。皮锡瑞的讲题为"论立学会讲学宗旨"。[①] 他在演讲中根据中国历史发展的事实，强调立学会和讲学的重要性，以为中国现在面临的外交困境虽然是西方列强造成的，但其根本原因还在于中国的内部。而欲摆脱这种困境，重塑民族辉煌，就必须进行改革，这一点已为政府当局主政者所认识，他们已经深知变通以开民智，求人才以为急务。所以，他希望南学会的成立能够有助于湖南官绅共同讲究"有体有用之学"，共求切磋之益。他对乾嘉以来无补时艰的汉学进行了严肃的批评，希望南学会会友读书穷理，务其大者、远者，将中国圣贤的思想精义了然于胸，建立坚定的信念。然后对古今之事变、中外之情形，也要有深切的理解和体会，这样才能真正成就"有体有用之学"。

继皮锡瑞之后发表演讲的是黄遵宪。他的讲题是"论政体公私人必自任其事"。[②] 黄遵宪指出，中国自秦汉以后，专制体制日趋严密，官

---

① 光绪二十四年二月十六日《湘报》第 2 号。
② 《湘报》光绪二十四年二月十九日第 5 号。又见梁启超《戊戌政变记》附录二《湖南广东情形》，题《黄遵宪南学会第一次讲义》，见《饮冰室合集》专集之一，138—141 页。

民壅蔽，人民以官为扰，而期望无官。究其原因，是因为官之权独揽，无所约束，官之势独尊。对于清政府现存的官吏体制，黄遵宪也提出了批评。他指出，中国历史上的所谓"循吏"本来就很少，而清政府又规定本地人不得在本地做官，遂使现在许多州县级的官员对于当地情况根本不了解，所以也就很难作出成绩。这种状况应该改变。至于怎样改变，黄遵宪的方案是实行地方自治，即"自治其身，自治其乡"，果如此，"则官民上下，同心同德，以联合之力，收群谋之益，生于其乡，无不相习，不久任之患，得封建世家之利，而去郡县专政之弊。由一府一县推之一省，由一省推之天下，可以追共和之郅治，臻大同之盛轨。"①黄遵宪的演讲获得了听众的好评，不仅论述透彻，而且"人以为似天主传教者"，盖黄氏在国外经年，对演讲技巧深有研究。②

继黄遵宪之后登台演讲的是谭嗣同。谭的讲题是"论中国情形危机"。他在这篇演讲中，分析中国自道光以来遭受列强侵略的情况，沉痛地指出像土耳其这种原本弱小的国家都想参加瓜分中国的行动，这实在是中国最感"可耻可危"的事情。他希望南学会诸会友能够真正明白中国今日所处的危险环境，"共相勉为实学，以救此至危机之局"。③

南学会第一次讲会的最后总结为陈宝箴。陈的讲题是"论为学必先立志"。④ 在这篇演讲中，陈宝箴对孔孟以救世之心行教学之事的中国知识分子优良传统给予充分肯定，指出"不学则无以开智慧、明义理"，学习一切有用的东西不独是个人完善的必由之路，也是国家摆脱贫困、走向富强的必由之路。同时，他还指出，"独学无友，则孤陋寡闻"，所以支持成立南学会，也就是给大家提供一个共同切磋的机会和讲台，共同研讨，共同提高。在演讲的后半段，陈宝箴强调中国遭受列强的欺辱，丧师辱国，实为中华民族的奇耻大辱，中国知识分子应该振作起来，发奋图强，彻底改变乾嘉以来士大夫不务实学，而以虚美为高的恶劣习气，不要再沉浸在无关国家富强的科举考试的雕虫小技上，而

---

① 《黄遵宪南学会第一次讲义》，见《饮冰室合集》专集之一，141 页。
② 皮锡瑞：《师伏堂未刊日记》，载《湖南历史资料》1958 年第 4 期。
③ 谭嗣同：《论中国情形危机》，见《谭嗣同全集》，398 页。
④ 光绪二十四年二月十五日《湘报》第 1 号。

应该切实研习足以"振国匡时济世安人之道"。陈宝箴的演讲"说极切实",①对后来南学会的发展起到积极的指导作用。

南学会的领导层主要是谭嗣同、唐才常等人,但讲论的核心人物则主要是皮锡瑞。在南学会总共 13 次讲论中,皮氏登台演讲 12 次,基本上由他一人包揽。这 12 次系统演讲,不仅是皮锡瑞一生中的重要经历,也是其学术思想得以较为完整阐发的时机。正是在这一过程中,皮锡瑞系统地表达了他对儒家经学的一般看法及他的今文经学的基本立场。② 在一定程度上表明,皮锡瑞并不是站在狭隘的今文经学的立场去反对古文经学,而是具有相当浓厚的超越今古经学的意味。他并没有像当时的今文学者如廖平、康有为那样一味地反对古文经学,为了传播自己的学说,不惜把古文经学以及一切不合乎自己学术主张的学术派别贬损得一钱不值。

皮锡瑞的南学会演讲确实讲出许多新见解,但是在涉及中国政治、文化的未来走向时,即他所说的"变法开智,破除守旧拘牵之习"方面,他的观点显得相当"守旧拘牵"。比如,他认为,中国现在最迫切的问题恐怕还不是向西方学习,而是如何恢复和发扬光大我们自己的文化遗产等问题,即"讲西学还得先通中学"。③ 他指出:"不知西学虽有实用,亦必先通中学;不先通中学,则圣贤义理不能了然于心。中国政教得失,古今变革,亦不能考其故。此等人讲西学,无论未必能精,即通专门之学,不过一艺之长。又下则略通语言文字,只可为通事、买办,此等人才,又何足用?"④这就与张之洞的中体西用说基本上相似了,而不是康梁所主张的变法维新。

皮锡瑞在晚清学术界的地位是相当重要的,尤其是他不蔽于狭隘的门户之见的通人之学,实际上预示着晚清儒家经学界一直纷争不休的今古文之争即将停止,儒家经学的进步与发展有待于超越今古文、汉宋学术等门户之见。然而,正由于皮锡瑞竭力排斥经学研究中的门户之见,因此他个人在晚清学术界便自然受到具有极深门户之见的今古

---

① 皮锡瑞:《师伏堂未刊日记》,载《湖南历史资料》1958 年第 4 期。
②《皮鹿门学长南学会第二次讲义》,见光绪二十四年二月二十日《湘报》第 6 号。
③《皮鹿门学长南学会第二次讲义》,见光绪二十四年二月二十日《湘报》第 6 号。
④《皮鹿门学长第四次讲义》,见光绪二十四年三月初九日《湘报》第 21 号。

文学者的双重反对。①

南学会的系列演讲除了皮锡瑞及黄遵宪、谭嗣同、陈宝箴在第一次讲会上演讲之外,乔树枏在第一次讲会上演讲《论公利私利之分》,谭嗣同在第二次会上演讲《论今日学西皆中国古学派所有》、在第五次会上演讲《论学不当骄人》、在第八次会上演讲《论全体学》等,黄遵宪在第二次会上继续演讲第一次会上未讲完的题目,邹代钧在第三次会上演讲《论舆地经纬度之理》,欧阳中鹄在第四次会上演讲《论辩义利始自有耻》,李维格在第五次会上演讲《论译书宜除四病》,陈宝箴在第七次会上演讲《论不必攻耶教兼及周汉事》,而最后一讲为曾广钧的《论开矿当不惜工本》。② 从这些题目看,所有演讲均为当时湖南学界、政界共同关心的一些学术及地方发展中的问题。

南学会的设立及其系列演讲的开办,在湖南全省产生了重大影响。各府县在南学会的带动下,纷纷组织学会,开设系列演讲,传播新知识,鼓吹维新变法,有的学会还设法组织新式学堂,培养人才,为湖南新政提供源源不断的人力资源。③ 湖南的风气也由此进一步开通,"人人皆能言政治之公理,以爱国相砥砺,以救亡为己任,其英俊沉毅之才,遍地皆是。其人皆在二三十岁之间,无科第,无官阶,名声未显著者,而其数不可算计。自此以往,虽守旧者日事遏抑,然而野火烧不尽,春风吹又生,湖南之士之志不可夺矣。虽全国瓜分,而湖南亡后之图,亦已有端绪矣。"④

守旧势力无法彻底遏制湖南新势力的发展,但并不意味着他们不曾遏制。事实上,南学会的成立及其迅速发展,以及与湖南时务学堂相呼应,既有力地推动了湖南新政的发展进程,甚至对于全国正在兴起的救亡图存运动也起到良好的示范效应,当然也极容易引起旧势力的仇恨。

在南学会成立之初,便隐含有与旧势力分立的态势。湖南士林领袖人物王先谦因为陈宝箴对南学会的重视,在南学会第一次集会时曾

① 参见张舜徽《清儒学记》,364 页,济南,齐鲁书社,1991。
② 参见汤志钧《戊戌变法史》,280—282 页,北京,人民出版社,1984。
③ 《湖南学会林立》,见光绪二十四年五月二十一日《国闻报》。
④ 梁启超:《戊戌政变记》附录二《湖南广东情形》,见《饮冰室合集》专集之一,143 页。

经出席,他在此时似乎也自认为是能够跟上时代步伐的新派人物,南学会的一些主持人也把他视为同道,承认王先谦在"未变科举之前,将数百年讲时文之老著名书院(岳麓书院),而改定课章,以经义治事,分门提倡新学,树立先声,可谓难能矣。又虚心勤恳,自以译算非己所长,另筹经费,延聘学长以代之教士,用心亦良苦矣。"[①]在开始阶段,南学会将王先谦视为新学同道,给予适度的尊重。然而随着南学会的发展,这种尊重越来越淡,而会中的新奇议论也引起了各方的不满,这自然也引起了王先谦的注意,促使王与南学会保持一定的距离。他曾对他的学生解释道:"学堂、学会,先谦皆曾到场。以学堂系奉旨建立,学会则中丞殷殷注意,随同前往,然皆仅到一次。因先谦事忙,并非有所避忌而不往也。学会议论新奇,因其刊入《湘报》,人人共见。始有辞而辟之者,先谦乃得以闻崖略。"[②]所以当两个月后,南学会的负责人邀请王先谦在南学会进行演讲时,他并没有领情,而以"不耐此劳"予以婉拒。[③]

王先谦之所以对南学会的演讲邀请予以拒绝,除了表示他对南学会的不满外,也意味着他实际上已经脱离湖南新派人物的思维轨道,开始与守旧势力结盟,而守旧势力的核心人物就是在湖南学界拥有极大影响力的旧派学者叶德辉。

叶德辉,字奂彬,号郋园,湖南湘潭人。光绪十八年进士,授吏部主事。由于其先世经商致富,叶德辉坐拥赀财,即不复仕进。性喜买书,收藏颇丰。

清末湘中学者,以"二王"(王闿运、王先谦)最负盛望。叶德辉治学,与王闿运绝殊,于王先谦虽为再传弟子,但其论学亦不相同。对今文经说,叶德辉公开攻击,对康有为、梁启超的各种主张,更是竭尽全力予以批判和攻击。

叶德辉著有《周礼郑注改字考》《仪礼郑注改字考》《礼记郑注改字考》《春秋三传地名异文考》《春秋三传人名异文考》《经学通诰》附《经学诸言》《六书古微》等。

---

① 《南学会答长沙周启明问》,见光绪二十四年闰三月初二日《湘报》第 41 号。
② 王先谦:《复吴生学筱》,见《葵园四种》,863 页。
③ 皮锡瑞:《师伏堂未刊日记》,载《湖南历史资料》1959 年第 1 期。

　　叶德辉的盛名除了他的学术成就外,在一定意义上说,还得之于他在近代政治风潮中的保守倾向。当梁启超来湖南宣传维新变法的思想主张和康有为的理论时,叶德辉便对康有为所持并作为变法理论根据的今文经学进行了猛烈的攻击。他指出:康、梁的所谓今文经学"煽惑人心,欲立民主,欲改时制,乃托于无凭无据之《公羊》家言,以遂其附和党会之私智"。"其本旨只欲黜君权,伸民力,以快其恣睢之志,以发摅其傺佗不遇之悲。"此种"煽惑人心,处士横议之风,不图复见于今日"。① 康有为的《新学伪经考》不过是野说、邪词,"作者论学则强人以难,居心则导人以逆,乃独借讲学以文其奸,殆亦鹦鹉能言之类耶";"作者居光天之下,而无父无君,与周、孔为仇敌,苟非秉禽兽之性,何以狂悖如此!""于是康有为之邪说乃大行于湘中,而吠声吠影之徒,竟不知圣教为何物。有世道之责者,其能嘿尔不语乎?"②

　　王先谦、叶德辉的联手,再加上湖南学界因维新运动的开展而逐步失意沦落的其他守旧人物,使湖南的旧势力日益强大,并足以遏制新思想的继续传布。在南学会开讲之后,这股势力对南学会与时务学堂连为一体甚为愤怒,他们先是利用岳麓书院的学生对时务学堂发难(见前节),继则将矛头直接对准南学会。

　　1898 年 4 月 9 日,叶德辉致函皮锡瑞,肆意攻击南学会,对皮氏在南学会的系列演讲施加压力。此后,他又连续三次致函皮氏,对南学会多有指责。叶氏与皮氏本有交情,但他连续施压,遂使皮锡瑞深感为难,遂"以时事方亟,不宜互争意气,答书解说",在无法说服叶德辉的情况下,皮锡瑞只好于 6 月 8 日离湘赴赣,仍主经训书院的讲席。由于他是南学会认定的主讲人,因此他的离去不仅使南学会的系列演讲停顿,而且在长沙学界引起一系列反响,"浮言更甚"。③

　　在皮锡瑞离开长沙之前的 5 月 15 日,曾广钧应邀在南学会做演讲,在谈到保种保教时,"人一闹而去者大半",④南学会的系列演讲至此彻底结束,湖南守旧势力在与南学会的冲突中赢得了初步的优势。

---

① 叶德辉:《輏轩今语评》,见《翼教丛编》卷四,70、75、77 页。

② 叶德辉:《叶吏部〈长兴学记驳义〉》,见《翼教丛编》卷四,100—101、122 页。

③ 皮名振编著:《皮鹿门年谱》,61 页,上海,商务印书馆,1939。

④ 皮锡瑞:《师伏堂未刊日记》,载《湖南历史资料》1959 年第 1 期。

6月3日,即皮锡瑞离开长沙的前五天,南学会邵阳分会会长樊锥被邵阳士绅驱逐出境,所谓罪名是守旧势力认定其为"首创邪说,背叛圣教,败灭伦常,惑世诬民,直欲邑中人士尽变禽兽而后快"。① 而王先谦的得意门生苏舆也对樊锥竭力诋毁,称樊锥"直欲以我列圣以来乾纲独揽之天下,变为泰西民主之国,其斯以为智与? 真汉奸之尤哉!"宣布樊锥大逆不道,即便处以极刑,犹未足以弥补其罪责于万一。②

湖南守旧势力对南学会的仇恨并不仅仅是要把这些维新人物驱逐出境了之,他们的根本目的是要从理论上驳倒维新人物。王先谦的弟子王歈焌称:中国古人讲学,其内容总不外乎孝悌忠信仁义廉耻而已,而南学会所讲的,却是"逞其邪说,放厥淫词",③于是他们在从组织上瓦解南学会的同时,更多的精力还是用在对南学会所倡导的那些理论的批评上。5月19日,叶德辉刊刻《輶轩今语评》,将徐仁铸颁布于学宫的宣扬变法维新理论的《輶轩今语》逐条驳斥,又将诋毁南学会和《湘报》的《长兴学记驳议》《读西学书法后》《正界篇》等广为散发。这些文章后来由王先谦的门人苏舆汇编成《翼教丛编》,于1898年9月出版。不过这时政变已经发生,南学会也被张之洞宣布解散,《翼教丛编》就只具有思想史的意义了。

南学会的成立和其初期活动在湖南乃至全国都有很大的影响。最明显的标志是继南学会之后,湖南乃至全国的新学会风起云涌,仅湖南境内,在南学会的影响下就成立有龙南致用学会、任学会、舆算学会、明达学会、群萌学会、公法学会、学战会和法律学会等。

龙南致用学会由江瑞清等人发起成立,并得到邹代钧的帮助和支持。④ 成立时间为1898年2月,会址最初设在龙南西竺山寺山门内。⑤致用学会的宗旨为以合群延请算学老师教授本会同人子弟,强调:"今之人才,动曰泰西以商战,不知实以学战也;商苟无学,何以能战? 学苟

① 《邵阳士民驱逐乱民樊锥告白》,见《翼教丛编》卷五,141页。
② 《翼教丛编》卷五,143页。
③ 《王歈焌上王院长书》,见《翼教丛编》卷六,156页。
④ 《龙南致用学会第二次议定章程》,见光绪二十四年二月十一日《知新报》第45册。
⑤ 《龙南致用学会申定章程》,见光绪二十四年五月十七日《湘报》第103号。

无会,何以教商? 故今日之中国,以开学会为第一要义。"①该会成立之后每月集会三次,探究学问,质疑问难,并依靠各方捐资购置了不少西学书籍,供会友自由借阅。②

任学会 1898 年 3 月成立于湖南衡州。发起人有陈为镒、杨概、萧邦恒、萧邦怿等,其成立宗旨为"立志在宏毅,以能力任艰巨为主"。任学会成立之后的初步计划与当时所成立的一些新式团体一样,不外乎设立藏书机构、刊刻相关丛书等。该会比较有特色的计划主要有:设立报馆,以专门刊载新政方面的新闻及会中同志的相关著述;计划在条件成熟的时候,设立新式学堂,进行新式教育;至于任学会的发展规模,任学会的创办者也有相当宏伟的计划,他们准备从衡州开始,逐步向外扩展,"海内同志愿与乐成,分立斯会者,本会即视同一会,必不以方域歧视",犹如西方的宗教团体和红十字会等,甚至计划在经费更加充裕的时候,选派会中同志游历海外,开拓能力,考察各国天文、舆地、政治、商务、学校等。由于该会有如此的追求,因此任学会自我要求:"必须自练学问,物色英才,仿孔门四科:曰德行,曰言语,曰政事,曰文学。凡此四科,能精一义,即于本会有光。惟其人志不宏毅,识不坚凝,遇事作骑墙之见者,未便接入本会。"③显然,任学会虽然具有新思想和新想法,但其手段和道德自律的标准还是更多地吸收和继承了传统文化中的优良成分。

舆算学会又称为"郴州学会",由湖南郴州生员陈为镒、罗辉山、潘仁瑶、曹典球等 20 余人于 1898 年 3 月创建于湖南郴州。该会以讲求舆地、算学两门学科为立会宗旨,以期"略去虚文,讲求实学",强调"舆地以绘险要、究兵略为主,旁及农矿算学,以程功董役行军布阵制器为主,旁及天文,集资赁舍,广购图籍器具,延请海外通儒以为师范,义取兼综,实事求是"。郴州学会的创建人在拟定章程时强调要有平等的观念,所有加入学会的人,无论官阶科第,均以学问为序,平居无事,尤宜讨论中外古今盛衰之源,联合士气,互相师法,庶几合天下为一群,合一

---

① 《湖南龙南致用学会章程序》,见光绪二十四年正月二十一日《知新报》第 43 册。
② 龙南致用学会阅书章程,见光绪二十四年二月二十一日《知新报》第 46 册。
③ 《衡州府开办任学会章程》,见光绪二十四年三月初四日《湘报》第 17 号。

群以振中国。郴州学会较当时其他新式团体一个最大的不同是期望用自己的力量在郴州创设一所博物院,"即借公所庙宇先行陈列中国土产,凡花卉草木虫鱼泥沙有关考究者,无不可入。一面函知各省善堂书院首士商务会馆襄同料理,此事有益于各省商务,无不乐从,即用文行知各国领事、商会、教会,亦可立行捐送,事不畏难,立志开拓,断无不成之事。"显然,这里的所谓博物院实际上类似于现在的会展中心,是中国向外展示自己特殊物产的一个窗口,这也显然是中西交流之后的应有之义。郴州学会的另一个特色是强调会友的体质锻炼,以为救亡之要务也应该包括中国人的体能方面。他们指出:"中国文士流于柔弱,均由不设体操,甚至因读书而成痨瘵,遑论办事?"所以,他们计划设立体操场,对幼童及青年进行体育训练。郴州学会还格外重视师范教育的发展,其创建人是中国近代比较早地意识到师范教育重要性的一批启蒙者和实践家之一。他们在《章程》中称:"中国学问之庸杂,全在师范。不立偶议数字,便拥皋比。本会艺成各生,由教习首士考试,禀请宪台给予文凭,以为教习。如无文凭者,不得为教习,以免学途庸杂。"明确规定担任教习的人应该有比较正规的受教育经历。[1]

舆算学会为郴州地方性的学会,与此会成立时间相同。湖南常德也于1898年3月成立了明达学会。明达学会是由原来旧有的书院改组而来,因此具有相当浓厚的书院色彩,它一方面重视对新学和西学的吸收,另一方面也不忘对传统道德理论观念的弘扬。其章程指出:"圣人设教,最重乐群敬业,亲贤取友,孔门聚三千、七十子讲学,凡经世大业,以及一技一能,无不研习。盖学期实用,至治国平天下而止。今泰西政从学出,往往得圣经遗意,故人才盛而国运随之。中国自帖括盛行,旧学芜废。本会创设之意,实欲涤向来孤陋之习,储当世济变之才,本中国义理之学,参泰西富强之术,集众人之力,则事易举;联学者之心,则智日辟。可以保教,可以保种,而圣学宗风,且遍衍于地球各国,愿我同人研究斯义。"常德明达学会的设置仿时务学堂,分别聘请中西文教习各一人,愿入会者不限内外学,不限年岁,不限土籍客籍。至于

---

[1]《郴州开办学会章程》,见光绪二十四年二月初一日《湘学报》第28册。

课程的设置,他们基于中西交流、通商以来的事实和社会需要,强调不通语言文字则不能翻译西书,不通数学不能明西学之精微,强调以译学、算学为入学之阶,以为致用之本。同时,学会强调"本会所望于学者,非仅充翻译而已,欲其考察古今中外之故,天地人物之变,已成为匡时济世之材"。此为其西学教育的基本宗旨。

常德明达学会高度重视西学、新学知识的教育与普及,但它同时也受到旧式书院教育的深刻影响,并不格外强调中西学术的对立,而有一种中西学术互补的认识和倾向,他们在重视对学生进行新式西方知识教育的同时,也格外重视用中国的传统伦理价值观念对学生进行人生观的教育,所以在明达学会的课程设置中兼及中学之经史大义,并及掌故、舆地、兵略,以中学端学生之人生趋向。[1] 这是常德明达学会与当时一些新学会明显不同的地方。总体上看,明达学会虽然号称"学会",实际上较少学会的色彩,而只是一个新式教育机构而已。

继明达学会之后是 1898 年 4 月在浏阳成立的群萌学会。该会的发起人与浏阳算学会基本相同,即为谭嗣同、唐才常及黎宗銮等人。此会的成立宗旨显然是已经意识到浏阳虽然在近代中国最先从事变革,但至今尚没有真正意义上的学会,群萌学会就是为了改变此一局面。谭嗣同在《群萌学会叙》中说:

> 合中国十八行省,上自朝廷,下逮草野、大夫庶士、缙绅先生,越百执事,至于氓隶,称东事之后,能大变其风气,联群通力,发愤自强,以治新学者,必首湖南。虽远在泰东、泰西,则亦云尔。而湖南合数十府厅州县,上自院司,下逮草野、大夫庶士、缙绅先生,越百执事,至于氓隶,称东事之后,能大变其风气,力倡联群通力,发愤自强,以治新学之说者,必首浏阳。虽远在外省,能稔习其端末者,则亦云尔。呜呼! 此非有他故,马关之约初成,浏阳即有以书院改肆算学格致之请为少先耳。然而湖南省会,既大张新学,有若南学会,有若校经学会,有若时务学堂,有若武备学堂,有若方言学堂,有若课吏馆,有若保卫局,有若机器

195

----

[1]《常德明达学会章程》,见光绪二十四年二月二十一日《湘学报》第 30 册。

制造公司,有若旬报馆,有若日报馆,有若各书院之改课,骎骎乎文化日辟矣。独吾浏阳乃至今而不有学会。不有学会,是新学无得而治也。治而不能联群通力,犹不治也。

于是他们联合同志,创办群萌学会,"夫群者,学会之体;而智者,学会之用"。① 这就浏阳群萌学会创办之由来。

群萌学会成立之后曾致书南学会称:"泰西格致之学,若轮船、铁路、电线,大率起于百年以来,是皆统一地球之朕兆,而西人先我发之,况其时正当吾华考据风行之日,吾日以虚文梏其士,而彼日以实用昌其徒,骎骎乎有凌轹五洲之势,不独挟以傲我钳我也。支那人士,脑气最灵,资乃先导,深入其阻,未必不青胜于蓝也。"② 显然,群萌学会的成立宗旨不外乎提倡实学,以吸收西方新思想、新知识,建设湖南,发展湖南。

在浏阳群萌学会成立的同一个月,即 1898 年 4 月,毕永年等人在省城长沙成立了公法学会,这是湖内境内当时真正具有近代"学会"意味的新式学术团体。公法学会的宗旨,顾名思义是研究国际公法。毕永年曾说过:"素王改制之精心,吾未知其一二,惟今朝政日圮,人心日涣,与外人交涉,且惊疑骇溃,以酿成种类之亡。吾耻之,吾之命悬祝宗忽忽至今者,徒以二三豪杰,力求自拔于茫茫苦海中,而心未死耳。爰与诸君子创立公法学会,期于古今中外政法之蕃变,和战之机宜,条例约章之条列,与中国所以不齿公法之故,一一甄明而切究之,而一归于素王改制之律意,以求转圜于后日,补救于将来。"③ 这就是毕永年发起公法学会的真实用意。

基于这种认识,公法学会为自己确定的任务:"本会专讲公法之学,凡自中外通商以来所立约章,以及因应诸务,何者大弊,何者小疵?何者议增,何者议改?皆须细意讲求,不可稍涉迁就,尤不可故立异同,庶为将来自强之本。"按照这一指导思想进行下去,无疑是近代中国以民间的力量对中外交涉开始以来的全部问题进行一次最为全面、最为彻底的清理。

为了弄清中外交涉的问题之所在，不仅要关注、研究中外交涉的本身，而且应该弄清国际公约和各国之间相互交涉的大概情形。公法学会基于这种判断，要求其会友对各国互立之新旧约章亦须切实考究，会友各持日记一本，广泛搜集，仿中国传统史学中的"史表体"，在每个所搜集的约章目下详列其大弊、小疵、议增、议改四项内容。对内，会友可以相互交流，以广见闻；对外，可以为政府提供咨询和参考。①

在省城长沙与公法学会性质相类似且成立时间相同的还有学战会和法律学会。学战会的发起人有黄嶧、何廷藻、黄藻、阎克植等人。唐才常虽然没有参与发起该会，但似乎对该会给予很大帮助并具有很大的影响。学战会的成立时间也是1898年4月，会址设在岳麓书院笃志新斋。该会的发起人认为：甲午战争后，湖南最先觉醒，新学大张，学会林立，民气振奋，实开全国风气之先，各种学会各有宗旨，各有侧重。但这些学会多注意兵战、商战等强国御敌之直接目的，而相对忽略了学战的意义，所以他们要与众不同地创设学战会，②取"兵战不如商战，商战不如学战之意"，"以联通群力，振兴新学为主，而以急变今日现情、发扬中国光荣为念"。至于办会的方法，该会强调参照"经济特科六事，勉为实学，听会友专门认习，或兼涉各学"。每年大会一次，每月小会一次。学战会成立之后的活动情况一如其他新式学会一样不太明了，只是长沙在此后有一家"学战公司"，似乎与学战会多少有点关联。③

法律学会的创建人有施文焱、李延豫、周焘、严毓清、金鼎春、李海寰、沈嗣衡、施文森、丰文达、吴文培、洪润等20余人，该会的成立宗旨如其名称一样明朗，就是专心研讨法律问题，"志在讲求法律，贯穿公理，浏览群书，洞识时务，以开拓胸襟，磨荡热力，善不耻相师，过不惜相纠，开诚布公，力除客气"。④ 显然，所谓法律学会实际上是一家具有专业性特征而又有传统讲习会道德自律性质的学术类团体，所以在该会

①《公法学会章程》，见光绪二十四年闰三月初十日《湘报》第48号。
② 黄嶧：《学战会启》，见光绪二十四年闰三月二十二日《湘报》第58号。
③ 汤志钧：《戊戌时期的学会和报刊》，611页，台北，台湾商务印书馆，1993。
④《法律学会章程》，见光绪二十四年闰三月二十四日《湘报》第60号。

成立之后不几天,就有发起人洪润等 9 人发表声明,强调法律学会成立之本意只是邀集同人相互切磋,并非是为了在湖南或全国广开风气,并以"入会者多系别业之人""品类不齐",且有人在外散发章程,"日后必起招摇之渐"为由,遂决定"公议出会,以防未然"。①

继法律学会而在湖南境内成立的新学会还有积益学会。积益学会成立于 1898 年 6 月百日维新运动将要开始或正式开始的时候,其创办人有张礽、饶需等,其宗旨是"讲求有用之学",其方法是"以现设经济科六门为主,如会中诸君各有一得,相会时可参观互证,以广闻见",规定每月聚会三次。② 与会者"各就其所近者而深造之,各抒其所得者而参观之,合群策群力而交修之"。③ 由此看来,积益学会倒是真正意义上的新学会,只是其后来是否坚持下去,则不得而知。

1898 年 6 月,湖南靖州会同县教谕潘学海(广文)与当地绅士罗子荫等一起筹备创设三江学会,至 7 月正式开办。④ 三江学会以讲究时务为宗旨,规定会友每天必须阅读时务方面的图书 20 页,由会长答疑 1 小时。⑤ 显然,三江学会是具有地区特征的维新社团。⑥

---

① 《申明法律学会》,见光绪二十四年四月初六日《湘报》第 69 号。
② 《积益学会章程》,见光绪二十四年五月十九日《湘报》第 105 号。
③ 饶渊永:《积益学会叙》,见光绪二十四年五月十九日《湘报》第 105 号。
④ 1898 年 6 月 27 日《时务日报》。
⑤ 《拟兴三江学会醵金集款购置时务书等招徕学者讲求实用启》,见光绪二十四年四月二十三日《湘报》第 84 号。
⑥ 闵杰:《戊戌学会考》,载《近代史研究》1995 年第 3 期,51 页。

第三节　《湘学新报》与《湘报》

南学会的发生、发展及其与湖南旧势力的冲突，基本上都与《湘学报》及《湘报》有关，正是《湘报》对南学会的鼓吹尤其是其将南学会的演讲词刊登发表，使得湖南旧势力甚为恼怒，促使双方关系的紧张。

江标于 1894 年出任湖南学政后，特别是当上海《时务报》出版发行后，深感湖南如欲发展，就必须开通民智，传播外界的新思想、新文化，于是责成唐才常、蔡钟浚等门生取其同门诸生粗有所得之卮言汇为一编，冀以海内学界相交流，于 1897 年 4 月 22 日（光绪二十三年三月二十一日）创刊，每十天一册，取名《湘学新报》，自第 21 册起改名《湘学报》。

《湘学新报》创刊的目的在最初阶段并不是为了向外界散布湖南的思想文化，在很大程度上是为了湖南学界内部的交流，是为了促进湖南新思想、新文化的发展，其宗旨为"讲求中西有用之学，争自濯磨，以明教养，以图富强，以存遗种，以维宙合"。报首随时发表朝廷新近发表的谕旨及一切关于新学的奏章和消息，专从讲求实学起见。《湘学新报》不谈朝政，不议官常，坚守为学术而学术的方向，设立史学、掌故之学、舆地之学、算学、商学、交涉等六门，每学首列总说一篇，小为答问，以疏通之。报末附有自然科学常识及各处电传要语等，以为研求物理，周知外国自然科学的最新进展为目的。对于儒家经学，《湘学新报》原本应该专列一门，但鉴于当时康有为的所谓素王改制说盛行一时，而这一学说又每每与现实政治相关联，故为了避免不必要的麻烦，《湘学新报》的主持者采取了暂时放弃的解决办法。①

《湘学新报》出版发行之后，最初阶段所发表的文字大都是讲究经济及时务方面的内容，对于康有为、梁启超鼓吹的所谓素王改制说的宣传很有节制，所以《湘学新报》很快就获得了湖南巡抚陈宝箴的支持，陈认为此报"指事类情，洵足开拓心胸，为学者明体达用之助"，并建议湖南省各州县都应积极订阅。② 而湖广总督张之洞在得读《湘学新报》之后，对其中有所谓素王改制一语甚为反感，以为"语意未甚明晰，似涉新奇"，遂责令湖南学政江标彻查。江标的解释是此为编辑一时失误所致，并非有意宣传康有为的学说。对于江标的解释，张之洞也表示理解，从该报总的方面看，他也认为该报刊登的内容基本上是教人讲究时务等有益的东西，大体上属于"平正无弊"、有益而无害的刊物，故同意湖北各道府州县用公款订阅，并发给各书院诸生参考。③

江标的解释和张之洞的评价比较接近于历史真相。在《湘学新报》的早期，确实没有着意去宣传康、梁所信奉的孔子改制说，而在当时思想文化界所能承受的范围内，宣传和介绍西方近代以来的思想学说，对于两湖地区维新运动的开展起到积极的作用。《湘学新报》早期文字多出于报馆主笔唐才常之手，他所发表的《公法定义》《外交论》《论中日通商条约》《史学论略》《史学要言》等数十篇文章，广泛征引各种资料，宣传和介绍了西方近代国家的发展史，介绍和肯定西方近代国家之所以走向富强，是因为他们有着一套与中国的政治体制几乎完全不同的制度，所以中国要想摆脱贫困、落后而重塑民族的辉煌，就必须在政治上要有办法，要学习、模仿、借鉴西方近代国家政治经济制度，尤其是西方国家的议会制度，要改变中国几千年来的家天下的思想传统，转而信奉"天下非一人之天下"的民权观念，开通政学，发展资本主义工商业，壮大民族资产阶级的势力，逐步建立起君主立宪的政治体制，只有这样，中国的问题才能从根本上获得解决。这些政治主张虽然也比较激进，但大体上说来还能为当时的政界、思想文化界所接受，对于转移湖南守

---

① 《湘学新报例言》，见光绪二十三年三月二十一日《湘学新报》第1册。
② 《湖南抚院陈饬各州县订购湘学新报札》，见光绪二十三年五月一日《湘学新报》第5册。
③ 《两湖督院张咨会湘学院通饬湖北各道府州县购阅湘学报》，见光绪二十三年八月十一日《湘学报》第15册。

旧的学风起过一定的积极作用。

在《湘学新报》创刊的最初阶段,该报确实坚守着传播新知识、新思想的既定立场,并没有介入一些容易引起争议的问题。但是,当梁启超于 1897 年 11 月到湘出任湖南时务学堂的中文总教习,特别是南学会成立之后,徐仁铸接替江标出任湖南学政,并从第 24 册起接办《湘学报》之后,《湘学报》的办刊宗旨确实有所变化,最明显的特征是开始有意识地鼓吹康有为的孔子改制说,俨然站到了维新势力的一边了,这样就难免与守旧势力发生冲突。特别是 1898 年初,谭嗣同由湖北回到湖南,他的激进思想对湖南的维新势力起到积极重要的刺激作用,《湘学报》上言论也日趋激烈,遂引起张之洞的不满。1898 年 5 月 6 日,张之洞明示《湘学报》不得再寄往湖北。5 月 11 日,张又致信徐仁铸,批评《湘学报》的办刊方针已经偏移,"其中奇怪议论,较去年更甚,或推尊摩西,或主张民权,或以公法比《春秋》",凡此都与张之洞的思想观念存在根本的差异,"学术既不敢苟同,士论亦不敢强拂",所以他要求徐仁铸此后不要再向湖北邮寄该报,禁止《湘学报》在湖北的传播。①

张之洞的指责与霸道言辞,在湖南学界激起了强烈的愤怒和反弹,激进如谭嗣同等人对张的指责甚为反感,直欲反抗和抵制,但作为《湘学报》的主持人,徐仁铸并不敢再一味对抗,"不敢不从"。② 此后的《湘学报》对于宣传康有为的改制说略有收敛,而且从第 37 册起,连续刊载张之洞的《劝学篇》,这除了有意与张之洞妥协外,可能也意味着徐仁铸的思想主张也开始偏离康、梁等人过于激进的思想,而寻求与守旧势力妥协,守住中庸稳妥的办刊方针。他曾就与康、梁的关系向王先谦进行辩解称:"康某七、八年前曾见一面,并未深谈。至今对面,若不言明,犹不识也。其所著书,止见其最旧之《伪经考》并《改制考》,初未寓目。至于民权、平等之说,向所深绝。友人中有谈此者,从未附和一词。即去冬与吾丈晤谈,何尝及此等义哉? 湘省士子之求新者,方虑其浮动无根,不能平实道地。清夜筹划,正欲得一善法,以遏其奔轶无范之

---

① 张之洞:《致长沙徐学台》,见《张文襄公全集》第 3 册,736 页,北京,中国书店,1990。
② 谭嗣同致汪康年函第 21 通,见《谭嗣同全集》,512 页。

端。"①由此可以看出徐仁铸并不是湖南学界最激进的人物。

《湘学报》在江标、徐仁铸两人的先后主持下,传播了一些维新思想,对湖南新政的发展、湖南民众的觉醒都起到相当大的作用。谭嗣同评价道:"诸新政中,又推《湘学报》之权力为最大。盖方今急务在兴民权,欲兴民权在开民智。《湘学报》实巨声宏,既足以智其民矣,而立论处处注重民权,尤觉难能可贵。"②但由于当时湖南守旧势力的影响,特别是由于张之洞的控制,《湘学报》大体上还是坚守了最初的办刊原则,更多地传播了一些自然科学知识以及西方国家的政治、经济和社会情况,对西方国家富国强兵方面的所谓实学,《湘学报》的兴趣远远大于对康、梁改制说的兴趣。它通过对西方国家这些实学的介绍,实际上是希望中国政府,特别是湖南当局能够有所借鉴,有所仿效。所有这些,对于湖南学界、政界开阔视野起到了积极的作用。1898 年 8 月 8 日,《湘学报》停刊,前后共出版了 45 册。

同年 3 月 7 日,在谭嗣同等湖南维新人士的支持下,由唐才常主编的日报《湘报》在长沙创刊,同年秋天政变后的 10 月 15 日停刊,共出版 177 期。《湘报》的办报宗旨一方面是为了弥补《湘学报》作为旬刊刊期太长,文字过于艰深,不能满足湖南日益高涨的维新运动的需要;另一方面,胶州湾事件之后,瓜分之说甚嚣尘上,"焚如之灾,迫于旦夕",为了更快地向湘省内外传布救亡图存、维新富强的消息,谭嗣同、唐才常等人决定在同志中集资创办这张"专以开风气、拓见闻为主"的报纸。唐才常在《湘报序》中谈到创办报纸的宗旨时指出:只有报纸可以"一举而破二千余年之结习,一人而兼百人千人之智力,不出户庭而得五洲大地之规模,不程时日而收延年惜阴之大效"。他们之所以致力于办报,就是为了使中国尽快恢复昔日的辉煌,重新成为世界上一大文明强国。③

《湘报》创刊后,很快受到各方面的欢迎和支持,陈宝箴决定从省库每月补助 200 两。其主要办事人员也为当时在湖南的一些具有维新倾

---

① 徐仁铸复王先谦书,见《葵园四种》,881 页。
② 谭嗣同:《与徐仁铸书》,见《谭嗣同全集》,270 页。
③ 唐才常:《湘报序》,见光绪二十四年二月十五日《湘报》第 1 号。

向的知识分子,董事有蒋德钧、王铭忠、梁启超、李维格、谭嗣同、邹代钧、唐才常、熊希龄,撰述为戴德诚、梁启超、樊锥、何来保、谭嗣同、唐才常,西文翻译为李维格,总理兼总校为刘善浍、王兆元等。

《湘报》的栏目设计主要有:(1) 论说。主要刊登唐才常、谭嗣同等人关于变法维新的一些言论,他们在这个栏目下,发表了不少揭露清政府腐败、宣传爱国道理、主张变法维新救亡的言论,虽然其中也掺杂着一些陈旧的观念,但总体上说对于传播西方近代以来的政治社会学说,对于守旧势力的冲击,都曾起过积极的作用。(2) 奏疏。经陈宝箴的批准,《湘报》可以刊登湖南当局的政府文告及公牍,但对于政府当局正在讨论的一些计划及应当保密的一些事项,未经政府当局的准许,《湘报》也无权刊登。(3) 电旨。(4) 公牍。(5) 本省新闻。(6) 各国时事。(7) 杂事。(8) 商务。在这一栏目下,适当选登一些政学新书或其他报刊已经发表的内容。《湘报》上所发表文字,一部分由湖南政府当局提供,而另一部分则由报馆派员采访获得。《湘报》还附录各地物价行情,颇具近代报纸的一般特色。

在唐才常的主持下,《湘报》集中了一批具有维新倾向的撰述人,其主张维新变法的政治倾向在一开始就极为明显。先后在《湘报》上发表文章的有梁启超、唐才常、谭嗣同、杨昌济、易鼎等,其中谭嗣同先后发表有 20 余篇,是《湘报》最主要的撰稿人之一。

《湘报》致力于宣传维新变法,并没有怎样受到守旧势力的责难,像梁启超的《论湖南应办之事》、唐才常的《辩惑》、樊锥的《开诚篇》等,都在湖南的维新运动中起到良好的作用。这些文章的主旨,不外乎指出中国自甲午战争以来国势已弱,危机日重,列强对中国虎视眈眈,而中国内部却是依然腐败如故,专制如故。因此,拯救中国就必须变法维新,必须在政治上要有办法,必须学习西方国家富强的经验,建立新的良性的社会政治制度。对于湖南正在进行的新政,《湘报》有很高的期待,他们希望湖南的新政能够给全国作出好的示范,以便推动全国范围的维新变法运动的开展。而湖南新政应该做到的事情,据梁启超的分析主要是三点,即开民智、开绅智、开官智。"此三者乃一切之根本,三者并举,则于全省之事若握裘挈领矣。"三件事情办好了,其他一切事情

203

都可以带动起来。反之，在一个愚昧、懵懂的人文环境中，执政者的想法再好，方案再严密，也难以实现。而要做到这三点，梁启超强调湖南应该对时务学堂进行改革。他认为，目前的时务学堂规模太小，无法满足湖南正在发展着的社会需要。他建议将时务学堂的学生分成两等，除每年培养120名成就远大、各有专长的内课生外，另在各府州县加收一批外课附课生，对这批学生不必要求太高，只需向他们讲明政治之所以然的道理，使他们明白不改变中国之种种旧习就无法立国，就不足以保种，使他们知道中西不同历史发展道路的大概，明白变法维新的意义，这样就能有效地推动全省风气的转变，有利于化解湖南新政推行中的阻力。①

梁启超这类建设性意见在《湘报》上发表很受各方面的欢迎，他的这些建议后来也被政府当局所采纳。如果《湘报》始终坚守这样的立场，那么它肯定能够持续地发展下去。无奈《湘报》撰稿人的构成毕竟以具有激进思想的人为主体，所以它在提供一些建设性方案的同时，也不时发表一些具有极端倾向的言论。《湘报》大量刊登南学会的演说文稿，大量报道省内外有关变法运动的新闻，尤其是3月29日出版的《湘报》第20号发表了易鼎的《中国宜以弱为强说》，其极端偏激的言辞受到各方面的尖锐批评，并挑起了新旧势力之间的激烈冲突。易鼎在这篇文章中以为，中国如欲变成西方式的富强国家，就必须做到这样几点：一是"改法以同法"，就是西法与中法相参。二是"通教以绵教"，就是中教与西教并行。三是屈尊以保尊，即实行民权与君权两重。易鼎认为，君权过重，民气势必不伸；而民气不伸，则国势必因之而弱。他建议清政府仿效英、德等西方近代民主国家，"君民共主之法，利之所在，听民自兴之，害之所在，听民自去之"，政府只需坐享其成而已。四是"合种以留种"，即主张黄人与白人互婚以改变中国的人种结构。

易鼎这些激进的主张在当时可谓空前的大胆，这就不仅引起守旧势力的反对，即便先前对《湘报》持支持态度的陈宝箴看了之后也很难接受，"骇愕汗下"，以为"过于偏激，惊世骇俗，非处士所宜言"。他授意

---

① 梁启超：《论湖南应办之事》，见《饮冰室合集》文集之三，41—47页。

其幕僚欧阳中鹄向《湘报》主持人打招呼,要求《湘报》必须杜绝这类偏激的言论;同时急告熊希龄设法将此文收回,复嘱其"著论救正"。

易鼎的这篇文字除了在湖南学界、政界引起激烈的反响外,在湖广总督张之洞那里也引起了相当大的风波。张之洞于 1898 年 5 月 11 日致电陈宝箴及黄遵宪,指责易鼎的这篇文章"直是十分悖谬",声称"见者人人骇怒"。他指出:"此等文字,远近煽播,必致匪人邪士,倡为乱阶。且海内哗然,有识之士,必将起来指摘弹击。"张之洞指示陈、黄二人及早设法处理,以免由此引起混乱。[①]

由于《湘报》对维新思想的宣传过于激进,创刊不久不仅遭到陈宝箴、张之洞等官方人士的指责,而且引起湖南学界旧势力的普遍反感和攻击。王先谦、叶德辉对《湘报》极为反感,他们在对《湘报》进行批评的同时,甚至指使湖南籍的京官徐树铭、黄均隆向清廷密报《湘报》的激进主张。在多重压力下,《湘报》先是采纳黄遵宪转达的陈宝箴的指示,删除每期报首中的议论文字,但采古今有关世道名言,效陈诗讽谏之名,继则自第 66 号起,不再发表谭嗣同、唐才常等人文章。湖南政府当局原先每月给湘报馆的 200 两公款补贴也停止划拨,并开始有计划地追回湖南矿务总局先前借给湘报馆的款项,试图从经济上遏制湘报馆。

《湘报》在失去陈宝箴等人支持后继续支撑了几个月的时间。戊戌政变发生后,湖南政府当局以《湘报》所刊登的言论过于庞杂与激进为由,对《湘报》进行了整顿,委派王芍等"承顶"接办,但也仅仅继续出版了 4 期,《湘报》终于在 1898 年 10 月 15 日寿终正寝。

205

---

① 张之洞:《致长沙陈抚台、黄臬台》,见《张文襄公全集》第 3 册,736 页。

第四节　局部维新的终结

　　在陈宝箴的主持，以及黄遵宪、梁启超、江标、徐仁铸、谭嗣同、唐才常等人的相继协助、参与下，湖南在甲午战争之后一段时间走在了全国的前列，维新运动获得了迅速的发展，湖南不仅创办了影响极大的时务学堂、南学会和《湘学报》《湘报》，而且在政治、经济、军事及教育体制的改革等方面都获得了长足的进步。

　　就政治方面而言，陈宝箴根据梁启超的建议，在政治体制、机构设置等方面做了一些工作，设置了课吏馆和保卫局，整顿了湖南的吏治，改变了官场的一些陋习。

　　陈宝箴出任湖南巡抚后，就以整顿吏治为急务，先后罢黜一批昏庸腐朽、贪赃枉法的官吏，但是怎样才能为湖南培养一批具有新思想、新知识的新型官僚，陈宝箴也在苦苦思索，一直没有什么好的办法。

　　梁启超来到湖南后，除了致力于时务学堂的教学管理工作外，对陈宝箴发起的湖南新政也有很高的期待，他在向陈宝箴提出一系列积极建议的同时，也建议陈宝箴在吏治整顿和吏治改革方面着力进行，其中一个最主要并发挥实际作用的就是建立培养新式官僚的课吏馆。

　　梁启超在《论湖南应办之事》中认为，由于湖南地处内陆，湖南的官吏大都缺乏世界观念，对外部世界所知甚少，"不知学堂、工艺、商政为何事，不知修道、养兵为何政"，湖南如果仅仅依靠这样一批"未尝学问无所知识"的旧官僚去推行新政，其效果也就可想而知。因此，梁启超建议要将开民智与开绅智、开官智相结合，成立时务学堂并扩大招生是为了开民智，设立南学会以兴绅权是为了开绅智，然"他日办一切事，舍官莫属。即今日欲开民智,开绅智,而假手于官者,尚不知凡几也。故开官智又为万事之起点。"而为了开官智,梁启超郑重建议设立课吏馆,并建议由巡抚出任校长,司道担任副校长,由课吏馆对那些官僚尤其是候补官僚进行新知识的培训,"稽查功课,随时教诲",使他们增加对外部世界的了解,以及讲求居官事理,研习吏治刑名诸书,考其所得之深浅,用力之勤惰,以此作为官吏任用的依据,并以此提高湖南新政的行政效率和成功率。①

梁启超的建议得到了黄遵宪的赞同。黄遵宪认为,成立课吏馆对那些候补官僚进行必要的知识技能方面的培训确乎必要,这样才能为湖南新政提供合乎要求的有用人才。

湖南巡抚陈宝箴批准了梁启超的建议,并责成黄遵宪担任总理。1898 年 2 月,湖南课吏馆正式成立,黄遵宪另聘请品学兼优、才识素著二三人担任馆长,居住馆中,协助总理处理课吏馆的日常事务。课吏馆的课程分为六大类,即(1) 学校,包括造士育才之法;(2) 农工,有务财、训农、劝工、兴业之法等;(3) 工程,包括修筑道路、通沟渠、修筑城池之法等;(4) 刑名,即考律例、清讼狱、处罪犯等;(5) 缉捕,有查缉盗匪、会匪、恶棍之法等;(6) 交涉,包括通商、游历、传教一切保护之法等。从这些课程设置看,课吏馆对候补官员的培训主要是一些新式管理方法、新知识、新技能等有助于新政推行的内容。

湖南课吏馆设有图书室,凡选派到馆学习的官吏,不论原任何职,都必须就课吏馆设置的课程选学一种或两三种,登记注册后到图书室领取图书,每日将自己的阅读心得或疑难问题写成札记送交馆长批答。"有专答,专就其人所问难陈述者而答之;有通答,通论此事之是非得失而答之"。通答一律抄录公布,并随时汇集选刊。凡入学的官吏,每天都必须在规定的时间到馆阅读,领取和交送札记,并当面向馆长请教。馆长每天也必须到馆,随时接见问难的学生,进行辅导。而总理则隔日到馆,会同馆长对学生进行考查。考查的基本方法是采取积分制,每月进行统计,凡超过 90 分者,给予适当的奖励。每三个月举行一次大考,

---

① 梁启超:《论湖南应办之事》,见《饮冰室合集》专集之一,138 页。

然后根据大考的成绩,分别给予奖励,并据此作为将来任用的依据。①

课吏馆由于设置的时间太短,其具体效果并不太清楚,但从其设置和规定看,它虽然对短暂的湖南新政并不一定产生过直接的推动作用,但对于湖南官吏队伍的建设,对于官吏新思想和新知识的培养,还是很有意义的。

湖南新政在政治方面的另一个重要举措是设立类似于近代警察机构的保卫局。在新旧社会转轨之际,长沙的社会治安也不是很好。在保卫局成立之前,长沙市区治安问题比较突出,其表现:一是地痞流氓白昼横行。这些人既无正当职业,也无正当收入,只好呼群引类,欺行霸市,向店家索钱索米,予取予求。店家如不能满足他们的要求,便要遭到他们的报复和欺诈,一言稍忤,即拳石交至,甚至将店家的店铺、家具全部破坏。二是衙役无端勒索,警匪勾结,择良而欺,择弱而食,任意诛求,如不满足他们的欲望,则设法陷害诬告,致使诉讼横生,小民不堪其扰,不得已,随时尽量满足他们的索取,始获苟安。三是乞丐结群哄闹。这些乞丐多为少年,不愿自食其力,而故意堕落,夜则行窃,昼则强讨,绕市呼号,大声震耳,故意扰乱市场秩序。他们尤其利用一些店家生意兴隆之际,故意捣乱。四是偷盗现象比较严重,甚者衣冠楚楚,堂皇闯入,如入无人之境,名曰"闯辕门",致使许多人家以此破产,有性命之忧者更多。五是奸民千方百计进行拐骗,或伺乡民入市,或及幼童经过,故意将票纸落地,诱其拾取,追逐而与之分摊。至于拐卖儿童、妇女的事件更是时有发生,对社会造成极大的危害。总之,创建能够综合治理地方秩序的专门机构,并不仅仅是一个体制创新的问题,而且也是转型期的湖南尤其是长沙社会发展的实际需要。

出于这两点考虑,湖南政府当局于1898年2月创设保卫局。此一机构的设置由署按察使黄遵宪为主导。黄氏以为,近代政治或湖南新政的关键有三事,一是教育,二是警察,三是裁判。而设立近代警察制度"为凡百新政之根柢,若根柢不立,则无奉行之人,而新政皆成空言。故首注意于是。"②对于黄遵宪的主张,谭嗣同、唐才常等人深表赞同。

---

① 《改定湖南课吏馆章程》,见光绪二十四年三月十八日《湘报》第29号。
② 梁启超:《戊戌政变记》附录二《湖南广东情形》,见《饮冰室合集》专集之一,143页。

谭氏也认为,近代警察制度的建立,不仅有助于地方治安的优化,而且为近代"一切政事之起点,而治地方之大权"。[1] 基于这种认识,由湖南官、绅、商各界合办的湖南保卫局正式成立,其"意在官民合办,使诸绅议事,而官为行事"。保卫局设议事绅商十人,一切章程均由这些绅商议定,交省政当局批准后交付保卫局执行;如当局批复不可行者,应由议员再议;而政府当局拟办之事,亦应先交付保卫局议员讨论议定,然后再付诸执行。保卫局的财政收支及清理街道、雇募丁役等事,由绅商负责办理;而判断讼狱、缉捕盗贼、惩治罪犯等事务,则由官方负责处理。由此看来,保卫局既是类似于西方近代国家的警察局,但又带有很强的自治色彩。

保卫局既为类似于西方近代国家的警察局,其功能自然就是为了保护当地的社会秩序不受扰乱,保护官绅士商等一切民众在内的合法权益不受侵害,简言之,即"去民害、卫民生、检非违、索罪犯"。[2] 其具体职责为:(1) 对杀人放火、聚众斗殴、奸淫盗窃、拐骗等行为的罪犯立即执行逮捕,或者根据居民的告发,请求局中出票拘捕;(2) 随时帮助迷路行人,以及老幼妇残和那些受到意外伤害的人,对于一切意外不幸事件诸如醉汉、精神病患者发病等,都应及时予以援助,护送回家;(3) 负责各管理区域内的人口、户籍及居民的生活,对于那些无经常职业、形迹可疑各色人等给予特别关注,进行必要的监视;(4) 禁止聚众结社、出版、刊刻有伤社会风化的淫乱文字,以及出版、刊刻煽动造反、蛊惑人心的文字等非法活动;(5) 管理市场及城市街道的一般治安、交通秩序及各类商贩等。即便是发现道路污秽、沟渠淤塞,虽不归保卫局直接处理,但保卫局有责任向有关方面进行通报。[3] 从这些规定也可以看出,保卫局确实类似于西方近代国家的警察局。

湖南保卫局成立之后,在长沙市中心设立总局,又于长沙城中东西南北及城外分设五所分局,每个分局之下又设小局六所,整个长沙城区便被这 30 所分局全部覆盖。保卫局总办由司道大员兼任,任期两年,

① 谭嗣同:《记官绅集议保卫局事》,见《谭嗣同全集》,427 页。
② 唐才常:《论保卫局之益》,见光绪二十四年二月十六日《湘报》第 2 号。
③《湖南保卫局章程》,见光绪二十四年二月二十二日《湘报》第 7 号。

期满后应由议事绅商公举,报请政府当局委任。议事绅士亦以两年为期,期满后再由长沙绅商各界推举。

从湖南保卫局成立之后的实际效果看,长沙城区的社会治安状况确实有了明显的改善,此举受到社会各界的普遍欢迎,"初办之时,旧党谤议,愚民惊疑,及开办数月,商民咸便之"。"保卫局自开办以来,各局员绅倍极勤慎,日夜严饬巡丁,梭行街市,城中无赖疲徒,渐有敛迹"。①甚至到了戊戌政变之后,湖南新政百举皆废,惟保卫局因湖南各界的精心维持,得以保留。至于直接的治安效果,更是得到长沙市民的拥护。

保卫局除了上述功能和效果外,还在长沙城区内外设有五所类似于今日收容所、教养所和拘留所功能的所谓迁善所,其主要功能就是收留、收容那些失业流浪者、无业游民,拘留、关押和改造那些已经被认定有罪的罪犯。迁善所的职责,是监督和组织这些失业流浪者、无业游民及罪犯进行劳动改造。这些人在严格的监管下,从事诸如纺织、缝纫、弹棉花、刻字、工匠等方面的劳动,他们也可以获得一定的收入,但这些收入是只向他们发放一些必要的零用钱,多余的部分由迁善所统一管理,待这些犯人或失业者被改造成能自食其力的正常人之后离开迁善所之时一并发放。迁善所的成立对于长沙市区社会治安的根本好转,对于将那些犯人、失业流浪者、无业游民等通过教育学到必要的谋生手段,并改造成正常社会的一员,都起到相当积极的作用。

由陈宝箴、黄遵宪等人主导的湖南新政,在积极从事政治体制方面的创新和改革的同时,更致力于湖南经济的发展,积极鼓励湖南创办近代企业,着手开发湖南地方资源。

湖南土地肥沃,但山多田少,物产不丰。相对而言,倒是湖南的矿产资源比较丰富,各种有色金属的矿产资源在湖南境内都有发现。不过,湖南近代企业的起步比较晚,几十年办理洋务,湖南虽然为全国贡献出不少的人才和志士,但湖南境内却几乎没有兴办什么像样的新式企业。在陈宝箴之前,湖南对本地矿产资源的开发多使用土法,工巨利微,许多矿业无法持续存在和发展下去。针对这种情况,陈宝箴上任之

①《保卫近闻》,见光绪二十四年六月二十三日《湘报》第124号。

后仅仅一个月的时间,就于 1895 年 11 月奏请清政府设立矿务总局,由矿务总局总揽湖南省矿产资源的开发,先选择铜、煤、铅、磺等矿采用近代先进的技术进行试点,待取得经验、较有把握之后,再行大范围地推广。①

清政府批准了陈宝箴的请求,湖南矿务总局正式成立,陈宝箴委派候补道吴锦章负责办理。按照湖南矿务总局的规定,其下属所办的各式企业根据其不同的资金来源分为不同的性质,大致有三类:第一类是由政府当局督办的企业,这类企业不招商股,成为"官办";第二类企业虽有政府当局主持创办,但同时也允许招商入股,故称为"官商合办";第三类企业是指那些纯粹由商界人士申请创办,经政府当局同意,政府不入股,所以称之为"官督商办"。第一类、第二类企业即官办和官商合办的企业由矿务总局派员主持,第三类官督商办的企业则由商人自主经营,照章纳税,并由企业的主持者会同地方官维持矿务。

湖南矿务总局成立后,经费的筹集极为困难,特别是由于湖南在此之前出现历史上罕见的旱灾,浏阳、醴陵、衡山三县的灾情相当严重,浏阳的灾民甚至已经组织起来进行武装反抗,后在周边各省的帮助下,三县灾民的生活稍得安宁。湖南矿务总局于此时向商界招股,其困难也就可想而知。而湖南省内的各个略为殷实的钱庄,由于对矿务总局的经营前景毫无把握,也不敢贸然向矿务总局借贷,据说在矿务总局成立之初与其有银钱往来的钱庄全省只有阜南官钱局一家。该钱局的总办为朱昌琳,他是湖南当时有远见的民族资本家,他看到了湖南新政发展的必然趋势,所以对陈宝箴在湖南所进行的经济改革都能予以大力支持。所以,当矿务总局成立之初经费极度困难的时候,他能够用自己所开的乾益号钱庄一次性向矿务总局借贷一万两,解决了矿务总局的燃眉之急。

有了朱昌琳在经费方面的支持,矿务总局的业务逐步开展,先在常宁水口山从事勘探,发现一个储藏量极为丰富的黄铁矿,后用西法开采,获利甚丰。后又相继开采或收购了平江黄花洞金矿、新化锡矿山锑

211

① 《邹代钧致汪康年函》第 11 通,见《汪康年师友书札》,2640页。

矿、益阳板溪锑矿等,其中益阳板溪锑矿先由官办,效果不佳,于1899年改为招股商办,由原湖南矿务总局提调梁焕奎及其二弟梁焕章主持创立久通公司。梁焕章为驻矿经理,由于他管理有方,适时引进先进技术,产量日增,获利亦丰,也为日后创建华昌炼矿公司打下了坚实的基础。梁氏兄弟不仅成为湖南近代著名的实业家,而且成为中国锑矿开发的先驱者之一。[①]

除了矿产资源的开采外,湖南在新政期间还陆续创办了一些其他企业,其中较为成功和规模比较大的企业有梁肇荣创办的湖南水利公司、张本奎等人创办的化学制造公司、张祖国等人创办的和丰火柴公司、黄自元等人创办的宝善堂公司,以及湘鄂两省绅商集股创办的小轮公司等。这些新式企业既带动了湖南经济的发展,也为湖南奠定了近代工业发展的基础。

由陈宝箴、黄遵宪等人主导的湖南新政在从事政治体制创新、教育体制创新和新式企业的同时,也注意改变湖南旧有的军事教育的体制。1898年3月,陈宝箴、黄遵宪将长沙求贤书院改为武备学堂,参照天津、湖北武备学堂的规制,为湖南培养新式军官。同年7月,陈宝箴又奏请清政府批准设立制造枪弹的两家军用工厂,为湖南近代军事工业的发展也奠定了一定的基础。

湖南新政是政治、经济、军事、教育等一系列的全面改革,这是湖南各界对甲午战败的积极回应,有力地推动了全国维新变法运动的开展,是全国性维新变法运动的预演,为百日维新提供了借鉴。不过,由于湖南新旧力量的对比一直比较明显,湖南新政在推行了并不太长的时间后,也因人事格局的变动、守旧势力的反扑而早衰。而这一点,也似乎暗示了全国性的维新变法运动的必然结局。

对于湖南新政中兴利除弊的政治、经济、教育等方面的举措,湖南的守旧势力并不反对,而是积极支持,像王先谦等不仅积极提倡经世致用,以实业救国为己任,而且在他的周围也确实团结了一批地方开明士绅,如张祖同、黄自元、朱雨田等,他们都不同程度地介入了湖南新式企

---

① 梁漱溟:《我国锑矿开发的先驱者——梁焕奎五兄弟与华昌炼矿公司》,载《人物》1987年第4期。

业的创办,有的还成为很有影响的实业家。

1898 年 3 月 3 日,梁启超因需到北京参加科举考试而暂时离开湖南时务学堂,他的暂时缺位为湖南的守旧势力提供了难得的机会,守旧势力开始散布对梁启超和追随梁启超的湖南维新人物的不利言辞,并接着攻击对梁启超等维新人物信任有加的湖南巡抚陈宝箴和按察使黄遵宪。5 月 13 日,湖南之守旧者纠集多人,联名函告在北京的湖南籍官员,诬告陈宝箴出任湖南巡抚后,"紊乱旧章,不守祖宗成法,恐将来有不轨情事,不能不先为预防"。[1] 信中之语,并牵连黄遵宪等人。湖南京官得信后,即敦请御史徐树铭据情揭参,陈宝箴开始遇到了新的压力。

湖南守旧势力不仅求助于湖南籍的京官向清廷弹劾陈宝箴,而且纠集势力在省内向陈宝箴发难,他们不断上书陈氏,指控梁启超、谭嗣同、唐才常等湖南维新人物在时务学堂、南学会及《湘报》《湘学报》的言论背离了中国的传统,宣传的都是离经叛道的异端邪说,他们请求陈宝箴下令更换时务学堂的负责人,查封南学会及《湘报》和《湘学报》。

陈宝箴没有接受守旧势力的要挟对激进的维新势力有所约束,但这并不意味着守旧势力就此止步,恰恰相反,陈宝箴的态度在某种程度上更加激怒了守旧者,从而使他们超出常规,公开与激进的维新势力进行论战,重点攻击维新势力的所谓异端邪说,指责梁启超到湖南宣传康有为的所谓孔子改制说,其实并不知道"圣教为何物",只不过是"托尊孔之名,伏伪经之渐","离经叛道,惑世乱民"。至于维新势力所宣传的民权理论,在守旧者看来更是"欲煽惑我中国之人心,叛圣清入西籍耳"。[2] 守旧势力甚至举出中国历史发展的事实去证明中国自古以来的国情决定着中国只能实行君主专制的政治体制,这是中国几千年历史发展的基本经验,"中国自尧舜禅让以来,已成家天下之局,亦以地大物博,奸宄丛生,以君主之,犹且治日少,乱日多",如果再按照梁启超等人的设计,将中国改为西方式的民主国家,则必然"政出多门,割据纷

---

①《湘抚被劾》,见光绪二十四年四月初六日《国闻报》。
②《叶吏部〈正界篇〉》,见《翼教丛编》卷四,95 页。

起"，必将引起中国的大乱。①

守旧势力对激进维新势力的全面攻击终于引起了陈宝箴的警觉，陈宝箴虽然有心偏袒维新势力，也不能不对维新势力有所约束，对守旧势力作出某种程度上的妥协。陈宝箴毕竟是朝廷的命官，他不可能接受在他的辖区内出现有违现行统治秩序的言论与行动，他的思想固然较为开明，他也曾接受过维新势力的不少有助于湖南发展的好建议，他也确实想把湖南变成走在全国前列的模范省，但他毕竟不是彻底的维新派。他之所以到湖南出任巡抚，是因为朝中大臣荣禄的保举。而在此之前，他又曾任湖北按察使，与湖广总督张之洞有着不同寻常的密切关系。所以，当他看到湖南守旧势力对维新势力全面攻击的言论后，思想上不能不有所触动，行动上也不能不与维新势力有所疏远。而且，从其思想深处看，陈宝箴也确实难以接受梁启超等人所宣扬的那些极端主张，他主张向西方学习，是因为他看到西方近代以来的一些政治、经济举措有值得中国借鉴的地方，而不是要彻底放弃中国的固有文化、固有政治体制而变成和西方一样的国家，所以当他看到维新派大力宣扬康有为的孔子改制说，大谈民权平等，甚至不遗余力地攻击纲常名教的时候，他就只有选择与这些极端维新势力逐步疏远的策略了。1898 年3 月 29 日，易鼎在《湘报》第 20 号发表《中国宜以弱为强说》，引起守旧势力乃至张之洞的反对，陈宝箴就在《湘报》发表自己的《评墨子尚同篇课卷》，②强调纲常名教的合理性，对维新派对纲常名教的非难提出批评意见。

陈宝箴在思想上与维新派有一定的距离，当湖南的守旧势力竭力攻击维新派的时候，他虽然有心偏袒维新派，也只好放弃维新派而以求自保。7 月，陈宝箴上书清廷，对康有为的变法理论进行了抨击，痛斥其《孔子改制考》为"穿凿附会""伤理而害道"的不通之作，"甚或逞其横议，几若不知有君臣父子之大防"，③显然对于社会的稳定、对于道德伦理的建设都是有害之作，因此他建议清廷予以禁绝，以免进一步危害

---

① 《叶吏部〈䚦轩今语评〉》，见《翼教丛编》卷四，80 页。
② 光绪二十四年五月初七日《湘报》第 94 号。
③ 陈宝箴：《请厘正学术造就人才折》，见汪叔子、张求会编《陈宝箴集》上册，779—780 页，北京，中华书局，2003。

社会。

　　陈宝箴态度的转变使湖南的维新势力感到寒心，再加上梁启超等人已经离开湖南赶赴京城追随乃师康有为，从事在中央层面的变法事业去了，黄遵宪、谭嗣同等人不久也被召入京，湖南新旧势力之间的平衡被彻底打破，守旧势力对湖南各种新政举措的攻击更加大胆和放肆。于是，湖南新政终于停滞不前，于无形中趋于解体。

第四章
维新运动的深化

在甲午战败的强烈刺激下,中国知识分子和政府中相当一部分开明人士纷纷觉醒,开始意识到中国先前几十年的洋务新政实际上是一次"跛足的近代化运动"。由于这一运动没有从政治上触及几千年的传统政治体制,因此当中国军队面对经过近代化全面改造后的日本这一东方小国之后便全面瓦解,不堪一击,几十年的积累顷刻之间化为乌有。从这种认识出发,年轻一代的中国知识分子和开明官僚在清政府的默许下,开始组织各种各样的学术团体,创办以开民智、鼓民力、新民德为基本宗旨的各种各样的近代报刊,各种新式教育形态也在酝酿之中。如果不发生大的变化与刺激,中国必将在一个不太长的时间里走上新的变革之路。然而,远东局势的急剧变化,中国外交危机再次发生,中国面临亡国的危险,于是中国的政治发展又不能不改变既成的轨道。

第一节　危机：从胶州湾事件到列强瓜分中国

一　胶州湾事件

远东局势的变化主要体现在列强对中国的觊觎,他们已不满足于对中国路矿特权的获取,而试图瓜分中国,将中国肢解成他们各自的殖民地或势力范围。

作为参与三国干涉还辽的国家之一,德国在甲午战争后也一直在谋求最大的在华利益,而且是第一个获得"酬劳"的国家。当辽东半岛的归还尚未就绪的时候,德国驻华公使绅珂就于1895年9月奉命向总理衙门提出德国的要求,称德国到目前为止,尚未在中国拥有租界,因此他希望中国同意德国在天津、汉口两地开辟专管租界,以扩展德国在当地的商务。与此同时,德国外交大臣马沙尔也向中国驻德公使许景澄提交"租界节略",称中国通商口岸之有英租界,或间有法租界,已多年,而在中国之德国商人,因无本国租界,不免散居他国租界内,几作英、法寓客,事多不便。鉴于中德之间的商业往来日趋增多,不便之处也越来越明显,所以德国商业界希望由政府出面,与中国政府协调此事,在中国相宜口岸建立自己的租界。[1]

为了感激德国在干涉还辽中的帮助,总理衙门迅即同意了德国开辟租界的要求。1895年10月3日,中德双方签订《汉口租界合同》,中国同意德国在汉口永久设立租界,租界面积共600亩,由德国政府无偿

---

[1] 许景澄:《许文肃公遗稿》卷八,47页,1918。

获得。租界以内华人不得居住,德国驻汉口领事为租界区域内的主要行政官吏。10月30日,中德双方又签订《天津租界合同》,中方同意德国在天津永久设立租界,面积约1 034亩。租界区域的土地由德国政府出价收购,凡中国人在划定的租界内享有土地所有权而不愿出卖者,由中国政府负责以强迫手段执行。对于租界内行政管理权的归属问题,该条约没有如汉口租界那样明确规定。

汉口、天津租界的设立,使德国在中国沿海和长江沿岸获得了立足点,德国也是继英、法、美之后第四个在中国辟有专管租界的国家。但是德国并不以此为满足,它的目标是在中国沿海获得一个海军基地。早在1895年9月,德国就考虑租借胶州湾,[①]后因故未能成立。12月29日,马沙尔向许景澄提出,德国军舰在中国由于没有基地存在不少不便,希望中国或租或借,为德国划出一个海港以便储煤屯船,一是有利于保护中德之间的商业往来,二是有利于远东国际局势的稳定与均衡;再者,中国以后万一遇到麻烦,德国能够出面协调或干预,对中国亦甚有好处。对于马沙尔的请求,许景澄答道:中国如果允许德国租借港口,其他国家势必仿效,恐怕中国无法答应。[②] 德国租借港口的要求被婉言拒绝。

1896年6月,李鸿章在参加俄国尼古拉二世加冕典礼后,在返国途中访问了德国。德国政府乘此机会又向李鸿章提出租借一个海军基地的要求。德国的理由是,为了实现维护亚洲的均势和中国完整的政策,所以需要为德国的舰队获得一个基地,这是德国的远东政策必不可少的条件。而且,德国政府进一步诱导李鸿章,如果中国政府同意德国的要求,德国政府准备支持中国政府增加关税的要求。对于德国的要求,李鸿章并不表示认同,他除了含糊地表示将在北京支持德国租借一个港口的要求外,并没有对德国人作出任何承诺。[③]

同年8月,德皇威廉二世派遣海军大将蒂尔匹兹到远东担任德国驻华舰队司令。蒂尔匹兹在中国沿海一带经过仔细的勘察后,认为胶

---

① [美]马士、宓亨利:《远东国际关系史》,405页,上海书店出版社,1998。
② 《许文肃公遗稿》卷十,22页。
③ [英]菲利普·约瑟夫:《列强对华外交(1894—1900)》,胡滨译,179—180页,北京,商务印书馆,1954。

州湾最适宜建立德国的海军基地,其优点在于:胶州湾有良好的停泊场所、易于设防,并且所费不多;胶州湾附近有煤田,胶州湾的气候适宜于欧洲人。而曾任德国驻天津领事及天津海关税务司的德国人德璀琳更完整地指出胶州湾适宜建立德国海军基地的六大优点:(1)它的位置便于控制整个中国北部,而不仅便于控制山东;(2)它适宜修筑船坞和码头;(3)它有能够开发的富饶的腹地;(4)交通路线易于修筑;(5)它对修筑一条铁路通往北京来说是一个好地方;(6)它的居民的体力和智力在中国都是最强的。根据这些分析,蒂尔匹兹与德璀琳两人一致建议德皇威廉二世迅速占领胶州湾。德国政府接受了他们的建议,决定在未来一个适当的机会开始行动。

　　11 月 29 日,德国政府委派水利工程师福兰西斯来华,对胶州湾的地理、气候、物产、人口等各方面进行详尽的调查,制定了一个占领胶州湾的行动计划。12 月 14 日,德国驻华公使海靖向总理衙门提出租借胶州湾 50 年的要求,而且引德国帮助归还辽东半岛的功劳为理由。总理衙门又以此前一样的理由,即担心其他国家援例提出类似的要求而予以拒绝。德国政府没有能够通过和平的手段实现租借胶州湾的愿望。不过,总理衙门也没有彻底关闭讨论这一问题的大门,而是提出如果德国能够向中国保证其他列强(如法国)不会提出类似的要求,那么中国方面或许可以开始与德国讨论这一问题。

　　对于清政府的一再婉言拒绝,德国政府也制定了应对策略,他们决定依赖在华传教士和军事教官制造事端,这样德国方面就可以利用报复的机会,乘机强占,造成既成事实,然后再同中国政府讨价还价,迫使中国政府不得不承认。对于强占胶州湾可能引起的外交上的困难,德国政府也作了详细的分析,他们认为英国人对此可能不会反对,法国也许会有一点小麻烦,但主要的麻烦可能来自俄国,因为清政府曾经允许俄国舰队在胶州湾过冬,俄国政府可能会对德国的强占视为侵犯了自己的利益。为了化解可能来自俄国政府的麻烦,德皇威廉二世亲自出马,于 1897 年 8 月出访俄国,当面试探尼古拉二世的态度。俄国方面表示:俄国的在华利益主要在中国的东北地区,对俄国来说最重要的港口应该在辽东半岛而不是胶州湾。

有了俄国政府的默许,德国方面开始实施军事占领的计划,随时准备利用中德之间可能爆发的一切危机为其实施军事占领提供借口。耐心的等待终于为德国提供了绝佳的机会,1897 年 11 月 1 日,德国传教士韩理和能方济在山东曹州府巨野县磨盘庄持枪射杀中国人,因此被当地的大刀会愤而杀死。巨野教案爆发。

德皇威廉二世得知巨野教案的消息后兴奋异常,他对两名德国传教士的不幸死亡并没有表现出多大的哀伤,反而情不自禁地表示:中国人终于给德国提供了期待已久的理由与事件,公然叫嚷要"采取严重报复手段","以极野蛮的行为对付华人",于是立即命令德国远东舰队司令棣利士,将舰队迅速从吴淞口驶往胶州湾,不惜代价,强行"占领要隘、城市或其他适当地点"。①

11 月 13 日,棣利士率德国三艘兵舰驶抵胶州湾。次日晨,德海军陆战队自胶州湾强行登陆,占领各山头,随即给清军守将章高元发出最后通牒,声称:"胶州湾一带,限三点钟将驻防兵勇全行退出。除沽口、劳山以外,只允带火枪一项,其余军火、炮位概不准带,以四十八小时退清为限,过此即当整军办理。"②德国占领军甚至狂妄地张贴告示,宣称他们之所以出兵占领胶州,是因为有两名传教士在山东被杀,"应向中国昭雪。按本国所欲昭雪,当将该地为质。"文告要求青岛口等处地方各色商民人等知悉:"尔等仍照常安分营业,不得轻信匪徒煽惑谣言。……所有滋事匪徒,必照中国律例从严惩办。倘有凶徒敢将该处德人谋害者,即归德国军法严切审办。"③

但清政府方面考虑到德国肯定是在借曹州教案为借口进行要挟,于是不愿为德国方面留下更多的口实,遂命令章高元不要轻起兵衅。中国守军主动退出,德国军队很快占领了胶州湾一带。

对于德国政府的企图,中国政府非常清楚。当曹州教案发生、德军出兵强占胶州湾之初,山东巡抚李秉衡就明确地报告清政府,指出德国

---

① 廉立之、王守中编:《山东教案史料》,195 页,济南,齐鲁书社,1980。
② 《山东巡抚李秉衡电报》(光绪二十三年十月二十一日),见国家档案局明清档案馆编《义和团档案史料》上册,9 页,北京,中华书局,1959。
③ 中国社会科学院近代史研究所近代史资料编辑组:《义和团史料》上册,278 页,北京,中国社会科学出版社,1982。

借曹州教案出兵占领胶州湾是蓄谋已久的阴谋,即便没有曹州教案,德国方面也会制造或利用其他的事件以达到其占领胶州湾的政治目的。李秉衡建议清政府做好两手准备,一方面通过外交手段迫使德国从胶州湾退出,另一方面如果德国方面不听从中国的劝告坚持军事强占胶州湾的话,那么中国必须坚守强硬的立场,增添兵勇,与之决战。①

对于李秉衡的分析与建议,清政府部分同意并接受,承认德国强占胶州湾确实是其蓄谋已久的阴谋,同意山东方面为此增添兵勇,除了总署与德国驻华公使进行交涉外,也指示中国驻德国公使与德国政府进行直接交涉。但是,对于李秉衡及山东地方有意与德国军队进行决战的请求,清政府表示不能同意。其理由是,既然德国强占胶州湾是蓄谋已久的阴谋,那么中国方面就不能被其阴谋所左右,中国军队只有镇静以待,任其恫吓而不为之动,断不可先行动手,以免让德国寻找新的理由与借口。否则,轻言决战,立起兵端,必致震动海疆,贻误大局,恐怕将来更难收拾。②

从清政府的立场看,这种委曲求全以免贻误大局的决策自有其道理,因为中国刚刚经历过惨重的甲午战争的失败,中国尚没有从这次惨败中恢复过来,如果中国此时轻起兵衅,不论从军事实力而言,还是从综合国力来看,中国都未必是德国的对手,中国很可能因此而蒙受更大的屈辱。毕竟德国强占胶州湾是因曹州教案而起,无论如何两名德国传教士在曹州被杀,中国在道义上有责任。为了能够从外交上阻止或劝退德国军队,中国必须有效地解决曹州教案,给德国方面一个相对满意的答复。

清政府避战求和的心态当然也无法瞒过德国方面,德国政府充分利用了中国政府的这一心态。当中国政府向德国公使表示中国将严肃处理曹州教案,必将给德国一个满意的结果时,德国公使却表示德国政府不可能满足于"一般性质的要求",因为曹州教案确实具有特别重要的意义。11 月 15 日,德国政府内部决定,为了达到继续占领并最终拥有胶州湾的目的,必须充分利用曹州教案,极大地提高德国政府的要

223

①《山东巡抚李秉衡电报》(光绪二十三年十月二十一日),《义和团档案史料》上册,9—10 页。
②《军机处寄山东巡抚李秉衡电旨》(光绪二十三年十月二十三日),见《义和团档案史料》上册,10 页。

求,这些过高的要求务必使中国政府根本无法履行,这样德国就有足够的理由继续拖延军事占领,并最终达到拥有胶州湾的目的。

根据德国政府的指示,德国驻华公使海靖于第二天(11 月 16 日)向总理衙门提出极端苛刻的六项要求:

1. 革除山东巡抚李秉衡的职务,永不叙用;

2. 给天主堂建筑费 6.6 万两,赔偿盗窃物品银 3 000 两;

3. 巨野、菏泽、郓城、单县、曹县、鱼台、武涉 7 处,各建教士住房,共给工费 2.4 万两;

4. 保证此后不再发生类似事件;

5. 以中德两国人资本设立德华公司,承修山东全省铁路,并许开采铁路附近之矿山的权力;

6. 德国办理此案的全部费用,均由中国方面承担。①

胶州湾事件是曹州教案的逻辑结果,德国已经在事实上军事占领了胶州湾,但在这六项要求中却闭口不谈胶州湾的事情,德国的用意显然是期待以胶州湾为"抵押品",尽最大可能提高曹州教案的要求,最后迫使中国政府在德国租借胶州湾的问题上让步。

中国政府当然清楚德国的用意。11 月 20 日,总理衙门向德使表示同意与德国政府就曹州教案的善后问题以六项要求为基础进行谈判,但前提条件是德国必须实现从胶州湾撤军。

对于中国政府的撤军要求,德国政府当然也不会同意。德使海靖表示,德国军队占领胶州湾是因曹州教案而起,在曹州教案没有获得圆满的解决之前,德国军队不能撤出胶州湾,德国需要舰队留在那里监视山东地方当局是否如实执行清政府的命令,所以撤军是德国方面根本不予考虑的问题,也是德国政府与清政府唯一不能谈判之点。德国政府必须以继续占领胶州湾保持对清政府的外交、军事压力,迫使中国能够妥善地处理曹州教案的善后。

德国军队不可能轻易撤出胶州湾,这一点清政府内部早有明确的判断,当胶州湾危机发生之初,清政府就期待由列强出面干预迫使德国

① 赵尔巽主编:《清史稿》卷一百五十七,4604 页,北京,中华书局,1998。

撤军。清政府内部相当一部分人认为,德国的强行占领破坏了国际(尤其是远东)政治格局,破坏了列强在远东、在中国的利益平衡和均势,尤其损害了俄国人的利益。出于这种判断,当胶州警讯传到北京的当天(11月15日)晚上,李鸿章就秘密前往俄国驻华公使馆,请求俄国出面劝退德国。

二 列强瓜分中国

俄国政府在胶州湾问题上有着自己的想法与判断,尼古拉二世确曾当面向德皇威廉二世表示过不反对德国占有胶州湾,所以德国政府在下令海军舰队从吴淞口驶往胶州湾的时候,也曾询问俄国政府是否同意。此时,俄国政府的想法有了变化,他们觉得有必要利用胶州湾的危机与清政府进行一次交易,于是沙皇尼古拉二世用模棱两可的语言回答德皇威廉二世说:"对你派遣德国舰队去胶州的命令,我不能表示赞成或不赞成,因为我不久前才知道,这一港湾只在1895—1896年间暂时归我们使用。"[1]所以,当李鸿章向俄使求助的时候,俄国方面很爽快地答应了中国的请求,称愿意帮助中国劝说德国退出胶州湾,"以友谊论,俄国故不能漠视;以大局而论,俄尤不容其久踞"。[2] 俄使甚至故作神秘地帮助李鸿章分析,劝说德国从胶州湾撤军并不难,只是现在英国水师也有前往胶州湾的动向,一旦英德联手,勾结一气,事情可能就比较麻烦。显然,俄国有意夸大胶州湾危机,为其直接出兵干预留下伏笔。

11月16日,俄国政府向德国政府明确表示,中国政府曾经允诺俄国军舰在胶州湾过冬,因此俄国对胶州湾享有停泊优先权,德国军舰未经俄国同意驶入胶州湾不仅损害了俄国的利益,而且势必引起英国和法国的不满,如果英法两国也派军舰进入胶州湾,极可能破坏远东政治格局的平衡与均势。俄国劝告德国从胶州湾撤兵,并暗示俄国同意德

① 转引自丁名楠等《帝国主义侵华史》第2卷,41页,北京,人民出版社,1986。
② 李鸿章致庆亲王奕劻的信(1897年12月9日)。转引自孔祥吉《胶州湾危机与维新运动的兴起》,见王晓秋主编《戊戌维新与近代中国的改革——戊戌维新一百周年国际学术讨论会论文集》,41页,北京,社会科学文献出版社,2000。

国可以在上海以南取得一个港口以替代胶州。同一天,俄国政府派太平洋水师提督率兵船 16 艘开赴胶州湾,声称要"从旁相机密看"。①

对于俄国的这些说法与劝告,特别是做法,德国方面不能同意。德国驻俄代办提醒俄国政府说:沙皇尼古拉二世对德皇威廉二世的回电已经充分表明俄国对胶州湾毫不关心,因此俄国现在关于胶州湾的一切说法都是德国政府难以接受的。对于德国的态度,俄国政府予以驳斥,宣称尼古拉二世的回电仅仅证实了一个事实,那就是胶州湾目前对外国军队是不开放的,俄国不会在外国船只侵入胶州时主动放弃该地。

/226

至此,德国政府已经清楚俄国的所谓干涉与劝说只是在与德国讨价还价,并不是真的在帮助中国人。俄国政府只是希望获得德国政府对他们的承诺与支持,以保证俄国在远东的利益不受到损害。基于这样一种判断,德国政府适度调整了对俄国的关系。11 月 20 日,德国政府明确向俄国政府表示支持俄国的外交政策,并暗示如果俄国能够同意德国占有胶州湾,德国政府不对俄国将整个中国北部化为自己的势力范围表示异议,也不反对俄国军舰在胶州湾停泊。如果俄国在胶州湾问题上向德国要价过高,德国有可能转而支持英国的东亚政策。

德国政府的"慷慨"终于打动了俄国。11 月 30 日,俄国政府向德国政府表示,俄德两国在胶州湾问题上只是有一点误会,俄国政府期待德国政府消除误会积极合作。第二天,俄国政府向德国政府声明俄国可以不反对德国对胶州湾的军事占领,俄国政府也充分相信中国政府一定能够满足德国方面的要求。② 与此同时,俄国政府又向中国政府索要条件,宣称如果中国政府能够满足它的条件,俄国政府仍愿意劝说德国退出胶州。这三个条件是:(1) 俄国水师提督兵船开至胶州时,清政府应饬地方官照应一切;(2) 北省所用德国及他国教习,必须一概撤退,换用俄国人;(3) 吉林及京都东北各铁路建造时,用俄国人及俄国贷款;又,松花江、嫩江俱准俄船行走,黑龙江下游不准中国行船。③

中国政府原本指望俄国政府出面干涉促使德国尽快从胶州撤兵,

① 《光绪二十三年山东教案史料》,《清代档案史料丛编》第 3 辑,166 页。
② 《驻彼得堡代办齐尔绪基致外部电》(1897 年 12 月 1 日),见孙瑞芹译《德国外交文件有关中国交涉史料选译》第 1 卷,183 页,北京,商务印书馆,1960。
③ 《清代档案史料丛编》第 3 辑,178 页。

现在看来俄国政府不仅没有足够的把握劝说德国撤兵,反而乘机向中国索要更多的利益。在这种情况下,中国政府只能改变先前先撤兵后谈判的前提条件,同意与德国政府就曹州教案问题依照德国政府提出的六项要求进行直接交涉。12 月 4 日,总理衙门与德国公使达成初步协议,同意接受德国政府六项要求的前三项,以此诚意换取德国能够从胶州湾撤兵。然而,中国政府的诚意并没有取得如期的效果,反而坚定了德国继续占有胶州湾的信心。德国公使至此明确提出租借胶州湾作为德国当年参与干涉还辽的报酬,总理衙门表示完整地将胶州租借给德国可能会有困难,但中国政府可以考虑开放胶州,并承诺不会将胶州租借、割让给其他国家,德国可以在胶州设立租界、建造铁路。至于德国希望在中国沿海寻求一个不冻港,中国政府可以考虑将华南某一港口割让给德国。

对于中国政府的建议,德国方面毫不犹豫地予以拒绝,德国政府似乎意识到中国政府的方案实际上是在玩弄"以夷制夷"的外交手腕,是希望将德国引入英国的势力范围,造成英、德之间的冲突。因此,德国政府将计就计,在拒绝中国政府建议的同时,还巧妙地将这一方案告诉英国政府,以此换取英国政府对德国占领胶州湾的支持。对于法国和日本,德国也进行了安抚外交,重申支持他们在中国的利益,强调德国占领或租借胶州湾,决不会侵害他们在中国的利益。这样,英国、日本、法国等在相当程度上已经默认了德国对胶州湾的占领。

当德国进行紧张的外交活动的时候,中国方面却一直在进行外交政策方面的争论。两江总督刘坤一提出联合英国的主张,湖广总督张之洞则建议与英国、日本结盟以抗衡德国,湖南巡抚陈宝箴建议对德妥协以抗衡他国,而总理衙门的大臣们却依然幻想依靠俄国的干预逼迫德国撤兵。总之,中国当时所有的外交主张都是顺着"以夷制夷"的思路,没有人敢于提出或坚持凭借自己的力量与德国抗衡,迫使德国撤兵。

总理衙门倾心于俄国的外交主张在当时占据主导地位,中国方面的主要联系人为甲午战争后力主与俄国结盟的李鸿章。12 月 14 日,当中、德之间的谈判无法继续进行的时候,李鸿章同意俄国军舰从长崎开往旅顺,以期从军事上对德国制造压力,并阻止英国对旅大的觊觎。

李鸿章的意图是期望借助于俄国的力量迫使德国作出让步,迫使德国的军队撤出胶州,并倾向于中国方面在收回胶州的主权之后,也应该考虑德国的利益,在将胶州湾开放为公共通商口岸的同时,可以考虑在胶州湾沿岸为德国寻觅一处煤栈,以酬谢德国在干涉还辽时的好意。李鸿章的交涉主要是在北京与俄国驻华代理公使巴布罗福进行谈判,应该说这些方案在很大程度上是巴布罗福个人的建议,李鸿章比较愿意接受而已。不过现在看来,这一建议方案在当时并不为俄国外交部所接受,俄国政府在与德国进行密切的交涉过程中已经逐步改变了自己的想法,俄国政府实际上已经倾向于利用胶州湾危机达到自己的目的。

俄国人的想法与动向并非毫无迹象,中国驻俄使臣杨儒在给清廷的报告中似乎也提醒注意,但此时清政府中亲俄的外交主张占上风,再加上几年前刚刚复出的恭亲王奕䜣实在不愿中国再陷入与德国的军事冲突中,故比较善意地看待俄国的立场,况且还有中俄之间的密约宣称保障中国"二十年相安无事"呢。所以,杨儒的提醒并没有引起清廷应有的关注,相反清廷在李鸿章的影响下,越来越倾向于利用俄国的力量去制衡德国。所以,当英国的舰队在烟台集结而英国驻华公使窦纳乐却讳言的时候,李鸿章自然同意俄国舰队驶往旅顺。他的判断是,俄国人既不愿意德国久据胶州湾,更不愿意英国觊觎旅大,因此俄国舰队向旅大的集结应该是对英国和德国的威胁或警告,他根本没有考虑到俄国人会趁火打劫,向中国索取更多的利益。

1897年12月14日,俄国舰队在中国守军的欢迎下顺利开进旅顺。这一事实不仅无助于德国从胶州湾撤兵,相反俄国人的行动却获得了德国方面的喝彩,德国终于在胶州湾问题上找到了同盟者,德皇威廉二世通过驻德俄使转告沙皇尼古拉二世称,俄国的敌人就是德国的敌人,不论英国人还是日本人,要想以武力阻碍俄国实现其意图,都将遭到德俄两国舰队的联合反对。俄德两国的动态终于使中国政府明白,同意和接纳俄国舰队进入旅顺真的应了中国一句古话,那就是"引狼入室"。俄国人不仅不会在胶州湾问题上帮助中国劝退德国人,而且俄国人必将步德国人的后尘向中国索取更多的好处,最直接的好处就是仿照德国的先例,向中国政府要求租借或占有已经被和平方式军事占有的旅顺、大连湾。

德俄两国的动态引起了清政府的恐慌,既然已经无法指望俄国政府在胶州湾问题上帮助中国劝退德国,那么中国政府只好加紧与德国的直接协商。而德国在俄国军舰进入旅顺、大连湾之后,更觉得自己有了新的同盟,于是在与中国政府进行谈判的同时,又向中国施加强大的军事压力。12月16日,也即俄国舰队进入旅顺的第三天,德国政府不顾中国方面的谈判诚意,下令派遣增援部队来华,甚至扬言将在一切必要的场合运用"铁拳"给中国以打击,迫使中国就范。

在做好军事准备的同时,德国政府开始向中国索要想得到的东西了。1898年1月4日,德国公使海靖前往总理衙门会见恭亲王奕䜣、庆亲王奕劻及荣禄等,明确提出租借胶州湾99年的无理要求。海靖称:"现在胶澳海口,已均为德所有。此时还回,中国亦无海军驻守。德顾邦交,不肯多占。好在系租地,将来仍还中国,此时不过暂时租用。"海靖还威胁说:"本大臣现奉本国严谕,一、如不允租,不但不退胶、墨之兵,且应尽兵力所至任意侵占;二、愿租之后,可以不要中国赔费;否则,尽德兵力,索赔数百万;三、此事未定,中国不能借用洋债,各银行知此事未妥,亦不敢借。"[1]

德国的狂妄态势吓倒了清政府,恭亲王奕䜣等人根本无法表达强硬的外交姿态,他们除了在租期等枝节问题上与海靖讨价还价外,只能表示基本"可允"。经过一系列艰难的谈判之后,清政府只好接受德国的要求。1898年3月6日,李鸿章、翁同龢代表清政府与德国方面签订《胶澳租界条约》,同意将胶州湾及湾内各岛租借给德国99年;"德国租借之地,租期未完,中国不得治理,均归德国管辖"。在胶州湾沿岸潮平100里内划为中立区,德国官兵有权自由通行,而清政府在中立区派驻兵营等则须先与德国会商办理;德国有权在山东境内建造铁路,并有权开采铁路沿线30里内的矿产资源;中国在山东境内任何工程所需外

---

① 《清代档案史料丛编》第3辑,180页。

国人员、资本及技术,都应先与德国商办。① 由此不仅胶州湾成为德国的殖民地,而且整个山东实际上都沦为德国的势力范围。

德国的"成功"极大地刺激了俄国的胃口,俄国政府乘胶州湾危机以中国同盟国家的身份出兵占领旅顺、大连湾。现在,它仿照德国的做法,向中国政府正式提出租借旅顺和大连湾。同时,它也仿照德国所为向中国增兵,宣称一旦清政府正式拒绝了俄国的要求,他们必将以武力加以解决,坚持占领。

俄国政府不守信誉的做法引起了清政府的困惑和不满,清政府责成驻俄公使杨儒于 1898 年 1 月拜谒沙皇尼古拉二世,当面探询究竟。尼古拉二世欺骗杨儒说:俄国军舰暂驻旅顺口,一是因为胶州湾危机,二是为了度冬,三是为了帮助中国,防止其他国家占领。杨儒再问:既然如此,那么俄国军队准备何时退出呢? 尼古拉二世对此根本不予回答。② 清政府实际上也多少明白了俄国政府的真实心态,看来不让俄国租借旅顺、大连湾,已经不行了。

此时与德国政府就胶州湾租借问题的谈判尚未结束,如果清政府与俄国政府在北京就旅顺、大连问题进行交涉,势必引起各国的注意,产生不必要的麻烦。为此,清政府命许景澄为头等专使赴俄京谈判。许景澄在面见尼古拉二世的时候,当面表达了中国的难处:"缘英法两国均思在中国南境图得土地,日本又在威海卫增兵,意图久住,皆视中俄商办旅大两口结果,以定进止。如中国一允俄国,则英法日三国皆接踵要求,中国即不能自立,必致东方大局扰乱。"他请尼古拉二世考虑到中国的实际难处,给予适当的让步。

中国的要求已经是委曲求全、低三下四了,而俄皇尼古拉二世闻讯竟然说:"俄国在东方不能不有一驻足之地,现在外部所定条款及画押期限,我们早经筹定,实难改动。惟望转答贵国政府,早日允办。"③尼古拉二世干脆将话挑明,不再给中国以任何回旋余地。许景澄再要申诉时,尼古拉二世不理,只看着陈列的中国瓷器和玉器,似乎要表明一

---

① 朱寿朋编:《光绪朝东华录》(4),4055 页,北京,中华书局,1984。
② 王彦威辑、王亮编:《清季外交史料》第 2 册,2008 页,北京,书目文献出版社,1987。
③ 许景澄:《许文肃公遗稿》卷九,34 页。

旦中国政府不能满足俄国的要求,俄国仍将如德国一样,大兵压境,武力解决。俄国外交大臣将这一暗示明白表达,他告诉许景澄:如过 3 月 27 日双方尚不能达成协议,俄国自有办法。

俄国人的软硬兼施终于奏效。① 1898 年 3 月 27 日,李鸿章、张荫桓与巴布罗福分别代表各自的政府在北京签订了《旅大租地条约》,同年 5 月 7 日,双方又在俄京圣彼得堡签订《续订旅大租地条约》。这些条约将旅顺口和大连湾及其附近水面、岛屿,以及东至貔子窝、西至普兰店以南的那个半岛租借给俄国 25 年,并有期满续租的规定。在租借地以北有一个中立地带,仍归中国管辖,但禁止中国军队进入。这不仅违背了俄国政府先前对英国的承诺,也违背了最惠国条款,旅顺口将辟为军港,并且除俄国和中国船只外,禁止一切船只驶入了。大连湾辟为商港,准许各国船只往来,但是这里的港口有一部分是专供俄国和中国的船只使用的。俄国得在中东铁路上建造一条联络这两个港口和哈尔滨的铁路线,但也承认中国有从山海关向东修筑铁路的权利。中立地带的开矿权和其他让与权除给俄国人外,不得给别国人民。按照协定,中国守军于 3 月 27 日撤出这两个港口,俄国军队就在次日加以占领。② 俄国名义上租借旅大,实际是占领了辽东半岛。当初俄国积极干涉,从日本手里拿出的现在又归俄国了。不过,清政府,至少是慈禧太后和李鸿章,还是愿意依靠俄国这个战略盟国的。

当德、俄向中国取得租借地的时候,英国一方面设法阻挠,另一方面乘机向中国索要所谓补偿。1898 年 2 月 9 日,英国驻华公使窦纳乐奉命照会总署,要求中国确保不将扬子江沿岸各省租押或以其他名义让与他国,将长江流域收入囊中,自行划为英国的势力范围。当中德胶澳条约及中俄旅大租借条约签订时,英国就决定占领威海卫。英国政府通知窦纳乐说,由于德国占据了胶州湾,俄国占据了旅顺口,华北地区的均势发生了实质性的变化,所以英国政府有必要在日本人离开威海卫之后,按照俄国租借旅顺口的同样条件,取得威海卫的租让权,以

231

---

① 俄国财政大臣维特在回忆录中说此次谈判过程中曾向李鸿章和张荫桓分别行贿。不过,这个问题在学术界争议很大,尚没有直接的资料能够证实。

② 参见[美]马士、宓亨利《远东国际关系史》,407 页。

争取对华北的控制权。

当时威海卫尚在日军的占领下,英国要想获得威海卫,就必须得到日本的同意。3月15日,英国驻华公使窦纳乐在向总理衙门正式提出租借威海卫要求的同时,也正式将这一建议通知了日本。日本对英国政府的建议表示同意,但条件是,"将来无论何时,为加强它的防御或促进它的利益,而认为有必要采取的类似措施"。[①]英日两国就联合侵占中国达成了谅解。

因为德国已经租借了胶州湾,在山东享有特殊权益,而威海卫就在山东的范围内。英国如欲获得威海卫,就必须取得德国的同意。英国向德国保证不妨碍德国在山东的权益,并被迫答应德国的要求,承诺不修筑自威海卫延伸至山东境内的铁路,事实上是承认德国在山东享有特殊的权益,承认山东为德国的势力范围。

已经获取旅大的俄国对英国租借威海卫的计划深为不满,力图加以阻挠。俄国政府向德国建议,由俄德两国保证在日本撤离威海卫之后,将威海卫交还给中国,并由中国保证永不将威海卫割让给任何国家。而德国既已获得英国对其在山东特殊权益和势力范围的承认,并且乐于看到英、俄矛盾加深,因此决定不接受俄国的建议,不反对英国租借威海卫。稍后,俄国又转向日本寻求帮助,希望与日本一起联合担保将威海卫还给中国。而日本既已和英国达成了秘密谅解,所以对俄国的建议根本不感兴趣。

英、日、德三国的谅解增强了英国的信心,剩下的就是它如何迫使清政府接受。3月28日,即中俄旅大租借条约签订的第二天,窦纳乐再次向总理衙门提出这一要求。总理衙门答应须待日本自威海卫撤退之后再议。三天后,窦纳乐再次来到总理衙门大肆威胁,公开扬言如果中国政府不能很快答应,那么英国军队将以武力解决。

其实,清政府内部早就有意将威海卫出让给英国。当俄国暴露出对旅大的野心后,清政府就觉得俄国政府不可靠,遂产生联合英国以制俄的幻想,并通过赫德向英国政府表示愿将威海卫租让给英国。这种

---

① 参见杨公素《晚清外交史》,233页,北京大学出版社,1991。

思想倾向在中德胶澳条约及中俄旅大条约签订后继续发酵,督办铁路大臣盛宣怀甚至公开主张不如将威海卫租让给英国,借以牵制俄国和德国。① 两江总督刘坤一、湖广总督张之洞、直隶总督王文韶等也都不同程度地存在着这种想法,再加上英国军舰的示威,于是清政府在4月2日接受了英国的要求,但提出三项条件:(1) 租期应与俄国租借旅大相同;(2) 中国有权在威海卫停泊兵轮;(3) 英国不得再向中国提出领土要求。

英国公使窦纳乐原则同意前两条,但对第三条则坚决反对。他的理由是,英国租借威海卫是为了抵制俄国,专为北方;如果法国占领了南海口岸,英国必须在南方另索一处以抵之。② 当时法国正向清政府索要租借广州湾,所以英国准备借机再向清政府进行新的勒索。不过,窦纳乐也表示,一旦俄国自旅大撤退,英国必将迅速将威海卫归还中国。

英国的软硬兼施终于征服了清政府。7月1日,两国政府的代表签订了《订租威海卫专条》,将威海卫海湾连同刘公岛和威海卫沿岸附近海面租给英国,租期与俄国租借旅大相同。英国得在租地内沿海一带修筑炮台、驻扎军队等。中国军队仍可出入,原中国在威海的官员仍可在城内继续行使民事管辖权,"各司其职",兵船亦可使用威海海面。

日本威海占领军在清政府于5月9日将最后一期赔款付清后撤退。5月24日,英国国旗在威海卫的上空升起。此后,驻扎在威海的英军与驻扎在旅大的俄军隔海相望,中国的华北大门渤海湾便被英俄两国共同控制了。

当俄国向清政府索要旅大的时候,它的盟国法国也不甘寂寞,积极配合行动。2月间,法国政府刚刚宣布过它无意仿效德国在中国攫取海军基地,然而3月13日,法国驻华公使就向清政府提出四项要求:(1) 车里(滇边江洪)以及云南、广西、广东等省,应照长江之例,不得让与他国;(2) 中国邮政总管由法国人担任;(3) 准许法国修筑自越南至云南省城的铁路;(4) 法国在南海海面设立"趸船"之所。法国政府的

---

① 盛宣怀:《愚斋存稿》卷三十一,23 页,武进盛氏,1939。
② 陈义杰整理:《翁同龢日记》第 6 册,3108 页,北京,中华书局,1997。

理由是,中国政府已经允许德国在山东租借胶澳并享有修筑山东境内铁路的特权等,"法独向隅,议院不平,请派舰重办"。所以,法国政府提出的四项要求,中国政府"必须照准,如果中国和商,法必顾大局,否则不得不筹办法"。这是典型的强盗逻辑。

然而弱国无外交。在法国政府的胁迫下,总理衙门被迫同意与法国举行谈判。经李鸿章与法国公使商定各款后,4月9日,法国公使向总理衙门提出关于上述(2)(3)(4)项要求的照会,并声明"不准动一字,限明日复"。①

第二天,总理衙门以照会照录法方来文"不动一字",答复承允,同时又以另一照会对法国4月4日关于不割让西南边省要求的照会也给予肯定性的答复。实际上清政府完全同意了法国政府3月13日的四项要求,即(1)法国得自越南边界至云南省城修筑铁路一条;(2)同意将广州湾租借给法国99年;(3)中国将来设立总理邮政局专派大臣时,"所请外国官员,声明愿照法国国家请嘱之意酌办";(4)清政府声明对于越南临近各省,绝无让与或租借他国之理。

根据这几项换文,法国在西南三省的势力范围进一步得到巩固和确立,特别是广州湾的租借,使法国在广东沿海距香港不远的地方建立了自己的据点,以便与英国在华南地区争夺势力范围。4月22日,法国国旗在广州湾升起了,尽管这个租借条约直至5月27日才送交给总理衙门,至于清政府的最终批准则是1900年1月5日。

这样,法国实际上在云南、广东、广西等省获得了控制权,奠定了它在这一巨大区域势力范围的基础。法国的企图是,沿着湄公河流域而上,将其势力带到云南和四川,同时在英国控制的缅甸和其势力范围的长江流域插进一个楔子。

法国的动态引起了英国的关注。其实,早在法国向清政府提出租借广州湾等项要求的时候,英国就已准备要求"补偿"。很久以来,香港的军事地位就成为英国当局所关心的重要问题之一。香港的北面边界有大部分贴近中国领土,因而英方急于取得殖民地界址的扩展,从而使

①《清季外交史料》第2册,2182页。

香港岛免于任何袭击的危险。4月12日,即中法关于租借广州湾换文的第二天,英国公使窦纳乐就向总理衙门提出租借九龙半岛展拓香港界址的要求。这个要求,英国过去曾向清政府提出过,并进行过试验性谈判,但一直没有结果。

13日,窦纳乐又补充了三项要求,即(1)给予英国一条铁路让与权,(2)开放南宁为通商口岸,(3)中英两国订立中国不出让广东和云南两省的协定。窦纳乐表示,如果中国答允了这些条件,英国以后再也不会向中国提出领土要求了。

总理衙门已经在给法国的照会中答应过不将包括南宁在内的西南三省让与他国,所以它对英国的这些要求不敢轻易答应。[①] 经过一番谈判,清政府答应了英国修筑一条铁路的让与权及香港界址扩展的权力。5月13日,督办铁路大臣盛宣怀与英国中英公司签订《沪宁铁路草合同》。6月9日,总理衙门与英国公使窦纳乐签订《展拓香港界址专条》。根据后一个专条,英国取得为期99年的租借权,其范围从深圳湾到大鹏湾的九龙半岛全部,连同两个海湾的海面及其邻近的其他海面和岛屿。九龙城的民事管辖权仍由中国官员行使,并规定建造一条通往广州的铁路。

列强对中国的外交"成功"也刺激了日本的胃口。1898年4月21日,日本驻华公使矢野文雄非正式地与李鸿章、张荫桓等总理衙门大臣进行会晤,要求中国政府承诺不将福建省内之地方让与或租与别国。他的理由是,从远东形势来看,从维持亚洲均势、从日本的条约权利以及从人情等各方面来说,日本都可以像西方列强那样要求在中国大陆占有一个重要港口,但日本并没有这样做,而仅仅从自卫的立场,从保全中国完整的立场,要求中国政府承诺不将福建割让给别的国家。日本政府的善意友好由此是不难理解的。如果中国政府不能体察日本政府的善意而加以拒绝,那么日本不得不认真考虑应该采取的手段,中国就必须对由此而产生的时局变化承担全部责任。第二天,矢野文雄将日本政府的这一要求以照会的形式向总理衙门正式提出。[②] 4月24

235

---

① 《翁同龢日记》第6册,3111页。
② 王芸生:《六十年来中国与日本》第3卷,228页,北京,生活·读书·新知三联书店,2005。

日,总理衙门接受了日本的要求,照复矢野文雄称:"本衙门查福建省内及沿海一带,均属中国要地,无论何国,中国断不让与或租给。"①至此,日本也实现了自己的目的,将福建省列为自己的势力范围。

至此,除了北京及西北边疆外,大部分中国已经被英、法、德、日、俄等几个国家所瓜分,它们不仅占有自己的势力范围,而且拥有自己的殖民地,建立所谓租借地式的"国中之国"。

---

① 《福建不割让往来照会》,见王铁崖编《中外旧约章汇编》(一),751 页,北京,生活·读书·新知三联书店,1957。

第二节　制度性改革方案与保国会风潮

胶州湾事件及由此而引起的一系列列强强占势力范围等事件,引起了中国社会各个阶层的高度关注。清政府内部一些具有全局视野的大臣们、督抚们也在思谋良策,为了应对民族危机,尽早着手进行变革。时在天津督练新军的袁世凯,在不到半个月的时间里两次向翁同龢呈递建议书,希望翁同龢能够利用自己在朝中的重要地位,推动清政府尽早开始变法,为中国寻求一个新的发展方向。在这两份建议书中,袁世凯比较详尽地分析了中国所处的国际形势及各大国关系的微妙变化,以为中国不能再固守多年来的"以夷制夷"外交路线,更不能把中国的未来建立在俄国人的保护上,清政府一度奉行的联俄外交路线并不可靠,中俄之间的利益冲突迟早总会表现出来。能够拯救中国危机的根本力量只在于中国社会内部,中国只有走上真正的变革之途,才能改变这种在国际局势中的被动地位。袁世凯批评自甲午战争后的所谓变法思潮与政府的变法举措大多流于空言而未见诸实行。针对这些问题,袁世凯提出自己的变革思路,将变法的落脚点放在用人、理财和练兵这样三个问题上。1897 年 12 月 30 日,翁同龢收到袁世凯的第一封建议书后的批语,竟是"论各国情形甚当,变法,空"。①

一　康有为上清帝第五、第六书

体制内的开明官僚如袁世凯辈的见识不过如此,这种见识自然很

---

① 袁世凯致翁同龢书,见孔祥吉《晚清佚闻丛考》,167 页,成都,巴蜀书社,1998。

难获得清政府高层的赏识。清政府内部高层对于先前变法举措难以推行的认识不会比袁世凯等人少,他们现在已经深切地感到中国如果不进行整体性的变革已经很难挽救中国的危机,所以他们对于袁世凯辈的类似建议都很难再感兴趣,他们需要的是整体性、彻底的变革方案。而这种方案是体制内官僚无论如何都难以提出的,而只有游离于体制的知识分子如康有为的思考才是清政府内部高层的选择。

康有为没有辜负翁同龢等清政府内部高层的期待。1897 年 12 月 5 日,①康有为向清政府呈递《上清帝第五书》,明确提出开国会、定宪法两大政治主张。这两大政治主张与袁世凯提出的三点建议确乎难以同日而语,获得清政府内部高层一部分人的激赏,当然反对声也就更为激烈。

在《上清帝第五书》中,康有为详尽分析了当时中国所处的国际环境,以为中国如欲摆脱被动的国际环境,只有在内功上下功夫,使中国尽快以近代民主国家的形态出现在世界舞台。为达此目的,康有为向清政府提出了三点建议:一是取法俄国、日本等与中国国情比较类似的国家已经走过的成功道路,尽快开始变法,从根本上铲除旧制度的根基,建立一套全新的政治制度,即建立俄国、日本式的君主立宪体制。为此,康有为建议光绪皇帝乘胶州湾危机这一背景,下诏罪己,激励人心,明定国是,与海内更始。建立国会以通上下之情,尽革旧俗,一意维新。采择万国律例,定宪法公私之分。康有为相信,这一新的政治体制的建立必将为中国的未来发展提供必要的保障,也有助于克服因胶州湾危机而导致的困局。二是大集群才,集思广益而谋变法。三是听任疆臣各自变法,以局部试验为全国性的变法提供经验。②

康有为三点建议的后两点应该说并没有多少新意,这也是当时的一般激进知识分子和政府内部中层开明官僚如袁世凯之辈的思考,袁世凯在 1898 年初向翁同龢提出的第二份建议书中也曾建议清政府要允许那些"忠诚明练"的督抚在自己的辖区进行改革试验,待这些局部

---

① 关于康有为《上清帝第五书》的上书时间,学术界向来争议甚多,或定为 1898 年 1 月,或定为 1897 年 12 月。此处定为 1897 年 12 月 5 日,主要是依据康有为的《自编年谱》中的说法。详见刘振岚《戊戌维新运动专题研究》第 101 页的考辨,首都师范大学出版社,1999。

② 康有为:《上清帝第五书》,见汤志钧编《康有为政论集》上册,201—210 页,北京,中华书局,1981。

性的试验取得一定的成效之后再向全国大范围推广。① 至于大集群才，集思广益，更是当时所有有识之士的共同看法。康有为三点建议最有价值也是后来引起震动最大的是其第一条，即取法俄国、日本进行政治制度变革的主张，根据这个主张，中国势必要对已有的政治体制进行根本改造，开国会、定宪法也就是这一建议中的应有之义了。

制度性变革的设想或许是当时中国的唯一出路，但康有为的"小臣"身份使他的建议无法直达清政府高层。当他将这份建议书循例呈递给工部主管当局的时候，内中那些直率的言辞、超越清廷已有政策底线的制度性变革建议实在是吓坏了工部主管们。从保全自己和保护康有为，以及忠诚清廷等任何一个角度考虑，他们都不敢将这份建议书直接呈送清政府高层，而是压了下来。

不甘寂寞的康有为当然不能容忍工部当局的做法，他在向工部当局呈递这份建议的同时，也向其他相关方面提供了副本，以唤起各方面的同情和支持。所以，当工部主管当局扣压了他的《上清帝第五书》不久，给事中高燮曾却觉得康有为的建议甚有价值，值得向光绪皇帝等高层推荐，并希望光绪皇帝能够召见康有为，当面听取康氏对政府改革的通盘设想。

高燮曾的建议很快被光绪皇帝所接受，此时的光绪皇帝主要心思也在考虑整体性的政治变革如何开局等问题。1898年1月16日，光绪皇帝在召见群臣时曾将此意略做表达，希望各位重臣能够从国家根本利益上进行考量，提出如何变法的系统构想。各位重臣此时正忙于胶州湾危机的善后，根本无暇思考这些变革问题，只有翁同龢稍有对答，希望政府的未来改革能够从内政方面做起。紧接着，翁同龢等人在光绪皇帝的同意下于第二天连发三道上谕，一是要求改进中央政府各衙门的办事作风，提高效率；二是要求各省督抚切实淘汰冗员，举荐人才，开创新局；三是要求各省根据自己的情况尽快筹款开办制造局厂。② 总之，光绪皇帝期待中国能够在内政方面有办法。

光绪皇帝此时关注内政与改革制度，有意实行高燮曾的建议，即出

① 参见孔祥吉《晚清佚闻丛考——以戊戌维新为中心》，169页，成都，巴蜀书社，1998。
②《翁同龢日记》第6册，3081页。

面召见康有为。主持朝政的重臣恭亲王奕䜣碍于清朝的礼仪传统,以为康有为的级别太低,皇帝不宜直接出面与其交谈,并建议光绪皇帝如欲向康有为询问什么问题,可由各位大臣代为询问。①

奕䜣的折中建议化解了矛盾,光绪皇帝虽然没有能够面见康有为,但毕竟使康有为能够在清廷诸位重臣面前畅谈自己对国事的看法。1月24日下午3时,康有为在总理衙门所在西花厅接受荣禄、李鸿章、翁同龢以及刑部尚书廖寿恒、户部左侍郎张荫桓等人的问话,②康氏似乎也乘此机会将《上清帝第五书》直接呈递给政府最高当局。

西花厅问话至今没有发现翔实的档案记录,当时参与问话的翁同龢在日记中记道:"传康有为到署,高谈时局,以变法为主。立制度局、新政局,练民兵,开铁路,广借洋债数大端。狂甚。"③从内容上看,康有为将自己多年来的见解尽情发挥,各位大臣也就自己关心的问题与康有为进行了探讨。但从气氛上看,康有为似乎并没有在各位重臣面前赢得多少好感,即便对他不薄的翁同龢都觉得他"狂甚",那么给其他几位对他素有成见的大臣如荣禄等人,就更难留下什么好的印象了。

在多年之后,康有为回忆这次问话时,也隐含着这样一种意思。在他慷慨陈词地讲述了自己的变法主张后,荣禄似乎也是不经意地提醒他"祖宗之法不能变",而康有为也不客气地回应道:"祖宗之法,以治祖宗之地也。今祖宗之地不能守,何有于祖宗之法乎? 即如此地为外交之署,亦非祖宗之法所有也。因时制宜,诚非得已。"康有为的辩论自然有足够的道理,如果他当时确实以这种口气回应荣禄的提问,即便荣禄有宰相之腹,也很难容忍康有为这样的小狂生,由此也为后来的政治发展留下了伏笔。

尽管如此,进行变法毕竟是大势所趋,也是光绪皇帝当时思考的重点,因此怎样变法就成了这次问话不可回避的问题。刑部尚书廖寿恒

---

① 胡思敬:《康有为构乱始末》,见《戊戌履霜录》卷六,南昌退庐,1913。根据与闻其事的张荫桓回忆,光绪皇帝拟召见康有为,是因为翁同龢的建议与推荐,而恭亲王奕䜣的反对理由是:"额外主事保举召见,非例也,不可无已,先传至总理衙门一谈,果其言可用,破例亦可,否则作罢论。"《驿舍探幽录》,见中国史学会编《戊戌变法》(一),492页,上海,神州国光社,1953。

② 据张荫桓回忆,他确实参加了这次谈话,但"语未终,余以有事去,不知作何究竟"。《驿舍探幽录》,见《戊戌变法》(一),492页。

③《翁同龢日记》第6册,3086页。

就此发问,让康有为谈谈究竟应该怎样变法?康氏的回答格外简单,即"宜变法律,官制为先"。其中隐含的深意或许是康氏当时的发挥基本上都是改变中央政府的设置和功能,似乎有尽撤六部、尽弃旧例的含义。于是,长期在中央政府主管日常事务的李鸿章问道:"然则六部尽撤,则例尽弃乎?"康有为答道:"今为列国并立之时,非复一统之世,今之法律官制,皆一统之法,弱亡中国,皆此物也,诚宜尽撤,即一时不能尽去,亦当斟酌改定,新政乃可推行。"这就从根本上否定了中国已有政治制度的所有价值,也是从根本上、从所有方面仿效西方制度进行变法。这种激进的政治观点如果仅仅是理论式的探讨还有一定的价值,如果用之于实际的政治运作,肯定不会有什么好结果,务实的政治家如李鸿章辈怎么能够从容接受康有为的建议呢?

或许是担心康有为的冒失会导致更多的不愉快,甚者将影响即将到来的变政大业,翁同龢迅即转移话题,询问康有为在筹款方面有什么考虑。康答道:"以日本之银行纸币,法国印花,印度田税,以中国之大,若制度既变,可比今十倍。"于是,他陈法律、度支、学校、农商、工矿、铁路、邮信、会社、海军、陆军之法,并言日本维新,仿效西法,法制甚备,与我相近,最易仿摹。他称自己已经编辑有《日本变政考》及《俄大彼得变政记》,比较翔实地考察了日俄两国的政治改革过程,对于中国即将开始的政治变革或许具有一定的参考价值。①

西花厅问话的真实情形已无法复原,但从这些零星的材料中可以明显地观察到清廷重臣以及康有为等人的政治趋向及思路。对于这些重臣们来说,康有为的这些建议或许并无新意,他们在自己的政治实践中早已明了这些道理。不过对于康有为来说,尽管他的狂妄姿态引起了一些重臣的极端反感,为后来的政治发展或许留下了若干变数,但他直率的言辞和极端的见解,尤其是他那种"片面深刻"的思路确实给这些重臣留下了相当深刻的影响。西花厅问话成了康有为政治生涯中的一个最值得记忆的转折点。

随后,翁同龢便将西花厅问话的大概情形上报给光绪皇帝。或许

---

① 康有为著、楼宇烈编:《康南海自编年谱》,36—37页,北京,中华书局,1992。

是翁同龢的倾向性描述,更加引起了光绪皇帝的兴趣,光绪皇帝觉得有必要召见康有为直接谈谈,以便能够理清中国未来发展的思路。光绪皇帝的决定再次遭到恭亲王奕訢的反对,奕訢依然以祖宗的礼仪传统阻止光绪皇帝召见康有为,不过他同时也建议光绪皇帝不妨命令康有为将书面意见尽早呈报,如果从中发现确有价值,可以考虑用什么办法安排召见。至于康有为期待的职务安排,似乎根本就没有被提上台面,一气之下,康有为和他的弟子们甚至决定就此离开京城,不再与清政府合作。

康有为的心态很快被翁同龢所获知,大约在西花厅问话的次日凌晨,翁同龢以帝师之尊来到南海会馆拜会康有为。他似乎期待这位将来终有一日掌握清政府中央大权的年轻后生要耐得住寂寞,不要计较一时之得失,不要以这小小的挫折就放弃多年的追求,更不应该意气用事地一走了之。他似乎还就自己所知的一些情况作了介绍,甚至向康表白自己也是主张变法维新的新党,与康有为在本质上是同道。总之,康有为在翁同龢的劝说下回心转意,他觉得无论从哪一个方面说,自己都不应该过于看重官职的高低,还是应该留在京城利用自己已经赢得的机会,为将要进行的变法事业贡献自己的心智。①

1月29日,康有为遵照光绪皇帝的旨意将最近赶写出来的《请大誓臣工开制度局革旧图新以存国祚折》(即《上清帝第六书》),连同《日本变政考》《俄大彼得变政记》一并呈递到总理衙门。这次上书比先前任何一次都要顺利,康有为的政治处境较之先前已获得极大改善。

《请大誓臣工开制度局革旧图新以存国祚折》是康有为的《上清帝第六书》,或简称为《应诏统筹全局折》。这是康有为在戊戌年间留下的最重要的政治文件,是康有为关于中国政治体制改革的总体设计。在这份文件中,康有为从国际政治格局的变化,引证当时波兰、埃及、土耳其、缅甸等国墨守成规,不思变革,最终导致亡国或被瓜分的惨痛教训,以为国际社会正处在一个新的组合分化过程中,中国应该把握这一机

① 康有为后来也对这一次见面赋诗一首,也似乎表明他当时有意离京南下,而在翁同龢的劝说下而停止,诗称:"已革九关痛苦,但思吾党赋归欤? 早携书剑将行焉,忽枉轩裳特执裾。深惜追亡萧相国,天心存汉果何如?"诗意虽然比较隐晦,但多少透露出他与翁同龢谈话的信息。不过这次见面也不见于翁同龢的日记。

遇,尽快将中国改造成一个近代国家,成为国际主流社会中的一员。他说:"能变则全,不变则亡;全变则强,小变仍亡。"中国只有彻底地弃旧图新,才能摆脱被动的外交局面;中国只有从内部发生真正的变化,才能赢得国际社会的尊重与平等。总之,只要国内政治有办法,外交上就有办法。而国内政治的唯一办法,就是进行政治体制改革,就是仿行西方近代国家的政治体制改造中国自古以来几百年乃至数千年不变的政治体制。

在这份奏折中,康有为没有过多地论述中国应该进行变法改革的理由,因为中国不变则亡的道理在当时已经是朝野各界的共识。所以康有为在这份奏折中的思考重点是中国应该怎样去变,即中国的政治体制改革究竟应该怎样开始和进行。

康有为认为,中国的国情与日本、俄国进行改革前的国情比较相似,日俄两国通过政治改革极大地动员了国内各方面的力量,从而促使两国的经济、社会乃至军事力量等都获得了很大的发展,它们的成功为中国树立了很好的典范,中国应该仿照日俄两国的政治改革尤其是日本的明治维新所走过的道路、所采取的措施。而日本明治维新中最重要的举措实际上只有三点:一是大誓群臣以定国是,在政府高层内部形成必须进行政治改革的基本共识;二是广开言路和征求人才的通道,愿天下所有英才为我所用;三是开制度局而定宪法,以宪法去约束人的活动,从而使日本一跃成为近代民族、民主国家。

基于日本的经验,康有为向清政府的最高决策层郑重建议做好三件事,便可保证变法维新的政治改革获得成功:

第一,由光绪皇帝在天坛或太庙或乾清门大誓群臣,诏定国是,宣布变法维新正式开始,坚定群臣革旧维新的信心与信念,宣布广采天下舆论,广取万国良法,重建中国全新的政治体制。

第二,由政府最高层在午门设立待诏所,委派两名御史专司此事,允许上下臣工、草民百姓尽自己所知上书言事,对国家的政治发展、经济建设及所有方面提出建议。所有上书不得如旧体制由堂官代递,以免阻挠。凡上书中有可取之处者,可由皇帝或其他相关部门的主管予以召见,量才录用,人尽其能。

243

第三,开制度局于宫中,征天下通才 20 人参与其事,统筹全局,下设法律、税计、学校、农商、工务、矿政、铁路、邮政、造币、游历、社会以及武备等 12 个分支机构,将一切政事制度重新商定,改革乃至重建中央行政体制,重建新的政治体制及相适应的各项制度章程。至于中央以下各级行政机构的改革及经济、文化等方面的变动,康有为也在这份奏折中提出一些设想,大要不外乎是本着政情上通下达、弃旧图新的原则。

综观康有为《应诏统筹全局折》,其核心是设立专责制度建设的制度局。或许是因为当时反对政治变革的势力太大,或许是接受了某些人善意的忠告,康有为在这份上书中暂时放弃了先前《上清帝第五书》中提出的开国会、定宪法等更为激进的政治主张,而改为设立制度局这一具有明显渐进色彩的主张,这样或许可以避免许多不必要的争执,便于新政的推行。

/244

设立统筹全局的制度局是康有为维新变法思想体系中的重要一环,他认为这是变法维新能否成功的关键之所在。所以,在提出这一建议之后的一个月左右,康有为于 2 月 28 日又在代宋伯鲁御史拟定《请设议政处折》中再次强调设立专门议政机构的重要性,为制度局的创立提供舆论支持。此后,康有为还多次上书催促清廷尽快开设制度局,向光绪皇帝特别强调:"皇上不欲变法自强则已,若欲变法,而下手之端,非开制度局不可。"在他看来,制度局犹如航行在沧海中的巨轮的导航仪,有了它可以克服惊涛骇浪、千难万险,顺利地抵达目的地;反之,则结果可知。

康有为的《应诏统筹全局折》及同时呈递的《日本变政考》《俄大彼得变政记》深获光绪皇帝的赞赏,光绪皇帝在收到这些文件后,日加披览,"于万国之故更明,变法之志更决",①对于后来的政治发展与演变,《应诏统筹全局折》起到过重要的作用。

正如许多研究者所指出的那样,康有为的《应诏统筹全局折》确乎为戊戌年间变法维新的纲领性文件,中国未来发展的政治诉求在这份文件中都有很深入的表达。不过正因为如此,这份文件在当时也受到极为强烈的批评和质疑,反对者对这份文件欲摆脱现存的行政运行体

---

① 梁启超:《戊戌政变记》,见《饮冰室合集》专集之一,15 页,北京,中华书局,1990。

制而另起炉灶的真实动机不能不引起怀疑。按照康有为等人的设计，他们计划开办制度局专责改革要务；设立民政局，有仿行西方近代国家的下议院的意思；准备设立的议政局，类似于西方近代国家的上议院。这样一来，原有的行政体制势必全部瘫痪或废除，原有的官吏队伍也势必面临着生存危机。于是，原本有意推动政治体制改革的设立制度局构想反而成为阻碍改革进程的馊主意。反对者批评康有为等人动机不纯，他们只不过是一些权力的边缘人，他们基于自己边缘人的立场试图通过新设机构夺取权力，所谓制度局云云，不过是想夺取枢府之权的托词；所谓十二分局的构造，不过是将原有的中央六部分解功能而已；至于康有为在《上清帝第六书》中提出的各道设立民政局的建议，更是居心叵测，是试图以民政局夺取各省督抚将军之权；清政府如果听任康有为这些人胡作非为，其最后的结果不是中国走上强盛的发展道路，而是"天子孤立于上，内外盘踞皆康党私人，祸将不忍言矣"。①

二 保国会风潮

康有为等政治新人的心态绝不会像反对者所猜测的那么肮脏。但毫无疑问的是，作为边缘化的政治新人，康有为等人是无法与那些政治老人和睦相处的，他们确实希望能够利用光绪皇帝的政治权威扫除旧人，重用新人。而政治运转的规律从来都不可能按照任何一方的主观意图去运行，作为清廷政治权力的中心，光绪皇帝实际上受到各方面的制约，他不可能甚至也不愿意完全听从康有为等政治新人的摆布，所以康有为创设制度局的建议尽管获得光绪皇帝的激赏，但操作的步骤却是一拖再拖，从而使康有为也觉得完全依靠清廷内部的力量去推动中国的改革与发展可能具有相当大的困难，于是他又将精力转向民间，期待民间的进步力量能够形成相当的气候，然后再与这些政治边缘人一道去推动清政府走上政治体制改革的道路。

基于这种政治判断，康有为采取先前行之有效的政治手腕，即"既

---

① 胡思敬：《应诏陈言记》，见《戊戌履霜录》卷三。

上书求变法于上,复思开会振士气于下"的办法,①在向清廷上书的同时,策动正在京师参加会试的各省举人成立新的政治组织,并相机联名上书,向清政府施压,重演 1895 年公车上书的故事。

1898 年 1 月 5 日,康有为策动在京的广东应试举人及各界名流 20余人聚会于南海会馆,宣布成立粤学会,欲续强学会之旧。粤学会具有极强的示范效应。在粤学会成立之后不久,在康有为的鼓动下,林旭联合张铁君等旅京福建省籍人士于 1 月 31 日在福建会馆成立闽学会。紧接着,与康有为等人关系密切的宋伯鲁、杨深秀与阎乃竹、李岳瑞等人联络陕西、山西在京人士于 2 月 8 日成立关学会。3 月间,曾经参加过强学会的杨锐联络四川省籍人士发起成立蜀学会。至于直隶、湖南、浙江、江西、云南、贵州等省的在京人士也都差不多被康有为等人鼓动起来,准备或已经成立各种各样的新政治团体。

新政治团体的相继成立为康有为的民间政治活动提供了广泛的舞台,使他具有相当重要的政治背景。于是,他在利用自己工部主事的官方身份从事政治活动的同时,更注意利用民间的力量向清政府进行舆论方面的施压。1898 年 3 月 19 日,康有为向总理衙门提交《为胁割旅大,覆亡在即,乞密联英日,坚拒勿许,以保疆土而存国祚呈》,坚决反对将旅顺、大连租借给俄国,以免引起英国、法国等列强的仿效,进而瓜分中国。3 月 25 日,康有为代拟就《俄患孔亟,所请宜坚持勿允,谨陈三策以资抵御折》,建议清政府或将旅顺、大连开辟为通商口岸,供各国通商,或联合英、日与俄国对抗,或设法向美国贷款数万万以练陆军、创海军,进而与俄国一决雌雄。

康有为的这些举措都没有能够阻止清政府内部准备将旅顺、大连租借给俄国的既定政策,于是他决定联合各省举人集体上书,继续向清廷施压。3 月 27 日,由康有为口授、其弟子麦孟华笔录的《乞力拒俄请,众公保疏》在其弟子梁启超、龙应中、况士任等人的联络下,由两广、云贵、陕西、山西、浙江、江苏等省在京应试的百数举人联名,送达都察院。不过,由于清政府内部已经决定接受俄国的租借要求,这份上书并

---

① 梁启超:《记保国会事》,见《戊戌变法》(四),416 页。

没有转送清廷。

零星的请愿活动不足以引起清政府高层的警醒,分散的政治组织也不可能发挥真正的作用,经过甲午战争后三年大体平静的发展,清政府内部和士大夫阶层对于新的政治问题失去了必要的敏感,要想重新唤醒清政府内部和士大夫阶层的觉悟,促使他们重新关注因外交问题再次引起的中国生存危机,"鱼烂瓦解,有若旦夕",而"举国在于沉舟之下、覆屋之中"①,从而使康有为觉得有必要联合各个分散的新政治团体组建一个全国性的统一的政治团体,"以伸国愤",②使少数先知先觉的爱国热忱化为全民族的自觉行动。

有康有为这种想法的知识分子在当时也不在少数,御史李盛铎当此时也有意联络在京应试的举人成立全国性的政治团体,以民间外交压力去应对俄国政府要求清廷租借旅顺、大连的蛮横主张。经过协商,李盛铎与康有为达成了合作的意向,由他们二人作为主要的发起人,开始筹建全国性的政治团体——保国会。

又经过一番紧张的筹备,1898 年 4 月 17 日,保国会第一次会议在北京宣武门外菜市口南横街粤东会馆举行,到会的各省应试举人及京城中央各部上至二三品大员、翰詹科道、各部员郎主事,下及在京之行商坐贾等二三百人。③

粤东会馆的入口处大书保国会的标语。在后院戏楼设置的会场上,人声鼎沸,座无虚席。保国会的发起人之一康有为被公推为演说人。他在会上发表了极富激情、声色俱厉的演讲,历数西方列强在鸦片战争以后短短的半个世纪里,尤其是进入 1898 年以来这几个月中,向中国提出一系列无耻的要求,企图联手瓜分中国,中国当前面临着国土日割、国权日削、国民日困的生存危机。与西方近代国家的国民相比较,康有为认为,当今的中国人犹如牢中之囚,为奴隶,为牛马,为犬羊,只能供人驱使,听人宰割。这实在是人类社会的大悲剧,是中国人的奇惨大痛。他期待肩负着民族责任的士大夫阶层能够重新振奋起来,激

247

① 《开保国会事书后》,见光绪二十四年四月初六日《国闻报》。
② 《京中士大夫开保国会》,见光绪二十四年闰三月十七日《国闻报》。
③ 《免究保国会》,见光绪二十四年九月初三日《国闻报》。

励其精神,增长其心力,联合全国四万万民众,"人人有亡天下之责,人人有救天下之权",卧薪尝胆,人人热愤,惩前毖后,以图保全国地、国民和国教。中国如果不能充分利用目前的危机进行政治体制等方面的全面改革,那么中国势必要重蹈缅甸、越南、印度、波兰等国家的命运,或亡国,或沦为西方某一大国的殖民地。①

康有为的演讲极富感染力,当他讲到伤心悲痛之处时,泪随声下,听众无不为之动容,甚者随之而泣下,整个会场充满着肃穆庄严的气氛。② 这次会议讨论了保国会的章程及组织机构,宣布全国性的政治团体保国会正式成立,并期待各省迅即响应,成立各省的保国会分会。

/248 根据当日议定的保国会章程,该会实际上具有明显的近代政党性质,它的宗旨是保国、保种和保教,具体而言就是保全国家之政权土地,保全中国民族种类之自立,保全圣教之不失。其"三保"的具体运作方式,就是广泛团结全国的士大夫阶层,对内共同讲究内治变法之宜,讲究经济之学,以助有司之治;对外讲究外交胜败之故,刻念国耻,激励奋发。其组织形态是在京师及上海两地设立保国总会,各省各府各县皆设立相应的分会,形成全国性的组织网络。会中公选总理、值理、常议员、备议员、董事各若干人,分别负责会中的各项事宜。对于入会的会员,章程也有明确的规定,既欢迎志趣相投者随时入会,也对那些心术品行不端,有污会事者予以拒绝。会中同人要遵守蓝田乡约德业相劝、过失相规、患难相恤的基本原则,努力提高会员的道德修养水准,必求心术品行端正明白。至于保国会的经费来源,主要依靠会员的捐赠。

保国会成立之后,立即遭到了一些人的攻击。最先向保国会发难的是来自康有为、梁启超的广东同乡。广东籍的许应骙及兵部左侍郎杨颐攻击保国会"惑众敛财,行为不端",③必须严加斥逐,警告广东同乡不得再允许康、梁的所谓保国会在粤东会馆聚会。

---

① 康有为:《京师保国会第一集演说》,见光绪二十四年五月二十一日《知新报》第58册。

② 关于保国会成立大会的气氛,也有另外一种不同的说法。曾参加当日会议的李宣龚后来写信告诉丁文江称:"追保国会发起,弟虽出过一两次,其实不过逐队观光,并不识所谓政治思想。即如开会第一日,南海演说俄罗斯问题,容纯甫、沈子培诸人均在场,而杨叔峤独当众假寐。八月准作,叔峤且列于康党,是一可笑之事。且是日听众,尔我漠不相属,议论未毕,□□狼藉,此真郑稚所谓保国会如此,天下事可知矣。"见丁文江、赵丰田编《梁启超年谱长编》,112页,上海人民出版社,1983。

③《缕记保国会逆迹》,见《戊戌变法》(四),418页。

刚刚宣布成立的保国会尽管良莠不齐,可能也会有行为不端之徒以及惑众敛财的嫌疑。不过从总体上说,保国会的成立毕竟合乎当时政治发展的实际需要,因此反对者的意见在当时的舆论背景下不过是一种政治攻击。粤东会馆不敢再让保国会使用,但这根本无法阻止保国会在堂堂京师继续举行活动。4月21日,保国会假宣武门外达智桥胡同河南会馆嵩云草堂举行第二次大会,公推梁启超等人发表演说。梁启超在演说中指出:甲午战败之后三年相对平静的政治发展严重麻痹了中国人的心智,使许多中国人以为中国在西方列强相互竞争的国际环境中必将逐步获得恢复和发展,西方列强在中国相互利用又相互冲突的利益均衡足以保障中国不被他们所瓜分。中国之亡,不亡于贫,不亡于弱,不亡于外患,不亡于内讧,而实亡于中国的士大夫阶层之不知真相的空发议论,以自己的善良愿望代替对国际国内环境的真切观察。梁启超认为:经过甲午战争后的三年调整,国际环境、东亚政治格局确实发生了很大的变化,但是中国的民族危机并没有从根本上获得化解,西方列强瓜分中国的企图一刻也没有停止。最近所发生的一系列外交冲突已经清楚地表明民族危机就在眼前,中华民族正处在生死存亡、亡国灭种的关键时刻,"今之忧瓜分惧危亡者遍天下",中国知识分子应该充分利用这一民族危机的不幸时刻行动起来,"各竭聪明才力之所能及者,以行其分内所得行之事",团结起来,组织新的政治学术团体,以讲究救国之道,唤醒民众,救亡图存,"使吾四万万人者,咸知吾国处必亡之势,而必欲厝之于不亡之域"。梁启超相信:"人人如是,而国之亡犹不能救者,吾未之闻也。"①

梁启超的演讲说理充分,感情激昂,对于动员、激励士大夫阶层组织起来,参加保国、保教、保种为宗旨的救亡图存运动起到了极为重要的作用,甚至促使清廷部分当权者也觉得有必要重新检讨几年来的内外政策,"朝野上下,皆惕惕以夷祸为忧",救亡图存、保国、保教、保种已经成为相当一部分官僚、知识分子阶层的共识。

4月25日,保国会又在贵州会馆举行第三次集会,进一步扩大了

① 梁启超:《演说保国会开会大意》,见《饮冰室合集》文集之三,27—28页。

保国会的政治影响。先后列名参加保国会的人数，仅《京城保国会题名记》中就列有 186 人，而全国各地先后参加的人数则一直没有完整的统计。再加上与保国会具有重要关系的各地及京城相继成立的保浙会、保滇会、保川会等等，保国会的政治影响确实已不容小视。

保国会的政治影响正在逐步扩大，但反对的力量也开始重新集结。当保国会第一次会议召开的前夕，徐桐就将保国会的另一重要发起人李盛铎找来责问，深怪李盛铎作为国家公职官员不该参与组织这类民间政治组织，致使李盛铎在第一次大会召开时借口别有要务而迟到。①此后不久，李盛铎又受到荣禄的责怪，于是李宣布退出保国会，从此不再参加保国会的任何活动。

荣禄不仅责怪李盛铎不该参加什么保国会，而且还向外放话称：康有为妖言惑众，僭越妄为，成立什么保国会，简直是混账之举；现在许多大臣都未死，即使亡国也轮不到你康有为去保。他扬言对康有为这样的人非杀不可，以绝后患。对于其他有意参加保国会的人，荣禄警告他们小心自己的脑袋。②

徐桐、荣禄等人对保国会的态度很快传播出来，从而使那些本来就与康、梁等人政治见解有异的反对者更加肆无忌惮。4 月 26 日，浙江籍举人孙浩在吏部主事洪嘉与的指使下向清廷上奏《驳保国会折》及由洪嘉与拟定、由孙浩署名的《驳保国会章程》，对保国会及康、梁等人竭尽谩骂之能事，攻击康、梁等人厚聚党徒，擅自成立什么保国会、保浙会之类的政治组织，是干涉宪典、妄冀非分，务在动摇民心、瓦解国基，形同叛逆。如果真的依从康、梁等人的政治见解进行改革，必将天下大乱，华夏糜烂，人民流离失所。康有为竭力鼓吹的所谓变法维新，就其本质而言是"尽变成法以从海西，是谓客强而非自强"，③根本无法解决中国的问题。5 月 2 日，御史潘庆澜向清廷最高当局呈递《请饬查禁保

---

① 也有记载称李盛铎参与保国会的发起本身就是为了窃取情报的投机活动，他面对徐桐的指责时曾以"不入虎穴，焉得虎子"相对以媚徐氏。见刘禺世《世载堂杂忆》。这种说法似乎并不太可靠，因为如果李盛铎具有这种投机意识，当他面对徐桐、荣禄的指责时，都很容易解释清楚，并不用公开宣布退出，相反应该继续留在该会搜集情报。

② 苏继祖：《清廷戊戌朝变记》，见《戊戌变法》（一），350 页。

③ 孙浩：《驳保国会章程》，见叶德辉《觉迷要录》卷四，1905。

国会片》,指认康有为等人擅自成立保国会是"聚众不道",有害于政局的稳定,建议清廷予以查禁,以绝后患。第二天,曾经参与发起保国会的御史李盛铎见势不妙,担心自己受到牵连,亦幡然悔悟,欲与康有为、梁启超等人为敌,向清廷呈递《会党日盛宜防流弊折》,建议清廷尽快将保国会之类的政治组织予以查禁。5 月 17 日,御史黄桂鋆上奏参劾保国会及保浙会、保滇会、保川会等组织均是保国会党包藏祸心,乘机煽惑,纠合那些落第举子而成立的非法政治组织,他们逞其簧鼓之言,巧立名目,以图耸听,希望能够博得政府的准办谕旨,便可以此为"揽权生事之计"。黄桂鋆强调:中国自古以来的政治原则是权操于上则治,权分于下则乱,如今所谓民主、民权宣传日益猖獗,给社会稳定已经带来很多的问题,如果政府允许保国会合法,允许各地类似的政治组织成立,恐"会匪"等不良人等闻风而起,势必天下大乱,国无宁日。① 在这一片严厉查禁的鼓噪声中,鲁莽强势的军机大臣刚毅甚至准备好了人马,一旦查禁令下,立即执行,将康、梁等人逮捕归案。

　　查禁保国会的风声甚紧,但光绪皇帝似乎并没有查禁的意思。在光绪皇帝等人看来,保国会的宗旨既为保国,那便不可能有意推翻政府,煽动造反,统观保国会的章程,并非有碍国家,有碍君权,会能保国,岂不大善,任其自由发展,并给予适当地指导,不是比严厉查禁更好吗?② 所以当御史文悌当面诋毁保国会"名为保国,势必乱国"的时候,光绪皇帝不客气地痛斥文悌实在是不负责任的胡说八道,并下令将文悌革职查办。③ 对于所有弹劾保国会的奏章,为了防止外泄,特别是为了防止慈禧太后借此动怒,查禁保国会,光绪皇帝特别嘱咐一律归档封存。保国会终于在光绪皇帝的直接干预下度过了成立之初的生存危机。

　　保国会虽因光绪皇帝的关照而未受到查禁,但实际上在反对者的压力下,保国会在召集了三次会议之后于无形中消散,此后并未再以该会的名义举行过多少重要活动。

---

① 黄桂鋆:《禁止诱言折》,见《觉迷要录》卷四。
② 光绪二十四年四月十六日《国闻报》。
③ 《戊戌变法》(二),485 页。

保国会虽然于无形中消散,但它传播了爱国维新的思想种子,各省志士纷纷继起,自是风气大开,人心大振,士大夫阶层对中国必须走上维新变法的政治道路有了更多的共识。这对于此后光绪皇帝正式宣布诏定国是起到了直接的推动作用,提供了重要的舆论氛围。康有为、梁启超以及康门其他重要弟子也都在这次重要的政治活动中得到了锻炼,为后来的政治变革准备了足够的干部和丰富的人事资源,京城士大夫阶层及官僚阶层中一些开明人士一度以结识康、梁等新派人物为荣,这也为后来康有为、梁启超的政治活动提供了丰厚的人脉资源。

不过就保国会的内部组织形态来说,也有许多可议之处。虽说保国会是近代中国较早的具有政党意义的政治团体,但其内部组织实在无法与后来的政党同日而语,外在形式也确有许多被反对者所抓住的把柄。比如说,保国会在成立之初为了扩大影响,在一些《题名录》中无中生有,将一些并未宣布或亲自参加保国会的人也拉了进来,这就有点"行同诓骗""借众人以自保"的嫌疑了。①

---

① 《缕记保国会逆迹》,见光绪二十四年九月三十日《国闻报》。

第三节　张之洞的"中体西用"方案

　　一些反对者批评康有为的维新变法方案比较多地注意到了西方近代国家的政治体制在社会发展中的重要作用。这些反对者相信，如果真的按照康有为的方案去进行改革，那么中国的未来可能不是"自强"，而是"他强"，实现了西方列强用武力威胁而没有达到的目的。于是，另外一种改革方案也在酝酿之中，这就是张之洞的"中学为体，西学为用"的维新方案。

　　张之洞在很大程度上赞成康有为等人关于中国必须进行政治改革的设想，但在中国应该怎样进行政治体制改革，以及怎样看待西方近代思想资源和中国传统文化资源对未来政治发展的作用方面存在着差异，这是他撰述《劝学篇》的主要动机。特别是康有为等新派政治人物逐步受到光绪皇帝的信任之后，张之洞的这种著述愿望更加强烈。据张之洞当时的主要助手之一辜鸿铭的回忆，张之洞在有限的直接了解中，原先对康有为、梁启超的个人印象都比较好。但张的幕府中的一些人，特别是辜鸿铭本人，通过与康有为等人更多的接触，开始忠告张之洞不要与康、梁等人过于密切，尤其是康有为，他的个人人品可能并不像他自己所说或原先所认识的那样高尚，真实的情况可能是"康有为人品鄙劣，计划虚夸不实"；辜鸿铭还把"爱国主义是恶棍的最后避难所"这句西方名言尽可能准确地翻译介绍给张之洞，期待张之洞能够主动地与康、梁等人疏远。然而，张之洞并没有听从辜鸿铭的劝告，反而责怪具有很深西方背景的辜鸿铭不懂中国政治。

　　随着1897年底和1898年初新的外交危机的爆发，康有为在京城利用这一新的外交危机发起成立保国会,并随之向清政府最高领导层提出一系列政治改革的方案,而且受到了以光绪皇帝为代表的清廷内部开明派的欢迎。张之洞的幕僚们肯定认真研究了这些方案,他们的结论是,如果按照康有为的这些方案去进行中国的政治体制改革,必将给中国带来无穷的灾难,康有为的方案只是一百年前法国大革命中雅各宾主义的翻版。

幕僚们的看法影响了张之洞的观点,特别是随着京城不断传出要求查禁保国会的消息后,康有为等人不仅没有受到查处,反而受到光绪皇帝的信任,开始以皇帝的名义大肆颁布改革法令却引来一系列混乱的时候,张之洞觉得不论是为了国家的利益,还是为了洗刷自己与康、梁等人的关系,他都不能再保持沉默了。于是,张之洞召集他的心腹幕僚在武昌棉纺厂的顶楼会议室举行了一次极端重要的内部会议,专门讨论怎样对付康有为的雅各宾主义。张之洞在这次会议上情绪激愤,他在来回踱步的时候一遍又一遍地重复着"不得了! 不得了"的话语,言下之意是再也不能容忍康有为雅各宾主义的胡作非为,他必须向清政府的最高层提出自己的方案了。

棉纺厂顶楼的会议并没有作出任何决定。不过在此次会议之后,著名的《劝学篇》便"立即写出来"了。按照辜鸿铭的理解,这部著作的主旨是张之洞反对康有为雅各宾主义的宣言书,也是他的"自辩书"。该书告诫人们要反对康有为的改良办法,凡是此类的改革必须首先从教育入手。[①]

《劝学篇》分为内篇和外篇两个部分,按照张之洞自己在序言中的说法,其内篇主要讨论有关世道人心的问题——"以正人心";外篇主要讨论有关工商业、教育、新闻等实际的事务层面如何参照西方近代国家的成功经验进行改革的问题——"以开风气"。从这两个方面看,张之洞的《劝学篇》虽然坚决反对康有为雅各宾主义的激进改革,但他也没有完全排斥西方近代国家在政治、法律尤其是教育、经济等方面的成功经验,他提出的口号就是"中学为体,西学为用"。

---

① 黄兴涛等译:《辜鸿铭文集》,319—320 页,海口,海南出版社,1996。

在张之洞看来,中国的未来与发展,既要学习西方一切有益于我的东西,又不可能全盘西化,采取民族虚无主义的态度。如何处理外来文化与中国本土文化之间的关系,是自中西文化冲突以来学者们和政治家们最为关心的问题。张之洞在肯定必须向西方学习的前提下,更充分肯定传统文化尤其是儒家伦理的作用,强调只有在树立健全的民族自信心的基础上才能有效地吸收外来文化。他在《劝学篇·自序》中说:"吾恐中国之祸,不在四海之外,而在九州之内矣。窃惟古来世运之明晦,人才之盛衰,其表在政,其里在学。""中国学术精微,纲常名教以及经世大法无不具备,但取西人之长补我不逮足矣。"他对以康有为为代表的激进主义的变革主张深感恐惧,因此他在主张必须向西方学习的同时,强调绝对不能抛弃中国固有文化传统的精华,中国的进步与发展应该建立在自己已有文化成果的背景下与基础上,即以稳健的姿态向左右两个方面进行斗争,既反对顽固、守旧,也反对不顾中国国情的激进。应该承认,张之洞的方案比较好地回答了中国社会转型期的外来思想文化与中国传统文化之间应取的关系。

就对那些所谓极端守旧的主张而言,张之洞主要从正面阐述了中国必须学习西方的必要性及唯一原则。他主张今日中国如欲进步与发展,便不能不在教育体制上作根本性的变革,诸如设学堂、广译书、变科举,以及创办报纸以广中国人的见识、长中国人的志气等等,这些都是张之洞竭力主张并身体力行进行推广和实践的。

对康有为等人的激进的政治、学术主张,张之洞持强烈的反对态度。他认为,康、梁对儒家学术精神的曲解,如果任其发展,将危害极大。他说:"平生学术,最恶《公羊》之学,每与学人言,必力诋之。四十年前已然,谓为乱臣贼子之资。至光绪中年,果有奸人演《公羊》之说以煽乱,至今为梗。"①这实际上是在正面批评康有为所主张的今文经学,认为康有为仅仅凭借《公羊》今文经学的主张,不仅不能救中国,反而会给中国的未来增添无穷的变数。

张之洞对康、梁政治及学术主张的最大不满,主要在于康、梁对中

---

① 《抱冰室弟子记》,见《张文襄公全集》第 4 册,1033 页,北京,中国书店,1990。

国文化传统,尤其是儒家伦理价值的基本估计方面。在谈到中国传统文化,尤其是儒家伦理的价值时,张之洞说:"中国学术精微,纲常名教以及经世大法无不具备,但取西人制造之长补我不逮足矣。"①坚持以儒家伦理、传统中国的文化精神为主体,合理吸收外来文化,重新建构中国人的价值新体系,这就是中学为体、西学为用的确切含义。

显然,张之洞对待中国传统文化,无疑取一种保守主义的立场,他虽然在相当程度上承认中国文化如科举制度等有改革、废除的必要,但他对中国文化精神、文化精华,尤其是儒家伦理的理解,显然也没有达到时代认识的最高水平。他在《劝学内篇·循序第七》中指出:中国立学宗旨,无论何种学堂均应以忠孝为本,以中国经史之学为基,从而使学生的心术一归于纯正,然后再以西学瀹其知识,练其技能。"今欲强中国存中学,则不得不讲西学。然不先以中学固其根柢,端其识趣,则强者为乱首,弱者为人奴,其祸更然于不通西学者矣。"这就将中国文化的精华限定在儒家伦理的纲常名教、忠孝节义等方面,显然与当时蜂拥而至的西方民权、自由平等思想不能同日而语。

当然,如果从统治者要求稳定社会秩序、协调社会发展的角度看,张之洞强调忠孝节义、纲常名教的现实作用也情有可原。基于血缘、地缘关系的中国社会,几千年来之所以能够持久、稳步地前进,且不断地创造并长时期领先于世界文化,其最根本的一点无疑在于这个社会的封闭性和稳定性。在这种稳定性的现实基础上创造了纲常名教、忠孝观念,反过来,纲常名教、忠孝观念又促进、维护了这个社会的稳定与协调。然而,自西方文化特别是民权、自由观念输入以来,对中国旧有的纲常名教观念构成了致命的威胁,加上中国近代工业的发展,旧的社会结构虽没有被全部冲毁,但也确实受到了强大的冲击。在这旧辙已毁、新轨未立的大变动时代,社会信仰便不可避免地陷入极端危机。试想,中国如果向前再走一步,即刻接受西方自由平等的民权思想,开议院,行共和,能行吗? 不要说社会基础尚不具备,即使在知识分子阶层也未必能行得通。不过,如张之洞那样倒退到纲常名教的旧观念上也不是

①《劝学篇》内篇三《明纲》。

最佳选择,它虽然使儒家伦理一度获得改造和复兴,但总有理论滞后于时代之嫌。

张之洞通过对传统文化,特别是儒家伦理的解析,肯定了传统文化和儒家伦理中应该肯定的东西,并力图使传统文化、儒家伦理与外来文化进行有机的结合,以创造出一种适宜于中国需要的"新文化",即中学为内学、西学为外学,中学治身心、西学应世事,不必尽索于经文而必无悖乎经义。如其心圣人之心,行圣人之行,以孝悌忠信为德,以尊主庇民为政,虽朝运器机,夕驰铁路,无害为圣人之徒。他的目的是在坚持儒家伦理不变的前提下,吸收外来文化的合理部分,重新建构民族文化的新体系。这一理念本身似乎并无大错,只是张之洞毕竟忽略了社会条件的变化,而仍一味尊崇孔孟程朱,置民权平等、民主共和等西方现代理论于不容讨论之地位,显然为智者之失。

在对待外来文化的问题上,张之洞尽管注意到了公法学等政治理论层面,但他对冯桂芬、马建忠等人提出的开议院和改革政治法律制度的建议则持坚决的反对态度,以为当时的中国尚不足以走到这一步。他在《劝学篇·内篇·正权第六》中分析道:按照中国旧有的制度,国家遇有大事,京朝官可以陈奏,其他的官吏也可呈请代奏。方今朝政清明,果有忠爱之心,治安之策,何患其不能上达? 如其事可见实行,故朝廷所乐闻者。但是建议在下,裁择在上,便可收群策之益,而无沸羹之弊,中国何必一定要因袭西方那种议院之名呢? 显然,这是张之洞在理论上的重大倒退。

历史上往往发生这种现象,即凡不承担具体的社会责任,或者说那些在野的思想家总是比较容易地走在时代潮流的最前列,所发表的见解也往往超越当时社会的实际承受力;而那些担当具体社会责任,或在统治阶层拥有举足轻重地位的思想家、政治家,不论他们的思想如何开明,他们所持的态度、所阐明的观点总是较为缓和、较为现实,多少总与社会的实际承受能力相一致。张之洞之所以否定开议院等主张在当时中国实现的可能性,可由上述理由来解释。

从后来的观点看,张之洞的《劝学篇》所提出的"中学为体,西学为用"的主张具有浓厚的传统主义色彩,似乎也是为了与康有为等人的激进主义变法思想故意立异，甚者如前面已经引证辜鸿铭后来回忆的那样，《劝学篇》的写作本来就是为了反对康有为的雅各宾主义，是作为封疆大吏的张之洞对清廷表示的忠诚。

凡此种种立异的说法，如果从发生的时间来考察，应该都是百日维新被残酷镇压下去之后所产生的。这可以真的为张之洞进行"自辩"，表明张之洞虽然在过去的许多时间里曾经与主张维新的青年一代知识分子有过密切的来往，但这一切都是因为他对清廷的无限忠诚。仔细阅读张之洞的《劝学篇》，可以轻易地发现张之洞与康有为的本质区别，一个是大清帝国的忠臣，一个是"犯上作乱的贼子"。

事实上，如果我们换一个角度思考问题，还可以发现另外一种矛盾的看法，即张之洞的《劝学篇》虽然提出了一套与康有为的雅各宾主义政治体制改革方案全然不同的渐进改革方案，但在当时政治发展中的实际效果并不是阻止或遏制了康有为的方案，真实的情况可能恰恰相反，即张之洞著作的发表更进一步促成了康有为激进改革方案转化为实际政治运作的进程。一个很显然的道理是，像张之洞这样的重臣都已公开表示支持清政府进行政治性的改革，其他人还有必要对将要进行政治改革提出什么怀疑吗？所以，深受康有为思想影响而力主进行政治改革的光绪皇帝对张之洞的《劝学篇》不仅没有丝毫反感，反而高度赞同，以为自己又获得了这位封疆大吏的支持，更进一步激发了他要从事政治体制改革的决心。所以，仔细地阅读了《劝学篇》之后，他并没有像先前处理检举揭发保国会的告状信那样要求密封存档，不得外泄，而是给予高度评价，欣然批示广为刊印，切实力行。

光绪皇帝没有看到张之洞《劝学篇》与康有为激进的政治改革方案之间的区别，是因为这些区别实在太微小，而在许多大的关节点上，张之洞不仅承认了中国进行政治改革的必要性，而且有着另外一种时不我待的紧迫感。他在《劝学篇》的序言里列举了五个"知"的对象，即要知耻，耻中国不如日本等国家一样强大；知惧，惧中国再不改革可能会重蹈印度、安南、朝鲜、埃及、波兰等亡国灭种的覆辙；知变，中国人如果再不改变自己千百年来形成的习俗，就不能进行真正意义上的变法；知要，特别是要知道西方各国的为政之道、富强之本之所在；知本，不要因多知西方近代的东西而忘记中华民族自己的传统。从这五个"知"中,人们能够感觉出张之洞反对变法的思想倾向吗?

张之洞的本意或许是要修正以康有为为代表的激进主义的政治改革方案,他觉得无论中国进行怎样彻底的改革,中国人都不能也不应该忘记自己还是中国人,中国还是东方的中国,中国有自己千百年来形成的优良传统,这是中国立国之本。但是作为近代中国最早一批身体力行洋务实践的优秀政治家,如果说张之洞坚决反对中国进行变革,是无论如何也解释不通的,即便张之洞也不会承认的。这既可以从他既往历史中得到证明,也可以从《劝学篇》中寻找出许多的例证。

在《劝学篇》中,张之洞反对通过政治体制改革将中国变成一个西方近代意义上的共和国,以为中国特殊的国情决定了中国不能走上西方近代国家三权分立、相互制衡的共和国体,那样将更加严重地削弱中国政府的行政能力和行政效率,中国的国情决定了中国应该建立一个强有力的中央政府,决定了中国不能实行漫无限制的自由、民主和平等,决定了中国人的道德伦理观念还必须以儒家的标准为标准,而且他通过对西方近代国家的认知,甚至证明这些西方的近代国家在道德伦理方面也同样在遵循儒家三纲五常的道德信条,履行"君为臣纲,父为子纲,夫为妻纲"三项道德责任。因为三纲的道德命题无法进行反命题,如果反过来说臣为君纲、子为父纲、妻为夫纲,这是无论如何也说不通的。所以,儒家的道德伦理观念不仅中国人应该继续遵守,即便西方近代国家的建立,实际上也是在实践着这些观念,只不过具体的说法不同而已。由此,张之洞在《劝学篇》中也承认研究西方近代国家政治制度对中国的未来变革与发展是有利的,西方政治制度中的许多东西完全可以借鉴过来为我所用,西方有用的书籍包括政治、法律等方面都应该更大规模地翻译;中国的报纸应该继续增加,并且应该借鉴西方近代国家的办法,独立办报,新闻自由,以便使人民对国家事务有更多的了解;中国的军队应该改组,并借鉴西方国家的训练办法,使中国的军队更加强大;中国的铁路、矿山以及一切需要开发的实业应该像过去几十年的做法一样继续开办,利用外资、利用外国先进的技术,已经不必争议,在这一点上应该比过去几十年做得更好。他甚至在《劝学篇》中如康有为和当时一般进步知识分子一样地宣称"中国前途惟士是赖",并明确认定反对变法的人大体可以分为三类,即泥古不化的保守主义者,那些担心一旦变法就必须发奋自励的苟且偷安的官吏,以及遇事就要批评的吹毛求疵的人们。显然,这三类人不可能包括张之洞本人。正如某些研究者所指出的那样,张之洞是戊戌年间开展的变法维新运动"最有力的附和者",他的名著《劝学篇》行销了 100 万册,普遍为人所阅读。在毫无瑕疵的古典式的行文之下,它对于凡是读过这本书的知识分子都很有号召力,并且在皇帝以下所有人们的心里都起了作用。①

从某种意义上说,张之洞只是一个具有文化保守主义倾向的中国道德的维护者,他不反对中国进行必要的变革,只是反对后来称之为"全盘西化"的彻底、激进、不顾中国特殊国情的变革。可以这样说,张之洞是近代中国变革维新思潮与运动中的"左翼"力量,正是由于他和那些与他具有同样价值观念同道者的坚守,才使近代中国的变革道路一直游离于激进与保守之间。

张之洞的《劝学篇》助成了康有为的愿望,使人们一时间觉得中国除了走上变法维新的政治道路之外已经别无选择,至于如何变、怎样变,那毕竟只是一个技术性的枝节问题,人们已普遍地相信随着政治变革的正式开始,这些技术性的枝节问题一定会得到妥善的解决。清廷内部的各派政治势力已不在要不要变上较劲,而是开始施展自己的本领,在如何变、怎样变上角逐。即便是对康有为的个人人格最早就表示过反感且思想极端保守的荣禄也在那时保举过后来的六君子之一的林旭,期待这些年轻的维新者能够通过政治变革为中国带来新的活力,中国能够重铸新的辉煌。中国进行政治体制的某些变革不是可能与不可能的问题,而是时机和时间的问题,关键是清廷实际最高领导人慈禧太后的态度。

---

① [美]马士:《中华帝国对外关系史》第 3 卷,145—146 页,上海书店出版社,2000。

第五章

百日维新

　　1898 年 5 月 29 日,清廷重臣恭亲王奕䜣去世。高度关注中国政局演变的人敏感地意识到政随人亡的局面就要到来,[1]特别是那些急于进行政治改革的年轻一代如康有为等人,他们觉得奕䜣的去世实在是难得一遇的良机,于是他们利用自己的政治关系,通过翁同龢促使光绪皇帝从速变法,"勿失时"。[2]此后,康有为又连拟数折,分别以山东道监察御史杨深秀、翰林院侍读学士徐致靖,以及宋伯鲁、李盛铎等人的名义上奏光绪皇帝,劝导光绪皇帝利用当前的时机"明降谕旨,著定国是,宣布维新之意,痛斥守旧之弊"。[3]6 月 6 日,康有为又以自己个人的名义上书清政府,促请清政府和光绪皇帝大誓群臣,维新变法。

---

　　[1] 与翁同龢有师生之谊的张謇在 5 月 30 日得知奕䜣去世的消息后就预测朝局将发生重大变化,但是怎样变,张謇似乎还难预测。见张謇研究中心、南通市图书馆《张謇全集》第 6 卷,409 页,南京,江苏古籍出版社,1994。

　　[2] 康有为著、楼宇烈编:《康南海自编年谱》,40 页,北京,中华书局,1992。

　　[3] 康有为代杨深秀拟定的《请定国是而明赏罚折》,见汤志钧编《康有为政论集》上册,235 页,北京,中华书局,1981。

第一节　维新变法正式开始

一　明定国是

光绪皇帝正想抓住恭亲王奕䜣去世的机会,推动变法维新事业。他对庆亲王奕劻说:"太后若仍不给我事权,我愿退让此位,不甘作亡国之君。"慈禧太后听到奕劻的转述后大怒,说:"他不愿坐此位,我早已不愿他坐之。"奕劻极力劝说,慈禧答允说:"由他办去,俟办不出模样再说。"奕劻回来复命说:"太后不禁皇上办事。"①于是,《明定国是诏》于6月11日发布。

从奕䜣去世到宣布变法短短13天,光绪皇帝除了有4天时间是独自居住在皇宫外,其余的时间差不多都与慈禧太后在一起。从这些迹象进行观察,光绪皇帝发布的《明定国是诏》应该是清政府最高统治层的共识,并不是光绪皇帝或所谓帝党背开慈禧太后或所谓后党而发动的政治运动。

在《明定国是诏》中,光绪皇帝向中外宣布清政府变法维新的决心。诏书说:

> 数年以来,中外臣工讲求时务,多主变法自强。……惟是风气尚未大开,论说莫衷一是,或托于老成忧国,以为旧章必应墨守,新法必当摈除,众喙哓哓,空言无补。……朕惟国是不定,则号令不行,极其流弊,

---

① 苏继祖:《清廷戊戌朝变记》,见中国史学会编《戊戌变法》(一),331页,上海,神州国光社,1953。

必至门户纷争,互相水火,徒蹈宋明积习,于时政毫无裨益。……嗣后中外大小诸臣,自王公以至士庶,各宜努力向上,发愤为雄,以圣贤义理之学,植其根本,又须博采西学之切于时务者,努力讲求,以救空疏迂谬之敝。①

《明定国是诏》提出以创办京师大学堂为最亟要务,责成军机大臣、总理各国事务王大臣,会同妥速议奏,提出具体的创办方案。

在当天发布的第二道诏书中,光绪皇帝指出,方今各国交流越来越多,外交人才已成当务之急。着各省督抚于平日所知品学端正、通达时务、不染习气者,无论官职大小,酌情保荐一批交总理各国事务衙门带领引见,以备政府选用。

6月11日的两道诏书,标志着百日维新正式开始。这样两份立论平实、不偏不倚的诏书,开始并未引起一般社会公众和外国政治观察家的注意,②只是到了随后另外一批诏书的颁布,方才引起社会各界的广泛议论以及外国观察家的注意,或以为这些诏书将极大地损害他们的利益,或以为中国将从此进入一个体制创新的艰难过程。

二 人事安排与革除守旧派官员

《明定国是诏》发布的第二天,即6月12日,光绪皇帝又发布上谕,称商务为国家富强之要图,着各省督抚率员绅认真研究,从速妥善筹备,总期联络商情,上下一气,勿得虚应故事。选派宗室王公游历各国,开阔眼界,着宗人府察看保荐、听候有关部门的选派和统一安排。这份

---

① 《德宗景皇帝实录》卷四百一十八,15页。
② 康、梁在戊戌政变之后竭力夸大所谓《明定国是诏》在当时的影响力,康在自编年谱中以为这两道诏书是在他的多次影响下颁布的,故他或许在当日确实"欢欣"鼓舞,但很难说"举国欢欣"。山东道监察御史宋伯鲁在一份奏折中称"臣民捧读《明定国是诏》感泣,想望中兴。"见国家档案局明清档案馆编《戊戌变法档案史料》,3页,北京,中华书局,1958。但宋的这份奏折实际上是康有为代笔,是反映了康的感受,并不足以说明什么问题。至于梁启超在《戊戌政变记》中绘声绘色的描写,更是小说家言,不足信。如他说光绪皇帝"召军机全堂下此诏书,宣示天下,斥悉守旧章之非,著托于老成之谬,定水火门户之争,明夏葛冬裘之尚,以变法为号令之宗旨,以西学为臣民之讲求,著为国是,以定众向,然后变法之事乃决,人心乃一,趋向乃定。自是天下响风,上自朝廷,下至士人,纷纷言变法,盖为四千年拨旧开新之大举。"这种描述显然不能当做历史来读。从比较密切关注中国政局演变的赫德的记录看,他当时似乎并没有注意到这两份诏书有何特别的意义,而[美]马士著《中华帝国对外关系史》更是称这两份诏书是一般性宣示变法的必要性和预示成立京师大学堂的诏书,并不负有更多的意义。见该书第144页,上海书店出版社,2000。

上谕今天看似平常,却在满洲官员中间引起相当大的反响。一部分比较敏感的满洲贵族似乎认识到,选派宗室成员游历各国,考察各国政治体制,似乎有意于改变大清王朝已有体制的趋势。再加上成立京师大学堂及着各省督抚保荐外交人才的两份诏书,实行起来势必影响到满洲人在大清王朝政治格局中的地位。

6 月 13 日,光绪皇帝连续发布了几道上谕,宣布将于三天后召见工部主事康有为、刑部主事张元济,令湖南盐法长宝道黄遵宪、江苏候补知府谭嗣同送部引见,广东举人梁启超着总理衙门察看其奏。

6 月 15 日,光绪皇帝又发布了几道令人困惑的诏书。

第一道上谕称,从此以后,凡被授予文武一品暨满汉侍郎者,都应在向皇上谢恩后具折恭诣皇太后前谢恩;各省将军、都统、提督等官也应一体具折至皇太后面前奏谢。这个规定在慈禧太后明确宣布光绪皇帝亲政之后不曾有过,它的含义自然是太后又从后台走到了前台,拥有极大的人事权力。这究竟是光绪皇帝的本意,还是慈禧太后胁迫的结果?

第二道御旨称,从今之后,只要皇帝住在颐和园,那么政府各部门遇有应行引见之员,也应一体带领向皇太后引见。这一道上谕的含义与第一道相同,表明不仅重要的人事变动要经过皇太后的同意,即便是各衙门的事务,只要是皇帝在颐和园办公,皇太后也有权知道。

第三道上谕是宣布免去协办大学士、户部尚书翁同龢的职务,理由是翁近来办事多未允协,以致众论不服,屡经参奏,且每于召对时咨询事件,任意可否,喜怒见于辞色,渐露揽权狂悖情状,断难胜任枢机重任。决定将他开缺回籍。

第四道上谕是所有愿意出国考察游历的王公贝勒,不必再经过宗人府的选派、保荐,由皇帝亲自察看、决定。其王公贝勒以下及闲散宗室内如有志趣远大、才具优长者,仍由宗人府随时保奏。

第五道上谕发布了两项人事调整,一是召王文韶迅速来京陛见,一是命令荣禄暂时署理直隶总督。

这五道上谕大多涉及人事问题,第一、第二道上谕是说人事问题的一般原则,第三、第五道上谕发布的是具体人事调整。这些上谕的发布

265

引起广泛的猜测。

关心中国政局演变的外国观察家在得知新任命的高级官员必须向太后表示感谢的新规定之后,其最初反映是这可能表明慈禧太后正在夺得大权,奇怪的事情和新奇的做法完全可能发生。① 甚至有人认为将翁同龢免职实质上构成一次政变,它的重要性在于即使不是真正废黜了,也实际上废黜了皇帝。恭亲王之死,已经使光绪皇帝失去了一位老一辈的庇护者,而慈禧太后又立刻进了一步,胁迫这位可怜的年轻皇帝革去了他的最忠诚的支持者翁同龢的官职。同时,慈禧太后还强迫光绪帝下令,受任新职的高级官吏必须到慈禧面前谢恩,这就意味着她将亲自垂询这些高级官吏对当前事件的见解,并亲自向他们颁发怎样处理这些事件的谕旨。"据说,慈禧曾说,恭亲王去世了,光绪皇帝的亲政已经使大清国濒于毁灭,再也不能听任光绪去办朝政了,而她必须重新临朝听政。"有的外国观察者在混乱的局势下还听说,清政府内部高层"已经在议论真正的废黜皇帝而不止是实际上的废黜了,但是又惧怕牵涉到外国列强而引起复杂的局面,似乎已经放弃了这种设想"。他们根据这些传言甚至得出这样的结论:6 月 15 日一系列诏书表明"这次政变的两个次要结果将是:前景是非常严重和不平静的;但是,起初事态也许进展得很缓慢,也就是说,在王文韶和张之洞到达和新的改组安排妥当以前,还需要一些时日"。② 不过在经过几天的观察与详细了解之后,他们已经同意当时许多中国人的说法,目前采取主动的是光绪皇帝,而不是慈禧太后。③ 两宫之间的一致性远远大于他们的分歧,不应因后来的两宫冲突去看待在宣布变法之初的两宫关系。

6 月 15 日这批诏书在国内外还引起了另外一种几乎截然不同的反响,认为:不管在这件事情的决策上是慈禧太后占据主动,还是年轻的光绪皇帝占据主动,其结果都意味着新改组的政府已经摒除原先的保守与暮气,将翁同龢免职不是削弱光绪皇帝权力,更不是保守派对革

---

① 赫德致金登干函件第 687 号(1898 年 6 月 16 日),见陈霞飞编《中国海关密档》第 9 册,211 页,北京,中华书局,1996。

② 艾·爱·何璧理致莫里循的信(1898 年 6 月 20 日),见[澳]骆惠敏编《清末民初政情内幕——泰晤士报驻北京记者、袁世凯政治顾问乔·厄·莫里循书信集》,106 页,北京,知识出版社,1986。

③ 赫德致金登干函件第 686 号(1898 年 6 月 18 日),见《中国海关密档》第 9 册,211—212 页。

新者的打击,恰恰相反,清除翁同龢是为新政府将要进行的改革扫清人事上的障碍。完全可以相信,没有翁同龢的新政府在光绪皇帝的带领下和慈禧太后的协助下,一定会采取许多有意义的改革。美国新任驻天津领事向美国国务院报告称:被开缺回籍的翁同龢多年来一直身居要位,且深得皇帝宠信;他相当诚实,心地善良,但极端排外,"是顽固派中的顽固派"。① 对于中国政局的未来,美国领事一方面忧虑慈禧太后与光绪皇帝在治国理念上的差别迟早会引出麻烦,另一方面对中国的政治前途充满信心,相信随着慈禧太后重新掌握权力,李鸿章将很快再次复出并恢复其影响力,而李鸿章是中国高级官僚中少有的具有世界眼光的政治家,他们相信李鸿章主导的政府一定会进行一些有意义的改革,促进中国的进步与发展,缩小中国与西方文明世界的距离。

英国驻华公使窦纳乐则根据自己与翁同龢直接交往的经历表示:翁同龢的出局不会影响中国的改革,恰恰相反,他的出局是为中国的改革力量扫除了一个坚定的、受人尊敬的保守派。他说,翁同龢"是守旧派,他的影响是不变的来反抗革新及进步,在缅甸边界及西江交涉里,显著的我发现他是极端的妨碍一切,但是后来我看他是在改善了。至于个人方面,他受人尊敬的,有学者风度的,——一位守旧的中国政治家最优美的典型。"②与翁同龢有着很多直接交往的赫德也表达了类似的看法,以为翁同龢总体上说代表了旧的方面,他的出局应该有助于改革的进行。赫德说,翁同龢被开缺回籍是一件意味深长的事件,"它意味着一种过于守旧的政策的放弃。这可能表明了宫廷内的争吵,皇太后要废掉光绪皇帝——但是中国人说并非如此。我为可怜的翁老头难过。他有很多卓越的见解,但是据说他利用了作为太傅的职权,过多地干预了这位皇帝关于实行民众参政的主张。可惜的是,这位皇帝没有把它实行得更温和一些。"③既为翁同龢的如此结局感到遗憾与惋惜,也庆幸中国终于放弃了过去过于守旧的政策。这大概就是当时人们的一般看法。

---

① 美国新任驻天津领事给美国国务院的报告,见清华大学历史系编《戊戌变法文献资料系日》,699页,上海书店出版社,1998。
② 窦纳乐致英国外交大臣,见《戊戌变法》(三),544页。
③ 赫德致莫里循函(1898年6月18日),见《清末民初政情内幕》,105—106页。

　　在翁同龢被开缺的第二天,康有为按照既定的安排觐见光绪皇帝,他不仅没有为翁同龢的免职提出任何异议,相反却鼓励光绪皇帝为了能够顺利推行变法新政,应该更多地将那些守旧的高官剔除出局。甚至在他等候皇帝召见的时候巧遇荣禄向他咨询怎样才能够补救时局、顺利推行变法时,康有为明确表示仅仅将那些守旧的高官免职出局还不够,最好能够杀几个一品大员。[①] 由此可见康有为此时的心情似乎并不同情翁同龢的遭遇。

---

① 苏继祖:《清廷戊戌朝变记》,见《戊戌变法》(一),354 页。

第二节　新政诏书频频颁发

王文韶取代翁同龢出任军机大臣和户部尚书,使政府改组基本告一段落,剩下的事情就是怎样具体推动改革。政府要想真正推动维新变法向纵深发展,就必须尽快理清思路,确定改革的重点与难点,以及应该守住怎样的政策底线,哪些方面是根本不可触动的。

一　召见政治新锐

6月16日,光绪皇帝按照原先的日程安排,召见康有为。这既是康有为毕生第一次见到光绪皇帝,也是其一生中唯一的一次。然而这次会见给康有为留下了很深的印象,他在后来的岁月里不断加以炫耀,反复强调这次召见的重大意义。

是日清晨,康有为在东宫门内朝房等候光绪皇帝的召见时,遇见已获任命的直隶总督荣禄也在等候面见皇上,要表示谢恩。荣禄问康有为:"以子椠椠大才,亦将有补救时局之术否?"康有为答道:"非变法不可。"荣禄接着问道:"固知法当变也,但一二百年之成法,一旦能遽变乎?"[1]康有为直截了当地告诉荣禄:"杀二品以上阻挠新法大臣,则新法行矣。"[2]

康有为在朝房内的短暂谈话给荣禄留下非常不好的印象,由此不仅注定了康有为无法获得光绪皇帝重用的机会,也为后来的一系列变

---

[1] 苏继祖:《清廷戊戌朝变记》,见《戊戌变法》(一),354 页。
[2] 曹孟其:《说林》,见《戊戌变法》(四),322 页。

故留下了重要的伏笔。荣禄与康有为对话结束后迅即入见光绪皇帝,他在与光绪皇帝谈完自己的事情之后,有意无意地试探光绪皇帝觉得康有为这个人怎么样? 光绪皇帝尚未见到康有为本人,他只能从已经看过的康有为文章、著作,以及翁同龢的谈话、汇报及最近期的徐致靖的推荐书中判断康有为"以为能也"。[①] 荣禄明显感到皇上似乎有重用康有为的意思。

荣禄随后即到慈禧太后处谢恩。时李鸿章"放居"贤良寺,为谢慈禧太后赏食物,也正在皇太后处。荣禄将刚刚在光绪皇帝那里所进行的对话告诉了慈禧太后,表示康有为的激进办法并不可取,皇上如果过于听信康有为的主张,必将危害大清王朝的根本利益。他甚至恭维在场的李鸿章"多历事故,宜为皇太后言之"。老资格的政治家李鸿章既看不惯接替自己多年前曾经担任过的直隶总督职务的"新科"官僚飞扬跋扈、不可一世的姿态,再加上他正在韬光养晦,也不愿在自己尚未弄清真相的时候陷入被动。于是,当他听到荣禄让他向太后详谈的建议后,吓得"面色大变",赶紧叩头,称"皇太后圣明",一切由皇太后做主。荣禄的本意是"暗请太后留神",[②]在适当的时候能够阻止光绪皇帝一意孤行,过于听信和过于重用康有为。而慈禧太后则叹息道:"儿子大了,哪里认得娘? 其实我不管倒好,汝作总督,凭晓得的做罢。"[③]显然,慈禧太后并不愿意在荣禄、李鸿章等人面前表现出自己有意干预正在积极推动变法新政的光绪皇帝。

根据康有为后来的回忆,这次会面从光绪皇帝询问康的年岁及出身开始,康有为在做了回答之后进入正题。康谈到,如今西方列强环伺中国,步步紧逼,试图分割中国,中国的危亡就在眼前。对此,光绪皇帝接着说:"皆守旧者致之耳。"光绪皇帝昨日刚刚免去翁同龢的职务,而翁同龢也确实是自胶州湾危机以来最主要的责任担当者,由此似乎也可以体会在光绪皇帝的心目中,翁同龢并不是一个维新变法运动的推动者,翁同龢的真实面目可能正是光绪皇帝试图增加民众参与政治的

---

① 曹孟其:《说林》,见《戊戌变法》(四),322 页。
② 苏继祖:《清廷戊戌朝变记》,见《戊戌变法》(一),354 页。
③ 曹孟其:《说林》,见《戊戌变法》(四),322 页。

主要反对者。

　　听了光绪皇帝的叹息，康有为对道：皇上圣明，洞悉病源；既知病源，则药即在此。既知守旧之致祸败，则非变法与之维新不能自强。对于康有为的这种说法，光绪皇帝表示赞同，他明确表示：今日诚非变法不可。康有为说：现在的问题似乎已经不是变法还是不变法，而是小变还是大变，是枝节的改良，还是根本的、彻底的变革。康的意思很明显，他不赞成枝节的改良，他期待彻底的变革。康有为还就开制度局以统揽全局，先改定制度法律而不仅仅是对枝节的改良阐述了自己的看法。他说：自从鸦片战争以来的数十年中，朝廷诸臣始终都在言变法，但是几十年过去了，现在反观这些所谓的变法，实质上都是"变事"而非变法，都是枝节的改良而不是根本的改造。鉴于先前的这些经验教训，现在请皇上在变法之先，先统筹全局而全变之，请先开制度局，修订、制定相关的法律，这样才能收到事半功倍的效果。对此，光绪皇帝也表示赞同。

　　康有为说：他曾经研究过中西各国的变法经验，西方各国经历了差不多 300 年的时间才达到一个相对比较完整的政治、经济、文化体制；后来的日本由于有了西方各国的经验作为借鉴，大约花了 30 年的时间就达到目前的程度。中国人口众多、风俗各异，但如果从现在开始算起，认真、踏实地推行新政，举国同心，那么大约需要 3 年的时间就可以达到自立的程度。此后则蒸蒸日上，富强可驾万国，恢复大清王朝在世界格局中应有的地位。康有为鼓励光绪皇帝说：以皇上之圣明，只要下决心实行变法，那么图富强，在一反掌间耳。这就表现出后来人们所说的康有为的急躁情绪，或者说是他的激进主义倾向。

　　光绪皇帝夸奖康有为的这些见解甚有条理。康有为接着反问道："皇上之圣，既见及此，何为久而不举，坐至割弱？"据康有为后来描述，光绪皇帝听到康有为的这一反问之后，"以目睨帘外，既而叹曰：奈掣肘何？"康有为称他当时就知道光绪皇帝有碍于慈禧太后，不能放手去做变法革新的事情，于是他建议光绪皇帝："就皇上现在之权，行可变之事，虽不能尽变，而扼要以图，亦足以救中国矣。惟方今大臣皆老耄守旧，不通外国之故，皇上欲倚以变法，犹缘木以求鱼也。"

康的这种说法似乎也正对光绪皇帝的心病，光绪皇帝称，这些老臣皆不留心办事。康接着说，这些老臣也不能说是不留心办事，无奈现在的升迁体制制约了人们的创造力，他们当年也都曾奋斗过，奋发过，无奈当他们奋斗了几十年成为当朝大臣的时候，已经精力不济，且兼差太多，每日忙忙碌碌，既无时间读书获知天下正在变化的趋势，又无心思考具有全局意义的大事。所以他们奉旨办学堂、办商务，而这些新东西都不是他们年轻时代学过的，所以也就难怪他们不知道怎样去办。康有为建议：皇上如欲变法，只有舍弃这些老臣，提拔那些年轻的小臣，广其登荐，予以召对，察其才否，由皇上亲自提拔，不吝爵赏，破格使用。方今军机、总署并已用差，但用京卿、御史两官分任内外诸差，则已无事不办。其旧人且姑听之，惟彼等事事守旧，请皇上多下诏书，示以意旨所在，凡变法之事皆特下诏书，使彼等守旧大臣无从议驳。康有为的这个"用新而不特别弃旧"的人事折中建议以及增加政治透明度、遇事即明下诏书以示公开的策略性考虑等，甚得光绪皇帝的赏识。

接着，康有为将话题转到开民智以及废八股等问题上。他说，今日中国之患，主要在于民智不开，所以尽管中国人口众多，但真正有效率、能够使用的各方面人才实在是太少了。造成这种局面的原因可能很多，但一个最直接、最根本的原因就是国家以八股、科举考试作为选拔人才的唯一途径，可能严重地妨碍了人才的成长。学八股者，不必读秦汉以后之书，更不必考察世界各国的实际情况，只要熟读那些八股经典以及做文章的方法，再凭借自己的运气就可以通籍累致大官。所以满朝文武人才济济，但这些人才无以应对外交难题，从而使中国的外交陷入日趋被动的境地。扪心自问，这难道都不是八股考试的必然结果？在一定程度上也可以这样说，甲午战争的失败，尤其是台湾及辽东半岛的割让，不割于朝廷而割于八股；二万万战争赔款不赔于朝廷而赔于八股；胶州、旅大、威海、广州湾之割，不割于朝廷而割于八股。所有这些，都可以看作八股的危害。

对八股科举考试制度的非议在清朝已有很久的历史，自清中后期以来，已有许多志士仁人看到了八股制度扼杀人才的危害，但国家选拔人才制度的稳定性，也使这一尽管有着无数弊端的制度长期有效地运转,因此无数的青年才俊正在八股科举的考试征途中跋涉,任何时间下令取消这一制度都会造成一批无辜的牺牲者,所以清政府的最高决策层对于是否继续沿用这一人才选拔制度一直犹豫不决。不过,清政府自发现这一制度的缺陷后也采取了一些补充措施,诸如早些年就开始实行的幼童出洋留学、鼓励各方面的特异之士脱颖而出的特殊政策等等,也或多或少地弥补了这一制度缺陷。但是,八股科举不进行根本的改革,便无法在总体上提供一个人才成长的优良环境,所以康有为继续前人与时贤的讨论,在光绪皇帝召见时再次提及八股考试的弊端,直接刺激政府最高层的敏感神经,应该说还是有价值、有意义的。光绪皇帝赞成康有为的这些分析,他接过来说:"然。西人皆为有用之学,而吾中国皆为无用之学,故致此。"

康有为对曰:"皇上既知八股之害,废之可乎?"

光绪皇帝明确回答:"可。"

谈完了科举八股制度的废除之后,光绪皇帝又就经济政策方面的问题咨询康有为的意见。光绪皇帝问道:甲午战争之后大量战争赔款导致了中国严重的财政危机,请问有什么好的办法可以筹到大笔的款项吗?

在康有为看来,筹款、富民、发展经济,似乎都不是变法的必经阶段,他认为这些举措都是治标,而不是治本。中国资源丰富,矿物满地,为地球所无,若大举而筹款数万万,遍筑铁路,练民兵百万,购铁舰百艘,遍开郡县各种学堂、水师学堂、港口,则一举而大势立矣。只是这些措施并没有得到变法的根本。中国地大物博,藏富于地,贫非所患也,中国之所患患在民智之不开。所以,康有为在怎样筹款、怎样开发富源、怎样增加政府的财政收入方面并不愿意多作思考,他只能向光绪皇帝谈谈翻译东西方书籍、派遣留学生出洋留学、派遣王公大臣出洋游历考察各国政治状况,以广见闻,以减少变法的阻力等等。光绪皇帝和清政府当时最为关心的是怎样进行实质性的改革,怎样解决实质性的问题,诸如怎样开发中国的经济与市场,怎样筹集开发经济与市场的经费,而这些康有为恰恰认为是"形而下",认为不值得自己去关怀,去谈论。他的关注与光绪皇帝和清政府的关注发生了某些错位,所以即便没有荣禄的提醒,即便没有那么多人的反对,光绪皇帝和清政府都不可能授予他很重要的权力和地位。这一点是康有为和他的追随者们当年无论如何也没有想到的。

当天,光绪皇帝召集臣僚对康有为的安排与使用问题进行了专门讨论,参加讨论的有李鸿章、刚毅以及新进军机大臣廖寿恒等。光绪皇帝介绍了召见应对的大概情况,廖寿恒提出可以赏给康有为五品卿衔,而满洲贵族出身的协办大学士刚毅已得到荣禄的交代,强调不能重用康有为,"当予微差以折之"。光绪皇帝综合各方面的意见,并对先前的各种传闻进行了综合评估,决定任命康有为在总理衙门章京上行走,但特许他可以专折奏事。

康有为和他的弟子们当天就得知这一任命,他们对这一出乎意料的结果自然很不满意。梁启超在第二天写给夏曾佑的信中明白指出:"西王母主持于上,它事不能有望也。总署行走,可笑之至,决意即行矣。"一个星期之后,梁启超又致信夏曾佑,称康有为在做了许多弥补的活动之后,依然无效。康决定和他的弟子们一起离京南下。[①]

经过短暂的失望之后,康有为和他的弟子们随着变法维新运动的不断推展与深入,便投身于火热的实际生活之中。

按照清廷给予康有为的委任,他的职务仅是总理衙门章京上行走,但同时具有专折奏事的特权。根据这些规定,康有为也就尽力发挥自己的长处,并不去总理衙门上班,而是潜心于撰写那些值得倡导和值得推动的专折及专著。根据一些并不完全的统计,康有为在百日维新期间以自己的名义上书13次,大量的由他撰写或主笔的奏折都以别人的名义呈递,还有一些奏折虽然不是康有为撰写,但大概意思是康有为的,或由康有为直接授意而撰写的。所有这些奏折,都可以看做康有为在百日维新期间的思想贡献。这些奏折的总量达到36件,加上康有为以自己的名义呈递的13件,共计49件。[②]

光绪皇帝在召见了康有为之后,很快召见了张元济。根据张元济

---

① 丁文江、赵丰田编:《梁启超年谱长编》,121页,上海人民出版社,1983。
② 参见孔祥吉《戊戌维新运动新探》,118—173页,长沙,湖南人民出版社,1988;见林克光《革新派巨人康有为》,269—277页,北京,中国人民大学出版社,1990。

的回忆,这次召见进行了大约两刻钟的时间。光绪皇帝问道:目前外患频仍,宜筹保御。而满朝文武除了唯唯诺诺之外,实在拿不出什么好的主意,他们不通西学,不达时务。而那些存心守旧的官僚们更是乱上添乱,蓄意干扰,使许多本可进行的新政也无法顺利推行,比如修建铁路一事,就是如此。听说英国在印度修建的铁路已经修到了我国西藏边界,现在关于云南的交涉连续不断,而由北京到达云南,路程需要两三个月,相形之下,我国的外交交涉怎能不吃亏? 所以,新政必须从经济方面入手,大规模地修建铁路刻不容缓。光绪皇帝请张元济就怎样才能推动大规模地修建铁路谈谈自己的看法。

张元济回答:要推动大规模的修建铁路就必须尽快储备人才,西方的工程师尽管有知识、有技术,但从国家根本利益方面去考虑,这些洋工程师并不可靠。不但铁路,即是矿山、河渠、船厂、机器厂等莫不如此,在在需要中国自己培养懂得这些近代技术的大量人才。张元济建议光绪皇帝应该责成将要创办的大学堂认真造就各类人才,为国家将要开始的大规模的经济建设提供源源不断的智力支持。张元济还根据自己在总理衙门工作的经验,认为政府的外交人才更为缺乏,如果中国有大量合格的外交人才,驻外公使、领事都能达到相当的水准,相信中国的外交肯定会有大的起色,外交危机必将逐步克服。为此,张元济建议光绪皇帝除了继续办好同文馆及一些省份的广方言馆外,应该有新的外交人才培养机构,造就大量的外交人才。① 这些建议似乎都不难被光绪皇帝所接受。

广泛听取年轻一代新锐政治家的意见,是光绪皇帝和改组后的新政府的既定方针,随着新政的推展,这种召见也一直在进行着。7 月 3 日,光绪皇帝并未顾及御史黄均隆对黄遵宪、谭嗣同以及梁启超等人的弹劾,依然如约召见仅仅是举人出身的梁启超,听取梁启超对新政的建议。根据梁启超的说法,按照清朝的成例,四品以上的官员才能获得皇上的召见,皇上召见官品低下的小臣自咸丰以后 40 余年间从未有过先例,至于梁启超仅以举人的身份获皇上的召见,梁启超也感到相当的自

---

① 张树年主编:《张元济年谱》,26 页,北京,商务印书馆,1991。

豪,称其"尤为本朝数百年所未见",①足见梁启超也未能免俗,他和其师康有为一样,也将这次召见看得很重。

梁启超很看重这次召见,但是关于这次召见的谈话内容与谈话时的情形,梁启超并没有留下详细的记录。此次召见的结果是,光绪皇帝让梁启超退朝之后将所著《变法通义》一书呈递上来,并赏给梁启超六品官衔,责成他会同相关部门筹办并主持译书局的事务。

清政府对这些新锐政治家用其所长的做法,在黄遵宪、谭嗣同以及杨锐、刘光第等人身上都有很好的体现。按理说,不论是名声,还是所拥有的新思想,这几个人与康、梁都不可同日而语,但他们在清政府最高决策层的眼里,却是可以委以相当实际职务的官员。7 月 30 日,清廷发布上谕,重申 6 月 13 日的上谕,要求两江总督刘坤一、湖广总督张之洞、湖南巡抚陈宝箴即饬黄遵宪、谭嗣同迅速来京,毋稍迟延。8 月 11 日,当黄遵宪尚未到京的时候,清廷又发布上谕,着黄遵宪以二品京堂候补的身份充任清政府驻日本公使。

获光绪皇帝召见且没有获得重用的还有严复。推荐严复的为顺天府尹胡燏棻、詹事府詹事王锡蕃。王锡蕃在 8 月 29 日所上的《保奏人才折》中对严复的才干竭尽渲染之能事,当然希望清廷能够重用严复。折中写道,严复于近代西方典章名理之学,俱能探本溯源,潜心研究;对于中国的学说,也能通贯群籍。严复著述甚富,水师的情形尤其所熟知专习。他久在北洋奉差,奉公之外,闭户寡合,其人品尤为高卓。② 但光绪皇帝于 9 月 14 日与严复进行一番谈话之后并没有提升严复的职位,严复依然回到他在北洋水师学堂的教学岗位上去了。③

二 建设新经济体制的努力

就本质而言,1898 年的百日维新是从外交困境开始。而外交上的没办法,是因为中国的经济没办法;中国经济没办法,又是因为中国政治没办法。所以,这样一环扣一环地推进,终于酿成了一场轰轰烈烈的

---

① 《梁启超年谱长编》,126 页。
② 《戊戌变法》(三),375 页。
③ 1898 年 9 月 14 日《国闻报》。

政治变动。但是,要说百日维新的起点,就必须从改组后的新政府重建具有近代特征的经济体制说起。

6月12日,光绪皇帝发布了一道上谕,强调"商务为富强要图",要求各省督抚结合各地的实际情况,妥速于各省会筹办商务局,公举殷实绅商,派充局董,详定章程,认真讲究,总期联络商情,上下一气,振兴商务。同时,要求各地着力整顿商务、矿务,以开利源,推动中国经济的发展。

7月19日,康有为具折条陈,从理论上阐释发展商务的重要性,指出西方国家的洋货之所以能够越万里而畅销中国,主要是因为西方国家高度重视商务,其国中有商学以教之,有商报以通之,有商部以统之,有商律以齐之,有商会以结之,有比较厂以励之,有专利牌以诱之。这还仅仅是货物尚在西方国家内的情况,待到这些货物出国之后,西方国家更有许多措施进行保护,假之资本以助之,轻其出口税以便之,有保险以安其心,有兵船以卫其势,听其立商兵轮以护其业。又有遍布各通商口岸的领事对各地经济状况的详尽考察及相关建议,官商相通,上下一体,故西方国家的物品能够制造精、畅销易,视万里重洋若枕席,所以西方国家基于商业的繁荣,在军费开支上似乎从来就没有像中国这样困难过,民足而君足,国富而势强,都是重商主义的必然结果。

借鉴西方国家的经验,康有为建议清政府应该竭力张扬重商主义的精神,鼓励一切有利于中国进步与繁荣、有利于中国市场开发的举措。他指出:中国政府应该像西方近代国家的政府一样设专司专学以启发民众的商业意识,改变各级官吏对商人的歧视;鼓励开商学、译商书、出商报,立商律,为商务的繁荣提供外在的环境;政府还应该像西方国家那样,调整税率,鼓励出口,制定专利制度以保护专利产品等。康的建议最后归结为令各省商务局立商学、商报和商会,并仿日本立劝工场及农务学堂,讲究工艺农学。①

康有为的这些建议受到清廷的重视。7月25日发布的上谕就明确要求刘坤一、张之洞选派通达商务明白公正之员绅试办商务局,并先

---

① 参见《康有为政论集》上册,325—326 页。

就沿海沿江,如上海、汉口等地调查资源,提出方案,并就如何设立商学、商报、商会等制定切实可行的规划。①

振兴商务,特别是要建立具有近代特征的商业流通体系,就必须有近代金融手段,必须设立相应的国家银行和各种商业银行。设立国家银行的准备工作早在1897年初就由盛宣怀负责进行,是年5月27日在上海设立总行,自夏徂冬,先后在天津、汉口、广州、汕头、烟台、镇江等地设立了分行,翌年初在北京设立了京城银行。至此,具有近代特征的金融体系初步形成,此后自京畿以迄各通商码头,都有中国自己的银行分号,或不致如先前仅为洋商所把持,中国自主的金融管理与经营系统大体确立。当清政府宣布变法维新前后,盛宣怀觉得有必要将已建立的金融系统提升为国家银行,于是他向清政府提出了设立"中国通商银行"这一具有国家银行性质的方案。7月8日,光绪皇帝原则批准了这个方案,交户部速议具奏。

按照光绪皇帝的要求,户部对盛宣怀的方案进行了讨论和研究。7月13日,清政府基本上同意了盛宣怀的建议,即着盛宣怀将银行收存官款,如何议生利息、汇兑官款、如何议减汇费,先与各省关商定明确,切实办理,并着户部咨行各省将军、督抚、各关监督,凡有通商银行之处,汇兑官款协饷,如查明汇费轻减,即酌交通商银行妥慎承办,以重商务。②

商务为社会经济最重要的流通环节,而农业则是社会经济的基础,尤其是在以农业立国背景下的中国,农业的萧条不仅影响经济的发展,而且势必导致严重的经济问题,所以清政府在宣布振兴商务的同时,也格外注意农业的进步。6月20日,总署奉旨妥议提倡学艺农工矿业事宜。7月4日,发布上谕,着各省督抚督饬各该地劝谕绅民兼采中西各法,切实振兴农业。上谕强调,讲究农政在中国已有久远的传统,这本是中国古代"劳农相劝"的意思,所以各地官吏对此要随时维持保护,实力奉行。如果哪个地方办得确有成效,准该督抚奏请奖叙。该上谕还称:听说罗振玉等人在上海创办了农学会,对于转移风气,促进农业的

①参见上谕第106,见《戊戌变法》(二),48页。
②参见上谕第90,见《戊戌变法》(二),38页。

进步起到了很好的示范作用,着两江总督刘坤一查明上海农学会的章程,咨送总理衙门查核颁布,供各地参考。同时,也希望各地注意外国农学图书的翻译与介绍,总期为农业的复兴提供帮助。8 月 2 日,光绪皇帝再发上谕,重申劝导绅民兼采中西各法,振兴农政,奖励工艺,强调以农为体、以工商为用,指示各省督抚一旦发现有能创制新法者必当立于优奖,期待各省督抚及各地官员皆当认真体察朝廷的深意,悉心讲求,次第兴办,毋得徒托空言,一奏塞责,而应切实负起劝导、推广的责任。

以农为体、以工商为用的方针符合近代中国的基本国情,而中国农业的根本改观有待于中国能否切实改变中国千百年来的农业生产习惯,能否引进和采纳西方国家已经采用的那些行之有效的技术和手段。8 月 18 日,康有为向清政府呈递《请开农学堂地质局以兴农殖民而富国本折》,比较详细地介绍了东西方各国在农业生产方面的技术进步和技术手段,诸如农业的机械化、化肥、温室大棚等。他在奏折中提醒光绪皇帝和清廷其他决策者鉴观其精详,比较其得失,必将憬然动于心,而知东西方这些小国寡民之所以富强,而我中国土广民众之所以贫弱者,其关键只在于技术的发展与运用。康有为建议清政府下令各省府州县由政府提供必要的帮助,如酌拨官地,提供开办经费,设立农学堂,创办农报,翻译东西方农业书籍,鼓励民众创办农会,以广见闻,交流心得;创办地质局,测定各地的土壤条件,然后根据这些条件劝导民众种植适宜于本地环境及有一定市场价值的农作物。并建议政府在各通商口岸尤其是像上海、广东这样的大城市设立地质总局,将各地测绘所得的数据,各地根据这些数据重新制定的种植计划及相关产品等陈列于各地质总局,供外国商界人士参考,庶几商业盛而流通广,农业并兴,地利溢出,而国可富。康有为还建议,为了统筹全国的农业、商业,中央政府应该设立农商局,各省应该设立农商分局。①

康有为的这一切实可行的建议立即获得了清政府的回应和批准。8 月 21 日,上谕宣布设立农工商总局,委派端方、徐建寅、吴懋鼎三人

---

① 参见康有为《请开农学堂地质局以兴农殖民而富国本折》,见《康有为政论集》上册,349—350 页。

负责,统筹全国的农工商业的政策制定与协调。要求各省府州县都应该设立农务学堂,开农会,刊农报,购农器,由绅富之有田业者进行技术性试验,考求新法,精益求精,待取得经验后逐步推广,庶几农业兴而生殖日番,商业盛而流通益广,为国家富强提供坚实的基础。

7月28日,清政府委任荣禄会同张之洞率盛宣怀等着手筹办卢汉铁路等处的铁路建设。8月2日,清政府决定在京师成立矿务铁路总局,特派总理各国事务大臣王文韶、张荫桓专理其事,所有各省开矿、筑路一切公司事宜均归矿务铁路总局统辖。上谕强调铁路、矿务为时政之最要关键,现在津榆、津卢铁路早已竣工,由山海关至大凌河一带正

在筹款接办,其粤汉、卢汉两路均归总公司建造,至此,干路规模大体已具。矿务以开平、漠河两处办理的最为得法,成效已著,现在正在推广。惟铁路、矿务方面的事务格外繁重,各省的办法也不甚一致,或致章程歧出,动多窒碍,因此有必要成立一个全国性的机构进行协调。[①] 这实际上隐含有将全国的铁路、矿务等涉及国家战略的重大基础建设一律收归国家主办的意思,预示将会有以国家的力量控制那些事关国计民生的重大领域的举措出台。

戊戌年间新政中最具有重建近代中国经济体制意味的举措是颁布了一系列奖励、鼓励发明与著作的政策,特别是具有保护专利色彩的相关法律的制定。康有为等主张革新的思想家和行动者,当时都注意到西方的富强虽然有着多种原因,但西方国家普遍重视发明与创造,普遍鼓励各行各业的能人智士勇于创新、勇于发明的办法还是给他们留下了极为深刻的印象。6月26日,康有为上书清廷,建议设立爵位奖励新艺、新法、新书、新器,设立特许专卖以激励人才开民智而济时艰,建议清政府借鉴西方国家的成功经验,特立新书、新器之赏,以高报酬、高待遇吸引海内人才。果如此,"以中国聪明灵敏之才,四万万人民之众,踊跃舞蹈,竭其耳目心思以赴,皇上之求何求不得哉?"

在康有为等人看来,中国尽管有着几千年的思想传统,在中国历史上从来不乏闭关锁国、孤芳自赏的先例,但是近代以来科学技术突飞猛

---

① 参见上谕第117,见《戊戌变法》(二),48页。

进、日新月异的发展变化,西方工业化在一定程度上已经改造了传统农业社会。这一巨大进步实际上已将传统的国家主权理论、传统的国家边境、国家安全做了很大的调整,国与国之间的交往已经无法回避,与其继续闭关锁国、孤芳自赏,不如打开国门,大度地欢迎西方的先进文化、先进科学技术,并将这些文化、技术进行适当的改造,使之更合乎中国的国情,使之更有助于中国传统农业社会向近代工业社会的主动转变。这种转变是一种世界大势,是不以任何人的主观意志所左右的世界潮流,现在政府强调变法,强调维新,实际上也就是要改变中国的旧习惯,主动促使中国迎合世界潮流,迎合世界大势,移易民心,去愚尚智,弃守旧,尚日新,变传统的农业社会为工业化的近代国家。这应该是变法维新的根本目的。而为了实现这一目的,康有为建议清政府尽快调整政策,制定和颁布奖励工艺、奖励创新的新政策,由政府出面鼓励、奖励、激励民间及社会各界的知识分子、志士能人,著作新书,寻发新地,启发新俗。①

281

康有为的建议确实抓住了世界潮流,有助于中国传统社会向近代社会的转变,很快获得了清政府的采纳。7 月 5 日,光绪皇帝发布上谕,强调变法维新的目的之一就是要振兴庶务,发展经济。而发展经济、振兴庶务的关键,首先在于鼓励人才。因此,政府决定,各省士民著有新书及创行新法,制成新器,果系堪资实用者,允宜悬赏以为之劝。或量其才能,试以实职;或赐以章服,表以殊荣。由其所制造的新器,由政府颁发执照,酌定年限,准其专利售卖。其有能力创建学堂,开辟地利,兴建枪炮等工厂者,有裨于经国远猷,殖民大计者,政府将参照军功之例,给予特赏,以昭激励。② 至于具体的奖励标准及实施办法,光绪皇帝着总理衙门认真研究,提出方案。

总理衙门根据光绪皇帝的指示,迅速拟定了专利和奖励章程十二条,对创造发明的范围、性质以及奖励的标准、提升职务的级别、专利的保护年限等,都作出了具体的规定。7 月 13 日,光绪皇帝再发谕旨,公布总理衙门议定的专利奖励章程,并称朝廷鼓励人才,不靳破格之赏,

---

① 参见康有为《请劝工艺奖励创新以智民富国折》,见《康有为政论集》上册,290 页。
② 参见上谕第 74,见《戊戌变法》(二),31 页。

但仍应严防假冒与泛滥,所有著书及创造发明,都应该由相关部门聘请相关专家认真考察、检验,严定罚惩,"以期无负振兴庶务、实事求是之至意"。①

经济建设,以及为中国经济的长远发展营造一个良好的法律、体制环境,是戊戌维新时期的一个主要任务。但是,由于能够放手让光绪皇帝比较独立自主地主持政府事务的时间太短,在这仅仅一百天的时间里,除了留下这部专利奖励章程外,具体的经济建设都很难看出实际效果。同时,由于新政启动的时间过于短促,当新政诏书接二连三、联翩而至的时候,各级官吏实在是有点难以消化、承受。8月26日,光绪皇帝再下诏书,点名批评两江总督刘坤一和两广总督谭钟麟,指责他们"积习相沿,因循玩愒",对新政诏书"置若罔闻"。② 可惜的是,百日维新很快就走上它的末路,这些封疆大臣们即便有意于加快进行,也赶不上急剧变化的历史车轮。

三 仿西制以强兵

维新变法运动的另一个主题是"强兵",它与第一个主题"富国"密切相关。

6月17日,康有为呈递《停弓刀石武试改设兵校折》,建议清政府停止早已不合时宜的弓刀石武试,并广设武备学堂,先于京津,遍于各省,小学、大学次第备置,课程功课仿照德国、日本;并考虑将过去的武试举人一律送进这种具有近代特征的军事学校学习。同时,他还建议清政府派遣强健才武有志学生就学于德国、日本军校,以期能够直接从德、日教官那里学到一些真东西。③

康有为的建议确实点到军队的弱项,军队教育体制、管理体制的改革已经到了刻不容缓的地步。5月25日,江南道监察御史曾宗彦奏请朝廷下令克期精练陆军,并下令军队一律改习洋操。曾宗彦、康有为的建议无疑都引起了清廷的重视,6月19日,光绪皇帝指示军机大臣会

① 上谕第89,见《戊戌变法》(二),37页。
② 上谕第150,见《戊戌变法》(二),60页。
③ 参见康有为《停弓刀石武试改设兵校折》,见《康有为政论集》上册,274页。

同户部、兵部就曾宗彦的建议提出具体方案。上谕指出：今日时事，练兵为第一大政，练洋操尤为练兵第一要着，惟需选教习以勤训练，核饷力以筹军实。现在天津新建陆军、江南自强军均系学习过洋操的新式军队，在军费没有大的增长的时候，可以考虑选派这两支新军中训练有素的军官分至各省协助训练军队。至于军械枪炮的购置或自造，也应制定出一个统一的规划和统一的技术标准，以便使用。①

6月27日，光绪皇帝再发上谕，就军队的管理体制作出重大改革，撤销督办军务处，命令直隶按察使袁世凯指挥的新建陆军改归直隶总督节制，任命荣禄补授直隶总督兼北洋大臣，同意顺天府尹胡燏棻先前奏请精练陆军并神机营改用新法操练，以及出使大臣伍廷芳先前奏请京营绿营参用西法进行训练的建议，下发军机大臣会同督办军务大臣等研究具体实施办法。7月9日，军机大臣会同神机营王大臣、八旗都统等就胡燏棻、伍廷芳的建议提出具体实施办法，同意各省绿营练勇认真裁并，同意神机营挑选马步官兵万余人勤加训练，汰弱留强，实力讲求；同意八旗、满洲、蒙古等旧有军队以不同方式改习洋枪，刷新精神，摒除积习，以切实增强战斗力，以免辜负朝廷整军经武、富国强兵之至意。此次兵制改革，明确包括八旗在内，这就是后来梁启超所说的"命一国皆改兵制"。显然，此次军事改革已不再是枝叶末节的小修小补，而是包括八旗在内的整体性的改革。

7月15日，光绪皇帝再下谕旨，严谕各省将军、督抚切实裁兵、练兵，务必将那些已不能适应新式战争的冗员彻底裁撤，务期以有限的军费练就一支强大的新式军队，指示各省"无论水陆各军，一律挑留精壮勤加训练，俾成劲旅"。

在人才的选拔方面，百日维新期间的军事改革也有相当大的举动，那就是废除先前的武场科举，采用新式学堂培养军官。7月23日，光绪皇帝谕各省将军、督抚和学政，参照黄槐森先前变通武场科举的建议，责成各省将军、督抚、学政提出完善的具体办法，以利于军事人才的选拔。

---

① 参见上谕第56，见《戊戌变法》(二)，22—23页。

7月28日,光绪皇帝命令各省将军、督抚筹拨经费,以备添设海军、筹造军舰之用,将重建海军重新提上日程。

由于时间的急迫,百日维新期间发起的军事改革并没有取得实际效果,但是这一改革的方向、所触及的问题,实际上开启了后来几十年中国军事的发展方向,如废除绿营、八旗,重建新式军队建制;如创建新式军事学堂,聘请外国教习与顾问,创建军校教育的新体制;再如派遣军事将校出洋留学,虽然在百日维新期间没有成为现实,但它对后来若干年分赴东西洋留学军事热潮的兴起明显具有启迪作用;再如新式军事工业的兴建,百日维新期间也曾提出国内各军事工业基地应该由兵部制定相应的统一技术标准,只是由于时间的短暂而没有来得及成为事实。

第三节　新旧党争与帝后冲突

　　军事领域中的强兵改革是清政府的既定政策,在改革进程中遇到的反对阻力最小。只是由于时间的原因,在这一百天中并没有取得多少实际效果。而与军事领域的改革相关联的是教育体制的改革,军事改革曾经触及武科的存废与改良,而武科考试实际上也是清朝运行甚久的一项既成教育制度,它的存废不仅与军事改革密切相关,其实更是教育改革、科举制度存废的根本之所在。

一　新旧党争拉开序幕

　　光绪皇帝宣布明定国是诏时,一是宣布创立京师大学堂,作为新知识教育的基地以及将来青年知识分子获取功名的培养基地,期待以新学堂的创办去取代旧的教育体制;二是将以八股为主要内容的科举考试制度的弊端大体指出,但对是否废除科举考试、怎样改革科举考试,光绪皇帝并没有提出明确的看法,依然期待能够寻求一个最佳的妥善方案。

　　6 月 16 日,康有为利用面见光绪皇帝的机会,直接向光绪皇帝面陈八股科举考试制度的危害,以为中国近年来一连串的外交失败,说到底都是八股惹的祸。

　　光绪皇帝也认为,中国与西方国家目前最大的不同在于各自的教育制度,西方人所学为有用的实学,而中国人所学则基本上是没有用的东西。这些没有用的东西当然是指科举考试制度中的八股文。

　　第二天,康有为呈递一份奏折,以自己追求科举功名的痛苦经历痛斥八股科举考试制度的荒谬,强调中国在甲午战争中之所以失败,被割去大片土地,承担大量的战争赔款,并不是朝廷无能,而根本原因在于八股科举考试窒息了士人的性灵。他强烈要求清政府立下明诏,废除八股科举考试制度,从此中国知识分子内讲中国文学,以研经义、国闻、掌故、名物,则为有用之才;外求各国科学,以研工艺、物理、政教、法律,则为通方之学。他建议政府第一步废除八股考试内容,同时加快新教育建设的步伐,宏开学校,教以科学,等到学校尽开,第三步就是逐步废除科举考试制度。①

6 月 18 日,康有为上关于停止弓刀石武试改设兵校折,就军事人才的培养提出建议,实际上也是对旧的教育制度进行批评,建议政府配合新教育体制的建立改用新式军事学堂训练将校。

与此同时,梁启超也联络各省举人联署上书,请求清政府特下明诏,停止八股取士,推行经济六科,以育人才而御外侮,抨击沿袭数百年的八股取士制度"非徒无用而已,又更愚之……非徒愚士大夫无用已也,又并其农、工、商、兵、妇女而皆愚而弃之",请求政府宣布天下,停废八股取士,改用经制六科,培养新式人才。②

各方面的呼吁引起了清廷的高度重视。6 月 17 日,光绪皇帝命枢臣就停废八股问题拟旨。这一消息传出后,"京师哗然,传废八股,喜色动人"。③

6 月 20 日,康有为代山东道监察御史宋伯鲁、山东道检察史杨深秀草拟一封弹劾"守旧礼臣"的告状信,上书清廷点名指责礼部尚书、总理各国事务大臣许应骙守旧迂谬,阻挠新政,建议清廷应该将阻挠新政的许应骙解除职务,既为守旧误国者诫,庶几内可以去新政之壅蔽,外可以免邻封之笑柄。④ 光绪皇帝在这份弹劾奏折上批道:"御史宋伯鲁、杨深秀奏礼臣守旧迂谬、阻挠新政一折,着许应骙按照所参各节明白回奏。"即要求许应骙对弹劾奏折所涉及的问题说说清楚。

许应骙希望刚毅在皇上面前美言几句以保护自己过关,至少希望

---

① 参见康有为《请废八股试帖楷法试士改用策论折》,见《康有为政论集》上册,271 页。

② 《梁启超年谱长编》,114—116 页。

③ 《康南海自编年谱》,45 页。

④ 参见《掌山东道监察御史宋伯鲁等折》,见《戊戌变法档案史料》,5—6 页。

刚毅能够给他出出主意,渡过这一难关。刚毅对废八股确实也有自己的看法,他确曾当面建议光绪皇帝慎重考虑,所以他对许应骙的请求并不感到意外,曾向光绪皇帝为许应骙"乞恩"。他得知弹劾许应骙的奏折出自康有为之手,曾劝许应骙反攻为守,不要只急于辩白自己,更要敢于攻击康有为。这便在事实上证明了清廷内部存在一个守旧的派别,他们专以新政为敌。戊戌年间的新旧党争于此终于拉开序幕。

新旧党争的态势当然不是光绪皇帝所期待的,作为清廷最高领导人,他背后有慈禧太后支持,当然期望他的所有臣僚都能够同舟共济,推动新政的顺利进行。因此,当他收到弹劾许应骙的奏折后,心中自然很反感。他一方面要求许应骙明白回奏,另一方面也充分考虑了刚毅的建议,在当天就废八股的问题专程赴颐和园向慈禧太后征求意见。①

6月22日,康有为又代翰林院侍读学士徐致靖草拟一折,请求清政府立下明诏废八股,称时事艰难,国势危机,人才乏绝,廷臣条陈纷纷,多有请变科举、废八股者,而礼臣守旧拘牵驳议,致使皇上和政府依违不决。这份奏折矛头直指那些"守旧礼官",以为正是他们的阻挠,致使许多制度当变而不能变,这些守旧礼官"言科举不可变、八股不可废者,与为敌国作反间者无以异"。奏折建议皇上不要再听信这些守旧礼官的驳议而贻误天下大计,特旨明谕天下,罢废八股,各级各类考试一律改用策论,庶几天下之青年一代皆改而致力于先圣之义理,以考究古今中外之故,务为有用之学,风气大开,真才自奋,皇上亦何惮而不为哉?奏折反复强调,废除八股取士制度是正在开展的新政之最要而成效最速的一件大事。②

同一天,礼部尚书、总理衙门大臣许应骙遵照光绪皇帝的指示"明白回奏",对康有为代拟的弹劾奏折所提出的问题一一驳斥,并接受刚毅的建议反攻为守地攻击康有为。他解释道:康和他是同乡,稔知其少年时代即无行乡里,名声极坏。迨康有为通籍旋里,屡次与乡人发生冲突,为众论所不容。"始行晋京,意图倖达,终日联络台谏,夤缘要津,托词西学,以耸听观,即臣寓所已干谒再三,臣鄙其为人,概予谢绝。"此

287

---

① 参见郭廷以编著《近代中国史事日志》,1006页,北京,中华书局,1987。
② 康有为:《请废八股以育人才折》,见《康有为政论集》上册,286页。

后,康在广东会馆私自立会,聚众至 200 余人,"臣恐其滋事,复为禁止,此臣修怨于康有为之所由来也"。他指责康有为是政治小人,狂妄至极。"比者饬令入对,即以大用自负,向乡人扬言,即奉旨充总理衙门章京,不无觖望。"康有为果真如此,这可是中国官场最忌讳的。许应骙还借前协办大学士李鸿藻的话说:"今之以西学自炫者,绝无心得,不过借端牟利,借径弋名。"许应骙指出:现在康有为逞其横议,广通声气,袭西报之陈说,轻中朝之典章,其建言既不可行,其居心尤不可测。若不将康有为罢黜回籍,任其久居总署,必刺探机密,漏言生事;常住京邸,必勾结朋党,快意排挤,摇惑人心,混淆国事,关系匪浅。①

原本只是程序性的争议引起了党争,党争的直接后果是将废八股的决策尽可能地作了调和,以便各方都能接受。6 月 23 日,光绪皇帝宣布废除八股取士制度,要求乡会试及生童岁科各试向用四书文者一律改试策论;同时又宣布改革在三年之后正式施行,至于如何分场、命题、考试等一切详细章程,仍将由相关部门尽快制定予以公布。② 上谕顾及了存废两方的面子。

康、梁等人感到光绪皇帝"不彻底"的上谕实际上受制于守旧势力的包围。为了打破这些包围,觉得有必要立即开展一次"立废八股"运动,以期由此突破守旧势力对光绪皇帝的影响。6 月 30 日,康有为、康广仁、梁启超等人将讨论的结果起草成一折一片,以御史宋伯鲁的名义呈递。③ 当天,清廷发布谕旨,修正 6 月 23 日发布的三年后废八股改策论的谕旨,规定"岁举归并正科,生童岁科试一律改为策论",要求各省学政收到此谕旨后,即行一律改为策论,全面采纳了康有为等人建议。

废八股改策论的决策应该说有利于时务人才的培养,是戊戌年间最值得称道的一件大事,不过八股制艺毕竟流行了数百年,毕竟已经成为许多人的饭碗,骤然将这一维系着无数人生计的制度一旦废除,自然激起一部分人的反对。事实上,当废八股改策论的消息传开之后,已有

---

① 朱寿朋编:《光绪朝东华录》(4),4 100页,北京,中华书局,1984。
② 参见上谕第 60,见《戊戌变法》(二),24 页。
③ 《请将经济岁举归并正科并各省岁科试迅即改试策论折》,见《康有为政论集》上册,294 页。

发生社会动荡的征兆。因废八股而可能导致失业的大批士人对倡议废八股的康有为等人恨之入骨,据说直隶的一些士人甚至考虑采用极端的手段对康有为行刺。康身边的一些人也劝康有为请几个保镖,注意保重,深居简出,以免意外。由此可见废八股在当时确实不是一件小事。

7月4日,以稳健著称的清廷重臣张之洞与湖南巡抚陈宝箴联名呈递《妥议科举新章折》,就废八股之后如何改进科举制度、如何保障青年知识分子的权益提供了全面的方案,比较务实地解决了废八股、改科举过程中所出现的那些矛盾。

在张之洞、陈宝箴的方案中,他们依然坚持儒家伦理中的道德精义不可废除的原则,所谓中学为体就是要坚守住儒家伦理,坚守住历代帝王经天纬地之大政。至于八股的弊病,已为天下所共知,自当改革。但由于科举体制为天下学术之所系,为国家治本之所关,所以任何改革都当慎之又慎,妥议方案。

张之洞、陈宝箴"妥议"的改革方案实际上主要体现在内容上,至于形式,这个方案尽量不作大的调整,以免引起激烈的反弹,造成无谓的争论。所以这个方案既迎合了新的潮流,又充分照顾了数百年来所形成的习惯,是一个新旧两宜的折中选择,[1]因此甚得清廷的重视。经过礼部、总理衙门等相关部门的讨论与认定,7月19日,清政府发布上谕,以为张之洞、陈宝箴的方案"剀切周详,颇中肯綮",决定以张、陈的设计为蓝本,颁布废八股之后的新科举方案。[2] 至此,关于废八股、改科举的争论终于告一段落。

二 大学堂与官报局

光绪皇帝在明定国是诏中关于创设京师大学堂的决定,似乎并没有引起军机大臣和总理衙门大臣的真正重视。6月26日,光绪皇帝再下谕旨,对军机大臣、总理衙门大臣因循、延迟提出批评,命他们就创设

---

① 参见张之洞《妥议科举新章折》,见《戊戌变法》(二),466—471 页。
② 参见上谕第 99,见《戊戌变法》(二),41 页。

京师大学堂的事情"督饬司员,克期议复。倘再仍前玩愒,并不依限复奏,定即从严惩处不贷",①这才真正引起那些官僚们的重视。

6月30日,江南道监察御史李盛铎参照日、英等国大学体制拟定了五条办学大纲,就京师大学堂及其与中国整个教育体制的关系、选址原则、功课设定、款项的筹措以及委派大臣出洋考察等提出了不少建议,对后来新教育的发展起到了相当重要的启迪作用。②

有了李盛铎的规划,军机大臣和总理衙门的大臣们根据这些建议,并参照先前中外各家提出的各种方案进行研究,就京师大学堂的体制、规模以及所需的人才、物质支持等方面于7月3日提出了一套比较完整的方案和详尽章程,京师大学堂的筹备工作方才真正启动。

按照康有为的说法,他参与了京师大学堂章程的制定,后来由梁启超代为执笔起草。梁启超参酌英、美、日等国已有的制度,制定了这份详细的章程,其中最重要的一条是将大学堂的权力归于总教习,而管学大臣则形同虚设。

管学大臣孙家鼐看到梁启超拟定的大学堂章程后勃然大怒,他以为梁启超在章程中将大学堂的日常事务的权力归诸总教习是别有用心,于是与康有为反目成仇。

7月17日,孙家鼐向清廷呈递了一份举报康有为的奏折,称康有为的《春秋界说》《孟子界说》及《孔子改制考》等,昌言《公羊》之学,杂引谶纬之书,牵强附会,必证实孔子改制称王而后已,称《春秋》既作,周统遂亡,此时王者即是孔子。"康有为必欲以衰周之事行之今时,窃恐以此为教,人人存改制之心,人人谓素王可作,是学堂之设本以教育人才,而转以蛊惑民志,是导天下于乱也。"孙家鼐建议清政府明降谕旨,将康有为书中凡有关孔子改制的内容一律删除。③

光绪皇帝在得到孙家鼐的奏折后,只是着军机大臣传旨孙家鼐,再令孙传旨康有为而已,似乎有意调解孙家鼐与康有为之间的矛盾或

---

① 《光绪朝东华录》(4),4104页。
② 参见《江南道监察御史李盛铎折》,见《戊戌变法档案史料》,254—257页。
③ 孙家鼐:《奏译书局编纂各书请候钦定颁发并严禁悖书疏》,见于宝轩《皇朝蓄艾文编》卷七十二,1903。

误会。①

同一天,康有为通过御史宋伯鲁向清廷呈递一份要求改《时务报》为官报的奏折,而正是这份奏折引发孙家鼐与康有为之间更加剧烈的冲突。

这份奏折中首先罗列了报馆的四大好处:一是首列论说,指陈时事,常足以匡政府所不逮,备朝廷之采择;二是胪陈各省利弊,民隐得以上达;三是翻译万国近事,借鉴敌情;四是或每日一出,或间日一出,或旬日一出,所载皆新政之事,有利于新政的宣传与推行。奏折建议应该出资主持一份属于政府的官报,并建议将梁启超、汪康年等人先前在上海创办的《时务报》改为官报,并将改版后的《时务官报》移至京师,并入译书局,委派梁启超前去主持。如译书局之例,在上海设立《时务官报》分局,梁启超可往来京沪,总持其事。奏折还建议政府将民间的其他报纸收归国有,由政府主办,统一舆论。

光绪皇帝收到这份奏折后并没有表示意见,而是按照程序批转给管学大臣孙家鼐斟酌处理。7 月 26 日,孙家鼐向光绪皇帝提交了处理意见:

1. 不同意调梁启超主办《时务官报》,理由是梁启超已奉旨办理译书局事务,现在学堂既开,亟待译书,以供士子讲习,若调梁兼办官报,恐其分散精力,不利于译书局的工作。

2. 建议调康有为督办官报,并提出比较严格的管理建议:一是《时务报》虽有可取,而庞杂猥琐之谈、夸诞虚诬之语,实所不免。今既改为官报,宜令主笔者慎加选择,如有颠倒是非、混淆黑白、挟嫌妄议、渎乱宸听者,一经查出,主笔者不得辞其咎;二是《时务官报》既为政府主办的报纸,就不能如民间报纸那些自由议论,应该规定该报不得议论时政,不准臧否人物,其主要功能是翻译外国报章杂志上有用文章,俾阅者略知各国情形;三是《时务官报》的经费主要应该由该报自筹及其发行所得,政府不必强行要求各省督抚用公费订阅和摊派,至于开办之初的部分经费,可以考虑由上海道代为设法,但应由康有为自往筹商。

291

① 《康南海自编年谱》,48 页。

3. 对于康有为原奏中提出的将各地民间报纸一律送官报局审查的建议,孙家鼐提出反驳,以为"人君兼听则明,偏听则暗,近代西方报馆林立,人人阅报,其报能上达于君主,亦不问可知。今时务报改为官报,仅一处官报得以进呈,尚恐见闻不广。现天津、上海、湖北、广东等地皆有报馆,建议政府谕令各省督抚饬各处报馆凡有出版,均应呈送督察院一份、大学堂一份,然后由督察院、大学堂择其有关时事,无甚悖谬者,一律录呈御览,庶几收兼听则明,无偏听之弊。"①

孙家鼐的建议虽然不合乎康有为的需要,但毕竟合情合理,于是当天就获得光绪皇帝的批准。

康有为的想法无法获得实现,与其在中央政府层面政治处境的日趋恶化有关,就连先前比较积极支持康有为的军机大臣廖寿恒,也在同僚及舆论的压力下发生转变。据康有为后来回忆:"时吾递书递折及有所传旨,皆军机大臣廖仲山为之。京师谣言皆谓廖为吾笔帖式,甚至有谓为康狗者。"②这势必对廖寿恒产生极大的精神压力,为了官场上的自我保护,廖寿恒只能选择与康有为等人逐步疏远的策略。他建议光绪皇帝关于《时务报》改官报的事情,应该由康有为找孙家鼐协商,似乎有意于将康归之为孙家鼐的部属。并且他建议今后凡有关报馆的事务均由管学大臣孙家鼐递折,先由军机大臣传旨与康有为,令康告知于孙。这种种推托的唯一目的不外乎是为了与康有为等人拉开距离,实际上只是政治场上的一种自我保护而已。

廖寿恒的建议代表了相当一部分同僚的共同看法,也正是这样一种政治背景,促使孙家鼐敢于提出反建议将康有为以调虎离山的办法驱逐出京城。孙家鼐调康有为督办官报局的反建议确实促成了康有为陷入"陷人自陷"的困境,③但孙的建议根本不提官报局的经费问题,为康有为的反击留有足够的余地。7月31日,康有为呈递《谢天恩条陈办报事宜折》,表示接受督办官报的委任,但同时提出比较苛刻的经济资助条件,建议清政府慎重考虑经费方面的问题,并提出依旧例用类似

/292

---

① 孙家鼐:《奏遵议上海时务报改为官报折》,见《戊戌变法》(二),432—433 页。
② 《康南海自编年谱》,50 页。
③ 参见蔡乐苏等《戊戌变法史述论稿》,448 页,北京,清华大学出版社,2001。

于公款订阅的方式加以通融，①将皮球又踢到了孙家鼐的一边。

孙家鼐的目的就是将康有为赶出京城，至于经济上的区区数千两银圆，在他看来并不构成障碍，于是他同意向皇帝转报康有为的要求。光绪帝同意参照所请，"以为久远之计，著照官书局之例，由两江总督按月筹拨银一千两，并另拨开办经费六千两，以资布置。各省官民阅报仍照商报例价，著各督抚统核全省文武衙门差局书院学堂应阅报单数目，移送官报局，该局即按期照数分送。其报价著照湖北成案，筹款垫解。"②

康有为不愿远离北京这个政治中心，又建议孙家鼐在京师另行重组官报局。但孙家鼐秉承相当一部分同僚的意思，一定要借此机会将康有为排挤出京师，坚拒康有为的建议，坚持要求康有为离开京师，前往上海。他甚至不惜调动其他一些手段再次施压，于是有 9 月 17 日明发御旨，要求康有为迅速离京，前往上海，毋得迁延观望。③ 康有为接到这份谕旨之后，似乎确曾准备前往上海。可惜政变将发，康有为前往上海不再是接办官报局，而是流亡途中的一站而已。

三 礼部六堂官即行革职

康有为与孙家鼐的较量以失败而告终，而王照与旧势力的冲突却在光绪皇帝的支持下一度获得了成功，不过也由此潜藏着维新运动的深刻危机。

8 月 2 日，光绪皇帝发布上谕，鼓励大小臣工就当前的改革与新政各抒说论，以备采择，同时规定中央各部院司员有条陈事件者，著由各堂官代奏；一般百姓（士民）有上书言事者，著赴都察院呈递。上谕要求中央各部院堂官"毋得拘牵忌讳，稍有阻格，用副迩言必察之至意"，④希望用开放言论的办法广泛征集各方面的意见。

开放言论的上谕赢得了下层官吏的欢迎，原本对现实政治高度关

---

① 参见康有为《谢天恩条陈办报事宜折》，见《康有为政论集》上册，332—333 页。
② 上谕第 124，见《戊戌变法》(二)，51 页。
③《光绪朝东华录》(4)，4195 页。
④ 上谕第 115，见《戊戌变法》(二)，48 页。

注的年轻一代官僚自然会充分利用这一条件上书言事,表达自己的看法。礼部主事王照在上谕发布之后写了一份极具内容的建议书,提出对一些重大问题的看法。

王照在奏稿中强调,自从皇上颁布《明定国是诏》以后,在国内外都获得了极好的反响,国内有识之士觉得天相中国,牖启圣聪,四万万臣民福命未绝;而国外的反应以在华外国人最为突出,他们普遍认为皇上宣布明定国是之后的一系列新政诏书如此英明,为目前各国元首所少有,惟俄国昔年之大彼得第一有点相似。所有这些都是可喜的现象。不过居安思危,两个月来也有一些令人忧虑的问题。基于这种忧虑,王照向光绪皇帝提出三点建议。第一条是请旨宣示削亡之祸已在目前,竭力挽回犹恐不及,勿空言万全以贻误。此条建议的主旨是请皇上和政府向国人宣布中国的危机并没有因甲午战争的结束而结束,更不能为眼前的暂时的和平所迷惑,甲午战争之后的国际形势已经发生很大的变化,西方诸列强对付中国已无须采用过去的手段进行战争,诸大臣没有必要因无战争的威胁而高兴,而谓改旧章为伤元气,谓倡新政为启乱萌,以空谈正学术为纯臣,以大言轻外夷为良将。事实上,现在的中国并不安静,国内乱民到处滋事,无不托言杀鬼子。对于这种盲目排外的不良心态,许多士大夫反而称许为"义民",以此为中国之元气。王照指出:对于这种不良心态必须加以纠正,否则必将给中国带来极大的危害,对于此等所谓纯臣、良将、义民者,也必须设法遏制,否则任其坐大,在在掣皇上之肘,以致变法无效。

建议的第二点是请皇上奉皇太后圣驾巡幸中外以益光荣而定趋向。建议称:当此新政开启、困难重重之际,皇上应该充分利用慈禧太后的政治资源和政治智慧,"今者合万国之欢心以隆教养,正宜奉慈驾游历邻邦,借以考证得失,决定从违"。王照还建议,皇上奉太后游历邻邦可以从日本开始,因为中日两国的国情大致相同,礼教一致,政治架构以及权力组合都极为相似,具有很强的可比性。对于外交礼节上过于强调"先往为降尊"的看法,王照以为实为政治上的短视,按照近代以来所形成的外交惯例,并不以往来的先后判别尊卑,而是通过频繁的首脑外交沟通各国人民的感情,维护各自国家的根本利益。

　　王照的第三条建议是请专设教部。此条建议的关键是于学部之外专设教部，专门负责管理宗教，尤其是儒教方面的事务，"今请以西人敬教之法尊我孔子之教，以西人劝学之法兴我中国之学"，教学分离，相辅而行，不相牵制，庶几儒教可卫而学可兴。① 这条建议实际上是对康有为等人重建孔教论的回应，就当时的政治层面而言似乎并不具有迫切的意义。

　　王照三条建议的核心是第二条，也就是他不惜冒险劝说光绪皇帝不要与慈禧太后发生冲突，相反应该尊奉太后为最高的、最具权威的领导人，这样就可以有效地化解改革的阻力，有力地推动新政的展开。王照希望以礼部主事的身份通过正常的渠道将这份奏折呈递给光绪皇帝，不料礼部满汉两尚书怀塔布、许应骙拒绝接受和代呈。王照与怀塔布、许应骙等人据理力争，坚请由礼部代呈，表示自己在上书中的建议是否被皇上采纳应该由皇上决定，不应该由礼部主管官员代为拒绝，以遮蔽皇上的见闻。王照的态度相当坚决，言语也相当决绝，许应骙后来向光绪皇帝描述为"咆哮署堂，借端挟制"。②

　　就思想倾向而言，王照虽然对康有为的某些政治主张和政治行为持批评态度，但他无疑与具有维新思想倾向的康、梁等人为同道。康有为等人也对他寄予相当大的期待，他的上书与康有为有关，而上书受挫的消息自然也为康有为等人所关注。王照本属于年轻气盛的少壮派，原本就对怀塔布、许应骙阻止他上书有很多不满，于是在康氏兄弟的鼓动下，上书弹劾礼部尚书怀塔布、许应骙阻挠新政。

　　王照的坚持终于惊动了光绪皇帝。9 月 1 日，光绪皇帝就怀塔布、许应骙阻挠王照上书的事情作出批示，着将怀塔布、许应骙等交吏部议处，重申此后各衙门司员等条陈事件呈请堂官代递，即由各该堂官原封呈进，毋庸拆看。随后，他又在上谕中宣布将怀塔布、许应骙等礼部六堂官即行革职，并对王照不畏强御的精神给予表彰，赏给三品顶戴，以四品京堂候补。

　　礼部六堂官一并即行革职的处分以及对王照的奖赏震动了朝野。

① 王照：《礼部代递奏稿》(光绪二十四年六月)，见《戊戌变法》(二)，351—355 页。
② 梁启超：《戊戌政变记》，见《饮冰室合集》专集之一，44 页，北京，中华书局，1990。

此后各部院主管对于臣民的上书一般说来再也不敢无故拒绝,行政效率有所提高;青年知识分子和年轻官僚更加关心国政,勇于上书言事,就重大问题提出建设性的意见。在此后的半个多月中,各衙门所收到的建议书越来越多,政治的开放度也越来越大,光绪新政获得越来越多的认同。

四 超常升迁的军机四章京

因礼部六堂官的革职而引发的人事变动还在继续。9月5日,清廷委任裕禄、李端棻代理礼部尚书,任命王锡蕃、徐致靖等人代理礼部侍郎;任命内阁候补侍读杨锐、刑部候补主事刘光第、内阁候补中书林旭、江苏候补知府谭嗣同四人赏加四品卿衔,在军机章京上行走,参与新政事宜。

军机四章京的提拔是戊戌年间的一件大事。他们四人在政治倾向上都主张中国应该进行改革,都具有新思想和相当的行政能力,但他们在当时政治格局中所处阵营并不一致。杨锐为张之洞登堂入室的"第一亲厚之弟子",[1]为张在中央政府的一个重要耳目,多年来不间断地向张之洞提供京城中的重要消息。在政治倾向上,杨锐比较认同康有为的政治改革主张,但对康过于激进以及树敌太多也甚为不满。他并不以为康有为是主导改革的理想人物,所以他与康梁系的关系若即若离,他心目中最有能力主导中国全面改革的理想人物当然还是他的恩师张之洞。

与杨锐的情况相类似,刘光第也是张之洞的亲信与心腹,他对康梁系的学术思想与政治见解很不以为然,似乎也不愿与康有为有过多的接触。他之所以被任命为军机章京上行走,与杨锐一样,都是陈宝箴受张之洞的示意而保荐的。

林旭的情况与杨锐、刘光第稍有不同。杨、刘为四川人,与张之洞关系密切,而林旭为福建人,少负才名,为晚清重臣沈葆桢的孙女婿,与康有为关系比较密切,对康的学术思想与政治主张也比较佩服。他的升迁与康有为并没多大的关系。相反,他在出任军机章京之前却是

---

① 梁启超:《杨锐传》,见《饮冰室合集》专集之一,102页。

康有为的政治对手荣禄的幕府中人物。

至于谭嗣同，他的出身与经历与杨锐、刘光第、林旭都不同。他的父亲谭继洵官至湖北巡抚，因此他不仅拥有很好的行政资源，而且见多识广，博学多闻，遍识天下英才，与康、梁的关系相对说来比较密切。在政治倾向上，谭嗣同不仅高度认同康有为的变法维新主张，而且在很大程度上比康有为走得更远。他甚至认为一个新的中国不应该重建君主立宪的政治体制，而要废除君主专制体制，因为君主以天下为个人的私有财产，是一切罪恶的根源。他发誓要冲决网罗，荡涤旧俗，重建一个新的理想社会形态。在陈宝箴主导的湖南维新实验中，谭嗣同应邀参加，是湖南新政中比较重要的人物之一。他在南学会的一系列演讲，慷慨激昂，声情并茂，对于唤醒湖南人的觉醒，对于湖南局部维新风气的形成，起到过重要的作用。光绪皇帝宣布明定国是第三天，翰林院侍读学士徐致靖出面保荐谭嗣同、张元济、黄遵宪以及康有为、梁启超等人。在后来的政治活动中，谭嗣同坚定地站在康有为的一边。

杨锐、刘光第、林旭及谭嗣同被保荐为军机处章京的时间不一，陈宝箴保荐杨锐、刘光第为 8 月 5 日，王锡蕃保荐林旭为 8 月 29 日，而徐致靖保荐谭嗣同则远在 6 月 13 日，而他们四人的合并任命则为 9 月 5 日。所以从很多迹象上看，军机四章京的任命应该与礼部六堂官的革职有着重要的因果关系。光绪皇帝感觉到原先的旧人已经很难适应新形势的需要，他们"狃于积习，不能实力奉行"，已严重影响了新政的进程，因此有必要用一批政治新锐去影响他们、替换他们，从而推动新政的健康发展。

军机四章京获得任命的第二天，光绪皇帝特别交代他们四人要尽心尽力协助朝廷推行新政，且要与军机大臣们搞好团结，并在程序上规定他们的所有建议都不存在着绕开原先的体制进行运转的可能，而是一如先前，由军机大臣们呈递。①

按照当时的行政体制，军机处是辅助皇帝处理日常事务的重要政务部门，当时的六名军机大臣每日都有机会面见光绪皇帝，就一些重大的国际国内问题提出对策，用"面奉谕旨"的名义向各部门、各地方的官

---

① 汤志钧：《戊戌变法人物传稿》（增订本）上册，134 页，北京，中华书局，1982。

员发布指示。军机大臣的属僚称"军机章京",或称"小军机",负责缮写谕旨、记载档案、查核奏议,以及接受皇帝或军机大臣的委托,就某些重大问题进行调研并提出方案。军机章京的正常出身,一般由中央各部院司员中选拔,经过专门的考试后依次递补。由于这些军机章京较一般大臣有更多的机会与皇帝和军机大臣们相处,他们的地位实际上相当的特殊,很受各部院主管及地方督抚们的重视。光绪皇帝突然直接任命的四位年轻的军机章京,具有明显的政治新锐特征,他们的到来不能不引起原有章京们的恐惧和不安。

按照光绪皇帝的设想,新任四章京与原来的章京们并不构成利益与工作方面的冲突,新任四章京的工作职责主要是参与新政,而原来的章京们还继续已有的文秘工作,他们的分工至少在光绪皇帝那里也是相当清楚的,而四章京也是这样做的。问题在于,四章京的这一特殊分工使他们介于军机大臣与章京之间,他们虽然没有军机大臣的名分和地位,但其功能却与军机大臣相仿佛;他们虽然也被称为"章京",但实际政治地位却又比那些原先的章京高得多。所以,在实际的工作过程中,他们不仅与原先的章京们发生冲突,即便是与那些军机大臣们也很难真正和睦相处;再加上光绪皇帝确实对那些暮气沉沉的军机大臣们推行新政不力严重不满,许多事直接交代给四章京而有意或无意地忽略了军机大臣们的存在,军机大臣们对许多重大事务茫然无知,这自然恶化了四章京与军机大臣们之间的关系。而四章京年轻气盛,自恃有皇帝的特谕,对于皇帝交代的事务自然尽心尽力,却也很少或根本不与军机大臣们沟通。这样一来,四章京原本与军机大臣们并不构成矛盾,现在却也成为对立的态势,这都为后来的政治变动留下伏笔。

新进军机四章京的政治品格无可挑剔,就其政治倾向性而言,也基本上都认同于以光绪皇帝为主导的新政改革,他们受命于光绪皇帝,效忠于光绪皇帝,这是他们一致的地方。但是,由于年龄、性格、出身以及各自复杂的人际关系的影响,他们四人在行为方式等方面还是有着比较大的差异。相对说来,谭嗣同在政治上比较坚定与坚持,自然也就比较偏激与激进,受康有为的影响也比较大;受张之洞的影响,杨锐比较稳重与老成,在政治上比较倾向于稳健的改革,主张用新人而不弃旧人,举凡涉及人事的变动,强调以稳妥为主,不要人为地制造改革的对立面,不要将那些原本并不坚定反对改革的人推到了改革的对立面;刘光第属于另外一种类型,他本性淳朴,富有正义感和事业心,但由于久居京师,熟悉官场,所以他在政治上和杨锐一样,不主张采取激进的变革措施,更没有康有为式的凡事必须分出新旧的思维逻辑,而强调任何改革都应该尽量团结所有的人,所有的改革措施都应该循序渐进,以社会的承受力为衡量改革力度的尺度;军机四章京中年龄相对比较小,也比较盛气凌人、恃才自傲的可能是林旭。光绪皇帝的赏识、荣禄的提拔、康有为的看重,都使林旭觉得有一种"舍我其谁"的自负,这势必在有意无意中恶化军机四章京与各方面关系,乃至军机四章京内部的关系。据杨锐在家书中自述,根据分工,他与林旭同在一班轮值,谭嗣同与刘光第在另一班。他们每天的工作十分繁忙,对于所有发下来的条陈都必须仔细阅读,签署意见,分别是否可行,然后决定是否进呈御览。这些工作本相当繁重,他们四人与其他章京的关系也已相当紧张,四人之间也并不能很容易获得一致,每每发生不必要的分歧。据他的看法,谭嗣同与康有为的关系最好,处处按照康有为的意思去办;不过谭嗣同为人尚算正直,在轮值的时候"尚称安静",按照规矩办事。而林旭"则随事都欲取巧",对于所批阅的文件、条陈并不太上心,签署的意见"有甚不妥者"。对此,杨锐必须三番五次地"强令"林旭修改,有时甚至强令修改三四次方能通过,杨锐担心这样下去他与林旭的关系很难相处。①

　　由于四章京上任不久就发生了政变,他们四人一起登上了断头台,所以他们之间的冲突并没有如杨锐所担心的那样发生。在他们共同协助光绪皇帝推行新政的那半个月里,他们之间的密切合作应该说还是主流,也有流传至今的佳话。比如9月8日,湖南举人曾廉上书弹劾康有为、梁启超创邪说舞文诬圣,聚众徒假权行教,"觊觎非常,大有教皇中国之意",请求清廷斩康、梁以塞邪慝之门,以快人心,以申天讨。光绪皇帝得读此上书后深感事关重大,此书所反映的果真属实,康、梁必

---

① 参见汤志钧《戊戌变法人物传稿》上册,135页,北京,中华书局,1982。

遭杀身之祸。为了保护康、梁,光绪皇帝将此书批转军机大臣裕禄,并示意裕禄转交与康、梁关系密切的新进军机章京谭嗣同逐条驳斥。谭嗣同见疏之后极为愤怒,在其所起草的谕旨中建议诛杀曾廉,以遏制反对势力对新政的攻击,对新人的陷害。光绪皇帝没有同意谭嗣同的建议,以为"甫诏求言,而遽杀人以逞,非所以服天下也"。[1] 第二天,谭嗣同再次请求光绪皇帝诛杀曾廉,光绪皇帝"卒格不下",[2]依然觉得诛杀的办法不合乎新政的精神,继续责成谭嗣同还是从道理上驳斥曾廉。谭嗣同在逐条驳斥曾廉的同时,并表明可以担保康、梁对大清王朝和光绪皇帝忠贞无二,公开表示:"臣嗣同以百口保康、梁之忠。若曾廉之言属实,臣嗣同请先坐罪。"[3]与谭嗣同同班轮值的新进军机章京刘光第也毅然在谭嗣同起草的文件上署名,称"臣光第亦请先坐罪"。谭嗣同、刘光第等新进军机章京勇于负责、勇于担当的正义之气深深地感动了光绪皇帝,光绪皇帝决定此事就此结束,并没有将曾廉的弹劾奏折呈送慈禧太后。

新进军机四章京的任命就本意而言并没有主动挑起所谓新旧冲突,但在客观效果上确实加速了政治层面的人事分化,引起了许多无谓的纠纷,也为后来的政治变故留下了许多伏笔。后来他们四人被慈禧太后下令予以残酷地杀害,都和他们在那短短的十几天时间里的活动有关。

五　裁冗署

光绪皇帝任命军机四章京并没有结束政府改组后人事变动的后续动作,四章京上任之后的第二天,清廷任命裕禄在总理衙门行走并兼任礼部满尚书,任命李端棻为礼部汉尚书。至此,礼部的改组方告完成。而同一天,清廷还免去李鸿章、敬信在总理衙门行走。15 日,光绪皇帝接受张英麟的保荐,着广东候补道林合峒等来京预备召见。至少到此时,表明政府改组的后续动作在继续进行,没有停止的迹象。

---

① 胡思敬:《戊戌履霜录》卷四,见《戊戌变法》(四),55 页。
② 曾廉:《应诏上封事》附记,见《戊戌变法》(二),500 页。
③ 梁启超:《刘光第传》,见《饮冰室合集》专集之一,105 页。

擢新人、黜旧人，进行一系列人事调整，是新政改革的需要。一大批被废黜的旧官员在内心深处当然对此不会满意，这不是一个简单的政治见解问题，而是关涉每一个官员的实际经济利益和政治地位。而那些新获提升的年轻官员虽然具有许多新思想、新见解，虽然发自内心真诚支持新政改革，但他们在官场上的经验毕竟不太丰富，政治上也不太成熟，对许多事务的处理过于简单。这样势必加速政治生态的恶化，许多具有旧思想、旧手段的官僚即便先前有着无数的矛盾与冲突，他们又在应对新政这一共同利益的基础上重新集结起来。

与擢新人、黜旧人相近且在某些程度上相重叠的是裁冗署、设新局。这一具有明显的行政体制改革特征的所谓政治体制改革，更加深了清廷内部相当一部分人甚至包括慈禧太后对新政的怀疑与忧虑。他们担心如果一味对新政的政治体制改革采取支持和迁就的态度，可能会损害大清王朝的根本利益，影响满洲贵族在中国政治生活中的地位。这是他们先前之所以支持、同意进行新政改革的前提与先决条件，所以一旦这些前提与条件受到影响，他们自然会收回对新政改革的支持，从而阻止改革的进行。这也是后来政治变动比较直接的原因之一。

按照康有为的判断，中国的一切问题在于政治上没有办法。中国只有在政治上有办法，其他的经济问题、教育问题、外交问题、军事改革问题等，都可迎刃而解。而中国政治上的有办法，在康有为看来，就是参照西方近代国家的政治模式，重建中国的政治体制和行政体制。这是康有为在戊戌年之前数年间的一贯看法。

康有为关于设制度局、新政局的建议实际上是西方近代国家三权分立立宪政体在中国的演变。按照康的设想，制度局主要的职能是议政和制定规则，具有西方近代国家的议会功能；新政局是行政权力中心，是办事机构，凡制度局已经议定的新政事务，皆交给新政局负责具体执行。根据康有为的说法，他之所以建议于内廷仿南书房和会典馆的旧例设置制度局，就是要废弃已有的军机处。他觉得军机处经过数十年的发展演变，已经失去先前应有的活力，对于无例可援、前无古人的新政事业，军机处无法发挥应有的功能。"军机出纳喉舌，亦非论道经邦，跪对顷刻，岂能讨论？"继续由军机处担当议政的功能，显然是不可能,也是不可靠的。至于在总理衙门和六部之外另组行政中心,在康有为看来也是不得已而为之。六部本为行政之官,掌守例而不任出议;而总理衙门困于外交,总理大臣也多为兼职,"簿书期会,刻无暇晷",根本无法担当推动变法的责任。基于这样的判断,康有为认为不变法则已,要变法,要维新,就必须另组织制度局和新政局。前者担负议政功能,后者担负执行责任。

康有为的提议不论有多少道理,但他无法回答新旧权力机构之间如何协调这一重大问题。继恭亲王奕䜣之后主导总理衙门的庆亲王奕劻对此颇感为难,他既无法向光绪皇帝公开反对康有为的建议,更深知如果同意了康有为的建议,于内廷设立制度局将可能带来的后果。庆亲王奕劻只好将康有为奏折中"改官换人诸大端"摘要报告慈禧太后,以此征询慈禧太后的意见。慈禧太后虽然期待大清王朝通过改革重建辉煌,但她对所有的改革,尤其是涉及政治体制方面的改革极为敏感,有着明确的政策底线,她绝不会以政治改革丧失满洲贵族的整体利益,甚至由此断送大清王朝的江山。所以,当她收到庆亲王奕劻的摘要报告后态度极其鲜明,她直率地告诉庆亲王奕劻:既然康有为这个另起炉灶设立制度局的建议不可行而光绪皇帝又同意,那就由总署依据自己的职责与权限对皇上的意见予以"奏驳"。①

有了慈禧太后的态度,总理衙门的大臣们便于7月2日向光绪皇帝呈递了总理衙门的"妥议具奏",对康有为等人的建议予以全面驳斥,认为如果按照康氏所请进行行政体制的改革,势必给国家的行政体制带来极大的危害,严重削弱政府的行政效率,不符合新政的精神和大清王朝的根本利益,劝告光绪皇帝不要听信那些政治小人的胡说八道,在政治体制改革方面固守住那些最基本的政策底线。②

奕劻等人的这份驳议全面否定了康有为设立制度局、新政局以及对全国的行政体制进行改革的建议,但并没有真正说服光绪皇帝。而且另外一个值得注意的动态是,康有为等人坚守支持光绪皇帝一人的

---

① 苏继祖:《清廷戊戌朝变记》,见《戊戌变法》(一),337页。
②《总理各国事务奕劻等折》,见《戊戌变法档案史料》,7—8页。

既定立场,他们不惜通过各种合法、非法的渠道向光绪皇帝施加压力,①不断地鼓动光绪皇帝与慈禧太后及王公大臣、总理衙门为对立面,激起光绪皇帝对这些政治对立面的厌恶,进而同意他们另起炉灶的全面性改革。所以,光绪皇帝在收到奕劻等总理衙门大臣的驳议之后极为不满,他指示总理衙门"另行妥议具奏",并特意召见具有改革倾向并与康有为关系较好的总理衙门大臣张荫桓,"且责之,谓汝等尽驳康某之奏,汝等欲一事不办乎?"②他再次将球踢给了总理衙门的大臣们,并试图动用皇帝的行政资源迫使总理衙门的大臣们议准。

与总理衙门那些老资格的政治家相比,康有为乃至光绪皇帝无疑都过于幼稚。康有为等人在通过各种手段不断向光绪皇帝施加影响的同时,也不断地散布这一关涉大清王朝根本制度改革的相关情况,这些传言在不断地复制过程中已经严重变形。根据康有为的原折,只是建议清政府另行组建专司议政的制度局,另行组建独立于总理衙门和六部的新政局及其十二分局,专司推行新政的责任,并没有提及裁冗员、撤衙门的事情。传言不断流布,"物议沸腾,且因新党中少年高兴到处议论某官可以裁,某人宜去,现已如何奏请皇上饬办,而皇上发下何旨。肆意矜张,为守旧中有心相仇者听去遍传也。"传言的后果是,"京中已有裁撤六部九卿,而设立鬼子衙门,用鬼子办事之谣;竟有老迈昏庸之堂官,懵懂无知之司官,焦急欲死者,惟有诅谤皇上,痛骂康有为而已。"③这无形中增加了改革的阻力,将那些原本并不一定反对改革的人统统推到了保守的阵营。即便当事人康有为后来在回顾这一事件时也不能不承认,"我请于京师开十二局,外省开民政局。于是流言纷纭,咸谓我尽废内阁六部及督抚、藩臬司道矣。故张元济请废翰林院、都察院,岑春煊请废卿寺、裁局员,皆归之于我。于是京朝震动,外省怵惊,

---

① 合法的渠道是不断地向皇上呈递奏折,不断地从舆论上影响光绪皇帝;非法的渠道,如通过各种私人关系特别是通过皇帝身边的太监向皇帝传递信息,施加影响。据协办大学士、军机大臣李鸿藻收藏的一份密札称:"康因内监王姓者以进,有所建白,皆直达御前。每日旨从中出,盖康笔也。"见孔祥吉《康有为变法奏议研究》,315页,沈阳,辽宁教育出版社,1988。这一记载未必属实,但康有为通过各种手段实现自己的目的,则是其一贯的做法。

② 梁启超:《戊戌政变记》,见《饮冰室合集》专集之一,18页。

③ 苏继祖:《清廷戊戌朝变记》,见《戊戌变法》(一),337页。

谣谤不可听闻矣。"①

信息的不对称导致了秩序的混乱,加重了改革的阻力。而最了解事情真相的一些大臣们却期待着这种混乱,以便加重反对康有为改革方案的砝码。7月13日,总理衙门在拖了差不多十天的时间方才对光绪皇帝再次重议的指示作出回答。这次回奏由于是在光绪皇帝再次要求后作出的,因此不可能继续以强硬的姿态直接否定康有为的方案,而是采取了更加迂回的办法,声称康有为的方案事涉重大,牵涉国家行政体制的根本变革,且更多的不属于总理衙门分管的外交及通商事宜,"均系变易内政",故而建议皇上特旨委派王公大臣会同总理衙门一起讨论,寻找出可行性更强的办法。

变更国家固有的行政体制确实不是总理衙门的权力和责任,按照清朝已有的权力架构,事涉重大的体制变更,必须通过具有议政功能的军机处进行讨论。光绪皇帝对于总理衙门大臣们的"软抵抗"毫无办法,只好采纳总理衙门的建议,指示由军机大臣会同总理衙门王大臣们"切实筹议具奏,毋得空言搪塞"。②

军机大臣们太清楚康有为设立制度局、新政局及改革省以下行政机构的必然后果了,那就是,制度局立,军机处废。所以军机大臣们出于维护自己利益的本能反应,只能是坚决反对设立什么制度局。有的军机大臣甚至粗鲁地公开宣称:"开制度局,是废我军机也,我宁忤旨而已,必不可开。"③新任汉军机大臣王文韶认为,皇上的倾向性已经很明显,他受康有为的蛊惑,已下定决心设立制度局、新政局及对整个帝国的行政体制进行全面改革。皇上既然让我们"切实筹议具奏",那是给我们一次发言的机会,如果我们不利用这次机会充分表达我们的不同意见,尽量说服皇上回心转意,而是像总理衙门先前所做的那样对康有为的改革方案全面否定和驳斥,那么结果可能是皇上"明发上谕",宣布成立制度局、新政局,并对帝国的整个体制进行全面改革。王文韶建议,为了帝国的整体利益,也为了各位军机大臣、总理衙门大臣的利益,

---

① 《康南海自编年谱》,50 页。

② 《总理各国事务奕劻等折》,见《戊戌变法档案史料》,9 页。

③ 《康南海自编年谱》,51 页。

与其对康有为的方案全面对抗导致我们丧失权力,不如设法敷衍皇上,用软抵抗的策略达到硬抵抗的目的。

军机处于8月2日向光绪皇帝呈递了并没有"空言搪塞"的奏议。这份奏议虽然在目的上与总理衙门的两次驳议一样,是要彻底否定康有为的行政改革方案,但道理要比总理衙门的驳议说得清楚,论证也比较周密,至少他们没有再一味否定康有为的价值,而是在高度抽象的意义上充分肯定了康有为的建议有应行变通者,有已举办者,有尚须推广者,有应请缓办者,有不便施行者。这种评价有肯定,有否定,但从接受学的角度去观察,军机大臣们的这种做法与评判,在光绪皇帝那里当然比较容易获得理解。因为他们并没有完全否定康有为建议的价值与意义,而是作了相应的分类处理。

通过军机大臣们的技术性分析,康有为的十二分局的建议,或者已经举办,或者应该继续推广,或者只能缓办。这样一来,军机大臣看似并没有完全否定康的建议,但实质上已将康的建议消解在大清王朝旧有体制之中。即便这些机构已经设立或将要设立,但其结果已与康有为原来的设想、原来的目的南辕北辙。军机大臣们判断,所谓新政十二局,在清朝固有的政治体制中"亦并非向来所无,大抵分隶于各部及总理各国事务衙门,或散见于各项局所。果是各勤职业,办理自可裕如,正不必更立名目,转滋纷扰。至多设一局,即多一繁费,犹其小焉者也;宋创制置三司条例司而天下驿骚,明设二十四衙门而大权旁落,其前鉴也。但在行其事之实,而不在袭其局之名,斟酌至当,执两用中。"①现实的困境、历史的教训、经费的困难,所有这些都摆在光绪皇帝的面前。这些"切实筹议"有理有节,有张有弛,既没有完全否定康有为建议的抽象价值,且将个别有新意的建议容纳至清朝固有的政治体制之中。这样一来,即便光绪皇帝有心继续采纳康有为的建议以分解军机处和总理衙门的权力,他也无法继续从这个方面予以突破。

康有为也似乎早就预感到他的方案将被军机大臣们予以否决,所以早在7月24日就指使其弟子梁启超以李端棻的名义上了一份奏折,

---

① 《军机大臣世铎等折》(光绪二十四年六月十五日),见《戊戌变法档案史料》,9—11页。

提出循大清王朝先前已有的例子，在内廷开设懋勤殿，以期通过这种特殊的机构设置，用最便捷的办法进入光绪皇帝的身边，参与议政。光绪皇帝收到这份奏折后，循例批转庆亲王奕劻及孙家鼐处理。

7月28日，奕劻与孙家鼐分别向光绪皇帝呈递了各自的处理意见。奕劻虽然没有明确反对设置懋勤殿，但他建议光绪皇帝一定要慎重对待，可以选择一些具有真才实学且人品高尚的人以备顾问，无疑其并不太同意设置什么懋勤殿。孙家鼐的处理意见与奕劻的看法具有很大的相似性，他也原则上同意皇上仿康熙年间的旧例选拔一些人才在身边以备顾问，同时也告诫皇上此类顾问既不能以才华作为选取的唯一标准，更要注意其人品、其心术，并建议采用公举的办法，尤其要注意公众舆论的认知度。对于那些心术不正、人品低劣的人，不论其才华如何出众，都必须坚决剔除。①

设制度局、新政局以及懋勤殿的主张均在总理衙门大臣和军机大臣们软硬兼施的反对下不了了之，康有为先立而后破的行政改革思路明显受挫。但是，不论那些老资格的政治家怎样为大清王朝旧有的行政体制进行辩护，一个不容怀疑的事实是清朝的行政体制也确实存在一些问题，行政效率的低下也是当时有识之士比较一致的看法。按照康有为原来的想法，他之所以不先去触动旧有的行政体制而另起炉灶，除了他想通过这种便捷的办法直接进入权力中心的私心外，主要的是为了减少改革的压力。他并不希望因为改革旧有的行政体制而导致大批旧官僚的失业，更不希望因此而引起政治场上的巨大风暴，他期待以和平的改革先立而后破，待到新体制运行一段时间之后并能够尽量容纳旧有的官僚阶层之后再去处理旧有的行政体制。这就是他后来概括的"选通才以任新政，存冗官以容旧人"的改革策略。②

康有为的善良愿望不得实现，而行政体制的改革在光绪皇帝看来又刻不容缓，于是这一改革便无法沿着康有为设计的平和改革路线前进，而是走上了康有为曾经有意避免的剧烈冲突一途——从裁撤旧有的衙门开始，引发晚清政坛的一场大地震。

① 孙家鼐光绪二十四年六月十日的说片，参见孔祥吉《康有为变法奏议研究》，322页。
② 《康南海自编年谱》，55页。

裁撤旧衙门的契机是太仆少卿岑春煊于 8 月 23 日提出来的。岑春煊是康有为的朋友,具有很强的维新思想倾向,他的这份奏折是否受到康有为的指使,目前的资料尚看不出来。他在这份《敬陈管见伏冀采择折》中所提出的改革思路,虽然在个别方面与康有为的思路明显不同,但在大的方面则基本一致,所以当他的这份奏折提出后,许多不明真相的人都将这些见解归于康有为,①就连仔细阅读过这份奏折的光绪皇帝也以为这些见解与康有为的主张高度一致。②

岑春煊的建议在清政府高层引起了强烈反响。这些建议迎合了光绪皇帝进行行政体制改革的想法,尽管在政府高层有强烈的反对意见,但光绪皇帝也有意采纳这些建议,对行政体制进行大刀阔斧的改革。他甚至引证康有为的观点,以为康有为也是赞成这些改革的。其实,在改革行政体制方面,康有为从来的主张是"增新",即主张通过建立制度局、新政局等全新的机构吸引新的人才,对旧有的衙门维持现状,使其功能自动丧失。当岑春煊的奏议在政治高层引起强烈的反弹、引起更多人对康有为产生误会的时候,康有为觉得有必要为自己辩解,他在一些场合明确表示岑春煊的建议并不合乎他的想法,他的设想与岑氏的建议完全是两码事。③

康有为的这些说法引起了军机大臣廖寿恒的注意。明显具有改革倾向的廖寿恒觉得行政体制既要改革,也不能因改革而引起无谓的混乱,否则欲速则不达,过于激进的改革势必引起激烈的反弹。于是,他建议康有为将自己的这些想法写出来,供光绪皇帝和政府高层参考,以阻止岑春煊那些过于激进的改革变成现实。

在廖寿恒的督促下,康有为于 8 月 29 日呈递了《厘定官制请分别官差以行新政以高秩优耆旧以差使任才能折》,对岑春煊的建议进行了全面批评,请求光绪皇帝在裁撤衙门、裁减官员的问题上要高度慎重,

307

---

① 康有为后来回忆说:"我请于京师开十二局,外省开民政局,于是流言纷纭,咸谓我尽废内阁六部及督抚、藩臬司道矣。故张元济请废翰林院、都察院,岑春煊请废卿寺、裁局员,皆归之于我。"见《康南海自编年谱》,51 页。由此亦可反证岑春煊的这些主张正与康有为的思路比较一致。

② 康有为后来回忆说:"时奏折繁多,无议不有,汰冗官、废卿寺之说尤多,上决行之,枢臣力谏不获听,且曰:康有为并请废藩臬道府,何为不可?"见《康南海自编年谱》,55 页。

③《康南海自编年谱》,55 页。

统筹全局,从长计议,不要因这一局部的改革而影响整个的改革大业。康有为根据官、差的界限原则,建议在最初的改革阶段,专论差使,不问本官。他认为,现在政府采用的差使之名出于宋,但官差不别、品秩太峻,结果非集资累格不足以致大位,而达到大位则已年迈力衰。官差不别,则若尚书、侍郎既领枢垣、译署之差,即不当复任本部,任事既不当充各要差。盖以一人之身,才力有限,精神无多,且皆垂老之年,而令其官差杂沓,并归一人,势必一切具文不办而后止。这是政府最高层的一般情况,至于外省督抚亦以年资获得选用,结果和政府高层的政治老人一样,即便想办事也有很多困难。这就是官差不分、官爵不分所带来的必然后果。鉴于这种情况,康有为建议清政府实行官差分离、官爵分离的行政体制,"以高爵待耆旧,以差使任才能",这样那些老资格的政治家各得其所,获得比较崇高的政治地位和政治待遇,以官终身,而年轻一代的政治家也可以比较自由地获得施展,以差获任。

从光绪皇帝方面说,现实的政治生活使他深切地感到不彻底废弃旧有的行政体制,不在行政体制方面进行大胆的改革,那么他曾经向国内外郑重宣示的所谓新政只是一篇空话,因为几个月来的政治现实已经使他深切地感受到了旧有体制的束缚和旧有官僚的怠慢,[①]所以他宁愿冒点风险也不愿意选择康有为的折中方案,而是倾向于采纳岑春煊的大规模裁撤衙门和精简官员的建议。8 月 30 日,光绪皇帝发布大规模裁撤冗署并裁减官员的上谕,宣布裁撤詹事府、通政司、光禄寺、鸿胪寺、太仆寺、大理寺等衙门,其相关业务分别并入内阁及礼部、兵部或刑部等衙门。京外所有督、抚同城之湖北、广东、云南三省均着以总督兼管巡抚事。裁撤河工总督,山东境内由山东巡抚管理,河南境内由河南巡抚管理。至于各省无运可办之粮道、无场销盐之盐道,亦均着裁缺。此外,如各省同通、佐贰等官,有但兼水利、盐捕并无地方之责者,

---

① 光绪皇帝在 8 月 26 日的上谕中批评各省官员积习相沿,因循玩愒,对朝廷一系列新政政策执行不力,犹复意存观望,并点名批评两江总督刘坤一、两广总督谭钟麟对于中央政府几个月来的新政策并无一字复奏,迨经电旨催问,刘坤一辩称尚没有收到正式的文件,而谭钟麟竟然连催问的电旨都不予以回复。从中不难感受到光绪皇帝内心的苦闷与焦灼。在第二天的一份上谕中,光绪皇帝表达了同样的抱怨,并要求各地督抚以后奉谕交办之事必须按照限期赶快办理,克日奏闻,不得任意延缓,致繁降旨严催。凡此都不难觉察光绪皇帝之所以执意采纳岑春煊建议的苦衷。

均属闲冗,即着查明裁汰。上谕还宣布,除应裁之京外各官本日已降谕旨暨裁缺之巡抚、河督、京卿等员听候另行录用外,其余京外尚有应裁文武各缺及一切裁减归并各事宜,着大学士、六部及各直省督抚分别详议筹办,并将筹议情形迅速具奏。上谕还要求各督抚参照先前一系列上谕的精神和规定,将现有各局所中冗员一律裁撤净尽,并将候补、分发、捐纳、劳绩等项人员一律严加甄别沙汰,限期一个月全部办理完毕并向中央复奏。

光绪皇帝果断的决策不仅面临执行上的实际困难,而且使京城内外官场中早些天就已流传的所谓皇上批准康有为的建议,裁撤六部九卿的谣言似乎逐步得到证实,已被宣布裁撤的那些衙门中的官员自然焦虑不安,尚未被宣布裁撤的衙门实际上也陷入一片混乱之中。① 这对后来发生的恳请慈禧太后回宫重新主持朝廷的日常事务,即后来所说的所谓政变发生了直接的作用。

鉴于裁撤冗署所引起的恐慌,康有为于9月5日代翰林院侍读学士徐致靖起草了一份奏折,建议清政府增设三四五品散卿及三四五品散学士,以容纳那些被裁撤的人员中具有学识与能力的人充当议政之官。在康有为看来,既然专门议政的制度局一时难以开设,那么不妨让这次被裁撤衙门中的优秀者充当专门的议政之官,"行政之官不可冗,议政之官不厌多",②借此作为议政、行政分离的雏形。③

署名徐致靖的这份奏折引起了光绪皇帝的注意,他当天即批转孙家鼐妥速议奏。④9月9日,孙家鼐议复赞成徐致靖建议的同时,又将徐折摘录要点送呈慈禧太后,结果徐致靖的建议在"慈览"后以"应毋庸议"予以否决。⑤ 设散员以容纳"下岗官员"的设想终于没有变成现实。

9月10日,光绪皇帝再发谕旨,要求总理衙门王大臣会同六部尚书及各省督抚等就中央各衙门多余人员何者应裁,何者应并,详加讨

① 苏继祖在《清廷戊戌朝变记》中说裁撤冗署的上谕发表之后,"京城惶恐,正符将欲裁九卿六部之谣"。见《戊戌变法》(一),539页。
② 《戊戌变法档案史料》,176页。
③ 《康南海自编年谱》,56页。
④ 《光绪朝东华录》(4),4177页。
⑤ 孔祥吉《康有为戊戌年变法奏议考订》,见胡绳武主编《戊戌维新运动史论集》,374页,长沙,湖南人民出版社,1983。

论,提出方案。对于京外已裁实缺、候补各员应如何分别录用及饬令回籍候缺,也一并提出处理建议。至于外省道员及同通、佐贰等官及候补、分发、捐纳、劳绩等项人员的裁撤,光绪皇帝的决心似乎并没有改变,他依然要求各省督抚从严掌握,认真裁并,并严加甄别沙汰,其各局所冗员一律裁并净尽。①

光绪皇帝在行政改革方面之所以逐步走上坚定的道路,可能有很多的原因。先前的旧有体制运转不灵,效率低下,尤其是他个人实在有点指挥不动可能是原因之一;另一方面反对的意见由于各种原因并没有及时上达天聪,而中下级的年轻官僚却一而再再而三地向他呈递必须裁撤冗署、冗员的理由和方案。

光绪皇帝不顾后果、"于变政勇决已甚"的政治姿态,②显然对于已经恐慌的人心起到了更大的负面影响,稳定的政治局面实际上已不复存在,已被裁撤的官员和即将被裁撤的官员都成为政治体制改革的牺牲品。从这个意义上说,光绪皇帝主导的行政体制改革即便不是戊戌年间政变的直接原因,至少在很大程度上影响了后来政治局面的发展,为慈禧太后重新出山、垂帘听政提供了契机。

六 设新局

9月13日,光绪皇帝决定于内廷设置懋勤殿,选集通国英才数十人,并延聘东西洋各国政治专家共议制度,统筹全局,将一切应举、应革之事全盘筹定,定一详细规则,然后施行。是日晨,光绪皇帝召见湖北候补知府钱恂,试图通过与张之洞关系密切的钱恂了解张氏对设立议政局的看法,并向钱允诺"议政局必设"。③ 同一天,光绪皇帝特派内侍持《历朝圣训》等相关图书送给谭嗣同,命谭氏查考雍正、乾隆、嘉庆三朝设置懋勤殿的故事并拟一上谕,以便其持此赴颐和园面见慈禧太后,待与慈禧太后讨论并经太后批准后予以实施。④

---

① 《光绪朝东华录》(4),4186 页。
② 《康南海自编年谱》,55 页。
③ 《张之洞书牍》附《钱守来电》(光绪二十四年八月初二日),见《戊戌变法》(二),614 页。
④ 梁启超:《戊戌政变记》,见《饮冰室合集》专集之一,73 页。

也是在这一天,康有为代宋伯鲁草拟《请选通才以备顾问折》,建议清政府于内廷开设懋勤殿,由皇上亲自选聘天下通才十人入值懋勤殿,作为皇帝的高级顾问,并在此折中推荐黄遵宪、梁启超二人。[①] 与此同时,康有为大肆活动,致使京城政治场人人咸知光绪皇帝已经决定设置懋勤殿,"以为今日谕旨将下而卒不下,于是益知西后与帝之不相容"。[②] 原本因大规模裁撤冗署、冗员而高度恐慌的京城政治场更加动荡不安,谣言四起。凡此,都无形中增加了后来政治变动的概率。

康有为代宋伯鲁拟就推荐奏折之后仍不放心,他于是日午后"面有喜色"地找到王照与徐致靖,将他获知将设懋勤殿的消息大体转告,并称谭嗣同已经请光绪帝开懋勤殿,用顾问官十人,业已商定,但须由外廷推荐,并将此十人名单出示,要求王照、徐致靖二人立即草拟奏折,推荐此十人。王照、徐致靖分别缮写两份推荐奏折,王照参照康有为的名单推荐了康广仁、徐致靖、宋伯鲁等六人,而徐致靖则参照康的名单推荐了康有为等四人。是日夜,这两份奏折呈递清廷。

光绪皇帝收到这两份保荐奏折后并没有表示态度,他于第二天前往颐和园与慈禧太后面商懋勤殿等事务的时候,只是将这两份保荐奏折交军机处"记名",并不准备与慈禧太后具体讨论懋勤殿的人选问题。[③]

从光绪皇帝方面来说,9月14日这一天和往常一样,他在按先前的计划在乾清宫召见北洋水师学堂总办候补道严复及办理其他事务之后,至颐和园乐寿堂向慈禧太后请安,并准备就懋勤殿等事务向慈禧太后当面请示。几天来,被革职的礼部尚书怀塔布夫妇利用与总管内务府太监李莲英的特殊关系,不停地向慈禧太后哭诉自己的委屈,并离间太后与光绪帝的关系,称"皇上为左右荧惑,变乱朝政,求老佛爷作主"。而那些被怀塔布收买的大小太监们也可能因为新政的改革最终将侵害他们的利益,他们也随着怀塔布在慈禧太后面前肆意诋毁由光绪皇帝主导的新政改革。这在一定程度上影响了慈禧太后的判断。

① 《康南海自编年谱》,56页。
② 梁启超:《谭嗣同传》,见《饮冰室合集》专集之一,107页。
③ 参见王照《关于戊戌政变之新史料》,见《戊戌变法》(四),332页。

光绪皇帝在向慈禧太后请安后,慈禧太后劝告他在人事处理上不可操之过急,不要将此辈老谬昏庸之大臣轻易罢黜,不要将那些年轻的汉人政治新锐提拔到政治高层,更不能改变大清王朝的既成体制,由这些所谓通达英勇之人去议政。[1] 对于慈禧太后的指责与劝诫,光绪皇帝有些能够接受,有些则不免进行了解释与辩白,这反而激怒了太后。在太后看来,光绪皇帝的态度正好验证了几天来怀塔布等人在她面前的那些离间。于是,慈禧太后毫不客气地批评光绪皇帝:"小子为左右荧惑,使祖宗之法自汝坏之,如祖宗何?"太后的愤怒终于勾起了光绪帝的满腹委屈,他边哭边向太后说:"时事至此,敌骄民困,不可不更张以救,祖宗在亦必自变法。臣宁变祖宗之法,不忍弃祖宗之民、失祖宗之地,为天下后人笑,而负祖宗及太后之付托也。"[2]

两人不欢而散。光绪皇帝根本无时间也无心情向太后提及与讨论于内廷开懋勤殿的计划,遂极其郁闷地返回自己的住所玉澜堂。

① 参见光绪皇帝9月15日给杨锐的密诏,见《戊戌变法》(二),91—92页。
② 参阅《戊戌变法文献资料系日》,1019页。

第四节　政变起因与新政终结

一　密谋应对

与慈禧太后发生言语冲突的当晚,光绪皇帝想了很多,也想得很苦。他虽然对太后的误解感到委屈,但他依然认为太后是大清王朝的靠山,是中国政治的最后把握者,他期待重臣能够从中斡旋,期待太后在明了真相后的谅解。

正是怀着这样一种心情,光绪皇帝第二天(9 月 15 日)召见杨锐,与杨商讨对策。杨锐表示:"此陛下家事,当与大臣谋之。臣人微言轻,徒取罪戾,无益也。"为了克服杨锐的恐惧,光绪皇帝特别向杨锐下达了一份密诏,以便杨锐将来因此而获罪的时候能够得到一定程度的解脱。诏曰:

近来仰窥皇太后圣意,不愿将法尽变,并不欲将此辈老谬昏庸之大臣罢黜,而登用英勇通达之人,令其议政,以为恐失人心。虽经朕累次降旨整饬,而并且有随时几谏之事,但圣意坚定,终恐无济于事。即如十九日朱谕,皇太后已以为过重,故不得不徐图之,此近来之实在为难情形也。朕亦岂不知中国积弱不振至于阽危,皆由此辈所误。但必欲朕一早痛切降旨,将旧法尽变而尽黜此辈昏庸之人,则朕之权力,实有未足。果使如此,则朕位且不能保,何况其他?今朕问汝,可有何良策,俾旧法可以渐变,将老谬昏庸之大臣尽行罢黜,而登进英勇通达之人,令其议政?使中国转危为安,化弱为强,而又不致有拂圣意?尔等与林旭、谭嗣同、刘光第及诸同志等妥速筹商,密缮封奏,由军机大臣代递,候朕熟思审处,再行办理。朕实不胜紧急翘盼之至。特谕。①

从这份密诏,可以看出:(1)帝后的言语冲突,是那些被罢黜的"老谬昏庸"大臣在太后面前哭诉引起的,太后希望皇帝今后处理人事方面更加谨慎,不要动辄罢黜这些大臣,以免闹得人心惶惶;(2)慈禧太后指出提拔汉族出身的政治新锐要谨慎;(3)光绪皇帝虽曾坚持己见,但太后以为这是政策的底线,不容讨论;(4)皇帝感到自己权力不足,如果一味坚持,帝位且不能保,也就谈不上维新事业了;(5)皇帝希望杨锐等军机四章京筹商一个办法,既能继续维新事业,又不拂逆太后的旨意。

有了光绪皇帝的密诏,杨锐提出四点建议供皇上参考:第一,重建皇权中心的权威与秩序,由慈禧太后郑重其事地举行一次授权仪式,"亲挈天下以授之皇上"。而皇上应该确认太后在政治决策中的至上地位,同意太后拥有政治决策的最终否决权,"应宜遇事将顺,行不去处,不宜固执己意"。第二,建议对所有将要进行的改革方案通盘考虑,宜有先后次第。第三,建议在新政推行期间"进退大臣不宜太骤",以免在政治上引起不必要的纠纷与反弹。第四,鉴于帝后冲突的原因都是偏信了康有为的意见,杨锐建议光绪皇帝一定要尽快与康有为脱离关系,否则祸患不得平息。杨锐的原话是"康不得去,祸不得息"。②

退朝后的杨锐急邀与自己关系比较密切的同僚林旭交换看法,对于林旭过于听信康有为的偏激主张提出了批评,"责林甚切",林旭"默然无声",似乎同意杨锐的判断与建议。③

9月17日上午,光绪皇帝在颐和园召见林旭。关于这次召见的详细情况史料缺载。不过,这次召见确实为后来康有为等人的行动提供了一个明显的助动力,那就是在光绪皇帝召见林旭之后,清廷极端反常

① 上谕第228,见《戊戌变法》(二),91—92页。
② 参见汤志钧《戊戌变法人物传稿》(增订本)上册,141页。
③ 参见汤志钧《戊戌变法人物传稿》(增订本)上册,141页。

地"明降谕旨"，责成康有为迅速出京，不得迁延观望，^①将杨锐的"去康"建议具体落实。

林旭退朝之后即赶到康有为居住的寓所通报情况，不料康有为外出未归，林旭遂留下一张便条离去，告诉康有要事通报，明早再来。

第二天一大早，林旭如约拜访康有为，向他通报了自己昨天面见光绪皇帝的情况，并口述光绪皇帝的口谕如下：

> 朕今命汝督办官报，实有不得已之苦衷，非楮墨所能罄也。汝可速外出，不可延迟。
>
> 汝一片忠爱热肠，朕所深悉。其爱惜身体，善自调摄，将来更效驰驱，朕有厚望焉。特谕。^②

林旭作为唯一在昨天与光绪皇帝见过面的直接当事人的转述引起了康有为的高度关切，他肯定觉得这件事太不同寻常了，清政府既然以光绪皇帝的名义明降了谕旨，何以又让林旭面传口谕呢？朝廷究竟发生了什么事？难道光绪皇帝已经被以慈禧太后为首的守旧派所控制而不得自由了吗？他一面草拟密折谢恩表示要"誓死救皇上"，请林旭复命，并奏报自己肯定将在第二天启程赴上海督办官报；一面招来谭嗣同、梁启超、徐仁镜、徐仁录及乃弟康广仁以及袁世凯的重要幕僚徐世昌等一起商量应对之策。

康有为凭记忆向他们转述了光绪皇帝先后向杨锐及林旭颁布的两道密诏，认为光绪皇帝主导的新政已经在以慈禧太后为首的守旧势力的反扑下彻底失败了。与会者抱头痛哭。激于义愤，他们决心不惜牺牲自己去拯救皇上，并由此将他们心目中的慈禧太后由先前的守旧势力头目设想为真正的敌人，讨论的结果是尽快准备武力或设法动用清朝已有的军队解决问题。

对和平变革步履维艰早就不耐烦的康有为很早就期待军事解决问

---

① 康有为在多年之后的回忆中以为这份明谕表明政变已经发生或即将发生，他写道："明诏敦促我出京，于是国人骇悚，知祸作矣。"《康南海自编年谱》，58 页。

② 1898 年 10 月 19 日《新闻报》。

题。先是,随着九月天津阅兵日期的日趋迫近,各种政治传闻层出不穷,他愈益担心守旧势力可能会借天津阅兵的机会除掉光绪皇帝,拥戴慈禧太后重新出山。至光绪皇帝下决心开懋勤殿征用通达时务之士以议新政的时候,康有为连日草拟一份极端重要的奏折,建议光绪皇帝仿日本的军事体制,建立属于自己统帅的参谋本部;将光绪二十四年改为"维新元年",以新天下耳目;又建议光绪皇帝"变衣服而易旧党心志";请光绪皇帝迁都上海。光绪皇帝被康有为这些见解所吸引,"上皆然之"。①

掌握军队需要相当的时间,这一点康有为和他的追随者都很清楚。政治局势的日趋危机迫使康有为等人作出极端冒险的决策。他们一方面继续设法拉拢袁世凯或其他军队领导人,还利用会党进行军事冒险。按照康有为等人的计划,只要他们能够调集一批绿林好汉,由这批绿林好汉出面发难,劫制慈禧太后,迫使慈禧同意放权或放手让光绪皇帝进行政治改革,这样他们的新政计划就可以继续进行。一旦被劫制的慈禧太后拒绝合作、不愿放权或不愿放手让光绪皇帝进行政治改革,他们就可以将慈禧太后废黜。

康有为的这些计划得到了谭嗣同等人的回应。

二 游说袁世凯

康有为认为,在清军已有的将帅之中,袁世凯夙驻高丽,知外国事,讲变法,过去也曾附和他一起办过强学会,知其与董福祥、聂士成等一介武夫迥异。② 思想上的契合,使康有为觉得袁世凯是最理想的人选,所以早在新政开始之初,他就有意识地派徐致靖的侄子徐仁录与袁世凯进行联络,以期将来在军事方面有所凭借。

9 月 11 日,康有为代署礼部右侍郎徐致靖草拟了一份保荐袁世凯的密折,盛赞袁世凯家世将门,深娴军旅,于近代西方各国兵制及中国现在应行内政外交诸政策,无不深观有得,动中机宜。由袁世凯负责训

---

① 《康南海自编年谱》,57 页。
② 《康南海自编年谱》,57 页。

练的新军不仅在中国诸军中出类拔萃，而且获得了诸如俄国、日本一些军人将领的赞赏。奏折称：

臣查日本变法之初，妙选将才，立三重镇。今诚患无将帅之才，幸而得其人，必当隆其位任，重其事权，似不宜加以钤束，置诸人下。夫兵机事也，缓急有变，大敌当前，秉命则失机宜，专命则嫌骄蹇，既不足尽其才用，切因以贻误事机。袁世凯昔使高丽，近统兵旅，谋勇智略，久著于时。然而官止臬司，受成督府，位卑则权轻，呼应不灵，兵力不增，皆为此故。臣以为皇上有一将才如袁世凯者，而不能重其权任以成重镇，臣实惜之。伏乞皇上深观外患，俯察危局，特于召对，加以恩意，并予破格之擢，俾增新练之兵，或畀以疆寄，或改授京堂，使之独当一面，永镇畿疆。庶几猛虎在山，藜藿不采；边有重镇，强敌销萌。[1]

光绪皇帝在阅读了这份保荐奏折之后命令："电寄荣禄，著传知袁世凯即行来京陛见。"[2]并且他下令按程序将徐致靖的这份保荐书"恭呈慈览"。

9月16日黎明时分，光绪皇帝在颐和园毓兰堂召见袁世凯，垂询军事方面的问题甚详。袁世凯均据实回答。当天的召见本身没有多少内容，君臣之间的对话也没有什么出彩的地方，原本对此次召见甚有期待的袁世凯颇感失望。他在退下之后即奏曰："九月有巡幸大典，督臣荣禄饬臣督率修理操场，并先期商演阵图，亟须回津料理。倘无垂询事件，即请训。"光绪皇帝就此传下话来，嘱袁世凯待四日后请训，不会耽搁天津方面的事务等。随后，光绪皇帝任命袁世凯为侍郎候补，专责训练新式军队。[3]

第二天一大早，袁世凯来到颐和园谢恩，当面向光绪皇帝表示自己无寸尺之功，受破格之赏，惭怵万状。光绪皇帝笑着说："人人都说你练的兵、办的学堂甚好，此后可与荣禄各办各事。"[4]

---

① 《署礼部右侍郎徐致靖折》(光绪二十四年七月二十六日)，见《戊戌变法档案史料》，164—165页。
② 上谕第211，见《戊戌变法》(二)，84页。
③ 上谕第238，见《戊戌变法》(二)，95页。
④ 袁世凯：《戊戌日记》，见《戊戌变法》(一)，549页。

317

9月18日晚,袁世凯因接到回防天津小站的命令,正在准备请求提前请训的奏折时,谭嗣同在夜幕沉沉中匆匆前来拜访。谭嗣同首先对袁世凯的提升表示祝贺,紧接着就告诉袁有密语相告。袁世凯告诉谭嗣同,因为刚刚收到天津方面的电报,得知英国兵舰数艘在大沽口海面游弋,正在准备具折次日请训,请训后即回天津。听了袁世凯的说明,谭嗣同引入正题道:"外侮不足忧,大可忧者,内患耳。"世凯急询其故,嗣同乃云:"公受此破格特恩,必将有以图报,上方有大难,非公莫能救。"

袁世凯闻言失色,急忙向嗣同辩白道:"予世受国恩,本应力图报称,况己身又受不次之赏,敢不肝脑涂地,图报天恩,但不知难在何处?"

谭嗣同于是直截了当地告诉袁世凯,根据他们所获得的情报,荣禄最近向慈禧太后献策,将废立弑君。袁世凯表示愿闻其详。谭嗣同遂出一草稿,如名片式,内有关于荣禄"谋废立弑君,大逆不道,若不速除,上位不能保,即性命亦不能保。袁世凯初五请训,请面付朱谕一道,令其带本部兵赴津,见荣某,出朱谕宣读,立即正法。即以袁某代为直督,传谕僚属,张挂告示,布告荣某大逆罪状,即封禁电报局、铁路,迅速载袁某部兵入京,派一半围颐和园,一半守宫,大事可定。如不听臣策,即死在上前……"

谭嗣同还自信地告诉袁世凯:"我雇好汉数十人,并电湖南召集好将多人,不日可到,去此老朽,在我而已,无须用公。但要公以二事:诛荣某、围颐和园耳。如不许我,即死在公前。公之性命在我手,我之性命亦在公手。今晚必须定议,我即诣宫请旨办理。"袁世凯看到谭嗣同的"腰间衣襟高起,似有凶器",知道谭嗣同不从他这里得到准确的回答决不会轻易离开,稍加考虑,告诉谭嗣同:皇上"九月即将巡幸天津,待至伊时军队咸集,皇上下一寸纸条,谁敢不遵,又何事不成?"

谭嗣同对曰:"等不到九月即将废弑,势甚迫急。"

袁世凯道:"既有上巡幸之命,必不至遽有意外,必须至下月方可万全。"

谭曰:"如九月不出巡幸,将奈之何?"

袁曰:"现已预备妥当,计费数十万金,我可请荣相力请慈圣,必将出巡,保可不至中止,此事在我,你可放心。"

谭云:"报君恩,救君难,立奇功大业,天下事入公掌握,在于公;如贪图富贵,告变封侯,害及天子,亦在公;惟公自裁。"

袁世凯闻言而怒,信誓旦旦地告诉谭嗣同:"你以我为何如人? 我三世受国恩深,断不至丧心病狂,贻误大局,但能有益于君国,必当死生以之。"

谭嗣同说:"自古非流血不能变法,必须将一群老朽全行杀去,始可办事。"①

谭嗣同离开之后,袁世凯的心情无论如何也难以平静。他反复筹思,如痴如病,原准备天亮前递折请训然后提前一天返回天津的计划也只好告吹。

9月20日晨,袁世凯按照原先的计划赴宫中请训,他在所呈递的奏折中隐约表达了他对时局的担忧。奏折称:

古今各国变法非易,非有内忧,即有外患,请忍耐待时,步步经理,如操之太急,必生流弊。且变法尤在得人,必须有真正明达时务老成持重如张之洞者赞襄主持,方可仰答圣意;至新进诸臣,固不乏明达猛勇之士,但阅历太浅,办事不能慎密,倘有疏误,累及皇上,关系极重,总求十分留意,天下幸甚。臣受恩深重,不敢不冒死直陈。②

请训之后,袁世凯回到天津,即赴总督府向荣禄汇报北京之行,略述内情。因有人来谈其他事务,袁世凯约明日再来详谈。

第二天一大早,荣禄迫不及待地"枉顾"袁世凯处详谈一切。袁世

319

---

① 以上数节引文引自袁世凯《戊戌日记》,见《戊戌变法》(一),550—552 页;参见杨天石《康有为谋围颐和园捕杀西太后确证》,见《从帝制走向共和——辛亥前后史事发微》,北京,社会科学文献出版社,2002;汤志钧《乘桴新获》,26—28 页,南京,江苏古籍出版社,1990。

② 袁世凯《戊戌日记》,见《戊戌变法》(一),553 页。这份奏折实际上包含三层隐意,一是告诫光绪皇帝改革从来都是很难的事情,万不可操之过急,以致欲速则不达。二是建议光绪皇帝应该选拔、调任老成持重如张之洞那样的大员来主持朝政。袁世凯建议光绪皇帝请张之洞入京主持朝政,并不是因谭嗣同的来访而突然提出的,至少在 9 月 17 日上午之前袁世凯已将此意告诉了张之洞的驻京代表钱恂,钱恂立即电告张之洞,张在第二天的回电中要求钱恂劝阻袁世凯的提议。张之洞与钱恂的往来电报见《戊戌变法》(二),614 页。三是劝诫光绪皇帝对那些新进诸臣不可过于依赖和信任,他们阅历太浅,办事经验太少,进行急剧性的政治变革,其后果可能适得其反,甚至累及皇上。

凯比较如实地向荣禄描述了谭嗣同夜访的全过程以及自己的看法。由于谭嗣同夜访的主题是杀荣禄、围颐和园,所以袁世凯在描述的过程中,重申这只是谭嗣同、康有为等"群小结党煽惑",并不代表光绪皇帝的意思,甚至可以有把握地说,光绪皇帝对于这些阴谋并不知晓。

对于谭嗣同的这些指控,素来沉着的荣禄大惊失色,大呼冤枉:"荣某若有丝毫犯上心,天必诛我。近来屡有人来津通告内情,但不及今谈之详。"袁世凯也向荣禄明确表示:所谓杀荣禄、围谋颐和园的计划"与皇上毫无干涉,如累及上位,我唯有仰药而死耳"。①

荣禄、袁世凯筹思良久,迄无善策。不料至傍晚,却从北京传来有关慈禧太后重新训政、康有为革职以及缉拿康广仁等方面的电报。也就是说,尚未待袁世凯、荣禄动手,北京方面已由慈禧太后为主导,成功地控制住了局势。

三　伊藤博文来华及其影响

伊藤博文是日本老一代的著名政治家,为日本的近代化作出过卓越的贡献。尤其是在日本近代政治体制的建构方面,伊藤博文主持吸收西方近代国家的政治精神与政治理念,创建并确立了日本的近代政治体制,长时期担任日本政府首脑。1894年的甲午战争,就是伊藤博文政府蓄意挑起的,1895年的《马关条约》也是伊藤博文担任日本内阁总理大臣时的"杰作"。所以,在很大程度上,近代中国在甲午战争之后的不断衰败,伊藤博文负有很大的责任。但在当时具有进步思想倾向的中国人那里,却以为伊藤主导的日本政治变革才是中国发展的方向。当甲午战争之后,国际局势尤其是远东局势发生重大变化、俄国对远东的扩张急剧加快的时候,不仅中国内部有联合英、日抗衡俄国的思想主张,即便先前几年还与中国为敌的日本也竭力拉拢中国,希望与中国联合抗衡俄国对亚洲的蚕食。

1898年6月,伊藤博文内阁倒台。赋闲后的伊藤博文萌发到中国

---

① 袁世凯:《戊戌日记》,见《戊戌变法》(一),553页。

游历的想法,至少在 7 月中旬这种传闻已经在日本国内公开。①

不过,政治新锐康、梁等人,在促成伊藤博文以私人的身份到中国游历上也曾起到作用。英国传教士李提摩太回忆,他曾建议康有为,最好的办法就是由中国政府聘请伊藤博文做外国顾问。这个建议引起了康、梁的极大兴趣,他们在随后的时间里通过各方面的关系终于促成了伊藤的来华。

由于伊藤访华的目的不为外界所知,这就引起中国乃至世界各方面人士的高度关切与猜测,中国国内的维新势力期待伊藤博文的访华能够对中国正在进行的维新变法运动有所推动,②而中国外交界和政界一些反对李鸿章等联俄政策的人,也期待伊藤博文在访华期间能够说服清政府放弃这一政策,转而依靠英、日等国,并进而与日本结盟,特别是伊藤访华前日本政府差不多经过两年多辛勤工作,中国政界的一些大员如张之洞、刘坤一等都多少具有这种倾向。所以,伊藤博文的中国之行虽然不具有正式的外交名分,但对中国政治可能发生巨大的作用,则是可以预见的。

日本方面对伊藤的中国之行也高度重视,他在启程前曾与明治天皇多次秘密会谈,日本政府中的一些重量级人物也在伊藤出访前多次拜访,提供意见和咨询。

9 月 11 日上午,伊藤博文一行抵达塘沽;14 日,抵达北京。

伊藤博文在中国最敏感的时间访华,伊藤博文的此次中国之行不可能不带有政治目的。他在晋见光绪皇帝之前曾与正在北京的英国记者莫里循有过一次长时间的谈话。据莫里循的印象,"伊藤访华的目的可能还没有人知道"。根据莫里循的记忆,伊藤博文向他谈了至少两个方面的问题,一是中国的内政即正在进行的维新运动,二是日本与中国联盟的可能。③

在北京,伊藤博文拜访了庆亲王奕劻及总理衙门大臣崇礼、廖寿恒、张荫桓等。谈话涉及中国维新事业的进程。伊藤说:此次漫游贵

---

① 《王仁乾致汪康年函》,见上海图书馆编《汪康年师友书札》,35 页,上海古籍出版社,1986—1989。
② 参见光绪二十四年六月十五日《国闻报》。
③ 莫里循致姬乐尔(1898 年 9 月 20 日),见《清末民初政情内幕——泰晤士报驻北京记者、袁世凯政治顾问乔·厄·莫里循书信集》,111—112 页。

国,最令人惊叹者,乃贵国大皇帝聪明而勤于政事。以余寡闻之人,亦闻大皇帝致力于革除积弊,振兴庶政,励精图治,以求变法。此乃我日本国深为欣幸之事。因为贵国今日急务,实有关于东亚大局乃至整个国际形势。

庆亲王说:我皇上圣聪,锐意图治,欲咨询于阁下。贵国与我中国乃唇齿之邦,又为同雠。阁下久历兴邦之事,趁此游历之机,能否以邻谊修睦之念,不吝教诲,以济艰难,实我国君臣上下之厚望。

总理大臣廖寿恒接着问道:我中国改革之必要,如燃眉然。今日年老因循守旧顽固者,概行罢斥,而易以壮年新进熟谙洋务者,果如何?愿闻高见?

伊藤答曰:以学术、识见、经验言之,皆老成练达之士,不能易之。有关国家利益得失之举,尤应慎重周详,且忌轻躁之行为。若是老成练达之人适于佐助改革方针之确立,而盛壮气锐之士则擅事务之协理。变法需细细考虑,而非猝然急激。否则,乱阶将起。

看来,伊藤的这段话不是在赞赏光绪皇帝的大刀阔斧,而是蕴含着批评的意味。恐怕伊藤对中国激进的政治变革所持的批评态度,恰恰启发了那些对新政怀有不满的利益受损者。[①]

总理衙门王大臣与伊藤博文的会谈,算不上什么秘密,报纸已经公开报道。随后,伊藤博文与刚被罢免总理大臣职务的李鸿章、现任总理大臣张荫桓互有拜访。[②]

当伊藤一行抵达北京的时候,李提摩太也于9月中旬到达北京,并与伊藤住在同一个旅馆。[③] 李提摩太居中沟通了康、梁与伊藤的关系。

9月18日下午,康有为至李提摩太寓所辞行,告诉李提摩太新政进行得艰难,他已经奉皇上的谕旨赴上海督办官报,如果不发生意外,应该在明天即南下。康有为还说:现在的形势已相当危急,他原准备请

---

① 森太二郎:《晤谈节略》,见汤志钧《乘桴新获》,14—16页。

② 此次会谈除日方的记录外,光绪二十四年八月初六日《国闻报》的报道也有比较详细的记述,基本内容与日方的记载一致。《昌言报》第6册转发《泰晤士报》的报道《伊藤侯与总理衙门堂官会晤述略》,意思也基本相同。

③ 根据李提摩太的秘书程淯的记载,李提摩太七月二十四日(9月9日)航海北行,月杪(约9月15日)至京,寓英国驻华公使署,适英使避暑外出,翌日晨乃迁至米市施医院。见程淯《康南海先生墨迹跋》,《戊戌变法》(一),421页。

求包括英国在内的各友邦向清廷进忠告,警告清政府不要妄为,阻止新政的推行,更不要由慈禧太后重新出山训政、废止光绪皇帝的权力。康有为说:可惜贵国公使外出避暑,不在北京,这一请求根本无法实现。

康有为的说法引起了李提摩太的注意,李氏清楚地意识到所谓危机也只是来自慈禧太后对光绪皇帝的不满,所以他劝康有为道:难道两宫之间的矛盾不能调和了吗? 康有为解释说:皇上推行新政,进行改革,肯定将损害一些既得利益者的利益。而清政府盈廷皆衰谬诸老臣,他们只担心自己的政治地位、政治特权会随着改革的进行而丧失,所以整天在太后面前哭诉,太后信之,致横生阻力,“夫复调和之可言”。①

康有为虽然不相信两宫的矛盾还有调和的余地,但李提摩太的告诫也不能不引起他的注意。所以,他此时除与其门徒积极地准备以武力手段解决问题外,也参照李氏的建议,寻求调和两宫矛盾的方法与途径。第二天午后,康有为专程拜访伊藤博文,两人进行了长达三个小时的谈话,其基调就是请伊藤出面说服慈禧太后支持改革。

康有为说:正如中外许多政治家所知道的那样,我皇上并没有主导改革的全权,一切改革诏书莫敢奉行,视为一纸空文,皇上也无如之何。这就是中国的政治改革之所以推进缓慢的根本原因。光绪皇帝嗣位虽已 20 余年,其实权力一直掌握在慈禧太后的手里。皇上深知中外情形及中国的危机,故决意改革。而太后反之。慈禧太后不知中外情形及中国所面临的危机,故不欲改革。而且,太后所接触的人主要是那些最受其信任的满洲权贵,如奕劻、荣禄、刚毅、怀塔布、立山、崇礼一流,这些人愚昧无知,绝少识见,毫无国际眼光,根本不知道外国的情形。在他们的意识中,所谓改革只是汉人向满族人夺取权力或分享权力的一个阴谋,改革的结果肯定对满洲贵族不利。他们认为,凡提倡改革者,都是阴谋叛逆之人。这种荒诞的言论日入于太后之耳,不由得太后不相信。所以自皇上明定国是、宣布改革以来的几个月里,这些守旧的满族大臣无日不环绕在太后的周围哭诉,以为如此改革,他们满洲人的政治地位必然下降,仕宦途绝,衣食路穷。中国古语有“三人成虎”的说

---

① 程清:《康南海先生墨迹跋》,见《戊戌变法》(一),421 页。

法,这些守旧大臣不断地向太后渲染这些看法,也由不得太后不相信,故太后常惑其言。所以,皇上在进行每一项改革的时候,都必须多次向太后泣谏,而后乃得渐行。这种情况在中国高层官员中是公开的秘密,他们都知道中华帝国的政治权力并不在皇上手里,所以当皇上的改革诏书联翩而下的时候,这些官员则阳奉阴违,并不实力执行。皇上对这种状况也心知肚明,也曾设法解决,不日前因王照条陈一事,遽治怀塔布等礼部六堂官抗旨之罪,也多少表明皇上有意改变目前的僵局。因惩治怀塔布等人事前没有请示慈禧太后,于是连日来怀塔布等数十满洲贵族相率跪拜太后面前哭诉,请太后出面阻止皇上改革。我皇上地位如此,改革艰难,故愿请阁下深察其情。

伊藤表示有机会谒见太后时,当尽忠告。

伊藤博文的友好态度给予康有为心理上极大的满足,他不禁当面称颂伊藤曰:"君侯能为太后逐一言此,则一席话足救我中国四万万人,岂惟敝邦幸福,东方局面,地球转运,实系在君侯焉!"伊藤也不禁夸赞康氏谓:"公等赤心,仆所敬服。仆必以尽心于敝邦者,移以尽忠于贵国也。"①

伊藤博文与康有为的谈话,在当时也并不是什么高度机密的东西,通过各种渠道,这些谈话内容就流传了出来,清廷也不难弄到一份副本。从这些谈话来看,康有为所请求诸多事项,归根结底只是一句话,那就是请求伊藤博文利用自己的特殊地位,在有机会拜谒慈禧太后时,能够为皇上、为康有为等所谓维新志士们美言几句,以化解慈禧太后的仇视。这是康有为思想的一大转变,因为在此之前的很长一段时间里,康氏从不把两宫和解当作一回事,相反,在很大的程度上,他更愿意利用两宫之间的矛盾去推动他所倡导的改革。他之所以转变为不惜求助于外人去化解两宫之间的矛盾,显然是已经意识到了他及光绪皇帝所面临的危险。

这个谈话记录还表明,当时京城内外所传的由康有为或其他什么人出面建议清政府聘请伊藤博文留在中国出任政府顾问的事情是子虚

---

① 《游清纪语》,见明治三十一年十一月十三日、十五日《台湾日日新报》。转引自汤志钧《乘桴新获》19—22页。

乌有的。康有为的谈话自始至终都没有涉及这一问题。

伊藤博文出于礼貌与同情答应了康有为的一系列请求,但伊藤内心恐怕已经相当清楚,他可能没有时间或者说没有机会拜谒中国的实际最高领导人慈禧太后,所以他的这些答应并没有多少实在意义。

9月20日上午11时许,伊藤博文如约来到勤政殿拜谒光绪皇帝。从日本方面随行人员公布的记载看,二人对话主要是礼节性内容,大体上是外臣觐见礼节、外交辞令,实质性对话比较简单。

伊藤说:大皇帝近日变法自强,力图振作,此于亚东局面之保全,实关重要。博文回国之后,当告知我国天皇知之,当必欣悦。愿大皇帝永保盛业,长享景福。

光绪皇帝说:贵国自维新后,庶绩咸熙,皆出自贵侯手定,各国无不钦仰,无不赞美,朕亦时佩于心。光绪还说:贵国与我国同洲,相距较近。我中国近日正当维新之时,贵爵曾手创大业,必知其中利弊,请为朕详细言之,并望与总署王大臣会晤时,将改革顺序、方法告之。在谈到两国关系时,光绪皇帝表达了愿今后两国邦交从此益敦的愿望。

伊藤亦附和道:我国天皇陛下圣意实亦在此。比来两国臣民交谊日益加密,故邦交必能因之益固。①

从这份谈话记录看,谈话在平和的气氛中进行,简短而客套,宾主之间没有讨论政府顾问的聘任问题。日本方面对这次尽管很短暂的会晤仍表示满意。日本驻华代理公使林权助致日本外相的报告说:"接待是热情的,特别值得一提的是,皇帝向我们指出了日清之间建立密切关系之必要,并向我们介绍了清国的维新。皇帝说他将通过其大臣们来向侯爵询问几个问题。"②这也表明伊藤博文的访华日程都正在按照原先的计划继续进行。

就中国方面而言,伊藤博文与光绪皇帝谈话的第二天,宋伯鲁向清廷呈递了一份奏折,建议清廷"速简通达外务、名震地球之重臣如大学士李鸿章者",往见英国传教士李提摩太及日本著名政治家伊藤博文,咨询他们对中国问题的看法,并与之商酌解决中国问题的办法,任用工

---

① 森泰二郎:《清国皇帝陛下谒见之次序》,见汤志钧《乘桴新获》,17—19 页。
② 日本外务省档案:《伊藤侯爵清国漫游》,见《戊戌变法文献资料系日》,1054 页。

部主事康有为为参赞予以协助,以解决中国目前所面临的危机。① 看来,政府高层对伊藤博文的来华及拜谒光绪皇帝的后果还来不及作出反映,伊藤博文依然是中国政府尊贵的客人。

统观伊藤来华之后的全部政治活动及言论,可以看到他既赞成中国进行合乎当时国际政治规范和潮流的政治改革,对于康有为等年轻的一代政治新锐也给予相当的期待和道义上的同情。但是,他并不赞成康有为等人激进的政治改革做法,甚至不主张将清政府的政治权力交给这批年轻的政治新锐去掌管,而是建议清政府重用经验丰富的老一代政治家,启用具有道德心的政治新锐作为辅助的力量。

但是,由于伊藤博文特殊的身份与背景,加上那时传媒业不是太发达,他的活动被蒙上了一层神秘的色彩。京城内外传言四起,或云伊藤博文将于某日被皇上召见,伊藤将向皇上呈递改革的条陈;②或有京朝大小官员连日上奏请朝廷聘请伊藤博文为中国政府顾问;更有传言称庆亲王奕劻与端王等一起赶赴颐和园,哭请慈禧太后训政,以防止皇上擅自做主聘请伊藤为中国政府的顾问,到那时,恐怕大清王朝"不复为太后有矣"。③ 这些传言虽然没有多少真实的根据,但在当时已经极度紧张的政治气氛下,肯定会对时局的演变产生不同程度的影响。杨崇伊后来据此奏请慈禧太后重新训政,或许都与这些传言有着密切的因果关联。

四 张荫桓与新政走向终结

伊藤博文觐见光绪皇帝的第二天(9月21日),中国的政局发生了极大的变化。传闻步军统领崇礼率领武装人员奉谕旨包围了南海会馆和张荫桓的寓所,张荫桓被逮。顿时京城大乱,谣传不一。

张荫桓字樵野,与康有为同里,广东南海人,是晚清政坛甚负盛名的外交家,前期颇得慈禧太后赏识,后来可能是因为翁同龢的关系,又受到光绪皇帝的信赖。由于张荫桓确实是当时总理衙门诸大臣中最为通晓各国事务的大臣,故而虽然不断有人要求弹劾张荫桓,他的地位并

---

① 《掌山东道监察御史宋伯鲁折》,见《戊戌变法档案史料》,170—171页。
② 参见劳祖德整理《郑孝胥日记》第1册,650页,北京,中华书局,1993。
③ 苏继祖:《清廷戊戌朝变记》,见《戊戌变法》(一),344页。

没有因此而改变。

新政开始不久，翁同龢被开缺，张的地位曾经受到威胁。据说在开缺翁同龢的同时，慈禧太后接到不少举报张荫桓的奏折，指责张荫桓办事专擅，或者指责张荫桓与翁同龢合谋，在当年初与英国人谈判借款的时候，共同受贿 260 万两。于是，慈禧太后下令崇礼准备查抄张荫桓。

为了慎重起见，慈禧太后于罢免翁同龢之后，召见庆亲王奕劻、总理衙门大臣廖寿恒及刚毅进行核对。她问道："近日张荫桓遇事颇为专擅，参奏甚多，尔等有所见闻否？"廖寿恒答：总理衙门所称能办事者惟张荫桓一人，实际上有许多事也非张荫桓出面不可。慈禧太后闻言怒甚，她不禁说道："似尔所言，若张荫桓死了，则将如何？"各位大臣听到这里也不敢再为张说情，沉默移时。慈禧太后复云："我亦知张荫桓颇能办事，究竟有无专擅之迹？"廖寿恒等人鉴于太后的盛怒，也不能不回奏道："张荫桓在总理衙门遇有事件，有与同官商议者，亦有一人专擅者，缘张荫桓所识洋人颇多，凡交涉密议，行踪诡秘，旁人不得闻知。"廖寿恒的解释在一定程度上化解了慈禧太后的疑虑，于是她指示光绪皇帝道："张荫桓遇事专擅，皇帝明日叫起入见，可以严加申饬，便知警戒。"[1]由此看来，慈禧太后虽然对张荫桓有所不满，但还没有拿他开刀。事后光绪皇帝传张荫桓及庆亲王、廖寿恒、刚毅及新任军机王文韶等人问话，似乎有意大事化小、小事化了，保护张荫桓过关。

按照张荫桓后来的分析，他之所以被动介入了所谓帝后之间的冲突，不再受到慈禧太后的信任，与他忽略了李莲英这一大内总管的存在有关。张荫桓回忆称：1897 年他奉命赴英国致贺女王维多利亚在位 60 周年时，有内大臣某曾告诉他，归国时务必携带一些外洋新奇宝物奉献给慈禧太后。张荫桓谨记此嘱不敢忘。归国后，张荫桓将精心准备的两件礼物通过李莲英送到慈禧太后那里，慈禧太后将其中一件转送给皇上，两宫为此皆大欢喜。但他未能给李莲英准备礼物。据张后来回想，他之所以在后来失欢于太后，之所以蒙难，未尝不与此次小小的失误有着相当重要的关联。[2]

① 王庆保、曹景郕：《驿舍探幽录》，见《戊戌变法》（一），494 页。
② 王庆保、曹景郕：《驿舍探幽录》，见《戊戌变法》（一），498 页。

在一个高度集权的政治体制下,我们不必想象任何一项重大决策都是郑重其事讨论的结果,更不必想象都是最高领导人意志的产物。事实上,高度的政治集权为最高领导人身边的那些"小人物"留下了无限的活动空间,他们的喜怒哀乐决定着最高领导人的意志,影响着政治决策,更影响着那些职业政治官僚的地位与前途。像李莲英这样深受慈禧太后赏识的大内总管,他在晚清的政治发展中起到过极端重要的作用,他不仅是慈禧太后的耳目和鹰犬,而且他能够稍用手腕便可转移太后的情绪与意志,决定着其他政客乃至光绪皇帝的命运。诚如当年与李莲英、慈禧太后及光绪皇帝都有直接接触的德龄公主所分析的那样,李莲英的情绪、意气以及他与当时政治场上所有人的明争暗斗,影响实在是极其远大的,"满清一朝的命运,因此决定,中国的历史,也因此改变,甚至可以说,连远东方面现在的这种局势,也未尝不是受了他们的影响"。① 至于张荫桓后来的落难,对于李莲英来说,或许正中下怀。

就思想倾向而言,张荫桓虽不赞成康有为的激进做法,不过他与康有为一样,具有较为开阔的国际视野,较早认为中国就是要老老实实地向西方学习,建立起自己与西方先发国家比较一致的政治体制。所以,当康有为在京城从事政治活动之初,也曾多次以同乡后辈的身份向张荫桓请益,以期获得在清廷政治格局中拥有相当重要地位的张荫桓的支持。②

新政开始之后,张荫桓于8月2日受命与王文韶一起筹设矿务铁路总局。8月10日,二人又一同受命筹办路矿学堂。9月5日,张荫桓奏请增修内政以戢民志。光绪皇帝破例将此折批转各将军、督抚,并要求他们应照张的建议,务当认真考核,实力奉行,以期政平讼理,不准虚应故事,视同具文。同一天,张荫桓还上奏建议清廷实行团练。光绪皇帝同样破例批转各省督抚,要求他们按照张荫桓所请一律切实筹办。这似乎表明张荫桓不仅在政治上高度活跃,已将自己的触角伸到户部

---

① 德龄:《光绪帝毕生血泪史》,178页,天津古籍出版社,1999。
② 文悌在弹劾康有为的奏折中说康有为行动诡秘,"恒于深夜至锡拉胡同张大人处住宿,盖户部侍郎张荫桓与康有为同县同乡,交深情密。是则许应骙言其(指康有为)夤缘要津,亦属有因。"《文仲恭侍御严劾康有为折》,见苏舆《翼教丛编》,33页,上海书店出版社,2002。

右侍郎及总署大臣所辖领域之外，对内政及团练上表达自己的看法，而且从光绪皇帝"破例批转"的姿态看，张荫桓在清廷中的政治地位急剧上升。在光绪皇帝的心目中，张荫桓不仅是外交领域的优秀人才，而且具有内政方面的卓越见解。

张荫桓在清政府中地位的上升，也与当时中国外交新困境，特别是政府内部的亲英、亲俄等派别的斗争有关。甲午战争之后，西方列强加紧了对中国的资本输出，他们在争夺中国利权的同时，特别着意于规模巨大的铁路建设的投资机会，只要他们能够获得某一铁路的投资权，就意味着他们将更有效地控制住他们已经在中国瓜分到的势力范围。在这方面，法国、德国及俄国下手都比较早，他们在 1898 年之前就获得了在各自势力范围内修筑铁路的权力。而相对于这几个国家，英国动手比较迟，直到 1898 年 5 月方才获得修筑沪宁铁路的权力。不过英国素来将长江流域视作自己的势力范围，特别是他们凭借与清政府中一大批亲英官员的特殊关系，并不担心其他列强觊觎英国在长江流域的特殊利益。

英国驻华官员的判断太过于自信了。事实上，不论是德国、法国，还是俄国，他们虽然拥有自己的势力范围，但他们当然更觊觎中国最富庶的长江流域，如果他们能够在这块土地上获得一定的利益，他们当然会竭力争取。所以，他们从来不承认英国独占长江流域的权力，他们一直期待中国政府允许他们与英国一道共同开发长江流域这块热土。

当英国获得沪宁铁路修筑权的消息传出后，德国、法国及俄国纷纷反对英国的独占，他们一方面向清政府施加压力，另一方面与英国直接谈判，要求分享这一权利。面对各国的争夺，英国态度坚决，它甚至以攻为守，利用比较特殊的机会于 1898 年 6 月 7 日获得了《关内外铁路借款草合同》，在俄国的传统势力范围内寻求突破，以便增加与俄国谈判的筹码。

对于英国的进攻姿态，俄国、法国乃至德国都很清楚，他们也采取了针锋相对的措施向清政府施压，迫使英国就范。俄法集团通过比利时银团与清政府谈判修订去年签订的《卢汉铁路借款合同》，企图达到完全控制卢汉铁路，借以渗透到长江流域的目的。迫于俄法集团的压力,清政府只能让步。6月26日,清政府与比利时银团就卢汉铁路的借款合同及行车合同进行了修订,满足了俄法集团的要求。

清政府默许或者说支持俄法集团及德国向英国的势力范围渗透,惹怒了素来傲慢的英国人。6月9日,英国政府训令其驻华公使窦纳乐向总理衙门提出警告,声称中国如果在把中国东北地区及山东地区的特殊利益分别给予俄国和德国的同时,又给予这些国家或其他国家在长江地区的特别机会或特权,那么英国政府便不可能在与中国有关的问题上继续以友好的姿态进行合作。当清政府最终没有顾及英国政府的反对而同意与俄法集团修订卢汉铁路的合同后,恼羞成怒的英国政府于8月21日向总理衙门提出要求承造天津至镇江,河南、山西至长江,九江至广州,浦口至信阳,苏州至杭州五条铁路的权力,以作为对中国政府答应与俄法集团修订卢汉铁路合同的报复。窦纳乐告诉总理衙门大臣说,除非中国政府立即同意英国的要求,否则英国政府将认为中国政府关于卢汉铁路合同的修改行为是对英国的背信,是故意敌视英国的一种行动。与此同时,为了向中国政府施加压力,英国政府命令其停泊在大沽口的舰队做好战争准备,表示一旦谈判破裂,就将采取军事行动。

在英国驻华外交官及政治观察家们看来,中国政府之所以敢于无视英国的利益,转而依靠俄国、德国和法国,主要是因为在中国政府内部形成了一个以李鸿章为主导的亲俄势力集团。所以,英国政府在向中国政府施加外交压力的同时,也向中国政府施加政治压力,迫使清政府设法解除李鸿章的职务以保护英国在中国的政治、经济利益。

面对英国的外交及军事压力,清政府政治高层进行了紧急磋商。他们在全面评估了英国的要求及其背景之后,检讨了几年来的外交政策的得失,认为中国几年来的外交政策可能在李鸿章亲俄路线的主导下全面失败了。亲俄外交不仅没有如《中俄密约》所许诺的那样可保中国20年相安无事;恰恰相反,俄国政府利用与中国的特殊外交关系不断向中国要求额外的好处。1897年底的胶州湾事件不难引起这些高官的沉痛回忆,于是政治高层将李鸿章的外交主张视为彻底失败,应该是对当时外交政策反省的必然结果。

　　自胶州湾事件发生以来,清政府内已有相当一部分人主张抛弃亲俄政策转而采取联合英、日,甚至与英、日结盟。张之洞、刘坤一等地方大员持这种立场,而在中央政府内如张荫桓则更是坚定地认为,中国只能走联合英、日的外交路线。光绪皇帝先前虽曾一度赞成李鸿章的外交主张,但在康有为等有关联合英、日的主张影响下,特别是与中国国情基本相近的日本通过短短数十年的新政就摆脱了落后地位,走向成功,凡此不能不使光绪皇帝的外交主张发生变化。

　　8月底或9月初,光绪皇帝手拟朱笔谕条面交张荫桓,委派张前往日本驻华公使馆,与日使讨论中国拟派头等钦差驻日本,以及委派康有为赴日"坐探"日本的变法经验以供中国参考。显然光绪皇帝在继续参照日本改革经验的同时,有意进一步密切中日之间的外交关系,最终走向中日结盟对付俄国,至少凭借与日本的特殊关系保护中国自身的利益。

　　9月5日下午,王文韶、张荫桓抵达日本驻华公使馆,拜访林权助公使。张荫桓首先介绍道:汉首席军机大臣王文韶奉大清国皇帝之命,亲自带来皇帝谕旨访问贵官,故而本大臣亦与王文韶大臣同道而来。接着,张荫桓向林权助表述了三个意思:一是"最近以来,我国与贵国大加亲密,由此我大皇帝陛下欲使此亲交愈加密切。如今希望将头等第一勋章赠送给贵国大皇帝陛下,并命正在北上途中的新任公使黄遵宪将其携带至日本,奉呈贵国大皇帝陛下。"二是"此次黄遵宪携带的国书,其词句与以前同样奉呈者有所不同。此次国书上大改字句,以示亲交相依之御意。其文句已由皇帝亲自拟定。新国书以'大清国大皇帝敬问我同洲至亲至近友邦诞膺天佑践万世一系帝祚之大日本大皇帝好'之字句开头。现敬请电询贵国政府,以此清国大皇帝之御意,转达于贵国皇帝陛下。"三是"想问贵政府之意向,清国皇帝有意向贵国派遣特命全权大使,不知贵国皇帝陛下是否有意受之?而且,贵国也向清国同样派大使。本件系以黄遵宪出发之期临近,我皇帝欲于事前得到贵政府的回答。这事亦请贵官以电报询问贵政府的意向。"

　　林权助当场答复王、张二人:"毫无疑问,清国皇帝陛下对于我皇帝陛下愈加亲密之意,与看重两国邦交之愿望,我皇帝亦欣然接受。并且本官深信对于赠送勋章之一事,肯定会同样回礼。至于第二点,即互派大使之事,历来我政府亦有此愿望,只是不得不先确认英俄两国是否有同样的希望。由于各种情况,或许难以速定互派大使。然而关于清国的情况,从去年年底以来,俄然大呈变状。由于我国与清国之关系势必成为所谓同洲至亲至近之友邦,在不远的将来,必须互派大使,这是不容置疑的。以上只能作为个人私见。"①

林权助的谈话与承诺坚定了中国政治高层抛弃亲俄外交路线,转而依靠英、日,甚至联合英、日的外交路线的确立。第二天,清政府照复英国驻华公使窦纳乐,表示除天津至镇江的铁路外,中国政府接受英国8月21日的全部要求。又过了一天,即9月7日,清政府宣布将李鸿章及敬信逐出总理各国事务衙门,这就在政治外交上回应了英国要求解除所谓亲俄派李鸿章职务的请求。

解除李鸿章总理衙门大臣的职务应该是慈禧太后的最终决定,但是这件事在当时不论是官场一般舆论,还是李鸿章本人,都将之归罪于所谓的亲英派大臣张荫桓,而英国人也认为中国政府答应解除李的职务是英国外交政策的巨大胜利,是对俄国外交的一个重大打击。② 事实上,随着李鸿章的出局,张荫桓在清政府中的地位确实在上升,他不仅继续负责协调清政府的外交事务,而且在内政方面也在发挥着作用,他已经成为光绪皇帝最值得信赖的汉人出身的大臣之一。

在外交政策的选择上,张荫桓确实是主张联合英、日的主要人物,他与日本的伊藤博文等政治家有过直接且相当友好的接触;一年前,他奉命出使英国,与英国的一些政治家建立了直接的联系。而当时由于外事活动的安排以及英国、日本方面不断地做工作,在清政府内部也确

---

① 参阅孔祥吉、村田雄二郎《光绪帝联合日本大举新政外交政策的确立——从林权助致大隈重信机密报告谈起》,见《罕为人知的中日结盟及其他——晚清中日关系史新探》,69—70 页,成都,巴蜀书社,2004。

② 英国驻华公使窦纳乐获知李鸿章被解除总理衙门大臣的职务后曾致电英国首相报告了这一消息,并称李鸿章"近来表现得特别反对我们的利益"。而金登干在致赫德的信中更强调:"李鸿章被赶出总理衙门是英国外交的巨大胜利。"俄国方面对李鸿章被逐出总理衙门也确实认为是俄国外交的一大挫折。俄国驻华公使在这一事件发生后曾奉命前往总理衙门提出强烈的抗议,对李鸿章的出局深感遗憾。而对中国政情有相当体会的英国人赫德在得知张荫桓后来被逮捕的消息后,他的第一反应就是俄国人在后面搞鬼,并将之与李鸿章被罢黜联系起来:"我担心的是亲俄派取得了胜利,皇帝(差不多)被废黜是巴府罗富对李鸿章被赶出衙门的报复!"参见《中国海关密档》第6册,886、891页。

实形成了主张联合英、日以维护中国利益的共识,地方大员张之洞、刘坤一的辖地就是英国人的势力范围,而日本人至少在甲午战争结束后不久就对张、刘二人做了大量工作,所以张之洞、刘坤一与中央大员张荫桓遥相呼应,都比较倾向于联合英、日以抗衡俄国和德国。

清廷内外这种联合英、日的主张深刻地影响了光绪皇帝。所以当光绪皇帝有意创设懋勤殿的时候,首先想到的就是怎样获得英国传教士李提摩太的帮助,甚至考虑过聘请李氏为顾问大臣。9 月 9 日,李提摩太离开上海赶赴北京,似乎也有意对中国发展有所建白。而李提摩太过去曾与张荫桓多次会面,也是张的一位老朋友。

与李提摩太赶赴北京的同时,日本下野的政治家伊藤博文也正好到中国游历观光。伊藤博文也是张荫桓的老朋友,当多年前张氏出使美洲途经日本的时候,就曾受到过伊藤的热情款待。所以,当伊藤抵达北京的时候,张荫桓当天就赶去拜访,之后又专门设宴款待伊藤及其随行人员。9 月 20 日,光绪皇帝接见伊藤博文的时候,也是由张荫桓引见的。据张后来回忆,他之所以得罪慈禧太后并获罪,未尝不与伊藤博文访华,尤其是由他陪同觐见光绪皇帝有关。或问曰:"伊藤久已罢相,此次来华,系伊藤自来游历乎,抑中朝召来议事?"张答曰:"噫!我之祸亦由于此。此次伊藤系自来游历,我因与彼有旧,至京师时来见我,我遂款以酒筵。伊藤觐见,又系我带领,时太后在帘内,到班时,我向伊藤拉手,乃外国礼,而太后不知。上殿时我挽伊之袖,对答词毕,又挽伊袖令出,就赐座,太后皆见之,遂疑我与彼有私。及后有康结日本谋劫太后之说,太后愈疑我矣,夫复何言?"①

在伊藤博文一行拜谒光绪皇帝之前的那几天里,京城中确曾流传着张荫桓被捕的消息,但在伊藤拜谒光绪皇帝的头一天晚上,张荫桓曾设宴款待伊藤一行。张荫桓参加了伊藤与光绪皇帝的会晤,会晤后庆亲王奕劻专门为伊藤举办了午餐招待会。伊藤与林权助推测,这一安排的用意似乎是为了平息张荫桓被捕的谣传。

伊藤博文觐见光绪皇帝的第二天上午 10 时,步军统领崇礼率领

---

① 王庆保、曹景郕:《驿舍探幽录》,见《戊戌变法》(一),493 页。

300名武装人员奉谕旨包围了南海会馆和张荫桓的寓所。这一消息很快传到了日本驻华公使馆,并立即引起伊藤博文及日本驻华公使林权助的高度关切,他们迅速派出公使馆的翻译官策马打探这一消息的真实性。由于此时的北京城内一片慌乱,谣言纷纷,翻译官回来报告说张荫桓被捕的消息基本可以确认。伊藤博文及林权助对于张荫桓被捕的真实原因并不清楚,所以他们能够认定的只是"不用说一定是发生一种政变或是什么",但具体的细节也没有办法打探清楚。①

其实,张荫桓在9月21日并没有被逮捕。步军统领崇礼那天早上确实率领武装人员封锁了张荫桓居住的锡拉胡同东西两头,而正在家的张荫桓也以为几个月来多次传言的查抄终于成为现实,于是在家被动地等待而未敢出门。崇礼的武装人员在张荫桓的家里带走了张的一位亲戚、刑部主事区震。② 至官厅,群呼区震为"康有为"。区震遂差人至张宅送信,张荫桓始知崇礼带人查抄张宅的目的并不是为了逮捕张荫桓,而是为了搜捕康有为。

当日晚间,张荫桓应邀参加朝官的一个筵宴,在座的有庆亲王奕劻及总理衙门大臣廖寿恒等。庆亲王见到张荫桓时显得格外高兴,他拍着张荫桓的胸说:"汝放心,与汝无干,汝勿畏。"廖寿恒也以寻常话语劝慰张,张不禁对廖恼怒道:"汝亦无良,事不涉汝,自不畏,参我者重,我能勿畏乎?"③可见,查抄张宅以逮捕康有为之举,虽然同为总署大臣的张荫桓并不知道,但似乎庆亲王奕劻对此了如指掌。

张荫桓在9月21日并没有遇到危险,但步军统领崇礼确实查抄过张宅,张荫桓的真实处境并不为外人所知,许多人误以为张已经如康广仁一样被清廷逮捕。

梁启超在乃师康有为离京出走之后就有一种不祥的预感。21日上午,梁启超往访谭嗣同。两人正在谈话之时,传来南海会馆及张宅被查抄以及慈禧太后再次垂帘听政的消息。谭嗣同劝梁赶快到日本驻华公使馆拜访伊藤博文,请求伊藤设法保护康有为。④ 当天午后,梁启超

① 林权助:《戊戌政变的当时》,见《戊戌变法》(三),575页。
② 《康南海自编年谱》,62页。
③ 王庆保、曹景郎:《驿舍探幽录》,见《戊戌变法》(一),488页。
④ 梁启超:《谭嗣同传》,见《饮冰室合集》专集之一,109页。

匆忙赶到日本驻华公使馆求见伊藤及林权助。根据梁的说法,张荫桓之被捕,主要是因为他对于康、梁等人"有所策动,有秘密寄予同情的嫌疑"。梁启超的到来主要是请求伊藤能够设法保护光绪皇帝和正在逃亡的康有为以及其他可能将会被捕的维新志士,但他所通报的张荫桓的处境确实引起了伊藤博文及林权助的高度注意。

梁启超的消息是不真实的。张荫桓不仅在那天平安无恙,即便第二天也一切如故。9月22日一大早,张荫桓依然随班朝见,慈禧太后在帘内,光绪皇帝在炕侧坐。慈禧太后命令廖寿恒草拟拿办康有为党羽的谕旨。廖拟就,呈光绪皇帝。光绪皇帝稍事浏览即转呈太后,太后阅毕仍递交皇上。皇上持此旨目视军机诸大臣,踌躇久之,始发下。是日并无其他不好的消息,张荫桓又安然度过一日。这一天,清廷下令逮捕的只是康有为的弟弟康广仁,下令革职的只是"滥保匪人的御史宋伯鲁",而康有为本人则于前一天离京出走,这一天为康有为定的罪名是"结党营私,诱言乱政"八个字。

张荫桓真正遇到麻烦是9月23日。那天早上8时左右(辰刻),步军统领崇礼派遣翼尉率缇骑数人至张宅,"邀请"张荫桓到提督衙门接旨。24日,方有旨拿张荫桓交刑部审讯,正式收监。而这一天同时被革职拿办的还有侍读学士徐致靖、御史杨深秀和军机章京上行走杨锐、林旭、谭嗣同、刘光第等。

据当时人传言,康广仁被逮之后立即受到了审讯,他不仅交代了他所参与的谋围颐和园的阴谋,还交代、"诬攀"百数十人。还有一个值得注意的动向是,据说对光绪皇帝一片忠心的王照曾与日本人合谋武力拯救传言中被幽禁的皇上,而尚未被逮捕的谭嗣同也与著名侠客大刀王五准备采取非常手段劫持光绪皇帝。[1] 凡此种种动向已不难被清廷所获悉,因为至少在9月22日清廷已命令步军统领衙门加强对皇宫、颐和园及整个京城的警卫与巡逻,所以这一系列的非常行动不仅无法收到预期的效果,反而加重了清廷政治最高层的忧虑,使他们更觉得康有为等人可能真有一个大的武装阴谋。

---

[1] 参见蔡乐苏等《戊戌变法史述论稿》,889页。

张荫桓是清政府中有名的英、日联盟派的代表人物,他的被捕自然引起英日两国驻华外交官及非政府人士的高度关注。大约在张荫桓被正式收监的当天(9月24日),英国驻华公使窦纳乐就已经通过自己的渠道获知,清政府考虑到张荫桓是当时中国有名的外交家,在西方世界,尤其是在英国、日本都有相当不错的声誉,为了避免引起英、日干预,主张用最快的速度于25日当天晚上或26日早晨将张处死。窦纳乐与张荫桓也有比较良好的个人关系,所以当他得知这一消息后,立即开始了营救。他与中国政府直接进行交涉,建议清政府慎重考虑对张荫桓的惩罚。据当时的传言,张荫桓之所以被逮捕,在很大程度上是被李鸿章陷害的。所以,要挽救张荫桓的性命,必须说服李鸿章不要落井下石,清政府可以处置张荫桓,但最好不要伤害张的性命,至少不能如此突然地处死。基于这种考虑,窦纳乐于25日下午给李鸿章写了一封信,指出清政府如此匆忙决定处死像张荫桓这样一位在西方各国很闻名的高级官吏,这在西方各国看来无疑带有极端恐怖的色彩,势必将在西方各国引起很坏的结果。窦纳乐诚恳地请求李鸿章于自己权力所及阻止这种匆忙的行动。信的末尾,窦纳乐不忘恭维李氏道:我之所以向阁下请求,是因为阁下是目前北京"唯一懂得洋务的政治家",因此阁下定能看出匆忙处死张荫桓将给予西方人士一种凶暴的印象。窦纳乐的建议引起了李鸿章的重视,李氏在当天回复窦纳乐的信中表示,他个人极端尊重窦纳乐的"宽厚而人道"的意见,并向窦氏保证,中国政府决不会匆忙行事处死张荫桓。[①]

按照中日外交计划日程,正在中国游历的日本前首相将于9月25日晚在日本驻华公使举办一个以答谢中国官员为主的招待会,李鸿章以及清政府的许多重要官员都将出席。窦纳乐期待林权助能够在这次宴会上为张荫桓说情,于是他派英国公使馆的书记官带着他的亲笔信在宴会开始前面见林权助,希望林能够与他一起运用英、日联手的外交力量迫使李鸿章等让步,挽救张荫桓。

林权助也已经获知张荫桓被捕的消息,他也知道张可能会被清政

---

① 《窦纳乐致英国外交大臣的信》(1898年8月28日),见《戊戌变法》(三),541页。

府处死,连日来他与伊藤都在想办法,但他觉得在招待中国官员的会上向中国方面,特别是向李鸿章等要员提出,可能并非聪明之举。林决定在招待会结束之后去找李鸿章帮忙。在取得伊藤博文的支持后,大约当晚 11 时半或 12 时,林权助抵达李鸿章寓所。

林权助简单地向李鸿章说明来意及请求,李鸿章推托无能为力。林权助表示杀了张荫桓可能招致列强的干涉。李鸿章表示可以考虑帮忙。①

当时主张处死或反对处死张荫桓的人,都考虑到了外国干涉的因素。当张被捕之后,清政府内部也有相当一部分人主张从速将张处死,他们的理由也是只有从速处死张荫桓,才能有效地避免张与已经逃亡的康有为一起勾结洋人以乱国政。9 月 26 日,兵部掌印给事中高燮曾等建议清政府将张荫桓、徐致靖等速行惩办,"若稽延时日,万一张荫桓勾串西人,变生意外,悔将无及"。②

但是,对于清政府来说,来自英国、日本公使的压力毕竟是现实的。即便李鸿章与张荫桓是政治上的死对头,真的一意孤行要迅速处死张荫桓,但也并不是所有高级官员都站在李鸿章一边,并不都是张荫桓的政治对手。其实,在地方大员中,如湖广总督张之洞、两江总督刘坤一在政治立场上与张荫桓比较接近,而对李鸿章的亲俄政策实际上不以为然。至于直隶总督荣禄与张荫桓也没有根本冲突。他们还普遍意识到,如果中国政府不经审判就迅速处死张荫桓,可能会导致西方的干涉,可能会影响中国的国际形象。所以,当张荫桓被正式逮捕的第二天,对清廷政治甚有影响的盛宣怀致电张之洞,请张之洞出面建议清廷不可再有进一步的行动,因为康有为既然已经被英国政府出面保护下来,那么中英之间的外交肯定会在一段时间里出现一些困难,如果中国政府此时大开杀戒,处死张荫桓这样的亲英派,那么在英国看来,肯定会影响英国在中国的利益,以为中国政府完全倒向了俄国,这样英国政府总要寻找借口干预中国的内政。③ 盛宣怀同时致电对清廷政治具有

① 林权助:《戊戌政变的当时》,见《戊戌变法》(三),576—578 页。
②《兵部掌印给事中高燮曾等折》(光绪二十四年八月十一日),见《戊戌变法档案史料》,466 页。
③ 参见《张文襄公全集》第 3 册,759 页,北京,中国书店,1990。

举足轻重作用的荣禄说:"近日洋报纷议,殊骇听闻。英尤虑俄为所欲为,颇思先发。深宫举动似未可操之过急,以防彼族借口干预内政。拿问诸人连类查办,似宜从宽,一面以懿旨明谕中外,一切新政持平办理,力求自强,以消乘间伺隙之心,以慰薄海臣民之望。大局安危,间不容发,扶危定倾,非中堂莫属。"①这就不仅是在建议清廷对张荫桓等人要从宽发落,而且建议清廷尽快郑重向中外宣示:即便将康有为等人缉拿归案,也不影响中国的改革与新政,中国政府决心在新政的道路上持续走下去。

9月26日,清廷宣布:"张荫桓屡经被人参奏,声名甚劣,惟尚非康有为之党,著刑部暂行看管,听候谕旨。"这当然是为了回应英、日公使的外交压力,也是清政府内部所能够达成的共识,终于将张荫桓从康有为"谋反"的案件中摘了出来,张荫桓的性命暂时总算可以保留下来了。28日,清廷宣布对张荫桓的最终处理决定:著发往新疆,交该巡抚严加管束。②

五 康有为仓皇出逃

谭嗣同夜访袁世凯的可能性结果,康有为等人早已料到。所以当谭嗣同前往袁世凯的住所详谈的时候,康有为已做好了最坏的准备。这天晚上,他在南海会馆"尽却客",收拾自己的行装及书籍文稿,一旦消息证实,即按照光绪皇帝的谕旨所指示的那样,离京出走,赶赴上海。

得知康有为将离京出走的一批朋友根本无法顾及康有为"却客"的意思,杨深秀、宋伯鲁、李岳瑞、王照等纷纷来到南海会馆与康有为话别,并通报京城的最新情况。杨深秀告诉康有为,现在京城上下都在纷纷传言八月将有大的政治变动,市场上物价腾贵,并有传言称董福祥的军队已经从北边移驻内城,"居民震恐,乃有纷纷迁避者";李岳瑞告诉康有为,听说英国已派出7艘战舰停泊在大沽口,将与俄国在中国本土或领海开展一场恶战。他们传递的所有消息都不外乎局势越来越危

---

① 盛宣怀:《愚斋存稿》卷九十三,8—9页,武进盛氏,1939。
②《光绪朝东华录》(4),4206页。

急。或许是因为康有为担心人多嘴杂,容易泄密,康有为与这些人谈话时,并没有将光绪皇帝所谓两份密诏的事情告诉他们,而是顺着他们对局势危机的担心,将他与李提摩太见面时李交给他的所谓列强"瓜分图"供各位传看,进一步强化他们的危机意识,并明确建议他们应该多联络一些人向清廷上书,建议清廷尽快调袁世凯的军队"入京勤王"。显然,尽管康有为没有将所谓密诏的事情向他们通报,他还是向他们通报了已经派人与袁世凯联络、准备动员袁世凯"弃暗投明"出兵勤王的计划。① 这样一来,先后知道康有为以武力解决时局困境大概计划的人就越来越多,并且已经超出了他那最亲密的小圈子。

康有为与杨深秀等人的谈话进行到当天夜里 12 时左右(子刻),内城门开,他遂与杨深秀等人分手,入城至金顶庙容闳的寓所,与当晚早些时候就已到达这里等候谭嗣同消息的梁启超会面。

等了 3 个小时左右,深夜 3 时许(也即 9 月 19 日凌晨 3 时许),与袁世凯长谈而并没有获得实际结果的谭嗣同按照原先的约定来到金顶庙容闳的寓所,向康有为、梁启超及容闳通报与袁世凯谈话的情况。谭嗣同的判断不太乐观,他们得出的一个共同结论是袁世凯不可能"举兵扶上,清君侧"。虽然这一结果也在他们的预料之中,然而一旦被证实还是不免令人失望。康有为决计按照先前已确定的计划,尽早离开京城,赶赴上海,另想办法。

9 月 19 日上午 9 时许,康有为拜访李提摩太,希望在说服英国公使出面干预方面能够获得李提摩太的支持。下午 3 时许,康有为来到伊藤博文的寓所拜访,两人进行了长达 3 个小时的谈话。这次谈话的主旨,正如康有为后来所说的那样,由于他担心清政府可能会指责他"假权外人",故而他改变了谈话的策略,不再像与李提摩太的谈话那样请求伊藤博文"救援"皇上,而是转为"请其说太后而已",即请伊藤博文在觐见慈禧太后时尽最大可能为光绪皇帝及康有为等人说情,尽量以客观公正的姿态向慈禧太后说明光绪皇帝和康有为及那些维新志士并没有其他的用心,他们的所有作为都是为了大清王朝的根本利益,为了

①《康南海自编年谱》,59 页。

中国的未来。

按照这个策略,康有为确实说服了伊藤博文,伊藤答应如果能够见到慈禧太后,他一定尽其所能劝说慈禧太后,尽力化解两宫之间的误会。可惜的是,伊藤博文最终并没有见到慈禧太后,他的承诺没有实现的前提条件。

是日晚,翰林院侍读黄绍箕为康有为设宴饯行。席间,他们互相通报了相关情况。黄绍箕告诉康有为,据他所得到的消息(其实都不过是传言),现在局势非常危险,直隶总督兼北洋大臣荣禄对康有为非常恼火,估计荣禄可能会采取非常措施加害于康先生。为了康的安全,黄建议康易西服出京,直奔山东,不要经过荣禄的辖地天津;或易僧服避入蒙古。黄绍箕似乎相信,康有为只要躲过了荣禄的捕杀,就没有大的危险。黄绍箕的信息与建议当然同样引起了康有为的重视,这更促使他必须尽快离开北京这个是非之地。

饯行宴后,康有为郁郁寡欢地回到了南海会馆。不一会儿,林旭来谈。林旭告诉康有为,据他所知道的消息,英国与俄国今天已经开仗,今天晚上慈禧太后也突然提前从颐和园返回宫中。这一新的变化自然引起康有为的注意,他又开始侥幸地认为,外交危机的突然到来,或许能够缓解国内的政治冲突。他觉得慈禧太后等那些守旧势力无论怎样痛恨他们这些维新派,也不会在外交危机的严重关头发动政变,于是"稍为安心",[1]对于已经确定的离京出走计划又表示了犹豫。

在弟子门生的强烈要求下,康有为同意留下梁启超、康广仁等人继续在京城"谋救"皇上,他个人于9月20日天未明时凄凉离京出走。

六 新政终结

9月18日,掌广西道监察御史杨崇伊上奏折,恳请慈禧太后"即日训政"。奏折所列举的几点理由主要有:其一,文廷式创设大同学会,"外奉广东叛民孙文为主,内奉康有为为主";其二,康有为与其弟康广仁、梁启超来京讲学,"将以煽动天下之士心","两月以来,变更成法,斥

---

① 《康南海自编年谱》,58—60页。

逐老臣,借口言路之开,以位置党羽";最重要的是其三,指责光绪皇帝听信康有为等人的蛊惑宣传,企图引用东洋故相伊藤博文。奏折称:"风闻东洋故相伊藤博文即日到京,将专政柄。臣虽得自传闻,其应如响。伊藤果用,则祖宗所传之天下,不啻拱手让人。"①这份奏折显然使慈禧太后深感不安。

据记载,慈禧太后"原定初六日还宫,皇上于初三日代传懿旨,忽于初三日酉刻进城,诸务仓促未备。所以匆匆还宫者,为监视皇上见伊藤也。"同一人还记载说,光绪帝接见伊藤当日,"太后先在屏后坐听,以鉴察之,上仅能与照例数语而退"。② 当事人之一的张荫桓事后回忆说:"伊藤觐见,又系我带领。时太后在帘内……"③可见,慈禧太后临时改变计划,提前自颐和园回宫,赶在光绪帝接见伊藤时在屏后监视,政情是很紧张的。难怪光绪帝与伊藤的会见外交辞令式的客套居多,会见程式行礼如仪。

慈禧太后于9月19日夜提前还宫,表明她完全接受了杨崇伊奏折,决心恢复"训政"。20日中午,她在屏内监视了光绪帝与伊藤博文的会见。在迫使光绪帝接受"训政"后,21日一大早,慈禧太后返回圆明园。同日,她以皇帝名义发布两道谕旨:

一、工部候补主事康有为结党营私,诱言乱政,屡经被人参奏,著革职。并其弟康广仁,均著步军统领衙门拿交刑部按律治罪。

二、现在国事艰难,庶务待理。朕勤劳宵旰,日综万机,兢业之余,时虞丛脞。恭溯同治年间以来,慈禧端佑康颐昭豫庄诚寿恭钦献崇熙皇太后两次垂帘听政,办理朝政,宏济时艰,无不尽美尽善。因念宗社为重,再三吁恳慈恩训政。仰蒙俯如所请,此乃天下臣民之福。由今日始,在便殿办事。本月初八日,朕率诸王大臣在勤政殿行礼。一切应行礼仪,着各该衙门敬谨预备。④

---

① 《掌广西道监察御史杨崇伊折》,见《戊戌变法档案史料》,461页。
② 苏继祖:《清廷戊戌朝变记》,见《戊戌变法》(一),355页、第346页。
③ 王庆保、曹景郕:《驿舍探幽录》,见《戊戌变法》(一),493页。
④ 《光绪朝东华录》(4),4200页。

遵照清廷的决定,步军统领衙门于同一天早上派缇骑数百人分别包围了南海会馆及张荫桓的官邸,抓到了康有为的弟弟康广仁及康有为的门人并仆人等多人,并查获康有为收到的书函百余封、门簿一本等文件。① 康有为已经早一天离京出走。随即审讯康广仁,没有材料说康广仁一言不发,却有传言称康广仁在这一天的审讯过程中竟"诬攀百数十人"。②

同日晚,杨崇伊把慈禧"训政"的消息带到直隶总督荣禄处,并在天津获悉了袁世凯所述谭嗣同有谋围颐和园、劫制皇太后的密谋,次日赶回北京,把消息捅给了庆亲王奕劻。奕劻立即报给了慈禧太后。③

当慈禧太后得知审讯康广仁的报告后火速赶回宫中,据说抵达宫中的时候已在 21 日深夜或 22 日凌晨时分。④ 返回宫中的慈禧太后立即在便殿召集紧急会议,庆王、端王、军机御前大臣跪于案右,光绪皇帝跪于案左,慈禧太后并设朱杖于座前,疾声厉色责问皇上:"天下者,祖宗之天下也,汝何敢任意妄为? 诸臣者,皆我多年历选,留以辅汝,汝何敢任意不用? 乃竟敢听信叛逆蛊惑,变乱典型。何物康有为,能胜于我选用之人? 康有为之法,能胜于祖宗所立之法? 汝何昏聩,不肖乃尔!"⑤

愤怒的慈禧太后也没有忘记训斥诸王大臣:"皇帝无知,汝等何不力谏? 以为我真不管,听他亡国败家乎? 我早已知他不足以承大业,不过时事多艰,不易轻举妄动,只得留心稽查管束;我虽人在颐和园,而心时时在朝中也。我惟恐有奸人蛊惑,所以常嘱汝等不可因他不肖,便不肯尽心国事;现幸我还康健,必不负汝等也。今春奕劻再四说,皇上既肯励精图治,谓我亦可省心,我因想外臣不知其详,并有不学无术之人,反以为我把持,不许他放手办事,今日可知其不行矣。他是我拥立者,他若亡国,其罪在我,我能不问乎? 汝等不力诤,是汝等罪也。"⑥

---

① 叶昌炽:《缘督庐日记钞》,见《戊戌变法》(一),531 页。
② 参见《戊戌变法史述论稿》,889 页。
③ 参见杨天石《袁世凯〈戊戌纪略〉的真实性及其相关问题》,《从帝制走向共和》,29 页。
④ 参见陈声暨《陈衍年谱》,见《戊戌变法》(四),208 页。
⑤ 苏继祖:《清廷戊戌朝变记》,见《戊戌变法》(一),346 页。
⑥ 苏继祖:《清廷戊戌朝变记》,见《戊戌变法》(一),346 页。

听了太后的指责,光绪皇帝战栗对曰:"是固自己糊涂,洋人逼迫太急,欲保存国脉,通融试用西法,并不敢听信康有为之法也。"太后闻言厉声怒曰:"难道祖宗不如西法,鬼子反重于祖宗乎? 康有为叛逆,图谋于我,汝不知乎? 尚敢回护也!"太后复厉声问:"汝知之乎,抑同谋乎?"光绪皇帝战栗对曰:"知道。"太后曰:"既知道还不正法,反要放走?"皇上即云:"拿杀。"①

这段记载虽然有不少"小说家言",但大体上反映了慈禧太后获知康有为谋围颐和园、劫制皇太后情报后的心态,由此也就容易理解此后清廷的一系列部署及善后。清廷立即决定,一是电寄直隶总督兼北洋大臣荣禄及上海道蔡钧等,着荣禄于天津火车站及塘沽一带严密查拿康有为行踪,若康有为从天津逃走,着蔡钧等在康抵达上海时立即抓捕,务必不要让其避匿租界;二是责成步军统领衙门加强对紫禁城、西苑及颐和园三处的警卫力量,严防康党门徒狗急跳墙,借机生事。

9月23日晨,慈禧太后在勤政殿举行重新训政的正式典礼,接受光绪皇帝及百官的恭贺。典礼毕,慈禧太后复于便殿召集群臣继续审问光绪皇帝,并将所查抄皇上书房中及康有为寓中奏章、说帖等件,逐条审讯,以诸臣质之。内有杨锐、林旭述光绪皇帝催康有为迅速出京之函,慈禧太后大怒,问皇上,皇上不敢认,推托为杨锐的意思。其实,慈禧太后此时已经从荣禄那里获知袁世凯的报告,对康有为、谭嗣同的密谋已有大概的了解,但她似乎还不知道此事与光绪皇帝是否真的有牵连,所以她问皇上康有为的这一计划究竟是什么意思。康有为的谋围颐和园、劫制皇太后的计划,其实根本就没有明白告诉过光绪皇帝,因此光绪皇帝也就很难说出康计划的真实企图,只得将此计划的责任推到康有为一人头上。

这实际上意味着光绪皇帝的立场正在发生急剧转变。24日,上谕宣布张荫桓、徐致靖、杨深秀、杨锐、林旭、谭嗣同、刘光第等先行革职。至此,戊戌年间以康有为"谋反"罪名而受牵连人员已增加至十人左右。

军机四章京的被捕,特别是光绪皇帝最为信赖的大臣张荫桓的下

---

① 苏继祖:《清廷戊戌朝变记》,见《戊戌变法》(一),346—347页。

狱,实际上势必追究光绪皇帝的责任。在这种情况下,光绪皇帝在事实上也已经无法正常工作。然而传统中国的政治体制是国不可一日无主,在没有确凿的证据证明光绪皇帝领导或指使康有为等人谋反弑后的情况下,慈禧太后也无法罢黜光绪皇帝的地位,也无法很快找到一个能够替代光绪皇帝的人。因此,光绪皇帝既不能引咎辞职,也无法处理朝政。9月25日,皇帝表示:"自四月以来,屡有不适,调治日久,尚无大效。京外如有精通医理之人,即著内外臣工切实保荐候旨。其现在外省者,即日驰送来京,勿稍延缓。"①所谓自四月以来,系指1898年5—6月以来,这正是新政开展的开始时间。显然,光绪皇帝借身体有病为由,检讨新政开展以来的作为,带有自责之意。

同一天,清廷采取的另一重大举措是调直隶总督荣禄即刻来京。随后清廷正式任命吏部左侍郎徐用仪在总理各国事务衙门行走,任命荣禄在军机大臣上行走,并管理兵部事务,所有北洋各军仍由荣禄节制。这表明,慈禧训政之后开始大刀阔斧地调整政府人事,力求尽快抓紧康有为一案的善后处理及稳定大局。

9月26日,步军统领衙门大臣崇礼向清廷汇报了康有为一案主要人犯被捕的情况。由于此案事关重大,牵连大小臣工多名,崇礼建议清廷政治最高当局参照大清王朝已有成例,委派大学士、军机大臣会同刑部一起审理。清廷当日批准了崇礼的请求,并对如何处置此案中的所有人犯划定一个大致的底线,决定:"所有官犯徐致靖、杨深秀、杨锐、林旭、谭嗣同、刘光第并康有为之弟康广仁,著派军机大臣会同刑部、都察院严行审讯。其张荫桓虽经有人参奏,劣迹昭著,惟尚非康有为之党,著刑部暂行看管,听候谕旨。至康有为结党营私,情罪重大,业将附和该犯之徐致靖等交部刑讯。此外官绅中被其诱惑之人,朝廷政存宽大,概不深究株连,以示明慎用刑至意。"②这一政策底线为后来处理康案及善后提供了基本的政策指向。

此后,在慈禧太后的主持下,为稳定大局采取了一系列措施:

第一,严惩与康有为案有关人员。9月29日,公布了康有为罪行,

①《光绪朝东华录》(4),4202页。
②《光绪朝东华录》(4),4203页。

宣布处死康广仁、杨深秀、谭嗣同、林旭、杨锐、刘光第等六人，史称"戊戌六君子"。谕旨全文如下：

谕。近因时事多艰，朝廷孜孜图治，力求变法自强，凡所设施，无非为宗社生民之计。朕忧勤宵旰，每且兢兢。乃不意主事康有为首倡邪说，惑世诬民，而宵小之徒群相附和，乘变法之际隐行其乱法之谋，包藏祸心，潜图不轨。前日竟有纠约乱党谋围颐和园、劫制皇太后、陷害朕躬之事。幸经察觉，立破奸谋。又闻该乱党私立保国会，言保中国不保大清。其悖逆情形实堪发指。朕恭奉慈闱，力崇孝治，此中外臣民之所共知。康有为学术乖僻，其平日著述无非离经叛道、非圣无法之言，前因讲求时务，令在总理各国事务衙门章京上行走，旋令赴上海理官报局，乃竟逗留辇下，构煽阴谋。若非仰赖祖宗默佑，洞烛几先，其事何堪设想？康有为实为叛逆之首，现已在逃，著各省督抚一体严密查拿，极刑惩治。举人梁启超与康有为狼狈为奸，所著文字语多狂谬，著一并严拿惩办。康有为之弟康广仁及御史杨深秀、军机章京谭嗣同、林旭、杨锐、刘光第等，实系与康有为结党，隐图煽惑。杨锐等每于召见时欺蒙狂悖，密保匪人，实属同恶相济，罪大恶极。前经将各该犯革职拿交刑部讯究，旋有人奏，若稽时日，恐有中变。朕熟思审处，该犯等情节较重，难逃法网，倘语多牵涉，恐致株累，是以未俟复奏，于昨日谕令将该犯等即行正法。此事为非常之变，附和奸党，均已明正典刑。康有为首创逆谋，罪恶贯盈，谅亦难逃显戮。现在罪案已定，允宜宣示天下，俾众咸知。我朝以礼教立国，如康有为之大逆不道，人神所共愤，即为覆载所不容，鹰鹯之逐，人有同心。至被其诱惑甘心附从者，党类尚繁，朝廷亦皆察悉，朕心存宽大，业经明降谕旨，概不深究株连。嗣后大小臣工务当以康有为为炯戒，力扶名教，共济时艰，所有一切自强新政，胥关国计民生，不特已行者亟应实力奉行，即尚未兴办者亦当次第推广，予以挽回积习，渐臻上理，朕实有厚望焉。将此通谕知之。①

———

① 《光绪朝东华录》(4)，4205—4206 页。

陆续被惩处的官员有:户部左侍郎张荫桓,发往新疆严加管束;翰林院侍读学士徐致靖,永远监禁;翰林院编修、湖南学政徐仁铸,革职永不叙用;礼部尚书李端棻因奏保康有为、谭嗣同,即行革职,发往新疆严加管束;都察院候补四品京堂王照畏罪避匿,实难姑容,即行革职,严拿务获,并将原籍家产一律查抄;湖南巡抚陈宝箴以封疆大吏,滥保匪人,即行革职,永不叙用;陈宝箴之子、吏部主事陈三立招引奸邪,一并革职;候补四品京堂江标、庶吉士熊希龄,因庇护奸党,暗通消息,革职永不叙用;张百熙保送康有为,交部严加议处;詹事府少詹事王锡蕃、工部员外郎李岳瑞、刑部主事张元济均革职永不叙用。这样,对提倡新政有关主要人员都作了处理,或者被杀,或者被关押,或者被流放,或者被革职,或者被通缉。

第二,任命、调动中央和地方政府要员,组成新的负责机构。除上述荣禄、徐用仪的任命外,又调启秀为礼部尚书,赵舒翘为刑部尚书,裕德为理藩院尚书;任命前革职官员怀塔布为都察院左都御史兼总管内务府大臣,赏袁昶在总理衙门行走等。一些地方官员也相应作了调配。

第三,撤销新政期间的若干举措。首先恢复先前一度下令裁撤的詹事府、通政司、大理寺、光禄寺、太仆寺、鸿胪寺等衙门,裁撤《时务官报》,废止士民上书。为此颁发的上谕称:

谕。朝廷振兴商务,筹办一切新政,原为当此时局,冀为国家图富强,为吾民筹生计,并非好为变法,弃旧如遗。此朕不得已之苦衷,当为天下臣民所共谅。乃体察近日民情颇觉惶惑,总缘有司奉行不善,未能仰体朕意,以致无识之徒妄相揣测,议论纷腾。即如裁并官缺一事,本为沙汰冗员,而外间不察,遂有以大更制度为请者。举此类推,将以讹传讹,伊于胡底?若不开诚宣示,诚恐胥动浮言,民气因之不靖,殊失朕力图自强之本意。所有现行新政中裁撤之詹事府等衙门,原议将应办之事分别归并以省繁冗,现在详察情形,此减彼增,转多周折,不若仍悉其旧。著将詹事府、通政使、大理寺、光禄寺、太仆寺、鸿胪寺等衙门照常设立,毋庸裁并。其各省应行裁并局所冗员,仍著各该督抚认真裁汰。至开办时务报及准令士民上书,原以寓明目达聪之用。惟现在朝廷广开言路,内外臣工条陈时政者,言苟可采,无不立见施行,而疏章竞进,辄多撦拾浮词,雷同附和,甚至语涉荒诞,殊多庞杂,嗣后凡有言责之员,自当各抒谠论,以达民隐而宣国是,其余不应奏事人员,概不准擅递封章,以符定制。《时务官报》无裨治体,徒惑人心,并著即行裁撤。大学堂为培植人才之地,除京师及各省会业已次第兴办外,其各府州县议设之小学堂,著该地方官查酌情形,听民自便;其各省祠庙不在祀典者,苟非淫祀,著一仍其旧,毋庸改为学堂,致于民情不便。此外业经议行及现在交议各事,如通商、惠工、重农、育材,以及修武备、浚利源,实系有关国计民生者,亟当切实次第推行。其无裨时政而有碍治体者,均毋庸置议。著六部及总理各国事务衙门详加核议,据实奏明,分别办理。方今时事艰难,一切兴革事宜,总须斟酌尽善,期与毫无流弊。朕执两用中,不存成见,尔大小臣工等务当善体朕心,共矢公忠,实事求是,是以符朝廷励精图治不厌求详之至意。将此通谕知之。①

347

　　根据这个谕旨,除京师大学堂继续兴办外,其他新政事业大多废止。慈禧太后还颁发懿旨,规定乡会试及岁科考等悉照旧制,仍以四书文、试帖、经文、策问等项分别考试;经济特科,易兹流弊,即行停罢。关于废止士民上书,懿旨进一步强调:当经申明旧章,凡不应奏事人员,仍不许擅递封奏。②

　　第四,实施加强社会控制的措施。首先宣布康有为"学术乖谬,大背圣教。其所著作,无非惑世诬民、离经叛道之言",命令将康有为所有书籍板片,由地方官严查销毁,"以息邪说而正人心"。湖南是新政最为活跃的地方,清廷特别对湖南采取措施,命令张之洞执行:"湖南省城新设南学会、保卫局等名目,迹近植党,应即一并裁撤;会中所有学约、界说、札记、答问等书,一律销毁,以绝根株。"对于报馆,重申严禁:"近闻天津、上海、汉口各处,仍复报馆林立,肆口逞说,妄造谣言,惑世诬民,罔知顾忌,亟应设法禁止。"认为报馆主笔都是斯文败类,不顾廉耻,各地地方官要严行访拿,从重惩治,"以息邪说而靖人心"。对于维新时期

① 《光绪朝东华录》(4),4203—4204 页。
② 参见皇太后懿旨,见《光绪朝东华录》(4),4217 页。

的各地学会,也命令禁止。懿旨称:"联名结会,本干例禁。乃近来风气,往往私立会名,官宦乡绅,罔顾名教,甘心附合,名为劝人向善,实则结党营私,有害于世道人心,实非浅鲜。"要求严行查核,拿获入会人等,分别首从,按律治罪;其设会房屋,封禁入官。①

第五,停止阅兵,加强练兵。为了防止万一,在处死谭嗣同等六人后,清政府又明令停止原计划于 10 月在天津的阅操。懿旨强调,现在时事艰难,以练兵为第一要务,特别任命荣禄为钦差大臣,节制提督宋庆所部毅军、提督董福祥所部甘军、提督聂士成所部武毅军、候补侍郎袁世凯所部新建陆军,以及北洋各军,统一事权,认真督练,俾使各军悉成劲旅。②

慈禧太后出园训政,光绪皇帝养病,康有为、梁启超出逃,戊戌六君子被杀,荣禄调任中央主持政府日常事务,新政期间的新生事物,除了保持京师大学堂外,其他大多复旧。慈禧太后说:"我朝圣圣相承,宪度修明,尽美尽善。至于厚泽深仁,难以枚举。"③大体上,整个社会运转和政治操作,恢复旧时模样。凡此均标志着轰轰烈烈的百日维新运动彻底结束,中国在沉闷与失望中结束了 1898 年。

---

① 《光绪朝东华录》(4),4208、4216、4221 页。
② 皇太后懿旨,见《光绪朝东华录》(4),4222 页。
③ 《光绪朝东华录》(4),4219 页。

第六章
义和团运动的兴起

　　戊戌变法失败之后,慈禧太后从幕后走上前台,再次训政,大清王朝的政治走向从此开始了一个所谓"维新变法的反动时期"。① 这一时期所谓政治上的反动当然是指反新政,凡是新政中所提出或实行的举措,似乎都值得拿出来重新讨论其价值。而新政的基本价值取向是向西方学习,所以这一政治上的反动时期在基本价值取向上无疑鼓励、纵容了盲目的排外主义,启发了中国国内莫名其妙的民族主义情绪,似乎先前几十年向西方学习的选择从根本上就是错误的,中国的未来只能从自身的传统中去寻找,何况中国几千年来常常居于世界的领先地位呢? 至于中国到了近代的落后,在那时居于主导地位的社会意识几乎普遍被认为是一种暂时的现象,西方列强不管怎样具有物质上、军事上的优势,那实际上都是表面的和暂时的。西方列强在本质上与中国历史上的周边少数民族一样,都是有待中华文明进行教化的一群落后的"蛮夷"。他们梦想三十年河东、三十年河西的所谓文化规律,期待中国终究有一天会用自己的独家本事去教化这些蛮夷,并最终征服世界。

　　① 李剑农:《中国近百年政治史》,172 页,上海,复旦大学出版社,2002。

第一节　己亥建储与政治格局的变化

　　强烈的排外意识是戊戌后中国社会的基本共识，那时朝野各界似乎一致反对西方，最上者如慈禧太后。她虽然是近代中国比较早地认识西方近代发展实质与意义的领导人，但在戊戌之后出于最实际利益的考量，也使她对西方的看法发生了某些变化。她觉得西方国家是故意与她捣乱，因为清政府已明白宣示康有为、梁启超犯上作乱的罪行，而西方国家不仅不帮助中国将康、梁缉拿归案，反而协助他们出逃，给予庇护，甚至允许他们在自己的国家成立什么保皇会，蛊惑人心，发行报刊，肆意攻击、诋毁清政府和她本人。这是专制体制下最高独裁者无论如何也不能理解的，这也是慈禧太后在戊戌后一变而成为西方文明反对者的根本原因之一。

　　慈禧太后的变化深刻影响了朝中大臣和一般士绅，曾经参与过新政的那些大臣已经在政变之后受到了相应的处分与处理，而现任的这些大臣或者原本就是不满意光绪皇帝和康有为政治改革的守旧人物，或者是因为慈禧太后的态度转而对西方文明比较反感。他们过去或许一度赞美过西方文明，但甲午之后的一系列事实使他们不能不怀疑西方列强对中国的真实态度。三国干涉还辽之后，他们对西方列强一度产生过好感，但1897年底开始的胶州湾危机以及此后俄国人乘机索取旅大，英国人、法国人等也乘机要挟，反映了西方国家向中国灌输的所谓文明并不是为了促进中国的富强与进步，而是为了进一步削弱、瓦解中国的一个大阴谋。至于1898年的维新运动，他们也感到其背后有着西方人的影子，西方人和西方国家之所以支持中国的政治变革，可能也是为了瓜分中国。1899年4月28日,英俄两国签署协定,划分并互相承认两国在中国的势力范围,俄国承诺不干涉英国在扬子江流域的事务,而英国承诺俄国在长城以北地区的殖民统治,而德国已经在山东实行实际上的统治。鉴于这种即将到来的瓜分危机,朝中大臣和一般士绅自然感到空前的恐慌。郑观应在当时就明确表示,英、德、俄诸国在中国的瓜分必将引起其他列强对中国的觊觎,全面瓜分中国的可能性越来越大,因此中国必须设法予以解决,否则后果将不堪设想。[①]

一般民众当然没有朝中大臣和那些士绅们的深刻认识,但他们出于最直接的感受,觉得自五口通商以来,外国商品与传教士毫无节制地涌入中国,他们的日子不是比过去更好些,而是比过去更糟糕。确实,西方国家的经济势力进入中国之后,中国固有的旧式工业受到了前所未有的冲击,失业人口急剧增加。再加上甲午战争后巨额战争赔款的压力,一般民众的日子越来越难过。战争之后大量兵勇的解散,也使流民的数量成倍增加。更为不幸的是,甲午战争后的那几年,天灾连年不断,尤其是华北地区大面积的持续干旱以及黄河连年失修所导致的灾难,造成哀鸿遍野、民不聊生。痛定思痛,一般民众虽然不会有多少深刻的认识,但他们直观地知道他们的日子之所以一天比一天艰难,大概都是洋人来了之后所造成的,洋人在中国大规模地造铁路、开矿山,将中国的龙脉挖短了,地藏的宝气泄漏了;洋人在中国城乡遍设教堂,把中国传统的神祇、祖先得罪了,侮辱了,这些神祇、祖先也不保佑中国人了。基于这种最直观的感受与判断,一般民众的"集体无意识"就是要想恢复往昔的好日子,就非将那些可恶的洋人驱逐出去不可,尤其是非将那些洋教士以及追随那些洋教士为非作歹的汉奸教民杀掉不可。列强侵略日甚一日引起的社会恐慌,导致这种集体无意识逐步发酵,加上中国传统文化与西方文化的冲突,终于酿成此伏彼起、连年不断的教案。仅德国侵占胶州湾之后的一年半中,山东省境内因铁路、矿山及教案所引发的外交纠纷就有1 000余件。排外心理已占据整个中国社会。

---

① 参见《郑观应致盛宣怀函》(1899年5月1日),见陈旭麓、顾廷龙、汪熙主编《义和团——盛宣怀档案资料选辑之七》,3页,上海人民出版社,2001。

就最高统治层来说,列强对中国内政毫无收敛的干涉,也使慈禧太后和那些守旧的大臣们相当恼火。追根溯源,他们一致认为作为新政象征的光绪皇帝依然在位的结果。他们越来越倾向于相信,只要光绪皇帝在位一天,甚至只要光绪皇帝还依然活在人世,不仅康有为等流亡海外的所谓维新志士还有精神寄托和从事政治活动的资本,而且西方国家就会继续以光绪皇帝这一问题向中国施压。事实上,慈禧太后重新出山训政之后不断传出光绪皇帝病重甚至已去世的谣言,这些谣言既有清政府政治高层有意向外释放的信息,以便为未来的政治决策留下足够的空间,也有康、梁等人故意夸张的成分。康、梁等人相当清楚,只要光绪皇帝一天不倒,只要光绪皇帝依然活在人间,即便他们现在吃够苦头,他们也终究会有扬眉吐气的一天,因为年轻的光绪皇帝终究要比慈禧太后活得时间更长。

光绪皇帝的存在成为慈禧太后和那时当权者的一个重大心病。起初他们或许真的试图通过宫中太监使用药物的办法摧毁光绪皇帝的肉体,但这一做法很快遭到了各方面的反对,有的公开谴责清廷的这一荒唐做法,警告当局不要违背民意进行这一阴谋。

康、梁等人因新政的失败流亡国外,虽然吃尽了苦头,但获得了许多道义上的同情和支持,而且较清政府拥有更多、更强的话语权势。相反,清政府特别是慈禧太后毕竟用"六君子"的生命换取了政权,不管怎么说似乎在道义上亏了一层。再加上专制政体下的信息不透明,政府在很大程度上反而为话语弱势。所以,我们看到,所谓慈禧太后利用宫中太监向光绪皇帝施用药物,企图从肉体上摧毁光绪皇帝的说法基本上来源于康梁系的编造,并没有档案或其他方面的证据作支持。

两江总督刘坤一在新政开始之初对于康有为主导的新政持反对或消极态度,他不惜遭受光绪皇帝的通报批评而故意拖延新政命令的执行;但当新政中止、慈禧太后建立训政休制、国内外关于废黜光绪皇帝的谣言四处传播的时候,他毅然于1898年10月13日致电总署,期待清廷主事者如慈禧太后、荣禄等人不要将新政的问题全部推到光绪皇帝一人的头上,更不要像谣传的那样使两宫离间,而是应该团结起来,结束过去,开创未来,两宫孝慈相孚,尊亲共戴,以维系人心安社稷。对于康有为的余党，刘坤一也建议清廷谨守先前的公开宣示，不再追究。① 如此说来，即便清廷最高决策层在 1898 年的最后几个月真的拥有一个废黜光绪皇帝的计划，但经过刘坤一等封疆大吏的劝说，也很快打消了。

10 月 15 日，庆亲王奕劻等总理衙门大臣主动告诉英国驻华公使窦纳乐，中国方面清楚地知道到处流传的关于光绪皇帝身体状况以及谋害他的谣言，不过他可以负责任地证实这些谣言是不真实的，他请窦纳乐以朋友的资格向中外各方代为辟谣。庆亲王以中国官方的资格告诉窦纳乐，光绪皇帝的健康大为增进，且常和慈禧太后一同听政，处理国家事务。庆亲王还向窦纳乐，并期望通过窦氏向整个西方世界解释，其实慈禧太后并不是完全反对中国进行改革，只是慈禧太后以为准备条件不够，中国不适宜于像光绪皇帝那样实行操之过急而又规模过大的改革。庆亲王奕劻还很诚恳地询问窦氏有什么办法能够尽快使动乱的中国恢复平静。窦纳乐对症下药地建议：一个保证有效的并使不安状态归于平静的办法是找一位外国医生为光绪皇帝看病，并签署一份光绪皇帝的健康证明书，这样不论结果如何，都会使西方世界和中国国内的反对者放下心来。按照窦纳乐的判断，清政府如果真的存在一个废黜光绪皇帝阴谋的话，那么他们就根本不会接受他的这一建议。②

窦纳乐的建议代表了西方世界对中国未来的普遍担心，他们觉得光绪皇帝主持的变法运动尽管有许多问题，但在大的思路上合乎西方世界的普遍价值观念，中国如果沿着这条道路持续地走下去，必将成为国际社会比较负责任的一员。而慈禧太后重新训政，不管有多少国内政治的充分理由，她的政治选择肯定要比光绪皇帝落后得多。所以，西方列强通过多种手段干涉中国的内政，他们普遍不希望由慈禧太后取代光绪皇帝，更不希望太后采取废立的非常手段处置光绪皇帝，他们尽量向清政府施加压力，迫使慈禧太后同意光绪皇帝继续留在皇帝的位置上。

---

① 参见刘坤一《寄总署》（光绪二十四年八月二十八日），见中国史学会编《戊戌变法》（二），631 页，上海，神州国光社，1953。
② 参见《关于光绪帝的健康事》（窦纳乐致英国外交大臣信，1898 年 10 月 16 日），见《戊戌变法》（三），538 页。

庆亲王奕劻对窦纳乐的请求，态度无疑是诚恳的，清政府包括慈禧太后在内确实不希望西方国家对中国政治权力的交替产生怀疑，他们清楚地知道当时的中国已经或正在融入国际社会，外国资本在中国的经济中已经占有相当的分量，如果西方国家对中国的国内政治稳定持有强烈的怀疑态度，势必要影响西方资本在中国的投资，进而肯定会影响中国经济的发展与社会稳定。不过，庆亲王诚恳的态度并不意味着他告诉窦纳乐的那些都是事实。事实上，当时的光绪皇帝不仅健康状况并没有"大为增进"，反而更加恶化。在庆亲王信誓旦旦地告诉窦纳乐光绪皇帝"健康大为增进"两天后，清廷御医率各省推荐来的名医对光绪皇帝进行了全面会诊，其结论是光绪皇帝遍体是病。第二天，慈禧太后异乎寻常地将这批名医的会诊报告批转给六部九卿阅看。

名医的诊断应该是真实的，而慈禧太后将诊断报告异乎寻常地批转给各位大臣，其用意很值得分析。从善意的角度去理解，清廷最高统治层肯定受到了各方面谣言的压力，以为清廷真的有什么见不得人的阴谋，或故意迫害光绪皇帝，所以慈禧太后将皇上的病情及时向六部九卿各大臣通报，以便光绪皇帝万一有什么不测，也好使各位大臣心中有数；另一种可能是从恶的角度去分析，慈禧太后似乎依然不能原谅光绪皇帝在新政后期的作为，尤其是其所谓不忠，她之所以向各位大臣公布光绪皇帝的严重病情，似乎是为有一天进行废立而作准备。不过，后一种可能性应该极小，因为就在向六部九卿各大臣公布病情的第二天，清廷又异乎寻常地接受了窦纳乐的建议，请法国驻华公使馆医生多德福入宫为光绪皇帝诊病。20日，多德福向总理衙门出具了光绪皇帝的病情报告书。根据多德福的诊断，光绪皇帝"虽然没有立刻的危险，但皇帝是有了微恙"。[1] 言下之意，光绪皇帝的病情并不影响他继续履行他所承担的政务。

多德福的诊断报告公开之后，在一定程度上平息了西方国家对中国政局稳定的怀疑，他们逐步接受了慈禧太后训政的现实。过去的经验使西方国家普遍相信，即便慈禧太后出于国内政局稳定的需要可能

---

[1]《窦纳乐致沙侯》(1898年10月29日)，见《戊戌变法》(三)，549页。

会使中国政治一时倒退,但她绝没有理由与西方人敌视到底。在过去的几十年间,正是由于慈禧太后的主持,使中国有了一定程度上的开放与发展。所以,他们普遍地相信慈禧太后在本质上并不是一个十足的守旧顽固派,她一旦有效地控制住了局势,中国与西方国家的关系还会很快走向正常。

11月5日,慈禧太后与光绪皇帝一起在仪銮殿接见日本使臣矢野文雄;①12月13日,慈禧太后又与光绪皇帝一起在宫中召见英、美、德、法、俄、奥、荷、日等各国驻京使臣的夫人,光绪皇帝还与各位使臣夫人一一握手还礼。② 这一系列姿态不仅向中外表明光绪皇帝的健康已经大为增进,而且两宫和睦,孝慈相孚,共同治理着这个国家,并不像外界尤其是康、梁等流亡人士所宣传的那样帝后之间势同水火。

此后不久,光绪皇帝的身体状况可能日趋恶化,病情越来越严重。1899年1月22日,清廷通过上谕的方式告知中外"朕体违和,近来服药调理,尚未大愈"。此后一段时间有关坛庙大祀等礼仪性的活动不拟参加,"若勉强亲行,精力恐有未周,进退拜献设有衍仪,转不足以昭诚敬",故而决定次年正月初十日孟春时享太庙的典礼着派庆亲王奕劻恭代,正月十三日祭祈谷坛着派怡亲王溥静恭代。

2月17日,清廷公开宣布光绪皇帝以上年夏秋之交违和,尚未痊愈,命将太医院脉案,按五日一权,抄发各省督抚阅看。22日,清廷再次公开宣布,光绪皇帝以病未痊愈,恭谢各国驻华公使请觐贺年。光绪皇帝实际上停止了所有的政务活动。

1899年1月下旬,慈禧太后连续召见皇族中溥字辈的幼童十余人,从中考察能否有人适合在光绪皇帝死后出而担当皇帝的重任。慈禧太后对皇帝继承人考察的消息在京城内外传播的时候,不能不引起人们更多的猜疑。或许正如张之洞判断的那样,梁启超主编的《清议报》于1898年12月在日本横滨创办之后,专以诋毁中国朝政为能事,蓄意攻击慈禧太后,种种捏造,变乱是非,意在煽惑人心,必欲中国立时

---

① 朱寿朋编:《光绪朝东华录》(4),4246页,北京,中华书局,1984。
② 1898年12月29日《申报》。

大乱而后已。从事后验证的角度看，《清议报》"所说各事皆是虚诬"。①
但在专制政体下，朝政的非公开性只能导致流言的盛行，康梁系的人马
即便不是有意造谣，那也是听信来自京城的传言，以讹传讹。或许是为
了以正视听，4月3日，清廷以光绪皇帝的口气以病状谕知两江总督刘
坤一："览奏具见悃忱，朕躬仍日进汤剂，总未大安，且身软气弱，不时眩
晕，不耐久于坐立，每日召见臣工尚觉勉强，朕心亦不胜焦急。知卿企
念，特谕及之。"期待以此化解中外各方面的误会与误解。

光绪皇帝出面解释以及清廷的努力，都有助于化解因光绪皇帝的
病情而导致的中外误解。到了1899年的上半年，不仅屠杀六君子的阴
影基本消除，而且中外舆论出现了两宫和睦并有意于重新推行新政的
传闻。以康、梁等人为首的流亡海外志士也因应形势的变化，相应改变
了自己的斗争策略，不再一味地攻击慈禧太后，逐步放弃先前坚守的
"保全中国非赖皇上不可"的立场，强调"今日变法必自调和两宫始"，②
以为慈禧太后果能诛杀挑拨两宫关系的"贼臣"荣禄等人以谢天下，重
走维新之路以振兴中国的目标未尝不可成为现实。

然而到了1899年下半年，情况又发生了变化。9月4日，光绪皇
帝以上谕昭告中外，"朕躬服药日久，未见大效"，这表明光绪皇帝的身
体状况似乎很难担当更大的责任，期待以其为主导重新启动新政的程
序也不太可能，海内外普遍怀疑是清廷内部又在酝酿废立阴谋，于是舆
论又增加了对光绪皇帝的同情。海外华侨在此后不久借为慈禧太后贺
寿的名义与机会，连电总署，要求慈禧太后将政权交给光绪皇帝，归政
以颐养天年。

海外华侨要求慈禧太后归政的请求实际上都是接受了康梁系的宣
传，③这样就势必加剧清廷对流亡者康、梁等人的敌视，特别是康有为
的保皇会成立和梁启超主编的《清议报》出版之后，这种敌视并没有因
为清廷的许多表白而稍缓。

清廷内部的废立计划再次被提上政治日程。12月4日出版的香

---

① 张之洞：《致上海日本总领事小田切》（光绪二十五年二月初八日），见苑书义等主编《张之洞全集》
第9册，7740—7741页，石家庄，河北人民出版社，1998。

② 《论今日变法必自调和两宫始》，见光绪二十五年六月二十一日《知新报》第94册。

③ 宋恕致孙仲恺书（1899年12月30日），见胡珠生编《宋恕集》，692页，北京，中华书局，1993。

357

港《士蔑报》根据上海、北京方面的传言,确认清政府已决计于明年初即1900年初改元,另立新主,传言李鸿章、徐桐、昆岗数人各效忠诚,苦谏慈禧太后,谓倘必废立,则请先行斩彼老臣,以免干涉此悖乱取危之事。湖广总督张之洞、两江总督刘坤一、两广总督谭钟麟皆有亲信在京打探消息,故慈禧太后正在踌躇之际,忽然接到刘坤一、张之洞各来一电,又有刘坤一、谭钟麟联名电报一纸,均切谏废立,奏请勿为此举,以免国家分裂更早于外人之瓜分。①

据传闻,废立计划的启动属刚毅、徐桐、崇绮、载漪以及尚书启秀等人所为。崇绮久废在私第,而大学士徐桐虽然已 80 高龄,但对于弄权非常有兴趣,尚书启秀在枢廷与徐桐关系不错,他们遂相邀定策功。徐桐、崇绮与启秀三人日夕密谋,拟就内外大臣联名吁请废立的奏稿密呈慈禧太后,太后可之,但命二人须先找荣禄商定。是时,荣禄为军中统帅,实力最强,大权独揽,且为慈禧太后最亲近,言无不从。废立的计划如果不能得到荣禄的同意,那也只是纸上谈兵,空欢喜一场。12 月 30日,启秀退朝后找到荣禄转达徐桐、崇绮的意思,荣禄闻言大惊。待徐桐、崇绮二人到荣禄家详谈此事时,荣禄告诉家人不让二人入门。苦苦想了一整天,待次日罢朝后,荣禄请与慈禧太后独对,太后可之。荣禄遂问太后曰:"传闻将有废立之事,信乎?"

太后曰:"无有也。事果可行乎?"

荣禄曰:"太后行之谁敢谓其不可者? 顾上罪不明,外国公使将起而干涉,此不可不慎也。"

太后曰:"事且露,奈何?"

荣禄对曰:"无妨也。上春秋已盛,无皇子,不如择宗室近支子,建为大阿哥,为上嗣,兼祧穆宗,育之宫中,徐篡大统,则此举为有名矣。"

太后沉吟久之,曰:"汝言是也。"②

1900 年 1 月 23 日,上谕命恭亲王溥伟,贝勒载濂、载滢、载澜及大学士、御前大臣、军机大臣、内务府大臣、南书房、上书房、部院满汉尚书等于明日侍候召见。第二天经过御前会议的讨论后发布上谕,宣布封

---

① 《北京要事汇闻》,见光绪二十五年十一月十一日《知新报》第 108 册。
② 恽毓鼎:《崇陵传信录》,见《戊戌变法》(一),477—478 页。

端郡王载漪之子溥㑺为大阿哥,继承穆宗毅皇帝同治为子,派崇绮为师傅授读,并派徐桐常川照料。此日为农历己亥年十二月二十四日,因此中国近代史上称这一事件为"己亥建储"。

当光绪皇帝的身体状况不足以应付朝廷中的日常典礼的时候,有了大阿哥的代劳,至少可以使朝廷的日常事务更加名正言顺。[①] 同一天,另一份上谕就宣布明年正月初一日高殿奉先殿著大阿哥溥㑺恭代行礼。这多少可以使重病在身的光绪帝摆脱若干礼仪性活动,有助于其康复。

国内外舆论在康梁系话语的影响下,总以为己亥建储是清廷废黜光绪皇帝的一个大阴谋。所以,当建储的消息传播出来之后,上海电报局总管经元善甚至发起数千地方名流的签名运动,抗议清廷"名为立嗣,实则废立",呼吁庆亲王奕劻及荣禄"公忠体国,奏请圣上力疾监御,勿存退位之思,上以慰太后之忧勤,下以弥中外之反侧",[②]由此而引发此后经年不息的所谓保皇运动,为此后中国政治变化注入了新的因素。[③]

---

① 《光绪朝东华录》(4),4464—4465 页。
② 《上总署转奏电禀》,见虞和平编《经元善集》,309 页,武汉,华中师范大学出版社,1988。
③ 参见桑兵《庚子勤王与晚清政局》,32—34 页,北京大学出版社,2004。

第二节　义和团运动悄然兴起

　　己亥建储所引起的中国政治格局的变化主要局限于中国民族资产阶级的中上层,对于下层民众似乎并没有多少直接影响。中国下层民众在甲午战后承受着更多的痛苦,战争的失败使他们的生活更加艰难,他们没有能力和途径就国家大事直接表明自己的态度。以广大农民、手工业者为主体的中国社会各阶层民众自发地再次联合起来,他们用自己独特的应变方式掀起一场以挽救民族危亡为根本目的,并在一定程度上确实具有相当非理性因素的爱国救亡运动。这就是以义和团为组织形式而发动的震动中外、名垂青史的义和团运动。

　　正如人们久已知道的那样,义和团运动是从1900年初方才引起人们注意的。在此之前的数月间,义和团一直在其发祥地鲁西北慢慢地积蓄力量。至1899年冬,义和团越过直隶和山东交界地区,以迅雷不及掩耳的速度快速扩展到华北平原的大部分地区,甚至蔓延到东北及内蒙古。①

　　义和团运动的迅速崛起,与甲午战争后国际局势的变化以及国内社会经济萧条有着直接的关系。随着外国列强的入侵,中国殖民地化的加剧,外国传教士大量涌入中国内地,中国民间秘密结社的形式及其政治诉求多有变化,他们往往不满"新异族"传教士的所作所为而将传教士作为主要的斗争目标和袭击对象。民间秘密结社成为晚清中国社会中抵抗外来侵略尤其是反对外国传教士斗争的中坚力量。

---

　　① 参见[美]柯文《历史三调:作为事件、经历和神话的义和团》,杜继东译,15页,南京,江苏人民出版社,2000。

在甲午战争之前，中国民间秘密结社反洋教的斗争虽然时有发生，但从总体上看，这种斗争既没有形成规模，也没有多少政治深度，更多的只是各地因某些具体的事件而发生的反对教士、教民不法行为的所谓教案而已。

甲午战争之后则不然。在甲午战争之后，随着帝国主义列强瓜分中国步伐的加快，不仅中国的民族危机日益加深，而且随着外国洋货的大量输入，近代新式工业的兴起，中国民间的生存状况、生存条件都发生了很大的变化，较之战前不是有所改善，而是进一步恶化。有了这种最直接的个人生命体验，中国人民尤其是广大的农村人民在将这种责任归罪于清政府无能的同时，他们更直接的感受就是那些仰仗帝国主义洋枪洋炮而作威作福的洋教士们几乎没有什么好东西。他们的愤怒无一例外地对准这些洋教士。于是，甲午战争之后的一系列教案不仅在规模上大于甲午战争之前，而且在政治诉求上也与战前大为不同。

就传教士本身来检讨，这些传教士本来是肩负着传播"福音"的使命来到中国的，他们在甲午之前一般地说来除了个别的传教士怀有某些政治野心、不安分于传教而热衷于政治活动外，大多数传教士还是在中国广大地区尤其是农村地区，特别是偏远的农村地区，作了许多有益的慈善工作、教育普及工作。

然而，到了甲午战争之后，由于帝国主义列强瓜分中国的步伐在加快，在中国境内的外国传教士也发生了某些分化，相当一部分传教士已不安心于他们的本职工作，而是开始直接或间接地为其国家利益服务，违背了其为上帝传播"福音"的原初宗旨。例如，德国天主教会圣言会在山东的主教安治泰，一直要求德国政府为教会的利益采取积极有力的行动。德国预谋侵占胶州湾时，安治泰又多次建议德国政府抢占胶州。巨野教案发生后，他立即向德国外交部建议："我们现在应该利用机会占据胶州。它对我们在各方面是个最好的、最能发展的据点。"他甚至当面建议德国皇帝说："如果德意志帝国真的想在东亚取得一个属地，并重新巩固我们几已扫地的威信，这将是最后一个机会。不管代价如何，我们不应放弃胶州——在经济与工业方面，胶州有一个比目前的上海更大的、更重要的前途——胶州的占领不会使东方任何人惊异，因为一切人士早已料到这件事。"①这种具有明显政治色彩的行动与言论显然不符合传教士的角色,不符合传教士来华的原初本意,显然是以宗教的外衣从事宗教之外的事务,这自然引起中国人的反感。

像安治泰这样的传教士在当时虽然并不具有普遍的意义,但也为数不少。诸如法国传教士樊国梁和美国传教士丁韪良、李佳白等,他们虽然在近代中国社会文化的变化与转型的过程中起过相当重要的作用,但随着清政府与西方国家尤其是与他们自己的国家发生某种冲突或外交紧张的时候,他们都在某种程度上背弃了他们最初的宗教乃至政治信仰,而屈从于更现实的政治,都曾向他们自己的国家竭力鼓吹瓜分中国,要求其政府动手建立自己的侵略基地。在某种程度上可以说,甲午战争之后帝国主义列强在中国争夺租界地、抢占势力范围,企图通过武力或非武力的手段瓜分中国的阴谋,一直有西方传教士在其间起作用。

像丁韪良、李佳白这些传教士在中国多年,精通中国的国情和内部事务。如果没有他们的鼓吹与煽动,甲午战争之后瓜分中国的阴谋或许不会那么严重。正是在这样一种背景下,中国人民反对传教士和外国教会的斗争在甲午战争之后便进入一个新的历史阶段,反对教会与传教士的局部斗争便自然地与反对帝国主义列强瓜分中国的斗争紧密地结合起来。

就甲午战争之后中国各地遭受外国侵略、蹂躏的程度来说,山东的情况更为严重。山东人民不仅在甲午战争中遭受日本侵略之苦,而且在战后深受帝国主义列强瓜分之害。德国于1897年强行占领胶州湾之后,便开始把山东视为自己的势力范围,视为自己的殖民地,他们在山东境内大肆修筑铁路,开采矿山,强占民田、民房,破坏水道、坟茔,给山东人民,尤其是铁路沿线的居民带来了深重的灾难与痛苦。特别是按照中德双方达成的修筑铁路的相关协议明确规定,占用当地居民的土地应该给予相应的补偿和优待,但实际上这些被占土地的农民或者根本得不到补偿,或者得到的补偿非常少,这势必引起被占土地的大量

---

① 孙瑞芹译:《德国外交文件有关中国交涉史料选译》第1卷,154页,北京,商务印书馆,1960。

农民的不满,引起一系列的突发事情。按照中德双方的约定,一旦发生这些突发事件,亦应由中国地方官府"从重惩办,如罪而止。各据具在,并无有德派兵听其剿洗明文"。然而,德国殖民当局根本不顾及这些规定,一旦山东某地发生骚乱,德国殖民当局就很快派兵直接镇压,结果虽然将这些以反对强占自己土地为主要宗旨的农民骚乱镇压下去了,但无疑激起了山东民众对德国人极端霸道的反感。为了平息山东的民怨,山东地方当局参与处理这些纠纷的地方官吏曾向清政府提出过很好的建议,希望由政府出面协调与德国殖民当局的关系,建议:"以胶澳条约论,凡租界外原归我国自主。所有东省铁路多在租界外,将来保护,或凭官法,或资兵力,固修铁路势所难免,然必归我国自主,庶免喧夺而起纷争。"①然而,这样的建议或不被清廷所重视,或不被德国人所接受,结果矛盾越积越深,局部的抗争逐步演化成大规模的反抗。

侵占、瓜分山东的不只是德国,其他帝国主义国家也试图在山东建立自己的势力范围。甲午战争之后,威海卫被日本军队占领达三年之久,之后又被英国强行租借。英国还强行圈占文登、荣成等县,逼迫农民交粮完税。

山东在沦为德、英、日的殖民地之后,社会经济遭到了严重破坏,南北大运河的运输业因外国资本垄断的沿海航运业迅速发展而急剧衰落,过去凭借运河之利得以谋生的船夫、挑夫、搬运工人等大批失业,四处流浪。

人祸之外是天灾。山东地区自 1895 年起不知何故天灾频仍。黄河连年决口,受灾面积仅山东境内就高达 50 州县。1899 年,黄河流域又遇到历史上不多见的大旱,山东境内饥荒严重,饥民遍地,流民遍野,人们流离失所,社会动荡不安。处在饥饿、死亡线上的人们最容易被感化,最容易被煽动。正是在这种情况下,领导反教会斗争的秘密结社义旗一张,便立即得到广大农村民众的积极响应,山东地区的反教会斗争由此蓬蓬勃勃地发展起来,并最终演化成声势浩大的义和团运动。

义和团的前身是在中国北方地区有着悠久历史传统的民间秘密结

---

① 《高密县民与铁路口角拔去路标并围公司肇衅致动德兵议结案内电底、禀底》,见《义和团——盛宣怀档案资料选辑之七》,13 页。

社。这些民间秘密结社具有非常久远的历史,明清易代之后,由于满族人的"异族"统治,以汉族人为主要构成的民间秘密结社在"反清复明"的旗号下获得新的发展,在中国下层社会形成盘根错节、世代相沿的巨大势力和复杂的联系网络。他们活动的隐现起伏,直接反映了政治统治秩序的治乱兴衰。一般说来,在政治统治比较巩固的时期,这些民间秘密结社的活动比较萧条。反之,当外患严重,或统治秩序比较无序的时候,民间秘密结社就比较活跃。

随着甲午战争后社会的大动荡,民间秘密结社再度活跃。综合各种文献记载,自1895—1899年间在北方地区至少存在着武圣教(金丹道支派)、如意教(儒门教)、大刀会、红拳、义和拳、诀字、红门、弥勒教、梅花拳、铁布衫、金钟罩、红灯照、八卦教、离卦教、黄洋教、在理教、混元门、六合拳、圣贤道、一炷香、白莲教、江湖会、仁义会、红枪会、天地会、哥老会等等。这些教门、结社的成员主要是游离在传统农业社会经济结构之外的社会成分,诸如和尚、道士、拳师、术士、游勇、流民等。他们浪迹江湖,见多识广,行踪诡秘,飘忽无常;身无所有,勇于反抗,故而在社会动荡时期,他们往往充当反抗官府活动的急先锋或组织者的角色。[1]

至于义和团的来源,情况甚为复杂。1899年,时任吴桥县令的劳乃宣根据有清一代有关白莲教的上谕、奏疏,著有《义和拳教门源流考》一书,认定义和拳乃19世纪初信奉太平盛世说的白莲教的一个重要教派。劳氏的这一看法影响很大,许多研究者接受了这一看法,认定义和拳的起源与这一以反朝廷为主旨的民间秘密组织有关。不过,后来有些研究者似乎并不完全认同这一看法,或以为义和团源于一种由官方提倡和主导的勤王的民团组织,即担负着村庄防卫的民团;或以为大刀会和神拳在义和团运动发展过程中扮演着重要的角色,但直鲁边界地区的义和拳是这次民众运动的主要来源,即义和团运动显然是义和拳运动的直接发展;或以为义和团运动的兴起和传播主要是因为鲁西地区特殊的文化环境,最具有核心作用的是其具有标志性仪式,即"刀枪

---

[1] 参见陈振江等《义和团文献辑注与研究》,193—197页,天津人民出版社,1985。

不入"和"降神附体"。这种仪式易于接受，又与其本身来自华北农村的文化和风俗习惯息息相关。[①]

综合各家的研究，义和团的成分比较复杂，其组织构成并不仅仅以白莲教为主，而是以金钟罩（大刀会）、义和拳（梅花拳）、神拳、红拳等为核心。这些拳会在18世纪末即已成为秘密教门羽翼。至义和团兴起，以刘士端为首的大刀会（金钟罩）及相关的红拳会，已与坎卦教、离卦教相融混；赵三多为首的梅花拳改名为义和拳，后又改称为"神助义和拳"，也与教门相结合；以朱红灯为首的神拳亦以离卦教为依托，显然也具有教门特征。他们不是一般的拳会，实系分属或结合于以八卦教为主体而区分为文武场的"拳教"组织。[②]

这些拳教组织往往通过揭帖、坛谕、传言等各种方式，宣扬民间宗教的所谓劫变观念，宣称义和拳是顺应天意、拯救劫难、有神佛保护的团体，以此作为动员群众、组织群众、扩大影响的工具和手段。他们在习拳练武之外，兼习法术，举行各种具有明显荒诞特征的宗教仪式，渲染各种所谓刀枪不入的超自然本领。尽管这些手段在吸引群众、鼓舞士气、提高义和团的战斗力方面起过重要的作用，但其非理性的色彩自然比较容易受到具有一定文化水准的知识分子的质疑，自然使他们除了能够吸引中国农村的广大农民之外，很少能够获得知识分子的认同。

作为中国广大农村中下层群众自发的斗争，义和团运动不可能产生明确的政治诉求和政治理想。他们之所以坚决反对外国教会，除了外国教会、中国教民的不法行为、为非作歹激怒了他们之外，就信仰层面而言，显然是因为西方的基督教观念与中国传统的宗教观念之间的冲突，是本土文化受外来强势文化的压迫而采取的一种非理性的政治动员和政治斗争。

至于义和团曾经宣扬过的"扶清灭洋"的政治口号，也应该作历史主义的分析。这个口号的历史渊源无疑是清代早期的"反清复明"政治口号的衍生。

从"反清复明"转变到"扶清灭洋"，有着一个复杂的过程，但毫无疑

---

① 参见周锡瑞《义和团运动的起源》，5页，南京，江苏人民出版社，1995。
② 参见路遥《义和团运动发展阶段中的民间秘密教门》，53—54页，载《历史研究》2000年第5期。

问的是,中国民众尤其是汉族民众面对西方的压迫之后,已经比较自觉地认同了原本是"异族"的满洲人。这是一个历史性的变化。然而,值得注意的是,义和团民众所提出的"扶清灭洋"只是一个一厢情愿的政治选择,清廷尤其是清廷中比较"明智"、比较"清醒"的政治家几乎从来就不愿认同义和团的这一口号。他们几乎从一开始就对义和团充满着敌视,他们不相信义和团这些"乌合之众"有能力赶走帝国主义列强。因此,尽管清廷中某些昏庸的官僚出于一时的糊涂对义和团加以利用,但他们并没有将义和团视为自己可以充分依靠、充分信赖的阶级。这显然是义和团运动最大的历史性悲剧。

清廷不愿让义和团去"扶",那么义和团的"灭洋"目的也就不可能真正实现。义和团除了在其早期采取某些非理性的手段对外国教会的教堂进行过破坏外,当他们面对帝国主义列强的近代军队时,实际上是不堪一击的。"灭洋"的盲目排外使他们不愿看到,更不愿学习西方先进的东西,非理性使他们排斥一切外国人以及一切外国的商品。这是义和团运动的历史性遗憾,也是中国传统社会面对外来强势压力之后的自发反应。

义和团运动在酝酿发动的最初时期主要局限于鲁西南以及直隶、山东交界地区,其中影响较大的有曹州、单县地区的大刀会的斗争,冠县义和拳的斗争和荏平、高唐、平原一带的神拳的斗争,其规模、声势在最初时期都未能引起清廷最高统治层的充分重视。而且,由于清政府统治层内部的不同认识,他们在义和团运动兴起的最初阶段,并没有采取真正强硬措施加以镇压,而在某种程度上还带有同情、纵容、利用的色彩。义和团运动之所以能够在一个并不太长的时间里造成全国性的影响,成为近代中国一个重大的历史事件,正与清廷中某些人的纵容、默许、利用有关。

曹州、单县等地区的大刀会组织最初出现于甲午战争时期,他们的首领是曹州人刘士端,他们的政治诉求是以"保卫身家"相号召,以各种不同的手段秘密地反对外国教会。1896年3月,刘士端邀集大刀会众约十万人在山东单县城关火神庙聚会,唱戏四天,以聚会友,展示功夫。他们大多手持红缨枪,来来往往,公开活动,捏言掐诀念咒,画符饮吞,排砖排刀，浑身上下无所不排，一夜即成，不畏棒击刀砍，不畏火枪洋炮。以其浑身功夫足以抵挡刀枪不入，故又有"金钟罩""铁布衫""无影鞭"等名号。时值甲午战争之后，社会秩序比较混乱，农村居民为患盗贼，无法处置，闻大刀会功夫能避刀枪，可以保身家，于是争相学习，不惜钱钞，富庶之家堕其术者几乎千万户。这大概是大刀会乃至义和拳最初引起农村居民兴趣的根本原因之所在，也是清政府在最初阶段予以容忍的原因之一。

刘士端为山东曹州烧饼刘庄人（今属单县），幼年时代从白莲教徒赵金环练习武术，习金钟罩。后参与创立大刀会，并逐渐上升为曹州大刀会的首领。与刘士端齐名的大刀会首领还有曹得礼，其家境不错，有田数十亩，为单县大刀会的首领。从他们的身份背景看，大概有点像游走江湖的艺人，他们凭借自己的身手吸引群众，并换得生活费用。当然，由于这批民间艺人常年游走江湖，在他们身上必然存在着浓厚的江湖义气。这种义气在升平时代固然有助于社会稳定和统治，而一旦社会动荡，这种义气又不可避免地成为社会动荡的因素之一。刘士端此次聚会似乎就带有这种性质。甲午战争后，"海疆不靖，民间以此教可避枪炮，传习愈多，几乎无处不有。其愚者以为可保卫身家，其黠者遂借以逞其凶暴。兼以外来游匪从而煽惑，渐至聚众滋事。"[1]"百姓有不随己者，群起而攻之；兵丁偶有触犯，鸠众而击之。"来自西方的天主教基于近代科学背景，当然不会相信大刀会真的能够刀枪不入，甚者或许指责这些江湖艺人为"妄诞"。于是，大刀会就此与天主教结下仇恨，"凡天主教堂，思尽烧毁；天主教人，思尽杀灭"。尤有甚者，大刀会聚众数万人，在曹州、成武县、单县、丰县、沛县、萧县、砀山县、考城县、兰仪县同时举事，不仅烧毁了一些教堂，而且伤害了一些教民。[2] 这大概是甲午战争后大刀会起事的开端。

大刀会与教会、教民的冲突固然有文化传统等方面的原因，但实在说来也有最实际的物质上的利益。甲午战争后清政府一蹶不振，外国

---

① 《山东巡抚李秉衡折》，见国家档案局明清档案馆编《义和团档案史料》上册，4页，北京，中华书局，1959。

② 山东历史学会：《山东近代史资料》第3册，183—184页，济南，山东人民出版社，1961。

人,特别是占据山东的德国人飞扬跋扈,不可一世。原本只承担传播福音的外国教会也开始渐露骄姿,他们不是感化教民、传播福音,且不分良莠,致使一些流氓无赖为着自己的私利,也跻身于教会中充当教民,寻求保护。当这些不法教民与中国民众发生冲突的时候,教会并没有秉公处理,而每每袒护教民。此点正如山东巡抚李秉衡所调查的那样:"自西教传入中国,习其教者率皆无业莠民,借洋教为护符,包揽词讼,凌轹乡里,恃作爪牙。凡遇民教控案到官,教士必为间说,甚已多方恫喝;地方官恐以开衅取戾,每多迁就了结,曲直未能胥得其平,平民饮恨吞声,教民愈志得意满。久之,民气遏抑太甚,积不能忍,以为官府不足恃,惟私斗尚可泄其忿。于是有聚众寻衅,焚拆教堂之事,虽至身罹法网,罪应骈诛而不暇恤。是愚民敢于为乱,不啻教民有以驱之也。"[①]应该承认,李秉衡的这些分析是合乎情理和事实的。教会的不公,无疑加深了大刀会与教会之间的冲突,且积怨太深,遂至一发而不可制。

1896 年 6 月,江苏砀山县(今属安徽)刘隄头村教民凭借教会方面的势力无理抢割平民地里的庄稼,双方发生械斗。当地大刀会集合 1 000 余人,焚毁了刘隄头教堂以示惩罚。邻近数县的大刀会众闻讯后群起声援,先后焚毁、捣毁教堂 20 余处。刘士端还派单县大刀会会众 1 000 余人赶赴江苏助战。在山东、江苏交界的马良集,他们捣毁了当地的官署,焚毁教堂,并与清军展开了激烈的战斗。

砀山县的大刀会首领庞三杰闻讯后联络山东大刀会以及牛金声(一作尤金声)、彭桂林、韩秉义、陈玉得、刘仲文等首领,率众前往单县及江苏丰县戴套楼等地找教民复仇,砸毁一些教民家中的家具,并焚烧了薛孔楼洋学等。由此引起清廷的注意,谕令两江总督刘坤一、山东巡抚李秉衡各派队伍,速往镇压。[②]

庞三杰起事之初,率众不过四五百人,他们的活动区域主要集中在苏鲁交界的马良集等地。刘坤一与李秉衡派出的官兵与大刀会在马良集等地鏖战数次,先后杀伤大刀会众 800 余人,彭桂林、刘士端、曹得礼

---

① 《山东巡抚李秉衡折》,见《义和团档案史料》上册,5 页。
② 《清德宗实录》卷三百九十一。

等首领先后被捕,残部千余人继续活跃于山东、河南、江苏三省周边地带。①

曹州、单县的大刀会斗争是甲午战争之后山东地区第一次规模较大的反教会斗争。这次斗争尽管时间不算太长,尽管遭到了清政府的无情镇压,但它对山东地区正在兴起的反洋教斗争,对于义和团运动的进一步展开起到了相当重要的影响。

山东巡抚李秉衡在对大刀会进行严厉镇压的同时,也曾对山东民间结社的兴起给予高度关切,派人深入了解、调查这些民间秘密组织的情况。当他了解到这些民间秘密结社的情况,尤其是其政治诉求之后,一般地说,他在执行朝廷的政令实施坚决镇压的同时,也对这些民间秘密结社给予相当的同情,期望这些民间秘密结社能够成为清政府解决民族危机时一种可以利用的民间政治力量或外交谈判时的政治砝码。

李秉衡一方面比较清楚地看到这些农村民间秘密结社的主要目的是为了对付外国教会在广大农村的非法行为,因此当官府的力量尚不足以从体制上、实力上制约外国教会在中国的不法行为的时候,这些农村中的秘密结社对于平衡民间社会的结构显然是一种比较有效的自发自治组织,一般说来,并不会对社会的稳定,尤其是不会对官方的政治统治构成多么大的危害。另一方面,他也注意到这些民间秘密结社虽然受到先前白莲教等民间秘密教门的影响,其前身虽然具有反对清朝政治统治的性质,但到了他们这一代传人——义和拳——则性质大为改变,义和拳不仅不再是清朝政治统治的异己力量,而且因其以"扶清灭洋"相号召,反而是清政府进行对外斗争时可以利用的一种民间势力,是可以在与外国列强进行外交交涉时进行谈判的一种政治砝码。因为像李秉衡这些的官僚虽然害怕列强,但他们对列强的飞扬跋扈、指手画脚的行为也总是有些不情愿的。

基于这种认识,包括李秉衡在内的山东几任巡抚对义和拳、大刀会等民间秘密结社进行镇压时,就远不如甲午战争之前清政府对待民间秘密结社那样严厉。如,李秉衡在处理这些事件时,就采取了区别会与

369

① 刘亦水:《山东义和团运动概述》,载《山东省志资料》1960 年第 2 期,57 页。

匪、首与从的关系，对不同成员采取了不同的镇压、安抚政策。对于那些不愿屈从的"悍匪"，李秉衡进行了残酷无情的镇压；对于那些并无政治主见的一般"会匪"，李秉衡则采取了较为温和的处理措施。一般说来，对于大规模武装抗拒者严行剿办，对为首者予以严厉查拿，但对一般会众，则晓谕其解散，既往不咎；对那些能够与官府合作，"但若能悔罪出会者，准其自新"。其结果，"在会者闻朝廷法外之恩，多能洗心革面；其顽梗抗拒者，又即迅速捕获悉与歼除。"①

李秉衡这种区别对待处理民间秘密结社的方法收到了一定的效果，在某种程度上使民间秘密结社得到了一定程度的控制。这种方法既为他的继任者们所仿效，也是清廷在向外国宣战前对付山东、直隶一带义和团的一般方针。

毓贤在处理济宁红拳反教会斗争时说过这样的话："平民学习拳棒，多系自保身家。惟前受教民欺诈太甚，加之外来匪徒乘机煽惑，遂各怀报复之心。"待到朱红灯的神拳起事的时候，毓贤更明确指出："山东民情强悍，因屡受教民欺侮，积不能报，多习技勇自卫身家，其事容或有之。至于聚众逞凶，只是外匪乘民教不和，从中挑衅生事。"他甚至把那些反洋教斗争的拳民说成是"冒称大刀会、义和拳等名目"进行捣乱的"外来游匪"，②以此为大刀会、义和拳开脱和正名。

在毓贤这种指导思想的影响下，一些地方官对于当地民众反对教会的斗争也尽量予以掩盖，实在掩盖不住，就指责是那些"外来匪徒""假托"拳会之名而捣乱。这在某种程度上纵容或支持了义和团运动的发生。

与李秉衡的"会匪区别"的政策相比，毓贤的办法显然更进一步。他不仅认为应该区分会与匪，而且从根本上否认拳会是反洋教斗争的发起者和组织者。他的目的一是要以镇压"外匪"的名义镇压大规模的反洋教斗争，把人民自发地反对外来侵略的斗争限制或纳入官方许可的轨道上；二是在镇压的同时避免过分损伤人民群众反对外国教会势

---

① 《山东巡抚李秉衡折》，见《义和团档案史料》上册，5 页。
② "中央研究院"近代史研究所：《教务教案档》第 6 辑，152 页，台北，1980；中国社会科学院近代史研究所等主编：《筹笔偶存》，41—42 页，北京，中国社会科学出版社，1983。

力的热情和力量,并以此来抵制教会势力的过分嚣张,平衡民间力量,维持社会稳定。

基于这种考虑,毓贤在镇压人民反洋教的斗争时,也同样采取了"惩首解从"的方针,对那些不堪教民欺侮投身拳会进行斗争的平民,毓贤要求要"分别良莠,悉令解散",不要因少数人的不法行为而扩大打击面,以免事态的进一步扩大。

显然,毓贤的这种政策并不仅仅是因为拳民人数众多,"如不分别对待,诚恐株累太多",①当然也不是因为担心老百姓"一旦不能忍受,势必铤而走险,溃川决防,不可收拾",②而是因为在他的思想深处,深感仅仅凭借政府的力量并不足以与洋人进行交涉,并不足以抗衡飞扬跋扈的外国教会,因此他真诚地希望在一定程度上保护拳民的积极性和反抗外来侵略的热情,在主观上有利用拳民的力量以与外来势力相抗衡的政治或外交目的。于是,他的这种政策在客观上起到了支持和纵容义和团进一步兴盛的效果。

义和团之所以在那么短的时间里迅速发展成长,除了官方的纵容、默许、支持外,也与官方试图将他们"官方化"有关。据记载,在义和团兴起之初,山东当局在采取"会匪区别"和"惩首解从"的政策外,也确曾希望将这一民间自发的反对外来侵略的力量官方化,采取了所谓改拳为团的特殊政策。1898 年 6 月 30 日,山东巡抚张汝梅上奏清廷,称正在山东、直隶交界处活跃的义和拳实际上是清朝咸丰、同治年间创立的乡团,因此他建议清廷充分考虑"化私会为公举,改拳勇为民团"的建议,适时决定"督饬地方官吏剀切劝谕,严密禁察,将拳民列诸乡团之内,听其自卫身家,守望相助"。③ 这样,就可以将民间的力量纳入官方的轨道,利用这些力量以与外来势力的压迫进行有序的斗争。

张汝梅的建议得到了清廷的默许,于是"改拳勇为民团"便成为山东地方当局对待义和团、大刀会的一般方针。至 1898 年 11 月,清廷又将这一方针推广到直隶、奉天等地,这些地区的许多拳会会员都被政府

---

① 《筹笔偶存》,45 页。
② 《教务教案档》第 6 辑第 1 册,241 页。
③ 《义和团档案史料》上册,15—16 页。

强制收编为乡团,使这些原本民间自发的秘密组织公开化、官方化。

毓贤出任山东巡抚后,继续执行张汝梅的这一方针。他一方面禁止民间私立大刀会、义和拳等名目的拳会,一方面命令地方官员认真稽查,"凡属私团,概行归官督率办理",以杜流弊;①他企图以官办的方式将这些民间自发组织转换成为政府所能掌控的一支力量,以消弭或限制民间秘密结社所进行的无序的反教会斗争。

"改拳会为乡团"的政策在最初阶段确实收到了一定的效果,山东等地的秘密结社在这一政策的影响下确实在一定程度上得到了遏制。然而,这一政策的主观目的不是为了从根本上消除民间秘密结社的存在和民间秘密结社产生的土壤,而是期望通过这一政策将民间的反抗外来侵略的力量整合为政府所能凭借的工具。于是,这一政策所带来的另一后果必然是,民间秘密结社并不因为"改拳会为乡团"的政策推行而得以消弭,相反却因这一政策所提供的空间与容忍而以不同的形式得以扩大和兴盛。大刀会、义和拳、神拳等都在这一政策的影响下相继兴起,其斗争的规模越来越大,越来越超出政府所能够控制的范围。清政府本想利用这些民间的力量与外国势力相抗衡,不料这些民间力量一旦真的成长壮大之后,便极容易脱离政府所确定的轨道,成为政府的异己力量。

不过有一点必须指出,义和团在山东的势力和影响越来越大的另一个原因是外国势力特别是列强驻北京的公使们过于偏袒传教士和那些中国教民,举凡发生民教冲突,公使们就听信传教士和教民的一面之词,一味向清政府施压,特别是德国公使,为了掩饰其抢占胶澳的卑鄙事实,不断地向清政府寻找借口,甚至不惜制造谣言以影响舆论。这样一来,深悉真相的中国地方政府在不得不承受外交压力的同时,也理所当然地对中国民众产生一种同情,对外国势力尤其是利用外国势力压迫清政府的那些所谓的中国教民深恶痛绝,于是矛盾越积越深。这一点诚如山东巡抚张汝梅1898年2月20日致盛宣怀信中所说的那样,在山东境内,中德冲突越演越烈,而我政府迄今并没有引起足够的重

---

① 《筹笔偶存》,42页。

视,一味听从德国人的摆布。德兵占据胶澳,将及两月。巨野教案一月前早已办结,而德国方面忽借口曹州又有欲杀洋人之事。实际上,据该道、府、县禀报,全属捕风捉影之谈,简直就是以势力相凌,故意与我为难。胶澳为南北洋之枢纽,事关全局,如果处理不当,后果不堪设想。因此他建议政府应该坚持定见,维护中德之间已经达成的诸多谅解。他还告诉盛宣怀,在山东,不仅德国人飞扬跋扈,而且英国等国家的人也仗势欺人,无视中国的主权与文化传统。如,英教士至曲阜欲游览文庙,守门者以无人带领相阻,致彼此口角。英领事不明真相,竟相信英国传教士被戕害的谣言,向清政府提出抗议。"似此无中生有,令人应接不暇,交涉事何从措手? 真令人闷损!"①在这样一种委屈心情的支配下,怎能指望中国地方官员一味如列强所期待的那样不分青红皂白地去镇压自己那些可怜的同胞呢?

山东历任巡抚李秉衡、张汝梅、毓贤等之所以对大刀会、义和拳等民间秘密结社采取有限的镇压政策,除了他们个人的思想认识、主观愿望外,更多的是因为当时的历史条件使然,是清廷在外国教会势力、外国政治势力、地方统治势力以及民间反抗外国压迫的势力多种因素中平衡的结果。按照清政府统治者的认识,当外来压迫日益严重的时候,不妨有限度地利用民间力量予以制衡。毓贤就曾明白无误地说过,"当此时局艰难,外患纷沓之际,当以固民心为要图",②试图以民间的自发力量平衡中国与外国之间的矛盾。他们甚至认为,此时如果对民间秘密结社的活动采取严厉的镇压措施,"若必概行拿禁,是即为渊驱鱼,为丛驱雀,必尽成教民而后已。其将何以立国?"③在弱势的中国面对西方列强的时候,这些首当其冲的政府中人自然知道仅仅依靠政府的力量去与外国进行交涉是无力的、无效的,因此他们不希望将这些民间力量推到敌对的方面,而希望利用这些反教会的民间力量去制衡外国教会的嚣张,遏制列强在中国的贪婪和野心,"岂知今日时势,不仗兵力而

---

① 《张如梅致盛宣怀函》(1898 年 2 月 20 日,济南),见《义和团——盛宣怀档案资料选辑之七》,1—2 页。
② 《筹笔偶存》,45 页。
③ 《御史郑炳麟折》(光绪二十六年四月初三日),见《义和团档案史料》上册,84 页。

仗民心;各国之觊觎而不敢遽动者,亦不畏兵力而畏民心。"[1]民心既然可用,他们便没有将之彻底镇压,平白无故将他们推到敌对方面去的道理。这就是义和团运动之所以在清政府专制集权统治下得以兴起、发展、兴盛的根本原因。

继曹州、单县大刀会的斗争之后,冠县义和拳领导的反洋教斗争也相继展开。冠县的反洋教斗争始于梨园屯教案。而梨园屯教案的起因也是由民教经济纠纷酿成的。1873年(同治十二年),民教双方开始争夺冠县梨园屯玉皇庙地基,此后相持多年。甲午战争后,冠县、威县一带逐步形成以威县沙柳寨梅花拳第十四辈传人赵三多及梨园屯"十八魁"首领阎书琴等人为头领的拳会组织,他们同受法国保护的天主教方济各会相对立。1897年3月24日,赵三多、阎书琴传帖集合直隶威县、曲周、清河、南宫及山东临清、邱县等地的拳会3 000余人到梨园屯"亮拳"3天,向教会示威。27日,拳民攻打梨园屯玉皇庙教堂工地,死教民1人。

纠纷发生后,山东东昌府知府洪用舟前往调解,赔款缉凶,将玉皇庙地产充公。至于教堂用地,由官府另行解决。按理说,这一解决方案照顾了双方的分歧。然而,到了同年10月,德军强占胶州湾之后,时局动荡,方济各会主教马天恩反悔,推翻原议,坚持拆毁庙宇,索讨原基地,致使拳会与教会的冲突再次发生。

冲突发生后,洪用舟于1898年2月28日率兵勇赴梨园屯镇压,击毙一名拳民,枪伤阎书琴,并将庙宇拆毁,将原基地归还给教会。这种处理方式当然引起了当地拳会及村民的严重不满。再加上当地那时又出现"要来洋兵"的传言,冠县、威县一带的拳民迅速集结,并与外地的拳会取得了联系。洪用舟闻讯后传见赵三多,劝告他不要用梅花拳传单聚众,扰乱秩序。考虑到可能产生的后果,赵三多为其活动牵涉梅拳各支计,以所属梅拳联合其他拳会、民众,打出"义和拳"的名号。"自是以后,各路拳民间或聚会亮拳,遂讳言梅拳,仍旧立义和名目。"[2]由此揭开了义和团运动的序幕,直接推动了山东乃至全国反洋教斗争的深入发展。

---

① 《给事中胡孚辰片》(光绪二十六年三月二十九日),见《义和团档案史料》上册,83—84页。
② 《教务教案档》第6辑第1册,236页。

3月,阎书琴、赵三多再次以义和拳的名义传单直隶、山东、河南、江苏等地,呼吁"毁教灭夷",各地拳会数千人闻讯赶往冠县梨园屯援助,并焚毁附近教堂。新任冠县署知县曹倜软硬兼施,一面劝谕赵三多"解散徒众",一面调集马队攻剿坚持斗争的义和拳余众。[①]

曹倜的手腕使义和拳活动一度消沉,然而法国公使却不就此满足,一再要求总理衙门威逼山东当局严禁拳会,妥善处理梨园屯方济各会的损失,并指名索要"十八魁"。7月,山东洋务局与方济各会主教马天恩就教会损失的赔偿问题达成妥协,由洋务局赔银两万两,严缉"十八魁"。梨园屯教案似乎就此可以了结,然法国公使步步进逼,仍坚持抓获"十八魁"始能销案。

10月中旬,姚文起以山东文武衙门出票要拿拳民,传帖聚众;又因驻临清小卢防勇至沙柳寨撼拿牛肉,与拳民发生冲突,姚文起遂于10月25日与阎书琴等并威县二门拳民至沙柳寨,拥赵三多到冠县蒋家庄。第二天在蒋家庄马场众人祭旗起义,聚众2 000余人,用头帕和长靴作标记,主要武器为火枪或长矛,旗号"扶清灭洋",公开打出与列强为敌的旗帜。

义和拳蒋家庄起事之后,拳民们首先攻打了冠县、临清交界的黑刘村教堂和红桃园教堂。队伍也随之扩大,活动区域遍及直隶曲周及山东临清、邱县一带,声势浩大,威震四方。

蒋家庄起事引起了清廷的高度关注,清政府急电直隶总督裕禄、山东巡抚张汝梅加速镇压。裕禄、张汝梅遂派两队人马,分路围剿,擒获义和拳早期首领姚洛奇等数十人。义和拳受到一定程度的打击,部分义和拳的拳民在首领赵三多的率领下主动北撤,继续进行一些小规模的反教会的活动。

当冠县义和拳起事发生后,与此邻近的高唐、恩县、茌平、临清、平原一带的拳会及其他民间秘密会社组织在其影响下也纷纷起事,反教会的斗争此起彼伏,声势浩大,并由此逐步形成以朱红灯为首领的、具有山东全省规模的义和团。

---

① 曹倜:《春草堂笔记》,见中国社会科学院近代史研究所近代史资料编辑组编《义和团史料》上册,267—269页,北京,中国社会科学出版社,1982。

朱红灯本名或为朱红登,因自称为明朝皇帝朱元璋的后裔,故有人称其为"朱红灯",或"朱逢明",暗示其具有"反清复明"的寓意。朱红灯家无亲属,只身游荡,稍有文化,略通医道。1898 年春,朱红灯因避水灾来到长清县大李庄(今齐河县)舅父家,以卖药行医为生,并兼设坛练习神拳,招收门徒,也是为了补贴生计。由于朱红灯略通医道,且自称其拳术得自神授,可打击洋教,故其名声越来越大,活动范围也旁及周边一些地区,追随者越来越多。后来由于其受挫于当地民团,转移到山东茌平县五里庄。遂以茌平为基地,发展组织,训练拳众,从事反教会的政治宣传。与此同时,朱红灯的神拳注意与当地及外地的各路神拳的联合,期望能够互相声援、互为支持。这样,在朱红灯的领导下,茌平的反教会力量迅速壮大,在全县 860 个自然村庄中,几乎都设有供拳众练拳的专门场所。

1899 年 9 月,平原县杠子李庄神拳与教徒冲突,该县知县蒋楷率勇役前往该庄捕拿拳民六人,激起众怒。幸得逃脱的该庄神拳首领李长水遂邀朱红灯相助复仇。仗义行侠的朱红灯义无反顾,慨然答应。10 月 9 日,朱红灯联合高唐、茌平、长清等地的拳民数百人前往平原县杠子李庄支援,又传帖邀请附近拳民相聚。由于朱红灯的名声甚大,几天后,平原、恩县的神拳以及曹州府的大刀会等先后赶来,参加到朱红灯的队伍中。

11 日,知县蒋楷闻讯率捕勇数十人前往杠子李庄捕拿。朱红灯闻讯,将旗号并不统一的各路拳民集中改编成"义和拳",竖起"天下义和拳兴清灭洋"的旗帜。[①] 这些拳民在朱红灯的指挥下,"轮伏轮起,轮退轮进",[②]在杠子李庄大败前来镇压的捕勇,击毙官兵二名,击伤数人,蒋楷率兵仓皇退出,朱红灯的名声由此更加响亮。于是,朱红灯决定乘胜追击,17 日,率众攻打恩县刘王庄、庞庄两个教堂,后驻扎于距平原县城 18 里的森罗殿。各地拳民陆续前来参加,人数扩大到数千人。

朱红灯起事震动朝野,山东巡抚毓贤速派官兵前往镇压。18 日,朱红灯的队伍在森罗殿一带受到清军的三路围攻,激战数小时,互有伤亡,情形十分危急。

---

① 光绪二十五年十二月初十日《汇报》,146 号。
② 蒋楷:《平原剿匪纪事》,见中国史学会编《义和团》(一),356 页,上海,神州国光社,1953。

面对这种险境,朱红灯沉着应战,集中兵力猛攻中路清军。经过激烈的战斗,中路清军终于溃退,其他两路清军也不战而逃。朱红灯率领拳民取得了森罗殿战斗的重大胜利。

森罗殿战斗的胜利在义和团运动史上具有重大的转折意义。通过这次战斗,不仅展示了拳民们的战斗力量,而且使山东反洋教斗争的各种力量很快地集中在以朱红灯为首领的旗帜下,并将各地的队伍普遍改称为"义和团",明确提出"天下义和拳兴清灭洋"的政治诉求,使先前组织松散、政治目标不明朗的群众性运动变得更加组织化、政治化。

在义和团主导的这场群众性的爱国运动中,民间秘密会社等团体起到过积极的组织、领导作用。但是,对整个运动而言,就整个运动的性质来说,义和团运动是一场自发的群众性运动,它既没有统一的政治领导机关,没有严密的领导体制,更没有获得大多数义和团成员拥戴的具有绝对权威的领导人。

就义和团的组织形态而言,它的组织结构比较松散,他们虽然在一些重大的战斗战役中能够紧密团结、相互配合,但他们基本上没有上下级的直接隶属关系,而大多是以自然村为基本单位,多者百人以上,少则二三十人不等。各个自然村设立坛口或拳场,由武艺高强或威望较高、入道较早的人出任首领。这些人一般被称为大师兄、二师兄等等,具有浓厚的宗法社会色彩及秘密结社的特征。

在各个自然村暨各个坛口、拳场之上,有的地方也有某种程度的、不同形式的联合。这时联合起来的几个或几十个坛组成一个总坛,其首领一般被称为"老祖师"。

当义和团发展到直隶之后,他们的组织形式较先前稍有改变,相互之间的关系也由先前过于松散的状态变得稍微系统和紧密。平时各坛之间尽管没有上下隶属关系,在组织上互相独立,但当遇到一些大的战斗或某些特殊需要希望联合时,他们往往通过揭帖聚合,将几个坛组成一个团,然后以八卦中的某一卦名为团名,比如乾字团、坎字团等等。

第三节　卜克斯事件与公使同盟的建立

　　清政府尤其是山东地方官员对民间结社的纵容、默许和支持,有利于巩固清廷的政治统治,在一定意义上带有抵制列强干涉的意图,有利于平衡中国与外国的政治、经济冲突,但不利于外国教会在中国的发展,在某种程度上影响了列强在中国的利益。因此,列强对于各地不断发生的焚毁教堂、打击传教士的事件极为关注。在华北,特别是山东等地有较大利益的英、美、法、德四国公使不断地向清政府提出抗议,进行交涉,要求严惩义和团和撤换那些镇压、惩处义和团不力的地方官吏。列强此时并不太主张出兵直接干预义和团事件,他们认为那样做可能会得不偿失,此时基本上倾向于依靠清廷自身的力量控制义和团的发展,以保障他们的在华利益。正是在这种政治背景和外交压力下,清廷不得已在那么短的时间里接连撤换了三任山东巡抚。

　　清廷连续撤换山东巡抚是向列强作出的有限让步和友好姿态,但这三任巡抚却因个人的政治信仰或某种特殊的政治背景,并没有如列强所愿,有力地镇压不断发展的民间拳会,比较有效地保障列强的在华利益。各国公使和清政府内部的许多人都已经清楚地看到,义和团的活动在这三任巡抚的统治下不是减少了,而是增多了;不是消失了,而是扩大了。到 1899 年的下半年,整个华北地区特别是山东的事态越来越严重,于是列强向清廷建议撤换山东巡抚毓贤,并提议由颇具实力和政治手腕的袁世凯接替,以便尽早平息义和团事件。[1]

---

[1] 史学双周刊社:《义和团运动史论丛》,1 页,北京,生活·读书·新知三联书店,1956。

1899 年 12 月 6 日,清廷将山东巡抚毓贤调离,任命袁世凯代替毓贤署理山东巡抚。12 月 26 日,袁世凯率领他的数千名新建陆军来到济南上任。第二天,袁世凯颁布了措辞强硬的《禁止义和拳匪告示》,对义和拳民大肆恐吓,扬言各地义和团众如不听从他解散、自新的命令,他必将派军队严厉镇压,不分首从,格杀勿论,决不姑息。另一方面,袁世凯也听从重要谋士徐世昌的建议,对义和团众采取安抚政策,以奖励"献首"、自新为诱饵,对义和团众进行分化、瓦解,以为"先以解散晓谕为主,次则缉其匪首,以清祸根;如再抗拒不散,再派兵弹压;倘来格斗,再相继击歼"。如此办法,"以可谓格外慎重"。[①]

在袁世凯剿抚兼施政策的影响下,山东的义和团运动确曾受到了重大挫折,大批义和团首领被杀害,许多义和团队伍被迫解散。为数不多的几支坚持斗争的义和团队伍处境艰难,山东的义和团运动由此进入了低潮。

不过,袁世凯没想到的是,上任不几天,由于他的强硬政策导致了一名英国传教士被杀害,并由此深刻影响了后来的政治走势。

1899 年 12 月 30 日,英国传教士卜克斯不听从当地官员的劝告,执意"在骚乱的情况下到乡间去旅行","看来卜克斯一定是蓄意进入了一个(他已经受到警告不得进入的)村子,而且拒绝派警卫和他一起进村"。[②] 显然,卜克斯是一个典型的宗教狂热分子,他在心理上早已做好了为传教事业而献身的准备。所以,当他执意进入那个村子之后,他毫无恐惧,竟然不顾这个村子里反基督教的狂热气氛,异想天开地到那些小酒馆试图劝说这些狂热的反基督教村民皈依基督教。于是,最后的结果可想而知,他被村民抓起来。卜克斯不是采取宗教劝说的方式,劝告对方放下武器,反而有意动武,结果被轻易制服。[③] 鉴于袁世凯刚刚颁布的严厉镇压措施,村民在第二天索性将卜克斯斩首,将他的尸体

---

① 《袁世凯致徐世昌函》,载《近代史资料》1978 年第 2 期,19 页。
② 罗·满乐道来函(1900 年 1 月 16 日),见[澳]骆惠敏编《清末民初政情内幕——泰晤士报驻北京记者、袁世凯政治顾问乔·厄·莫理循书信集》上册,162 页,北京,知识出版社,1986。
③ 《署理山东巡抚袁世凯折》(光绪二十六年二月十五日),见《义和团档案史料》上册,66 页。

扔入沟中,以便销毁罪证,免遭惩罚。[①]

卜克斯不是在中国被杀害的第一个传教士,但这一事件的特殊性和全部意义只在于卜克斯是英国人。英国公使窦纳乐1月2日收到鲁北平阴教会通过此地英国国教会史嘉乐主教的报告,获知卜克斯在山东肥城附近被义和团袭击、伤害和逮捕的消息后,当然感到非常震惊。他立即委派助理中文秘书柯韪良将这一情况向总理衙门做了通报,并要求清政府向山东巡抚袁世凯发出紧急电令,指示袁世凯务必采取一切措施迅速处理这一事件,特别是使卜克斯尽快获释。

总理衙门的章京们接待了柯韪良,听取了他的通报,同时也通过柯氏转告窦纳乐,总理衙门已经通过自己的渠道得到关于这个事件的消息,并且已经向山东巡抚发出电报询问详细情况。他们答应将窦纳乐的通报尽快转给各位大臣,并发出另一份电报。章京们还告诉柯韪良,新任巡抚袁世凯已经抵达省城,并接印视事。

第二天,窦纳乐亲自前往总理衙门探寻消息,总理衙门的大臣们告诉窦氏,袁世凯已经按照总理衙门的指示迅速采取了行动,以便卜克斯神甫能够顺利获释。可是他们于当天早上刚刚收到袁世凯的电报,称奉派赶往肇事地点的候补知府到达肥城后,发现卜克斯神甫已于被捕的第二天即12月31日不幸惨遭杀害。总理衙门向他表示清政府的深切惋惜。

鉴于卜克斯神甫不幸被杀害的事实,清政府于1月4日发布上谕,一方面向英国政府表示"殊深惋惜",一面命令袁世凯速将那些疏于防范的地方各员先行参处,限期缉拿凶犯,务获惩办,以靖地方而敦邻好。[②] 在发布上谕的同一天,清政府还利用一年一度新年拜会的惯例,委派总理衙门大臣王文韶等高级官员专程前往英国公使馆,当面就卜克斯事件向窦纳乐表示歉意,寻求英国方面的谅解。

清政府的外交努力比较有效地化解了英国驻华公使窦纳乐因卜克

---

① 综合各方面的资料,卜克斯于1899年12月30日被逮捕,第二天即1899年的最后一天(12月31日)被杀害。参见《窦纳乐爵士致索尔兹伯理侯爵函》(1900年1月5日),见胡滨《英国蓝皮书有关义和团运动资料选译》,3页,北京,中华书局,1980。关于卜克斯被杀的细节,还可以参见相蓝欣《义和团战争的起源》,142—143页,上海,华东师范大学出版社,2003。

②《清德宗实录》卷四百五十六。

斯事件而产生的愤怒,窦纳乐虽然在此事发生之初联合各国驻华公使向清政府提出过强烈抗议,但他在清廷外交努力之后的当天向本国政府汇报此事时多少已经显得比较平和了。显然,在窦纳乐的认识中,卜克斯的遇害只是一个偶然的事件,卜克斯本人对此也应该负有责任,他根本不应该在骚乱的情况下到乡间去旅行。① 窦纳乐相信在袁世凯的认真治理下,义和团事件极可能会因为这个偶然事件的发生而很快结束。

袁世凯对义和团的镇压只代表清廷内部一部分人的主张,并不能从根本上改变先前清廷对义和团以安抚为主、以剿灭为辅的既定政策。1月6日,窦纳乐前往天津,希望与直隶总督裕禄直接会晤,以促使地方官员认真履行光绪皇帝在上谕中的承诺。裕禄在8日与窦纳乐的会见中明白告诉窦氏,他完全了解局势的严重性,但是处理义和团的困难在于,这些所谓的义和团是由小股农民组成的,每股二三十人不等。当军队逼近他们的时候,各股便分散开来,农民们重操平时的职业。在过去的十天中,当场捕获了两股,并且已从严处理,杀死了一批人,其中包括两个首领。窦纳乐对直隶总督的努力表示赞赏,但他也向直隶总督指出,并非杀死少数受骗的农民就会制止这些"横暴的可耻的行动",而是要严惩地方官,他们是真正应当承担罪责的人。②

窦纳乐的提示其实也是清政府的既定政策,包括裕禄、袁世凯在内的一线官员并不以捕杀一般农民为满足,他们当然知道"惩办匪首,以清祸源,实为扼要办法",③期待将"匪首"缉拿归案,"以期早日安静"。④无奈,直隶、山东的情形根本不容乐观,且有越来越糟之势。1月9日,窦纳乐收到英国国教会驻泰安主教伯夏里转来的电报,称"前景极为黯淡;每日发生抢劫;危险持续不断;查禁的谕旨已发布;军队已到,但无用处;泰安府地方官员毫无作为;朝廷密令予以鼓励"。这份电报引起

① 《罗·满乐道来函》(1900年1月16日),见《清末民初政情内幕》,159页。
② 《窦纳乐爵士致索尔兹伯理侯爵函》(1900年1月16日),《英国蓝皮书有关义和团运动资料选译》,8—9页。
③ 袁世凯致直隶总督裕禄电,见北京大学历史系中国近代史教研室编《义和团运动史料丛编》第2辑,73页,北京,中华书局,1964。
④ 直隶总督裕禄致袁世凯电,见《义和团运动史料丛编》第2辑,73页。

了窦纳乐的高度关切,于是他在1月11日会见总理衙门大臣时,以最严重警告的词句告诉总理衙门大臣,虽然他不能相信关于朝廷确有密令的谣言是可能的,可是仅就这些谣言的流传这件事,便说明了地方政府的行为给予公众的印象。窦纳乐对山东地方官员的行为表示强烈的抗议,他认为目前所有的困难都能够追溯到前任巡抚毓贤的态度上,正是毓贤暗中鼓励了以"义和拳"著称的会匪。① 窦纳乐反复向总理衙门的大臣们指出,在清政府下决心处理此类案件中的高级官员之前,这些暴行是不会停止的。

对于窦纳乐对山东地方官员"不作为"的指控,总理衙门的大臣们作了相应的解释。他们的理由是,这些地方的官员困难很大,在山东许多地方引起骚乱的主要原因,是由于教徒与一般老百姓之间存在着恶感。这种恶感的发展导致暴徒成群结队,他们使基督教徒和其他老百姓都同样受到折磨。地方官员们至今没有足够的力量以应付如此普遍的一次起事,但是既然袁世凯和他的部队已被派往该省,相信在袁世凯的治理下,山东省的秩序应该很快能够获得恢复。②

袁世凯一味迎合列强和传教士的需要所采取的强硬立场,曾在清政府内部引起强烈的反弹。一些御史指责袁世凯在山东的强硬镇压,加剧了山东的民教冲突和官民冲突;③有的御史认为,袁世凯的强硬政策迫使那些村民畏惧官府的严惩,只好将卜克斯杀掉以毁灭证据,逃避惩罚。④ 这些御史的说法多少有点道理,清廷对待日益猖獗的义和团活动特别是民教冲突,应该分清是非,不能一味地偏袒那些狂热的传教士,更不能一味地、不分青红皂白地屠杀中国民众。

御史们的建议引起了清廷的重视。清政府于1900年1月11日发布上谕,要求各地督抚在对义和团进行镇压的时候,不可将那些集众习武者盲目地视为会匪,不要扩大打击面,若安分良民,或习技艺以卫身

---

① 公使们对毓贤的指控应该说是事实,接替毓贤出任山东巡抚的袁世凯到任之后就说过:"东省民教不和,大半由于地方官办理未能持平。前任(毓贤)自己怕洋人而煽动百姓与人闹事,未免太左。"可见,即便中国官员也对毓贤的做法不以为然。见《袁世凯致徐世昌函》,载《近代史资料》1978年第2期,19页。
② 《窦纳乐爵士致索尔兹伯理侯爵函》(1900年1月17日),《英国蓝皮书有关义和团运动资料选译》,6—7页。
③ 《御史熙麟折》(光绪二十五年十二月初三日),见《义和团档案史料》上册,46—47页。
④ 《御史高熙喆折》(光绪二十五年十二月初五日),见《义和团档案史料》上册,48—54页。

家,或联村众以互保闾里,是本着守望相助之义。各级各地官员若遇有民教冲突,万不可良莠不分,而应持平办理。① 据外国人的理解,这是晓谕各省巡抚等地方官员对待民间秘密结社分子要采取温和的态度,"首要的是不要惩罚一个无辜的人,不论他干过什么"。② 各国驻华公使对清廷的这道上谕非常不满意。美国公使明确表示,对于这道上谕"奇怪的措词,我个人是有些担心的";法国公使认为,这道上谕所使用的词语"含糊不清,模棱两可""语义双关";③英国公使担心这道上谕有可能被解释为对义和拳之类的结社予以宽恕,有鼓励义和团运动的倾向。

公使们的担心是有道理的。当清政府在御史们的压力下发布上谕,强调"化大为小,化有为无",并指责袁世凯"意气用事,徒恃兵力"之后,也确实一度深深打击了袁世凯的锐气。袁世凯抱怨称,这些指责未免来得太早,"东省事如何办起,只好暂作停顿"。在他的示范效应下,地方官禀遵"京官之奏,均不敢派兵剿除,胥役又不能捕,未知闹到何时始能了事。前任(毓贤)一味纵容,并出讽煽。匪民自谓奉管所允,又为法所不禁。兵吏均不敢避前,安得不猖獗也。"于是,在袁世凯剿抚并用策略的打击和分化下,本已开始消散的义和团却又蠢蠢欲动,"初起时专掠教民,尚有良民附和之者。近则掠及良善,绑票勒赎,专以抢掠为生计。良民由集团协捕者。现平民已知其为匪,有业者各归农田,只剩数十悍匪,随处纠合无赖少年,或百余人,或数十人,任意抢掠,直掠至距省卅里。"④显然,正如公使们判断的那样,不管清政府 11 日上谕的出发点是什么,其客观效果确实有碍于山东、直隶地区平息义和团引起的社会动荡。

不过,英国公使窦纳乐并不准备立即就这份上谕向清政府发难,他计划如果清政府不能有效地兑现 1 月 4 日上谕中严厉镇压义和团的承诺,那么他就可以利用 1 月 11 日的这份上谕作为清政府方面缺乏诚意

383

---

① 《上谕》(光绪二十五年十二月十一日),见《义和团档案史料》上册,56 页。

② 罗·满乐道来函(1900 年 1 月 16 日),见[澳]骆惠敏编《清末民初政情内幕》上册,160 页。

③ [美]马士:《中华帝国对外关系史》,197—198 页,上海书店出版社,2000。

④ 《袁世凯致徐世昌函》,载《近代史资料》1978 年第 2 期,19 页。

的证据。① 德国公使克林德获知这份上谕之后,立即对他最亲信的部下冯·葛尔士说:"你到总理衙门去见那些庸人,问他们慈禧太后的第二道谕旨究竟是什么意思。"葛尔士到总理衙门去了,回来对克林德说:"他们肯定,太后的第二道谕旨只意味着鼓舞各社会团体实行互助保护和作些体操锻炼,绝没有伤害和平的德国人的意图。"然而,英国公使窦纳乐和其他怀有同样心情的人互相议论,他们等着瞧义和团、大刀会是否还会再伤害外国人和中国教民。他们发誓:"如果再伤害,我们真要发狂了,让他们也知道我们的厉害。"而总理衙门的官员们仍和往常一样,掩着衣袖莞尔笑。②

其实,从山东、直隶南部传来的消息和那些居住在受影响地区的外国传教士寄来的报告,都在证实着公使们起初存在的顾虑和判断。于是,1 月 11 日的上谕带来了两个实际后果:一是此后义和团的活动有增无减,加入义和团的人数也在日益攀升;二是义和团对清政府逐步建立了同情与理解,以为政府只是受到了洋人的欺诈才不得不对义和团进行象征性的镇压,这为后来义和团与清政府的结合提供了契机。所以,当时相当一部分人士都认为,清政府有意识要实行董福祥提出的要将所有洋人都驱逐到大海里的计划,而要实现这一目标,就不能不借助于义和团这个重要同盟。这一系列传言与分析不断加强了公使们的判断,这些公使为了避免最可怕的结果,遂不断加紧向清廷施加压力,不断警告清政府要尽快、彻底地镇压各地的义和团运动。

1 月中旬,被撤职的山东巡抚毓贤回到北京,他对自己在山东巡抚任上镇压义和团运动不力不仅没有丝毫表示,反而不断地向端郡王载漪、刚毅等权贵宣扬义和团忠勇可信,从而赢得了载漪等人的信任,并被慈禧太后召见,恩宠有加,并赐以福字匾额。清政府高层的这些举动无疑激怒了各国公使,他们纷纷猜测清政府的真实用意,进一步怀疑清政府允诺镇压义和团的诚意。美国公使立即向清政府提出抗议,表示担心清廷表彰毓贤的举动并不明智,这势必为社会上久已流传的清政

---

① 《窦纳乐爵士致索尔兹伯理侯爵函》(1900 年 1 月 17 日),见《英国蓝皮书有关义和团运动资料选译》,8 页。
② 罗·满乐道来函(1900 年 1 月 16 日),见《清末民初政情内幕》上册,159 页。

府将利用义和团驱逐洋人的流言"提供了理由"。①

1月23日,在华传教势力最大且负责保护传教权力的法国公使毕盛提议召开法、美、德、英四国公使会议,讨论正在中国所发生的义和团事件及其对策。25日,四国公使又在英国公使馆继续进行会商。四国公使于27日向清政府提出联合照会,认为清政府1月11日的上谕的措辞不幸造成了一个普遍的印象,即清政府对义和拳和大刀会这样的结社抱有好感,同时这些结社的成员公开表示了他们的喜悦,并且从上谕中得到鼓励,继续对基督教徒施加强暴。照会强调在山东北部和直隶中南部所存在的悲惨局势对任何文明国家来说都是一个耻辱,它是由于某些"暴徒"的胡作非为所造成的,这些"暴徒"已经联合起来,加入了分别被称为"义和拳"和"大刀会"的两个结社之中;中国地方官员们对这些结社不闻不问,而且在某种情况下予以实际上的纵容和鼓励。照会格外提醒清政府特别注意,即这些人所打的旗帜上几乎都写着"灭洋"的字样。照会强烈要求清政府立即发布一道措辞严厉的上谕,下令指名对义和拳和大刀会进行全面镇压和取缔,要求清政府在上谕中清楚地说明,凡是加入这两个结社中任何一个或窝藏其任何成员者,均为触犯中国法律的刑事犯罪。②

意大利公使也已意识到问题的严重性,所以在四国公使联合照会清政府之前或同时,也向总理衙门递交了一份照会,提出与四国类似的要求。至此,由五国公使组成的公使联盟基本形成,是此后一段时间与清政府进行交涉的重要对手。

或许是因为1月24日宣布立大阿哥引起了国内的混乱,③清政府并没有及时回答五国公使的照会。至2月21日,五国公使再次要求总理衙门予以答复,并且要求与总理衙门紧急会晤,指定庆亲王奕劻必须亲自参加。

3月2日,英国公使窦纳乐、美国公使康格、德国公使克林德、意大利公使萨尔瓦葛和法国代办唐端依然如约联合"访问"了总理衙门,清

① [美]马士:《中华帝国对外关系史》,199页。
② 《英国蓝皮书有关义和团运动资料选译》,12—13页。
③ 李希圣:《庚子国变记》,见《义和团》(一),11页。

政府参加此次会见的包括庆亲王在内的所有总理衙门大臣。英国公使窦纳乐代表五国公使向庆亲王表达了他们关于镇压义和团、大刀会的意见,重申清政府再次发布严厉镇压义和团和大刀会的上谕,并要求谕旨全文必须在公开出版的官方公报上发表。德国公使克林德强调,清政府3月1日送来的上谕虽然提到要取缔义和团,但是没有提及取缔大刀会,而这两个秘密结社必须取缔是各国的一致要求。

对于各国公使的问题及要求,庆亲王做了解释。他认为,清政府对于制止这些民间秘密结社所犯暴行的决定是严肃认真的;把上谕送交有关巡抚,将它包含在一个告示中并照此办理,比在其他官方公报上发表要更迅速和更有效得多;至于已有的上谕中之所以没有提及大刀会的名称,是因为从清政府所掌握的情况看,大刀会与义和团实际上是一个组织。

经过中国方面的解释,各国公使承认该上谕以及通过告示传播该上谕所表现出来的诚意,但是仍对总理衙门所使用的论据表示难以相信。所以,各国公使在会谈结束时仍旧将3月1日晚拟就的新照会递交给了总理衙门,以便对清政府进一步施加压力。3月7日,总理衙门以在《京报》上发表取缔结社的上谕与先例不合为由,对五国公使3月1日的照会要求予以拒绝。

3月10日,五国公使举行会议,他们一致倾向于使用更坚决的口吻重申他们已经提出的要求,表示如果清政府一旦不同意他们的要求,且形势没有得到根本改善,那么他们将建议各自的政府,为了他们的侨民、传教士在中国的生命财产而采取其他必要的措施,包括在中国北部水域举行联合海军示威的形式。[①] 五国公使将这一意见分别电告各自的政府。

五国政府没有立即同意公使们的建议,政府担心联合海军的示威有可能会进一步激化事态,不利于问题的解决,反而会影响他们的在华势力和地位。尤其是在华经济利益最大的英国格外强调这一点。英国外交大臣索尔兹伯理认为,英国在这件事情上一定要格外谨慎地处理,

---

① 《窦纳乐爵士致索尔兹伯理侯爵函》(1900年3月16日),见《英国蓝皮书有关义和团运动资料选译》,16页。

更不要妄想居于处理此事的为首地位。他还指责英国驻华公使窦纳乐，认为窦未经请示就带头发起武力威胁的提议是愚蠢之举，并要求窦暂时平静下来，拖宕此事，以免导致任何海军行动。

　　与英国政府的态度稍有不同，法国政府在接到驻华公使的报告后，似乎倾向于由列强联合起来采取军事行动。法国外交部部长戴尔卡赛3月12日对英国驻法大使爱德华·芒逊说，五国驻华公使要求海军示威的建议不可避免。因此，五国应该对此做好充分的准备。然而两天之后，法国驻英国大使向他报告，英国外交部长索尔兹伯理告知他海军示威是一危险的步骤，并告知他英国宁愿让时局进一步发展，而不愿立即采取什么行动。与此同时，法国驻华代办唐端在致函戴尔卡赛时解释道，他之所以附和其他公使的军事威胁，主要是为了不使自己与其他公使的行动相脱离。他本人的意见是，筹划一次海军行动的条件并没有成熟。根据上述报告，法国外交部长戴尔卡赛很快修正了自己的态度，他表示，法国人现在宣称示威是极严重的步骤，并电告法国驻华代表提供更多的情报。法国政府对华态度的转变还有一个重要的原因是，法国不愿得罪它的重要盟友俄国。而俄国此时的对华态度明显呈现出"温和""友善"的姿态。而法国如果附和美国、意大利等国对中国立即采取海军示威的行动，势必引起俄国人的不满。①

　　英法两国政府的态度影响了美、德、意三国政府。由此，五国公使联盟所提出来的进行海军示威的建议便被他们的政府暂时搁置起来了。

---

　　① 戴尔卡赛致孟特波罗（1900年3月13日），见李德征等《八国联军侵华史》，48页，济南，山东大学出版社，1990。

第七章
列强谋划代剿义和团
与清政府被迫宣战

　　1900 年 3 月 14 日,清政府任命毓贤为山西巡抚。各国公使得知这一消息后立即作出反应。英国公使窦纳乐声称,如果卜克斯案不能得到妥善的处理,清政府就应该对毓贤严加惩处。美国公使康格甚至在毓贤得到任命的一周前就曾向清政府提出,鉴于毓贤个人强烈的排外立场,希望清政府将来即便重新使用毓贤,也不得将其任命在有传教士活动的地区。而山西恰恰是英美传教士势力较大的地方。在列强看来,清廷的这种做法明显是对各国的挑衅,必然遭到各国公使的强烈抗议。3 月 23 日,窦纳乐致函英国外相索尔兹伯理,要求英国政府派遣两艘军舰开到距离北京最近的大沽口待命。

第一节　义和团转战京津与使馆卫队进京

对于窦纳乐的要求,索尔兹伯理表示原则接受。不过他也告诫窦纳乐,除非为了保卫英国人的生命财产,否则未经与他磋商并获得他的同意,不得轻率地使用任何武力。3月29日,英国军舰"仙女"号和"快捷"号由上海抵达大沽口外的海面。

4月7日,美国和意大利两国的军舰分别开到大沽口。12日,俄国、英国、法国、美国等国军舰在大沽海面组织了一次武装示威,以向清政府进一步施加压力。

与此同时,英、美、德、法四国公使于4月6日再次联名照会清政府,要求清政府在未来的两个月内,必须将义和团一律剿除,否则他们将派水陆各军驰入山东、直隶两省,代为剿平。

一　义和团转战京津地区

当英、美、法、德等国的公使向清政府不断施压的时候,俄、日公使几乎从来没有参与过这些抗议行动。3月中旬,五国公使建议进行海军示威的时候,俄国公使格尔思甚至表示反对。他在与窦纳乐进行私人接触时曾告诫后者,这类示威的行为不仅不会产生积极的效果,反而会带来不可预测的问题,有意阻止列强对中国进行军事示威。反过来,格尔思也对清政府提出忠告,希望清政府不要无视列强的警告,无论如何必须采取果断措施,制止骚乱,以免列强的军事干涉。4月15日及5月15日,格尔思两次通过章京联芳转告庆亲王,强调由于列强干涉,恐怕会有最严重的后果,他希望清政府不要失去时机,在义和团还没有强固和还没有在驻集于北京周围的大队士兵中获得信徒时,坚决而有力地将之镇压下去。①

俄国的建议没有引起清政府应有的警觉,列强的警告也没有引起清政府的高度警惕。日子一天一天地过去,清政府对义和团的政策依然没有根本的变化,义和团在这种暧昧的政治环境中却逐步成长壮大。1900年2月,义和团运动已经发展至天津城厢内外,每有人在南门外瑞和成机器磨坊后宽阔地方练习拳脚,河北一带亦有之。② 时署天津县令的阮国桢巡行街市,也发现在天津市区不少地方,童子三五成群练习拳术。③ 他们"痛诋洋人,仇杀教民之语日有所闻,习拳者益众"。④"官不深究,匪等愈无忌惮,沿街孩童,三五成群,无非以练拳为戏者。"⑤

在直隶固安、定县、清苑以及涿州等地亦均于2—3月间出现了义和团的活动。显然,至少从2月开始,义和团运动已经向京津一带转移,并开始影响京津地区的稳定。3月12日,直隶河间府任丘县"拳厂林立",引起了官府的注意,知府王某督同知县王蕙兰前往"劝禁",然行至梁召村时,该村义和团民千余人竟然"持械抗官",与清军发生激烈冲突,击伤千总一名。⑥ 3月下旬,天津通城贴有匿名揭帖,号召民众起来抗击洋人,并约定于农历三月初一日起事,攻打外国租界,宣称"用术将尔各教堂房屋,悉行拆毁,纵火焚烧"。⑦ 直隶静海、杨柳青等地的义和团先后与前来镇压的清军发生直接军事冲突,双方互有伤亡。

义和团在京津一带开始活动,并不能单纯地看作一种无组织的自然状态。根据清政府方面的报告,义和团在3月间确实曾经有计划地"分遣党羽在山东、直隶各省煽诱愚民","近因直隶拿办严紧,潜来近畿

---

① 张容初:《红档杂志有关中国交涉史料选译》,215页,北京,生活·读书·新知三联书店,1957。
② 《天津拳匪变乱纪事》,见中国史学会编《义和团》(二),8页,上海,神州国光社,1953。
③ 刘春堂:《畿南济变纪略》,见中国社会科学院近代史研究所近代史资料编辑组编《义和团史料》上册,327页,北京,中国社会科学出版社,1982。
④ 《天津政俗沿革记》,见《义和团史料》下册,961页。
⑤ 《天津拳匪变乱纪事》,见《义和团》(二),8页。
⑥ 北京大学历史系中国近代史教研室编:《义和团运动史料丛编》第2辑,84—85页,北京,中华书局,1964。
⑦ 《拳乱纪闻》,见《义和团》(一),108页。

一带传教惑众,行踪诡秘"。① 据御史李擢英的调查,京师义和团主要来源于山东,这大概是因为山东新任巡抚袁世凯的强行镇压,迫使义和团向京津地区转移,这些义和团"散布京城,潜通南宫、冀州一带,无知之辈,明目张胆,到处勾劝"。②

稍后,义和团便开始在京师公开出现。③ 据3月间至京师的唐晏记载,此时京师"纷传义和拳之多,几至遍地皆是。每当夕阳既西,肩挑负贩者流,人人相引习拳,甚至有大家亦为之者。且闻端邸为之倡首。又闻某处设有拳坛,其坛上但供伏魔大帝神牌,或有供鸿钧道人者。又未及,则沿街多贴有告白,仿佛希腊神话。时廷议方禁止习拳,告示皇皇,以拳为厉禁。然凡有告示处,则后必有义和拳之告白粘于其后,一若互相诘难也。"④

凡此,无疑引起各国公使的惊慌。3月22日,美国驻华公使康格赴总理衙门,通报山东等地义和团运动越演越烈的情况,并暗示清政府如果仍不认真"弹压拿办",各国将"电请本国自行设法办理"。⑤ 4月6日,英、美、德、法四国公使联名照会清政府,要求清政府务必于两个月内将义和团"一律剿除,否则将派水陆各军驰入山东、直隶两省,代为剿平"。⑥ 4月12日,英、美、俄、法四国舰队群集大沽,以武力胁迫清政府镇压义和团。

列强的不满确有事实依据。不过,如实说来,清政府除个别的官僚如端王载漪等对义和团有所偏爱外,就其整体而言,他们对义和团并非一味纵容和默许,不论是山东巡抚袁世凯还是直隶总督裕禄,他们一直奉命以强硬的手段予以镇压,举凡发现哪里出现义和团,他们无不迅速派兵"妥为弹压解散",毫不客气地将"设立拳厂,煽惑滋事首要匪犯拿获"。⑦ 然而,遗憾的是,他们的强力镇压并没有收到预想的效果,义和

---

① 《义和团史料》下册,700页。
② 《御史李擢英片》(光绪二十六年三月初六日),见国家档案局明清档案馆编《义和团档案史料》上册,71页,北京,中华书局,1959。
③ 据恽毓鼎《崇陵传信录》记载:"京师演拳,始于三月间。"见《义和团》(一),47页。
④ 唐晏:《庚子西行记事》,见《义和团》(三),471页。
⑤ 中国社会科学院近代史研究所等主编:《筹笔偶存》,188页,北京,中国社会科学出版社,1983。
⑥ 《八国联军志》,见《义和团》(三),169页。
⑦ 《直隶总督裕禄片》(光绪二十六年三月初十日),见《义和团档案史料》上册,72—73页。

团运动不仅没有因他们的镇压销声匿迹,反而在 4—5 月间迅猛发展,直接影响到京师的安全。

4 月中旬,义和团在卢沟桥至保定一线频繁活动,他们分散在附近的乡村中,并且相当成功地在当地居民中招募了信徒。义和团定期举事的匿名揭帖到处张贴,①据估计,仅仅屯扎于保定府南门外的义和团就有万余人。② 在卢沟桥的义和团百余人举行会议,并皆暗带兵器,散布揭帖,专以杀害教民、仇对洋人为词。各国公使甚至清政府都普遍担心,这些在帝国京郊活动的义和团可能很快会与京城中的外国人发生冲突。③

4 月下旬,部分义和团民潜入京师,凡遇教堂,他们遍贴揭帖,宣称现在中国的"混乱扰攘均由洋鬼子招来,彼等在各地传邪教、立电杆、造铁路,不信圣人之教,亵渎天神,其罪擢发难数","天意命汝等先拆电线,次毁铁路,最后杀尽洋鬼子。今天不下雨,乃因洋鬼子捣乱所致","消灭洋鬼子之日,便是风调雨顺之时",④鼓动民众与他们一起定期举事,攻击教堂和外国人。⑤ 4 月底,京城第一个义和团的坛口终于在东单牌楼西裱背胡同于谦祠内出现。

进入 5 月,京城内外的义和团相互配合,越闹越大。近畿一带,如清苑、涞水、定兴,尤其是保定府,相继发生焚毁教堂、杀害教民等多起恶性事件。在京城地面,"颇有外来奸民,妄造符咒,引诱愚民,相率练习拳会;并散布谣言,张贴揭帖,辄称拆毁教堂,除灭洋人,借端煽动。"⑥在西四牌楼羊市南壁上发现的义和团乩语云:"一愁长安不安宁,二愁山东一扫平,三愁湖广人马乱,四愁燕人死大半,五愁义和拳太软,六愁洋人闹直隶,七愁江南喊连天,八愁四川起狼烟,九愁有衣无人穿,十愁有饭无人餐,过戌与亥是阳间。"⑦随后不久,类似的揭帖在京

---

① 《义和团运动史料丛编》第 2 辑,90 页。
② 《拳乱纪闻》,见《义和团》(一),109 页。
③ 《总理各国事务衙门致直隶总督裕禄电报》(光绪二十六年三月十七日),见《义和团档案史料》上册,79 页。
④ 《英国档案馆所藏有关义和团运动的资料》,载《近代史资料》1954 年第 2 期,9 页。
⑤ 《拳乱纪闻》,见《义和团》(一),111 页。
⑥ 《总理各国事务奕劻等折》(光绪二十六年四月二十六日),见《义和团档案史料》上册,97—98 页。
⑦ 《义和团文献》,载《近代史资料》1957 年第 1 期,15 页。

城到处张贴,声言焚毁教堂、使馆。"在京洋人,均有自危之心。各电本国,请兵来京,自行保护。"①

到了5月下旬,当外国军队进入京津地区之后,义和团运动反对外国侵略的怒火越烧越旺,其规模已经遍及直隶和京津地区,其政治诉求也在开始发生变化。一份落款为5月28日的义和团揭帖写道:"兹因天主教并耶稣堂,毁谤神圣,上欺中华君臣,下压中华黎民,神人共怒,人皆缄默。以致吾等俱联系义和神拳,保护中原,驱逐洋寇,截杀教民,以免生灵涂炭。"②他们由先前反对外国教会的斗争转变为反对帝国主义武装侵略的斗争,义和团运动也由此走上一个新的阶段。

在这种历史条件下,清政府内部的排外势力在义和团运动的激励下逐渐占有优势地位。而外国列强面对这种形势,则不得不放弃先前依靠清政府自身的力量去剿灭义和团的政策,开始谋划依靠自己的军事实力去剿灭义和团,平息事态,确保他们的在华利益。

5月17日,法国驻华公使毕盛向各国公使报告说:义和团在距离北京90英里的保定府附近的某处,毁坏了3个村庄,杀死了61名天主教徒,企图以此事件激起各国武装直接镇压义和团的情绪。

5月18日,窦纳乐通过伦敦会得到消息说,义和拳在北京的东南大约40英里处毁坏了他们的一个礼拜堂,并且杀死了一个中国牧师。窦纳乐为此立即致函总理衙门,在通报情况的同时强烈要求中国政府必须采取坚决措施以避免继续发生骚乱。同一天,窦纳乐又前往总理衙门,询问清政府正在采取什么步骤,并且特别强调必须保护偏僻的农村地区。在座的总理衙门的大臣们终于承认局势是严重的。但他们也向窦纳乐解释道:清政府前一天已经颁布了一道上谕,指令顺天府尹、五城御史、步军统领衙门等磋商立即镇压义和团运动的措施,并在近几天内奏报已经采取什么步骤。至于窦氏提及的广大农村地区,清政府也已专令直隶总督严厉镇压义和拳。据窦纳乐回忆,总理衙门的大臣们在此次会晤过程中的态度是真诚严肃的,他们既与窦纳乐坦率地讨论了中国政府必须加以克服的实际困难,也以最严肃的口吻向窦氏保

---

① 《总理各国事务奕劻等折》,见《义和团档案史料》上册,98页。
② 《告白》,见《义和团》(四),149页。

证说:这些困难将得到克服,而且在很短时间内必能将这场大规模的骚乱镇压下去。

总理衙门诸大臣的态度无疑鼓励了窦纳乐,使窦氏相信清政府已经开始严肃地对待义和拳骚乱,他和各国公使过去几个月的努力终于开始见到了成效。然而,第二天,即5月19日,担任各国驻华公使首席代表的西班牙公使葛络干,将居住在北京西什库教堂的法国主教樊国梁刚刚写给法国公使毕盛的一封信在各国公使中传阅。樊国梁在这封信中用最阴森的笔调把北京的情形描绘为黯淡无光,中国的局势似乎已经彻底失控,变得日益严重和危险。按照他的描述,北京的四面八方已经被义和团所包围,义和团的拳众日渐逼近北京城。他请求公使相信,他是一个了解真实情况的人,而且不会随便胡说,发生在北京和整个华北地区的所谓宗教迫害只不过是一个掩饰,义和团的主要目的是要消灭在中国的欧洲人,这种目的已经清楚地写在他们的旗帜上。樊国梁悲观地预言:最大的不幸事件即将来临,义和团在北京的同谋者正在等候他到来,他们将从进攻教堂开始,而最后将攻击各国使馆。①

樊国梁大主教在北京居住了30多年,同社会各阶层的中国人经常接触。各国公使在阅读了这封信之后,普遍地感到尽管樊国梁的信竭尽夸张之能事,其对势态严重性的渲染,尤其是其严厉的措辞似有夸大之嫌。但鉴于樊国梁的经历及其人际关系,在适当考虑他的言论可能受到他那些中国教徒恐惧情绪的严重影响之后,对于他慎重表述的对形势的看法是不能够漠然视之的。俄国公使格尔思在看完樊国梁的信之后,立即给俄国政府发出密电,强调北京的形势已经非常严峻,估计各国都将派军队来中国保护他们的侨民和传教士,因此他也请求俄国政府早做准备,派遣有陆战队的军舰到秦皇岛待命,一旦有必要时能够很快赶到北京保护俄国使馆和俄国侨民。

各国公使在阅读了樊国梁信的第二天下午,在法国驻华公使毕盛的请求下,由公使团团长、西班牙驻华公使葛络干召集英、美、俄、法、

①《樊国梁神甫致毕盛先生函》,见胡滨译《英国蓝皮书有关义和团运动资料选译》,72—73页,北京,中华书局,1980。

德、意、奥、西、比、日等 11 国公使举行会议,讨论中国所面临的局势以及他们的应对方案。在这次会上,法国公使毕盛呼吁各国公使高度重视樊国梁对局势所作的估计和判断,强调对于前途的危险无论怎样估计都已不算过分。他建议各国共同调动军队来北京,以保护使馆和各国教堂。他声称对于总理衙门所要采取的措施,只能采取不信任的态度,因为总理衙门几乎从来就没有对义和团采取过真正的严厉惩处措施。

英国公使窦纳乐是最初提议调集军队向中国施加压力的人,可是他此时却并不支持法国公使立即调集军队直接介入镇压义和团的行动。因为在会议之前,窦纳乐曾经亲自"访问"过总理衙门,总理衙门大臣们的态度和保证使他深受鼓舞。他认为,樊国梁之所以对形势作了如此悲观的估计,主要是因为樊国梁受了中国教徒对义和团恐惧情绪的影响。他相信一旦清政府拿出诚意和精力,义和团事件很快就会得到平息。同时,窦纳乐基于英国政府已经制定的立场,宁愿局势进一步恶化,也不愿操之过急,弄巧成拙,他不想对已经愤怒无比的中国人再施加压力,更不想因此压力而促成清政府内部排外势力的进一步结合。窦纳乐呼吁各位公使沉着应变,暂缓出兵。此外,他赞成各国联合照会清政府,并盼望能下几天大雨,浇灭激起华北乡村不安的持续干旱,这将比清政府或外国政府的任何措施都可更迅速地恢复平静。因为在他看来,正是这种持续不断的干旱助长了华北广大农村地区的动乱以及对洋人的仇视。

与窦纳乐的态度比较接近的是美国公使康格。康格在 5 月 18 日也同总理衙门的官员会晤过,他相信清政府确实觉醒了,清政府已经对局势的变化感到惊讶,因此可以相信,清政府将要采取有力的行动以尽快平息义和团事件。基于这样的判断,康格劝说各国公使建立信心,不必匆忙请求各自的政府调兵遣将。

根据各国公使的态度,法国公使毕盛草拟了一份联合通牒,要求清政府用特别的办法尽快扑灭损害各国在华利益的义和团。[1] 第二天,

---

① 《葛洛干先生致总理衙门照会》(1900 年 5 月 21 日),见《英国蓝皮书有关义和团运动资料选译》,74 页。

即 5 月 21 日清晨,首席公使葛络干代表与会各国公使将照会提交给总理衙门。

总理衙门在收到各国联合照会后一度感到非常恐慌。经过慎重研究,总理衙门在限期的最后一天对联合照会作了答复。答复强调,总理衙门正在奏请朝廷发布一道更加严厉的镇压义和团运动的上谕。答复并请各国公使相信,清政府为镇压义和团而准备采取的措施与外交团所建议的那些措施并没有分歧,而总理衙门过去已经采取的各项措施也证明与各国使节的要求完全一致。

各国公使收到总理衙门的答复之后并不满意,他们认为总理衙门的答复是一般性的,是含糊其词的。他们指责总理衙门既没有把马上将要发布的上谕内容告诉他们,又没有讲清楚清政府在过去所采取的措施中有哪些不足,应该承担什么样的责任,因此他们觉得有必要向清政府进一步施压。

其实,总理衙门的答复并非是一般性的,更不是故意含糊其词,对中国政治情况有着自己理解的赫德就比较清楚地看到了清政府的矛盾心情。他于 1900 年 5 月 27 日告诉远在伦敦的同人说:"各国使馆正讨论如何应付义和团。北京似将面临外国军队占领的局面。中国朝廷处于进退两难的地位,如不镇压义和团,则各国使馆将以采取行动相威胁;如准备镇压,则这一强烈的爱国组织将转变为反抗清朝的运动。"① 两害相权取其轻。清政府此时不仅感到各国的压力,而且义和团运动的失控也使得它不得不痛下决心,采取有力的措施以平息骚乱。5 月 25 日,经慈禧太后批准,步军统领等衙门联合发布《禁拳章程》,严令查毁揭帖,不准刻字铺刻违禁字样,一旦发现有此等"奸民",便从重惩处;对于青少年练拳,应责成其父兄实力禁止,如仍敢听任子弟练习,"唯尔父兄是问,立传到案,分别办理";对于那些依然胆敢聚众演习武术的拳众,章程规定要"邻右同坐",实行株连。② 在此前后,直隶总督裕禄也

---

① 《1900 年 5 月 27 日北京去函 Z 自第 858 号》,见中国近代经济史资料丛刊编辑委员会编《帝国主义与中国海关》,6 页,北京,中华书局,1983。
② 《严禁拳匪妥立章程由》,见《义和团史料》下册,702 页。

多次派兵前往直隶中部地区义和团活动最活跃的地方进行镇压。①

　　清廷的行动并没有获得各国公使的信任。5 月 26 日晚,首席公使葛络干再次召集公使团会议,研究局势和讨论出兵问题。法国公使毕盛在会上抢先发言,用十分激烈的言辞攻击总理衙门的答复仅仅限于一些口头的保证,过去未见实行,现在也只能用来安慰各国公使。接着,他列举所得到的各种情报以证明在中国的罗马天主教会中存在的恐慌是有足够的理由的,并断言在北京将要发生一次严重危及所有欧洲人安全的暴动。他甚至认为,在北京城内外的教会各教堂,清政府派驻士兵表面上是为了保护教会,而这些士兵和义和拳结为兄弟,帮助拳民恐吓基督教徒,因此清军派驻各教堂的真实目的不是为了保护教堂,而是为了在确定屠杀教徒的时间到来之前防止教徒逃跑。在城内,清政府张贴的布告总是被愤怒的群众撕毁,这些激愤的群众谴责清政府竟敢取缔像义和团这样的爱国组织;教士和教徒同样在各处受到威胁和辱骂。义和团已经变得这样大胆,以致他们现在竟敢在街上点火作为集合的信号。毕盛的结论是,中国即将发生一次极为严重的骚乱,在北京的所有欧洲人都迫切需要保护。如果清政府拿不出迅速而有效的措施,那么他建议各国使节应该请求各自的政府调来足够数量的使馆卫队,以预防可能发生的骚乱。

　　俄国公使格尔思同意毕盛的意见,以为总理衙门的照会确实不能使人满意,他表示有理由相信总理衙门的照会没有适当地表示清政府的意图,不相信清政府已决定采取有效措施。他不能相信北京所面临的危险像法国公使所描述的那样急迫,然而他承认法国公使所具有的情报来源使法国公使比其他国家的公使能够更好地对局势作出判断。因此,俄国公使和其他国家的公使一样深切地感到不能忽视法国公使毕盛所表示的看法。不过,俄国公使格尔思还认为,既然危险并不像法国公使毕盛所描述的那样急迫,因此原先考虑的陆战队登陆的方案足以应付目前的局势。

　　德国公使克林德声称,无论期望清政府做任何有效的事情,或者是

---

　　①《直隶总督裕禄致总理各国事务衙门电报》(光绪二十六年四月二十五日),见《义和团档案史料》上册,101 页。

各国公使采取任何行动,例如调来卫队,都是毫无用处的,因为这一决定的依据是相信清政府能够继续保持稳定,或者是希望当它垮台时帮助扶持它。克林德宣称:他认为清政府正在土崩瓦解,他不相信以设想中国的稳定为根据的任何行动能够奏效。

其他各国公使基本同意毕盛等人对总理衙门的责难,他们更倾向于相信毕盛的情报来源,但他们对毕盛对局势的判断,尤其是他所预言的那些危险,则将信将疑。

各国公使最后约定起草一个照会,要求总理衙门向各国公使具体说明清政府将要采取哪些有效措施镇压义和团运动,委托早已约定第二天面见庆亲王的俄国公使格尔思和英国公使窦纳乐,当面将公使团的看法作进一步的说明,表示如果届时的答复仍令人失望,他们便将立即要求各自国家的政府紧急调遣使馆卫队进入北京,自行保护。

5月27日下午,庆亲王奕劻相继接见了窦纳乐和格尔思。窦纳乐发现没有必要向中国方面再度强调局势的危险,因为中国方面显然已经听到了关于这个问题所能说的最坏消息,而且庆亲王不客气地立即打断窦纳乐的发言,明明白白地向窦纳乐表示清政府对于最近义和团活动的表现所感到的深切忧虑。很显然,正在激起的动乱和不满不仅是针对外国人和中国基督教徒的,而且也是反对清政府的,他们是国家的敌人。庆亲王告诉窦氏,清政府已向直隶总督发出最严厉的训令,要求直隶总督逮捕和惩罚首恶分子,并驱散受欺骗的一般民众。在北京城内,清政府也正在采取一切可能的措施稳定局势。庆亲王告诉窦纳乐,作为驻京部队的军事指挥官,他愿意亲自承担对所有外国人的保护。言下之意,他希望窦纳乐告诉各国公使对中国局势大可放心,相信清政府有能力尽快恢复秩序。兼任步军统领的另一位总理衙门大臣崇礼向窦纳乐介绍了步军统领衙门遵照上谕所采取的措施。[①]

庆亲王期望窦纳乐能够向各国公使转达清政府的上述保证,当然是希望各国不要火上浇油,相信清政府有能力尽快恢复北京的正常秩序,并将竭尽全力地保护各国使馆及所有外国人的安全。

---

① 《义和团史料》下册,701—702页。

窦纳乐忠告庆亲王说：所有国家的使节都认为北京乃至整个中国的局势相当严重，并因此报告他们的政府。如果他们不能从清政府方面得到他们期望得到的保护，那么他们自卫的方式便将是调集使馆卫队，当天下午或许就要决定是否调集使馆卫队的问题。同时，如果调集使馆卫队，他们前来的人数无疑将比以往多得多。

对于这一具有明显威胁性质的建议，庆亲王从容应对，表示并不反对各国向北京派遣必要的使馆卫队。庆亲王解释说：他已经知道有些国家的公使担心北京的局势失控，有意向北京派遣使馆卫队。清政府现在已认识到义和团运动的力量和破坏作用，因此对于调来外国军队以增进安全可能抱欢迎态度。他再次重申：各国使馆能够期望得到主人应当给予客人的一切保护。

庆亲王奕劻和总理衙门各位大臣的坦诚表态，在一定程度上缓解了各国驻华公使的紧张情绪，给他们带来了一线希望。他们相信清政府终于意识到义和团运动将给这个国家带来的危机，相信清政府正在对义和团采取有力措施，义和团运动的进展终于使清政府感到十分惊恐。因此，各国公使在当天晚上举行的会议上决定再等待 24 小时，以便进一步观察清政府的态度，然后再对是否调兵进京保护使馆及教堂作出最后的决定。

第二天（28 日）晚上，各国公使按照预定的计划举行会议。这次会议将对是否向北京派遣使馆卫队作出决定，只是在决定之前继续等待总理衙门已经答应提供的通知，这个通知是关于上谕的内容以及清政府为镇压义和团准备采取的具体措施。当外交团按照预定的计划召集会议时，总理衙门的通知已经及时送到。然而，鉴于在过去的一天里所发生的严重事件，各国公使普遍认为，考虑治安措施的纯例行套语的时候已经过去，因为那些套语甚至写在纸上也是令人不满的。

在过去的一天时间里，北京及其周边地区发生了一系列意外事件，铁路沿线的一些车站，其中包括京津之间的最重要的丰台车站以及机车房和欧洲人的住房均被焚毁。[①] 京津之间的铁路联系已经中断，沿

---

① 杨慕时：《庚子剿办拳匪电文录》，见《义和团》(四)，337 页。

途被毁坏的铁路已有多处。①

如果说义和团对铁路及车站的破坏并不令人感到意外的话,那么清政府及其军队在过去一天中的表现实在与清政府对各国的保证不相符。各国公使根据各自的情报已经确认,在这一系列的破坏活动中,清政府对局势的严重性漠不关心,军队无所作为,听任局势继续恶化。

二 使馆卫队进入北京

义和团焚毁丰台火车站的消息和京津铁路已被破坏,以及关于义和团正开往京城以增援他们在城内的信徒等谣言在外交团及传教士中间引起了极大的反响,英国公使窦纳乐匆忙邀请北京城内英国教会的重要成员于夜间来到公使馆避难,法国公使毕盛紧急要求法国军队进京保护法国公使馆及法国传教士。在这种紧张气氛中举行的各国公使会议上,各国公使毫不犹豫地同意"不失时机地"调动军队进京保护公使馆。

第二天(即5月29日),惊恐情绪稍有平息。已查明京津之间的铁路并没有遭到破坏,一列载有清政府官员的火车自天津到达北京火车站,这些官员已经着手恢复秩序并使铁路重新通车。步军统领衙门已经奉慈禧太后的命令派兵在东交民巷各使馆附近昼夜巡守,保护使馆;大学士兼军机大臣荣禄亦亲往丰台、马家堡一带巡阅,并派武卫中军五营驰赴丰台,马步三营驰赴马家堡,马步三营移驻永定门内,加强了对北京外围的防守及城内的巡查,期望尽快恢复秩序。

然而,谣言及消息滞后等依然困惑着外国人,他们不相信清军已经遵照政府的指示转变了对外国人的态度。或者是因为这些军队一时间尚未接到上级的命令,或思想尚未完全转过来,于是一些有机会骑马的外国人在通往火车站的街道上依然感到那些站岗或巡查的清军士兵的恶劣态度,或许确有外国人受到不同程度的侮辱,或许也有士兵向他们扬言:他们被派到这里站岗或巡查,并不是单纯地为了保护外国人,而

①《督办铁路事务盛宣怀致总理各国事务衙门电报》(光绪二十六年五月初九日),见《义和团档案史料》上册,117—118页。

是为了阻止外国军队通过城门进入北京。

下层士兵及一般民众的态度当然不能代表清政府的真实看法,但在这种混乱的局势下,各国公使已经无意于相信清政府的能力和诚意。29 日,已经驶抵大沽口外的各国舰队先后接到进入北京保护使馆的命令,他们迅速派出海军陆战队,由海河乘船到达天津,准备向北京进发。

按照当时国际通行惯例及国际法原则,保护各国使馆的安全本是驻在国政府的责任,外国军队无权调动军队自行保护,更何况各国驻华使馆在当时并未真的受到威胁和冲击。然而,弱国无外交。各国似乎根本无视清政府的存在。

外国军队乘火车进入北京必须得到清政府的同意,否则中国铁路上的官员是没有权力将外国武装人员运往天津的,更不要说进入中国的政治中心北京了。当各国军队在大沽口等地集结的时候,公使团曾向清政府提出调动大批军队进京保护各自的使馆,并要求清政府提供运输上的便利。法国驻天津总领事杜士兰代表各国领事致函直隶总督裕禄,要求于各国军队抵达时"竭力帮助登岸",并速饬所属相关部门尽快向各国军队提供火车,以便这些军队赶赴北京,保护使馆,以期妥速。①

清政府在得知各国公使派军队进京的决定后大为恐慌,但也不愿放弃外国军队不得进京的原则立场。5 月 30 日,总理衙门在答复各国的照会中拒绝各国军队进京;即便一定要进京,也应该再给清政府一次机会,以便清政府正在采取的措施能够见到实效,希望各国能够尊重中国的主权,不派军队进入北京。直隶总督裕禄也秉承政府旨意,命令中国铁路不得运送外国军队进入北京。②

各国公使得知清政府的态度后极为恼火,但是他们也相信,清政府拒绝外国使馆卫队进京的态度不会坚持很久,因为此时的局势极为严重,"人们很激动,而且士兵叛变。毫无疑问,现在的问题是这里欧洲人的生命财产正处在危险中。"③基于这样的判断,各国公使于 5 月 30 日

403

---

① 法国驻津总领事杜士兰致直隶总督裕禄函(1900 年 5 月 29 日),见《义和团运动史料丛编》第 2 辑,127 页。
② 《八国联军志》,见《义和团》(三),170 页。
③ 《窦纳乐爵士致索尔兹伯理侯爵电》(1900 年 5 月 30 日),见《英国蓝皮书有关义和团运动资料选译》,21 页。

中午举行紧急会议,商讨对策。英国公使窦纳乐在会上告诉各国同事说:总理衙门的一位译员今天早上就使馆卫队问题前来英国使馆面商。窦氏明确表示没有任何事情能干涉和阻止各国使节调来部队的意图,但这支部队的人数是否仅是一支卫队的数目,或者是它将扩大到足以克服有组织的抵抗,这要取决于中国政府。窦氏还竭力劝告这位译员,总理衙门应建议清政府善意地服从局势的需要,并且为卫队前来北京提供一切便利。窦纳乐认为,现在各国使馆和所有外国人所面临的危险,来自清军的远比来自义和团的要更为严重,因此他们迫切需要得到有效的保护。

法国公使毕盛以为清军是不可指望的,各国使馆及所有外国人的安全必须依靠外国军队进行保护,因此向北京派遣特种部队是完全必要的。毕盛还以自己得到的报告强调,可能正是董福祥的甘军才是长辛店 5 月 27 日放火烧毁欧洲人房屋的罪魁。

意大利公使萨尔瓦葛建议各国公使一致行动,如果总理衙门坚持反对外国军队进入北京,那么清政府就必须作出采取行动的明确决定。否则,各国必须调来特遣部队使用武力。也就是说,外交使团已经无法顾及清政府的态度,已经决定立即向北京派遣特种部队。

各国公使大体同意意大利公使的判断和建议,推举英、俄、法、美四国公使立即前往总理衙门进行交涉,宣布外交团的意图。

四国公使在会议结束后立即赶到总理衙门,他们威胁中国官员说:不管清政府的态度如何,外交团调兵进京保护使馆的决心已定。同时,为了避免将来的后果,他们劝告清政府对于外交团的决定予以同意。如果清政府善意地答应外交团的要求,那么卫队仅留驻到各驻华使馆不再有危险的时候为止;如果清政府就此提出反对意见,继续拒绝各国派军队进京保护使馆,那就不可能确定结果将会如何。四国公使没有明说而会谈双方都心知肚明的意思是,一旦清政府拒绝各国派遣使馆卫队进京,那么各国就共同调来特遣部队并使用武力,而且还可能会增派大量军队强行北上。到那时,清政府必须承担为此而付出的代价,那就是不但东三省、北五省将非中国所有,可能连中国的南方亦非中国之地了。反之,如果清政府此时能够适度让步,能够向各国进京部队提供必要的便利条件,那么各国军队进京的人数将会很少,并且仅留驻到不再有危险的时候为止。他们限令总理衙门必须在 30 日当天晚上将答应各国调兵进京的决定通知直隶总督裕禄。

面对四国公使的狂妄姿态,总理衙门的大臣们当然希望用拖延的办法予以缓和。他们借口事关重大,必须要同正在颐和园的庆亲王进行协商之后方可答复,他们建议四国公使不必催之过急,中国方面一定力争在次日下午予以答复。

四国公使无意听从总理衙门大臣的建议,或许是因为 6 月 1 日(农历五月初五日)为中国传统的端午节,他们担心义和团将在那一天弄出更大的危险,因此坚持使馆卫队必须在第二天(即 5 月 31 日)抵达北京。他们要求总理衙门必须尽快训令直隶总督裕禄为各国使馆卫队进京提供方便,否则沿铁路线前来的特遣部队将有充足的人数,以应付因此而产生的困难局势。

在当晚举行的外交团会议上,四国公使向与会者通报了与总理衙门交涉的最新进展,各国公使就最新局势和将要采取的步骤达成一致。他们议定向各国驻天津首席领事发出一份电报,说明各国使节的决定,期望首席领事在与直隶总督进行交涉的时候,能够说服直隶总督裕禄尽快向各国卫队提供进京的火车。

此时,各国驻天津首席领事为法国驻天津领事杜士兰。杜士兰当四国公使大闹总理衙门的时候就已前往直隶总督衙门,要求直隶总督裕禄为各国军队进入北京提供协助。在收到各国公使的电报之后,他更明确地当面告诉裕禄称,各国此次送兵进京,并非与中国为难,不过是为自为保护起见。各国向北京派遣使馆卫队的决定已由各国公使会议通过,万难改易。现在各国军队均已抵达天津,因此不论总署同意与否,各国使馆卫队定准明日进入北京。他希望裕禄能够予以积极的协助并努力促成。他甚至威胁道:如果候至明晨尚不能获得满意的答复,那么各国军队即赴车站乘火车动身;若火车拒绝运送各国使馆卫队,那么各国军队亦将自行起早前往。①

---

① 《直隶总督裕禄致总理各国事务衙门电报》(光绪二十六年五月初三日),见《义和团档案史料》上册,106—107 页。

强大的外交压力以及对6月1日端午节可能发生灾难的担忧,不能不使清政府屈从于各国的要求。5月31日黎明前,总理衙门秉承慈禧太后的旨意致函四国公使,同意撤回反对外国军队进入北京保护使馆的意见,但强调各国所调军队不得超过30名,而且一旦在北京恢复秩序之后必须立即撤退。① 同日晨,总理衙门奉命致电直隶总督裕禄,准许他派火车协助各国运送军队进入北京,但必须控制进入北京的外国军队人数。该电同时告知裕禄:由于此事尚需到颐和园与最高层商量,"往返需时,先闻"。似乎在得到了最高层的同意后,时至近午,总理衙门再致电裕禄,同意"洋兵护馆,准由火车运送",但"人数不得过多,致碍邦交"。② 与此同时,清政府还将同情义和团并声言将要阻击外国军队进入北京的甘军从北京车站附近撤走,以防清军与列强的军队发生冲突。

各国公使在当天早上收到总理衙门的信后,立即开会讨论,他们对于清政府对他们在调兵人数上的限制根本不予理会,决定在天津已经准备就绪的所有那些特遣部队应立即前来北京。各国公使电令驻津各领事与直隶总督裕禄直接交涉,从速安排各国军队乘火车进京。

在直隶总督裕禄的协助下,由英国、俄国、美国、日本、法国、意大利等国军队参加的300多人的联军,于5月31日下午7时左右由天津乘一专用火车抵达北京马家堡站。③ 随后,德国、奥地利两国援例各派出50名和30名官兵参加联军,于6月1日和6月3日分别进入北京。此后,各国仍不断增兵,至6月8日,进入北京的外国军队已近千人。这一批所谓使馆卫队实际上就是八国联军的先遣队。他们进入北京之后得意扬扬,相互庆贺他们逼迫清政府"敞开"北京城门让他们"自由走进"的所谓"胜利"。

---

① 《窦纳乐爵士致索尔兹伯理侯爵函》(1900年6月10日),见《英国蓝皮书有关义和团运动资料选译》,81页。

② 总理衙门1900年5月31日致直隶总督裕禄电,见《义和团运动史料丛编》第2辑,133页。

③ 第一批进京的使馆卫队人数说法不一,窦纳乐在1900年6月10日致索尔兹伯理的信中说总计337人,其中英国特遣部队由75名士兵和3名军官组成。见《英国蓝皮书有关义和团运动资料选译》,81页。而裕禄在当天致总理衙门的电报中根据铁路局查点"洋兵上车"的实在数目为:英国兵72名,军官3名;美国军官7名,士兵56名;意大利军官3名,士兵39名;日本军官2名,士兵24名;法国军官3名,士兵72名;俄国军官4名,士兵71名。总计各国军官22名,士兵334名。见《义和团档案史料》上册,111页。

第二节　京津局势持续恶化与清政府举棋不定

一　清政府对义和团态度的分化

清政府对列强的让步并没有使自己变得轻松起来。相反,同意外国军队进入北京更使自己陷入两面受敌的困境。在这种情况下,清政府统治层内部各派势力进一步分化,张之洞、刘坤一、盛宣怀等在东南经济繁荣地区担负重要责任的封疆大吏出于最务实的考量,坚决主张对义和团加紧镇压,一意主剿,尽快平息义和团运动,否则就极有可能引起列强更大规模的武装干涉。一直在一线负责处理义和团事件的直隶总督裕禄虽然如同先前一样继续坚持"剿抚并用"的立场,但鉴于形势的急剧变化,他此时对"剿抚"的轻重缓急有了新的考虑,他认为义和团发展到如今有许多复杂的原因,再一味主抚恐怕已很难收到实效。为了防止义和团规模继续扩大,必须尽快集中兵力、精力严加惩处。①

清廷内部那些具有排外思想倾向的官僚主张对义和团运动应该停止镇压,应该充分利用义和团的力量去与国外军队相抗衡。5 月 30日,军机大臣、刑部尚书兼顺天府尹赵舒翘联合何乃莹秉承清廷内部高层某些排外者的旨意上奏清廷,称义和团到处蔓延,诛不胜诛。既然诛不胜诛,那就不如用安抚、招安的办法,将他们编入清军序列,统以将帅,"因其仇教之心,用作果敢之气,化私忿而为公义,缓急可恃,似亦因

---

① 裕禄于 6 月 2 日致总署电称:"详查现在情形,匪徒日聚日众,断非语言文告所能劝解,若不厚集兵力稍加惩创,恐成燎原。"见《义和团档案史料》上册,113 页。

势利导之一法",①期待利用义和团对洋人的仇视而与外国军队决一雌雄。

清廷实际最高统治者慈禧太后对义和团固然并没有真正的好感,但她此时可能更反感的是列强对她的威胁。她担心列强坚持派兵进京的真实原因可能并不仅仅是为了保护各国使馆,可能还有试图干预中国内部事务,尤其是利用中国内部的力量推翻她的统治,重新建立新政府的企图。后来的事实也表明,列强自从戊戌维新失败后,确实曾经对慈禧太后表示过不满,确曾希望用光绪皇帝或"建立一个全国范围的新中央政府"来代替至少是削弱慈禧太后的权力。② 这自然是慈禧太后所不能容忍的。因此,当列强要求清政府同意他们向北京派兵的时候,慈禧太后的最初反应是含糊其词、模棱两可。她一方面期望通过加强对义和团的镇压来换取列强对她的宽容,于 5 月 29 日和 30 日连下两道谕旨,要求地方文武官员严厉查禁义和团,"严拿首要,解散胁从",③对那些甘心为乱、不听劝阻的义和团民"合力捕拿,严刑惩办"。但另一方面,她也不希望中国官员不加区分地攻击和镇压义和团,而是反复告诫地方官员在处理义和团事件的时候要区别对待,分清良莠,"其有随声附和并无滋扰实迹者,亦应剀切晓谕,立时解散,毋任再起衅端"。这样一来,慈禧太后既不能从列强那里讨得真正的欢心,也很难从义和团那里获取支持。④ 相反,义和团在她这种政策的鼓励下,更加无所顾忌,获得更大的发展。

二 义和团运动在京津地区持续高涨

对于清廷政治高层的矛盾心态与想法,各国公使似乎也很明白。

---

① 《刑部尚书兼顺天府府尹赵舒翘等折》(光绪二十六年五月初三日),见《义和团档案史料》上册,108—109 页。

② 1900 年 6 月 19 日《字林西报》曾说:"希望有可能把光绪皇帝寻出来,把他重新置于帝位之上。"7 月 20 日,德国外交大臣布洛夫在给驻华公使穆默的"训令"中也曾指示:"联军一占领北京,就要立即建立一个全国范围的新中央政府。"

③ 《上谕》(光绪二十六年五月初二日),见《义和团档案史料》上册,106 页。

④ 慈禧太后对待义和团的心态是矛盾的,窦纳乐 6 月 2 日向索尔兹伯理报告说:"我从一位可靠的权威人士那里获悉:宫廷内的形势十分紧张。慈禧太后希望镇压义和拳,但她不敢这样做,因为大阿哥的父亲端王及其他保守的满人对义和拳予以支持,同时也因为义和拳人数众多的缘故。"《窦纳乐爵士致索尔兹伯理侯爵电》(1900 年 6 月 2 日),见《英国蓝皮书有关义和团运动资料选译》,23 页。

因此,使馆卫队进入北京之后,各国对此并没有感到满足,他们仍然继续向清政府施加压力,继续向中国增调军队。到 6 月 2 日,集中在渤海湾和大沽口外的各国军舰共有 24 艘,其中英、德、日三国各 3 艘,美、法、意三国各 2 艘,俄国有 9 艘。同日,奥匈帝国的"岑塔"号巡洋舰也由日本佐世保港口驶抵大沽口。

列强调动军队进入北京的目的是为了"帮助"清政府镇压义和团,稳定北京的局势。在最初阶段,使馆卫队的到来或许对于稳定在北京的外国人的情绪起到过某种镇静作用,在以后的一两天里,这些外国人原本激动异常的情绪减退了,前往各驻华使馆寻求避难的那些教会中的妇女和儿童也开始返回他们自己的住宅。更为重要的是,原先中外各界纷纷传言端午节将发生重大事件并没有变成事实,人们在恐慌中终于度过了这一天。显然,如果不发生意外,北京的局势应该很快趋于稳定,秩序将很快获得恢复。然而,后来的事实证明,列强调兵进入北京的行径不仅没有导致北京局势的真正缓和,而且迅速激化了各方面的矛盾,激起了义和团更加强烈的反帝爱国情绪。

当各国公使建议各国政府调兵进京并替清政府"代为剿灭"义和团的时候,却又传来更加令人震惊的消息。6 月 1 日,在保正路工作的 36 名欧洲人,其中主要是比利时人,鉴于当地局势的动荡不已,人身安全既无法保证,铁路既已破坏,工作也无法继续进行,于是决定从保定府动身乘船逃往天津。他们在距保定 160 里的雄县小龙王村附近遭遇义和团的拦截阻击,被驱赶上岸,双方发生了直接冲突,这些欧洲人开枪射击,终于杀出了一条生路。① 然而,当他们于 6 月 2 日狼狈抵达天津的时候,这些欧洲人已有 9 人失踪。稍后证实其中 4 人死亡。这一事件对后来局势的恶化,尤其是列强诸国更大规模地向中国集中兵力,起到了相当重要的诱导作用。

当这些欧洲人在途中遭遇困难的消息于 6 月 1 日夜间传到北京的

409

---

① 《直隶总督裕禄致总理各国事务衙门电报》(光绪二十六年五月初六日),见《义和团档案史料》上册,114 页。

时候,比利时公使紧急请求俄国公使派遣军队前往协助营救。俄国公使出于人道主义考虑,同意派驻防在天津的 25 名哥萨克骑兵前往迎接和救援。6 月 2 日晨,这些哥萨克骑兵从天津出发,当天晚上,当他们尚没有找到这些欧洲人时便停止了夜间行进。不幸的是,他们在独流镇为义和团和村民阻拦并包围。由于俄军曾受不准妄发枪弹的军令,于是只能拔刀格斗,初杀二人。村民仍猛进,有额束铜箍、腰系红带者五人策马前导,口中喃喃不绝,俄兵怀疑这些人就是所谓的义和团中的祖师,于是挥刀杀之,并杀死村民二三十人,其他的村民见状开始逃离,俄国骑兵得以冲出重围,杀开一条血路仓皇逃回天津。① 其中一名哥萨克军官从马上跌了下来,被愤怒的义和团民众连刺六枪;一名试图去营救这名军官的哥萨克士兵甚至被义和团割掉了鼻子。据说义和团方面有大约 14 人被杀死。

也是在 5 月底 6 月初,义和团为了阻止各国的军队继续进犯北京,又一次掀起了大规模破坏京津铁路的运动。5 月 28 日,高碑店以北的桥梁、站道被毁,车辆被焚殆尽;高碑店以南铁路并保定府的料场则岌岌可危;②30 日,义和团烧毁定兴火车站,焚烧长辛店洋房。③ 31 日,保定以南方顺桥车站及附近桥梁、铁道均被毁;同一天,高碑店附近的铁道也被拆毁一段;自涿州至卢沟桥全线被毁,枕木钉板一概无存,铁轨弃置道旁。

6 月 1 日,直隶安肃县南及方顺桥附近的车站、铁道、桥梁及房屋等再次被焚;卢保、津卢铁路均受到威胁,西路电线已断。因为收到北京传来"不准开仗"的指示,驻守在涞水一带的官兵近于"解体",义和团乘势攻占涿州城,④城门启闭,概有义和团掌控。官府"办公之人不得入城,城内文武具文而已"。⑤ 稍后,涿州义和团甚至将武卫前军马队左营管带聂汝康及马兵等 17 名"全行扣住"。⑥ 保定省城内亦有大量

---

① 《八国联军志》,见《义和团》(三),172 页。
② 《督办铁路事务盛宣怀致总理各国事务衙门电报》(光绪二十六年五月初九日),见《义和团档案史料》上册,117—118 页。
③ 《拳匪纪略》,见《义和团》(一),454 页。
④ 《拳匪纪略》,见《义和团》(一),453 页。
⑤ 杨慕时:《庚子剿办拳匪电文录》,见《义和团》(四),339 页。
⑥ 《义和团运动史料丛编》第 2 辑,137 页。

的义和团在活动。2日,高碑店以北的铁道、车站、电线杆等均被拆毁,自保定至长辛店铁路沿途均由义和团控制,各方面的交通已经受到了严重限制。① 3日,天津至卢沟桥的铁路受到威胁。4日,黄村火车站及附近桥梁、电线杆等均被焚毁,义和团与前往镇压的聂士成军左路后营管带张继良部发生激烈冲突,清军伤亡80余名。② 义和团的势头正在迅猛发展,他们在与清军冲突之后,已经开始有计划、大规模地向京津方向挺进。义和团首领张德成在直隶静海成立"天下第一团",随后率团进入天津,促成天津义和团迅猛发展,京津地区的局势更加严峻。

在破坏铁路、阻断交通及通信工具的同时,义和团民众对外国人,尤其是传教士几乎到了见了必杀的仇视程度。6月1日,义和团民众对由清军护送的30余名保正路的外国工作人员强行拦截,并将其中的几名杀死。同一天,直隶顺天府永清县的数百名义和团民众于清晨攻入县城,公然焚毁教堂,杀死了英国教会传教士一名,带走了另一名传教士,将他囚禁在邻近的一个村庄里,并于第二天将其杀死。直隶雄县的义和团也于同一天围攻八方村教堂,威胁传教士及教民的安全。也在这一天,直隶蠡县高家庄的教堂被义和团焚毁,损失惨重。

6月2日,京师的义和团放火焚烧麦加利银行,天津的义和团在这一天放火烧毁苏家桥的教堂。直隶晋州彭家村的义和团在这一天放火烧毁该村及吕家村教民房屋数间。

6月4日,保定以南之清苑县的义和团与该县教会武装发生大规模军事冲突,当地义和团民迅速集结外来团民约两千人与教会武装相对峙。至于前往镇压的官军,义和团在与其相对峙的过程中也不让分毫,甚者毫不客气地予以打击,如聂军部属就多次在与义和团的冲突中受到一定程度的伤亡。凡此,迅猛发展的义和团不仅成为清廷有识之士的心头之患,更是各国公使难以安寝的因素。

人们过去只知道义和团大规模地破坏铁路、电线等近代设备,以为义和团不仅盲目排外,而且太缺乏近代视野,是对近代文明的仇视。不

411

① 《直隶总督裕禄致总理各国事务衙门电报》(光绪二十六年五月初六日),见《义和团档案史料》上册,113—114页。
② 《直隶总督裕禄致总理各国事务衙门电报》(光绪二十六年五月初十日),见《义和团档案史料》上册,119页。

论是赞成义和团为爱国主义运动,还是贬低义和团运动为一场灾难的论者,似乎都不太明了义和团之所以如此的根本原因。其实,义和团之所以在保定、长辛店一带破坏铁路、电线,并迫害洋人,这与当时当地工程中洋人的不法行为,尤其是工程中所使用的来自福建的翻译人员有关。据时在卢汉路任职的张美翊分析,他在1899年秋在保定一带公干时就听到一些议论,指责办工员役倚洋欺民,甚至聚众强奸良家妇女;调戏不遂,栽赃诬陷。在这些工程中的福建翻译人员,年轻学浅,与洋人言则洋语不够,与北人言则北语不够。言语不通,情意遂致隔阂。至其是否渔利舞弊,无从佐验,不敢随便乱说,但总使人不可避免有某些怀疑。张美翊建议督办铁路事务大臣盛宣怀将长辛店铁路先逃之司事、翻译及平日声名恶劣之人,从重惩罚一二人,以诫其余,以谢居民,以杜言者之口。至于长辛店一带一再发生民教冲突,在张美翊看来也是用人体制发生偏离所致。他认为,工程中翻译人员多为洋人所用,不归中国方面的总办节制,这是一再发生用人失误的根本原因。①

张美翊的这些分析,至少告诉我们义和团之所以在长辛店一带大肆破坏铁路、电线,甚至迫害洋人工程师,有铁路管理方面的原因,然而只是由于时间的紧迫,张的建议来不及获得盛宣怀和中外双方政治高层的注意与回应,事态只能按照其固有的规律继续发展与演化。

三 清政府举棋不定

面对日趋恶化的京津局势,各国公使惶恐不安。他们担心义和团运动在京津地区继续迅速扩展,北京将沦为孤岛,并将各国外交人员长时期地围困在北京。于是这些公使在那些天里连续召集会议,商讨对策。

在6月4日各国公使紧急会议上,俄国公使指出:俄国军队深入中国内地去营救那些被围困的比利时工程技术人员应该说是一个特例,这当然并不意味着俄国政府开始有意识地深入中国内地对义和团民众

---

①《张美翊致盛宣怀函》(1900年5月29日,武昌),见陈旭麓、顾廷龙、汪熙主编《义和团——盛宣怀档案资料选辑之七》,15—17页,上海人民出版社,2001。

进行直接的武装征讨。然而，由于俄国军队不仅没有成功营救那些欧洲人，反而使自己陷入重围并损失惨重，最后被迫从义和团面前撤退。这一事实不仅鼓励了义和团的士气，反而使人们更加相信义和团真的具有某些神奇的力量。俄国公使承认，这一事件产生了很坏的影响，他表示当他同意派兵前往的时候完全是受人道主义的心情所支配，他请求各国公使不要把这一事件作为一个先例，尤其是不要认为这一事件是深入内地进行武装征讨的借口。

法国公使认为：既然火车已经停驶，电报联系也可能不久就会中断。对于这些可能发生的事情，他建议必须采取有效的防范措施，希望那些在天津海面停泊有舰队的各国公使应该立即致电各自的政府，期待各国政府在北京一旦被截断与外界的联系沦为孤岛，而且中国的排外运动一旦真的占了上风的时候，那么各国政府就应该训令各自的舰队司令官采取必要的援救措施。法国公使的这一建议被各国公使所接受，他们很快向各自的政府发出求救的电报。

同一天下午，为了试图使清政府对已经发生的一系列事件，尤其是英国传教士在永清县被杀和被抓事件的严重性获得深刻印象，英国驻华公使窦纳乐按照约定前往总理衙门。在会晤一开始，窦纳乐就严厉地质问总理衙门的大臣们：清政府打算采取什么措施，以惩罚在永清杀害英国传教士的凶手，并使被劫持的另一名传教士尽快获释？大臣们告诉窦氏说：直隶总督对此负有责任，总理衙门已经电告总督派军队前往肇事地点，而这就是总理衙门所能做的全部事情。大臣们对于英国传教士被杀和被劫持的恶性事故并没有表示惋惜之意，或有急于设法营救那位被囚禁的传教士的愿望。这些大臣在会谈时的表现极为冷淡和无能为力，当翻译正在翻译窦纳乐的谈话时，窦氏发现到会的四位大臣中竟然有一位浑然睡着了。窦纳乐的恼怒可想而知，他以极为强硬的姿态告诉总理衙门的大臣们：英国政府必须使清政府对这种构成犯罪的漠不关心态度承担责任，这种漠不关心造成了这个可耻的情况。接着，窦纳乐要求同庆亲王举行会晤，因为他觉得同总理衙门的这些大臣们讨论此事是没有用处的。

6月5日下午，窦纳乐如约前往总理衙门与庆亲王奕劻举行会晤。

413

由于清政府已获知在永清县的两名英国传教士均被杀害,于是庆亲王对此表示极为遗憾,这对平息窦纳乐心中的不满显然起到了一定的积极作用。

在谈到如何镇压义和团的问题时,窦纳乐指出,没有丝毫迹象表明清政府试图严肃处理义和团骚乱。这种态度的结果,便是在京城几英里以内人们生命安全得不到保证,而且在京城内也有发生骚乱的严重危险。他明确告诉庆亲王,就他所能判断的而言,不镇压义和团正直接导致外国干涉,无论各友好国家对这一行动感到多么遗憾。

对于窦纳乐的指责,庆亲王并不企图为清政府辩解,也不否认窦氏所说的事情。据窦氏观察,这意味着庆亲王在心中同意窦氏所说的话。庆亲王还向窦氏表示,他曾在清政府的高级官员中极力陈述这一看法和立场,但是毫无效果。庆亲王重申了自己的保证,但据窦氏感觉,庆亲王采用了较平时更为敷衍的态度,这并不能使窦纳乐对北京的安全感到放心和宽慰。庆亲王说,朝廷对危险采取了严肃的看法,同时他强调这个事实,即聂士成提督率领6 000名军队正从天津出动防守铁路线,以阻止更加恶劣的事件发生。对庆亲王的说法,窦纳乐表示怀疑,他明确告诉庆亲王,根据他所掌握的情报,他有足够的理由相信聂士成奉有枢廷密令,绝不允许他的士兵向义和团开火。对于窦纳乐的揭示与指责,庆亲王立即显现出"某些戏剧性的惊讶表情",庆亲王显然也怀疑,这些军队除了保护政府财产外,是否允许这些士兵向义和团开火,或即使授权开火,这些士兵是否会服从命令。庆亲王的态度显然更坚定了窦氏对清政府真实态度的怀疑。

庆亲王明白地告诉窦氏说,对于像义和团运动那样显然深入人心所提供的这一民意表达是不能漠然视之的。这个运动首先是由于中国基督教徒及其教士们的行动而引起的根深蒂固的仇恨的一种表现;虽然教徒们受到严重损失,而且政府的财产遭到破坏,但直到目前为止,普通的中国良民绝没有受到骚扰。如果由于义和团表达了人民的普遍情绪而不分青红皂白地予以惩罚,那么中国良民将认为那是最不公平的。庆亲王承认,清政府确实不愿意严厉地惩处义和团运动,因为这个运动由于它的排外性质而深入人心。而这一点应该是清政府内部在如何处置义和团问题上摇摆不定的真实原因之一。

窦纳乐在这次会晤中显然没有获得他最想得到的东西。窦氏相信，作为清政府的一个杠杆，总理衙门正在彻底瓦解。总理衙门显然希望窦纳乐了解局势的极端严重，而且因为慈禧太后愚昧无知的顾问们的影响，总理衙门已无力挽救时局。窦纳乐据此领悟到，庆亲王及总理衙门的大臣们实际上是告诉他，由于清政府一贯认识到列强武装干涉充满着政治纠纷的危险，因此窦氏今后不必再耗费太多的时间与总理衙门的大臣们继续交涉，而是应该设法寻求与清政府最高层进行直接接触。① 所以，窦纳乐在获得总理衙门正式同意他所坚持的必须逮捕和处决永清事件的凶手的要求之后，就离开了总理衙门。

在此后的几天时间里，窦纳乐与各国公使频繁地进行协商。他们一致认为，由于慈禧太后及其顾问中更保守的人物对义和团排外运动的明显同情，京津地区的局势正在明显、迅速地恶化。他们担心如果慈禧太后的态度不能发生根本改变，如果没有一个或一个以上的国家对北京进行武装占领，北京城里的局势照此发展下去将更加危险，极有可能会爆发更大规模的义和团起事，出现无政府状态，导致各省的叛乱。而且他们感到，他们通常对清政府施加压力的方法已经失去作用，因为以庆亲王为首的总理衙门虽然倾向于镇压义和团，保护外国使馆，但现在的情况可能是，总理衙门已无力说服朝廷对义和团采取更加严厉的镇压措施。因此他们一致决定继续向北京增派军队，并照会清政府负起保护京津铁路和电报线的责任。为了直接抗议清政府对列强保护不力，公使们要求集体觐见慈禧太后和光绪皇帝，在这些公使看来，这或许是使清政府获得深刻印象的唯一的机会。

6月6日，外交团举行会议，讨论目前所面临的困难，以及集体觐见慈禧太后和光绪皇帝的可能性。当会议将要举行的时候，窦纳乐获悉聂士成提督已接到最严厉的命令镇压义和团，而且聂军实际上已经在铁路沿线与义和团发生冲突。总理衙门答应外交团，铁路交通至迟将于6月9日恢复，同时要求各国使节延缓实现关于集体觐见的想法。

415

---

① 《窦纳乐爵士致索尔兹伯理侯爵电》(1900年6月5日发自北京，次日收到)，见《英国蓝皮书有关义和团运动资料选译》，26—27页。

同一天,英国驻大沽口舰队司令西摩中将在"百人长"号军舰上与法、德、意、俄、奥、美、日等国高级海军军官举行会议,讨论局势并安排在必要时与会诸国的在华军事力量采取一致行动。此次会议进行了两天,最终达成了谅解,同意各国驻华军事力量在必要时采取一致的行动。

第二天,英国外相索尔兹伯理批准了窦纳乐的授权请求,授权他和海军中将西摩视中国局势的演变,全权处理在中国,尤其是华北广大地区所发生的主要针对外国人,特别是欧洲人的义和团骚乱。与此同时,各国驻华公使及各国驻华舰队司令官也都先后接到本国政府的指示,都被授予"极广泛的全权",视局势发展自由而不受任何束缚地决定采取何种措施。至6月初,在天津租界的八国联军已达2 000余人。他们计划先用武力夺取天津,然后再从天津乘火车前往北京。

列强的侵略气焰进一步激怒了义和团。为了阻止八国联军继续向北京进犯,义和团再次拆除了京津铁路的部分铁轨。6月8日,各国公使得到天津方面传来的消息,义和团已经到达杨村,正在焚毁该处的铁路桥梁,被派去保护铁路的聂士成军却开始撤回他们在天津以东的芦台营地。在各国公使看来,聂士成撤回芦台,就意味着总理衙门声言可以信赖的唯一部队已放弃保护北京的企图,也粉碎了他们寻求恢复京津铁路交通的一切希望。根据这一判断,他们认为:"刻下惟有各国合谋保护旅华西人身家产业,并须速下辣手,占管铁路,为第一要著。"①

当列强不断向北京派兵,不断向大沽口外集结军队的时候,慈禧太后考虑变换一下手法,试图对义和团进行缓和性的瓦解。6月3日,军机处向荣禄、裕禄传达慈禧太后对义和团的最新指示:"现在畿辅一带拳匪蔓延日广,亟应妥速解散,以靖地方。该督务当通饬各州县亲历各乡,谆切劝导,不可操切从事。至带兵员弁,亦当严行申诫,毋得轻伤民命,启衅邀功。"②

6月4日晚,慈禧太后密召军机大臣入宫议事,为时甚久。旋即议

① 《驻天津路透社记者来电摘译》(1900年6月13日,天津),见《义和团——盛宣怀档案资料选辑之七》,51页。
② 《军机处寄大学士荣禄等上谕》(光绪二十六年五月初七日),见《义和团档案史料》上册,116页。

定,决计不将义和团剿除,因"该团实皆忠心于国之人。如与以上等军械,好为操演,即可成为有用劲旅,以之抵御洋人,颇为有用。"大学士兼军机大臣荣禄等人对此不以为然。召对时,荣禄将招抚义和团"误事之言详细言之"。① 诸王、贝勒如端王载漪、刚毅、启秀、赵舒翘等,俱同声讨伐,大声疾呼,谓断不可剿办义和团。因势力不及他人,主剿者亦怯,如王文韶则默然无语,不置可否。② 慈禧太后对各大臣的奏对并不认可,以为未能中肯,赫然震怒,认为除荣禄之外,余众才干均远在张之洞之下。显然,太后并没有在主抚、主剿这两种方案中作出最后的决断。

　　毫无疑问,慈禧太后和清廷最高层的犹豫不决是义和团运动不断扩大的原因之一。面对这种危局,驻守在外的疆臣们忧心如焚,南洋大臣刘坤一、北洋大臣裕禄、湖广总督张之洞、两广总督李鸿章、闽浙总督许应骙、山东巡抚袁世凯等封疆大吏皆主坚决讨伐。6月6日,北洋大臣兼直隶总督裕禄致电总署,力陈义和团"断非仅恃劝导所能解散",政府的正确选择只有一条,那就是"自行剿办",始不至"酿成大患"。③ 深悉洋务的会办商务大臣驻沪办事的盛宣怀甚至于6月3日起草了一份建议书,建议清政府无论如何也要尽快作出抉择,否则后果不堪设想。他指出:现在义和团尽管势力昌盛,说到底不过是一批乌合之众,并没有什么像样的武器,因此并不难荡平,而难在立定主见。自来乱民初起,莫不由于议抚酿成大患。或曰会匪可攘外患,不当问罪,致失民心。或曰百姓众多,恐动兵激成事变。其实,义和团不过是借"助清灭洋"为名,蒙蔽清议,煽惑愚民。若再迟疑,抚而不剿,恐山东、河南各省会匪合股,形成更大的势力。而长江流域素有哥老会,一旦哥老会闻风起事,流亡海外的康有为、孙文等人也势必在外有所举动,甚至潜回国内举事。果如此,中国大面积的动乱势不可免。到那时,要想平息骚乱恐怕就要花费更多的精力、时间和财力。而且更为可怕的是,随着中国动荡局面的形成,列强很可能会继续推广保护使馆这样的动议,借机派兵深入中国内地保护商埠、教堂、铁路,就此兵权、饷权均落他人之手。况

417

①《荣禄与奎俊书》,见《义和团运动史料丛编》第1辑,138页。
②《拳乱纪闻》,见《义和团》(一),124页。
③《直隶总督裕禄致总理各国事务衙门电报》(光绪二十六年五月初十日),见《义和团档案史料》上册,120页。

北方大面积的旱灾已经形成,延至大秋不收,灾民遍地,剿抚两难。同时,由于甲午战争后大量的战争赔款,致使各省裁兵,这些被裁的大量士兵实际上已经沦为田间无赖,他们极有可能成为动荡的主力。鉴于这种种不祥的因素,盛宣怀建议在各省土匪尚未发动、外人尚未开口之时,迅就武卫各军兵力肃清畿辅,以消外衅,以杜效尤。①

清政府没有采纳裕禄、盛宣怀等人的建议,不过也没有立即就主抚、主剿作出最后的决断。然而,慈禧太后的犹豫实际上使清政府的权力系统被一分为二,主抚、主剿的双方都可以利用自己的权力发号施令,于是此后不久清廷的权力系统基本上是在因人而异地各行其是,不断传出相互矛盾的声音,发布相互矛盾的命令。6月5日,清廷派军机大臣兼顺天府尹赵舒翘会同先一日被任命为都察院左副都御史何乃莹前往涿州等地向义和团喊话,希望拳民能够和平解散,如果拳民不听从解散的命令,再执迷不悟,一经大兵剿捕,势必父母妻子离散,家败身亡。② 第二天,清廷又加派协办大学士刚毅前往涿州一带"察看"并"劝散"义和团,"名为宣旨解散,实隐察其情势",③"意在以劝导为要"。④ 这实际上引发了义和团大批进入京师的后果。⑤

6月6日,清廷再发上谕,有意识地改变先前一意剿灭义和团的既定政策,公然宣称义和团的兴起事出有因。只要义和团现在立即交出那些破坏铁路等国家财产的首恶分子,一般的民众可以获得宽大处理,否则这些民众也会作为叛民遭到彻底的镇压和消灭。清军的将领们已经获得政府的授权,对那些匪徒中的首恶分子实行剿杀和追捕,当然这些将领在处理广大民众时,还是应该遵守区别首要与胁从的原则。⑥ 从6月6日这份上谕看,清廷希望参照赵舒翘、何乃莹等人建议,舒缓与义和团之间的关系,并借此收服义和团拳众,以免动用更多的武力。

---

① 《盛宣怀致总理各国事务衙门电》(1900年6月3日,黄州),见《义和团——盛宣怀档案资料选辑之七》,31—32页。盛宣怀的这份奏稿还见于《义和团档案史料》上册,11页,注明为6月5日,其内容与此件略有出入。据《义和团——盛宣怀档案资料选辑之七》编者分析,可能是盛宣怀于6月3日在长江舟中写成此稿,经修改后于5日到达上海后发出。
② 《拳事杂记》,见《义和团》(一),260页。
③ 恽毓鼎:《崇陵传信录》,见《义和团》(一),47页。
④ 《庚子剿办拳匪电文录》,见《义和团》(四),348页。
⑤ 李希圣:《庚子国变记》,见《义和团》(一),12页。
⑥ 《上谕》(光绪二十六年五月初十日),见《义和团档案史料》上册,118页。

政策的转向并没有如其所期待的那样缓和了已经十分紧张的京津地区。相反,这一转向确实在一定程度上鼓励了义和拳骚乱。6 月 7日,奉命保护铁路、恢复铁路交通的聂士成在赶赴丰台途径廊坊的时候,遭到了义和团有组织的截击,义和团主动与清军交手,这在过去还是不曾有过的。聂军被迫折回落垡,又在那里与正在拆毁铁路的义和团发生极为激烈的冲突。双方各有不同程度的伤亡。同一天凌晨 3 时许,聂军邢长春获悉义和团焚毁北河大桥,乃密率马队前往阻止,不料遭到上千名拳民的攻击,官军被迫开枪。不久,定兴大东沟的数千拳民闻讯赶来协助义和团与官军作战。[1] 也正是这一天,外州县的义和团民三五成群,头包红布,手持刀械,开始络绎不绝地进入京师。[2] 京城地面形迹可疑及结党持械、造谣生事之人随处可见。这些遍布京师的义和团民于城厢内外遍张揭帖,略谓"必须焚灭教堂,杀尽教民,劝人不可归教等语"。[3] 6 月 8 日,京津地区的形势急剧恶化。在北京的义和团于南西门外杀死教民数人,并焚烧房屋不少,城门被迫关闭半天。在通州,一群前来避难的美国教士遭到了义和团的屠杀,传教士们把他们的房屋交给清军看管后,其房屋竟然也遭到了清军士兵的焚烧和抢劫。在天津,由义和团首领杨寿臣率领的数百名义和团民自安次县进入天津,于三义庙建立总坛,树立旗帜,大量无业游民纷纷往投。[4] 自此,天津城厢内外相率立坛,仅仅两天的时间,城厢内外据不完全统计就立坛三四十处,每处或数百人或数十人不等。同一天,京津地区的义和团民依然继续破坏京津之间的铁路,廊坊、落垡一带的铁道已被拆毁,并逐步向靠近天津的杨村逼近,负责保护京津铁路的聂士成部被迫后撤,[5]京津之间的铁路联系实际上已经中断,总理衙门所许诺的迅速恢复铁路交通的计划已被彻底粉碎。

---

① 刘春堂:《畿南济变纪略》,见《义和团史料》上册,340 页。
② 刘以桐:《民教相仇都门闻见录》,见《义和团》(二),184 页。
③ 佚名:《庸扰录》,见中国社会科学院近代史研究所编《庚子记事》,249 页,北京,中华书局,1978。
④ 《天津一月记》,见《义和团》(二),141 页。
⑤ 《庸扰录》,见《庚子记事》,250 页。

第三节　西摩联军受阻及其溃败

随着京津地区特别是京城局势的急剧恶化,大学士兼军机大臣荣禄至颐和园痛哭,力请慈禧太后还宫。[1] 慈禧太后和光绪帝遂于 6 月 9 日早晨从颐和园匆忙赶往宫中,召集大臣会议,讨论局势及对策。

荣禄及军机大臣、礼亲王世铎虽然有心继续剿灭义和团,平息局势,但随着京津地区局势的持续恶化,尤其是列强的不断进逼,他们的意见在此次会议上已不占主导地位。相反,以端王载漪为首的主抚派在会上假借"御侮"的旗号,力言招抚义和团共御外侮。他们的请求得到了慈禧太后的赞同,于是会议决定不再对义和团进行剿除,命令董福祥军从南苑进驻北京城里,并任命端王载漪为总理衙门新任首席大臣,实际管理总理衙门的日常事务。另外一些主抚派骨干如礼部尚书启秀、工部右侍郎溥兴、内阁学士那桐等满洲贵族中著名的保守人物在总理衙门上行走。这些结果意味着主抚派的暂时胜利。

端王载漪出任首席军机大臣等重要人事变动的消息当天就被各国公使所获悉,这一系列变动引起了各国公使的普遍不安。他们认为,总理衙门新任首席大臣端王实际上是义和团的首领,所有情报都表明端王载漪是宫廷内设立义和团神坛的主要支持者。端王和其他几位获得任命的官员先前并没有主持过外交事务,外交团对他们也不是很了解。他们在任职之后既没有对各国使馆进行例行拜访,而各国公使或许是受那些传闻的影响,也不愿意主动与他们进行接触,于是中外之间的沟

---

① 佚名:《庸扰录》,见《庚子记事》,249 页。

通越来越困难。各国公使在传闻的诱导下普遍认为,由端王出任首席大臣便意味着在北京的外国人的处境更加危险,也意味着总理衙门此后与朝廷之间的关系更加密切,总理衙门不会再像过去那样多少会考虑到外国人的利益,而极可能变成一个执行清廷排外政策的工具。因此,美国公使康格甚至提议各国公使不应当承认这一人事变动。

一 西摩联军强行出发

清廷的最新决定引起了公使团的高度恐慌。窦纳乐于当天晚上 8 时 30 分致电英国驻天津领事贾礼士及英国舰队司令官西摩将军,告诉他们北京的局势正每时每刻地变得更加严重,必须派部队登陆,立即为联军大规模进军北京作出一切必要的安排。

在贾礼士的请求和安排下,各国驻天津领事和海军司令官立即举行了一次紧急会议,讨论窦纳乐所提出的立即安排卫队前往北京的紧急要求。日、意、奥、美等国领事和司令官同意和英国军队一起派遣所有可能使用的士兵充任卫队,保护正在修复铁路的筑路人员,并为救援各国使馆而逐步向前推进。大约两个小时之后,西摩便率领军队由塘沽乘船向天津进发,其他各国军队也连夜由大沽口外的军舰换乘炮艇或鱼雷驱逐舰向塘沽转移。

6 月 10 日清晨,西摩率领的联军抵达天津,他们立即威逼直隶总督裕禄下令修通铁路,并为陆战队准备开往北京的火车。他们甚至扬言:如果裕禄不能答应他们的这个要求,他们将采取必要的手段夺取一列火车。面对联军及领事们的压力,裕禄表示:他在未得到朝廷的许可之前,无论如何无法同意外国军队乘火车进入北京。[①] 有了裕禄的态度,铁路局当然不肯为联军调度火车,他们的理由是铁路被义和团破坏了,开往北京的火车无法运行。

中国方面这些消极的手段根本无法阻止联军向北京进发,英国人和德国人自己跑进车库,抢占了机车,并派上了自己的司机。上午 9 时 30 分,西摩率领英、美、奥、意等国 500 名全副武装的联军乘坐第一列

---

① 《直隶总督裕禄折》(光绪二十六年五月十九日),见《义和团档案史料》上册,142—143 页。

专列向北京进发。这列车除一节车厢装有速射炮、野炮等重武器外,许多车厢装有准备修复铁路的材料和工具;除了军人,还带有几名英国工程师、司机,并强迫70多名中国劳工随行。他们计划如果真的遇到被义和团破坏的铁路,他们就边修复,边行进。

上午11时,由英、德、日、法、俄等国600余人组成的第二批联军也乘专列向北京方向驶去。这一天,联军共从天津开出3列火车,共运送联军2 053人。在此后的两三天内,向北京运送的联军与武器不断增加。

西摩联军出发时准备并不充分,他们自信凭借他们的装备应该很快就能够冲进北京,甚至打算赶到北京公使馆吃晚餐。因此,海军陆战队只带了二三天的粮食,每名士兵也只发给200余发子弹。然而,后来的事实证明,他们太低估义和团和清军的反应和能力了。

西摩联军出动的消息传开后,很快激起义和团和部分清军的强烈愤怒。京津铁路沿线的义和团立即行动起来,他们拆毁铁轨,搬走枕木,迫使联军边修路,边行进。西摩联军在第一天虽然没有遇到强有力的反抗及袭击,但行进极为缓慢。到晚上,西摩乘坐的第一列火车也只行进到距天津50公里处的落垡车站。

在北京,当联军出动的消息传来,清军内部首先发生震动。原先奉命在杨村一带保护京津铁路和镇压义和团的聂士成于10日紧急致电荣禄、裕禄,请求率领部队返回天津芦台,放弃镇压义和团的任务,以便反击联军的进攻。刚刚调进北京的董福祥的甘军得知西摩联军出动的消息后,迅速控制了北京火车站,他们准备迎头痛击胆敢向北京进犯的联军。[1] 甘军骑兵甚至于6月11日在永定门外杀死了出城迎接联军的日本书记生杉山彬,并残忍地将其肢解。[2] 与此同时,北京同天津以及同西摩联军之间的电报联系中断,这使各国公使、西摩联军及天津的领事团对局势的恶化更加忧心忡忡。

西摩联军向北京进发引起了清政府的高度关切与恐慌。慈禧太后

---

① 《拳乱纪闻》,见《义和团》(一),37页。
② 《庚子使馆被围记》,见《义和团》(二),217页。两天后,清政府就杉山彬被害事通过内阁发布上谕,要求相关部门限期捉拿凶手,尽法惩治。倘逾期不获,定行严加惩处。《上谕》(光绪二十六年五月十七日),见《义和团档案史料》上册,133页。

清楚地意识到西摩联军大规模进京是一种不祥之兆,可能会极大地动摇她的统治地位,因而坚决反对西摩联军进京。在西摩联军出动的第二天即 6 月 11 日的下午,清政府委派总理衙门大臣许景澄、太常寺卿袁昶前往各国使馆,告诉他们增加使馆卫队是不必要的,劝说各国公使命令联军停止前进。[①] 各国公使根本不愿听从劝阻,他们一方面抗议清政府不努力保护使馆和铁路,致使联军行进极端困难;另一方面命令各国舰队司令要毫不犹豫地抽调自己军舰上的全部兵力飞速进军北京。窦纳乐明确告诉徐景澄和袁昶,交通中断将增强各国公使对安全的忧虑,以致为援救在京欧洲人而采取的措施可能超过局势的实际需要。窦纳乐建议清政府如欲促使各国撤兵,就必须尽一切努力保护铁路线,并尽快恢复交通。

12 日,许景澄、袁昶、敬信、那桐、赵舒翘等再次奉命先后两次赴各国公使馆进行交涉,继续劝说各国公使命令联军停止向北京进发。敬信和那桐属于最近被任命的总理衙门大臣。至于赵舒翘,外国人只知道他是奉命专门调查农村义和团运动的专员,那个调查使赵舒翘感到满意,他认为义和团是愿意听从政府的劝告和申斥的。由于各国公使带有这样的既定认识,可以想见,他们对这几位清政府官员的来访自然不会予以多大的重视,对于他们关于联军停止向北京进军的建议根本不予考虑。

总理衙门的劝阻不起作用,但来自义和团的破坏和阻挠却使联军的行进越来越困难。义和团与联军的正面冲突并不多,仅在联军从天津出发之后的第二天下午,当联军正在西摩的指挥下抢修廊坊附近的铁路时,突然出现一队头扎红布,手持大刀、长矛和木棍的义和团向联军猛扑过来。联军措手不及,只好向廊坊车站仓皇逃去,义和团跟踪追击。然而正当义和团奋力追击联军的时候,突然从后面赶来一队美军,架起大炮向义和团猛烈轰击,义和团当场死亡 30 余人。

面对死亡,义和团越战越勇,他们面对来复枪和机关枪秋风扫落叶似的射击,还是勇猛冲锋,没有丝毫的恐惧与踌躇,义和团众转身冲向

---

① 《袁昶奏稿》,见《义和团》(四),160 页。

美军,一个身穿白袍、腰系红带的团民,甚至勇敢地逼近联军副统帅麦卡加拉身旁,用长矛向麦狠狠地刺去,不幸牺牲在麦的手枪之下。

在现场的义和团众与美军展开了生死搏斗,很快吸引了附近村庄更多的义和团。越来越多的义和团众将这支美军和已逃往廊坊车站的联军紧紧围困在车站一带。他们时而向联军发动突然袭击,时而后撤拆毁铁路,连续两天,战斗不断。

京津铁路上的战斗持续不断,义和团的阻击使得联军无法继续前进。或许是受这种事实的鼓励,慈禧太后在派大臣"善意"劝说列强停止用兵无效之后,竟于 6 月 13 日给裕禄发布一道上谕,以为各国先后到京之兵已有千余,列强如再不满足,继续向北京派兵,后患将无穷。她指示裕禄迅速将正在前线镇压义和团的聂士成部全数调回天津铁路附近驻扎扼要,以便能够有效地阻止联军强行进京,并速令大沽口炮台守将罗荣光加强戒严,以防不测。[①]

有了清军的介入,联军的行动更加困难。14 日清晨,已被围困两天两夜的联军乘义和团不备之机,继续乘火车北上,但在离开廊坊车站三英里半的地方便寸步难行。[②] 前面的铁路遭到义和团的彻底破坏,在视线可及处的铁路路基已变成了一条马路。

二 义和团大闹京城迫使清政府出台招抚方案

义和团在完全切断西摩联军前进的道路后,又将攻击的重点放在北京的防卫以及截断联军退回天津的后路上。6 月 13 日下午,义和团大量涌入京城,并同已在城里的义和团会合。大批义和团的涌入引起了公使馆的高度恐惧,所谓使馆卫队在德国公使克林德的直接指挥下,[③]竟然动手在北京街头肆意抓捕、驱赶,乃至枪杀、炮击义和团,[④]这不仅使已经混乱不堪的京城更加混乱,而且无疑激起了义和团对外国人的仇视。

---

① 《直隶总督裕禄折》(光绪二十六年五月十九日),见《义和团档案史料》上册,142 页。
② 《庚子中外战纪》,见《义和团》(三),282 页。
③ 《石涛山人见闻志》,见《义和团运动史料丛编》第 1 辑,75 页。
④ 《庚子使馆被围记》,见《义和团》(二),219—222 页。

是日夜,愤怒的义和团在京城内起事,到处公开宣称"洋人进京四十年,气运已尽,天意该绝,故天遣诸神下界,借附团民之体,烧尽洋楼使馆,灭尽洋人教民,以兴清朝"。① 义和团"一意以毁坏洋人产业为务",②开始有计划地攻击教堂和教民,崇文门奉真教堂、东堂子胡同施医院、椿树胡同堂子、勾栏胡同两教堂、米市路西天主教堂所开的商铺,以及四牌楼六条胡同赫德家、日本旧馆等,"同时八处皆烈煌飞腾,满天通红,付之丙丁矣"。③ 义和团还乘机占领并破坏了一些外国人的房屋,数百名教民及外国人的仆役被杀害。不过,也值得指出的是,义和团的这次行动并没有伤害欧洲人。

西摩联军开往北京无疑引起了清政府的忧虑,正是这种忧虑促使清政府放弃先前对待义和团的强硬政策。政策的改变激励了义和团攻击教民的勇气。同时,西摩联军向北京的进攻也是引起义和团大举发动的一个重要原因。义和团本来就对欧洲人在中国的胡作非为深恶痛绝,现在既然听说欧洲人的军队要开到中国的京城,他们当然愿意起来帮助清政府抵抗这些外国人。他们除了在北京制造主要针对外国人的骚乱外,也有意识地加大对京津铁路破坏的力度,果断地截断西摩联军与天津、与北京的交通,使联军从京津之间的地带往返天津运送给养的火车开到杨村就无法再回去,西摩联军被义和团围困于京津铁路的中间点。

14 日下午,义和团对留守落垡车站的联军发起攻击。这批联军招架不住,便开动一辆轨道车到廊坊求援,迫使西摩派兵回来援助。待西摩的援军来到,义和团主动撤退。西摩又匆忙率领援军赶回廊坊,仍然幻想修复铁路,继续向北京进发。④

6 月 14 日晚上,在紧靠划分使馆区和外城的那部分城墙的外面,发生了义和团民示威事件。几千名团民在举行集会,高喊"杀死洋鬼子"的口号,使北京使馆区的安全受到威胁。⑤ 夜间,这些团民曾对使

① 《庚子记事》,12 页。
② 《拳乱纪闻》,见《义和团》(一),132 页。
③ 《石涛山人见闻志》,见《义和团运动史料丛编》第 1 辑,75 页。
④ 《庚子中外战纪》,见《义和团》(三),282 页。
⑤ 袁昶:《上庆亲王请急剿拳匪书》,见《义和团》(四),157 页。

馆区的哨兵进行过几次试探性的攻击,但都被使馆击退。

15 日,留守落垡的联军又一次受到义和团的包围,情况十分危急。西摩意识到问题的严重性,于是命令部分联军立即返回落垡,以便确保廊坊—落垡—杨村之间的铁路畅通。这样,当陆路实在无法进京的时候,才能确保联军从杨村沿水路进京。否则,一旦落垡失守,联军就有可能被义和团团团围住,前进不得,后退不能,到那时,炎热、饥饿、伤病、义和团的攻击一起出现,困守廊坊、落垡、杨村的联军只能全军覆没。出于对最坏情况的顾忌,西摩于 16 日决定全军撤回杨村,试图在必要时从北运河乘船北上进京。联军在西摩的指挥下开始两线迎战,部分联军留守廊坊,西摩率领联军退到落垡。

英国驻天津领事贾礼士获悉有关清政府似乎有不利于外国使馆的消息,给直隶总督裕禄写了一封信,劝告裕禄向朝廷说明,所有国家对于各国公使都负有尽可能以最有效的方式给予保护的责任。6 月 15 日,裕禄致函天津领事团首席领事杜士兰,希望杜士兰通知领事团,他已奏报朝廷,并且建议,在一支优良卫队保护下护送那些想离开北京的各国使馆的任何成员前往天津。

各国公使暂避天津的计划没有获得驻天津各国领事的同意。西摩联军也只好继续在进京的途中挣扎,与此同时,北京的情况自 6 月 15 日起继续恶化。原来用于保护使馆的海军陆战队在这一天和随后的几天中从南堂附近等地区救出了大约 2 000 名教民,其中绝大多数是妇女和儿童。南堂是城南的罗马天主教堂,在两天前被焚毁。这些难民中有许多人被严重烧伤,或被刀砍伤。看到这些难民,各国公使普遍相信,这些难民不过是义和团所策划的一系列全面大屠杀中的幸存者而已。第二天,类似的救援队伍在一座庙宇中发现许多义和团正准备用祭坛行动谋杀一些教民。救援队伍只好动用武器击毙了 40 余名义和团民,将这些差点被杀害的教民救了出来。据参与其事的外国人说,在这一系列的救援活动中,基本是使馆卫队独自行动,根本看不见清政府的举措或清军的影子。这无疑加深了各国公使的疑虑。

各国公使的疑虑显然夸大了事实,或对清政府正在进行的活动并不真的了解。实际上,对于北京发生的骚乱,清政府包括慈禧太后在内并没有多少人感到庆幸。6 月 15 日,清政府发布一份措辞相当严厉的上谕,要求步军统领严饬各地面官兵,并着神机营、虎神营各派马步队伍,并添派武卫中军弁兵,会同弹压,加紧梭巡,遇有持械喊杀之犯,立即拿获,送交提督衙门,即行正法。上谕勒限将首要各犯迅速严拿,不准再事姑息。对于那些仅仅附和胁从之徒,该上谕要求饬令即行解散,递解出城。对于京城内外设立的那些义和团坛棚,上谕要求立即拆除。并着派庆亲王奕劻、端郡王载漪、贝勒载濂、大学士荣禄等总负责,督饬派出各员及马步各营和那些地方文武官员实力遵行。[①] 从这个上谕看,清政府对待北京发生的骚乱也是相当恼火的,其处理的方式也是相当严肃和相当认真的。

清政府的这份上谕并没有在各国公使那里获得同情和善意的回应。窦纳乐认为,这份上谕虽然表明慈禧太后对于伴随义和团入城而发生的某些事件确实感到不快,但是这份上谕并没有这个广泛流传的信念,即义和团运动本身获得她的赞同和支持。而窦纳乐对这个信念常常予以注意,认为这个信念是局势的一个最危险的特点。基于这种偏见,窦纳乐认为这份上谕只是表明义和团进入北京之后的所作所为只不过是超过了他们的任务范围,因为他们的掠夺行径已经扩大到了普通的中国老百姓那里了。总之,窦纳乐认为,义和团运动是清政府鼓励的一个以排外为主要内容的民族主义运动,这一运动的部分纲领是,凡是带有外国来源或与外国有关联的一切东西都不应该继续存在而受到破坏。因此,窦纳乐认定,这一非理性的民族主义运动绝不会因这道上谕而停止。

制止骚乱或许需要一个过程,由政府和军队出面将义和团递解出城或许需要一段时间。然而事实却被窦纳乐不幸而言中,就在上谕发布的第二天上午 9 时许,在内城的前门外主要商业区大栅栏内出售洋药的老德记西药房被愤怒的义和团民放火焚烧,火势失控,延及城阙,火光烛天,三日不灭。[②] 其受灾范围南至小齐家胡同,西至观音寺街,东至前门大街,北至西河沿西月墙,烈焰飞腾,金龙万顷,可怜数千家生

---

① 《上谕》(光绪二十六年五月十九日),见《义和团档案史料》上册,140—141 页。
② 《庚子国变记》,见《义和团》(一),12 页。

意生业顷刻间化为灰烬。① 大栅栏一带为当时京师商业之精华,经过数百年的发展,富商云集,尤其是几家颇具规模的大药房均在这一带,凡珠宝、玉器、金店、书店、古玩店以及西洋器物,经过这场大火,所剩无几,其损失之惨重实在无法估计。② 根据时人的记载及后人的研究,大栅栏大火为聚集此处的义和团有意所为,他们的目标是焚烧具有外国背景的德记洋货店及屈臣氏大药房,而之所以导致如此大面积的火灾,主要是因为当德记洋货店、屈臣氏大药房着火后,义和团勇不许救火,并宣称此火具有神力,只烧洋店,断不连烧民屋。孰知竟无把握,造成巨大损失,并殃及正阳门楼洞及城门上的建筑物。③

大栅栏大火及正阳门部分被焚是庚子年间的一个重大事件,不论对清政府来说,还是对一般老百姓来说,都是一场灾难。④ 对于这场灾难,清政府的态度是认真的。15 日上谕曾责成步军统领崇礼等负责将义和团驱逐出城,并要求加强巡逻。然而,从当时的兵力看,驻守在京城并可供驱使的步军等实在太少,而各处大火此起彼伏,根本无力扑灭。崇礼 6 月 15 日的奏折谈到 13 日崇文门内的大火时曾指出:当大火刚起时,"刻即调兵弹压。不意各处教堂陆续起火,延烧多处,情形甚迫,实非人力所能扑救。"⑤据此可以推测,清政府对于京城秩序的管理并非窦纳乐所想象的那样任意听凭义和团所为,而是兵力不足所致。17 日,巡视中城御史文瑞等曾就大栅栏大火及义和团的发展、京师的兵力状况有一个详细的报告,从中我们很容易看到义和团骚乱之所以控制不住的真实原因。该奏折说:"近日匪徒党羽日众,杀人放火,横行无忌。始而近畿滋事,今则城内矣;始而三五成群,今则什百矣;始而托辞仇教,今则害良矣。前三门连日均有杀害教民,焚烧洋书馆、教民房屋多处,并延烧城楼,串入内城东棋盘街情事。红巾金刃,气焰甚凶,加以游勇匪徒,混迹滋事,人心张皇,大局不堪设想。"在文瑞等人看来,义和团的性质正在发生变化,而更重要的是由于义和团的骚乱,一些游勇

① 《石涛山人见闻志》,见《义和团运动史料丛编》第 1 辑,76 页。
② 《庚子大事记》,见《义和团运动史料丛编》第 1 辑,6 页。
③ 袁昶:《乱中日记残稿》,见《义和团》(一),348 页。
④ 《拳乱纪闻》,见《义和团》(一),135 页。
⑤ 《步军统领崇礼等折》(光绪二十六年五月十九日),见《义和团档案史料》上册,141 页。

匪徒也混迹其间闹事,许多杀人放火事件实际上是这些游勇匪徒所为。至于京城的兵力,文瑛等人在奏折中认为是严重不足,"查每城练勇仅二百名,但就前三门分段巡逻,已属不敷分布。至九门以外,东西南北四城,每城所管地面,纵横合计,远则三百里内外,近亦约有一百余里。臣等有巡视之责,自应遵旨查办。惟地方辽阔,稽查难以周密。目下情形,前三门以外,较之九门以外尤为吃紧。"①从这份奏折不难看出京城兵力不足的难题确实不小。

正是鉴于京城兵力的严重不足,清政府在 6 月 17 日着派李端遇、王懿荣为京师团练大臣,会同五城御史督率弁勇,严密稽查,加意巡逻;城门出入,按时启闭,以靖闾阎,②并通过军机处寄发各省督抚另一上谕,要求他们重视京城的混乱情况,设法选派部分得力的部队迅速来京,协助平息骚乱。③凡此,都应该看作清政府对待义和拳骚乱比较认真、比较严肃的一面。

6 月 16 日,奉命与奕劻、载漪、荣禄等人一起督率各该员弁严拿义和团的贝勒载濂上了奏折,提出了招抚义和团以抵抗联军的另一个思路。他说:京城辇毂重地连续数日发生多起杀害教民、焚烧教堂,严重扰乱社会秩序的重大案件,实属骇人听闻。然推其原因,总由积怨太深之故。朝廷即大加惩治,恐复溃甚防川。若果断绝根株,将来赔偿巨款,偿命太多,实有非今日力所能给者。彼类愿或不遂,仍多责言。彼时人心涣散于内,敌心猖獗于外,大局何堪设想?窃查拳民能避火器,虽无确据,其勇猛之气,不顾生死,实为敌人所惮。不扰良善,则系众口一词。惟漫无纪律,以致奸民乘势扰乱。倘饬统兵大员忠信素孚如董福祥者妥为招抚,练为前队,可以资敌忾而壮军声,"就大势言之,拳民总宜善抚,不宜遽剿;洋人总宜力拒,不可姑容。剿拳民则失众心,拒洋人则坚众志。人心之所同,即天心之所系。转移之机,即在于此。"④如果结合西摩联军不顾一切地向北京进军,驻扎在天津一带的联军正在不断集结,以及京师兵力不济,对义和团骚乱无可奈何的事实,载濂的

---

① 《巡视中城御史文瑛等折》(光绪二十六年五月二十一日),见《义和团档案史料》上册,149—150 页。
② 朱寿朋编:《光绪朝东华录》(4),4519 页,北京,中华书局,1984。
③ 《军机处寄各省督抚上谕》(光绪二十六年五月二十一日),见《义和团档案史料》上册,147 页。
④ 《贝勒载濂折》(光绪二十六年五月二十日),见《义和团档案史料》上册,146 页。

这一建议不能不说也是可以一试的办法。

或许正是有了载濂的这一建议,慈禧太后、光绪皇帝在这一天紧急召见世铎、奕劻、载漪、那彦图、载濂、荣禄、刚毅、王文韶、立山、崇绮、启秀、敬信、崇礼、铁良、袁昶、联元、许景澄、恽毓鼎等王公大臣及满汉要员举行了一次重要的御前会议,决定责成刚毅、董福祥,"一面亲自开导,勒令解散;其有年力精壮者,即行招募成军,严加约束。该拳民既以义勇为名,如足备折冲御侮之资,朝廷原可宥其前衍,以观后效。究竟该拳民临敌接仗有无把握,世铎等须细加察验,谋定后动,万不可孟浪从事。"①显然,清政府期待用中国历史上屡试不爽的招安办法来化解义和团给京师所带来的骚乱。

从参加御前会议的名单看,真正有自己的见解且具有一定的世界眼光的大臣实在是少得可怜,像奕劻、荣禄、王文韶等人虽然具有一定的世界眼光,但不知什么原因,他们在这前后举行的一系列会议上要么一言不发,要么所说也不着边际,甚者引起京外重臣的严重不满。也就在此次御前会议召开的同一天,盛宣怀致函总理衙门大臣王文韶,劝说王文韶无论如何也应该向清廷最高政治层表达真实的危急状态,坚定清廷剿平义和团的信心。在致函王文韶的同一天,盛宣怀还将同一意思致函荣禄,希望荣禄能够利用自己在清廷中的特殊地位发挥作用,尽早平息内乱,杜绝外患。他通过荣禄向清政府正式提出四点建议:

1. 请政府发布一道上谕,表示对畿辅各处义和团所焚教堂,所杀教民教士,以及伤毙比、法、意、瑞等国铁路工程洋员、洋匠加意惋惜。

2. 请政府发布一道上谕,限 10 日内即行肃清畿辅及津京地区的义和团,并饬将电杆、铁路赶紧修复,以通消息,而便馈运。

3. 请政府发布第三道上谕,以赈为抚,安抚直隶、京津地区的流民,促使他们尽快返回乡里。

4. 请政府尽快调整人事,调李鸿章任直隶总督,因李鸿章督直隶25 年,深得民心,虽屡经奇荒,地方帖服,且剿平发捻,直隶、山东、河南等数省至今震其威名,此内乱不难荡平也。至各国兵船集于津沽,水师

---

① 《军机处寄协办大学士刚毅等上谕》(光绪二十六年五月二十日),见《义和团档案史料》上册,145—146 页。

登岸,由津赴京,数已不少。李鸿章若至北洋,当可劝阻洋兵不再进京,此外衅亦较易消弭也。①

盛宣怀致王文韶和荣禄的函件及其四条建议很快上达清廷,由于这四条建议具有很强的可操作性,因而也很容易获得王文韶、荣禄乃至清政府最高政治层的认同和采纳。然而,由于时间的关系,除了调李鸿章出任直隶总督这一条很快进入实践外,其他的三条或有所表示,或无法实行,因此也就不了了之。

扩大使馆卫队是因为使馆所面临的可能危险,因此如果能够有效地化解使馆这种可能的危险,那么就有可能说服天津的外交团不再向北京派出第二批联军。根据这一思路,直隶总督兼北洋大臣裕禄委派帮办铁路大臣、前内阁侍读学士张翼、津海关道黄建筦、秦皇岛税务司洋员德璀琳与天津外交团领袖、法国驻津总领事杜士兰会谈,以期阻止各国继续向北京派出第二批联军。杜士兰告诉张翼等人:天津外交团鉴于驻北京各国公使不断地催兵,确有再次向北京派兵的意向。其二次出兵虽仍以保护使馆为言,但其中更多地流露出保护眷属出京之意。杜士兰在会谈中承诺:如果清政府能够切实地履行保护使馆及外国人眷属的责任,朝廷能够有切实的谕旨发布以安定外国人心,则续进之兵,可从缓议。杜士兰甚至暗示,清政府如果真的能够做到这些,他可以通过相关渠道与各国公使会商,将滞留在京津途中的西摩联军召回天津。张翼与杜士兰的会谈情况由裕禄后来专折“五百里驰奏”,裕禄在奏折中明确建议明降谕旨,在京各国使馆及洋人住居处所,多派得力将弁兵丁加意保护。若各国驻京公使及各国洋人眷属有愿出京者,一经各国驻京公使照会总理衙门,即妥派大员,多带弁兵,沿途妥为送至廊坊,由火车来津。② 裕禄的报告,尤其是其解决问题的办法引起了御前会议的重视,只是鉴于津京之间目前的危险状态,御前会议建议使馆眷属暂时还是不要离开北京为好。③ 至于裕禄关于加强使馆保护并由清廷明降谕旨等建议,均被御前会议完全接受。如果不带偏见的话,应

431

---

① 《盛宣怀条陈》(1900 年 6 月 16 日,上海),见《义和团——盛宣怀档案资料选辑之七》,62—63 页。
② 《直隶总督裕禄折》(光绪二十六年五月十九日),见《义和团档案史料》上册,144 页。
③ 《上谕》(光绪二十六年五月二十日),见《义和团档案史料》上册,144 页。

该承认,清政府招抚义和团以及对使馆区加强保护的措施都是具有积极意义的。

然而,或许是偏见在各国公使中已经形成,或许是因为法国驻天津总领事杜士兰尚没有来得及与各国公使进行沟通,总之,各国公使在得知这一上谕之后普遍认为这是一道"奇怪的"上谕,尤其是这道上谕对义和团起因的解释归咎于"民教寻仇",更使各国公使难以理解。因此,当总理衙门将关于由荣禄率领武卫中军得力部队保护使馆的意见通知各国公使以后,各国公使的答复是,清军派驻岗哨时,应同使馆本身的卫兵相隔若干距离,以防止暴徒的逼近。这显然是对清军的不信任,特别是当他们知道所谓荣禄的军队其实只是董福祥甘军的时候,这种不信任就更加严重。[①]

由于对外国使馆及眷属有了比较妥善的安排(至少清政府本身是这样认为的),所以6月16日的御前会议另外一项重要决定就是根据裕禄报告中所说的那样,可以阻止联军继续向北京进发。清廷在同一天通过军机处寄发给直隶总督裕禄、直隶提督聂士成以及罗荣光等人的一道上谕称:"现在各国使馆已饬荣禄派武卫中军认真保护,明降谕旨矣。此后各国如有续到之兵,仍欲来京,应即力为阻止,以符张翼等与杜士兰约定原议。如各国不肯践言,则衅自彼开,该督等须相机行事,朝廷不为遥制。万勿任令长驱直入,贻误大局,是为至要。钦此。"[②]清廷这份上谕中的自信显然是因为裕禄奏折中所说的张翼与杜士兰的约定。可惜的是,事情后来并没有按照清政府的善良愿望发展。

总之,从6月16日御前会议的几个重要决定看,清政府对于义和团引起的骚乱并没有丝毫的纵容之意,其对义和团由先前的坚决镇压走向有条件的招抚,既是受其自身条件如兵力不济的制约,也是中国传统政治中的招安策略在新的历史条件下的运用。至于对外关系,就其政策的基本走向看,此次御前会议并不意味着清政府在和与战的问题上已经有了决断,其政策的变化也只是随着形势的变化以及中外之间

---

①《窦纳乐爵士致索尔兹伯理侯爵函》(1900年9月20日,11月22日收到),见《英国蓝皮书有关义和团运动资料选译》,94页。
②《军机处寄直隶总督裕禄等上谕》(光绪二十六年五月二十日),见《义和团档案史料》上册,145页。

的沟通情况而变化。可以相信,如果没有张翼与杜士兰的会谈及裕禄的报告,清政府此时估计也会出台加强使馆保卫及阻止联军继续向北京进军的政策。问题仅仅在于,清政府的政策没有与各国公使进行良好的沟通,各国公使对清政府的敌视态度使其对清政府的任何新的决策都持怀疑立场。结果,良好的政策期待总是走向自己的反面。

三 西摩联军被迫回撤天津

被围困的西摩联军一方面在京津路上努力修复被破坏的铁路,另一方面还要时刻提防着义和团和清军的突然袭击。6月17日,被围困在廊坊的联军终于第一次从北京方向发现了清军的旗帜。走在前面的是清军的侦察马队,联军猜测可能是以仇洋著称的董福祥的甘军,于是便派出由俄、德军组成的侦察部队。很快,联军的侦察部队与清军交火,清军随即撤退。

短暂的交火引起联军指挥官的警惕。因为自从联军从天津出动以来,清军对联军参与镇压义和团一直表示出友好的姿态,虽说清军也不希望联军继续北上进京,但清军还不至于与联军开战。而现在清军见到联军立即开火,这显然表明清政府的政策可能已经有了新的变化,有了新的转折。

清军态度的转变引起联军指挥官的注意,而困守在京津线上的联军修复铁路的工程困难极大,进展极慢,到了后来几乎处于停顿状态。疲劳、饥饿、酷暑、风沙,尤其是义和团持续不断、突如其来的袭击,使联军如惊弓之鸟。17日夜,留守廊坊的俄国哨兵在黑暗中发现一个可疑的黑影,这个可疑的黑影不仅不回答哨兵的口令,反而不停顿地向列车靠近。哨兵以为是义和团,于是发出警报。俄国军队和德国军队分别从车厢中跳了出来,在黑暗中互相射击,英国军队也从车厢窗口向外射击,俄国与德国的军队各有几人被英国人打伤。然而在停止射击之后,他们却发现那个黑影根本不是什么义和团,而是一条狗。

6月18日上午,俄军和德军一大早就到附近的村庄抢掠食物,由于所有的农舍都已人去屋空,他们只好扫兴而归。上午11时,饥饿难耐的联军遭到3 000多名甘军和2 000多名义和团的联合袭击。冲在前面的仍然是清军的骑兵,他们在后方步兵和炮兵的掩护下,迅速逼近车站,迎面遭到俄国水兵的猛烈射击。清军的骑兵迅速转移进攻方向,绕过附近的一个小村庄,改向联军的右边进攻,又与德国的军队发生了激烈的战斗。随后,清军步兵和义和团冲了上来。装备有现代步枪的甘军,射击技术也较好,他们与装备有更先进武器的联军激战了两个小时,致使双方互有伤亡。联军方面共有 6 人阵亡,48 人负伤;而清军和义和团方面的死亡数字,据西摩的估计应有四五百人。

当天晚上,这两列火车勉强开到杨村与西摩会合。义和团和甘军紧追不放,于深夜把杨村车站团团包围起来。联军措手不及,死伤近 40 人。

还是在 6 月 18 日这一天,西摩的联军得到情报说,义和团又在破坏英国人修好的那段通往天津的回头路。中国人正在放火烧毁供联军后撤的各个桥梁,撬掉铁轨,拧开螺栓,或者向铁轨上倾倒一堆一堆的碎石。有的地方,义和团只是把螺丝拧松,铁轨仍留在原地。列车在运行时很难发现这些线路受破坏,因此极容易使列车出轨。为了保住退路,德国人又被指派去修复和守卫通往天津的那段铁路。①

19 日,与天津后方基地方面失去联系已达 6 天之久的西摩联军完全断绝了给养。西摩既已认识到进京无路,又意识到他们离开后方基地越远,他们全军覆没的可能性就越大,于是西摩下令联军沿北运河向天津方面撤退,分散的各国陆战队立即向杨村集结。19 日凌晨 4 时,原本气势汹汹欲进北京的八国联军终于承认进军北京的计划失败,开始从杨村向天津总撤退。②

西摩的败退更加激励了义和团,他们用尽一切办法消灭联军,封锁铁路,切断从铁路来的一切支援。他们从每一处河堤、每一道墙壁、每一个村庄大举进攻。联军在汉沟、郎园、曲家湾、赵庄子等地都遭到义和团不同程度的打击,致使西摩联军白天不敢行动,只好选择夜间行军。

6 月 21 日,西摩联军退至北仓,经过几个小时的激战,联军才占领

---

① 李德征等:《八国联军侵华史》,85 页,济南,山东大学出版社,1990。
② 《庚子中外战纪》,见《义和团》(三),284 页。

北仓,但担任参谋长的英军上校泽力科在这场战斗中身负重伤,联军付出了沉重的代价。

23日黎明,西摩联军通过夜行军才好不容易逃到位于天津城北8公里处的西沽。在该处,西摩联军与中国守军似乎通过谈判达到了一定程度的和解。但不知何故,当联军的士兵暴露在对面河岸的时候,却突然遭到了中国守军猛烈的炮火袭击。在这种情况下,疲惫不堪的西摩联军利用自己的火力优势进行还击,挡住正面的清军,然后派蒋士敦少校率领的一支海军陆战队和水兵绕过阵地,偷袭清军的后方防线,很快就占领了一个凸出点,并掳获一门大炮。随后,下游的德国人使清军的两门大炮沉寂下来,然后渡河夺取了大炮。西摩联军于是有效地占领了这所对清军来说比较重要的武器库,这所武器库储存有大量最新式的枪炮、军械和弹药。①

西沽武器库被联军偷袭之后,守库清军为了夺回武器库,在当天和后来的几天内与联军展开了一系列的激战,西沽附近霍家咀、白庙、教场口一带的义和团民也闻讯赶来助战。一连三天,清军与义和团协同作战,将西摩联军团团围困在武器库内。他们曾几次向武器库内的联军发起进攻,都由于联军在武器库得到了大量的新式武器和充足的粮食补给而未能攻下。为了进行有效的防御,联军利用缴获的几门大炮和充足的弹药疯狂地对下游的中国炮台进行轰击,但他们几次试图突围,都由于伤员太多而行动困难以及清军和义和团的重重围困而难以成功。西摩联军被死死地困在这所武器库中。②

6月25日凌晨4时,③天津租界的联军组成一支以俄国军队为主的2 500多人的混合救援部队,他们在俄国上校希林斯基的率领下从租界出发,由送信奸细带路,④沿土围子和铁路向西沽行进,于当天上午到达西沽,并将被困的西摩联军解围。⑤

---

① [美]马士:《中华帝国对外关系史》第3卷,229页,上海书店出版社,2000。

②《八国联军志》,见《义和团》(三),191—192页。

③ 另一记载称救援联军的出发时间为6月26日夜间。《史科特爵士致索尔兹伯理侯爵电》(1900年6月28日发自彼得堡),见《英国蓝皮书有关义和团运动资料选译》,56页。

④ 天津社会科学院历史研究所编:《八国联军在天津》,240—241页,济南,齐鲁书社,1980。

⑤《庚子中外战纪》,见《义和团》(三),293页。

西摩联军逃回租界,致使历时 17 天的联军北上进京计划无果而终。在这 17 天中,联军有 14 天是与义和团和清军的激烈战斗中度过的,联军共死亡 62 人,受伤 228 人。① 义和团和清军的阵亡人数有三四百人。

---

① 《海军中将西摩爵士致海军部电》(1900 年 6 月 29 日发自烟台),见《英国蓝皮书有关义和团运动资料选译》,58 页。据英国驻天津领事贾礼士当时的说法,各国特遣部队的伤亡统计是不完全的。西摩称英国人阵亡 27 人,而贾礼士在同一天的统计则称英国仅有贝茨上尉及 24 名士兵阵亡,7 名军官及 91 名士兵负伤。据《贾礼士领事致索尔兹伯理侯爵电》(1900 年 6 月 29 日发自天津),见《英国蓝皮书有关义和团运动资料选译》,56 页。而英国驻烟台领事谭德乐当天的统计为 62 人阵亡,212 人负伤。据《谭德乐领事致索尔兹伯理侯爵电》(1900 年 6 月 29 日发自烟台),见《英国蓝皮书有关义和团运动资料选译》,59 页。

第四节　大沽失守与清政府仓促宣战

在联军方面看来,西摩联军之所以在京津的道路上行进困难、动作迟缓,主要是它的后路被清军所控制,后援部队不能及时提供支援。从军事战略上看,为了打通天津通往北京的道路,联军必须设法占据大沽炮台。

一　联军强占大沽炮台

大沽位于天津东南、海河入海口的南岸,东临渤海,北靠京山铁路,是北京通往海洋的东大门,又是天津之屏障,是海上通往天津的必经之路,军事地位极为重要。大沽口自明朝起开始设防,中间虽有变化,但其地位一直受到中国军方的重视。当八国联军组成的时候,驻防在大沽口的清军约有3 000人,天津镇总兵罗荣光为驻守大沽口的最高指挥官。此外,还有北洋海军统帅叶祖珪率领的"海容"号巡洋舰和"海龙""海犀""海青"和"海华"4艘鱼雷艇停泊于大沽口内。

联军将领试图占领大沽炮台的计划最初无法获得各国领事的支持,各国驻天津领事担心,立即进攻大沽炮台将会激起中国军民更加猛烈的反抗,从而使外国人和外国军队处于更加危险的境地。倘若联军执意夺取大沽炮台,那么联军将要为每个在内地的外国人签署死刑证。因此,领事们主张即便确实需要占领大沽炮台,也必须"缓占"。

然而,各国海军将领们却不这样认为。他们指出:在中国需要保护的外国人有四类,即分散在各地的传教士、处境危险的西摩联军、在北京的外侨和在天津的外侨,如果延迟行动,并不意味着能使传教士和外侨的安全得到保障，反而会使西摩联军的处境更加危险；反之，如果迅速夺取大沽炮台，一则可为挽救西摩联军打开交通路线，二则能为后继的大批联军取得登陆的据点，三则可以排除驻大沽炮台的清军对各国舰队的威胁。有了部队，才能"代剿团匪"，才能真正保证传教士和外侨的安全。更何况，这些将领把挽救自己的派遣部队不致被歼视为军人的"首要天职"和"最紧要的义务"。

各国将领执意强占大沽炮台的另外一个原因是，当津京地区的局势日趋危急之后，清军确实从山海关向大沽炮台增兵，并在大沽口水面部署了大量的水雷，将铁路、电线有计划地进行了破坏，有意阻止各国军队在此登陆。① 在这些各国将领看来，清军的作为显然是一种"助匪为虐"的不合作态度，"实与各国有碍"。② 基于这些事实和判断，各国将领必然将大沽炮台视为自己必须占领的军事要地。

攻打大沽炮台，本是各国海军的联合行动，但在这一行动中俄国军队表现得最为积极、最为迫切，实际上充当了这次行动的主谋和元凶。俄国军队的目的是想尽快提高俄军在联军中的地位，以此削弱英国在联军中的影响。俄陆军大臣和总参谋长强调，如果俄国运送派遣军前往中国，俄国就必须主宰北直隶湾的登陆地点和前往北京的铁路，就应该在大沽设立前进基地，应保证把大沽和至北京的铁路沿线建成主要的据点。驻扎在旅顺口的俄国远东司令阿克谢耶夫也认为，既然英国的西摩将军已经取得首批进京联军的统帅权，那么攻占大沽口的联合舰队就应该由一个俄国军官来指挥，以便与企图担任领导角色的西摩将军相抗衡。

俄军方的建议得到了俄国政府的全力支持，于是俄国军队凭借地理优势，迅速指派俄国太平洋舰队司令基利杰勃兰特海军中将立即从旅顺口抽调 1 600 名官兵星夜向大沽口转移，以便作为进犯大沽口的联军主力。

---

① 6 月 16 日，俄军水师参赞副提督曾当面指责罗荣光称，"拳民焚毁教堂，中国并不实力剿办，且海口已安水雷，明系有与各国为难之意。"《直隶总督裕禄折》（光绪二十六年五月二十五日），见《义和团档案史料》上册，164 页。

②《英国驻烟台领事谭德乐致霍必澜电》（1900 年 6 月 18 日），见《义和团——盛宣怀档案资料选辑之七》，78 页。

俄国太平洋舰队司令基利杰勃兰特是当时各国驻大沽口海军将领中级别最高的军官,且年岁居长。俄军事当局之所以任命他率领军队前往大沽口,实际上是期望他能够成为联军进攻大沽口的最高指挥官,夺取联军的指挥权。基利杰勃兰特到达大沽之后,一方面派人详细侦察大沽炮台的布防情形,一方面加紧与各国舰队指挥官串联沟通,两次邀集各国海军将领到俄旗舰"俄罗斯"号巡洋舰上开会,密谋进攻大沽炮台的具体措施。基利杰勃兰特没有辜负俄军事当局的"期望",他确实充当了后来进攻大沽炮台的联合舰队司令。

基利杰勃兰特于 6 月 15 日主持驻大沽各国海军将领会议。会议记录中说:已经见到许多中国军队调动,有切断津沽铁路的企图,在白河口也布置了水雷。会议决定必须采取措施保全铁路并保护天津外侨,于是迅速占领大沽炮台的主张便自然很容易地获得各国将领的一致同意。他们一致认为,中国军队的动向毫无疑问带有敌对的性质,大沽炮台的清军企图遏制外国军队继续在大沽口登陆,从而使天津、西摩联军、北京的情势日趋险恶,特别是在大沽以及通往天津的道路上集中了大量清军,这一切都促使他们下决心立即夺取并占领大沽炮台,然后以大沽炮台作为联军大举进攻中国的滩头阵地。[①] 不过,当天的会议并没有就夺取大沽炮台的行动作出最后决定,但显然已经为这一军事行动进行了准备。会议之后,300 名日军立即被派往塘沽,占领塘沽火车站;250 名俄军和法军被派往溯铁路线而上的军粮城火车站,企图控制津塘之间的交通联络,保障进入海河的水路畅通无阻。

各国海军将领在第二天上午于"俄罗斯"号巡洋舰举行的第二次会议上对当时的形势进行了缜密的分析,以为清政府已经从先前对义和团的镇压转为同情。为了控制局面,为了有效地保障外国人的安全,他们最终决定不惜代价,夺取对于整个战局至关重要的大沽炮台。会议限定中国驻大沽炮台守军投降的时间为 17 日凌晨 2 时,并决定将这份经各国军舰司令或舰长签字后的会议记录送交直隶总督裕禄和大沽炮

---

① 《中华帝国对外关系史》第 3 卷,220 页。

台的中国守军将领罗荣光。①

16 日上午的会议大约于 11 时结束。之后,各国海军将领就对兵力部署进行了周密的安排,计划兵分两路攻击大沽炮台。②

联军强行攻占大沽炮台的意图没有得到美军的支持。美国驻华舰队司令恩布夫早在 6 月 14 日就通知英国海军上将布鲁斯说,他未被授权向一个与美国保持着和平的国家发动任何战争的行动。15 日,他以不能侵占清政府的财产为理由,向联军宣布美军拒绝参加对塘沽车站的占领。16 日,他拒绝在“最后通牒”上签字,不愿参加对大沽炮台的联合进攻。但是,美国军舰“莫诺卡西”号的舰长崴兹已收到命令要保护美国的利益,所以在联军与清军正式开战的时候,同意收容大沽和塘沽的外侨。他同时宣布:一旦美军受到清军的攻击,他将认为那就是宣战,他便会当即采取相应的行动。恩布夫对其他各国进攻大沽口的不合作立场得到了美国总统麦金莱的支持。他们的理由是,美国并未同中国作战,因此联军这种“敌意的示威”会加强义和团对西摩联军和所有外国军队的抵抗,从而进一步激怒清政府,促成“排外分子的团结”,使本来已经十分严重的局面更加恶化。③

不幸的是,在后来的战斗中,本未参加进攻大沽炮台的美国军舰“莫诺卡西”号仅仅收容了大沽和塘沽的外侨,却首先被清军的炮弹所击中。由此,恩布夫认为中美之间存在着战争状态,于是他开始与其他国家的海军军官们合作,进攻大沽炮台由“七国联军”变成了“八国联军”了。

已有足够心理准备的罗荣光收到联军的最后通牒时并未惊慌失措,他义正词严地拒绝了联军的武力要求。他一方面下令各炮台马上投入战斗准备,一方面立刻派专人赴天津向直隶总督裕禄报告最新情况。与此同时,罗荣光还派专人通知驻守在大沽的北洋海军统帅叶祖珪,请其命令各鱼雷艇管带赶紧预备战事,到时由海神庙夹攻,与炮台守军共同迎击联军的进犯。

---

① 《贾礼士领事致索尔兹伯理侯爵函》附 6 月 16 日《会议记录》(1900 年 7 月 2 日于天津,8 月 15 日收到),见《英国蓝皮书有关义和团运动资料选译》,176 页。
② 《庚子中外战纪》,见《义和团》(三),286 页。
③ [美]马士:《中华帝国对外关系史》第 3 卷,221 页,上海书店出版社,2000。

6月17日零时50分,距最后通牒限定的时间还有70分钟的时候,驻守在大沽炮台的清军"以攻为守",向联军舰队开火。① 紧接着,联军舰艇向大沽炮台发动了猛烈的炮火攻击。经过几个小时的激烈战斗,尽管中国守军浴血奋战,视死如归,但终因后无援兵,大沽炮台在17日早晨5时30分开始陷落。② 英国军队最先攻占西北炮台和北炮台。之后,南岸两个炮台受到腹背夹攻,终于不支,遂于6时30分失陷。③ 罗荣光收集各营台余部,打通后路,退至西南新城。

大沽之战,中国失掉了炮台,但是中国守台将士在战斗中却表现了英勇无畏、可歌可泣的精神。主将罗荣光身先士卒,副将韩照琦挂花负伤,为国捐躯的将士有90人,负伤者达千余人。据联军目击者描述,在他们所攻占的所有炮台的大炮附近都发现有断手、断脚、断头的英勇捍卫者,沿着胸墙到处都躺着已经死亡或负伤的中国守台将士。④

在大沽炮台失守后约3个小时,法国驻天津领事杜士兰代表列强向直隶总督裕禄提交了照会,内容与联军海军军官送给罗荣光的相同。照会的日期标为16日,实际送交时间是17日10时以后。显然,列强有意防止裕禄从天津派兵救援大沽。

列强的卑鄙伎俩高估了裕禄。裕禄事前虽然没有收到列强的照会,却已通过罗荣光差专人前来报警而获知了消息,他却以"力顾津郡"为理由,没有派兵援助大沽。从这个意义上说,大沽失陷,裕禄负有不可推卸的责任。

除了裕禄之外,对大沽失陷负有直接责任的还有当时驻守在大沽的北洋海军统帅叶祖珪。叶祖珪事前也曾得到罗荣光的通报,罗明确

---

① [美]马士、宓亨利:《远东国际关系史》,44页,上海书店出版社,1998。大沽炮台守卫战中究竟是谁最先开炮,中外记载及研究者的论著说法不一。外方论著及记载多谓中方首先开炮,如英国"安第蒙"号军舰指挥官于事发第二天(即1900年6月17日)从刘公岛致英国海军部的电报就称是大沽炮台的中国军队首先向联军舰队的各军舰开火。见《英国蓝皮书有关义和团运动资料选译》,45页。而中方的记载及论著多谓联军最先开炮。此据马士的分析,中国守军"以攻为守"率先开炮似乎是可以成立的。因为联军既已下了最后通牒,就没有必要在最后通牒的时限之前再寻衅。至于中国方面的记载,尤其是罗荣光的报告指责联军先开炮,可以看作罗荣光在当时条件下不得已的说法。因为既然清政府绝不会允许中国军队首先开衅,那么罗荣光便没有必要承认是他下令首先开炮。而从罗荣光在战前的表现看,当他知道绝不能将炮台如联军最后通牒所要求的那样交给联军时,那么他的唯一选择除了"以攻为守"外,还有什么比这更好的办法呢? 参见李德征等《八国联军侵华史》,107页。

② 《庚子中外战纪》,见《义和团》(三),289页。

③ 《八国联军志》,见《义和团》(三),182页。

④ [俄]扬契维茨基:《八国联军目击记》,157页,福州,福建人民出版社,1983。

要求叶在战斗打响之后能够给大沽守军以必要的协助。然而，当战斗真的打响之后，叶祖珪却贪生怕死，竟然不顾军情危机和广大官兵的抗敌要求，强令舰队不准开炮，并带领舰队仓皇逃命。结果，悬挂海军提督旗的中国二级巡洋舰被联军各舰队司令扣留在大沽口外，在17日晨举行的谈判中，叶祖珪同意中国军舰与联军舰队一起熄火抛锚。[①] 中国最大的巡洋舰"海容"号和三艘鱼雷艇实际上均被联军俘获。

二 假照会将中国推向战争

大沽炮台的失陷，使京城大门洞开，联军便有可能源源不断地从这里登陆直达京城，这对中国当然是巨大的危险。因此清政府将联军攻占大沽炮台视为各国对华宣战，并由此立即展开敌对行动。

清廷决定对外宣战有一个比较复杂的过程，政府内部也有比较复杂的争论。那些主张镇压义和团的官员如许景澄、徐用仪、袁昶、联元、荣禄、奕劻、王文韶等，以及地方督抚中的李鸿章、刘坤一、张之洞等，都坚决反对清廷与外国列强开战。他们认为八国联军之所以发动侵华战争，根子在于义和团盲目仇外，八国联军只不过是"情急而图自卫"，并愿意帮助清政府"代剿拳匪"而已。这些反战派认为清政府不仅不应该与这些外国结仇，而且应该充分体谅列强基于出兵保护其使馆、帮助清政府"代剿"义和团的心情，痛下决心，尽快平定义和团运动。在他们看来，只要清政府能够有效地镇压了义和团运动，八国联军就会自动退兵，眼看就要烧到京城的战火就会自动熄灭，清政府就必然化险为夷，转危为安。正是在这种思想指导下，这些反战派连上奏折，不断要求政府着力"安内"，采取有效措施镇压义和团。[②]

反战言论在朝廷中得到了光绪帝的支持。光绪帝在戊戌政变之后，或许真的看到慈禧太后废帝立储的阴谋一再被列强所抵制，因此他感觉到八国联军真的能打进北京，对于他恢复权力可能不无好处。所

① 《八国联军目击记》，151页。
② 6月14日，张之洞、刘坤一联名电商裕禄，拟以三总督的名义联衔会奏，"请旨痛剿"义和团。见《义和团运动史料丛编》第二辑，196页。同一天，袁昶与许景澄联名致函荣禄的亲信幕僚樊云，请荣禄"先清城匪，再图外匪"，自行剿除义和团。袁昶《乱中日记残稿》，见《义和团》（一），337页。

以,他支持朝野中的反战主张。

光绪帝对八国联军的期望不无由来。慈禧太后之所以由主和走向主战,在很大程度上也是担心她的权力可能会因八国联军的入侵而受到损害,而列强在决心出兵中国的时候,光绪帝也确曾有过废黜慈禧太后、恢复自己权力的想法。因此,当反战的言论一出现,便立即遭到清廷内部以端王载漪为首的后党顽固官僚的坚决反对。

端郡王载漪是大阿哥的父亲。在载漪等人看来,当时最大的问题莫过于废帝立储,他们对于不断阻挠废帝立储的列强十分恼火。他们主张安内必先攘外,主张利用义和团排外情绪去报复列强对中国内政的干涉,乘机废帝立储。他们计划一旦完成废帝立储的大事之后,再回过头来集中兵力、集中精力去镇压义和团运动。到那时,哪怕割地赔款损失再大,但废帝立储已成既成事实。"当宣战之日,故逆计异时之必归于和。使馆朝夷,皇位夕移矣。大事既成,盲风怪雨不转瞬而日月明概,虽割地以赎前愆,亦所不恤,侮辱一胜之不可幸邀也,天也。"[1]从这个意义上说,这些主战派的目的也不怎样光明正大,他们并不是为了国家利益,而是为了他们小政治集团的私利;他们并不是真的支持义和团的反帝爱国运动,而是利用义和团的仇外情绪去实现自己政治集团的私利。

出于对自己最大利益的考量,慈禧太后当然从感情上比较倾向于主战派的看法。但是作为清廷最高决策者,慈禧太后也无法仅仅从感情出发去制定政策,事实上她一直在战和之间摇摆不定。在没有得到列强在大沽炮台开衅的报告之前,虽然对义和团的态度是时剿时抚,但她对列强并不敢真正得罪,一直设法向列强乞和却是始终如一的。即便到了列强的所谓使馆卫队和西摩联军相继进发北京以后,慈禧太后虽然比较倾向于主战派的意见,倾向于如果列强首先开衅,中国将不惜一战,但她依然不愿扩大事态,依然寄希望于能够有效地镇压义和团,从而迫使列强没有理由继续用兵。

慈禧太后的愿望只是一厢情愿,事态的发展并没有按照她的愿望

---

① 恽毓鼎:《崇陵传信录》,见《义和团》(一),50页。

去进行。一方面义和团运动没有因为清廷的镇压而平息,反而在所谓"使馆卫队"进京之后,尤其是西摩联军出征之后承担了抗击列强、阻挠联军的重任;另一方面,联军在面对义和团抗击,甚至遭到清军阻击的情况下,也没有停止向北京进兵,其气焰反而更加嚣张。

面对这种情况,慈禧太后于 6 月 16 日电召善于与列强周旋的两广总督李鸿章立即进京,并于同日下午召集有百余人参加的御前会议,研讨对策。

在这次御前会议上,以载漪为首的主战派和以荣禄、许景澄、袁昶为首的主和派围绕着对八国联军是战还是和的问题展开了激烈的争论。慈禧太后和光绪皇帝也分别站在不同的方面,直接对立。①

主和派为了争取主动,抢先发言。他们反复强调中国的力量太弱,不足与列强抗衡。如果真的与外国开战,等待中国的只能是亡国。吏部侍郎许景澄说:中国与外洋交往数十年,民教相仇之事,无岁无之,然不过赔偿而止。惟攻杀使臣,中外皆无成案。今东交民巷使馆,义和团日窥伺之,几于朝不谋夕。倘不测,真不知宗社生灵将置诸何地?

太常寺卿袁昶接着说:衅不可开。纵容乱民,祸至不可收拾,他日内讧外患,相随而至,国何以堪?

太常寺少卿张亨嘉说:义和团决不可恃。

或许张亨嘉的说法太过绝对,立即引起一番争论。仓场侍郎长萃大声说:"此义民也!臣自通州来,通州无义民不保矣。"

长萃的说法来自亲眼所见,于是很快引起载漪、载濂及户部侍郎溥良等人附和。他们都认为,人心不可失,现在应该利用义和团的热情与列强决一雌雄。

在这种情况下,光绪皇帝按捺不住谈话的兴致,他声称:人心不足恃,只能更加添乱而已。今人喜言兵,然自甲午一战,创巨痛深,效果是大家都看得到的。况诸国之强,十倍于日本,诸国合而谋我,何以御之?

对此,载漪反驳道:"董福祥剿叛回有功,以御夷,当无敌。"

光绪帝道:"董福祥骄难用,敌器利而兵精,非回之比。"

---

① 恽毓鼎:《崇陵传信录》,见《义和团》(一),47—48 页。

侍讲学士朱祖谋也认为董福祥不过是一个无赖,根本不足以成事。[1]

按照主和派的意见,清政府目前的唯一政策选择就是痛下决心,坚决镇压义和团,捕杀首要,惩徽胁从;并派人前往各国使馆表明政府的心迹,请求公使阻止添调外兵来华。[2] 还有的主和派官僚请清廷考虑调袁世凯、刘坤一等人率军来京以维大局。

此次会议之后,慈禧太后命令总理衙门大臣那桐、许景澄等出城前往马家堡以南,劝阻西摩联军不要入侵北京。如不听命,即派董福祥军前往阻拦;再不服阻,则决战。[3] 慈禧太后大有先礼后兵的意思了。

此次御前会议使慈禧太后在和战问题上更加倾向于战,更加依靠主战派。

主战派首领端郡王载漪为了促使慈禧太后早下宣战的决心,竟然于16日晚煞费苦心地伪造了一个列强的"归政照会",派遣江苏粮道罗嘉杰之子于午夜时分呈交荣禄。荣禄见信,信以为真,遂于次日黎明速呈慈禧太后。[4]

虽说"归政照会"是伪造的,但在当时这个伪造的"照会"模仿列强的口气要求慈禧太后将权力交还给光绪皇帝,确实触及了慈禧太后的痛处。[5] 慈禧太后一见照会,既悲且愤,她对洋人的恼怒一时压倒了她对洋人的恐惧,必须对洋人宣战、一决雌雄的底案便在心里基本形成,于是她在当天立即召集第二次御前会议,再次讨论是否宣战的问题。

在17日召开的第二次御前会议上,主和派再次争取主动,重申清政府无论如何不能依靠义和团这些"乱民"去与列强抗争,否则自取灭亡。

光绪皇帝也在这次会议上强调,用人心去抵御外侮本来就是一句空话,更何况义和团是一群乌合之众,并不能代表中国的民心,那么又

---

① 李希圣:《庚子国变记》,见《义和团》(一),13页。
② 袁昶:《乱中日记残稿》,见《义和团》(一),337页。
③ 《拳乱纪闻》,见《义和团》(一),135页;袁昶:《乱中日记残稿》,见《义和团》(一),338页。
④ 廖一中等:《义和团运动史》,226页,北京,人民出版社,1981。
⑤ 《归政照会》虽然是假的,但归政的想法在外国人中是普遍的。1900年6月19日上海《字林西报》发表社论,主张驱逐西太后及亲信党羽出北京,将政权交给光绪帝。参见中国社会科学院近代史研究所《中国近代史稿》(第三册),207页,北京,人民出版社,1984。

怎能指望他们去与敌人血肉相搏呢？光绪帝强调:战非不可言,顾中国积衰,兵又不足恃,用乱民以求一逞,宁有幸乎?

主和派,尤其是光绪皇帝的言论无疑激怒了载漪等人。他们实在忍不住,遂群起而驳之。他们大肆吹嘘义和团是如何如何的英勇无敌,义和团的法术是怎样怎样的灵验等。不料户部尚书立山举出许多事实,证明义和团的法术并不灵验,根本不具备载漪等人所吹嘘的那种神奇的力量。

立山对义和团法术的揭露使载漪等人十分恼火。载漪气急败坏地立即回击立山道:"用其心耳,何论术乎! 立山敢廷争,是且与夷通,试遣山退夷兵,夷必听。"[①]立山也不让步,反唇相讥道:"首言战者载漪也,漪当行。臣不习夷情,且非其职。"慈禧太后调解,叫双方不要争吵,载漪却大骂立山是汉奸。立山起而抗辩,会议气氛骤然紧张。后党官僚20余人面对此景此情,乘机起来"痛哭合词面奏",皆同意载漪利用义和团宣战的主张。[②]

此次御前会议上,载漪等人的气势占了明显的优势,他们的宣战主张进一步鼓励了清晨就被伪造的归政照会吓坏了的慈禧太后。慈禧太后遂取出伪造的照会当众宣布:"洋人照会四条:一、指明一地,令中国皇帝居住;二、代收各省钱粮;三、代掌天下兵权。"但对于第四条"勒令慈禧太后归政",慈禧太后并没有当众宣布。她接着说:"今日衅开自彼,国亡在目前,若竟拱手让之,我死无面目见列圣。等亡也,一战而亡,不犹愈乎?"群臣听到这些话,不禁顿首,咸曰"臣等愿效死力"。

她接着宣布:"今日之事,诸大臣均闻之矣。我为江山社稷,不得已而宣战,顾事未可知,有如战之后,江山社稷仍不保,诸公今日皆在此,当知我苦心,勿归咎予一人,谓皇太后送祖宗三百年天下。"[③]慈禧太后宣战的决心由此而定。

这封伪造照会似乎也在一定程度上改变了光绪皇帝的态度,特别是"各使以兵马钱粮统归管辖为要挟",肯定会对其原先主和的认识产

---

① 李希圣:《庚子国变记》,见《义和团》(一),13页。
② 袁昶:《乱中日记残稿》,见《义和团》(一),338页。
③ 恽毓鼎:《崇陵传信录》,见《义和团》(一),48—49页。恽毓鼎是会议出席者之一。

生影响。据总理衙门章京邹嘉来的观察,联军不顾清政府的劝阻一意进攻北京和各国使节以接管中国兵马钱粮为要挟这两条对清政府高层态度的转变起到了至关重要的影响,甚至连光绪皇帝也一度表示:如果确实到了无法挽回的地步,那么也只好作"背城之举",因为毕竟"宗社生民所系至重"。①

17 日御前会议一结束,清廷即派徐用仪、立山、联元等前往各国使馆说明清政府的立场,希望各国公使劝阻联军进京,声称"如必欲开衅,可即下旗归国"。② 清政府不惜与列强一战的态度已基本明朗。

然而,就在主战派得意扬扬地赢得慈禧太后支持的同一天,清廷收到两江总督刘坤一、湖广总督张之洞等人请总理衙门转奏的电报。刘、张等人在电报中坚决反对清政府对列强宣战,力主严厉镇压义和团,声称政府在镇压义和团的问题上如果再迟疑不决,不利用自己的力量"速剿",则势必引来各国的干预,一旦各国的军队"大至",越俎代谋,那么中国也就祸在眉睫了。对于清廷内部一些人主张利用义和团的力量御敌的建议,刘坤一、张之洞在电报中也予以驳斥。他们指出:从来邪术不能御敌,乱民不能保国,外兵深入横行,各省会匪四起,大局溃烂,悔不当追。希望政府在利用义和团的问题上慎重考虑,谨慎行事。③

刘坤一、张之洞的电报在清廷内部引起极大的反响。袁昶等主和派深感得到刘、张两位封疆大吏的支持,局面或许会有所转变。于是他们迅速起草《请亟图补救之法以弭巨患疏》,力陈对义和团"必中国自剿,乃可免洋兵助剿",并建议朝廷责成荣禄"得以便宜从事",准其对义和团"格杀勿论"。④

在刘坤一、张之洞等人的影响下,主和派积极活动,慈禧太后遂于6 月 18 日第三次召集御前会议,再次讨论和战问题。

在此次御前会议上,由于有了昨天慈禧太后的宣战决心,主战派的

447

---

① 《邹嘉来致□□□函》(1900 年 6 月 18 日,北京),见《义和团——盛宣怀档案资料选辑之七》,69页。

② 《庚子国变记》,见《义和团》(一),14 页。

③ 《刘制台来电》(光绪二十六年五月二十二日),见苑书义等主编《张之洞全集》第 10 册,7976 页,石家庄,河北人民出版社,1998。

④ 《袁昶奏稿》,见《义和团》(四),161 页。

势力占优势。载漪等人不顾国际惯例和许景澄等人的反对,主张首先攻打使馆,希望以此威胁各国公使,从而达到"使馆朝夷,皇位夕易"的政治目的。① 载漪这一政治短视的外交手段由于极为符合慈禧太后此时的心情,因而当即获得批准。

主战派攻打使馆的主张荒唐至极,实行起来后果不堪设想。因此主和派对此绝不能听之任之,他们群起而反对。几乎一直沉默不语的军机大臣王文韶也"以一旦开衅,何以善后"为由,请太后三思而后行,认为绝不能听信主战者这些不负责任的胡言乱语。总理衙门大臣联元"顿首亟言":假如攻打使馆,势必危及公使们的安全,那么日后联军进京,北京城必然会因他们的复仇情绪所激励而被杀得鸡犬不留。

主和派的这些话引起慈禧太后反感,她禁不住拍桌子大骂道:你们这一套我早已听厌了,假如你们真有本事,何不去劝说各国公使阻止联军入城,"否则且斩若"。②

在双方相争不下的情况下,慈禧太后自然无法就立即宣战作出最后决定。她在此次会议结束时,命令户部尚书立山陪同总理衙门大臣王文韶、许景澄等人前往使馆劝说公使阻止联军继续向北京进兵,暂缓宣战。

立山不是总理衙门的官员,但显然他很得慈禧太后的宠信。他们一同来到英国驻华使馆,拜会英国公使窦纳乐,转达清政府的建议。他们首先向窦纳乐表示了清政府对义和团骚乱所感到的遗憾,然后进一步说明义和团对联军所进行的任何反抗不应被解释为得到清政府的赞同,因为清政府不能阻止它。不过,他们也向窦纳乐保证说,现在即将恢复平静。由此他们建议各国援军应留驻在距北京大约 12 英里的黄村车站,不要冒险挺进北京。

窦纳乐明确拒绝了立山等人的建议,对于义和团与联军的冲突,窦纳乐表示相信立山等人的解释,承认清政府应该没有支持义和团对联军进军北京的阻挠,不过他接着威胁立山等人说,如果清军一旦被发现进攻联军,那就将是另外一回事了。

---

① 恽毓鼎:《崇陵传信录》,见《义和团》(一),50 页。
② 《庚子国变记》,见《义和团》(一),14 页。

对于此次来访的真实目的，窦纳乐一直感到困惑不解。窦纳乐的猜测是，最简单而且也许是最可能的解释是，清政府中的主和派被允许借谈判和讨论来宽慰自己，而他们的反对除了使那些谈判和讨论毫无效果及毫无用处之外，无意让他有任何收获。①

可惜的是，窦纳乐的这种认识已经是后来的事情了。在当时，他并没有理解立山等人来访的真实用意，更没有帮助这些所谓主和派去劝阻联军继续向北京进军。反过来，他如果当时真的理解立山等人的苦衷，真的能够帮助这些所谓主和派去劝阻联军进一步向北京进军和增兵，那么清廷内部的政治格局或许将是另外一个结果，慈禧太后执意"与世界为敌"的事情估计也就不会出现。然而，假设永远无法替代后来发生的残酷的事实。

三　裕禄的报告促使清政府发出最后通牒

立山等人的努力没有换来各国公使劝阻联军进京的承诺，而第二天直隶总督裕禄却传来了联军限时要中国守军将大沽炮台交给联军"收管"，否则联军将用武力强行占领的消息。裕禄的报告说：本月17日接到法国总领事杜士兰的一封照会，称"其要意，乃各国水师提督、统领，限至明日早两点钟时将大沽口各炮台交给伊等收管，逾此时刻，不愿善交，则各国水师提督、统领即当以力占据"等语。② 其实，裕禄收到这封照会的时候已经得知联军用武力强占了大沽炮台，中国守军损失惨重，但是裕禄为了回避自己不出兵援救的责任，他在这封奏折中故意不报告大沽炮台已被联军占领的事实，而仅仅说是法国总领事杜士兰代表各国军事指挥官要求清军交出大沽炮台，这样给清政府统治高层的印象是，列强欺人太甚，竟然向中国索要大沽炮台。从战略上说，大沽为海口重地，也是守卫北京的重要门户，如果将大沽炮台交给联军收管，实际上就是将进入北京的大门钥匙交给了联军。对于联军的这一蛮横要求，清政府最高统治层不禁感到列强太过咄咄逼人。如果同意

---

① 《窦纳乐爵士致索尔兹伯理侯爵函》(1900年9月20日)，见《英国蓝皮书有关义和团运动资料选译》，95～96页。

② 《直隶总督裕禄折》(光绪二十六年五月二十一日)，见《义和团档案史料》上册，147页。

了这一要求,就不只是丧失北京的一个重要屏障,而且此后的政府也只能在列强的卵翼下苟且偷生,所谓的清政府也只能是洋人的朝廷,洋人一定会得寸进尺,步步紧逼。慈禧太后获知这一消息后,为了寻找应对办法,于当天下午在仪鸾殿紧急召集第四次,也是决心向列强宣战的最后一次御前会议。

由于在御前会议召开的时候慈禧太后和朝中大臣似乎尚不知道大沽炮台已经沦入联军之手,他们的讨论还是以联军索要大沽炮台为前提。① 大臣们普遍认为,联军索要大沽炮台将要引发政治危机,权衡利弊,他们所能作出的决定就是必须坚决拒绝列强的这一蛮横要求,至少在外交上要作出准备破裂的姿态,以期待列强能够回心转意,放弃这一蛮横的主张。慈禧太后根本无法顾及再让官员们就宣战的利弊得失进行讨论,决定对外宣战。她声称:在各国公使未请"归政"以前,她尚有严惩义和团的想法;"乃归政之事,朝廷自有权衡,非外人所得干预也。况当今体素称弱,垂帘听政,本系不得已之举",外国人对此无权说三道四。至于各国公使干预她的听政之权,干预中国内政,更系"狂悖已极"。显而易见,慈禧太后匆忙决定向列强宣战,除了列强索要大沽炮台等直接的刺激外,更主要的是因为在内心深处最担心的依然是列强的军队一旦进京,就会利用他们的军事、外交力量干预中国的内部事务,强令她将政权归还给光绪皇帝。这是慈禧太后最不愿意看到的事情。因此,她反复强调,她之所以决定向列强宣战,实在是有"不得已之苦衷,非臣子所知"。②

慈禧太后执意向各国开战的另外一个理由,应该说与义和团的活动有关。义和团运动经过清政府早一段时间的打击和招抚,在某种程度上已经成为清政府手中的一个砝码,慈禧太后似乎也知道义和团所渲染的那些法术并不一定可信,但是当外来压力不断加大的时候,她自

---

① 直至 6 月 20 日(五月二十四日),清廷仍发布上谕,要求裕禄报告联军索要大沽炮台的最新进展,仍不知道大沽炮台已被联军占据。上谕说:"裕禄于二十一日(17 日)后并无续报,究竟大沽炮台曾否开战强占? 连日洋兵作何情状? 现在招募义勇若干? 能否节节接应? 拳民大势又是如何情形? 著即迅速咨明总署转呈,并遵前旨随时驰报一切。"《军机处寄直隶总督裕禄上谕》(光绪二十六年五月二十四日),见《义和团档案史料》上册,157 页。由此可见,清廷在召开决定开战的御前会议时仍以列强索要大沽炮台为前提,以为仅仅是外交争端一类的事情,故而比较容易取强硬的态度。

② 《景善日记》,见《义和团》(一),67 页。

然想到利用义和团这个砝码去进行平衡。因此,当此次御前会议有大臣对义和团的法术表示担心、以为不足恃的时候,慈禧太后明确告诉大家:"法术虽难尽恃,人心自有可凭;此时若再失了民心,真不能立国了。"①总之,慈禧太后不希望出现腹背受敌的局面,她要在列强与义和团之间保持适度平衡。

当19日御前会议将要结束的时候,慈禧太后命令许景澄等给各国使馆送去照会,宣布"因彼水师提督,塞我大沽口门,占我炮台",限各国使臣在24小时之内"下旗出京回国",由清政府派兵护送到天津。② 光绪皇帝不赞成与各国轻易开战,闻言不禁惊慌失措,绝望中顾不得君臣之礼,匆忙拉住许景澄的手连说"更妥商量"。慈禧太后见状似乎也觉得皇上的做法有失君臣之礼,遂怒斥道:"皇帝放手,毋误事。"侍郎联元见状声泪俱下,苦苦哀求慈禧太后再冷静地考虑考虑,如果一定要宣战,也只应该向挑起此次传教士事端的法国宣战,他说:"法兰西为传教国,衅亦启自法,即战,只能仇法,断无结怨十一国之理。果如是,国危矣。"③联元的哀求无法打动慈禧太后,与列强决裂已成定局。

6月19日下午5时许,总理衙门向11国驻华使馆及关税处送去12份同文照会。照会称:现据直隶总督奏报,法国总领事杜士兰17日照会直隶总督称,各国水师提督统领限至明日早2时将大沽口各炮台交给伊等收管,逾此时刻,即当以力占据等语。闻之殊为骇异!中国与各国向来和好,乃各水师提督遽有占据炮台之说,显系各国有意失和,首先开衅。现在京城义和团纷起,人情浮动,贵使臣及各眷属人等在此使馆情形危险,中国实有保护难周之势。"应请于二十四点钟之内带同护馆弁兵等妥为约束,速即起行前往天津,以免疏虞。除派拨队伍沿途护送并知照地方官放行外,相应照会贵大臣查照可也。"④按照这个照会的意思,清政府由于北京纷乱情势,难以保护11国公使及其属员以及总税务司的洋员在北京的安全,将在24小时之内护送他们离开北京,前往天津。 显然这是出于保护使馆安全的考虑。

451

---

① 《恽毓鼎庚子日记》,见《义和团运动史料丛编》第1辑,51页。
② 袁昶:《乱中日记残稿》,见《义和团》(一),339页。
③ 恽毓鼎:《崇陵传信录》,见《义和团》(一),49页。
④ 《照会》(光绪二十六年五月二十三日),见《义和团档案史料》上册,152页。

第八章
一场不平衡的荒唐战争

　　总理衙门 6 月 19 日的照会送达各国公使馆之后,引起对方高度的恐慌。这个在清政府方面看来只是对列强强索大沽炮台进行"最强烈抗议"的照会,却被各国公使普遍理解成了"宣战书或最后通牒",①"于是人人皆注目于十一公使。事至于此,皆由彼等所致,人人要求设法。群失管束,哄然如颠狂矣。"② 在这种情况下,外交团首席公使立即召集 11 国公使在西班牙公使馆举行紧急会议,各国公使皆有忧色,议论甚多,互相指责,所出之谋皆以其太险而不能实行。至晚间 7 时许,会议决定用首席公使的名义对"最后通牒"予以答复,声明各国公使同意中国政府的要求尽快出京,但所限 24 小时为期太迫,长途旅行很难保证安全抵达天津,请求次日上午 9 时许能够前往总理衙门拜会庆亲王奕劻及各位大臣,当面表达各国公使的意见。

---

　　① 参见张海鹏《试论辛丑议和中有关国际法的几个问题》,见《追求集:近代中国历史进程的探索》,215 页,北京,社会科学文献出版社,1998。

　　② [英]普特南·威尔:《庚子使馆被围记》,37 页,上海书店出版社,2000。

第一节　克林德之死与中外联系中断

各国公使请求宽限前往天津的日期及请求庆亲王奕劻于第二天上午在总理衙门接待各国公使的回复照会于当天"夜半"送到了总理衙门。庆亲王奕劻收到这份照会后,"复以稍缓日期,尚可通融。现团匪塞满街市,止各使勿来署。"总理衙门据庆亲王奕劻的这个意思起草了一份照会,但这个照会在当天"夜半"并没有送给各国公使,直至第二天"上午始复照",①而正是在这段时间里发生了另外一件极其重大的事件。

志忑不安的各国公使在焦虑中迎来了黎明,由于他们迟迟没有收到总理衙门的回复,遂于6月20日早晨9时许再次于西班牙公使馆召开会议。德国公使克林德为了表示自己的"勇敢",继续坚持动议全体公使即便没有收到总理衙门"同意会面"的回复,也不妨集体前往,争取与庆亲王奕劻或其他总理衙门大臣面谈。其他公使认为在没有得到总理衙门同意的条件下,集体前往总理衙门是毫无用处的。克林德无法说服各国公使,各国公使也无法劝阻克林德。尽管各国公使向克林德指出前往总理衙门有一定程度的风险,他仍执意独自前往总理衙门。

克林德回到德国公使馆之后不久即坐其绿红呢官轿离开公使馆,为了表示自己的勇敢,有意不带卫队,仅携秘书柯达士乘坐两乘小轿,另有少数几名德国陆战队士兵随行。出东交民巷,有负责保卫使馆的中国军队士兵前来引导,克林德同意,遂将德国陆战队士兵遣回。克林

---

① 袁昶:《乱中日记残稿》,见中国史学会编《义和团》(一),340页,上海,神州国光社,1953。

德的小轿出东交民巷行至东单牌楼附近时,事故发生,克林德中弹身亡。①

克林德被枪杀的真相究竟如何,由于缺少直接材料,迄无定论。有的说克林德系端王载漪派人"伺于路",令所部虎神营开枪打死;②或传言是克林德在前往总理衙门途中中了清军的"埋伏";③或称是克林德在轿子中先开一枪,端王载漪所部神机营霆字枪队章京恩海"让过敌弹,即发一枪",击中公使;④有的说克林德在东单牌楼附近误触手枪机栝,以致惊动附近比利时公使馆的卫兵,公使馆卫兵闻声回击,适有清军在途,疑其击己,即还击轰射,枪弹横飞之际,轿中人已中其一,盖即德国公使克林德。⑤

枪杀克林德的真相已经很难复原,然而这件意外的事故却引起了后来一系列重大变故,清政府与各国驻华公使之间的沟通越来越困难,以致公使馆关闭了与清政府进行沟通的大门。⑥

在克林德被杀的同一天(6月20日),慈禧太后撇开光绪皇帝,独自召集枢臣会议。荣禄在此次会议上还想就战和问题作最后一次努力,劝说慈禧太后不要下令攻打各国驻华使馆,以免各国联合一气,誓死报仇,并反复强调以一国而敌各国,不独胜负攸关,实中国存亡之攸关。只是慈禧太后决心已定,根本听不进任何人的意见。随后,慈禧太后发布一道紧急上谕,向各省督抚说明目前中国所处的形势,强调列强的军队已经麇集津沽,中外之间的矛盾已无法调和,战争已不可避免,要求各省督抚同心合力,共挽危局。⑦主战者以为这道上谕已意味着战争的开始,于是从这一天开始,董福祥所率甘军及武卫中军联合义和团开始围困东交民巷使馆区,各国驻华公使及其数千眷属和那些避难

---

① 胡滨:《英国蓝皮书有关义和团运动资料选译》,96—98页,北京,中华书局,1980。

② 李希圣:《庚子国变记》,见《义和团》(一),16页。

③ 左原笃介等:《拳乱纪闻》,见《义和团》(一),137页。

④ 杨典浩:《庚子大事记》,见中国社会科学院近代史研究所编《庚子记事》,83页,北京,中华书局,1978。

⑤ 柴萼:《庚子纪事》,见《义和团》(一),309页。

⑥ 关于克林德被枪杀的过程及其后果,可参见张海鹏《试论辛丑议和中有关国际法的几个问题》(《追求集:近代中国历史进程的探索》,203—206页)及许国英《十叶野闻》记载,北京,中共中央党校出版社,1998。

⑦ 《军机处寄各省督抚上谕》(光绪二十六年五月二十四日),见国家档案局明清档案馆编《义和团档案史料》上册,156—157页,北京,中华书局,1959。

于使馆的中国教民开始了长达 50 余天的煎熬。

6 月 20 日以前,在穿过海关大院和奥国使馆之间的街道上由公使馆修筑一些工事,但不是很坚固。这些工事主要是将大车翻到过来构成的,仅仅具有路障的功能,以便由此抵挡来自东面的进攻。在使馆区的西面,公使馆为了抵抗沿街而来的清军和义和团,他们在俄国和美国使馆大门之间修筑了一处工事。英国海军陆战队有一个哨所据守北御河桥,其他国家的特遣部队也在他们的使馆附近的街道上进行巡逻,并在各据点派驻岗哨。德国和美国的使馆靠近北京内城城墙,使馆与城墙之间只有一条很狭窄的街道将它们分开。由于北京的局势日趋危急,德国特遣部队在他们的使馆与北京内城城墙之间的街道上,朝着东面修筑了一处工事;美国特遣部队在他们的使馆后面朝着西面修筑了一处工事。这大概是使馆区被围困之前的防御情形。

由于形势突然变坏,使馆区所有的工事都赶紧予以加固,距离太远的岗哨被撤回来。所有的妇女、儿童奉命迁入英国使馆。这个命令相当普遍地得到贯彻,仅有极少数人继续住在位于使馆街内的北京饭店。

在清军和义和团开始围困大使馆的第一天,暂时留居在大使馆的所有人一整天都忙于搬入和储存粮食,为此后的防务作进一步的安排。下午 4 时整,清军终于从北面和东面向使馆开火,主要是对着奥地利和意大利的工事。①

对于义和团凭借所谓神力发动的进攻,各国驻华使馆从未感到害怕,但是对于清军的进攻,各使馆确实感到难以对付。如果对清军的进攻进行全面反击,各国公使判断必将带来灾难性的后果,不仅没有一个使馆在那时已经进入全面的防御状态,而且正如慈禧太后后来所说的那样,只要清军真的向各国使馆发动进攻,那么就应该很容易地将这些

---

① 窦纳乐:《关于北京自 1900 年 6 月 20 日至 8 月 14 日所发生的事件的报告》,见《英国蓝皮书有关义和团运动资料选译》,261—263 页。

使馆夷为平地。① 清政府之所以对各国使馆围而不攻，完全受制于整个形势，尤其是天津的形势变化。

6月21日，清廷颁布上谕，引证杜士兰照会有关"令我退出大沽口炮台，归彼看管，否则以力袭取"，称"彼自称教化之国，乃无理横行，专恃兵坚器利，自取决裂"，号召普天臣庶，各怀忠义之心，"与其苟且图存，贻羞万古，孰若大张挞伐，一决雌雄"。② 清政府在发布这份上谕的同时，还颁布了一道正式招抚义和团的上谕。在这份上谕中，清政府竭力赞扬义和团曾以血肉之躯与列强的枪炮相搏斗，已经杀敌不少，称得上是不用国家一兵、不糜国家一饷而执干戈以卫社稷的"义民"。上谕命令各省督抚尽快招抚义和团，将原先松散的义和团组织起来，利用义和团的力量抵御"外侮"。御前会议虽然决定"宣战"，但所谓"宣战诏书"只是一个对内发布的文件，并未宣布对哪国开战，也未送达任何外国政府。以至于几天后盛京将军增祺专门询问清廷："此次中外开衅，究系何国失和？传闻未得其详，应恳明示，以便相机应敌。"③这实际上把这次所谓"宣战诏书"的虚假完全揭穿了。

清廷还下令英年、载澜会同刚毅统帅京师和天津一带的团民，并命令各省督抚、将军将那些库存的枪炮子弹、大刀长矛等赶紧清理出来，以备义和团民使用。对于直隶一带先前已被捕关押的义和团民，清政府命令直隶总督裕禄将其一律释放，并要求各地官府在物质上给予义和团必要的援助。清政府真的要利用义和团去对抗列强了。

招抚上谕起到了一定的作用。当义和团民得知这一消息时，确实一度被清政府的诚意所打动。北京、天津、东北、华北各地的义和团人

---

① 慈禧太后在西狩途中曾称自己还算是一个有主见的人，并没有完全听从那些主战派的意见，更没有纵容他们胡闹。她说："依我想起来，还算是有主意的，我本来是执定不同洋人破脸的，中间有段时间，因洋人欺负得太狠了，也不免有些动气。但虽是没阻拦他们，始终总没有叫他们尽地胡闹，火气一过，我也就回转头来，处处都留着余地，我若是真正由他们尽意的闹，难道一个使馆有打不下来的道理。不过我总是当家负责的人，现在闹到如此，总是我的错头，上对不起祖宗，下对不起人民，满腔心事，更向何处诉说呢？"(吴永：《庚子西狩丛谈》，见《义和团》(三)，438 页)慈禧太后的这番表白在很大程度上表明清军对使馆围而不攻的策略取决于整个形势的进展。英国驻天津领事贾礼士当时就看到了这一点，他并不认为清军与义和团包围使馆真的对各国使馆构成了威胁。他认为，如果慈禧太后真的下令毁灭大使馆，那么在城墙上的清军大炮就可以做到这一点，而不致使中国人遭受很大的伤亡。《贾礼士领事致索尔兹伯理侯爵函》(1900 年 8 月 6 日于天津，9 月 17 日收到)，见《英国蓝皮书有关义和团运动资料选译》，224 页。

② 《上谕》(光绪二十六年五月二十五日)，见《义和团档案史料》上册，163 页。

③ 《盛京将军增祺折》，见《义和团档案史料》上册，201 页。

数急剧增加,他们普遍竖起了"奉旨义和团"的旗帜,向清政府登记挂号,接受招抚。从此,义和团由先前的"不法团体"一变而成为合法的组织,成为清政府依靠的对象和基础。

对于清政府对各国使馆的围困,西方各国也深感不安。英国政府在命令其殖民地印度迅速派遣一支相当大的部队前往中国的同时,于6月22日通过外交途径鼓励日本政府利用其有利的地理位置向中国派遣更多的军队,并建议美国政府从其外海军事基地菲律宾马尼拉派遣部队前往中国,前往北京。

最为恐慌的当然还是各国使馆,他们在经历了第一天的被围困之后度过了极度惊慌的一个夜晚。第二天(6月21日),他们继续修筑工事,因为他们清楚地知道,他们的工事不仅简陋,而且没有一个公使馆真正进入全面的防御状态。在这一天,奥国公使馆遭到猛烈的炮火攻击,一名法国陆战队队员阵亡,一名奥国人负伤。奥国人随后撤退到法国公使馆,大部分海关大楼的整个东面暴露出来。不久,浓烟腾空而起,奥地利、荷兰使馆以及大部分海关房屋和中国通商银行均被焚毁。这些纵火行为据说仍然是义和团所为,因为同一天传来消息说,庆亲王领导的部队在哈达门附近对义和团猛烈开火,而董福祥的甘军则忙于从北面和西面对各国使馆进行攻击。这一天,那些没有实际参与抵抗的使馆卫队忙于帮助组织英国使馆的防务,他们任命了一个公共事务委员会,其成员有各国使馆、海关和各教会团体的代表,下分若干小组,如防御工事小组、食物供应小组、用水小组、中国劳力小组等,这些小组对于各国公使及那些避难于此的人们能够坚持到最后起了很大的作用。

围而不攻终究不是解决问题的办法。6月24日清晨,清军(或许是义和团)对美国和俄国的使馆及肃王府发动了一次攻击,并一度占领了紧靠着美国使馆的内城城墙,然而由于使馆内的武装力量进行坚决的反击,这支清军(或许是义和团)只好悻悻逃走。与此同时,英国使馆也受到了一次猛烈的进攻,英国使馆卫队进行了坚决反击,双方均有伤亡,不过中方的损失最惨重。德国和法国的使馆在这一天也遇到了相当猛烈的攻击,两国使馆被迫与清军(或许是义和团)打起了防守反击战。

　　使馆区的战斗在 6 月 25 日继续进行,中方和使馆卫队都有伤亡。下午 4 时许,清军方面有一群人携带一块牌子出现在北御河桥上,牌子上写着一道上谕,说明他们是奉命来保护使馆的中国部队,因此希望使馆方面停止开火,他们还带来了一封清政府致各国公使的信。然而,当使馆方面派人前往北御河桥上取信时,却遭到了不知从什么地方发射的枪击,中方自使馆被困后第一次与各国公使进行的联系不幸中断。有人说枪击来自肃王府中的使馆卫队,而窦纳乐事后查明对送信人和取信人开枪的是董福祥的士兵。

　　清政府有意与使馆的联系没有成功,不过从当天晚上 8 时许对使馆的攻击确实停止了。双方最前线的士兵甚至有机会进行友好的交谈,中国士兵告诉使馆卫队的士兵说:他们确实已经接到荣禄的停火令,并说荣禄确有一信送给各国公使。各国公使不明白这其中的含义,他们命令使馆卫队利用这难得的间隙加紧修筑和加固防御工事。

第二节　奇怪的战争：围而不攻与暗中保护

当使馆区的围攻与战斗断断续续进行的时候，清政府虽然无法与各国公使进行直接的沟通，但也没有完全停止外交努力。6月29日，清政府通过军机处向中国驻外使节发出一份关于北京正在发生事件的详细说明，指示这些使节按照这个说明的原则与所驻国进行交涉，向这些国家的政府详细说明这些事件的来龙去脉，以及清政府如此处理的"万不得已"的苦衷，请求各国"深谅"，并指示各使节继续留在自己的岗位上，要求他们尽力向各国政府说明各国在北京的使馆继续得到清政府的保护，说明德国公使克林德被杀是由于乱民所为，说明在京津地区所发生的这场骚乱主要的是由于各国对大沽炮台"不适当的"索要以及后来所发生的武力抢占所致，同时表示清政府对义和团必将相机自行惩办，一定争取尽快恢复京津地区的社会秩序。①

清政府态度的变化并没有立即被各国公使所获知，因此也就无法立即改变使馆区的态势。6月29日，使馆卫队在窦纳乐的指挥下安排了两次主动性的出击，其目的是希望能够缴获两门克虏伯大炮，以巩固使馆的防御。然而，由于清军的布防有了变化，使馆卫队并没有实现自己的目的，结果只是放火焚烧了一些房屋以泄愤。下午，围困使馆的清军开始发动新的攻击，导致使馆内多人伤亡。窦纳乐事后回忆说：对于防务而言，这一天是一个不吉利的日子，每一个国家都不得不哀悼它的某些成员的牺牲；法国人和日本人在经过艰苦的战斗之后，丧失了土

①《军机处寄出使俄国大臣杨儒等电旨》（光绪二十六年六月初三日），见《义和团档案史料》上册，202—203页。

地，他们也只好转移到英国使馆中。晚上 10 时许，天开始下大雨，使馆卫队方面估计这场大雨应该给使馆带来安宁的夜晚。然而，情况却相反，清军方面在这个夜晚持续不断地向使馆射击，持续的时间和发射的子弹数量远远超过了以前所发生过的任何一次攻击，直至黎明从未间断。据窦纳乐估计，清军在这一夜必定发射了 20 万发子弹。不过，由于大雨如注，使馆方面既没有组织反击，也没有受到怎样的损失，只是使馆区的树木和屋顶被打得七零八落。

7 月 2 日，清廷以慈禧太后的名义向各驻外公使发出一份电报，说明各国驻北京的公使馆仍然无恙，而且她正在对各国使馆提供她所能

提供的保护。由于北京实际上已经处于无政府状态，这份电报是通过保定府发出的，而且送达各国的时间也比较晚，俄国政府经中国驻俄国公使获知这一电报的内容时已是 7 月中旬，法国政府是通过该国驻俄国大使获知这一消息的，然后再由法国驻英国大使转达给英国政府，待到英国外相索尔兹伯理获知这一电报内容时实际上已经是 7 月 17 日。然而，毫无疑问的是，这封电报对于化解各国的敌意，尤其是对慈禧太后的敌意，还是起到了相当积极的作用。

在这份电报稍后，清政府又以光绪帝的名义致电日本天皇，表示清政府正在想尽一切办法尽快平息义和团引起的骚乱，期待中日两国的友谊不要因为各国使馆的侵犯和杉山彬的被杀而有所变化。① 这封通过济南府发来的电报大约滞后一个星期，直至 7 月 13 日日本政府方才收到。清政府的意思显然是希望与各国和解，然而日本政府却不愿意这样做，日本政府严肃地告诉中国驻日公使说："任何国家对国际法的最严重的侵犯，就是攻击各国外交使节。"所以，在义和团骚乱被彻底镇压之前，不可能存在友好谈判的问题。日本政府随即将这一情况及日本政府的态度通知了德国，而德国外交官很快也向英国政府作了转述，以便协调各国立场。②

7 月 13 日，驻英国公使罗丰禄将清政府 6 月 29 日请求各国"深

① 《致日本国书》（光绪二十六年六月初七日），见《义和团档案史料》上册，228 页。
② 《怀特赫德先生致索尔兹伯理侯爵电》（1900 年 7 月 18 日发自东京，同日收到），见《英国蓝皮书有关义和团运动资料选译》，136 页。

谅"的上谕送给英国外相索尔兹伯理,索尔兹伯理看过这份上谕之后告诉罗丰禄:英国以及其他国家在中国采取军事行动的目的只是为了保护各国使馆以及目前被拘禁在北京的其他外国人,并且使经过正式委派和接待的外国使馆所具有神圣不可侵犯的性质获得承认,英国政府除了要保证所有各文明国家政府承认的那些原则之外,别无其他目的。他还"顺便"询问罗丰禄,他感到困惑不解的是,为什么罗丰禄可以收到清政府的直接信件,而清政府却不允许各国驻北京的公使把信件直接寄给各国政府呢?①

7月14日,自围困以来与清政府一直中断的联系终于获得了恢复。先是,7月初,各国公使委派一名罗马天主教徒金四喜赶往天津向各国领事及各国海军舰队指挥官报告公使馆的处境,然而在途中金四喜却被义和团捕获,他所带的信件也被义和团没收。由于当时清政府对义和团政策的转变,义和团在一定程度上成为清军的外围,所以金四喜就被义和团交给了官方,并终被引至荣禄的官邸。金四喜在那里受到了良好的接待,三天后(即7月14日)被委派充当清政府的信使,负责将总理各国事务衙门大臣奕劻等人致各国公使的一封照会带回公使馆,并被要求将公使的回信送回来。

金四喜在另外一名中国人的陪同下,携带总理衙门的照会从水门进入公使馆,将照会当面交给了英国公使窦纳乐。总理衙门在这封照会中表示了对各国公使的关怀与善意,以为"各国使馆虽相距不远,究系四处分住,中国保护之力,诚恐顾此失彼,是以拟请归并总署,庶可用全力专顾一处"。这显然是期待公使们能够有一个善意的回应,以便恢复双方的联系与对话。②

清政府的诚意并没有被各国公使所理解和接受。7月16日傍晚,金四喜又受总理衙门的委派举着白旗从北御河桥沿着河边走到英国公使馆,带来了总理衙门致窦纳乐的信。这封信实际上也是对窦纳乐7月15日代表各国公使致总理衙门那封信的回复。总理衙门对各国公

---

①《索尔兹伯理侯爵致代总领事霍必澜电》(1900年7月14日),见《英国蓝皮书有关义和团运动资料选译》,129页。
②《总理各国事务奕劻等给各国使臣照会》(光绪二十六年六月十八日),见《义和团档案史料》上册,325—326页。

使不能接受总理衙门的安排转移到总署表示理解与遗憾,对于公使的怀疑也作了必要的解释与澄清。① 清政府在很大程度上接受了各国公使的要求,而且确实从此开始,清军极大限度地减少了对使馆的袭击。在一定意义上说,已从原来的围困转变为保护,整个使馆区实际上开始了休战状态。这种休战一直延续到援军到达前 10 天或 12 天。与此同时,在荣禄的授意下,围攻西什库教堂的军队与团民也从这一天停止了进攻。

7 月 17 日,总理衙门又给窦纳乐送去一封回信。在这封信中,总理衙门对此次中外冲突的原因作了简要的历史说明,将责任推到民教冲突上。并要求使馆卫队应该从城墙上撤走,然后双方订立一项互不开火的协议。

7 月 18 日,窦纳乐还通过一名中国人带信给荣禄,向荣禄解释各位公使的态度,建议荣禄派遣一位能够负责任的官员前来讨论问题,并希望荣禄能够说服清政府同意各国公使尽快与天津方面取得联系。

荣禄对窦纳乐的建议很快作出了善意的回应,他立即委派一名中国军官带着他写给窦纳乐的信于当天(7 月 18 日)下午冒险前往双方冲突的中间地带——城墙上——与窦纳乐当面会晤,并就休战条款达成了一项谅解。

当天(7 月 18 日)下午,总理衙门章京文瑞手持荣禄的一封介绍信来到东交民巷,在英国公使馆正门受到了欢迎和殷勤的接待,大多数外国使节参加了会晤。文瑞首先代表总理衙门对各国公使先前几周所遭遇的"不方便"表示极大的歉意,对各国使臣及眷属所受到的骚扰表示慰问,对于德国公使克林德和日本公使馆书记员的不幸遇难深表痛惜,不过,他也明确告诉各国公使,所有这些行动并非清政府所为,而是义和团所致,无关政府。对于文瑞转达的清政府对和平的期待,各国公使自然表示欢迎,但是法国公使也向文瑞明确指出:清政府对和平的期待不要仅仅停留在口头上,关键要看清军是否真的进攻各国使馆还是保卫各国使馆,空言未可为凭。各国公使已经数周没有和本国政府及各

──────────

① 《总理各国事务奕劻等复某公使函》(光绪二十六年六月二十日),见《义和团档案史料》上册,326 页。

国驻天津的领事、舰队指挥官发生联系，他们急于知道外面的消息。俄国公使、美国公使委托文瑞为其代发一份密码电报，文瑞欣然接受了下来。英国公使提出清政府如果真的关心使馆的安全，就不是仅仅由政府来慰问和送水果、蔬菜，而是应该允许外面那些卖水果和冰块的人进来，或者允许使馆派兵护送采买青菜，以及将北京出版的官报送进来。

文瑞的来访虽然没有多少实际效果，但对于恢复清政府与各国公使之间的联络还是很有帮助的。

第三节　联军侵占天津

　　天津的局势自 6 月中旬以后已经严重恶化。义和团充斥天津的所有街巷,他们大都红巾蒙首,余布二尺许,拖至脑后;红布围腰,红布裹腿,手持短刀,数十成群,招摇过市。沿街商铺,得知义和团经过,皆执香跪迎,行人亦跪道左,口称师傅。亦有执香者,途遇道、府、县,皆叱令下舆免冠,司道、府县等官府中人,皆不敢冠带。① 甚至胆敢至总督府门前经过,竟然也无人过问。显然,义和团在天津受到了官方的特别关照。

　　14 日晚间,天津西门内、镇署前及仓门口三所教堂被"三义庙"义和团总团率众付之一炬。② 15 日晚,城外及三岔河各教堂也获得同样的结局。③ 天津租界一带连日来枪炮之声通宵达旦,不绝于耳。整个天津,人心惶惶,胆裂心惊,数日间人们彻夜未睡。次日凌晨 1 时多,义和团强行进入官电报局,捣毁一空,马家口一带的电线杆被全部砍断,招乞丐运走。南线不通,天津电报局一时间积压电报 300 余份发不出去。④ 此时租界由外国士兵把守,不许出入,所有店铺均已罢市,义和团众满街。16 日晨,天津海关道署被义和团砸毁,分府署、县署亦受不同程度的破坏,军械所内所存军械任凭义和团随意抢取,洋枪弹药搬运一空。尤有甚者,县署所有囚禁之犯人尽被义和团释放,"琴堂阒寂,囹

---

①《天津一月记》,见《义和团》(二),142 页。
②《天津拳匪变乱纪事》,见《义和团》(二),12 页。
③ 王火选辑《义和团杂记》,见中国社会科学院近代史研究所近代史资料编辑组编《义和团史料》上册,5 页,北京,中国社会科学出版社,1983。
④《天津一月记》,见《义和团》(二),142 页。

囤一空"。① 天津实际上已被义和团所控制,正常的社会生活秩序亦被完全破坏。

鉴于天津社会秩序的无政府状态,各国军事当局觉得有必要自己动手平息天津的骚乱。17 日清晨,联军攻占大沽炮台的消息传到天津。驻天津各国领事在得知这一消息之后的第一个反应就是天津的形势将会急剧恶化。于是,领事们决定先发制人,大炮立即控制了通往租界的主要道路,众多的俄军抢先占领了老龙头火车站,无数教民被驱赶到沿河一带抢修工事,巡逻的联军在界内加紧清查所谓的"奸细",并迅速出动军队准备进攻紧对着紫竹林租界的武备学堂。他们担心,当大沽炮台被占领的消息被武备学堂的学员获知之后,一定会激怒那些血气方刚的学员,势必会对紫竹林租界形成极大的压力甚至威胁。而且他们早已获知,在武备学堂存放有很多的弹药。

17 日下午 2 时,各国领事派出了由英、德、意、奥等国组成的 175 人的队伍攻击天津武备学堂。守卫学堂的学员面对列强军队的进攻进行了英勇顽强的抵抗,双方甚至展开了肉搏战。联军在感到难以攻占学堂之后,便放火焚毁了校舍,毁坏了大炮,杀死了几乎所有居住在那里的人。放火引起库存军火的爆炸,尚留在学堂的 90 多名学员几乎全部被炸死。

武备学堂震耳欲聋的爆炸声引起了驻天津清军的注意,已得知大沽炮台被联军攻占的清军立即赶到武备学堂援助。然而当他们到来的时候,除了惨不忍睹的现场和熊熊燃烧的大火外,已经看不到联军的影子。

愤怒的清军官兵面对此情此景难以自制,他们于当天下午 3 时将复仇的炮弹第一次射向紫竹林各国租界。向租界开炮虽然不合乎国际公法及国际惯例,但这一结果也实在是诸国领事罪有应得。他们自 5 月底以来不断挑衅,特别是西摩联军以及攻打武备学堂的军队都是从租界出发,因此清军炮击租界也便有了合乎情理的理由。②

---

① 《天津拳匪变乱纪事》,见《义和团》(二),15 页。
② [英]吉普斯:《华北作战记》,见天津社会科学院历史研究所编《八国联军在天津》,26 页,济南,齐鲁书社,1980。

清军的炮声引起租界内各国领事的极大震动。他们敏感地意识到，一直在保护紫竹林租界的天津驻军已经站到了自己的对立面，因为义和团并没有大炮。虽说各国领事对清军越来越同情义和团已有所觉察，也对天津驻军在得知联军攻占大沽炮台之后可能的反应有所准备，但各国领事怎样也不可能意识到天津驻军会这样迅速、这样决绝地与各国领事决裂，他们已经深切地感到问题的严重性。

各国领事在慌乱中只能迎战。租界内的俄国军队迅速架起四门野战炮向围攻租界的清军猛轰。双方的炮击声立即招来无数被激怒的义和团民，义和团民义不容辞地加入抗击租界内联军的战斗。这是清军与义和团第一次冠冕堂皇地并肩作战，是义和团运动史、八国联军侵华史上的一个重大转折点。[①]

在义和团爱国激情的激励下，直隶总督裕禄按照朝廷的嘱咐，"值此外患猝来，断难再分兵力剿办拳民，势不得不从权招抚，以为急则治标之计"，[②]公开招抚义和团，将义和团与清军配合起来，阻止联军的进犯。于是，在清军围攻租界之后不久，裕禄下令驻天津的清军分路堵截租界内联军的出击，进而一鼓作气拿下紫竹林租界，然后分兵东下一举收复大沽，报仇雪耻。清军和招抚来的义和团越战越勇。清军的炮火和无数的义和团民彻底封锁住租界内联军，也彻底切断了他们与西摩联军、与北京公使以及与驻大沽、塘沽等地联军的一切联系。

经过清军和义和团团民连续几天的奋战，焚毁了法国租界的一些洋房。裕禄不断地向朝廷报告这些所谓的"胜利"，对朝中的主战派起到了极大的刺激作用，促使已经准备向列强宣战的慈禧太后更加亢奋。当慈禧太后于6月20日看到裕禄的"胜利"报告后，第二天就宣布了宣战上谕，并传旨嘉奖在紫竹林助战的义和团。[③] 慈禧太后还根据裕禄招抚义和团的"经验"通报各省督抚，宣称"此等义民，所在皆有，各省督抚如能招集成团，节御外侮，必能得力"。[④] 她命令各省督抚尽快像裕禄那样将分散的义和团组织起来，与清军联合作战，共抗联军。

① 参见李德征等《八国联军侵华史》，128—129 页，济南，山东大学出版社，1990。
② 《直隶总督裕禄折》(光绪二十六年五月二十四日)，见《义和团档案史料》上册，158 页。
③ 《上谕》(光绪二十六年五月二十五日)，见《义和团档案史料》上册，161—162 页。
④ 《军机处寄各省督抚上谕》(光绪二十六年五月二十五日)，见《义和团档案史料》上册，163 页。

6月22日,美国人和俄国人等均企图派兵救援天津租界,但遭到义和团和清军的联合阻击。联军不仅无法有效突破义和团和清军的防线,反而损失惨重,一日夜死伤总数达224人。联军受阻终夜,于次日晨始抵达紫竹林租界。① 面对这种困境,各国军队开始有意识地向大沽口一带集结,以便需要时向租界增援。

6月23日黎明,从大沽赶来的各路援军数千人会合于军粮城,然后冲破清军和义和团的重重防线,沿着海河和铁道间的一条大路扑向天津。在东局子一带,援军受到清军和义和团的攻击,伤亡惨重。之后,援军在众多俄国军队的掩护下绕过东局子,于当晚8时左右到达紫竹林租界。

援军的到来使租界内的联军人数高达万人,其中俄国军队6 000人。于是他们立即在界内重新部署,在派兵援救西摩联军的同时,分兵坚守租界,并不断乘机组织反击。

为了尽快遏制住租界内的联军,裕禄对天津的义和团首领曹福田、韩以礼、王德成等待之以礼,共商战事,为他们提供军械,鼓励他们为国效力。

天津的战事得到朝廷的支持,清政府在宣战之后确曾将攻占紫竹林租界并聚歼联军视为收复大沽和保住天津、北京的关键所在。因此,在天津战事开始之后,清政府一方面命令裕禄招集义和团共同御敌,另一方面命令董福祥、袁世凯派兵前往天津助战。

然而,天津战事久拖而毫无结果,引起了主和派的严重不安。两广总督李鸿章、两江总督刘坤一、湖广总督张之洞,以及山东巡抚袁世凯、督办铁路大臣盛宣怀等都担心天津战事如果这样继续拖延下去,极易生变,恐怕对中国极为不利。6月24日,张之洞、李鸿章、刘坤一等东南督抚联名致电各国外交部,把北方和天津的战事说成是"乱兵团民"违旨滋事,声称清政府绝无失和于各国之意,各省的督抚也并没有执行与各国开战的谕旨,因此他们请求各国政府迅速致电各该国驻天津的领事和指挥官,力劝他们"按兵停战"。李鸿章等人还强调:如果北方的

---

① 《八国联军在天津》,181页。

战争不能得到停止，中国的南方地区必将受到牵制，势必将影响各国在中国的商业利益，因此他们请各国政府务必出面调停。[1]

各国政府收到张之洞、李鸿章等人的电文已是 6 月 26 日，这时紫竹林租界的危险期已经基本过去。各国政府虽然对李鸿章等人的和解姿态极为重视，但是他们并不愿意在天津立即停战，而是继续调兵遣将，并命令驻天津联军坚守紫竹林租界，寻找机会反守为攻，力争一举攻占天津城。

6 月 26 日下午，西摩联军被营救回紫竹林租界，这样紫竹林租界的联军已达 1.2 万余人。各国司令官根据各自政府的指令，连夜组织兵力准备反攻，并决定立即设法拿下对紫竹林租界威胁最大的、也是清军在华北最大的军火工厂东局子。

27 日清晨，2 000 余名俄国军队首先冲出紫竹林租界，从西面向东局子发起进攻，不克。英、美、德、日军近千人前往增援，遂与在此守卫的清军武卫前军营潘金山部交火，双方战斗激烈，联军伤亡惨重。11 时，一弹药库为炮火击中爆炸，联军乘势猛攻。城内义和团数千人前往声援，为左翼联军所阻，右翼之俄军乃于下午 1 时许攻入东局，防守之清军 300 余人阵亡，余溃走。联军死伤约百人，东局子遂被联军占领。[2]

东局子被联军攻下之后，愤怒的义和团首领曹福田当即给龟缩在租界中的联军下了一道战书，宣称义和团神兵齐集，本当扫平疆界，玉石俱焚，无论贤愚，付之一炬；无奈天津人烟稠密，义和团不忍心天津百姓受此涂炭，故行动受到相当大的约束。他向联军挑战称："尔等自恃兵强，东有旷野，堪作战场。定准战期，雌雄立见，何必缩头引颈，为苟全之计乎？殊不知破巢之下，可无完卵。神兵到一处，一概不留。尔等六国数十载之雄风，一时丧尽。如愿开战，定准战期。"[3]

联军指挥官当然不会被曹福田的这种匹夫之勇所激怒，他们所考虑的是怎样有效地控制住天津的局面，稳定后方，进而出兵北京，解救公使。6 月 29 日，天津领事团举行会议，鉴于形势的继续恶化，会议决定将

---

[1] 《鄂督张来电并致南洋川闽苏浙皖豫湘粤山东各督抚》（光绪二十六年五月二十八日），见顾廷龙、叶亚廉主编《李鸿章全集》第 3 卷，951—952 页，上海人民出版社，1987。

[2] 《八国联军在天津》，360 页。

[3] 《义和团》（二），25 页。

局势移交军方负责。换言之,未来天津局势的任何改变,列强已不寄希望于外交途径,而试图以武力解决。同一天,西摩主持召开各国部队指挥官会议,分析了目前的形势以及占领天津和进军北京的各种可能。

当时的军事形势是,俄国军队大约 4 000 人占领着天津河道的左岸,右岸的租界由其他国家的大约 2 500 名军队占领,其中包括海军分遣部队在内。他们盼望着大约 3 500 名军队到达,这支军队不包括英军和俄军,主要是由日军组成的。由于缺乏运输工具,联军目前不可能将所有军队开往北京。为了防止中国军队和义和团对租界发动进攻,英军杜瓦德旅长在会上指出:如果允许中国军队和义和团入城,那么法国租界将难以守住,而且英、美、意、日等国部队的处境极为不利。他建议:应该采取的步骤是完全占领天津城外一切可以用来防守的阵地,而不让中国军队或义和团去占领。出席会议的联军将领除俄国、德国的军官持反对意见外,其他国家的将领均同意杜瓦德的建议。俄国、德国的军官认为联军部队的力量不足以占领天津城外的一切有用阵地,他们宁愿在目前的阵地上抵抗中国军队的进攻。由于俄国、德国的反对,杜瓦德的建议无法执行。

杜瓦德相机占领天津外围有利地形的建议虽然没有得到联军将领的采纳,但联军占领东局子之后并没有停止对天津的进攻,他们一方面全力支援俄国军队所控制的老龙头车站,另一方面密谋相机占领整个天津城。争夺老龙头车站的战斗持续了数日,至 7 月 3 日傍晚,清军和义和团联合发起攻击,一度夺回车站,迫使俄国军队退回租界。

清军和义和团夺回老龙头车站之后,应该说天津的战局对清军极为有利,驻天津的联军基本上困守在紫竹林租界内。然而,恰当此时,清政府的决策层受李鸿章等东南督抚的影响,已不思再战,而是利用时机向列强乞和。6 月 29 日,清廷令各驻外使臣向驻在国政府详细"切实声明"清政府"万不得已而作此因应之处"之苦衷,请求各国"所深谅",并发誓对义和团"此种乱民",将"相机自行惩办",对于各国驻华使馆,清政府表示将"严饬带兵官照前保护"。①

---

① 朱寿朋编:《光绪朝东华录》(4),4523 页,北京,中华书局,1984。

7月3日,清政府一方面发布上谕,申明"现在中外业经开战,断无即行议和之事",令各省督抚、将军"际此时艰,惟当勠力同心,共扶大局";"务将和之一字先行扫除于胸中,胆气为之一壮",认真布置"一切战守事宜"。[①] 另一方面,清政府向俄国、日本、英国三国发出求和国书,表白"中国为时势所迫,几致干犯众怒",请求各国看在与清政府过去友好关系的面子上,"排难解纷,不得不惟贵国是赖",开始秘密求和。[②] 5天后,清政府任命李鸿章为直隶总督兼北洋大臣,决定由李鸿章负责向列强求和。因此之故,天津的形势急转直下。

清政府的求和有一个过程,正是在这个过程中,驻天津的清军与义和团依然团团包围着紫竹林租界,使联军在界内如困兽,只有不断地挨打,而无法有效地出击。面对如此困境,租界内的联军指挥官于7月8日晚召开紧急军事会议,决定集中兵力首先向租界四面发起进攻,以期改变被动的局面。

7月9日凌晨4时30分,一队日军骑兵首先冲出租界,向南郊扑向距天津15公里左右的纪家庄,企图从背后袭击驻守在八里台的清军聂士成部,以期由此打开从南路通往天津城的通道。日军的行动很快被守卫在那里的义和团韩以礼部所发现,双方展开了激战。后因日军继续增兵,义和团不敌,只得撤退。日军迅速占领纪家庄,杀人放火,并分兵直扑八里台。

在日军进犯纪家庄的同时,英国军队6 000余人也冲出紫竹林租界,向小营门、马场道一带的聂士成部发起进攻。聂军不敌,遂退至八里台附近。双方激战两个多小时,"洋兵四面环击,枪炮如雨"。聂士成两腿均受枪伤,犹督兵不许稍退。营官宋占标劝令退后将息,聂士成怒不可遏,仍复持刀督战,又被联军枪弹洞穿左右两腮、项侧、脑门等处,脐下寸许被炮弹炸穿,肠出数寸,登时阵亡。其营官宋占标亦随同殉难。[③] 此役,清军阵亡350人,义和团民牺牲450人。

---

① 《军机处寄各省将军督抚上谕》(光绪二十六年六月初七日),见《义和团档案史料》上册,221—222页。

② 《致俄国国书》《致日本国书》《致英国国书》(光绪二十六年六月初七日),见《义和团档案史料》上册,227—228页。

③ 《直隶总督裕禄折》(光绪二十六年六月十四日),见《义和团档案史料》上册,277页。

租界内的联军这次出击不仅给天津清军和义和团带来极大的伤亡,而且获得了租界西面的炮兵阵地,及小营门、跑马台、八里台等重要战略据点,为租界内的联军从西路突围和攻占天津创造了机会和条件。

7月10日,紫竹林租界内的英军用炮火猛轰天津城东南角、东北角等处的中国炮台及战略要地,为联军攻占天津城扫清道路。是日晚,联军指挥官举行会议,讨论向天津城发动总攻击的时间和作战方案。12晚,各国司令官再次举行会议,决定次日兵分左右两路攻打天津城。①

7月13日凌晨4时30分,紫竹林租界内的联军按照预定的作战方案开始总攻天津城,他们先是集中使用数十门大炮连续猛轰天津城一些战略要地和弹药库,以便为联军的出击扫清障碍。7时左右,租界内的联军确信天津城已遭到巨大破坏,便留下1 000名法军守卫租界,其余联军在炮火的掩护下,分兵东西两路向天津城发起冲锋。

驻天津的清军面对联军的进攻进行了英勇的抵抗,在南门、东北角、黑炮台等地与联军展开了激烈的战斗,重创联军,打死打伤联军官兵千余人。然而,正当义和团和清军部分爱国官兵浴血奋战保卫天津之际,直隶总督裕禄以及刚到天津之帮办北洋军务大臣宋庆、统领武卫左军及武卫前军之马玉昆、到天津"奉旨办团"的钦差大臣刘恩溥等人,不仅仓皇率队逃离天津,退守北仓,而且下令疯狂屠杀义和团,"于是众拳匪将头巾腰带刀枪弃之于道,夺路逃走。亦有藏在胡同内,将头巾腰带解下,隔墙抛入院中。"②"市中无复有红首红腰者,风声远播,近津各村镇,亦皆偃旗息鼓。"③而马玉昆在命义和团打前锋的同时竟无耻地宣布:"此乃上谕,且事由尔等,尔等在前,我兵随后。还有一言明告,如退,我即开炮。"及战,果退,马军炮轰之,死者无数。④

7月14日清晨,日军炸塌天津城南面城墙的一段,由此突入。英军相继跟进。6时许,联军大部及武装教民占领了天津城南。不久,俄军亦于东面城厢攻入。因清军的主力已随裕禄等人撤退,而义和团也受到了

473

① 《庚子中外战记》,见《义和团》(三),299页。
② 刘孟扬:《天津拳匪变乱纪事》,见《义和团》(二),39页。
③ 佚名:《天津一月记》,见《义和团》(二),56页。
④ 《高楠日记》,见《庚子记事》,158页。

联军与清军的双重夹击,溃不成军。留在天津的部分清军及残留的义和团虽然仍在竭力奋战,终因寡不敌众,坚持到下午,天津城终于不守。

当在联军由南门攻城之初,城中大乱,居民们听说北门可以避难,便蜂拥而去,顷刻间北门一带拥挤不堪。城内居中之地有鼓楼一座,下有四门,与各城门遥对,联军率教民登楼,见北门拥挤不堪,连放排炮,每排必倒毙数十人。又连放开花炮,其弹于人丛中冲出城门外,死者益众,而争逃者亦益多。有被弹死者,有失足被践死者,有因争道用刀乱斫而被斫死者,有被斫仆地践踏而死者。前者仆,后者继又仆,又践又死,层层堆积,继长增高。① 其中有许多妇女儿童,惨不忍睹。

联军占领天津之后进行了野蛮的屠杀。整个天津城在联军统治之初尸骸横陈,死尸遍地,到处可以闻到在酷热的天气里腐尸的臭味,随时可以看见饿狗撕啃尸体的惨状。在八国联军入城之初的几天里,由于战争炮火及联军故意纵火,天津城内外到处连日浓烟滚滚,烈火不熄,救不胜救,防不胜防。一家被火,延及多家,北门以东,被焚情形最为惨烈,居民被烧死者不少。② "夜间火光熊熊,照耀旷野,倍觉凄惨。"③

大火之后,天津城面目全非,城内房屋几乎全被焚毁,城外的房屋十去其四。许多地方成了废墟,整条整条的街道除了冒烟的房梁屋架和纵横的瓦砾外,已经别无他物。据时人目睹,河东一带一望无际,化为平地;转至新马路一带,亦与河东相同;自马家口至法租界周围里许,过去皆华屋高楼,法租界中店铺林立,经此浩劫,则无一存者;又从法租界至津城,先时均有铺户居民,现在只剩下碎砖破瓦,狼藉满地;至闸口二里有余,亦求一屋而不得,满目惨状,言之痛心;从锅店街末估衣街起,直至针市街口,亦被焚毁殆尽。"以锦绣繁华之地,变为瓦砾纵横之场,实有目不忍睹者。"④

经此洗劫,成千上万的居民不得不背井离乡或流落街头。原本极为繁荣的天津城经过联军暴行之后,由 100 万人锐减为 10 万人,天津的居民或死或逃,留下的这 10 万人多半是病人或残疾人。

在屠杀、焚毁的同时,八国联军在经过艰难的长途征战跋涉和枪林

---

① 佚名:《天津一月记》,见《义和团》(二),157 页。
② 《天津拳匪变乱纪事》,见《义和团》(二),47 页。
③ 《拳乱纪闻》,见《义和团》(一),155 页。
④ 佚名:《遇难日记》,见《义和团》(二),173 页。

弹雨的拼搏后,对于掠夺财富、奸淫妇女有着无限的兴趣。略有姿色的妇女或被他们抢到军舰上肆意凌辱,或被联军士兵强入民宅时而糟蹋。疯狂的联军士兵在毫无约束的状态下,肆意奸淫妇女,大规模地奸淫活动,整整3天方才停止。此后,在俄德两国军队驻守的河东一带,时常发生洋兵强奸妇女的事情,"残暴特甚"。①

各国军队抢走的金银、军事物质和财产难以计数。联军破城之初大肆抢掠,首当其冲的是当铺、金店、银号,然后再抢其他商店和大户人家,各衙署也都被捣毁,当时的商业中心地带,如城北的估衣街、锅店街、竹竿巷、肉市口等,都遭到了空前的洗劫。城东的宫南、宫北、小洋货街一带,也尽被联军纵兵抢劫一空。② 长芦盐运使署、造币厂、铸造局、天津道署、天津府署、天津县署等衙门的金库以及天津的众多工厂、企业等亦未能幸免于难。尤有甚者,联军占领期间,每日洋兵串行街巷,携带洋枪,三五成群,向各家索取鸡鸭、西瓜、鸡蛋等物,稍不如意,即开枪轰击,并搜抢首饰、洋钱、钟表等物件,翻箱倒柜,居民不堪其扰。稍一阻止,即动手伤人,或竟开枪轰击,草菅人命。③

联军各国司令官于7月16日举行会议,讨论在清政府无力有效统治天津的情况下联军应该怎样治理天津。会议达成一项重要决议:成立主要由外国人参与的天津临时政府,并同意任命一位军事长官和一位参谋长全权负责天津临时政府的筹备。第二天,各国司令官会议同意任命一个由三名军官组成的委员会负责天津的管理,三人委员会由英、日、俄三国分别委派,每人在管理方面均享有同等的发言权。④ 各国指挥官还决定对天津实行分区统治,将天津中央两大道,以鼓楼为中心,分为四面正角,西南隅属英,西北隅属法,东南隅属美,东北隅及河北属日,河东及铁路并北土墙内外属俄,后来铁路又改归英国管理。德国军队到津最晚,故后分一地以属之。⑤

---

① 《天津拳匪变乱纪事》,见《义和团》(二),48页。
② 参见李然犀《庚子沦陷后的天津》,见《天津文史资料选辑》第八辑,8—12页,天津人民出版社,1980。
③ 《天津拳匪变乱纪事》,见《义和团》(二),47页。
④ 《贾礼士领事致索尔兹伯理侯爵函》(1900年7月17日于天津,8月29日收到),见《英国蓝皮书有关义和团运动资料选译》,192—193页。
⑤ 《天津拳匪变乱纪事》,见《义和团》(二),47页。

7月30日，联军在原直隶总督衙门的旧址成立了以俄国沃加克上校、日军参谋长青木宣纯中佐、英军第一威海卫团团长鲍威尔中校三人委员会为核心的"天津都统衙门"，作为对天津进行殖民统治和进一步扩大侵略的机构。[1] 其权限按照《天津城行政条例》的规定相当广泛，包括立法权、行政权和司法权等。其管辖的范围包括：(1) 外国租界；(2) 兵械厂、营盘、铁路、电报局以及联军已占领的其他军事机构。临时政府需要负责的事项有：(1) 整顿管辖区的秩序与治安；(2) 在临时政府所管辖区域及其周围地区采取卫生防疫措施，预防发生流行性疾病和其他病患；(3) 为联军驻扎提供方便，供应粮食及交通工具；(4) 清理中国政府及私人放弃的动产和不动产，编造清单并且采取必要的保护措施；(5) 采取防止本地人发生饥馑的措施。[2]

天津都统衙门的正式称谓为"天津城临时政府委员会"，下设总秘书处、巡捕局、卫生局、库务司、军事部、司法部及公共粮食供应署等。每一部门由一个主管长官和根据需要而配置的属员组成。[3] 美国人田夏礼任秘书处秘书长，英国莫克尔上校主管巡捕局，德国人卢浦主管库务，美国人易孟士主管司法部，法国人德博施医师主管卫生部。

1902年8月15日，天津都统衙门正式撤销。在其存在的两年多时间里，都统衙门对天津进行了残酷的殖民统治，对八国联军效尽了犬马之劳，是列强联合侵略中国的一个重要组成部分，对天津人民犯下了一系列不可饶恕的罪行。

---

① 刘海岩等：《八国联军占领实录——天津临时政府会议纪要》上册，3页，天津社会科学院出版社，2004。
② 《八国联军占领实录——天津临时政府会议纪要》上册，1页。
③ 《八国联军占领实录——天津临时政府会议纪要》上册，2页。

第四节　东南互保：奇怪战争中的局部和平

当北方战局逐步演变的时候，南方的情况也趋于恶化。6 月 14 日，英国驻上海代总领事霍必澜致电英国外交大臣索尔兹伯理称，他估计北方的形势会越来越坏，英国政府应该高度注意这一迹象，一旦英国不得不随着这些西方国家与中国的北京政府断交的时候，就应该立即与汉口及南京的总督达成一项谅解。如果湖广总督张之洞、两江总督刘坤一可以指望得到英国政府的有效支持，那么他们将在所辖地区内尽力维护和平，以免长江流域遭受北方中国那样的战乱和损失。与此同时，霍必澜还致电英国驻汉口领事法磊斯，询问如果湖广总督张之洞确信将获得英国政府的支持，那么他是否愿意与英国政府进行合作，共同维护长江流域的和平。法磊斯立即复电霍必澜，他认为张之洞将欢迎英国政府目前提供的重要援助，但毫无疑问的是，张之洞也会十分珍惜中国的独立。①

一　力任保护，稳住各国

6 月 15 日，索尔兹伯理复电霍必澜，称英国外交部正在与英国海军部进行联系，准备派遣一艘军舰前往南京，当面向刘坤一及张之洞表示英国政府将全力支持他们在维护长江流域的政治秩序和社会秩序方面的努力，他们如果采取维护秩序的措施，那么将得到英国军舰的全力支持。英国外交部在同一天致英国海军部的函件中建议海军部派遣一

---

① 《英国蓝皮书有关义和团运动资料选译》，192—193 页。

艘军舰前往南京,以便以实力和诚意向刘坤一和张之洞表达英国的支持。英国海军部接受了外交部的建议,第二天即命令英国军舰"仙女"号开往南京,"红雀"号开往汉口,同时命令停泊在香港的英国军舰"无畏"号离开香港驶往吴淞。与此同时,英国议会也表示,中国的局势弄到这种地步,英国宜即派军队赴长江一带占守,以保护英国人的利益不受到义和团运动的损害。①

遵照英国政府的指示,英国驻汉口总领事法磊斯立即求见张之洞。6月17日早晨,张之洞与法磊斯举行了会晤。法磊斯向张之洞解释说:由于北方的官员缺乏能力,各国派兵登陆,结果造成了十分严重的局势。张之洞对英国政府的好意表示感谢,表示他完全了解他在所辖地区维持秩序和提供保护的责任,这不仅是由于条约义务,而且也是为了他个人的利益和声誉。他与刘坤一保持着密切的联系,他们两人的意见基本一致,他们对于维护长江流域的稳定抱有坚定的信心,并正为此目的而采取必要的措施,以防止秘密结社或不良分子方面发动的骚乱,不管这些骚乱是不是反对外国人的。不过,他不希望在长江流域驻有英国舰队,在这个高度敏感的时期,如果在长江流域驻有英国军舰,极容易引起各方面的误解。②

而刘坤一在前一天会见金陵税务司、英国人韩森时则表示,他可以不顾慈禧太后的意图如何而决心与张之洞合作维护长江一带的和平;在目前的危机时期,他知道英国人除了自身的商务利益外,还会为中国的利益着想,如果其他国家侵犯长江一带,刘坤一表示愿在英国的"指挥"下采取统一的行动。③显然,刘坤一期待借助于英国的力量阻止其他国家乘北方的混乱而进入长江流域。在这一点上,刘坤一与张之洞在最初阶段略有区别。

---

① 《路透社伦敦来电摘译》,见陈旭麓、顾廷龙、汪熙主编《义和团——盛宣怀档案资料选辑之七》,64页,上海人民出版社,2001。

② 张之洞的真实想法是:义和团皆乌合之众,无纪律无军械,官兵若肯认真弹压,尽有余力,不须外助。若英国乘此混乱之际遽派军舰进入长江,内恐百姓惊谣生事,外恐各国援照效尤,更难收拾。总之,长江一带有他和刘坤一两人力任保护。若恐他国入江干预,则吴淞口外有英国军舰尽可阻拦。英若不先进,他人断不敢进。彼此处以镇静,严密防范,自可相安无事,最为上策。参见张之洞《致轮墩罗钦差》(光绪二十六年五月二十二日),苑书义等主编《张之洞全集》第10卷,7992页,石家庄,河北人民出版社,1998。

③ 中国近代经济史资料丛刊编辑委员会主编:《中国海关与义和团运动》,75页,北京,中华书局,1983。

如果说张之洞关于不希望英国军舰在长江沿岸出现的这一态度在口头表述时还不是那么明确的话,那么他在发给刘坤一的电报中就说得很明白,他建议目前不希望任何军舰驶入长江,"力任保护洋商教士之责,以杜借口窥伺为要","似此镇静密防,最为上策"。① 经张之洞提示,刘坤一很快改变了自己的看法。他在 6 月 19 日会见英国军舰"仙女"号指挥官时曾将张之洞的这一电报交给英国人过目。刘的态度是,既然英国的两艘军舰已经驶入长江,那么这两艘军舰就已经够了,因此他也不希望英国的军舰继续驶入。他明白地告诉英国人,如果发生任何骚乱,他和张之洞所拥有的军队完全能够处理并维护秩序,能够确保长江流域的稳定。而且,刘坤一有足够的把握断言,骚乱在长江流域"是极不可能发生的"。②

英国军方人士当然不愿意就此罢手,按照他们的计划,将继续扩大在长江流域的军事存在,甚至考虑在长江流域各个通商口岸都派驻英国军舰。张之洞、刘坤一担心如果英国人一味扩大在长江流域的军事力量,不仅会引起其他国家的纠纷,而且容易导致许多不必要的国内误会。6 月 20 日,张之洞在向法磊斯当面强调这一立场的同时,也通过中国驻美公使伍廷芳转告美国政府:"北方糜烂,商务已受大亏。东南大局现尚安静,若各国遽派船入江,内地必立生大乱,数百万民人身家性命多遭涂炭,各国商务数万万资财亦归乌有。"为避免这种情况的发生,他请求美国政府"与各国切商保全东南大局,不可遽派船入江"。③

根据刘坤一、张之洞的指示,上海道余联沅也与英国驻上海总领事霍必澜在沪进行紧张交涉。经余联沅反复劝说,霍必澜表示:英国虽然在长江流域具有重要的经济利益,但长江流域由精通国际事务的刘坤一、张之洞两位总督主持,英国方面略感放心;英国军舰现在均聚集在北方沿海,忙于北方战事,并无另调进入长江流域的计划,惟已经驶往汉口和南京的两艘军舰现在不及追回,尚请中国方面予以谅解。

张之洞和刘坤一的态度终于被英国方面所接受。6 月 20 日,英国

---

① 张之洞:《致江宁刘制台》(光绪二十六年五月二十二日),见《张之洞全集》第 10 卷,7993 页。
② 《英国蓝皮书有关义和团运动资料选译》,45 页。
③ 张之洞:《致华盛顿伍钦差》(光绪二十六年五月二十五日),见《张之洞全集》第 10 卷,8008 页。

外交部建议海军部对已经在长江各口岸的英国军舰发出训令,避免任何示威,同时建议英国军方也明确告诉张之洞和刘坤一,如果为保护欧洲人的生命财产一旦有必要进行合作的时候,英国军舰将准备同他们合作,或者支持他们为维护秩序而采取的各项措施。

东南地区地方政府谋求与外国人合作以求互保的消息很快被西方国家的外交官所获悉,各国驻沪领事也曾向各自的政府及各国驻华舰队司令官转达过类似的意思,并很快获得这些舰队司令官的回应。6月20日,联军各国舰队司令发布公告,宣称联军仅对义和拳及那些反对派遣部队前往北京救援他们本国同胞的人进行战斗。强调保持和平的责任须由中国官员承担,如果中国不破坏和平或不从事战争,那么中国官员就无须害怕遭到联军的任何袭击。[①] 这个公告肯定对相当一批中国地方官员产生了分化瓦解作用。

确实,既不是所有的中国地方官员都持坚定的排外立场,也不是所有的地方官员都愿意与外国人合作共谋保全地方。当刘坤一、张之洞等人提出"力任保护,稳住各国"的方针之后,也有地方官对这种方针持反对态度,他们以为应该对外强硬,随时准备回击各国军队的进犯。当时奉命负责东南防务的钦差大臣李秉衡就是其中最突出的代表,他的反对也确实一度使刘坤一感到很为难。[②]

其实,东南互保政治格局的形成除了外国外交官的劝说等各种因素外,也有来自北京的动力。根据比较可靠的传言,刘坤一和张之洞至少在6月20日就通过山东巡抚袁世凯收到了朝廷的一道密旨。这道密旨的措辞非常奇怪,许多人认为它是一个垂死政府的遗命。密旨要求各督抚切实保护他们所管辖的各省,同时对北京的危机局势提供帮助。该密旨称:"各省督抚均受国厚恩,谊同休戚。时局至此,当无不竭力图报者。应各就本省情形,统盘筹划,于选将、练兵、筹饷三大端,如何保护领土,不使外人逞志;如何接济京师,不使朝廷坐困。事事均求实际。沿江沿海各省,彼族觊觎已久,尤关紧要。若再迟疑观望,坐误

---

① 《义和团》(三),184 页。
② 刘坤一:《复李鉴帅》(光绪二十六年五月二十五日),见中国科学院历史研究第三所编《刘坤一遗集》第 6 册,2564 页,北京,中华书局,1959。

事机,必至国势日蹙,大局何堪设想? 是在各督抚互相劝勉,联络一气,共挽危局。"①这道上谕的词句实际上是给予各督抚以绝对的权力,这在一定程度上为东南互保的形成提供了政策上的可能性。

来自北京的那些消息真假参半,但这些真假参半的传言既使许多中外人士忧心忡忡,也同样激励他们共同推进南部中国的独立和自保,激励西方国家的外交官推动东南互保政治格局的形成。英国驻沪代总领事霍必澜就曾据此类消息致电山东巡抚袁世凯,劝告他仿效湖广总督张之洞、两江总督刘坤一的做法,坚定不移地维护自己管辖区域内的秩序。②

西人的外交攻势深深地影响了中国的地方官员,而北方局势的持续恶化,特别是大沽炮台的沦陷、天津租界持续不断的战斗,以及可能发生的义和团南侵,特别是西方列强随时转舵南下,都使得东南地区的士绅和那些民族资本家更是忧心忡忡。6 月 22 日,郑观应致函盛宣怀说:中国军队和义和团对天津外国租界的进攻和北方战局的进展必将对南方产生相当大的影响,西方列强鉴于这种形势极有可能进行类似于瓜分中国的行动,特别是由于英国在上海、在整个长江流域具有重要的经济利益,因此随着形势的演变,英国军队极有可能在上海登陆,进而占据吴淞炮台,复派兵进入长江流域进行惊扰。果如此,东南大局不堪设想。他告诉盛宣怀,经与有关方面协商,为避免不必要的损失,不妨提议将一些中国公司转换到外国的名下,这样或许有利于保护。③

郑观应的提醒启发了盛宣怀,三天后(即 6 月 24 日),盛宣怀致电李鸿章、刘坤一、张之洞,提议"从权"在上海与各国领事订约互保:"上海租界准归各国保护,长江内地均归督抚保护。两不相扰,以保全商民人命产业为主。一面责成文武弹压地方,不准滋事,有犯必惩,以靖人心。"④随电附有草拟的互保章程草稿。

---

① 《军机处寄各省督抚上谕》(光绪二十六年五月二十四日),见《义和团档案史料》上册,156—157 页。
② 《英国蓝皮书有关义和团运动资料选译》,61 页。
③ 《郑观应致盛宣怀函》(光绪二十六年五月二十六日),见《义和团——盛宣怀档案资料选辑之七》,80—81 页。
④ 盛宣怀:《寄李中堂、刘岘帅、张香帅》(光绪二十六年五月二十八日),见《愚斋存稿》卷三十六,5 页,武进盛氏,1939。

　　盛宣怀的建议应该说与刘坤一的力任保护、稳住各国、暂保长江的思路相一致,因此他的建议很快在刘坤一那里获得积极的回应。他在与张之洞连夜电报相商后,遂电复表示赞成盛宣怀的建议。随后,刘又电请盛宣怀就近指导上海道与列强驻沪领事团进行谈判,以便早日定议。①

　　东南互保的建议特别是刘坤一的坚定态度立即获得东南各省督抚的积极回应,他们普遍相信盛宣怀的判断:"今为疆臣计,各省集义团御侮,必同归于尽;欲全东南,以保宗社,诸大帅须以权宜应之,以定各国之心,仍不背朝廷廿四日旨。"他们相信东南互保不仅是克服目前时局危机的唯一办法,而且也合乎朝廷先前要求各省督抚"联络一气,以保疆土"的指示精神。②

　　6月26日,上海道余联沅根据两江总督刘坤一的训令邀请各国驻上海领事举行会晤,讨论局势。余联沅在会议上要求领事们致电各自政府,建议除了现在正在进行战斗的北方地区外,宣布中国其他所有地区的中立。余联沅奉命表示:如果各国政府照此办理,那么中国这些地区的地方政府就有足够的能力保证维护秩序。③ 经过周密的谈判,余联沅与各国驻沪领事正式签署《东南互保章程》共九条。其主要内容有:

　　1. 上海租界归各国公使保护,长江及苏杭内地均归各督抚保护,两不相扰,以保全中外商民人命产业为主。

　　2. 上海租界共同保护章程已另立条款。

　　3. 长江及苏杭内地各国商民教士产业,均归南洋大臣刘、两湖督宪张允认切实保护。

　　4. 各口岸已有各国兵轮,仍照常停泊,惟水手人等不可登岸。

　　5. 各国以后如不待中国督抚商允,多派兵轮驶入长江等处,以致百姓怀疑,毁坏洋商教士人命产业,事后中国不认赔偿。

　　6. 各国兵轮切不可靠近吴淞及长江各炮台停泊,水手不可在炮台

① 《刘坤一致盛宣怀电》(1900年6月25日),见《义和团——盛宣怀档案资料选辑之七》,86页。
② 《盛京堂来电并致南洋》(光绪二十六年五月二十九日),见《李鸿章全集》第3卷,954页。
③ 《代总领事华仑致萨利斯布里侯爵电》(1900年6月27日),见《义和团》(三),523页。

附近操练。

7. 上海制造局、火药局一带,各国答应兵轮勿往游弋驻泊及派洋兵巡捕前往。此局军火,专为防剿长江内地土匪、保护中外商民之用。设有督抚提用,各国毋庸惊疑。

8. 洋教士、洋人切勿前往偏僻未经设防地方。

9. 租界内防护之事,均须安静办理,切勿张皇,以摇人心。①

从这个章程看,中国并没有丧失过多的主权,列强如果能够与东南督抚友好合作,长江流域及东南一带应该能够保持稳定。英、德、美等国政府在获悉东南互保章程的内容之后纷纷表示欢迎和赞许,②以为长江督抚果能如约力任保护,他们绝不会向长江流域派兵。③ 美国政府甚至乐观地向其驻华各领事发出通知,鼓励他们与各省总督会商关于在他们的省里维持和平的详细步骤。④ 张之洞、刘坤一等相继发布告示,宣布东南互保宗旨,严禁民众"捏造谣言,煽惑人心,聚众扰乱租界教堂者",⑤责成各府厅州县会同军方及各地绅士,共筹保护之法,切实办理。⑥

然而,不论是西方外交官还是长江各督抚,他们的乐观实在是太早了些。事实上,此时的北京或许因为端王的倒行逆施而处于某种程度的无政府状态,但清政府似乎并不像他们所期待的那样处于分裂状态。6月28日,东南督抚收到军机处通过保定电报局寄发各省督抚的上谕,称现在中外已开战衅,直隶、天津地方义和团会同官军助剿获胜,因此上谕要求各省督抚广泛召集义和团,借御外侮,沿江沿海各省尤宜急办。⑦

军机处寄发的上谕显然在一定程度上打破了长江各督抚的既定计划,他们在接收这份上谕之后严格封锁消息,不致因这道上谕妨碍东南

①《光绪朝东华录》(4),4522—4523页。
②《萨利斯布里侯爵致罗丰禄公使》(1900年6月27日),见《义和团》(三),523页。
③《吕(海寰)钦差来电》(光绪二十六年六月初一日),见《张之洞全集》第10卷,8034页。
④《美国驻沪总领事古纳致国务卿海(约翰)氏电》(1900年6月28日),见《义和团》(三),528页。
⑤ 李林:《拳祸记》上,142页,上海,土山湾印书馆,1923。
⑥ 中国科学院历史研究第三所编:《刘坤一遗集》第6册,2568—2569页。
⑦《军机处寄各省督抚上谕》(光绪二十六年五月二十五日),见《义和团档案史料》上册,163页。

大局。① 长江各督抚在紧急磋商后达成共识,决定将错就错地视以端王为首的北京政府为"伪政府",以便继续沿着东南互保的政治路径继续前行。他们宣称"无论北事如何","仍照原议办理,断不更易"。② 随后他们便以统一的口径告诉西方国家外交官,称他们一致认为端王是一个"叛逆",并已决定不服从北京的谕旨。他们的这一态度显然令西方国家的外交官深为激动,这些外交官一方面据此猜测中国政局的下一步走向,一方面更加坚定地支持东南督抚的政治选择。

所谓伪谕旨的说法以及以端王为首的北京政府是伪政府的说法只不过是一个自欺欺人的谎言,东南互保的倡导者尤其是那些幕僚们对此是太清楚不过了。所以,他们的唯一选择是必须尽快行动,造成既成事实,这样既可以利用中央政府所提供的政策空间,以利于在事实上维护东南地区的稳定。所以,他们在收到上谕的同一天,一方面互通消息,统一口径,决意封锁消息,③强调"若一传播,则东南互保之议全裂,立刻危变",为此决定由各府飞饬各电报局"不准宣扬",不得走漏来自北京褒奖义和团等消息;④另一方面,他们通过各驻外公使将东南互保草拟章程尽快提交给各国政府,请求各国政府尽快批准,已造成既成事实。⑤

西方各国,特别是在长江流域具有重要经济利益的英国、法国收到中国方面提交的东南互保章程后进行了仔细的研究,英法两国也通过外交渠道交换了意见,取得了相当一致的共识。法国政府认为,该协议所建议的办法在许多方面指出了法国政府愿意遵循的方向,但是他们不准备授权他们的驻上海总领事在该协议上签字,因为那样可能会使他们以后的行动受到束缚。法国政府的这一态度深刻地影响了英国政府。

---

① 《盛宣怀致各电局电》(1900 年 6 月 28 日,上海),见《义和团——盛宣怀档案资料选辑之七》,98 页。

② 《刘制台致张之洞电》(光绪二十六年六月初二日),见《义和团》(三),340 页。

③ 《刘坤一遗集》第 6 册,2570 页。

④ 《盛宣怀寄江鄂粤三制军苏浙皖三中丞电》(光绪二十六年六月初二日),见《义和团》(三),342 页。

⑤ 6 月 29 日,驻英公使罗丰禄将东南互保章程当面提交给英国外相索尔兹伯理(《英国蓝皮书有关义和团运动资料选译》,120—121 页);第二天,刘坤一致电驻俄公使杨儒,嘱杨速商俄外交部批准。《俄京杨子通钦使致南洋大臣电》(光绪二十六年六月初三日),见《义和团》(三),342 页。

英法两国的态度很快为中国方面所获悉。7月3日,刘坤一、张之洞联名致电罗丰禄,请罗氏通知英国政府,他们提出的协议案绝对没有束缚西方国家在未来形势不可控制时的行动自由,只要缔约国不在长江流域派兵登陆,他们便对各自管辖地区外国人生命财产的安全承担责任。显然,刘坤一、张之洞的这一政策底线主要的目的不是束缚西方国家的行动,而是为了向中国国内作交代。

根据刘坤一、张之洞的指示,罗丰禄于7月4日来到英国外交部求见索尔兹伯理,转达刘、张两人的最新意思,并询问英国政府对这一协议的最终看法。索尔兹伯理坦率地说:英国政府能够充分地看出刘坤一、张之洞两人在拟定这些建议时所具有的极好的心愿,但是英国政府不能把这些建议当做他们必须执行的一个协议而予以接受,因为这些建议涉及放弃英国根据条约所享有的权利,并把属于中国政府的义务强加在英国政府的身上。英国政府的最终态度是,对于这个协议中觉得便于执行的那些规定,英国政府将欣然予以执行,但每件事情都必须根据它的实际情况来决定。

7月4日,张之洞向法磊斯通报了荣禄发来的电报,告知北京实际上已处于无政府的状态。霍必澜也通过自己的渠道获知山东巡抚袁世凯已经收到端王发自北京的命令,要求袁世凯率领1.8万名受过良好训练的军队前往南京,并占领该地,剥夺两江总督刘坤一的权力。霍必澜得知这一系列的消息后认为,如果清政府执意这么干,那么毫无疑问,无政府状态将扩大到全国。不过这也许是一件好事。如果英国能够向张之洞、刘坤一等人提供保证,即当他们在这些地区为抵抗义和拳或篡权的端王方面的进攻而作任何努力的时候,他们可以信赖英国政府正给予他们的援助。为了能够保证这项援助,霍必澜建议英国政府应该在上海吴淞集中一支强大的海军部队。① 霍必澜的建议很快获得英国政府的批准。

对于英国政府的支持,刘坤一和张之洞当然感到高兴。不过,他们最需要的是英国舰队在长江流域集结并作好准备,并在必要的时候赶

---

① 《代总领事霍必澜致索尔兹伯理侯爵电》(1900年7月4日发自上海,同日收到),见《英国蓝皮书有关义和团运动资料选译》,65—66页。

往出事地点支援他们。而当一切都可控制的时候,他们并不需要英国军舰在长江各口岸耀武扬威,特别是当他们获得越来越多的中国地方官员的支持之后,他们就更加担心外国军队在长江流域的过多介入可能会激起中国人民的反对,反而不利于长江流域和整个东南地区的稳定。7月初,湖北巡抚于荫霖和湖广总督张之洞联名发表布告,称他们已经同各国领事达成协议,只要各国军舰不沿长江行驶,外国人的生命财产便由地方官员保护。① 这个告示以"巧妙的方式"恳求朝廷批准他们同各国领事达成的协议,显然更容易获得各国领事的欢迎,因为协议中实际上保留了各国对东南地区事务干预的权力——主要是在这个特殊的混乱时期平息骚乱的权力。

二 联军登陆上海

长江流域和整个东南地区的形势确实不容乐观。7月5日,英国驻沪代总领事霍必澜致电英国外相索尔兹伯里说:根据他在上海的观察,情势很是危险,义和团运动日渐发展,假若天津联军不能阻止义和团运动的话,那么义和团运动就可能伸展到中国的中部和南部,而变成一个全国性的运动,以致造成驱逐或杀害内地的所有外国人和毁灭整个国外贸易的局面。②

其实,中国方面也感觉到北方局势的持续恶化可能会影响到南方社会的稳定。同一天,刘坤一、张之洞联名致电驻俄公使杨儒,告诉他北方局势日趋恶化,南方形势不稳,希望他能够就近向俄国政府表明东南督抚的立场,即无论以后如何,长江及苏浙等地,各国允不派兵,他们仍将按照东南互保章程履行自己的职责,保护辖区内人民财产。③

7月10日,有报告说义和团已在浙江温州地区出现,他们在那里公开进行操练,并扬言将杀死所有的中国教民和外国人。11日,浙江诸暨有"白旗党"联络 4 000 余众,焚毁县城及杨家楼教堂、教士住宅,

---

① 《拳祸记》上,142 页。
② 《代总领事华仑致萨利斯布里侯爵电》(1900 年 7 月 5 日),见《义和团》(三),524 页。
③ 中国社会科学院近代史研究所资料编辑组编:《杨儒庚辛存稿》,131 页,北京,中国社会科学出版社,1980。

并焚抄教民百余家。同一天,江西景德镇教堂及教士住宅亦为当地义和团所焚,安徽婺源董门西式大教堂及附近洋楼亦被付之一炬。13日,湖北唐县义和团焚抄小管庄天主教堂及教民 30 余家,当夜又焚毁石佛寺天主教堂及教民 20 余家。同一天,湖南衡州、浙江浮梁等地也相继发生杀教士、毁教堂的恶性事件。在厦门及鼓浪屿等地,甚至出现了署名义和团的揭帖,以"扶清灭洋"相号召。凡此种种,都预示着南方局势日趋恶化。

长江流域和整个东南地区形势的恶化在 7 月初已经透露出明显的迹象,社会的不稳定,特别是物价的持续攀升都引起了人们的恐慌,这种恐慌并不仅仅是在那里的外国人,即便是有办法的中国人也都在纷纷寻求更安全的地方。这种恐慌的形成有多种原因,但也不可否认的是外国人的耀武扬威以及来自北方的那些言过其实的传闻。

面对这种随时可能恶化的形势,不论是中国方面,还是在长江流域具有重大经济利益的英国都不敢掉以轻心。英国的一艘军舰很快出动,霍必澜甚至向英国政府建议:一旦形势继续恶化,应该考虑让外国人,特别是英国侨民撤退,或者将这些外国人从较小的口岸集中到那些比较大的口岸,以利于英国军舰的保护;当冲突不可避免地发生时,能够最小限度地不伤及这些外国无辜。对于霍必澜的建议,索尔兹伯理很快予以答复,指示他同在中国的海军军官磋商,并与军方采取一致的行动。

索尔兹伯理不愿受制于刘坤一、张之洞提供的框架协议,应该说是一项深谋远虑的决策。对于这一决策,霍必澜当然心领神会,因此当他得到索尔兹伯理指示后,即加紧了在各国驻上海领事团的活动。他按照索尔兹伯理的部署,既欢迎刘坤一、张之洞承诺的对外国人生命财产的保证,又不愿意受制于刘、张的约束,即不愿意放弃根据既往条约所享有的在长江流域各通商口岸驻扎军队及必要时使用武力的权力。7月 13 日,在霍必澜的指使下,各国驻上海领事团通过首席领事向上海道台送交了一封信,表示只要他们在所辖省份内能够而且确实维护外国人根据同清政府订立的条约而享有的权利,各国政府过去和现在均无意在长江流域单独或集体地采取任何行动,或派任何部队登陆。

英国政府的担忧并不是多余的。7 月 14 日，随着北方天津的沦陷，南方地区的湖北汉口及枣阳、四川名山以及湖南、温州等地亦都相继传来不好的消息。由于当地局势的急剧恶化，在温州的全体外国人已于当天到达了上海。17 日，山西、陕西和河南等省的电报线已被义和拳切断，当地的义和团下令杀死所有的洋人和焚毁所有的教堂。还有消息传说，广西、山西、陕西、河南、湖南、湖北等省的巡抚现在都已宣布赞成起事，更有传言连湖广总督张之洞都有可能卷入这个洪流，赞成义和团的所为，尽管张之洞现在依然坚定地保持对义和团的镇压以及保护外国人生命财产的态度。霍必澜获悉这些情况后判断，看来义和团运动确实已在全中国蔓延。由此，霍必澜担心义和团运动在南方地区的发展可能会危及上海，而上海的失陷将对外国的贸易和影响造成无可弥补的破坏。为了保护上海这一重要的航运与贸易基地不受义和团运动的破坏，霍必澜与英国驻上海的高级海军军官进行了紧急磋商，于 7 月 14 日建议英国政府应该立即派一支英国部队前往香港或威海卫，他们身边应保有足够的运输工具，准备在得到通知后 8 个小时内动身前往上海。英国派驻中国的陆军司令嘎仕礼将军在与霍必澜及英国驻华高级海军军官讨论之后也致电英国政府，表示要确保上海的安全，至少需要一支 3 000 人的部队驻守在那里。

为了面对可能来临的突然灾难，中国南方各省督抚纷纷仿效张之洞、刘坤一的做法，尽量与在当地的外国领事团达成某种程度的谅解。7 月 14 日，各国驻福州领事与地方当局达成关于在福建地区实行互保的协议。协议规定福建当局应在其权限内采取一切措施保护外国驻福建的官员、商人及教士的生命财产不受侵害，如有不良分子散布外国人的谣言，福建地方当局须认真予以逮捕和惩罚。①

南方局势的日趋紧张，引起了各国的高度关切。7 月 15 日，英国政府通过其驻沪总领事转告刘坤一，再次强调"现在保全全国，准视各疆臣之能守靖地方与否，本国非特决无瓜分之意，并未闻别国有此举动"，并嘱刘坤一接到此电后，立即分致各省。②

---

① 《英国蓝皮书有关义和团运动资料选译》，205—206 页。
② 《两江总督刘坤一电报》(光绪二十六年六月十九日)，见《义和团档案史料》上册，315 页。

即便没有外国的压力,随着南方局势的不断恶化,南方地方政府亦已经格外警觉,甚者确如某些谣传的那样,地方政府内部也不可避免地会发生分裂。尽管两江总督刘坤一的态度极为坚定,并反复声称他有力量维持和平,但是江苏地方当局对于这一点似乎表示略有怀疑,因此在局势不断恶化的时候,江苏地方当局迅速进行了军事部署。据说,有相当多的军火正在运往江阴和其他炮台,而且在长江沿岸各据点也正在架设大炮,有三门大炮已架设在吴淞炮台。江苏地方当局进行军事部署的主观目的或许是为了防范义和团的南下,但对列强特别是英国方面来说却具有相当的危险性。对于刘坤一的态度,在长江流域拥有重要经济利益的英国、美国等方面并不表示怀疑,不过对于江苏地方当局的军事动向,英、美等国都作了最坏的准备。霍必澜建议英国政府,一旦总督们不能有效地控制他的人民与军队,那么英国军队就必须迅速占领上海,保卫其租界。

7 月 26 日,西摩中将抵达上海。上海工部局立即促请他注意上海处于一个没有防御设施的地位,并要求西摩派 1 万人登陆上海。西摩与其他各国的高级海军军官进行磋商后同意派遣一支 3 000 人的部队在上海登陆,他们一致认为这个人数足以应付上海立即可能发生的事情。经过一番艰难的交涉,刘坤一同意按照西摩与各国海军将领提出的人数在长江沿岸登陆,并在需要的时候占领上海,保卫其租界。刘坤一的同意并无任何附加条件,而且对于其他各国表示想在上海派驻卫队的要求,刘坤一表示他将不会绝对拒绝。

如果说外交官如霍必澜等人的言论有点危言耸听的话,那么实业界的估计可能对中外决策者更有可考虑的价值。7 月 29 日,英国汇丰银行就上海所面临的局势及危险给英国外交部提交了一份详细的评估报告,强调现在英国在上海的货物和财产的价值估计有数百万镑。如果上海遭到破坏,结果会出现一次空前的恐慌,它比目前这一代人所经历的任何一次恐慌要更为严重,而且范围更为广泛。8 月 2 日,英国外相索尔兹伯理在下议院发表对华政策演讲,强调关于长江地区及其附近地方,我们已向各总督提出保证,英国的军舰和部队在平定骚乱和稳定秩序方面将尽可能地同他们合作,而且正在为正式履行这项保证进行准备。①

毫无疑问,英国政府的支持坚定了张之洞、刘坤一维护长江流域社会稳定的信心,但在究竟应该怎样才能保障长江流域特别是上海安全的细节问题上,各方人士的意见并不一致。英国驻中国陆军司令嘎仕礼认为只要有3 000人的军队就可以保障上海的安全,而英国驻中国海军司令西摩中将则认为5 000人的部队是起码的,而1万人将完全满足需要。②

8月1日清晨,西摩乘船前往南京。第二天,他在两江总督府受到了刘坤一的热情接待。对于西摩提出的关于英国海军在上海登陆的事情,刘坤一并没有提出反对意见,认为英军的登陆只是为了保护租界,这也是情理中的一件事情。不过,刘坤一也明确要求登陆的人数不可太多,因为他担心,在目前群情激愤的情况下,一支很大的部队在上海登陆可能会引起这些地区的骚乱。

8月3日,刘坤一如约到洋务局回访西摩将军。他特别表示希望其他国家的军舰不能仿照英国的例子驶入长江,担心中国民众可能会认为外国人已经前来占领了自己的国家,那样的话,中国人必然会不惜一切代价为防止自己的国家被强占而进行战斗。③ 对于刘坤一的这些建议,西摩表示原则认同,他答应将向他的各国同事提出建议,希望各国军舰不要仿照英国军舰的例子驶入长江,他个人和英国军队将尽力保持长江流域的和平。西摩相信,刘坤一正在尽力平息这种情绪,同时西方各国应该尽自己的力量去帮助他们,不要做任何可能有助于进一步刺激中国人民的事情。

8月5日,英国驻上海代总领事霍必澜根据西摩与刘坤一谈判达成的默契,通过外交途径要求两江总督府就3 000名英国海军在上海登陆的事情发布文告,以便使中国人确信,英国海军在上海登陆的目的只是为了防守上海租界,并没有其他的目的。这个决定,中国方面由总督府负责通知上海道台做好准备,而外国方面则由西摩和英国驻上海

---

① 《英国蓝皮书有关义和团运动资料选译》,156—157页。
② 《海军中将西摩爵士致海军部电》(1900年7月31日发自上海,8月1日由海军部通知外交部),见《英国蓝皮书有关义和团运动资料选译》,152页。
③ 《英国蓝皮书有关义和团运动资料选译》,155页。

代总领事霍必澜于 8 月 9 日直接通知领事团,告诉他们英国 3 000 名海军将于 8 月 12 日在上海登陆,各国领事很快将这一消息向各自政府做了通报,但在没有收到各自政府的指示之前,他们也没有给西摩和霍必澜以答复,于是西摩和霍必澜都以为各国政府同意英国海军在上海的登陆计划。

法国、美国也纷纷向两江总督刘坤一表示将仿照英国的例子派部队在上海登陆。这些消息在上海引起了极大的震动和忧虑,许多有办法的中国人纷纷避往安全地方。鉴于这些新情况,刘坤一不得不改变先前同意少量英国部队登陆上海的决定,以免英国军队的到来刺激其他国家采取同样的行动。8 月 10 日,刘坤一通过罗丰禄将这一改变告知索尔兹伯理,希望英国政府能够充分考虑他目前所遇到的难处,改变或暂缓英国军队在上海登陆。与此同时,刘坤一直接致电西摩,请求他不要让英国军队在上海登陆。然而,由于英国的一些部队已经离开香港向上海进发,所以西摩只能致电香港,命令尚未出发的英军就地待命。第二天,西摩与霍必澜一起就此会见上海道台余联沅,并最终说服道台放弃反对英军前来上海的意见。不过,上海道台根本无权决定这么重大的事情,而刘坤一当天则通过上海道台更明确地告诉西摩和霍必澜,他放弃原先的态度,反对英国海军现在就在上海登陆,理由是其他各国将采取同样的步骤,而且将在中国人中间引起普遍的忧虑。

英军在上海登陆的计划受到了西方各国的质疑,英国为了平息这些质疑,也曾委派它的外交官向各国进行解释。当英国驻法大使向巴黎的领事团发表西摩的声明及大使本人做解释时,法国外交部长却当面讥讽英国大使说:西摩的声明及大使的解释并没有说明上海确实处于危机之中,法国政府实在不了解对欧洲人有什么急迫危险,以致有必要打算派英军在上海登陆。如果英国政府执意要让英国海军在上海登陆,那么法国海军也必须这样做。

法国的坚定态度迫使英国政府作出让步。8 月 12 日,索尔兹伯理命令霍必澜:在没有得到进一步的命令之前,除非遇有明显的紧急情况,现在不要派部队在上海登陆。

索尔兹伯理的决定显然打乱了英国海军在上海的全部计划,因此西摩与霍必澜并没有真的接受索氏的指示完全停止军事部署。相反,西摩与霍必澜利用与刘坤一接近的特殊条件,继续说服刘氏接受英国海军在上海登陆。在索尔兹伯理致电霍必澜现在不要派部队在上海登陆的同一天,刘坤一又出人意料地同意了英军在上海登陆的计划,但条件是其他国家不仿效英国。8月13日,上海道台在一个告示中正式同意英国军队占领上海,不过上海道台在这份告示中同时宣布中国人将分享这些英国海军所提供的保护。8月15日,刘坤一致电罗丰禄并请他转告英国政府,他本人与西摩舰队司令及霍必澜领事之间关于派遣几百名部队在上海登陆一事已经达成了令人满意的协议,谣言已经平息,人们已经安定下来,长江流域的和平和秩序将得到维护。应该值得注意的是,刘坤一在这里所说的数字显然不是西摩和霍必澜说的几千人,而只是"几百名"。

法国、美国政府不同意英国军队在上海单独行动,但各国驻上海的领事似乎又倾向于认同上海正处在危机的边缘这种判断,于是在霍必澜的精心工作下,各国领事又纷纷致电本国政府,劝告各自政府不要坚持让英国抵达吴淞口的2 000名印度部队撤离。他们认为,如果执意要让这些英国部队撤离,就很可能会危及上海的安全。他们建议,这些部队应根据各国之间的协议在上海登陆。为了对上海这一重要口岸提供最有效的保护,认为联军立即增派部队是可取的。显然,霍必澜和西摩(至少是霍必澜)依然主张向上海增兵。按照西摩的计划,英军将于8月18日开始在上海登陆,其余的3 000人将从香港前来。①

8月30日,由600名海军陆战队、一个山炮中队和一连越南人组成的总计约800人的一支法国部队终于仿照英国军队的行动也在上海登陆,而日本人也在上海为即将登陆的部队寻找营房,德国人则为将要到来的2 000名德军寻找膳宿之处,其他国家大概都会仿照英国军队的行动谋求在上海登陆一些部队。尽管这些国家不断向英国政府说明他们之所以派军队登陆上海并不是为了反对英国人,而是要支持英国

----

① 《海军中将西摩爵士致海军部电》(1900年8月17日发自上海,同日由海军部通知外交部),见《英国蓝皮书有关义和团运动资料选译》,182页。

政府防守上海和维持秩序的政策。然而,不论怎样解释,英国政府都非常明白,这些国家之所以在局势已趋于缓和的情况下继续派军队在上海登陆,不外乎是要保持对上海这个重要的贸易中心控制权的均衡而已。

各国部队在北方已逐步趋于平静的情况下大规模在上海登陆是没有道理的。正如西摩自己所说的那样,他并不担心长江地区发生任何骚乱,虽然那些可以导致中国人方面采取行动的因素是存在的。根据他的报告,自从湖广总督张之洞、两江总督刘坤一等东南督抚与各国达成互保的协议之后,整个长江流域都十分平静,不可能会发生骚乱。菲尔德舰长也承认,在汉口的街上看到的人们是十分和平而且彬彬有礼的。至于长江的另外一些重要口岸如重庆、九江、芜湖、镇江等,正如西摩观察的那样,中国居民普遍采取了更健全、更稳重和更温和的态度,无论官吏还是人民,他们对外国人除了友好的情绪外,别无其他表示,尽管所有的人对将来都存在着捉摸不定的心情。在南京,中国人的态度没有变化,这个地方从一开始就没有发生过骚乱,而且预料以后也不会发生骚乱,然而当地居民似乎不像其他口岸那么高兴,原因是在南京及其附近地区的炮台驻有大量的军队。[①] 那么,在这种日趋平静的条件下,各国竞相派军队在上海登陆就没有多少道理了,这除了引起人们的恐慌外,并没有多少好处。

---

① 《海军中将西摩爵士致海军部函》(1900 年 9 月 10 日于上海),见《英国蓝皮书有关义和团运动资料选译》,355 页。

第五节　庚子中国国会与自立军事件

　　"东南互保"达成意向性协约，是庚子年间的重大事件，它不仅让南部中国避免了半个世纪前最富庶的东南地区类似的战火摧残，而且打开了政界、知识界想象的空间。在北部中国政治情势不太明朗，清帝国前途未卜之际，各种各样的救济方案应运而生。

　　敏感的章太炎此时依然热衷于"与尊清者游"①，时局突变使他意识到是清帝国改革的良机，先前很难推行的"分镇"主张似乎有了可能②，于是他致信两江总督刘坤一、两广总督李鸿章，建议利用目前特殊环境，"明绝伪诏，更建政府，养贤致民，以全半壁"。③

　　与章太炎建议"分镇"、扩大地方权重的同时，孙中山也在利用这场政治危机进行活动，他希望两广总督李鸿章登高一呼，在华南独立，"与华南人民商议，分割中华帝国的一部分，新建一个共和国"④，成立一个纯粹汉人的政府。

　　李鸿章或许也有这样的选项，因为在当时那种紧急情形下，什么事情都可能发生。然而，当北方局势趋于稳定后，李鸿章依然奉清廷正朔，接受朝廷委派前往北方主持与列强的议和。孙中山的设想因此落空，而章太炎利用地方督抚实行"分镇"的方案也只能停留在纸面上，只具有思想史的意义。

　　当孙中山策动李鸿章两广独立，章太炎游说刘坤一、李鸿章实行

　　①《客帝匡谬》，见《章太炎全集》第3卷，119页，上海人民出版社，1984。
　　②《分镇第三十一》，见《章太炎全集》第3卷，72页。
　　③《与李鸿章书》，见《章太炎书信集》，22页。
　　④《离横滨前的谈话》（1900年6月上旬），见《孙中山全集》卷一，189页。

"分镇"的时候,湖广总督张之洞也有自己的考虑,他一方面与东南督抚一起磋商东南互保的协议,一方面密切观察北方的战局,寻找机会,制定一个两全其美的应对方略。

按理说,张之洞是慈禧太后一手提拔起来的亲信大臣,他对慈禧太后也确实长时期忠贞不贰,在甲午、戊戌一系列重大事件中,都坚定地站在慈禧太后一边。然而,现在的情况却不一样了。满洲贵族在庚子初不顾中外反对,执意立大阿哥之后,引发了空前的政治危机,特别是端郡王载漪出任总理衙门首席大臣后,更是连连失误,出台一系列愚蠢政策,弄得天怨人怒,危机四伏,只要端郡王载漪还在台上,谁也不知道这样的错误政策会将大清王朝引向何方。于是,张之洞对清廷不能不感到失望,他的责任心、道德感,迫使他在忠君和忠于国家之间作出抉择。他最终选择与两江总督刘坤一相同的政治立场,竭尽全力维护长江流域稳定,并时刻准备着北上"勤王",担负更重要的角色。

张之洞选择与刘坤一同样的政治立场,维护长江流域的稳定,与列强商订东南互保章程;同时,他较刘坤一等人还多了一个选择,那就是"勤王"。

勤王这个概念当然是由清廷"己亥建储"所引发的,真正付诸实践并作为一个政治口号号召天下的,还是流亡在海外的康有为、梁启超等所谓保皇党。

此时,积极追随康有为昌言并推动保皇的是他的弟子唐才常。唐才常为湖南浏阳人,早年就读于长沙校经书院、岳麓书院,肄业于张之洞创办的武昌两湖书院,因此又算是张之洞的门生弟子。张之洞素有爱护门生弟子的美誉,所以唐才常又与张之洞有着不同寻常的师生之谊。

维新运动开始后,唐才常与谭嗣同在浏阳创办算学馆,提倡新学,在长沙参与创办时务学堂,负责编辑《湘学报》,创办《湘报》、南学会、群萌学会等,是湖南维新运动中一位非常重要的人物。

康有为、梁启超,特别是谭嗣同因出任军机章京北上后,湖南维新运动因新旧派别无端冲突日趋萎缩,心灰意冷之余,唐才常也于戊戌夏准备前往北京参与新政,而康梁、谭嗣同在策划以武力解决新旧冲突时,也曾经毕永年提醒,准备召唤唐才常前来北京予以协助,因为唐才常不仅敢于任事,而且也与绿林人物有很多关系。

唐才常收到谭嗣同电召后立即动身,不料行至武汉,戊戌维新变为戊戌政变。形势逆转,"六君子"血染街头,唐才常被迫流亡海外,周游香港、新加坡、日本等地。

在东京,唐才常与正在那里流亡的康有为相识,与康梁等共谋救国之策,大致接受康梁所宣扬的保皇主张。1899年,唐才常返回上海,主编《亚东时报》,抨击政治守旧分子,继续宣传变法维新,决心"树大节,倡大难,行大改革"。[①] 大约也就在这个时候,章太炎从日本返回上海,也很快参与了《亚东时报》编辑事务,与唐才常成为朋友。

1899年秋,唐才常专程赴日本拜会孙中山,共商在湘鄂及长江流域起义计划,以及孙中山与康梁系合作问题。

唐才常在会党中拥有重要地位,这是他敢于在湘鄂及长江流域发动起义的资本和底气,通过与孙中山、康有为两派主要人物梁启超、林圭、秦力山、吴禄贞等人沟通,唐才常决定以会党为起义的基本力量,夺取武汉为基地;委派林圭回国负责联络会党,组织起义军,康梁在海外筹款接济,唐才常负总责。

是年冬,唐才常潜回上海,广泛联络各方人士,设立东文译社作为秘密机关。不久又发起成立正气会,以忠君爱国、反清灭洋为宗旨,并筹划武装勤王。庚子初,正气会更名为自立会,其武装定名为自立军,仿照会党建立山堂。数月间,仅长江流域及南方各省会党、农民,乃至清军官兵加入自立会的,就有10万余人。

在这10万余人的基础上,林圭选择大约2万人组建自立军七军,奉唐才常为总统兼总粮台,在汉口英租界设立指挥机关,"惨淡经营,成效渐著。复仿照会党颁票布据办法,散发富有票,分地段以设旅馆,为会友往来寄宿之所。其在汉口者曰宾贤公,襄阳曰庆贤公,沙市曰制贤公,岳州曰益贤公,长沙曰招贤公,刊布会章,号称新造自立之国,其条

---

① 《前四品京堂湖南学政江君传》,见《唐才常集》,197页,北京,中华书局,1980。

规有不认满洲为国家等语。"①

唐才常是江湖领袖,也是文人雅士。当北方义和拳风起云涌越闹越大的时候,唐才常和一切关怀中国现实和前途的人一样,敏锐地意识到这是千载难逢的历史机遇,于是在上海邀集各方名流和志士,于1900年7月26日在英租界张园即愚园之南新厅集会,召开中国国会成立大会。寓居上海的各界名流容闳、严复、章太炎、文廷式、叶瀚、狄楚青、张通典、沈荩、龙泽厚、马相伯、毕永年、林圭、唐才质等80多人出席了大会,可谓名流荟萃,群贤毕至。

叶瀚主持了此次会议,大家依次排列,北向而坐。叶瀚以主席身份宣读今日联会之意:"一、不认通匪矫诏之伪政府;二、联络外交;三、平内乱;四、保全中国自立;五、推广支那未来之文明进化。"②叶瀚动议将这个组织定名为"中国国会",令大众议为然者举手。举手者过半,议遂定。

接着,投票选举正副会长,令人各以小纸条写上自己心中所欲选举的正副姓名,交给书记。书记收齐点数,凡举正会长以容闳最多,得42票;举副会长以严复最多,得15票。于是,容闳、严复两位入座。容闳旋即向大会发表即席演讲,声如洪钟,意气风发,台下掌声雷动,兴奋不已。

会后,容闳与严复联名致信英国驻沪署理总领事霍必澜,要求霍必澜向英国政府报告:"1. 英王陛下之政府领衔坚决支持中国政府之维新运动,使维新党可以公开其主张而不必害怕遭到迫害;2. 英王陛下之政府邀请维新党简述其主张,而其主张应与现政权高官之主张一并纳入同等考虑之地位。"容闳还通过朋友面告霍必澜,"中国国会堪称维新党之上海部,自1898年政变以来一直暗中活动③,终日担心遭到迫害。而该部领袖为容闳和严复";"容闳声称国家一天由慈禧太后当政,便无地方官敢公然投身维新运动。但容闳断言,只要中央政府之态度

---

① 冯自由:《中华民国开国前革命史》,转引自丁文江、赵丰田编《梁启超年谱长编》,244 页,上海人民出版社,1983。

② 孙宝瑄:《日益斋日记(节录)》,见"中国近代史资料丛刊"《戊戌变法》卷一,540 页。

③ 这个说法显然夸大了,据井上雅二 7 月 26 日日记:"汪康年、唐才常等一个月以前提出的所谓国会,今天终于在豫园召开了。"见汤志钧《乘桴新获》,353 页,南京,江苏古籍出版社,1990。

有任何重大转变，则会有许多要员站出来，公开支持维新运动。"随函附有容闳起草并经会议通过的《中国国会宣言》。

通过这份宣言，已经可以清晰地看出中国国会就是以新政府自居，宣言称："鉴于大清朝势必覆亡，亦鉴于大清癫狂始终愚不可及，致令中华民族陷于深重苦难，我等亦即以下签署人，今聚议考虑后，谨代表中国人民及维新党员向全世界布告：中华民族依托政治权力源于人民，民声乃天声之通则，谨此不再承认满洲政府为合宜主宰中国之政权。他们不特辜负人民之拥护，无一法可保护人民及其财产之安全，更机关算尽，掠夺人民财产，致令举国贫困，怨声载道，愁眉不展。他们亦无一法可保全中国之疆土，致令其累遭外洋进犯、欺侮、入侵。而其政策，不论华洋，一概禁锢自由，逆潮流而动。纵与外国列强累累冲突，却依旧夜郎自大，愚昧无知，不思教训。与外界往还交际，则心机用尽，只图真理及启蒙之光与黑暗之中国隔绝。故而，其勉力奉行之自由放任政策，始终落后于时代，无缘捕捉生气勃勃势不可挡之当代思潮及进步精神。观其治理本质，则章法全无，摇摆不定，腐败至极。政府之一府一衙，无论京畿内外，尽皆千疮百孔，腐败不堪。一言以蔽之，其政治根基，现于世者，乃硕大无比却空无一物之皮囊，不当任何开明强国拥护以谋商业或政治便利。无一法可成就其建政目标之政府，其存活不外容忍屈从，其治理不外给民族带来百般屈辱，环宇当诛，瞬间当亡。"[1]

容闳、严复，都是对西方有真切理解、认识的饱学之士，他们拟定的《中国国会宣言》并不是简单地推翻以慈禧太后，或以端王为首的清政府，而是要按照英国《大宪章》的原则，重建现代国家。他们列出了十二条紧要声明，从这里可以看出，假如当时就开始实行宪政改革、新教育落实、律法改良、全面放开对外贸易和信仰自由、言论自由等改革事项，就不必等到几年后，甚至更长时间。这是中国近代史上一个非常重要的政治文件，其意义远大于前后诸多政治宣言。这十二条如下：

1. 鉴于全能之神耶和华创造地极之主将此崇伟国度献给中

---

① 《英国外交文献之外交部密件》，转引自唐越《容闳中国国会宣言足本全译并注》，载《徐州师范大学学报》2012年第4期。

国人民,以为其特殊之传承,我等自当永世不辜负神之奉献,自当责无旁贷,变旧中国为新中国,变苦境为乐境,谋中华民族之福祉,更谋世界人民之福祉。

2. 我等坚信,解决目下复杂问题之最简易之道,乃八国列强废黜篡贼及其一干老朽顽固之逆贼,重立赞成维新之代表光绪为帝。光绪一旦重新掌位,必能立即收复民心,消除怨气,化解头绪万端之万国疑难。

3. 光绪一旦驾崩,当筹办临时政府,推举临时主席,当物色妥当人选后,公推其为恒常之中国君主。

4. 无论何事,中国之新政府当为立宪帝制,以英国政府不成文之宪法及《大宪章》为纲。而立宪帝制之筹办及其行政,将延聘西方智者,征得各别政府之特许,为我等献计献策。

5. 拟立之立宪帝制,不论形式或本质,不论立法或行政,不论理论或实践,当为公民政府之典范,集智慧之大成及二十世纪之开明建造。它将代表中国人民乃至世界人民之公民自由及宪政自由,以谋世代升平,永世和谐。

6. 仰赖过去十九世之实验、智慧及真理之光,我等首责当为教育人民接受新秩序,擢升其智慧,分析其需要;保护其人身及财产安全;蠲除一切社会及政治罪恶;改良律法;缔造稳固之财政政策,规范金融,厘定国家银行系统;建造划一之小学系统;改良并促进农业生产,鼓励及便利贸易;在列国平等之基础上,举国敞开对洋通商大门。

7. 为维系公众和平,充分保护国内外商务及在华洋人之安全,以最现代化手段重建陆海军,乃刻不容缓之要务。故当成立军事及海军学校,以训练军事及海军军官,此乃头等大事。

8. 帝国子民均享有人身保护令之权利,享有所有法庭及讼堂之陪审团审判权利,且法律面前人人平等。

9. 新政府当宽容宗教信仰。政府子民均享有良心自由、信仰自由、个人判断自由及言论自由。外界之训令或教会之威权,均不得干预或介入公民政府与人民行使权利之间之事务。

499

10. 当竭尽全力使新政府之府衙及行政清正廉明,以成就民有民治民享之伟大宗旨。

11. 新政府确立及其独立主权获承认后,当履行与条约国立约之一切义务及责任,且当承担及偿清旧政权之所有国债。

12. 我等决不同情义和拳运动,并请立此存照,我等十分憎恶其残暴行径。一干篡贼对待外交使团及禁闭于京城内传教士之野蛮行径,我等视之为悍然违反国际法,人皆恶之,理应受罚。至于日趋严重之态势,教无数无辜性命丧于北京,我等谨此悃诚向八国列强致以深切同情。[①]

从这项声明看,中国国会就是想再造现代国家,向世界看齐,建构现代政治。

章太炎是中国国会的积极参加者,但他对第一次会议的三项决议持坚决反对立场,对于宣言中选择光绪帝作为收拾人心、重振中国的皇帝极为不满。"贤者则以保皇为念,不肖者则以保爵位为念,莫不尊奉满洲,如戴师保,九世之仇,相忘江湖。"[②]章太炎坚决反对中国国会以扶持光绪帝重新执政为中国国会的政治目标,更反对以勤王作为中国国会的宗旨。按照章太炎的说法,中国国会"为拯救支那,不为拯救建虏;为振兴汉族,不为振兴东胡;为保全兆民,不为保全孤偾"[③],更不应该以保全一个皇帝为目的。

按计划,7月29日,中国国会在张园召开第二次会议,到会者60余人,在签到簿上签名的有50多人。会长容闳命孙宝瑄及张元济当会计。不知什么原因,他们两人均不愿意干,遂改命孙多森、唐才常权理其事。又选定叶瀚、邱震、汪有龄担任书记,郑观应、唐才常、沈小沂、汪康年、汪剑斋、丁叔雅、吴彦复、赵仲宣、胡仲巽、孙仲玙等10人为干事。

中国国会第二次会议的重点仍然是讨论议会的宗旨,会议的主导意见似乎是:

---

① 《英国外交文献之外交部密件》,转引自唐越《容闳中国国会宣言足本全译并注》,载《徐州师范大学学报》2012年第4期。

② 《来书》,见汤志钧《乘桴新获》,116页。

③ 《请严拒满蒙人入国会状》,见汤志钧《乘桴新获》,116页。

一、保全中国疆土与一切自主之权；

二、力图更新日进文明；

三、保全中外交涉和平之局；

四、入会者专以联邦交、靖匪乱为责任，此不认现在通匪矫传之伪命。[1]

与会者多数持这样三点看法：（1）尊光绪帝；（2）不承认端王、刚毅等；（3）力讲明新政法而谋实施。虽主张排斥端王、刚毅等满洲贵族中的顽固派、守旧派和坚定的排外主义者，但并不主张排满，更不会主张孙中山式的革命。所以，他们主张在联军还没有打到北京的时候，设法将光绪帝救出来，以保障中国法统的完整性。至于怎样才能将皇上救出来，大家的意见就不一致了，有的主张借重张之洞的力量，如汪康年；有的主张联络英日两国，通过外交渠道解决，如文廷式；有的主张倚重翁同龢或陈宝箴，如唐才常；有的主张密召康有为，利用康党进行，如狄葆贤。

对于这些主张，"会中极少数人如章炳麟主张，不允许满人入会，救出光绪帝为平民。从而与其他人意见不一致，却与孙文的意见接近。"[2]

很显然，章太炎、孙中山的主张已不是一般的改革，而是革命，是造反，是利用义和拳运动，利用列强出兵中国的政治危机，将对外战争转化为对内战争，一举解决孙中山很早就认识到的满洲人无法带领中国走上现代化道路的根本问题。与会诸位谁也不敢追随附和，皆不以为然，救皇上反端王属于认识问题，依然可以解释为保大清；将对外战争转为对内战争，实现民族革命，排除满洲人，这从当时的正统立场看，就是反体制，就是造反，因而人们不便随声附和。

与会者的沉默激怒了章太炎，道不同不相为谋，章太炎愤而退会。

为了表达自己的决心，8月3日，章太炎"割辫与绝"，愤然剪掉了两百多年来标志着清朝顺民的大辫子，脱去了清帝国标志的长布衫，改穿西装。为了表达自己排满革命的坚定意志，章太炎还专门写了一篇《解辫发说》，公开宣布与清帝国挥别，坚定不移地走上了排满革命的道路。

501

---

[1]《井上雅二日记》，见汤志钧《乘桴新获》，355页。
[2]《井上雅二日记》，见汤志钧《乘桴新获》，355页。

章太炎在庚子年政治动荡时期走上排满革命的道路具有相当偶然性。第一,这是因为以端王为首的新政府刻意与世界为敌,激怒了章太炎。我们知道,所谓中国国会就是因为北方的政局,就是清廷这个时候用端王替换了原来比较有柔性的政府,这个新政府盲目排外,煽动民族主义、民粹主义情绪,不顾民众利益和死活,悍然与世界为敌,以一国敌十一国。这实际上是对国家的不负责任,是将一己之私利凌驾于国家、百姓利益之上。这是章太炎愤怒的第一个理由。第二,中国国会诸公大约是受到康有为、梁启超的深刻影响,或者是中国国会诸公各自直接的感性认识,不认为端王的新政府代表了光绪帝的意思,皇上现在即便没有被完全废黜,可能实际上已经不再拥有权力,所以他们坚定地要求保皇,要求勤王,要求清君侧。而这一点,在章太炎看来,好像有点不着调。所有这些因素,终于促使章太炎在思想上发生了一次剧烈变动,终于从一个政治上的改良主义者转变为排满反清的革命者。

根据章太炎的看法,中国国会诸公的政治诉求是矛盾的,光绪帝、端王还有那个大阿哥,与朝廷是一体两面,并不存在着利益上的冲突与矛盾,各位受到唐才常的蛊惑太重了,而唐才常又受到康有为的蛊惑太久了,总认为光绪帝代表着朝廷中的进步力量、健康实力,代表着中国的希望和未来。章太炎认为,这个判断可能是很有问题的,满洲人之于中国,其实就是一个阶级压迫着另一个阶级,满洲人从来没有把汉人当作自己人,戕虐贤骏,使汉人成为这个国家的二等公民。现在满洲政府更过分,为了一己私利,横挑强邻,戮使掠贾,四维交攻,不把国家当国家,为了皇族阶层特殊利益,竟然拿国家作赌注,以一国挑战世界,违背《春秋》两国交战不斩来使的原则,违背现代国际交往准则,公然杀害外国公使,终于引来八国联军进攻中国,进攻北京。章太炎强调,这是中国的危机,也是世界给中国的一个机会。中国国会应该利用这个难得的机会,推翻清廷,重建汉人国家。

平心而论,章太炎的判断是对的。端王也好,皇上也罢,他们之间的关系真的不是唐才常们所想象的那样,有什么不共戴天、视若水火的仇恨,端王也并不是一个天生的、彻底的排外主义者,皇上也并不是什么英明领袖,更不是什么中国的未来和希望。在对待义和拳、对待外国、对待汉人等一系列问题上，他们立场一致、步调一致，只是节奏不同、表现有异而已。后来，唐才常策动的勤王运动竟然受到朝廷的迫害，唐才常因此而丧命，这也从一个侧面证明了章太炎预言的天才性。

章太炎转向革命是有足够思想准备的，这或许与他不久前与孙中山有过直接接触有关。所以，他在剪掉辫子发誓反清排满之后的第五天，就给孙中山写了一份热情洋溢的信，详细介绍了自去年他们在横滨见面之后国内的政治变化，以为现在国内的政治形势因满洲贵族统治集团倒行逆施而岌岌可危，满洲贵族统治集团狂妄自大，肆意妄为，与世界为敌，违背了基本的国家关系准则；八国联军发动进攻，将及国门；覆亡之兆，已清晰呈现，不待问卜，就知道中国形势到了怎样的危机状态。南方各省督抚为了自保，与列强签订了互保协议，"鄙人曾上书刘、李二帅，劝其明绝诏书，自建帅府，皆不见听。东南大局，亦复岌岌。"①

至于上海各界名流组织的中国国会，章太炎也向孙中山做了介绍。他认为：容闳当然是一个天资聪明的第一流人物，但与会诸公由于各怀鬼胎，贤者以保皇为目的，不肖者以保爵位升官发财为依归，他们继续尊奉满洲贵族统治集团为正统，不再计较九世之仇，不再顾忌满洲还是汉人。在整个中国国会中，只有我坚决反对满洲人，昌言严拒满蒙人加入中国国会，诸公不以为然，我也就只好移书退会，割辫与绝，以明我不臣满洲之志。现在我和孙先生终于成为一条战壕中的战友了，我们虽然在整个中国是少数，但是我坚定地相信，爱国家并不必然爱朝廷，推翻清廷，重建汉民族的国家，是这一代人的正义事业，一定能够成功。

章太炎的主动投效当然出乎孙中山的意外，因为孙中山在过去几年间，虽然做了许多工作，但真正的文化人即便在思想上认同孙中山的追求和主张，却出于各种各样的原因，很少能够投身于这项看不见尽头、看不到希望的正义事业。现在章太炎来了，而且是主动来的，这当然令孙中山喜出望外。章太炎的文名，章太炎在中国知识界的影响力，

①《来书》，见汤志钧《乘桴新获》，116页。这封寄给《中国旬报》的来书，其实就是写给孙中山的。

那可是相当的了得。孙中山指示《中国旬报》将章太炎的这封来信全文发表,并在编者按中称颂章太炎这篇文字是有清两百年来第一雄文:士气之壮,文字之痛,无与伦比。

8月14日,联军开始向北京进攻;15日,两宫离开北京;22日,清廷下诏求直言。张之洞眼见大局已定,"于二十八日清晨派兵围搜英租界李顺德堂及宝顺里自立军机关部与轮船码头等处,先后逮捕唐、林及李炳寰"等20余人。唐等被捕后,司道府县在营务处会讯。唐才常"供词谓因中国时事日坏,故效日本覆幕举动,以保皇上复权。今既败漏,有死而已。余人群呼速杀。二十八夜二更乃押至大朝街溜阳湖畔加害。一时延颈就戮者共十一人。"①

---

① 冯自由:《中华民国开国前革命史》,转引自《梁启超年谱长编》,244页。结案后,据官方说法,总共拿获唐才常等"三十余名"。见《张之洞于荫霖奏擒诛自立会匪头目分别查拿解散折》(光绪二十六年八月二十日),见《自立会史料集》,138页,长沙,岳麓书社,1983。

第九章

京都蒙难与联军蓄意扩大战争

南方局势的逐步稳定并没有缓解北方的压力,相反由于南方局势的趋稳,使列强有足够的精力与兵力对付北方。特别是当西方外交官依然如人质一样继续被围困在使馆区的情况下,八国联军更不会放弃对北京的进攻和占领。而沙俄则乘机在东北地区单独行动,攫取自己的最大利益,中国面临被瓜分的危险。

第一节　京都蒙难：八国联军进入北京

　　北京的消息基本中断以来，在天津的联军指挥官多次设法与北京方面联系，在联系未果的情况下，他们曾设想过多种解救方案。只是苦于更多的援军一时无法抵达中国本土，仅仅依靠在中国的现存的军事力量，他们显然还不具备立即增援北京、解救各国公使及所有外国人的能力。

一　各国陆续向中国增兵

　　投入兵力的多少是夺取在华军事优势并获取主导权的一个重要因素，由此也必然决定着其在联军中的地位和作用。所以，在向中国增兵的问题上，列强虽然一致认为应该增兵，但对怎样增兵、谁先增兵等一系列问题也一直犹豫不决，煞费苦心。

　　而且，由于列强在中国的利益和距离远近的不同，特别是对未来战争规模、战争时间的不确定，也使他们在向中国持续增兵的问题上难下决心。西方各国出于种种考虑，最担心日本利用其与中国的地缘优势持续向中国增兵，从而导致联军指挥系统的紊乱及权力分配上的不公。

　　而日本的既定国策是充分利用这次难得的历史性机遇。日本不仅要由此跻身于强国之列，而且试图通过参与八国联军侵华，建立其在东亚及远东地区不可撼动的霸主地位。所以，尽管有西方诸强国的担心与疑虑，日本在向中国扩大用兵问题上一直不含糊。

　　不过，由于三国干涉还辽的阴影依然存在，日本的野心也不敢过分暴露，在扩大向中国用兵问题上虽然极为积极，但也担心贸然派出重兵会招致各国的猜疑,从而导致其外交上的麻烦。所以,日本政府内定的方针是,既要积极地利用此次机会向中国扩大用兵,但也要慎之又慎,充分征求西方各国的同意,避免不必要的外交麻烦。日本政府的基本判断是,鉴于中国局势危机不断加深,西方列强鞭长莫及,必然会依赖距离中国最近的日本。基于这种判断,日本政府采取的方针是竭力避免自己积极地出动大量兵力以引起西方的猜疑,耐心等待列强向它求助。它相信,列强在向日本求助之时也就是日本的出头之日。

从外交战略上说,日本的判断与冷静都是对的,西方诸国一旦无法支撑中国的局面,他们一定会想到远东的这个"小兄弟"。无奈,沙皇俄国虽然也介入了在中国的军事冲突,但它并不会遵守西方诸强国俱乐部的游戏规则。沙俄于6月10日不断向大沽调派重兵的举动在很大程度上终于打乱了日本的既定步骤。日本政府判断,俄国的军事行动并不仅仅把中国作为对象,而且在很大程度上关涉韩国和"满洲"问题。因此,日本必须给予正面的回应,用实力抵制俄国对日本既得利益及其潜在利益的威胁。

6月11日,日本外相青木在东京通过外交使节建议各国向中国增兵,并明确宣称:鉴于北京局势的危机,日本政府愿意立即派遣3万名士兵前往中国,以便同各国一道营救被围困在那里的各国使节和侨民。

日本政府的宣示并没有阻止住俄国向中国单独用兵的决心。当俄国政府得知这一消息后立即向日本政府表态说:任何有助于达到营救各国使节和侨民的合作只能够受到所有国家最衷心的欢迎。俄国政府看不出有什么理由干涉日本在这方面的自由,特别是因为日本已经表示了与其他国家行动完全一致的坚强决心,只是从俄国政府的观点看,完成这项工作并不能给予日本在北京独立解决问题的权利或其他特权。也许有一个例外,即如果各国以后认为有必要提出赔款要求的时候,日本或许可以得到一笔比较大的赔款。显然,俄国不希望日本在中国单独用兵,更不希望日本在联军中占据重要的地位,但是由于日本增兵的理由冠冕堂皇,俄国也不便公开反对。

俄国的外交言辞无助于阻止日本向中国增兵,而日本政府确实期待利用这次难得的机会展示自己的实力,奠定在西方强国俱乐部的成员地位。它所顾及的不是俄国的态度，而是强国俱乐部中的英、美、德诸大国的立场。青木在向外界透露增兵计划的时候就专门向英国驻日大使怀特赫德询问过英国政府的打算，并暗示如果现在登陆的各国海军特遣部队被包围或遭遇到其他危险，日本政府准备立即派遣一支规模相当大的特遣部队去救援他们。假如英国政府同意这一行动，日本政府就准备这样做；假如英国政府不同意，日本政府就准备放弃这一计划。

日本的试探引起英国政府的极大兴趣。英国出于对自己利益的考量，也不希望俄国乘此危机扩大在华势力范围，更不希望俄国在联军中发挥更大的作用。而英国自身由于陷入南非作战的泥潭无法顺利向中国大规模派兵，不仅无法有效营救在北京的外交使节和侨民，而且势必丧失在联军中的主导权。有了日本的支持与自告奋勇，英国政府感到完全可以利用日本去制衡俄国。7月2日，索尔兹伯理指示英国驻日大使怀特赫德迅速与日本政府交涉，希望日本政府尽快向中国增兵。第二天上午，怀特赫德拜访日本外相青木，递交了一份备忘录，希望日本能像其宣示的那样尽快向中国派兵。青木答应日本政府将尽快研究英国的请求，了解一下能够做些什么。他同时向怀特赫德转述了关于北京局势险恶的几份电报，他认为仅仅依靠目前在华的各国军事力量不可能成功地援救各国使馆，因为任何一支外国军队向北京逼近，都将成为清政府屠杀在北京的所有外国人的信号。日本政府曾试图通过刘坤一、张之洞、李鸿章等南方督抚同清政府发生联系，但这些督抚似乎也与清政府失去了联系。青木还告诉怀特赫德说：在现在这个季节，联军远征北京的困难几乎是不可克服的，因为在整个平原上玉米长得很高，而且没有可供炮兵和骑兵前进的道路。清军已经打开了白河的水闸，白河水位下降到如此低的程度，以致吃水三四英尺的船只不能航行。青木认为，为了胜利地进攻北京，至少需要一支7万人的部队。他甚至怀疑，已经登陆的各国部队是否能够固守天津和大沽口。

7月3日下午，日本内阁举行会议，同意接受英国的建议向中国增兵。当天晚上，青木与怀特赫德见面，继续夸大日本政府的疑虑，以换取英国的更多支持。青木表示：他担心各国使馆无法顺利营救，但列强需要确保条约权利和维护它们在中国的威信。日本政府认为,大规模地进行联合军事远征和占领北京是刻不容缓的,可是为了避免摩擦起见,有必要在列强之间事先就所有问题达成一项协议,例如联军部队的最高指挥权问题,或各国部队的作战区域问题。日本终于向英国开出了自己增兵中国的大致价码。

英国政府清楚地知道日本的心思,更知道日本急于向中国增兵与其和俄国的利益冲突有关。日俄之间为争夺中国东北和朝鲜半岛一直面和心不和,要想使日本顺利向中国增兵,必须做好俄国以及德、法等国的工作。所以,当英国政府获知日本有意向中国增兵的意向后,就于6月25日、26日分别征询过俄、德、法三国的意见,希望各国能够同意日本的建议,并希望欧洲各国能够给予日本一项关于派遣大量部队前往中国的某种正式授权。

日本在向英国表明自己的立场的同时,也曾向德国做工作,表示如果不能获得德国的同意,日本不会贸然向中国增兵,①以此换取德国的好感。

德国既担心日本出兵过多影响自己在联军中的地位,又担心因此得罪俄国,影响与俄国的关系。所以,德国对日本的请求及英国的暗示并不急于表态。日本向中国增兵的事情一度搁浅,日本政府也只好强压住急于向中国增派重兵的欲火,只是当西摩联军败退天津后,日本向中国增兵的事情再度提起,英国政府正式请求日本实现其承诺,立即向中国增兵。

7月4日晚,青木拜访怀特赫德,告诉他日本政府已经决定立即向中国派遣2 500人,但他反复说明登陆和供应的困难是如此严重,所以几乎不可能一次派遣更多的部队。鉴于俄、德、法三国的迟疑态度,日本设法通过与英国讨价还价换取英国向三国施压。日本既需要向中国扩大用兵以展示自己的实力、赢得西方列强的欢心,也希望各国能够给它正式的授权,以免将来发生不必要的纠纷。至于报酬方面,日本当然也很关心,它之所以与英国讨价还价,也是希望英国政府承诺将来能够

①《驻东京代办博都韦德尔伯爵致外部电28号》,见孙瑞芹译《德国外交文件有关中国交涉史料选译》第2卷,9页,北京,商务印书馆,1960。

对日本在华军事行动所发生的费用予以合理的赔偿。

第二天,日本驻英代办松井前往英国外交部拜访外相索尔兹伯理,通知日本政府增兵的决定,并询问英国政府除了下令从印度调派的那些部队外,是否还打算派遣更多的部队前往中国。索尔兹伯理回答说:这个问题在某种程度上要取决于南非局势的发展,不过英国已有 1.2 万人在前往中国的途中,或已奉命前往,而且在华的英国军事指挥官估计,如果向北京进军并有把握地解救使馆人员,需要四五万人。索尔兹伯理还告诉松井,根据英国政府掌握的消息,法国正在派遣 8 000 人前往中国,德国约有 9 000 人,美国约 3 000 人,而俄国外交大臣拉姆斯多夫已明确告诉他,俄国已有 1 万人在大沽和天津。索氏认为,这些援军到达后大概可以应付最近的紧急事变,但直到 8 月下旬之前这些援军在许多场合还不能发挥作用,那时救援各国使馆的行动就太迟了,而且雨季势必会造成行动上的困难。索尔兹伯理询问日本打算做什么,日本政府能否利用自己邻近中国的地理位置,立即派遣一支相当大的部队去救援各国使馆? 松井回答说:日本政府愿意做其他国家所做的同样事情,不过日本政府担心,如果他们做的事情较多,那就会遇到麻烦,而且日本政府认为救援北京需要一支较 5 万人更多的部队;如果日本政府现在就同其他国家一样派遣 1.5 万人赶在各国增援部队到来之前去北京救援使馆,那么日本军队必将被中国军队所击退。

俄国政府认为,英国政府的这个建议在一定程度上可能会侵犯那些已被大多数国家所接受的基本原则,即维护列强之间的团结,维持中国现存的政治制度,排除任何可能瓜分中国的事情。通过共同努力建立一个合法的中央政权,它本身能够保证国家秩序和安全。俄国政府认为,坚决树立和严格遵守这些基本原则是达到维护远东持久和平这一主要目的所绝对不可缺少的。面临目前这么严重的危机,任何其他考虑都必须服从营救并保护外国人这一共同和急迫的目的时,对于授权任何一个国家进行单独行动一事,都将有重大的反对意见;导入对立和嫉妒的任何因素,均将严重危害它的成功。因此,俄国外交大臣拉姆斯多夫指示俄国驻英代办设法劝说英国政府,阻止英国政府鼓励日本向中国增兵的任何企图。俄国政府的意思是,鉴于中国发生的危害列强重大利益的危险事件,迫切需要避免任何误会或疏忽,而这些误会和疏忽可能导致更加危险的后果。

英国政府出于对自己利益的考量,当然不会顾及俄国政府的态度。特别是德国公使克林德被杀及西摩联军败退的消息传到欧洲之后,英国政府已经明确地意识到华北局势危在旦夕,增兵中国实属燃眉之急。英国政府与俄、德、法三国保持着密切沟通,希望三国能够同意日本率先增兵,强调只有具有地理优势的日本能够立刻增兵中国,同时向三国保证,日军在完成任务后不会留在中国追求特权。如果届时日本赖着不走,英国将与各国一道动用武力强制日本履行自己的义务。

7月13日,索尔兹伯理指示怀特赫德通知日本政府:如果日本政府为援救驻北京的各国使馆,除了派遣先前所答应的1.5万人外,立即动员并迅速派出另一支2万人的部队,那么英国政府愿意对日本政府提供的支援可达100万英镑。①

英国的游说使德国的态度发生了动摇,德国在向中国增派重兵的同时,也劝告俄国接受英国的这些安排。于是,俄国也就转变立场,顺水推舟,表示同意日本向中国增兵,而且强调任何国家能够迅速派遣可供使用的部队以促进救援工作,都将受到最热烈的欢迎。这就为俄国大规模地增兵中国提供了舆论依据。

有了西方诸国的保证,日本放手向中国增兵。至7月底,日军在华人数已达1.3万人,跃居联军之首,成为进犯北京的主力。山口素臣中将任司令官。英国也从印度、香港、新加坡、澳大利亚等殖民地和附属国紧急增派部队。至7月底,英军已有2 700人登陆天津,盖斯里少将为司令官。美国从菲律宾马尼拉和美国西海岸旧金山紧急调集第14步兵团和第5炮团的瑞利连及骑兵第6团和一个营的海军陆战队于7月底相继抵达天津,由沙飞任司令官。俄国利用地缘优势快速就近调兵,力保华北战场的兵力优势。至7月底,集结在北直隶的俄军已有6 627人。俄军在南满还有4 850人。利涅维奇中将为俄国直隶部队司令官,他是瓦德西来华之前联军中军衔最高的人。法军即刻从安南殖

---

① 《索尔兹伯理侯爵致怀特赫德先生电》(1900年7月13日),见胡滨《英国蓝皮书有关义和团运动资料选译》,129页,北京,中华书局,1980。

民地调集部队前往北直隶,至 7 月底已有 1 500 人,由福里少将任总指挥。德国由于需要为克林德公使"复仇",所以也不惜代价向中国增兵,所派遣的 7 000 名海外远征军于 7 月 27 日从不来梅港出发。意大利和奥匈帝国没有增派新的军队,意大利只有先前已经抵达大沽的两艘军舰,司令官是"爱尔巴"号舰长卡泽拉海军上校;奥匈帝国只有先前抵达大沽的一艘军舰,司令官为该舰舰长托曼海军中校。[①] 至此,八国联军在天津一带基本集结完毕,总兵力大约 3 万人,进攻北京只是时间问题。

二 瓦德西出任联军统帅

在各国政府为向中国增兵进行紧急磋商时,北京的危机正在进一步加剧。7 月 16 日,也就是联军攻占天津之后两天,英国驻天津部队的指挥官收到英国驻华公使窦纳乐 7 月 4 日的来信。窦纳乐在信中介绍了使馆的防卫情况,并对可能发生的情形作了预测。窦纳乐认为:如果中国人不加强对使馆的进攻,他们还可以坚持十天左右的时间;反之,如果中国人下定决心要拿下使馆,那就不出四五天的时间,他们就将成为中国人的俘虏。因此,他建议英国驻天津的军队要防止中国人对英国外交官的杀戮,就必须不失时机地向北京进发。为此,窦纳乐还向英国军方提供了一条北京内城南墙下通往英国使馆的秘密进路。

两天后(7 月 18 日),日本驻华使馆的一名密使也历尽艰辛来到天津。他告诉联军,北京政府已经将驻扎在京城的董福祥的部队调往北仓,并已受命负责阻击由天津向北京进发的一切外国军队;清政府还将组织南方的兵力北上,准备夺回大沽炮台。因此,联军在决定派兵救援使馆的同时,对于坚守天津和大沽炮台也不敢有丝毫的大意。

组建联军救援北京的使馆的任务已经明白地摆在了联军将领的面前,但如何组建这支多国部队及由谁来承担这支多国部队的最高指挥官等实际问题也立即摆在了各国政府的面前。

最有实力竞争联军总司令的不外乎俄国、英国和日本三个国家。

---

① 参见李德征等《八国联军侵华史》,201—203 页,济南,山东大学出版社,1990。

俄国政府在战争开始之初就制定了一套完整的方案,他们出于对俄国利益的整体考虑,虽然赞成列强向中国用兵,但不愿出头公开领导联军与清政府为敌。俄国外交大臣穆拉维约夫于 6 月 17 日向沙皇强调:鉴于俄国与中国的特殊关系,俄国不能去谋求联军统帅的职务。联军的任务要比最初所预定的将更广泛,即镇压各地的叛乱及其他暴力形式,并肯定要与清军作战,这就等于用武力对抗清政府。俄国与中国有漫长的边境线,在满洲有俄国的铁路,大量中国人和俄国人在那里工作。这种种情况都决定着俄国政府无论如何都不应该公开领导对中国作战的敌对行动,以便在混乱结束之后使自己能够迅速与中国恢复睦邻友好关系。

英国政府希望由英国人充当联军统帅。无奈西摩领导的联军在向北京出征的过程中费尽了九牛二虎之力,最终几乎是逃回了天津,他在联军中的威信受到了极大的损害,出任联军最高统帅已不可能。

西摩的希望化为泡影之后,英军总司令吴尔斯来开始期待能够来华担任联军统帅,为此进行了不少活动,也获得了英国军方的支持。不过,英国政府内部有人对吴尔斯来抱有私人成见,而俄国、法国、德国等更是抓住西摩在中国的失败及英国在南非的挫折大做文章,讥讽英国缺少帅才。法国驻德大使明确告诉德国政府说:自从英国人在南非洲丢脸之后,没有人会信任英国的领导。法国政府的潜台词是,可以支持一位德国将军出任联军统帅。[①]

日本军队是第一次与西方国家一起参战,日本政府和日本军人对于出任联军统帅都有浓厚的兴致,然而它尽管获得了英国政府的全力支持,但遭到了俄国政府的强力反对,所以日本人出任联军统帅的活动并没有取得任何实际效果。

俄国人不愿出头,英国人、美国人和日本人因俄国政府的坚决反对而不能出头,剩下可能出任联军统帅的只有法国和德国。德皇认为,目前君主制国家在国际社会仍占多数,在这样具有世界历史性意义的重

---

① 《外交大臣布洛夫伯爵的记录清稿》(1900 年 7 月 21 日),见《德国外交文件有关中国交涉史料选译》第 2 卷,58—59 页。

大事件中把领导地位让给一个共和国家,在政治上似乎是不合适的。① 于是,剩下的最有资格竞争联军统帅职务的只有德国。

8月6日,德皇威廉二世致电沙皇尼古拉二世,询问他是否认为联军总司令一职应该由俄国将军担任,或者同意由德国将军担任;如果是同意由德国人担任的话,威廉二世第一次明确提议由陆军元帅瓦德西伯爵出任这一职务。② 尼古拉二世在当天的复电中表示完全赞成提名瓦德西出任联军统帅,强调俄国将以绝对的信任把在那里的军队置于瓦德西的统率之下。③ 日本和一贯追随德国的意大利政府也很快表态支持瓦德西。

8月9日,索尔兹伯理致电英国驻德大使拉色尔斯说:如果在北直隶驻有部队的各国都决定将这些部队置于瓦德西伯爵的最高指挥之下,英国政府将很高兴地同意。第二天,拉色尔斯迅即将英国政府的意见通知了德国政府。

美国政府紧步英国后尘,于8月10日明确表示非常愿意获得像瓦德西这样"一个杰出的和有经验的将领来担任任何联合军事行动上的指挥",但是希望将有关方法的问题在发生时随时解决。④

8月16日,法国政府终于勉强同意了对瓦德西的任命,告诉德国政府当瓦德西元帅一旦到达中国,并且由于他的军衔最高而在联军各国司令官会议中占有显著地位,那么法国远征军司令官不会不将他同瓦德西元帅的关系"置于适当的基础上"(或译作"不会不保证他与元帅的关系")。⑤ 至此,瓦德西出任联军总司令的任命获得了各国政府的认可。

三 联军向北京挺进

在各国对联军统帅任命问题进行紧张交涉的同时,并没有影响在

① 《外交大臣布洛夫伯爵致驻维也纳代办白克尔伯爵电》(1900年7月22日),见《德国外交文件有关中国交涉史料选译》第2卷,68页。
② 《德国皇帝致尼古拉二世电》(1900年7月24日,8月6日收到),见张蓉初译《红档杂志有关中国交涉史料选译》,230页,北京,生活·读书·新知三联书店,1957。
③ 《威廉二世谕外长布洛夫伯爵明码电》(1900年8月6日),见《德国外交文件有关中国交涉史料选译》第2卷,78页。
④ 参见[美]马士《中华帝国对外关系史》第3卷,331页,上海书店出版社,2000。
⑤ 《孟生爵士致索尔兹伯理侯爵电》(1900年8月17日发自巴黎,次日收到),见胡滨《英国蓝皮书有关义和团运动资料选译》,183页。

天津一带集结的各国军队为向北京进发作准备。7月25日,驻天津联军通过特殊管道收到美国公使康格于7月21日发自北京的告急信件。康格希望联军从速向北京进发,挽救各国公使。

康格的呼救引起了联军将领的高度关切,特别是英国、美国和日本的军事指挥官更是期待联军能够尽早开进北京,拯救公使和侨民。在他们的要求下,联军中军衔最高的俄军司令官利涅维奇中将于8月1日召集各国司令官会议,会议确定8月4日下午为联军向北京进发的时间。

8月3日,利涅维奇又主持召集了一次由所有司令官及其参谋长参加的联席会议,对联军进攻北京的时间、路线和各国参加的人数等问题做了最后的具体安排,确定第二天下午3时,驻天津联军除以部分兵力留守天津、大沽等地外,大约2万名联军将分两路自天津出发,沿运河两岸向北京进攻。进犯北京的2万名联军以日俄两国人数最多,日军8 000名,俄军4 800名,英军3 000名,美军2 000余名,法军400名,意、奥军各不满百名,德国没有参加。日、英、美军担任右翼,沿运河西岸行进;俄、法、意、奥军任左翼,沿运河东岸前进。

为应对列强武力进犯北京的可能性,清政府早在天津失陷之后已有所准备,一是命令各地振奋精神,筹办战守事宜,尽最大可能将来犯联军阻止在北京城外;二是请求各国公使暂避天津,乞求各国政府排难解纷,重修旧好;三是加紧调集各地勤王之兵以卫京师,加紧催办军火、银粮,以作持久抗敌之准备。

经过一番准备,清军在京津地区集结的总兵力已超过10万人。京津地区的义和团经过清政府的消灭、改编和瓦解,力量已大为削弱,但此时仍有7万余人,其中约有5万人留在北京城内,2万人分布在京津间的交通沿线。京津间的防御工事主要由从天津撤回的清军临时构筑,分成北仓、杨村两道防线。北仓防线的最高军事指挥为马玉昆。

8月5日晨,以日军为主的联军开始向北仓发起进攻,清军进行了顽强抵抗,毙伤联军400余人,但依然无法阻止联军炮火的猛烈攻击。7时许,联军占领北仓。担任联军情报官的英国天津卫理公会教士宝复礼事后承认,由于他事先早就网罗了一批汉奸充当密探,潜入清军内部,替联军搜集到北仓清军的人数、炮位、壕堑、埋雷地点等情报,极大地便利了联军攻占北仓。①

由于清军事前故意放水淹没了运河东岸的乡村,东路联军,特别是俄军、法军、奥军的进展受到了严重的阻碍。不过,在运河西岸的部队在占领北仓之后却能够迅速向前推进,他们的意图是尽快向京津途中的重要据点之一杨村推进。

8月6日,英、俄、美军联合进攻杨村,经过4个小时的激烈战斗,清军失利,联军顺利占领了杨村。此役清军损失惨重,士气沮丧,全面溃败,直隶总督裕禄自杀,提督马玉昆失踪。人们以为马玉昆已阵亡或负伤。由于天气炎热和长途行军,联军方面虽说没有多大的损失,但兵困马乏,士兵个个显得筋疲力尽,于是联军指挥官决定在杨村停留两三天,进行休整,然后再向北京挺进。

另一支约1.2万人的联军队伍于8月6日清晨开始进攻距天津约两英里的西沽。西沽是清军的一个重要阵地,但在联军的进攻下竟不堪一击,清军败退,向北撤离,加上联军已经占领了北仓,这样从天津通往北京的陆路与水路交通基本恢复,联军大规模地向北京进军已经成为可能。

八国联军的进发并没有缓解北京城里的紧张气氛,被围困的各国公使已经感到他们被"解放"的日子为时不远。为了向联军的救援部队提供力所能及的帮助,窦纳乐的参谋长司快尔于8月6日绘制了一份北京简图,标明穿过内城城墙的水门以及使馆守军在城墙上的阵地进入使馆的最佳通路。这封用英美两国密码写成的信由一名信差于8月8日送到正在进军北京途中的联军将领手里,这对于联军后来的军事行动起到了一定的作用。

联军攻占北仓、杨村之后,意大利、奥匈帝国的军队先后退回天津。7日,清政府任命李鸿章为议和大臣,命他电商各国,先行停战。然而,联军势头正健,根本无意停止进军,他们发誓一定要乘胜前进,一举攻占北京。而英国公使窦纳乐在获悉李鸿章被任命为议和大臣的消息

---

① 参见丁名楠等《帝国主义侵华史》第2卷,121页,北京,人民出版社,1986。

后,也不同意联军停止进军、进行谈判。他认为,即便仅仅为了未来谈判中的有利地位,联军无论如何也不能被即将到来的停战谈判所蒙蔽。于是,他通过特殊渠道致电英国政府并转告联军当局,希望"援军的前进不要因为任何谈判而遭到拖延"。他甚至不惜夸大事实督促联军向北京进发,声称:"无论进行任何谈判,部队都不应延缓对北京的进军。我们每天仍遭受到炮火的袭击,而且我们的供应现已被完全切断,因此,除非我们马上得到援救,我们便必须投降。"①显然,窦纳乐期待用这种危言耸听的话语打动联军指挥官,促使他们尽快用武力解决北京危机,不要陷入中国人允诺和谈的拖延"诡计"。当然,窦纳乐等各国公使也预料到,清政府同样不愿意对各国使馆重新采取敌对行动,从而进一步危害中国在未来善后谈判中的地位。

稍事休整后,联军以日军为前导,长驱直入,沿途几乎没有遇到多少有力量的抵抗。11日,联军逼近张家湾,清军统帅李秉衡所率各军全面溃败,李秉衡愤而自尽。12日晨,联军也没有遇到像样的抵抗就顺利占领通州。由于联军连日作战,过于疲劳,联军当局遂决定就地休整,另行计划总攻北京的时间。

13日,联军司令官们在通州召开会议,决定14日向北京发起总攻。然而,为了争夺破城"首功",俄军不顾各国将领达成的协议,竟然于13日晚间首先向北京发起攻击。于是,对北京的全面进攻提前进行。

按照联军将领们的约定,俄军负责进攻东便门,日军负责进攻朝阳门和东直门。这几个地方也是清军防守最为严密的,所以战斗也最为激烈。清军在东便门击毙和击伤俄军120余人,俄军参谋长华西里也夫斯基中将也在这期间负伤。在朝阳门和东直门,清军击毙和击伤日军200余人。

东便门、朝阳门和东直门的战斗进行得相当惨烈,大批清军也从其他驻防地赶来支援。由此,广渠门等处防守空虚,英军于14日乘虚而入,冲破广渠门的防线,通过崇文门西边城墙下面的御河水闸进入内

---

① 《窦纳乐爵士致索尔兹伯理侯爵电》(1900年8月10日发自北京,14日经上海转发,同日收到,系中国驻英公使转交),见《英国蓝皮书有关义和团运动资料选译》,174页。

城,沿途几乎没有受到任何抵抗即顺利进入英国公使馆。

上午 9 时许,守卫北京和围困使馆的清军开始溃退,一部分涌出前门向城外逃跑,一部分穿过前门进入皇城。至此,北京失陷。

此次八国联军攻击北京的战斗中,中国人有 400 多人死亡,而日军的伤亡为 100 人,其中包括 3 名军官。在 6 月 20 日至 8 月 14 日整个被围困期间,使馆方面阵亡的外国人为 66 人。

四　千年古都惨遭蹂躏

当联军于 8 月 14 日进攻北京最紧张的时候,六神无主的慈禧太后在这一天连续五次于皇宫中召集军机大臣议事。在外面枪炮声接连不断的情况下,各位大臣实际上已经无意于议政,更无心抵抗,有大臣建议挂旗投降,有的主张再向各国公使求情,更多的大臣主张应该乘联军尚未完全占领北京的时候赶快出逃。

关于两宫在北京不保的情况下必将西逃的传闻很早以前就流传开来。西摩联军向北京进发的时候,清政府就有一旦西摩联军进京、为避免受辱而外逃暂避的预案。慈禧太后已经预感到形势不妙,她虽然传旨义和团入卫,但也清楚地知道这一办法并不可靠。盛宣怀于 6 月 22 日致张之洞电对此已有猜测,23 日致袁世凯电甚至明确提及“銮驾西行”的路线。按照安徽巡抚王之春的说法,慈禧太后自天津失陷时即欲巡汴,由于赖荣禄一日三谏及朝内诸公同时跪阻,其事始寝。8 月 6 日,也即八国联军向北京开进的第三天,慈禧太后已经决定当清军实在抵挡不住联军进攻的时候,她就和光绪皇帝一起于 8 月 10 日离开北京向西“巡狩”。这一天,慈禧太后派东阁大学士昆冈为留京办事大臣,令军机章京为前站先行,至长辛店待驾。然而,当军机章京等西出章仪门、车悬随扈黄旗前行的时候,以致京城地面人心惶惶,市面更为震动,两宫出巡计划又告中断。

8 月 13 日午,负责阻击联军的前线指挥官宋庆进京面见慈禧太后和光绪皇帝,明白表示各国联军包抄而来,彼众我寡,不遑应接,暗示两宫随时做好撤离的准备。随后,宋庆又到军机处谒见诸王大臣,更明白地告诉他们:“诸君信任团匪,酿成巨祸。此时团匪已散,我一国势难抵敌联军,恐京师终难保守。"他提醒王公大臣做好最坏的打算。

当天晚上,在南苑一带负责阻击联军的清军将领马玉昆应召进京,直接讨论"护驾出京之计"。之后,慈禧太后又连续五次召见军机王大臣,然仅刚毅、王文韶、赵舒翘三人在值,御前王大臣等均各自回家去了。慈禧太后对此十分愤怒,她毫不客气地大骂:"只剩尔等三人在此,其余都回家去,置我母子不管。尔三人务须随驾同行。"她当面告诉王文韶:"尔年高,吃此辛苦,我心不安。尔可随后赶来。刚毅、赵舒翘素能骑马,必须同行。"

15日黎明时分,随着枪炮声越来越近,慈禧太后听说联军准备进攻东华门,遂更换民服,御蓝布夏衫,在光绪帝、端王载漪、庆亲王奕劻、庄亲王载勋、辅国公载澜以及刚毅、赵舒翘等十几位王公大臣的陪同下,由马玉昆部及神机、虎神、八旗兵弁数千人护送,乘辅国公载澜提供的车子,仓皇出西华门奔德胜门,经颐和园、居庸关等处,向太原方向出逃,①只留下部分清军守卫皇宫,继续抵抗。

当联军中的各国部队将要占领皇城的时候,各国将领为了防止一国独占或抢先占领皇宫而造成联军内部的混乱,联军司令官将是否占领紫禁城的问题留待外交团决定。8月16日,各国公使就此问题进行了讨论,他们认为鉴于目前北京的混乱状况,联军不能绝对地放弃对皇城的占领。根据这个决定,各国军队重新回到15日的进攻地点,从四面八方控制着紫禁城。

8月25日,各国公使和联军各国司令官举行会议,再次讨论是否占领皇城的问题。外交团认为:北京的局势之所以难以得到有效的控制和恢复,其中一个重大的原因是清政府的象征——紫禁城尚在中国人手里。如果不粉碎据守紫禁城清军的抵抗,将在延长无政府状态及减少和平机会方面产生灾难性的后果。各国将领根据外交团的意见决定占领紫禁城。第二天,公使团致函清政府留京办事大臣昆冈等人,表示各国统兵将领及公使等有意进入大内"瞻仰"宫廷,以资保护。

昆冈等人接到这封信之后曾设法阻拦,但公使团坚持认为,现在京

---

① 杨典浩:《庚子大事记》,见中国社会科学院近代史研究所编《庚子记事》,94页,北京,中华书局,1978。

城暂归各国保护,此系各国使臣及各国将领的意思,碍难阻止。既然无法阻止各国公使及联军将领进入宫中,昆冈等外廷人员遂将事情原委如实转告尚留在北京的内务府大臣世续、文廉等,希望他们照知内廷各处值班人员略做准备,以免各国公使及联军到来时受到惊扰,驻守在紫禁城的清军也在各国公使及联军进入紫禁城之前出人意料地自动撤出。①

　　8月28日上午7时许(辰刻),联军在清政府留京办事大臣昆冈、敬信、世续等人的带领下列队入大清门,进内左门,出神武门。先行者为俄兵800人,继则日兵800人,英军300人,美军300人,法军二队,德军一队,意大利军队一队,奥地利军一队。② 接着,日法两军各鸣炮21响志贺。俄国军队担负了进行正式入城式的责任,联军将领中军衔最高的俄军司令官利涅维奇检阅了各分队——英国分队除外——并且接受他们的敬礼。在举行入城仪式的时候,各分队一面前进,一面互相欢呼。在入城式之后,各国使臣、秘书及高级官员们在宫中各处随意参观,可能除了少数的小小纪念品外,他们对于各处的物品都很谨慎地予以"尊重"。③ 宫中的清政府官员略备茶点招待,双方并没有发生什么不愉快。

　　显然,联军的这一举动既有战胜清王朝的象征意义,又为将要进行的议和谈判留有足够的余地,他们毕竟"尚知先期约会,未敢擅入,意在顾全邦交"。④

　　在联军占领北京的最初几天,由于极为混乱和毫无秩序,八国联军纵兵三日,爱杀就杀,爱抢就抢。实际上纵兵八日,为所欲为,使千年古

---

　　① 联军进入紫禁城的联络似乎还有另外一条渠道。据《高楠日记》记载,联军控制了皇城之后某一日,美军提督携翻译官毕某登煤山,从望远镜中看到宫中有人行走。后门半开,有两个太监探望,毕某招以手并摆手,示以无军械,二太监乃站立。毕下山,问以宫中有几多人,曰:"有三百人。"问以有军器与义和团否,曰:"宫中立过团,今皆西去。军器则无。"又问曰:"既无,我等各国提督将带兵入宫一走。从乾清门进,神武门出。尔等勿怕。但须订一期。"爰定初四,即8月28日。见《庚子记事》,185页。

　　② 关于进入紫禁城的联军人数,[美]马士《中华帝国对外关系史》第3卷304—305页记载为,俄军、日军各800人,英军、美军、法军各400人,德军250人,澳军、意军各60人。此据《八国联军志》。

　　③ [美]马士:《中华帝国对外关系史》第3卷,305页。据中国方面的记载,联军此次进入皇城,"所有大内承饰一概未动,但零星小件有被洋兵窃出者"。引自杨典浩《庚子大事记》,见《义和团运动史料丛编》第1辑,26页。

　　④《大学士昆冈等折》(光绪二十六年八月初八日),见国家档案局明清档案馆编《义和团档案史料》上册,533—534页,北京,中华书局,1959。

都蒙受了空前的耻辱。

在报复义和团的名义下,联军将设过拳坛的庄王府、端王府等地付之一炬,甚至户部在遭到日俄军队两次抢劫之后也因曾设过拳坛而被引火焚之。至于翰林院、弘仁寺、仁寿寺、大光明殿、天元阁等著名建筑物,均被联军付之一炬。连带所及,这些建筑物中不便运走的文物、档案、珍贵图书悉数化为灰烬。

联军士兵借捕拿义和团的名义,三五成群,身挎洋枪,手持利刃,在各街各巷挨家挨户地进行搜索,踹门而入,卧房密室,无处不至,翻箱倒柜,无处不搜,凡银钱、钟表、细软等值钱之物,劫掠一空。稍有阻拦,即被戕害,此往彼来,一日数起。竟有洋兵"带同两套大车数乘,在各胡同挨户装运,不独细软之物,即衣服、床帐、米面、木器,无所不掳"。① 凡稍有积蓄之家,率皆不免。上自天府,下及富室,无不被其蹂躏。② 昔日美轮美奂、充满辉煌的北京城经过这场浩劫,呈现出残破、萧条与荒凉。触目所见,断砖焦土,一片瓦砾。③

联军占领北京之后,出于变态的报复心理,对平民,特别是那些所谓的义和团民进行了疯狂而残忍的屠杀,但闻枪炮轰击声、妇稚呼救声,街上尸骸枕藉,死者无算。甚至过了很久以后,一些空房子因蛆从里出,仍有尸体发现。④ 仅在庄王府一处就一次性杀害 1 700 多人。联军当局为了不使所谓的义和团民漏网,不惜错杀平民,昔日人声鼎沸的京城经过这段时间的野蛮屠杀,剩下的是一片沉寂凄凉,死尸遍地,哀鸿遍野,弃物塞途。整个北京城成了真正的坟场,到处是尸体,无人掩埋,听凭野狗撕啃。昔日人声鼎沸的北京城已成荒无人烟的废墟。

至于那些先前与义和团略有来往,或曾赞成过、支持过义和团主张的人,由于担心联军的报复,被迫走上了自杀的绝路。有闭门自焚者,有举家自殉者,有被逐无处投依自尽者,有被侮辱羞愤捐生者,各街巷哭嚎之声不绝于耳。体仁阁大学士徐桐自知倡导、支持义和团罪孽深重,自缢身亡。户部尚书崇绮之妻不甘受辱,逃至保定,合家自毙。崇

---

① 仲芳氏:《庚子记事》,见《庚子记事》,41 页。
② 参见《帝国主义侵华史》第 2 卷,122—123 页。
③ 《李希圣致张亨嘉书》,见《义和团运动史料丛编》第 1 辑,148 页。
④ 叶昌炽:《缘督庐日记》,见中国史学会编《义和团》(二),471 页,上海,神州国光社,1953。

绮闻之,亦自缢。当北京破城之后,自裁的王公大臣还有很多。中国方面经过庚子国变所死亡的全部人数似乎一直没有完整的统计。

烧杀抢掠之后是奸淫。联军当局在占领北京之后,听凭这些外国兵在北京公开奸淫妇女,大街小巷,妇女的惨叫声、呼救声和洋兵的淫笑声,日夜不绝于耳。尤有甚者,联军竟有组织地将其所获妇女不分良贱老少,尽驱诸一个地方集中看管,作为"官妓",听凭联军官兵入内游玩,随意奸宿。① 至于洋兵沿街随意强奸妇女,更是造成了黑色恐怖。尤其是东直门一带的妇女,深恐受洋兵侮辱,遇见洋兵尤其是英军中印度兵,越发恐惧。风传印度兵见了妇女就像疯子一样的疯狂,所以许多妇女一闻枪声,就投井而死。有时在一口井中竟能捞出五六具妇女尸体。② 在联军统治北京的那些日子里,究竟有多少中国妇女被侮辱、被奸淫、受委屈致死,恐怕永远都难以算得清了。

联军在占领北京之初各自为政,互不统领,他们纷纷抢占自己的地盘,甚至为此不时发生火并的现象。鉴于这种混乱,各国将军于8月15日、16日连续开会,讨论怎样对北京进行军事占领,最后决定由日本、俄国、英国、美国、法国将北京皇城、内城和外城划分为五个区,由五国部队分区维持秩序。几天后,德国和意大利等国的部队赶到,联军当局又对分区进行了调整,初步形成七国分治的局面。无耻官僚恽毓鼎、曾广銮、瑞澂等甘为殖民统治者的鹰犬,在美国占领区设立所谓协巡公所,在日本占领区设立所谓安民公所,在英国占领区设立所谓保卫公所,在德国占领区设立所谓华捕局,帮助殖民统治者恢复秩序,维持地面。③

8月18日,在联军占领北京后举行的第一次各国公使和将军联席会议上,一致同意尽快恢复和建立北京与天津之间的铁路交通。然而,经过几天的努力,除了同天津的联系有所改善外,北京的形势并无根本改观。之后,联军方面开始自己动手修复北京四周被破坏的铁路。

8月20日,俄国军队占领颐和园。9月29日,俄国驻北京公使遵

---

① 《义和团》(一),268页。
② 《义和团》(三),84页。
③ 参见《帝国主义侵华史》第2卷,124页。

从本国政府的训令率部离开北京前往天津。与此同时,俄国留在北京的部队也减少到 1 200 人,于是俄国人就于 10 月 2 日将颐和园交给了中国人控制。俄国人撤出颐和园的消息很快被窦纳乐获知,窦纳乐认为:此时的北京由于不存在中国政府,而且北京城及郊区都处于军法管辖之下,同时还由于获悉大批义和团已经返回北京,所以他判定俄国人将颐和园交给所谓中国人据守是不可能的,也是不适当的。为此,窦纳乐致信外交团,建议由英国特遣部队总指挥官用联军的名义重新占领颐和园。德国公使馆代办告诉窦纳乐,他已查明俄国人还正在撤出清宫,而且也计划将它交给中国人,所以德军已准备占领它。10 月 3 日清晨,一小队英军在布勒少校的率领下开往颐和园;不久,一支意大利分遣部队也到达该处。在英军和意大利军队到达颐和园的时候,中国方面接收颐和园的下级官员打开了大门,他们对新来的联军说,最后一批俄国人已于今天早晨离去。根据他们与俄国人签订的协议,由他们驻守在这里,如果英军与意军有意接收据守颐和园,他们将十分高兴地予以配合,因为他们既没有配备武器,也没有足够的食物。于是,颐和园从这些中国人手里移交给英国和意大利的军队。园内的所有东西收集并存放在一个大厅里,由英军和意军驻守。

准备参加与各国议和谈判的庆亲王于 9 月 3 日归来,此时联军的管制不断加强,北京的局势开始逐步稳定。9 月 14 日,窦纳乐接到情报说,大批义和团聚集在北京以西 12 英里的山中,义和团的总部设在八大寺,其中有六座寺庙以前曾被各国使馆租来作为夏季住宅。9 月 16 日早晨,包括英国、美国、德国、意大利和日本等国分遣部队在内的联军向这个基地发动了猛烈的炮火攻击,大约有 30 名义和团勇被打死,其余的纷纷逃散,联军轻松地获得了讨伐的胜利。

军事讨伐的胜利并没有使窦纳乐真的感到轻松。相反,经过战斗后的实地调查,窦纳乐认为这一带之所以成为义和团的据点,主要是得到了那些寺庙中和尚的帮助和纵容;同时,这些寺庙也被义和团作为营房和储藏武器弹药的仓库。因此,窦纳乐以"残忍的信念"决定由英国的工兵将那些寺庙及其所有附属房屋予以彻底的摧毁,既作为对那个地方的一种惩罚和警告,也期待从根本上铲除义和团滋生的基地与土壤。

第二节 沙俄单独行动

俄国政府一再表明要单独行动,显然它早就认识俄国的利益与列强并不一致,俄国与中国有漫长的边境线,由于特殊的历史原因,它在中国东北地区有重要的投资,因此俄国需要一个稳定的中国政府,需要由中国政府行使恢复秩序的权力。从这个意义上说,俄国政府在表面上看似乎是同情和帮助中国的,实质上它只是在为自己的利益着想,它乘此混乱之际出兵占据了中国的东北地区。

一 乘机出兵东北

俄国对中国领土具有极狂妄的野心,在义和团运动爆发并延至东北地区之后,沙皇俄国更是视为难得的机遇,于是迅速在西伯利亚和远东地区实行军事动员,伺机出兵抢占东三省。

俄国抢占东三省是从牛庄开始的。在 6 月 15 日以前,牛庄并没有义和团的活动。6 月 15 日,义和团在牛庄城内及其附近地区宣传他们的主张。那时传教士已开始由内地前来,天津至牛庄铁路的外国雇员也到牛庄避难。在他们的心目中,牛庄似乎是一所稳定的堡垒。与此同时,由于大沽炮台的失陷,外国军队在津京一带逐步控制了局势,义和团在那里的活动受到了很大的局限,所以许多义和团便很自然地向牛庄一带转移,牛庄渐渐成为义和团与外国人最易发生冲突的地方。[①]

---

① 《西人自烟台发来上海电报》,见陈旭麓等编《义和团——盛宣怀档案资料选辑之七》,72 页,上海人民出版社,2001。

6 月 30 日,设在沈阳的新教教会被义和团毁坏;7 月 2 日,设在沈阳的法国教会也受到了义和团的攻击,教堂被焚毁,主教及其下属人员均被杀死,于是在沈阳的许多传教士和他们的属员都先后来到牛庄。

7 月 26 日早晨,驻扎在火车站的俄军指挥官米申柯夫派遣四五百名士兵乘火车向牛庄进发,他们计划进攻中国道台的防卫部队设施与牛庄土城墙上的防御工事。俄国人的挑衅引起了驻守牛庄清军的愤怒,双方在土城墙上迅速交火。

经过激烈的战斗与谈判,8 月 4 日,俄军攻占牛庄。第二天,俄国驻远东海陆军总司令阿克谢耶夫自旅顺口专程来到牛庄,立即任命俄国领事敖康福为牛庄的民政长官,以便尽早恢复秩序和贸易。与此同时,阿克谢耶夫致信各国领事,对俄国的军事行动进行解释。然而,仅仅过了几天,俄国军队于 8 月 12 日又强行占领了海城。

俄国军队对牛庄等地的占领及其动向引起了西方国家强烈的反响,他们纷纷质疑俄国人的动机。为此,俄国政府也向西方各国进行了解释。8 月 27 日,俄国驻英代办雷萨尔向英国外交部通报了俄国在中国东北地区的意图,表示俄国占领牛庄只是一种临时性的行动,俄国政府保证对牛庄这个开放口岸或对与俄军重新修筑的铁路具有利害关系的各国或国际公司的权利。

其实,在占领牛庄的同时,俄国军队利用一切机会强行占领了东北大片土地。7 月间,俄军强占与俄国接壤的吉林珲春圈儿河、九道河、三道岭等地。稍后,俄军驻阿穆尔地区的军事指挥官又下令出动大批军警,制造了骇人听闻的海兰泡(布拉戈维申斯克)和江东六十四屯大惨案。

江东六十四屯位于黑龙江东岸精奇里江(结雅河)以南,与海兰泡隔江相望。根据中俄之间 1858 年达成的《瑷珲条约》,该地属于清政府管辖,居住在那里的中国人照旧准其各在所住屯中永远居住,俄国人无权干涉,更不得侵犯。然而,当义和团运动爆发之后,俄国政府迅速利用混乱局势,乘机进入这个地方。

7 月 16 日,俄国军队突然围捕在海兰泡生活的数千名中国人,并把他们驱赶到江边,其中大多数被刀斧砍杀,无辜惨死。紧接着,俄军闯入江东六十四屯,驱赶各屯居民,或聚集在大屋中放火烧死,或逼迫他们投江自杀。此次骇人听闻的惨案导致7000余人被活活地烧死或溺死。8月12日,阿穆尔地区军事长官公然宣称:"凡离开我方河岸的中国居民,不准重返外结雅地区,他们的土地将交与俄国移民专用。"[1]俄国军队通过武力占领了中国的这块土地。

与此同时,俄国军队又对居住在尼布楚(涅尔琴斯克)、伯力(哈巴罗夫斯克)、海参崴(符拉迪沃斯托夫)等地的数十万中国人野蛮杀戮。根据中国方面的报告,在此次惨案中被枪杀、焚烧以及溺水而亡的中国人至少在20万人以上。[2]

以海兰泡、伯力、海参崴等为基地,俄国出动十余万军队分路攻入中国东北地区,并强行占领。8月1日夜间,东路俄军占领黑河,3日占领瑷珲城,紧接着越过兴安岭。28日,东路军违背与驻守齐齐哈尔清军达成的协议,强行攻入齐齐哈尔,大肆掠夺。黑龙江将军寿山被迫自杀。

西路俄军从赤塔出发,相继攻占海拉尔、牙克石、博克图之后,越西大岭,与东路俄军相呼应。齐齐哈尔被东路军攻入后,西路俄军南下进攻吉林,占领伯都讷(扶余)等地。

自伯力出发的俄国军队沿黑龙江上溯,于7月17日占领拉哈苏苏(同江),30日攻占三姓(依兰),随后占领哈尔滨。

自海参崴出发的另一支俄国军队于7月30日攻占珲春,稍后即向宁古塔(宁安)强攻。驻守在那里的清军进行了长达40余天的顽强抵抗,终归不敌。8月29日,宁古塔失陷。

三姓、珲春和宁古塔为吉林的三边,是吉林省城外围要地。三边相继失陷,吉林已无法防守,吉林将军长顺不得不向俄军乞降。9月22日,俄军占领吉林省城。

各路俄军相继得手,已形成对盛京(沈阳)的南北合围态势。9月28日,南路俄军攻占辽阳,10月1日占领盛京。至此,东北三省全部沦陷。

527

---

[1]《英国蓝皮书有关义和团运动资料选译》,340页。

[2]《盛京副都统晋昌折》(光绪二十六年八月三十日),见《义和团档案史料》上册,641页。

东三省在相继沦陷过程中遭受了极端的屈辱和大量的损失,俄国军队到处杀人放火,掠劫财物,奸淫妇女,无恶不作。

军事占领并不能改变东三省的归属,为了使军事占领合法化、永久化,俄国政府在占领东三省的同时,企图与清政府订立条约。无奈,此时的清政府已经离开北京,俄国政府只好先行迫使东北地方当局订立临时性协定,企图将东三省变成俄国的殖民地。11月8日,俄国军事占领当局胁迫盛京将军增祺派员在旅顺与俄国代表草签《奉天交地暂且章程》九款,规定奉省清军一律撤销,所有军械统行收缴给俄国军队;奉天将军可设马步巡捕,拥有一定数量的警察,负责维持秩序;俄国军队驻扎盛京等地,营口等处亦归俄军"暂为经理";俄国派员驻盛京"预闻要公"等等。显然,这个章程实际上将奉天沦为俄国的殖民地,暂且存在的盛京将军不过是俄国政府的傀儡而已。

二 争夺关内外铁路

俄国在悍然出兵中国东北地区的同时还利用中国的混乱局面抢占关内外铁路,竭力争夺对这一地区的控制权。6月11日,俄国陆军大臣库罗巴特金建议俄国政府必须控制北直隶湾的登陆地点以及由此到北京的铁路,并将之变成军事铁路,以便保证联军(特别是俄军)的作战和供应。

根据这一战略部署,俄国军队于第二天占领了天津老龙头车站及天津铁路总公司,并将山海关内外铁路的英籍工程师金达及其下属赶走,甚至将铁路车辆等设施涂抹上俄国西伯利亚铁路的颜色标志。

俄国军队的行动引起了英国的强烈不满。7月10日,英军司令西摩致函俄军司令阿克谢耶夫,要求俄国军队将所占领的铁路修复工作交给原来的中英联合管理当局。阿克谢耶夫拒绝了英国军方的要求。他的理由是,由于目前存在着军事行动,因此必须把铁路的修复工作交给拥有大量人力物力,有能力修复并有足够能力进行管理、保护的国家,即交给俄国军队进行管理。

对于阿克谢耶夫的辩解,西摩当然不会同意。他告诉阿克谢耶夫,这条铁路是用英国资本修筑的,它的管理权力只能属于英国政府,而且英国政府正在从印度调集工程师和部队,英国方面有足够的能力修复和管理这条铁路。

鉴于英俄双方的争执,在 7 月 16 日举行的各国驻大沽舰队司令官会议上,除了英国和美国表示反对外,多数国家考虑到由于正在筹备向北京进军,急需修复这条交通要道,因此决定将天津至大沽之间的铁路交给俄国人修复、保卫和管理。英国方面被迫承认这一事实。7 月 18 日,俄国人正式接管这条铁路,并独自行使对这条铁路的控制权。

让俄国人获得大沽至天津铁路修复和管理的权利,其实只是各国舰队司令鉴于当时特殊的紧急情况而作出的权宜之举。然而,当俄国人获得此项权力之后却得寸进尺,进而要求获得自天津至北京铁路修复与管理的权利,并称这一权利同样来自 7 月 16 日各国舰队司令官会议的授权。这自然引起各国,特别是英美两国的反对。

各国的反对没有阻止住俄国的进展。8 月 28 日,俄国派遣军队驻扎在丰台南面附近地区,有意扩大占领北京周边的铁路线,这势必与联军,尤其是英美两国发生直接冲突。8 月 30 日,英国军队占领丰台铁路交叉点,随后通过与附近村民的"友好协商",顺利地搜集因义和团的破坏而散失的铁路设备,并开始着手修复和铺设中断已久的铁路。英国军队的这一行动很快遭到俄国军队指挥官的抗议,他们要求英国军队迅速撤出。

对于俄国人的抗议,英国军事当局当然不会轻易答应。英国将军嘎仕礼告诉俄国军队指挥官:7 月 16 日的大沽各国舰队司令官会议仅仅授权俄国人修复和管理大沽至天津的那段铁路线,今后对铁路线的管理问题是各国政府尚未完全解决的问题,因此英国军队不可能从自己已经占领的铁路线上撤退,更不可能将这段铁路移交给俄国人,英国军队将继续进行铁路的修复工作,除非他们得到本国政府与此相反的命令。

英俄之间的直接冲突引起联军最高当局的注意。为协调他们之间的利益,避免联军合作的瓦解,联军最高当局决定把塘沽至杨村的那段铁路线的修筑权和控制权交给俄国人,并进一步决定德国在其他国家的帮助下经营杨村至北京的铁路。至于塘沽至山海关之间的铁路,建议把控制权也交给俄国人。

这一建议或许出于协调列强利益的好意,但这一系列决定无疑触及英国人的利益。英国人认为这一系列决定是不公正的,因为整个这条铁路是用英国资本在英国人的监督和控制下修筑的,而且英国工程师金达及其下属准备承担修复和管理这条铁路的工作。为了维护英国的利益,英国驻华公使窦纳乐要求联军最高当局收回成命,改变主意。英国政府也通过驻俄公使向俄国提出严重抗议,强调暂时置于俄国军队管理之下的铁路仅仅是自天津至大沽的那一段,并不是天津至北京及山海关内外的全部铁路。

在通过外交渠道进行交涉的同时,位于前方的英国军队也与俄国军队展开了激烈的争夺。9 月 30 日下午,一名英国军官率领 18 名士兵在山海关火车站升起了英国国旗。10 月 2 日凌晨,俄国军队自唐山沿铁路并从海上前来,至 10 月 4 日,大约 6 000 名俄国军队毫无困难地占有了整个铁路的全线,并继续向北扩展,直至满洲。

第三节　瓦德西蓄意扩大侵华战争

联军攻占北京一个月之后,联军统帅瓦德西姗姗来迟。9 月 21 日抵达上海,[①]25 日至大沽。[②] 随后,他召集各国舰队司令官会议,认为为了保证联军在冬季的联系,有必要扩大对华战争的范围。

9 月 29 日,各国舰队司令会议决定派运输船驶往秦皇岛,用快艇掩护部队登陆,并派一批战舰去山海关轰击炮台,以便在完成对秦皇岛的登陆之前吸引该处清军的注意力。不过,各国舰队司令会议同时决定,在对这些地方采取军事行动之前,同意专使禧在明(英国驻朝鲜总领事)的请求,派遣他前往山海关和秦皇岛,向该处的中国守军劝降,以便最大限度地减少双方的伤亡。当天晚上,禧在明在瓦德西元帅侍从武官鲍威尔上校的陪同下,乘"矮人"号军舰出发。

30 日中午,禧在明等在山海关登岸,找到驻守那里负责指挥的记名提督郑才盛。郑才盛告诉禧在明,在滦州的俄国人发来电报说,他们打算于 9 月 30 日夜间或 10 月 1 日,至迟于 2 日占领山海关炮台。中国守军已经接到命令,定于当天下午撤离。

中国守军撤离后,由布里格斯海军少校率领的"矮人"号 18 名士兵不费一枪一弹占领了 5 座炮台及火车站。

10 月 1 日晨,"矮人"号返回,将占领山海关炮台的消息向西摩做了汇报。西摩为了防止俄国人强行夺取山海关炮台,一面采取停火车、

---

① 《外交副大臣李富芬致皇帝侍从参事大使艾固使德公爵电》(1900 年 9 月 21 日),见孙瑞芹译《德国外交文件有关中国交涉史料选译》第 2 卷,128—130 页,北京,商务印书馆,1960。

② 《1900 年 9 月 28 日杜德维来函》,见《中国海关与义和团运动》,90 页。

止电报等办法封锁消息,①一面决定各国舰队于当天动身前往山海关增援,并派一支联合舰队驶往秦皇岛登陆。

10月2日,法国和意大利的军队顺利地占领了秦皇岛。10月3日,英国的1 200名后援部队在芮德准将的率领下自威海卫基地乘运输船抵达,以取代英国军舰"矮人"号上登陆的部队,然后由这支1 200人的后援部队分别驻守山海关和秦皇岛。瓦德西元帅指令芮德准将负责指挥山海关和秦皇岛两个地方的全部联军。

联军占领北京之后,并没有很快控制住北京周边的形势,特别是由于有相当一批传教士在形势最严重的时候依然坚持在中国内地不回去,这样北京周边地区(特别是直隶省)的形势就随着北京的被占领而恶化。窦纳乐等各国公使和联军方面都得到报告说:到8月末,显然有中国基督教徒,而且或许还有欧洲传教士在直隶省内各个地区,他们在前两个月中对义和团或清军的进攻进行了坚决的反抗,其中有些人仍然遭到围困,并有被屠杀的可能。

鉴于这样的形势,窦纳乐于9月1日致信外交团,建议所有各国公使要求指挥联军的各国将领,如有可能,组成一支别动队,目的是为了援救那些可能在周围容易达到的地区坚持斗争的基督教团体,并且通过转移清军和义和团的注意力间接帮助那些在较远地方的基督教团体。

各国公使会议讨论了窦纳乐的建议。俄国公使格尔思虽然完全同意窦纳乐信中的内容,但是他对各位公使表示,俄国军队已经接到命令,不得在北京近郊以外地区采取行动。就俄军来说,不可能为联军的这类行动提供任何帮助。与此同时,窦纳乐的这个建议也被提交到联军将领的会议上,俄国将军的发言与格尔思的看法如出一辙。

由于俄国的反对和行动的实际困难,窦纳乐要求联军出兵北京周边地区援救传教士和基督教徒、剿杀义和拳的建议只好暂时放弃。然而,待瓦德西到达天津不久就发布命令,要求各国驻北京的将领协同派遣一支远征军自天津出发远征保定府。

---

① 《义和团运动史料丛编》第1辑,175页。

瓦德西的命令与窦纳乐的建议不谋而合。然而,现在的形势已经不是窦纳乐写信时的 9 月初,联军对北京的占领已经有一个多月,北京的形势已趋于稳定,北京周边的形势在清政府,特别是兼任直隶总督的李鸿章的关照下也有了很大改观,清政府全权大臣李鸿章和庆亲王奕劻已经开始了议和谈判并努力劝说朝廷尽快返回北京,联军方面如果再向北京之外地区扩大征战,似乎有点名不正言不顺,于是他们以彻底铲除义和团为借口蓄意扩大战争。

10 月 12 日,英国将军嘎仕礼遵照瓦德西的命令,率领一支远征军离开北京和天津前往保定府和正定府,他们为自己寻找的理由是彻底铲除那里的义和团以及营救尚在那里的传教士,并将为那些当年 7 月在那里被屠杀的传教士向中国方面索赔以及进行报复。根据报告,此时在保定府和正定府的外国传教士及铁路技术人员和他们的眷属 20 余人。

联军远征保定府和正定府的消息于联军出发的当天就被中国方面所获悉,当天(10 月 12 日)下午,李鸿章在与窦纳乐举行会晤的时候,首先询问为什么要派远征军讨伐保定府？窦纳乐答道:远征军的目的只是为了营救那些仍在保定府和正定府及其附近地区的外国传教士,并且对保定府城 7 月屠杀传教士的行为进行惩罚。李鸿章请窦纳乐转告联军统帅,清政府已就保定府、正定府的传教士的人身安全问题做了安排,他个人就曾以直隶总督的身份多次下令该地方官员严密保护各国传教士,他深信那些仍被关押、扣留的传教士将很快获得释放,而不致遭到伤害。

李鸿章的请求无法阻挡联军开往保定府的前进步伐,于是李鸿章立即以直隶总督的名义向直隶全省发出通知,命令所有官员协助远征军,并特别指示正在保定的直隶布政使廷雍令各军不得迎敌,并将军械收藏,"勿轻用武挑衅,致启不测之祸",①以免引发新的冲突。

这支远征军成员由德国、意大利、法国等国大约 3 500 人组成,此外还有英国第 16 孟加拉骑兵中队、皇家第 12 野战炮中队、半个连的马

①《直隶布政使廷雍禀》(光绪二十六年闰八月二十三日),见《义和团档案史料》下册,702 页。

德拉斯工兵等,英国部队由理查逊将军指挥。与此同时,一支同样性质的部队,但人数略多些,正由天津出发。当这两支部队会合之后,全军大约1万人,均由嘎仕礼统帅。

最先抵达保定的远征军为从天津出发的法国军队。遵照李鸿章的指示,廷雍已将保定变成一座不设防的城市,并派员礼迎法军入境。对于廷雍的举措,法军指挥官表示满意,"声称秋毫无犯,并无用武之意",①并信誓旦旦地宣称法国远征军将设法保护保定安全。法国军队的声明赢得了中国方面的信任,于是保定城头遍插龙旗和法国国旗,一派和平景象。②

廷雍的善意与软弱并没有保证保定的安全。后续联军于10月20日抵达之后,迅速占领保定总督署,控制藩署司库,掳掠库藏银16万两。联军将保定划分为四段,由法、英、德、意四国军队"分段占据,我兵枪炮均被收去",③"四城亦派人看守,一切公事皆无从措手",原先答应"保护"保定的法国军队对此"置若罔闻"。④更有甚者,联军开始对所谓先前迫害和虐待外国传教士的行为进行有计划的报复,城楼或城墙的棱角被毁坏,邻近杀害传教士地点的东南城墙被打开一个缺口。联军还成立一个所谓的国际委员会,主持对直隶布政使廷雍、城守尉奎恒、参将王占魁进行审判,于11月6日以德、法、英、意四国名义宣布廷雍、奎恒、王占魁"纵庇拳匪,罪尤应杀",将他们三人斩首,⑤甚至"悬首枭示",情形极为惨烈。⑥南侵联军还向保定府进行敲诈性罚款14万两,要求他们在一个月内支付。⑦

在对保定实施报复行动之后,联军还以清剿义和团为名对保定四周城乡以及正定、完县、定县、永清、固安、涞水、易州、涿州等地进行骚扰,捕杀所谓的义和团民。南侵联军所至之处,一时皆变成刑场,死伤

---

① 《直隶布政使廷雍呈》(光绪二十六年闰八月十九日),见《义和团档案史料》下册,686页。
② 《军机处札直隶布政使廷雍》(光绪二十六年九月初四日),见《义和团档案史料》下册,731页。
③ 《四川提督宋庆等电报》(光绪二十六年九月初五日),见《义和团档案史料》下册,731页。
④ 《直隶布政使廷雍禀》(光绪二十六年闰八月二十八日),见《义和团档案史料》下册,722页。
⑤ 《督办铁路事务盛宣怀电报》(光绪二十六年九月十七日),见《义和团档案史料》下册,764页。
⑥ 《军机处寄庆亲王奕劻等上谕》(光绪二十六年十一月十九日),见《义和团档案史料》下册,869页。
⑦ 关于联军侵占保定的情况,可参见张海鹏《试论辛丑议和中有关国际法的几个问题》,见《追求集:近代中国历史进程的探索》,212—213页,北京,社会科学文献出版社,1998。

无数。

在四国联军南侵保定的过程中,联军还出兵进犯山西边境,不断向流亡中的清政府施加压力,以配合将要开始的议和。10月19日,南侵保定的四国联军攻打紫荆关,直接威胁山西。11月20日,法军先头部队进驻入晋门户获鹿,山西震动,迫使清军加强了山西另一重要门户井陉一带的防卫。12月10日,法军举兵西犯,进攻井陉,遭到清军顽强抵抗。1901年1月26日,法军又越过五回岭,直奔直晋边界广昌,威逼驻扎在广昌、紫荆关的晋军全部撤出。

瓦德西蓄意扩大对华侵略,其目的是为了在与清政府的议和中争取主动。3月8日,西犯德军兵分两路,在安子岭至龙泉关方向发动进攻,一路抢占有利山巅,向长城岭开炮,一路进犯铜钱沟。山西巡抚锡良虽加派兵力前往助防,仍抵挡不住德军的猛烈炮击,节节败退,致使长城岭、铜钱沟于当日中午同时失守。

南侵联军占据保定之后,不断派兵向保定东南方向,包括运河沿岸在内的广大地区进行骚扰,侵略锋芒直逼山东边境,引起了山东境内及东南各督抚的极大震动。1900年10月8日,南侵保定的法军出兵直捣献县,摧毁献县那些曾经参加屠杀基督教徒的中国人居住的村庄。10月20日及翌年2月19日,德军两次入侵青县,大肆抢掠,并将县城付之一炬。在此前后,德军还对运河沿岸的重镇沧州进行多次扫荡,驱赶清军,并由此继续南下,直逼南皮、盐山、庆云、吴桥等县及东光、泊头等镇,直接威胁山东的安全。

在惩罚保定、进犯山西、威逼山东的同时,联军为了驱逐由北京逃亡张家口的清军,以清除清军对在京联军的潜在威胁,也为了对这一地区惩罚教会的行为进行报复,1900年11月12日,由德、意、奥三国联军出兵北犯张家口。联军所到之处,凡有义和团活动过的村庄,无不被焚毁;烧杀奸淫,气势汹汹。17日,联军侵入宣化城。18日,联军抵达张家口,在那里驻扎了6天,至23日,满载勒索及抢劫来的财物撤离张家口,返回北京。

联军侵占北京之后,各国军队陆续派遣部队四处出击,进行所谓的"讨伐",给北京及其周边地区带来了极大的灾难。根据不完全的统计,自 1900 年 12 月至第二年的 4 月,联军共出动 46 支远征军(其中 35 支为德军)到北京周边地区进行"讨伐"骚扰,西到直晋边境的娘子关、紫荆关,西北到张家口,南到直鲁边境,联军先后侵占保定、张家口、正定、井陉及山东边境等地,烧杀掠夺,无恶不作,对当地人民犯下了滔天罪行。直到 1901 年 5 月,联军的军事行动才逐步停止下来。①

---

① [美]马士:《中华帝国对外关系史》第 3 卷,338—339 页。

第十章
辛丑议和：半殖民地化进一步加深

　　八国联军占领北京之后，原先比较一致的西方各国很快在怎样对待中国的问题上出现了些微分歧，尤其是那些外交官利用各自的关系从中分化瓦解，使这几个帝国主义国家在与清政府进行谈判的时候步调就不那么一致。

第一节　列强协调立场

　　当北京危机日趋紧张的时候,清政府就不断向列强发出求和的呼吁。受命负责与列强进行善后谈判的全权大臣李鸿章于 8 月 19 日从上海电示清政府驻各国公使,请求各国政府速派全权代表或酌派驻京公使举行会谈。李鸿章声明,交涉应无条件地在北京举行,并表示他个人也将尽早北上。

　　鉴于当时的实际情况,列强并不为清政府的求和活动以及李鸿章的声明所打动,各国驻大沽舰队司令官会议甚至表示,一旦李鸿章胆敢从上海抵达大沽附近,他们就将李鸿章加以逮捕,扣为人质。他们的理由是,除了李鸿章的个人人格不能得到信服外,也看不出李鸿章从清政府那里获得他所宣称的"全权"。

　　各国舰队司令官的决定不合乎俄国的利益。于是,俄国外交大臣拉姆斯多夫于 8 月 17 日通知各国,宣称这个决定对于俄国来说是不能接受的,俄国政府要求各国同意李鸿章前往大沽,并接受其为清政府的议和全权大臣。对于清政府,俄国政府也设法施压,宣称俄国始终愿意帮助中国力保和局。

　　对于李鸿章的请求,美国总统麦金莱于 8 月 21 日予以回应,表示支持正在逃亡的清政府为中国的合法政府,希望各国能够尽快达成一项谅解,进行善后谈判,尽早结束中国的混乱局面。23 日,美国政府告诉中国驻美公使伍廷芳,清政府在此次事变中并没有协助各国营救各国公使,致使各国不得"重费兵力",不过美国政府仍然愿意派员与中国"实在任事秉权之政府所派大员",会同各国进行谈判。31 日,美国政府发表声明，表示愿意接受李鸿章为全权议和大臣。①

8月23日，中国驻英公使罗丰禄求见英国外相索尔兹伯理，征询英国政府的意见。索尔兹伯理称：英国政府在没有获悉英国驻中国公使窦纳乐的意见之前，不便就此问题给李鸿章答复，更无法就此作出任何决定。24日，窦纳乐致电索尔兹伯理表明了自己的态度。他认为，在中国的军事力量并没有感到绝望并被彻底摧垮之前，以及北京同天津的联系没有获得十分安全的保障之前，企图同中国政府进行认真的谈判是没有用处的。他的目的是动用军事力量将中国政府彻底镇伏。至于李鸿章的议和权力，窦纳乐表示不信任，以为必须要求李鸿章重新提出他的新的权力证书，因为李先前所享有的那些权力都是通过电报授予的，其目的大概是为了阻止联军对北京的占领；现在，联军已经占领了北京，所以李鸿章的那些权力不可能继续有效。在窦纳乐看来，拖延与清政府的谈判不会使英国蒙受任何损失，因为在若干时间内不可能与中国缔订一个总的和约。②

德国政府也表示无法接受李鸿章的代表资格，甚至担心李鸿章到达北方之后会在列强之间拨弄是非。德国政府甚至表示：即便俄国政府、美国政府要与李鸿章进行谈判，德国政府也必须坚守反对立场，绝不希望让李鸿章"混过来"，从而导致他们为克林德公使报仇的任务增加困难。

善后议和谈判因李鸿章的资格问题一度陷入僵局。不过，随着时间的推移，各国包括德国、英国并不是坚决拒绝李鸿章，并不坚决拒绝任何形式的谈判，他们只是在拖延时间，以便协调列强的立场，进而获得更大的利益而已。因此，一旦条件成熟，他们便会争先恐后地与李鸿章进行"亲密接触"。

8月29日，德国新任驻华公使穆默抵达上海，张之洞得知这一消息后，立即请德国驻汉口领事转告穆默，应及早与李鸿章"开议"。9月1日，李鸿章在上海会见了穆默及美国公使柔克义。李鸿章表示：他将

---

① [日]佐原笃介、浙西沤隐同辑：《八国联军志》，见中国史学会编《义和团》（三），217页，上海，神州国光社，1953。而《清议报》将美国政府承认李鸿章资格的声明系于9月4日。

② 《窦纳乐爵士致索尔兹伯理侯爵电》（1900年8月28日发自北京，同日收到），见胡滨《英国蓝皮书有关义和团运动资料选译》，188—189页，北京，中华书局，1980。

动身前往天津，并希望当他抵达之后，能够开始与各国的善后谈判，甚至可以同任何一国公使进行单独谈判。

9月15日，李鸿章一行在一艘俄国军舰护航下，乘坐英国招商轮"安平"号自上海启航。20日午后抵达大沽口，俄国方面派员来接。在天津稍事逗留即前往北京，与庆亲王奕劻会合，着手与各国进行谈判。

不过，此次善后议和并非李鸿章所想象的那样简单，除了俄国另有企图外，列强并不愿意与李鸿章进行直接谈判。李鸿章、奕劻虽然回到了北京，并且对各国公使进行了礼节性拜访，但他们根本无法与列强中的任何一国公使进行直接的实质性会谈，更无法介入与各国的直接谈判，中国议和代表很少有机会直接表达看法。奕劻、李鸿章只不过充当列强与尚流亡在西安的清政府之间的联系人而已。

中国议和代表无法与列强进行一对一的双边谈判，更无法与列强进行多边会谈。由于列强在一些根本问题上无法很快取得共识，所以列强之间协调立场的谈判也甚为困难。9月5日，德国政府提出议和七条件，希望与各国政府进行协商，协调立场。这些条件如下：

1. 清政府必须严惩一切"有罪的人"，主要是属于政治高层的罪魁祸首，并没收其财产。

2. 清政府必须赔偿的损失包括被伤德人及被害德人遗属的赔款，及偿付德国政府所支出的一切费用。

3. 清政府必须派遣由一位亲王率领的"谢罪"使节到柏林。

4. 在北京举行适当的赔罪仪式。

5. 采取国际共管中国财政的措施以保证赔偿损失及战费要求。

6. 德国占领山东个别地点，直至一切要求履行时为止。

7. 山东巡抚也得承担义务，在没有取得德国政府同意前不得采取某种行动，例如军队调动和设防。[1]

9月6日，俄国政府也提出自己的条件：

1. 和中国恢复在今日混乱局面发生以前的正常关系，用合法的中国政府来保证它对各国所接受的义务。也许为了必须从中国政府获得

---

[1]《外交副大臣李福芬男爵致驻北京公使穆默电参事克莱孟脱草稿》(1900年9月5日)，见孙瑞芹译《德国外交文件有关中国交涉史料选译》第2卷，110—111页，北京，商务印书馆，1960。

某些正式、庄严的文据作为给所有外国驻中国代表的联合书面要求的答复。

2. 委托各国驻华代表制定对华要求草案，并提出保证清政府不致破坏此类义务的一切措施。这些措施中最主要的一点就是延长禁止将任何种类的武器输入中国。

3. 惩办"叛乱"首犯，这些首犯包括端王载漪、董福祥、刚毅、李秉衡、毓贤等。将这些罪犯完全罢斥，是保证中国国内持久秩序的另一保证。

4. 清政府必须赔偿秩序混乱时期给外国政府、团体及臣民所带来/542的物质损失。

对这些损失作完全确切的赔偿决定，当然要依靠每一个外国政府个别的处理，但是不能不注意，假使所有国家同时对中国政府提出适当赔偿的要求，那么其总数将是非常巨大的，致使清政府完全不能满足类似的要求。因此，俄国政府希望各国遵守必要的节制。①

9月14日，法国政府对俄国政府的提议作出回应，同意俄国政府的四点建议，并主张：为了实现清政府将来不再发生类似于义和团这样的排外事件，还应设立经常性的守卫部队以保卫公使馆、撤出大沽口的军事工事以及占领自北京至海边通路的两三个据点。

根据这些设想，法国政府于10月4日向有关各国递交了一份备忘录，系统阐释了法国政府的看法，提出下列各点作为各国与中国政府进行谈判的基础：

1. 惩罚主要罪犯，这些罪犯应由各国驻北京使节指定。

2. 禁止向中国进口军火。

3. 对各国、团体及个人作出公正的赔偿。

4. 在北京建立一支永久性的使馆卫队。

5. 拆毁大沽炮台；对天津至大沽途中的两三个地方进行军事占领，以便万一在各国使馆希望到达沿海，或各国部队企图自沿海前往北

---

① 《代理外交大臣致巴黎密函草稿》，见张蓉初译《红档杂志有关中国交涉史料选译》，241—243页，北京，生活·读书·新知三联书店，1957。其第2、3两条原为一条。

京的时候,道路可因此始终保持畅通。[①]

法国政府的建议引起了各国政府的重视。10月10日,各国驻北京公使就这些建议进行磋商,决定在这个建议案的基础上形成列强共同的方案。有公使建议应该把那些所有在农村积极参与煽动屠杀传教士和教民的官员们列入惩罚范围之内,那些官员的姓名以后由各国使节查明;有公使建议在今后的五年中,凡是外国人曾遭受到虐待的地区和城镇都应该停止举行任何正式考试,以抑制中国社会普遍存在的对外国人的敌视意识。

还有公使建议增加如下的内容:

1. 要求清政府两年内在各个地区张贴上谕,明确禁止任何人参加义和拳一类的组织,违者处死。

2. 要求清政府撤销总理衙门,参照各国做法设立外交事务部。

3. 要求清政府改革外交礼仪,重建与各国的外交关系。[②]

10月16日,法国政府根据公使会议及各国反馈回来的意见,对10月4日的方案进行修改,向各国政府提出一份新的备忘录。

法国政府的这一新建议很快被一些国家所接受,英国政府在第二天就表示可以接受法国政府的建议作为谈判的基础,但有某些条件必须修改,然后由各国公使一起向清政府全权大臣提出同文照会。

---

① 由于英国政府对从北京至大沽之间驻防军队持保留意见,法国政府稍后将这五条建议修改为六条,即将原第五条分解为两条:一是拆除大沽炮台,这是英国政府不反对的;二是将驻防军队占领京津间通路的问题改写为:"由于各国使馆希望前往沿海或各国部队想要从沿海前往首都,为了保持道路始终畅通起见,各国对某些地方进行军事占领,那些地方由各国之间协商后决定。"《1900年10月19日法国大使馆送交的备忘录同文照会的草稿》,见《英国蓝皮书有关义和团运动资料选译》,353—354页。

② 《萨道义爵士致索尔兹伯理侯爵函》(1900年11月8日于北京,12月24日收到),见《英国蓝皮书有关义和团运动资料选译》,392—393页。

第二节　议和大纲

　　法国政府 10 月 16 日的备忘录协调了各国的立场,为列强对华谈判提供了一个基本框架。在此后的一段日子里,各国驻北京公使密集聚会,反复讨论。至 11 月 5 日,各国公使会议认为他们之间的协调可以结束,遂责成奥、意公使等组成一个委员会,负责起草同文照会,等待各自政府批准并授权之后就可以向中国政府正式提出。

　　各国政府对同文照会进行了缜密的研究,并提出一些修改建议。各国公使据此又进行了斟酌,终于达成了比较一致的意见。在 12 月 19 日各国公使会议上,除了美国认为个别字句尚待商榷外,其余的 10 国公使都在这份照会上签了字。22 日,美国公使康格收到本国政府的指令,随后也在照会的最后文本上签字,所以最后形成的正式文本落款日期为 12 月 22 日。

　　12 月 24 日晨,各国公使聚集在西班牙使馆,向清政府全权大臣庆亲王奕劻递交了各国联合照会的正式文本。由于这份文件总计十二款,因此有时也被统称为"十二款议和大纲"或"议和大纲十二条"等。

　　外交团首席公使在递交仪式上表示,这份文件包含了列强的要求,他郑重要求庆亲王立即把这份照会送交给中国皇帝,并努力获得对这份照会的迅速答复。

　　庆亲王在答词中说,他将立即将这份照会的汉文译本用电报送达西安行在,一旦收到朝廷的答复,他将很快通知各国公使。

　　当各国公使询问庆亲王是否带来皇帝授予他本人及李鸿章的全权证书时,庆亲王立即向 11 国公使分别提交了 11 份全权证书,以示清政府已授权他和李鸿章同各国公使进行谈判，要求各国公使对证书进行审查，然后退还给他。各国公使对清政府的授权证书相当满意。

然后，庆亲王也毫不客气地向各国公使索要他们的全权证书。然而除了德国公使外，所有公使都没有能够提供出来。列强的狂妄于是稍受挫折，这对于他们的谈判信心来说，多少也有点打击。[1]

"议和大纲十二条"是在法国六点建议基础上进行扩充的，其主要内容有：

1. 清政府委派专使代表中国皇帝赴德国就德国公使被害一事进行道歉，并在德使遇害处树碑纪念。

2. 扩大惩办范围。除惩办那些直接攻击各国使馆、负有责任的王公大臣外，对各省杀害外国人的官员，也列入惩处的罪犯名单之中；凡发生事端的地方，此后五年停止包括科举考试在内的一切正式考试。

3. 清政府必须以优荣之典对日本使馆书记生被害表示道歉。

4. 对于在义和团运动期间被毁坏的外国人坟墓，清政府必须在原址建碑纪念，以昭涤垢雪侮之意。

5. 实行军火禁运。

6. 赔款。一是放宽赔款的范围，要求清政府对在义和团运动期间为外国人服务而遭受损失的中国人给予合理的赔偿；二是确保赔款的本息能够及时支付，并要求清政府进行财政改革。

7. 使馆驻军。中国人概不准在使馆区居住。

8. 保持京师至海边的道路畅通，大沽等炮台一律削平。

9. 京师至海边，由各国酌定数处留兵驻守。

10. 清政府必须在各地张贴告示两年，永远禁止仇视外人，违者问死；各省总督、巡抚及以下官员，对辖区内发生的排外事件如不能及时弹压，即行革职，永不叙用。

11. 修改通商条约以及解决其他悬而未决的事项。

12. 总理各国事务衙门必须革故更新，各国钦差大臣觐见中国皇

---

[1] 按照萨道义的说法，各国公使原本计划通过用递交国书的方式来证明自己的全权，但庆亲王的索要多少使他们感到难看，所以他判断："很难看出目前如何能够进行任何进一步的谈判。"《萨道义爵士致兰士敦侯爵函》(1900年12月24日于北京，1901年2月18日收到)，见《英国蓝皮书有关义和团运动资料选译》，430—431页。

帝的礼节亦应一体更改。

列强在提出议和大纲十二条的同时,也向清政府抛出了诱饵,表示如果清政府能够爽快地答应各国的要求,列强将尽快从中国撤兵;反之,"若非中国国家允从,足适各国之意,各本大臣难许有撤退京畿一带驻扎兵队之望"。①

俄国公使格尔思在议和大纲提出之后密访李鸿章,以"相当友善的姿态"迷惑李鸿章说:议和大纲十二条极为平和,清政府应该从速批准,若不从速允从,或仍与磋磨,各国必谓清廷非真心修好,和局必至决裂。他请李鸿章转告清政府:"条款如蒙圣明从速核准,以后详目甚多,可从容计议。仍盼两宫早日定期回銮,庶可催各国撤兵,交还京师。宗社安危,在此一举。"②

格尔思的劝告与列强的强硬态度交相配合,对说服奕劻与李鸿章起到了相当大的作用。他们两人一再电告西安行在,请求清政府从速批准,表示稍一置词,势必决裂,存亡之机,间不容发。

在西安行在的慈禧太后对议和谈判极为关注,她尤其担心的是列强会将她列为肇事"祸首",而当她收到议和大纲十二条之后,看到肇事"祸首"名单中并没有她的名字,大喜过望。所以,她觉得这些条件还是可以接受的。

不过,清廷在原则接受的同时,也觉得有些条款并不公允,然而为了尽早了结此事,清政府内部的共识是委曲求全,尽量接受。12月27日,军机处电寄奕劻、李鸿章,称:"览所奏各条,曷胜感慨。敬念宗庙社稷,关系至重,不得不委曲求全。所有十二条大纲,应即照允。"惟其中利害轻重以及具体细节等问题,仍责成议和全权大臣设法婉商磋磨,尚冀稍资补救。③ 即原则上同意以议和大纲十二条作为谈判的基础,不致使各国由此节外生枝,拖延谈判,同时也希望奕劻、李鸿章能够尽量婉求各国体谅清政府的难处,尽量维护中国的利益,争得一分算一分。

12月28日,奕劻、李鸿章将军机处电示分送各国公使,请求各国公使以议和大纲十二条为基础,早日与中国方面正式开议;同时,请求

① 《全权大臣奕劻李鸿章电报》(光绪二十六年十一月初三日),见国家档案局明清档案馆编《义和团档案史料》下册,838—840页,北京,中华书局,1959。
② 《全权大臣奕劻李鸿章电报》(光绪二十六年十一月初四日),见《义和团档案史料》下册,843页。
③ 《军机处寄全权大臣奕劻李鸿章电旨》(光绪二十六年十一月初六日),见《义和团档案史料》下册,853—854页。

列强在撤军之前,不要再派军队到北京周围农村征讨。

尽管清政府全部接受了议和大纲,但是清政府全权议和大臣依然无法与列强直接谈判。

如同确定议和大纲的内容一样,关于和约细节问题的谈判也是在列强及其驻华公使之间进行的,也同样充满着不同利益的分歧、斗争与妥协。从 1901 年 1 月起,在北京的各国公使举行了 70 多次会议,直到是年 8 月,才最后确定了对华和约的全部内容。

对政府全权议和大臣 1900 年 12 月 28 日所提出的要求,各国公使进行了讨论。翌年 1 月 3 日,公使团通知奕劻和李鸿章,要求清政府签署一份正式议定书,其中必须引述各国使节同文照会及清政府全权大臣被授权接受该照会的条款;要求清政府向各国公使提供一份 12 月 27 日发布的上谕,并要求在每份上谕上均盖有御宝。各国公使表示:当他们收到这些文件之后,将确定与清政府全权大臣举行会议的日期;如果清政府请求对任何条款进行说明,各国公使表示将要求清政府必须在举行会议之前用书面形式提出。

根据各国公使的要求,清政府于 1 月 17 日将正式签字的议定书及盖有御宝的 12 月 27 日上谕交给各国公使,正式接受列强提出的议和大纲,并附送一份详细的备忘录,表明清政府对十二条议和大纲中若干有待商榷问题的不同看法。这些看法主要有:

关于第二款,全权大臣表示将上奏朝廷,要求朝廷加重惩罚。但对于各国提出的停止各种正式考试的那些城市和地区的数目,清政府希望能够进行周密的调查。

关于第五款,备忘录希望各国能够确定禁止武器进口中国的年限,强调中国军队如果得不到适当的武器,便很难维护秩序。他们要求说,根据总理衙门不时提出的申请,可允许中国购买制造军火所不可缺少的那些物质,以供使用。

关于第六款,清政府希望各国考虑是否给予中国一段很长的偿付时间,否则便减少各国所要求的赔款总额。备忘录称:列强十分了解中国每年的收支情况,目前的赔款对中国的其他债务又增加了一笔很大的负担。因此,清政府希望诸国能一致同意采纳清政府可能提出的各

547

项措施,因为拟订这些措施的目的是为了增加岁入——例如提高采矿税、增加海关税率、采用印花税、实行普遍的邮政制度。

关于使馆卫队的第七款,清政府请求制定管理这些卫队的规章制度,并且确定卫队人数。他们还请求各国说明使馆区的范围,提出现在位于使馆区内的公共机构仍照旧保持不动。

关于第八款和第九款,全权大臣请求列强在他们相互之间对将予占领的军事据点及保持北京至沿海之间的联系畅通等问题达成一项协议,并将该协议的结果通知清政府。备忘录强调:清政府为了保证对外国人提供保护,将继续采取一切防范措施,而且绝不使外国人有理由担心沿海至首都之间的交通将被切断。经过一年左右的时间并查看事情的详细情况之后,如果列强认为中国人提供的保护已证明确实有效,各国应该考虑撤退占领军。

关于第十款,备忘录认为最近的骚乱是由于基督教徒和非基督教徒之间缺乏和睦所引起的,因此主张制定一项政策以保证这两类人之间相互和睦,并希望列强按照这个意思起草一项专门条款。

关于第十一款所规定的对通商条约及其他事项进行修改的问题,清政府表示愿意对任何有助于双方利益的事项进行谈判。

对第十二款中所规定的礼仪问题,清政府强调:对礼仪的任何修改,都应该等待时机成熟时经过相互讨论之后再作安排。

照会认为:清政府既然已经接受并签署了各国公使提出的缔结议定书,使列强感到满意,那么按照列强提交的十二条议和大纲中的规定,列强当然应该着手考虑完全撤退驻扎在北京、保定府及通州等地的联军,并确定撤退的日期;请求各国尽快将所占领的北京、保定府、天津及其他地方的城墙、皇宫附近地方栈房、谷仓及公共机构交还给中国。照会还强调,最重要的是,在各国撤军之前,应该停止敌对行动,部队不得随意调动,而且不再派兵征伐各州县、地区、城镇,以避免危害农村并在人民中间引起恐慌。[1]

① 王彦威辑、王亮编:《清季外交史料》第3册,2366页,北京,书目文献出版社,1987。

第三节　艰难的细节谈判

尽管各国公使觉得清政府的态度是真诚的,但出于谈判必须施压的考虑,他们自然在清政府面前不会轻易让步,尤其是在他们所坚持的惩办罪犯和赔款两个方面没有获得实质性的进展之前更是如此。英国公使萨道义建议各国公使对清政府的照会作这样的答复:各国联合照会的最后一段关于各国撤军的文字,已完全被清政府所误解,各国必须坚持已经提出的惩罚罪犯或至少是惩罚某些罪犯的要求已被明确接受。再者,清政府必须就赔款问题作出明确的答复并提供可以使列强满意的证据,而不仅仅是口头上接受列强的条款。只有满足了这些条件之后,才能谈到各国从中国撤军的问题。萨道义认为,对中国人进行考验的最好条款是第二款。对于萨道义的分析,也有公使表示了不同意见,主要分歧在于是否应该坚持将联合照会中所指名的那些罪犯都处于死刑,是否应该成为各国公使今后进行任何谈判或讨论的一项先决条件。大多数公使认为这一条还有进一步讨论的空间,而日、美、俄等国的公使则认为,各国必须有所选择,首先迫使清政府发布一道上谕,命令对庄亲王、毓贤及某些其他官员处以死刑,并且对董福祥给予放逐或撤职的处分。

一　惩办所谓祸首问题

1月22日,各国公使会议就清政府提出的备忘录进行讨论,会议的焦点集中在各国联合照会中所提及的那些罪犯究竟应该怎样迫使清政府尽快执行。然而,由于俄国、日本和美国等国的公使已声明,拒绝要求清政府对端王载漪、辅国公载澜及董福祥等人处以死刑;法国公使虽然投票赞成对这几个人处以死刑,但他判断这个目标不太可能实现。本次公使会议无法就此达成一致,他们期待在随后的协商中能够逐步解决。会议决定由首席公使按照这样几层意思答复清政府的回复照会:

各国联合照会关于撤军的那段话已被中国方面所误解;

列强关于惩罚罪犯及公布防止排外骚乱的上谕等问题的确切要求,将在一次会议上通知清政府,各国公使不久即将邀请清政府全权大臣参加这次会议;

各国使节是否愿意考虑清政府提出的有关撤兵问题的要求,将取决于清政府通过它的行动证明它具有决心执行皇帝已接受的那些条件的诚意。

英国政府不希望因处置这几个罪犯的问题引起各国之间严重的猜疑与不快,因此当英国政府获悉俄、日、美持坚决反对的态度之后也迅速软化自己的立场。1月28日,英国外相兰士敦电示萨道义:今后如果清政府申诉他们无力接受处死端王载漪等几个人的要求,那么投票赞成处以死刑的人们将要考虑的问题必然是,由于提出该要求时缺乏一致意见,他们是否将坚持他们的要求,这是值得重新考虑的。根据这一指示,萨道义此后的策略是,明知清政府不可能对端王载漪、辅国公载澜和董福祥等人执行死刑,但他将联合各国争取把对他们处以死刑的判决记录在案,尽管这种判决并不会被执行,尽管这些人依然会获得法外开恩的机会。

惩治犯罪大臣成了议和谈判的焦点。为了说服清政府必须对那些犯罪大臣治以重罪,以儆效尤,各国公使于1月31日的会议上准备了一套预案,以备当中国全权大臣在与各国公使正式开议的时候提及这一问题时作为应对。这套预案对原联合照会中列出姓名的那些大臣所犯罪行提出简要说明,然后将这份说明形成一份备忘录提交给首席公使参考。

2月5日上午,各国公使与中国全权大臣庆亲王、李鸿章在英国公使馆举行会晤。各国公使要求清政府将包括端王载漪、辅国公载澜和董福祥、庄亲王载勋、毓贤等在内的 12 名大臣处以死刑。奕劻鉴于端王载漪、辅国公载澜为皇室近族，如果一定对他们实行斩首，无疑将使皇室蒙羞，请求各国公使能够体谅清政府的难处，他承认端王载漪和辅国公载澜等王公大臣确实犯有不可饶恕的罪行，但由于他们是皇帝的近亲，而且被认为同皇帝和太后的关系最为密切，因此要对端王载漪和辅国公载澜施以死刑不合乎清政府"懿亲例无死罪"的体制，希望对端王载漪、辅国公载澜等皇族能够免于处死。即便从操作的层面说，清政府已经同意对他们予以放逐，实际上是等于死刑。庆亲王奕劻提出的解决办法是，清政府同意庄亲王载勋应赐令自尽；端王载漪流放新疆，永远监禁。至于列强一直盯住的董福祥，清政府以董福祥"素为陕甘两省汉回所倾服，设办理稍涉操切，深恐激而生变，后患无穷"为由，恳请列强予以宽恕。[①]

面对两位议和大臣的苦苦哀求，各国公使意见仍然有分歧。俄、美、日、法等国公使坚决反对将皇室成员处死，而英、德、奥、意四国公使依然坚持处以死刑的要求。

在如何对待所谓祸首方面面临着困难，这种困难显然也影响了议和的进程，为了在这一问题上取得一致，各国公使经磋商，相互妥协，最终达成一致。2 月 6 日，各国公使通知清政府议和大臣：关于端王载漪和辅国公载澜，各国依然要求清政府判处其死刑，不过同意清政府以皇帝的名义予以赦免，流放到新疆，永远监禁。关于董福祥，各国公使要求清政府保证以后将予以严惩，同时要求尽快剥夺他的兵权。除此三人外，其余被列强认定为"祸首"的英年、赵舒翘、毓贤、徐承煜、启秀等，清政府必须以各种方式予以处死；对于已经去世的李秉衡、刚毅、徐桐等，清政府必须发布上谕，宣布追夺原官，撤销恤典。各国公使还提出，清政府必须为因反对围攻使馆和对外作战而被处死的四位总理衙门成员徐用仪、许景澄、联元、袁昶以及户部尚书立山等五名大臣恢复名义，平反昭雪。[②]

---

①《军机处寄全权大臣奕劻李鸿章电旨》(光绪二十六年十一月十七日)，见《义和团档案史料》下册，868 页。

②《英国蓝皮书有关义和团运动资料选译》，453—461 页。

各国公使的妥协部分满足了清廷的期待。2 月 13 日,清廷连发三道上谕。其一,宣布加重对"首祸诸臣"的惩处:"已革庄亲王载勋,纵容拳匪,围攻堂馆,擅出违约告示,又轻信匪言,枉杀多命,实属愚暴冥顽,著赐令自尽……已革端郡王载漪,倡率诸王贝勒轻信拳匪,妄言主战,致肇衅端,罪实难辞;降调辅国公载澜,随同载勋妄出违约告示,咎亦应得,著革去爵职。惟念俱属懿亲,特予加恩,均著发往新疆,永远监禁。"已革巡抚毓贤,即行正法;已经病故的刚毅,追夺原官,即行革职;革职留任甘肃提督董福祥,即行革职;降调都察院左都御史英年、革职留任刑部尚书赵舒翘二人革职,定为斩监候罪名;大学士徐桐、降调前四川总督李秉衡,均已殉难身故,追加革职,并撤销恤典。① 其二,对礼部尚书启秀、刑部左侍郎徐承煜,宣布先行革职,待奕劻、李鸿章查明所犯确据,即行奏明,从严惩办。其三,接受各国公使的要求,宣布为因反对围攻使馆和对外作战而被处死的兵部尚书徐用仪、户部尚书立山、吏部左侍郎徐景澄、内阁学士联元、太常寺卿袁昶等五名大臣平反昭雪,开复原官。②

为了进一步讨得列强的欢心,清廷甚至于 2 月 14 日发布"罪己诏",声称对列强的宽大处理表示感谢,以为"今兹议约,不侵我主权,不割我土地,念列邦之见谅,疾愚暴之无知,事后追思,惭愤交集",并郑重表示此后要"量中华之物力,结与国之欢心",③心甘情愿地充当了列强的代理,清政府终于沦为"洋人的朝廷"。

清廷的决定及媚态满足了列强的部分要求,而离列强的全部要求还相差甚远。尽管有与英、德关系较好的两江总督刘坤一、湖广总督张之洞不断配合清政府向英德两国发出呼吁,请求他们放弃对某些大臣处于死刑的要求,但英德两国根本不为所动。两国公使警告清政府:如果清政府在惩处祸首的问题上继续拖延,不能完全接受列强的要求,那么中外和谈就有可能中断。与此同时,联军统帅瓦德西也积极配合列强的行动,企图以军事压力迫使清政府屈服。2 月 15 日,瓦德西命令

---

① 《上谕》(光绪二十六年十二月二十五日),见《义和团档案史料》下册,939—940 页。
② 《上谕》(光绪二十六年十二月二十五日),见《义和团档案史料》下册,940 页。
③ 《上谕》(光绪二十六年十二月二十六日),见《义和团档案史料》下册,945 页。

联军做好战斗准备,宣称将于月底采取军事行动,进攻山西。为了达到配合外交谈判的目的,瓦德西故意设法让李鸿章知道这一消息,期待通过李鸿章迫使清政府在惩处祸首问题上作出更多的让步。[1]

列强的强硬姿态达到了预期的效果。奕劻与李鸿章于2月17日一日三电西安行在,报告各国公使对清政府已经发布的惩办祸首决定表示不满,瓦德西扬言调兵内侵,"预备月底开差",并提示清廷"姑息数人,坐令宗社危亡,殊为不值"。他们判断:"看此情形,非照前次照会所索办法,断难止其西行……伏祈圣慈俯念直、晋、秦、豫完善之区,洋兵一至,蹂躏殆尽,设法挽救,实宗社生民之幸。"[2]山东巡抚袁世凯甚至致电清廷,称"时局危迫,但知保宗社,安两宫,诸人即有冤抑,亦不暇顾"。[3]

在列强的军事恐吓、外交压力,特别是奕劻、李鸿章等大臣的劝告下,清廷为了息事宁人,为了大局安危,也只好牺牲这几个大臣。2月21日,各国公使照会奕劻、李鸿章,提出除庄亲王载勋、毓贤惩办业已议定,载漪、载澜必应定以斩监候罪名,如以为应行贷其一死,则遣戍新疆,永远监禁,无论如何,以后不得再行减免。英年、赵舒翘绞立决。董福祥应从速先夺其兵柄,一俟机缘可行,即当斩决。徐承煜、启秀交出,自行正法。刚毅、徐桐、李秉衡应即追夺官职。"查如此惩办,诸国全权大臣,似可允行。"[4]

面对列强的步步进逼,清廷于当日再次发布上谕,宣布接受各国提出的关于对诸亲王和高级官员处以刑罚的全部要求,唯一的修改是允许英年和赵舒翘以自尽代替绞刑,[5]而绞刑是各国使节在照会中所要求的。当清政府全权大臣将21日的这份上谕正式通知各国使节后,各国使节接受了这一方案,同意清政府的这一变通,以为这个变通虽然减弱了对犯罪大臣处罚的力度,但总体上还是可以接受的。至此,所谓惩

---

① 《瓦德西拳乱笔记》,114页,上海书店出版社,2000。

② 《全权大臣奕劻李鸿章电报》(光绪二十六年十二月二十九日),见《义和团档案史料》下册,951—952页。

③ 许同莘:《张文襄公年谱》,114页,上海,商务印书馆,1946。

④ 《全权大臣奕劻李鸿章电报》(光绪二十七年正月初三日),见《义和团档案史料》下册,966页。

⑤ 《上谕》(光绪二十七年正月初三日),见《义和团档案史料》下册,967页。

办肇事"祸首"的交涉,基本上按照列强的要求而结束。

惩办祸首的问题解决了,不过列强的惩凶要求并没有获得全部解决。因为在列强看来,除了惩办那些肇事的诸王公大臣外,还有一大批地方官员应该受到同样的严惩。正是由于他们保护不力,或者正是由于他们的支持与纵容,才使一批传教士在各地的排外事件中丧生或受侮。不过,在各地受到侮辱或丧生的传教士大多集中在英国,对于其他列强来说,这个问题可以忽略不计。美国的态度最为温和,主张在惩处了那些王公大臣之后,应该尽可能地减少对地方官员的死刑处罚。俄国认为,惩办肇事祸首的事情已经随着清政府 2 月 21 日上谕的发布而自然结束,列强与清政府的谈判不要继续纠缠在惩凶的问题上。英国的态度最为强硬,坚持无论如何都必须将那些在自己辖区内发生排外骚乱和杀害传教士案件中负有直接责任的地方官员绳之以法,给予严惩。

经过各国公使的协商,除俄国之外的各国公使于 4 月 4 日向清政府提出一份上自藩王督抚、下至知县士绅的 142 名必须受到惩处的名单,其中署山西归绥道郑文钦、阳曲县白昶、直隶滦平县文星及浙江衢州府都司周之德 4 人必须处以死刑;山西汾州府徐继孺等 10 人均拟斩候,如贷其一死,至轻改发极边,永不释回;山西河津县齐廷光等 6 人,均拟革职,发往极边,永不释回;蒙古塔拉特王等 2 人,拟革爵职,永远监禁;仓场侍郎长萃、湖南巡抚俞廉三、新调河南巡抚松寿等 3 人,均拟革职,永不叙用。其余各员也要受到不同的处置。各国公使照会声称:此事"必须先办,方可续商他款,筹议撤兵"等。奕劻和李鸿章也请求清廷"俯允所拟,先行降旨,以凭传示各使,速议他款,早定和局"。①

各国公使开列的这份名单虽然附有若干证据,但相当一部分来自中国教民的传闻,有些则是根据蓄意报复的传教士的报告,极不准确,理所当然受到清政府的反对。清政府根据自己的情报对一些地方官员

---

① 《全权大臣奕劻李鸿章电报》(光绪二十七年二月十六日),见《义和团档案史料》下册,1013—1014 页。

进行了辩护,①而一些地方大员也对自己的属下予以辩解,②涉案诸人也设法向清廷进行了解释。③ 然而清廷实在无法抵挡来自列强的巨大压力,不得已于 4 月 29 日发布上谕,以义和团运动期间奉行不力,致酿事端,焚烧教堂,伤害教民、教士等罪名,分别情罪轻重,予以惩处:山西归绥道郑文钦、浙江衢州城守营都司周之德、山西前阳曲县知县白昶等三人斩立决;其他各员也受到革职、发往极边、永不叙用等不同的处分。此次惩处的地方军政官员共 56 名。④ 6 月 3 日,清廷再发布上谕,予前盛京副都统晋昌等 11 人发往极边、充当苦差等不同处分。⑤ 8 月 19 日,清廷在列强的威逼下发布第三道上谕,又惩处地方官员士绅 58 人。⑥ 清政府在列强的要求下前后共惩处各级官员、士绅百余人,列强的"惩凶"要求终于至此结束。

二　赔　款

当惩凶问题获得基本解决的时候,赔款问题也逐步成为谈判的焦点,成为列强争执最激烈、费时也最长的问题。由于列强各怀鬼胎,他们在这个问题上很难达成一致,不仅使条约的签字时间一再延迟,而且在谈判的过程中几次中断,谈判一度几乎破裂。俄国政府郑重提议,如果关于赔款的意见分歧长期不能解决,可以把问题移交海牙仲裁法庭。美国人也越来越不耐烦,倾向于赞成俄国政府的建议,认为国际法庭未必找不到有助于中国自身的稳定和扩大的繁荣以及同样对列强直接有利的办法。

基于门户开放的原则,美国在一开始就主张尽可能地限制列强在中国的军事行动,当这一行动不得已而爆发之后,美国主张尽可能早地撤回各国的军队,尽最大努力维护中国的完整,促进中国的改革,坚持

---

① 军机处连电奕劻、李鸿章,对白昶、文星、郑文钦、俞廉三、松寿等人所犯罪行进行了辩解,见《义和团档案史料》下册,1016—1017、1022—1023 页。

② 湖广总督张之洞在获悉这个名单中包含湖南巡抚俞廉三之后,连电西安行在,为俞廉三辩解,要求清廷"万勿许各使所请"处分俞廉三。见《义和团档案史料》下册,1014—1015、1017 页。

③《湖南巡抚俞廉三折》(光绪二十七年二月二十一日),见《义和团档案史料》下册,1019 页。

④《上谕》(光绪二十七年三月十一日),见《义和团档案史料》下册,1066—1067 页。

⑤《上谕》(光绪二十七年四月十七日),见《义和团档案史料》下册,1184—1185 页。

⑥《上谕》(光绪二十七年七月初六日),见《义和团档案史料》下册,1284—1286 页。

门户开放。各国应该从中国未来改革和门户开放的过程中分享成果，而不要竭泽而渔，以短视的数额约束了中国的未来发展。当中外谈判开始不久，美国总统就于 1900 年 12 月 3 日明确宣布："对我们的受害公民的赔偿问题，是一个严重关切的问题。仅从金钱上衡量，如数赔偿也证明会超出中国的支付能力。所有的强国一致同意，强调放弃通过肢解这个帝国的任何扩张企图。我倾向于认为，合理的赔偿部分可以通过已经增加的保证外国的权利和豁免权的安全来实现；最为重要的是，通过中国向全世界开放平等通商来实现。"①

按照这一原则，美国谈判代表在和约谈判一开始就向列强表明了自己的态度，主张各国在向中国索取赔款方面适可而止，反对过度勒索巨额赔款以危害中国经济的未来发展。美国政府的具体方案是，向中国要求一笔一次性的总付赔款，其数额不得超过中国的实际支付能力，然后将这个数额在各国之间根据所受损失进行公平分配。

由于英国在对华贸易中拥有绝对的优势，英国当然也不希望一次性的赔款彻底破坏中国的经济基础，因此在赔款问题上与美国的立场比较接近，不希望列强的无度勒索导致中国经济瘫痪，损害英国长远的贸易利益；而且由于长时期地掌管中国海关的实际权力，英国更不希望因赔款问题重新洗牌，导致其独家掌管中国财政的权利分散为列强共管，进而破坏英国在列强对华贸易中的独大势力。

与英、美立场比较接近的还有日本，日本在甲午战争之后对华贸易急剧增加，已远远超过德、法、美等国，成为仅次于英国的对华贸易第二大国，而且其增长势头正健，日本当然也不希望因区区赔款使中国的经济能力急剧下降，进而影响日本的长远利益。所以，日本赞成英美的主张，在赔款问题上采取适可而止的态度。

然而，德、法、俄等国则不这样认为。德皇威廉二世在瓦德西来华前夕，就要求瓦德西谨记在心，务必要求中国进行最高限度的战争赔款，最好能够以现金一次性付清，其目的是要用这笔巨款来建设海军，

---

① 《美金莱总统在第四个年度咨文中谈八国联军与〈辛丑条约〉部分》，见阎广耀、方生《美国对华政策文件选编——从鸦片战争到第一次世界大战》，441 页，北京，人民出版社，1990。

与英国争夺海上霸权。①

沙俄企图用巨额赔款弥补其国库亏空，增加军费，并加速修筑西伯利亚铁路，巩固它在远东和中国东北的地位。

各怀心思的列强在赔款问题上争执不休，而中国的实际经济状况却根本经受不起巨额赔款的压力。中国社会连年动荡不安，自甲午战争之后，各项外债久已压得中国人喘不过气来，财政状况十分恶劣，入不敷出。清政府的中央财政每年有8 000多万两的收入，而每年的总支出，包括维持清政府庞大的官僚机器的正常运转、支付以往的外债，每年在1亿余万两。每年的财政赤字有一千数百万两。在这种经济状况下，中国要一次性支付巨额赔款，除了举借外债，别无出路。

德国需要巨额战争赔款，但德国也不希望中国因为战争赔款而就此衰落下去，从而影响中国的对外贸易，所以德国政府强烈赞成中国大幅度地提高海关关税，结合进行改革厘金税的尝试。德国政府相信，德国对华贸易能够经受住极大幅度增加的关税，而对那些从事贸易的人们不会有不良影响。1900年12月，德国酝酿将中国的海关税率提高到10%，以使中国有足够的财源为保证，据此为担保举借一笔付息按年还本的外债。

中国的海关税率是根据1860年的条约规定制定的，值百抽五，垂40年而未变。然而，由于银价下跌等一系列复杂原因，至19世纪末年，清政府每年征收的海关税率实际上都达不到值百抽五的标准。所以，如果参照德国的建议修改海关税率，清政府每年可以获得一笔为数不小的额外收入，以此按年归还所借巨款的本息，应该绰绰有余。按照德国政府的建议，如果进口税从目前实际上的3%提高到10%，假定赔款要求的总额为10亿马克，那么进口税可比目前多得1 750万银两以上。如果对免税货物征收10%的进口税，又可增加150万银两，总共为1 900万两。这笔款项足以偿付5%的还债基金及4.5厘的利息。如果赔款超过上述总和，可利用其他的财源，例如盐税和常关。如果中国还需借贷的话，列强可以考虑联合担保借款。总之，不论采用什么样的

557

---

① 《义和团》(三),7页。

手段,德国总希望能够获得一次性的巨额赔款。

由列强联合担保举借外债,一次性支付赔款的建议很快被俄国所接受。在俄国政府看来,这一方式可以保证中国一次性支付巨额赔款,而这笔赔款对俄国来说实在太重要。

德国政府的想法部分能够为英国政府所接受,但也有一些问题并不被英国政府所赞同。德国政府相信可以课征大为增加的关税而不会严重影响贸易量,而正是在这一点上与英国政府的判断不一致。

鉴于列强在赔款标准、赔款范围以及向中国提出赔款要求的方式等方面仍然存在着相当大的分歧,公使团于 1901 年 2 月 23 日委托美、德、荷、比四国公使组成赔款委员会,负责制定赔款原则。3 月 22 日,又委托英、德、法、日四国公使组成赔款偿付委员会,负责研究赔款支付方式以及调查清政府可以用来赔款的财政收入状况。

赔款委员会参照英、法、日三国提出的赔款分类草案及各国的赔款要求,于 3 月中旬拟定赔款的基本原则及大致范围,规定只有 1900 年义和团运动期间所受到的直接损失,才能够获得适当的赔偿。赔偿要求分为对政府的赔偿、对外国社团、公司、个人以及对外国人雇用的中国人的赔偿三大类。个人赔款利息不超过 5 厘,商业赔款利息不超过 7 厘,一切赔偿均自损失实际发生的日期计算。对于这几大原则,各国政府均表示原则接受。

至于向清政府索赔的数目及方式,各国经过磋商,同意先由各国分别估算各自的损失和索赔数额,汇总后联合向中国提出包括所有赔款总额的要求和支付方式。

由英、德、日、法四国公使组成的赔款偿付委员会,参考了赫德以及汇丰、道胜、东方汇理等银行负责人提供的书面意见书,又向盛宣怀、那桐、周馥等询问了中国财政情况以后,主要根据赫德提供的数字,向各国公使提出书面报告,认定中国能够负担的赔款总额不超过4.5亿海关两(合 6 750 万英镑)。赔款支付委员会建议根据这一总额,参照各国自己估算的损失及索赔要求,在各国之间按比例分配。他们还建议,不管将来用筹借外债或分年摊还的方式支付赔款,都必须指定一些财源专供赔偿之用,而理想的财源需要符合三个条件,即有组织完备的征收机构,有保证可靠的收入,能进行方便、有效的控制。他们主张抵押债务后的海关税余额、常关税、盐税以及关税提高到切实值百抽五等作为赔偿专款。

根据各国自己分别估算,要想将索赔总额控制在一定的数目之内相当困难,一些国家如俄国、德国和法国乘机索要过多,各自分别索要的数额加在一起,已经远远超出赔款偿付委员会确定的总额。为此,英国政府提出:应对各国提出的非政府索赔要求进行核查,然而这一建议并没有获得各国公使的同意。美国建议,如果各国自行确定的数额远远超出赔款偿付委员会确定的总数,那么应该按比例在各国间进行缩减。美国的建议同样无法获得德、法、俄等国的赞同。俄国提出的赔款总额为1.3亿两,比任何国家都多;德国竟然将索要总额增加到4亿马克,超出其因战争实际支出近一倍。

英国政府原本因其对华贸易份额最大,担心巨额的战争赔款伤害中国的元气,影响中英之间的贸易往来,所以它在最初时期并不主张过多地向中国索求。然而,到了4月间,英国政府感到列强实际上能够获得的赔款总额必须少于它们所要求的全部数额,这样先前所要求的赔款数额必须按比例减少的时候,它的态度开始发生微妙变化。英国政府向谈判代表萨道义发布指令说:英国政府不反对减少赔款的总额,但假如是让其他国家对所有实际费用得到充分的赔偿,而英国仅得到一部分的话,那对英国来说显然是不合理的。因此,英国指示萨道义,必须注意不要从英国原来的要求中剔除那些被其他国家包含在要求之内的项目,诸如使馆卫队和属于陆海军的其他部队伤亡人员的赔款、公使馆及散布各地的领事馆建筑物破坏等损失,如果其他国家的要求中包含这些内容,那么英国也必须提出这些内容。

列强的漫天要价导致赔款总额急剧上升。至5月1日,各国要求的赔款总额已经达到6 500万英镑,折合海关两竟达4.15亿。其中有的国家的赔款要求还只是暂时的或半官方的,这就意味着这个总数还会上升。5月7日,比利时和法国正式提出各自的赔款数额;英国也参照其他国家的办法,将自己的索赔总额大幅度提升,以便将来万一各国必须按比例递减时不吃亏。这样各国提出的赔款总数达到6 750万英镑或4.5亿海关两。这个数字刚好与赔款偿付委员会调查的中国财政的支付能力相吻合。

5月9日,公使团将这个数字照会清政府,宣称:"由于各国所支付的费用,而且由于团体和外国人以及那些因为替外国人服务而受难的中国人所受的损害,直到7月1日为止,列强所受损失的总额共为四亿五千万两,如果联军的占领延长到那个时期之后,这笔款项将大为增加。按照中国皇帝陛下所接受的联合照会的第六款规定,即'中国为了保证支付该赔款,将采取列强可接受的财政措施',因此各国全权代表要求中国全权大臣正式保证他们承认这笔款项所负的责任,并且要求他们把中国为清偿这笔债务而打算采取的财政措施通知各国全权代表。"①

对于这份照会,俄国和英国的公使提出的保留意见是,他们的政府不反对美国政府所建议的最后减少赔款要求的意见,因此这笔款项的提出可以说是对费用和损失的一项说明,而不是一项要求。

美国一直试图削减这一数字,以为这个数字远远超出清政府的支付能力,有害于中国经济的成长。美国政府一方面通过外交管道密告清政府,一方面与英国政府协商,将赔款总数控制在4亿两之内。英国政府最初同意美国政府的建议,但在德国政府的外交压力下,英国转而不支持美国的建议,它能够做到的只是建议列强将军事行动的费用截至7月1日,此后所发生的费用不再向中国索取。列强最终同意了英国的这一建议。

当列强为赔款数额争吵不休的时候,清政府为了尽早结束联军对北京、直隶的军事占领,为了尽早回銮,几乎未作任何抗争就接受了列强4.5亿两的索赔要求。奕劻和李鸿章收到列强5月9日的照会后即转至西安行在,建议清廷为早日结束联军对北京等地的军事占领等,以速定为妙。5月11日,奕劻和李鸿章照会各国公使,表示原则接受列强提出的4.5亿两总额,提议自1901年7月起30年内还清,每年还1 500万两,不计利息。他们强调,这个数目为中国支付财力的最高限

---

① 《萨道义爵士致兰士敦侯爵电》(1901年5月7日发自北京,次日收到),见《英国蓝皮书有关义和团运动资料选译》,480—482页。

度。根据中国的财政状况,奕劻和李鸿章请求列强如果许可的话,是否可以考虑将4.5亿两这个数字予以减少。①

奕劻、李鸿章的乞求并没有获得列强的回应,无奈的清政府转而乞求列强降低赔款利息,宽展年限,庶可少舒财力。② 列强对清政府的请求依然不为所动,德国甚至诱惑中国称:如果清政府接受赔款4厘的利息,并以适当的方式保证支付,德国立刻开始撤兵。③ 列强的软硬兼施、威逼利诱终于迫使清廷放弃努力,于5月26日电谕奕劻和李鸿章:"各国赔款共四百五十兆,四厘息,著即照准。"④至此,赔款问题总算基本获得解决。

---

①《驻北京公使穆默致外部电 308 号》,见《德国外交文件有关中国交涉史料选译》第 2 卷,390 页。
②《军机处寄全权大臣奕劻李鸿章电信》(光绪二十七年四月初九日),见《义和团档案史料》下册,1149 页。
③《威廉二世谕帝国首相布洛夫伯爵电》,见《德国外交文件有关中国交涉史料选译》第 2 卷,391 页。
④《军机处寄全权大臣奕劻李鸿章电旨》(光绪二十七年四月初九日),见《义和团档案史料》下册,1148 页。

第四节 《辛丑条约》签订：半殖民地化进一步加深

惩凶和赔款两大问题获得基本解决之后,辛丑议和谈判获得了很大的进展。在议和大纲十二条中提及的停止科举考试、禁止军火入口、扩大使馆区、摧毁沿海炮台、京津榆铁路沿线驻扎军队、改革总理衙门以及外国使节觐见礼节等等,[①]虽然也存在一些争议,但大体上说来困难较小,列强之间并没有发生很大的冲突就达成了一致。

列强在主要问题上达成一致之后,遂于 1901 年 7 月中旬成立了一个专门的委员会,负责起草中外合约的最后议定书。很快,该委员会就将拟就的最后议定书草案提交给各国公使进行最终的磋商和修改。8 月 12 日,各国公使会议通过了这份文件。

8 月 18 日,首席公使葛络干将议和总结条款备文送交清政府全权大臣庆亲王奕劻和李鸿章,但同时通知庆亲王和李鸿章:虽然各国公使同意将这份文件交给中方,但各国公使也已经决定清政府必须满足下列条件,他们才会在这份文件上签字。这些条件是:清政府必须发布停止科举考试、禁运军火以及惩处外省"肇祸"官员的谕旨等。

庆亲王和李鸿章收到这份文件后于当天迅速上奏西安行在,并请求清政府参照列强的要求,速降停止部分地区科举考试、惩处外省"祸从"官员以及禁运军火明谕三道,以便画押而完和议。[②]

---

① 关于辛丑和约谈判中涉及的诸多问题,可参见张海鹏《试论辛丑议和中有关国际法的几个问题》,见《追求集:近代中国历史进程的探索》,201—222 页,北京,社会科学文献出版社,1998。
②《全权大臣奕劻李鸿章电报》(光绪二十七年七月初五日),见《义和团档案史料》下册,1284 页。

在收到奕劻和李鸿章报告的第二天，清政府按照列强的要求发布谕旨，宣布惩办除原定的56名地方官员外，又续增64员；①谕令除6月11日宣布除顺天府、保定府等45府州县停止五年文武考试外，另增四处。

清政府的干脆利落赢得了列强的好感，大多数国家的代表在获悉清廷的态度后随即在和约上签字，这在一定程度上保证了已经获得的共识不会因个别国家的刁难而再现困难。不过，根据日本公使向奕劻密报，也确有两三个国家的公使盼望清政府不在和约上签字，以便他们变卦要挟。8月23日，奕劻、李鸿章联名报告西安行在，称清政府"如画押能速，京城洋兵于画押后五日内可全撤，直隶洋兵除留护畅道数处外，十日内外亦可撤尽。如画押延迟，则蓄谋之国有所借口"，恐怕已经达成的协议又要作废。奕劻建议清廷尽早决断，速降明谕，立准画押，以保大局。"否恐一国悔议，各国效尤，后患何堪设想？"②

奕劻、李鸿章的报告无疑引起了清廷的忧虑，稍经商量，清廷遂于8月27日电示奕劻和李鸿章："公约业已定议，即行画押。"③清政府终于确认全部接受列强提出的最后议定书，并将清政府同意议和总结条款的谕旨原件委派专门的信差从西安启程送往北京。

各国公使对清政府的态度及相关上谕的措辞表示满意，于是未经更多的争执，双方遂于9月7日正式签字画押。是日上午，十一国公使与清政府全权大臣庆亲王、李鸿章以及他们的随员、翻译等聚集在外交团首席公使、西班牙驻中国公使葛络干的官邸，顺利地在用法中两种文字写成的议定书上签字。首席公使葛络干代表十一国公使发表讲话，庆亲王代表清政府致答词，他们均感到如释重负，"各方面亲切友好地庆贺结束了过去十个月中拖延已久的会谈工作"。④ 困扰清政府的噩梦终于暂时结束。

---

① 《上谕》(光绪二十七年七月初六日)，见《义和团档案史料》下册，1284—1286页。
② 《全权大臣奕劻李鸿章电报》(光绪二十七年七月初十日)，见《义和团档案史料》下册，1293页。
③ 《军机处致全权大臣奕劻李鸿章电信》(光绪二十七年七月十四日)，见《义和团档案史料》下册，1298页。
④ 《萨道义爵士致兰士敦侯爵函》(1901年9月12日于北京，10月28日收到)，见《英国蓝皮书有关义和团运动资料选译》，492—493页。

563

这份条约,西人称为《北京议定书》。在中国,因为1901年为辛丑年,中国文献称为《辛丑条约》。这份条约的最后文本分成两大部分,即"正约"十二款和十九个"附件"。正约十二款的次序与《议和大纲》大致相同,内容如下:

第一款为德国公使克林德被害一事的善后,规定清政府派专使赴德致歉,并于遇害处所建立牌坊。这实际上是对中国竭尽羞辱之能事。

第二款为惩办"首祸"诸臣。按条约规定,对附和过义和团的官员,中央从王公大臣以下,地方从巡抚、藩臬以下被监禁、流放、处死的共100多人。

第三款为日本使馆书记生杉山彬被害事,规定清政府派专使赴日致歉。

第四款为"于诸国被污渎及挖掘各坟茔,建立涤垢雪侮之碑"。

第五款为禁止向中国运入军火。

第六款规定中国向各国赔款银4.5亿两,分39年还清,年息4厘。

列强终于如愿以偿,赢得了八国联军侵华这一"最够本的战争"。[①]从此,清朝统治者在帝国主义卵翼下苟且偷生,奴颜婢膝;中国人民的生活则在这种沉重的战争赔款压力下更加困难;中华民族的灾难因《辛丑条约》的签订日益深重,社会经济日趋凋敝,国家更加衰弱。

第七款为订定东交民巷使馆区境界,规定使馆区由外交团管理,界内不准中国人居住,各国有权常留兵队保护使馆。

第八款规定将大沽炮台及有碍京师至海通道之各炮台一律削平。

第九款规定各国酌定数处留兵驻守,以保京师至海通道无断绝之虞。按照规定,北京到山海关铁路沿线12处驻扎外国军队。驻军地点为:黄村(意大利),廊坊、杨村(德国),军粮城、塘沽(法国),芦台、唐山(英国),滦州、昌黎(日本),山海关、秦皇岛、天津(国际军)。上述各处及北京使馆区驻军总数为6 000人。

列强从此取得了在中国的驻兵权,不仅加强了对清政府的控制,而且为后来的中国政治发展留下了巨大的隐患。

---

① 参见丁名楠等《帝国主义侵华史》第2卷,152页,北京,中华书局,1986。

第十款规定中国政府必须在中国全境张贴永远禁止设立仇洋之会、停止科举考试、保护洋人等历次谕旨。宣布永远禁止中国人民成立或者加入具有反帝性质的各种组织，违者一律处死；对一切反帝活动，各级地方官员应负责弹压，镇压不力者应予以革职。

这样，清政府实际上成了替列强维持秩序的工具。发生反抗斗争的城镇，停止文武各等考试。列强借此夸耀自己的威风，企图磨灭中国人民的斗志。

第十一款约定商改通商行船各约。清政府在条约中表示同意按照列强的要求，订立新的通商行船条约，这当然有助于列强扩大对中国的经济侵略。

第十二款规定改总理衙门为外务部，班列六部之首，由清朝近支王公主管，另设尚书二人，其中一人为军机大臣。

列强提高外务部地位的主观理由是为了提高中国外交衙门的办事效率，与国际通行惯例一致，在客观上无疑培植了更便于执行卖国媚外政策的职业官僚。[①]

很显然，《辛丑条约》是近代中国历史上空前屈辱的奴役性条约。根据这个条约，列强进一步获取了中国政治、军事、经济、文化等方面的更多权益，给中国社会带来了极其严重的危害：

一是巨额的战后赔款严重摧残了中国社会经济，加深了中国人民的苦难。这笔被称为"庚子赔款"的战争赔款是近代以来列强在中国所获取的最大一笔款项，本息合计多达98 223万余两。这不仅使清政府的财政日趋枯竭，而且使中国的主权，诸如海关、常关及盐税等均被列强所控制。

除《辛丑条约》规定的庚子赔款外，还有各省、府、州、县分别与当地外国教会签订承担地方教案的赔款。这笔款项各地均有，只是数目多寡不同，多者二三百万，少者数十万。即便那些未曾闹过教案的省份，也或多或少地被摊派直隶教案中二三十万至十数万不等的赔款。据研

---

① 《全权大臣奕劻李鸿章电报》（光绪二十七年七月二十五日），见《义和团档案史料》下册，1308—1314页。

究者不完全统计,地方教案赔款总额多达 2 270 万。①

除此之外,由于稍后国际银价的持续下跌,列强强行要求清政府以金代银进行支付。昏庸的清政府被迫屈服,于 1905 年确认庚子赔款为金付款,并且同意以 800 万两抵付 1905 年以前支付给各国的所谓亏损。仅此一项,中国实际上支付给列强的赔款远远大于辛丑和约上规定的数额。

二是武装使馆区的划定,特别是列强在北京至山海关的军事控制,使中国的行政权力受到了极大削弱,中国的领土主权和国防能力受到了严重损害,而且由于列强在京津地区驻军,使中国的首都大门洞开,北京几乎成为不设防的城市,中国政治更容易受到列强的干扰与控制。

三是惩凶以及禁止发生义和团运动的地区五年内进行科举考试,并派员赴德国、日本向有关人员就被杀者一事表示道歉,为诸国于义和团运动期间被污渎及挖掘各坟茔,建碑涤垢雪侮等规定,不仅羞辱了中国人民和清政府,消弭了中国人民反抗列强侵略的斗志和意志,而且将镇压人民反抗外来压迫的斗争作为清政府的"条约义务"。这显然是近代条约体制建立之后增加的新内容,严重侵犯了中国人民的自由与权力。

总之,《辛丑条约》的签订标志着列强对中国的侵略进入了一个新的阶段,清政府日趋沦为列强的附庸,成为"洋人的朝廷",中国的半殖民地化程度进一步加深。

① 参见李德征等《八国联军侵华史》,424 页,济南,山东大学出版社,1990。

主要参考文献

一 报 刊

1. 昌言报,上海
2. 广智报,上海
3. 国闻报,天津
4. 国闻汇编,天津
5. 湖南历史资料,长沙
6. 近代史资料,北京
7. 经世报,上海
8. 近代史研究,北京
9. 清议报,东京
10. 求是报,上海
11. 强学报,上海
12. 人物,北京
13. 时务报,上海
14. 时务日报,上海
15. 蜀学报,成都
16. 实学报,上海
17. 申报,上海
18. 台湾日日新报,台北
19. 万国公报,上海
20. 知新报,澳门
21. 中外日报,上海

22. 湘报,长沙

23. 湘学新报,长沙

24. 湘学报,长沙

25. 译书公会报,上海

二 图 书

1. 北京大学校史研究室.北京大学史料(一).北京大学出版社,1993

2. 北京大学历史系中国近代史教研室编.义和团史料丛编.北京:中华书局,1964

3. 陈义杰整理.翁同龢日记.北京:中华书局,1997

4. 陈霞飞编.中国海关密档(6—9).北京:中华书局,1995、1996

5. 陈旭麓,顾廷龙,汪熙主编.甲午中日战争——盛宣怀档案资料之三.上海人民出版社,1982

6. 陈旭麓,顾廷龙,汪熙主编.义和团——盛宣怀档案资料之七.上海人民出版社,2001

7. 蔡乐苏,张勇,王宪明.戊戌变法史述论稿.北京:清华大学出版社,2001

8. 蔡尚思,方行编.谭嗣同全集.北京:中华书局,1981

9. 德龄.光绪帝毕生血泪史.天津古籍出版社,1999

10. 丁名楠等.帝国主义侵华史.北京:人民出版社,1986

11. 丁文江,赵丰田编.梁启超年谱长编.上海人民出版社,1983

12. 丁贤俊,喻作凤.伍廷芳集.北京:中华书局,1993

13. 董丛林.变政与政变——光绪二十四年聚焦.石家庄:河北大学出版社,1999

14. 董守义.恭亲王奕䜣大传.沈阳:辽宁人民出版社,1989

15. 方行.樊锥集(外一种,毕永年文).北京:中华书局,1984

16. [英]菲利普·约瑟夫.列强对华外交(1894—1900).胡滨译.北京:商务印书馆,1954

17. 冯自由.革命逸史.北京:中华书局,1981

18. 费正清.剑桥中国晚清史.北京:中国社会科学出版社,1985

19. 冯天瑜,何晓明.张之洞评传.南京大学出版社,1991

20. 复旦大学中国思想文化研究室.中国文化研究集刊.上海:复旦大学出版社,1986

21. 符定一.新学伪经考驳谊.上海:商务印书馆,1937

22. 戈公振.中国报学史.北京:生活·读书·新知三联书店,1955

23. 耿云志,崔志海.梁启超.广州:广东人民出版社,1994

24. 广东省社会科学院等.孙中山全集.北京:中华书局,1981

25. 郭廷以编著.近代中国史事日志.北京:中华书局,1987

26. 郭廷以. 近代中国史纲. 北京:中国社会科学出版社,1999

27. 国家档案局明清档案馆. 戊戌变法档案史料. 北京:中华书局,1958

28. 国家档案局明清档案馆. 义和团档案史料. 北京:中华书局,1959

29. 顾廷龙,叶亚廉主编. 李鸿章全集. 上海人民出版社,1987

30. 顾颉刚. 古史辨. 上海古籍出版社,1982

31. [美]A. W. 恒慕义. 清代名人传略. 西宁:青海人民出版社,1990

32. 胡滨. 英国蓝皮书有关义和团运动资料选译. 北京:中华书局,1980

33. 胡绳武主编. 戊戌维新运动史论集. 长沙:湖南人民出版社,1983

34. 胡思敬. 戊戌履霜录. 南昌退庐. 1913

35. 胡珠生编. 宋恕集. 北京:中华书局,1993

36. 黄明同,吴熙钊. 康有为早期遗稿述评. 广州:中山大学出版社,1988

37. 黄鸿寿. 清史纪事本末. 上海:文明书局,1915

38. 黄浚. 花随人圣庵摭忆. 上海书店出版社,1998

39. 黄兴涛等译. 辜鸿铭文集. 海口:海南出版社,1996

40. 黄彰健. 戊戌变法史研究. "中央研究院"史语所专刊之五十四. 台北:1970

41. 湖南哲学社会科学研究所. 唐才常集. 北京:中华书局,1980

42. 湖南省志编纂委员会编. 湖南近百年大事记述. 长沙:湖南人民出版社,1980

43. 贾维. 谭嗣同与晚清士人交往研究. 长沙:湖南大学出版社,2004

44. 蒋廷黻. 中国近代史大纲. 北京:东方出版社,1996

45. 姜义华. 章太炎思想研究. 上海人民出版社,1985

46. 康有为撰,姜义华,吴根樑编校. 康有为全集. 上海古籍出版社. 1987

47. 康有为著,楼宇烈编. 康南海自编年谱. 北京:中华书局,1992

48. 康有为,楼宇烈. 长兴学记·桂学答问·万木草堂口说. 北京:中华书局,1988

49. [美]科文. 历史三调:作为事件、经历和神话的义和团. 杜继东译. 南京:江苏人民出版社,2000

50. 孔祥吉. 戊戌维新运动新探. 长沙:湖南人民出版社,1988

51. 孔祥吉. 康有为变法奏议研究. 沈阳:辽宁教育出版社,1988

52. 孔祥吉. 晚清佚闻丛考——以戊戌维新为中心. 成都:巴蜀书社,1998

53. 孔祥吉. 晚清史探微. 成都:巴蜀书社,2001

54. 孔祥吉,村田雄二郎. 罕为人知的中日结盟及其他——晚清中日关系史新探. 成都:巴蜀书社,2004

55. 劳祖德整理. 郑孝胥日记. 北京:中华书局,1993

56. 李德征等. 八国联军侵华史. 济南:山东大学出版社,1990

57. 李国俊. 梁启超著述系年. 上海:复旦大学出版社,1986

58. 李剑农. 中国近百年政治史. 上海:复旦大学出版社,2002

59. 李文海,林敦奎,林克光. 义和团史事要录. 济南:齐鲁书社,1986

60. 李喜所,元青.梁启超传.北京:人民出版社,1993

61. 梁启超.饮冰室合集.北京:中华书局,1990

62. 廖梅.汪康年:从民权论到文化保守主义.上海古籍出版社,2001

63. 廖幼平.廖季平年谱.成都:巴蜀书社,1985

64. 林克光.革新派巨人康有为.北京:中国人民大学出版社,1990

65. 林增平,周秋光.熊希龄集.长沙:湖南人民出版社,1985

66. 刘凤翰.袁世凯与戊戌变法.台北:文星书店,1964

67. 刘高.北京戊戌变法史.北京:燕山出版社,2001

68. 刘海岩等.都统衙门——天津临时政府会议纪要.天津社会科学院出版社,2004

69. 刘振岚.戊戌维新运动专题研究.北京:首都师范大学出版社,1999

70. 论戊戌维新运动及康有为梁启超.广州:广东人民出版社,1985

71. [澳]骆惠敏编.清末民初政情内幕——泰晤士报驻北京记者、袁世凯政治顾问乔·厄·莫里循书信集.北京:知识出版社,1986

72. 雷家圣.力挽狂澜:戊戌政变新探.台北:万卷楼出版公司,2004

73. [法]绿蒂.北京的陷落.山东友谊出版社,2005

74. 马昌华.淮系人物列传——李鸿章家族成员·武职.合肥:黄山书社,1995

75. 马东玉.张之洞大传.沈阳:辽宁人民出版社,1989

76. 马洪林.康有为大传.沈阳:辽宁人民出版社,1988

77. 宓汝成编.中国近代铁路史资料(1863—1911).北京:中华书局,1963

78. [美]马士.中华帝国对外关系史.上海书店出版社,2000

79. [美]马士,宓亨利.远东国际关系史.上海书店出版社,1998

80. 茅海建.戊戌变法史事考.北京:生活·读书·新知三联书店,2005

81. 麦仲华.皇朝经世文新编续集.1902年刊本

82. 皮名振编著.皮鹿门年谱.上海:商务印书馆,1939

83. [英]普特兰·威尔.庚子使馆被围记.上海书店出版社,2000

84. [苏]齐赫文斯基.中国近代史.北京:生活·读书·新知三联书店,1974

85. 戚其章主编.中日战争.北京:中华书局,1993

86. 戚其章辑校.李秉衡集.济南:齐鲁书社,1993

87. 清华大学历史系.戊戌变法文献资料系日.上海书店出版社,1998

88. 全国政协文史资料研究委员会编.辛亥革命回忆录.北京:中华书局,1961

89. 容闳.西学东渐记.长沙:湖南人民出版社,1981

90. 荣孟源,章伯锋.近代稗海.成都:四川人民出版社,1985

91. 沈桐生.光绪政要.扬州:广陵书社,1991

92. 上海市文物保管委员会.戊戌变法前后.上海人民出版社,1986

93. 上海图书馆编.汪康年师友书札.上海古籍出版社,1986—1989

94. 桑兵.庚子勤王与晚清政局.北京大学出版社,2004

95. 苏舆编.翼教丛编.上海书店出版社,2002

96. 孙宝瑄. 忘山庐日记. 上海古籍出版社,1983

97. 孙瑞芹译. 德国外交文件有关中国交涉史料选译. 北京:商务印书馆,1960

98. 孙孝恩. 光绪评传. 沈阳:辽宁教育出版社,1991

99. [法]A. 施阿兰. 使华记(1893—1897). 袁传璋,郑永慧译. 北京:商务印书馆,1989

100. 盛宣怀. 愚斋存稿. 武进盛氏,1939

101. 舒新城. 中国近代教育史资料. 北京:人民教育出版社,1981

102. 汤志钧编. 康有为政论集. 北京:中华书局,1981

103. 汤志钧. 戊戌变法人物传稿·增订本. 北京:中华书局,1982

104. 汤志钧. 戊戌变法史. 北京:人民出版社,1984

105. 汤志钧. 康有为与戊戌变法. 北京:中华书局,1984

106. 汤志钧. 乘桴新获——从戊戌到辛亥. 南京:江苏古籍出版社,1990

107. 汤志钧. 戊戌时期的学会和报刊. 台北:台湾商务印书馆,1993

108. 汤志钧. 戊戌变法史·修订本. 上海社会科学院出版社,2003

109. 唐德刚. 晚清七十年. 长沙:岳麓书社,1999

110. 台湾故宫博物院文献编辑委员会. 宫中档光绪朝奏折. 台北:台湾故宫博物院,1974

111. 万依,王树卿,刘潞. 清代宫廷史. 沈阳:辽宁人民出版社,1990

112. 汪敬虞. 赫德与近代中西关系. 北京:人民出版社,1987

113. 王宏斌. 赫德爵士传——大清海关洋总管. 北京:文化艺术出版社,2000

114. 王蘧常. 严几道年谱. 上海:商务印书馆,1936

115. 王绍坊. 中国外交史(鸦片战争至辛亥革命时期1840—1911). 郑州:河南人民出版社,1988

116. 王栻. 维新运动. 上海人民出版社,1986

117. 王栻主编. 严复集. 北京:中华书局,1986

118. 王树槐. 外人与戊戌变法. 上海书店出版社,1998

119. 王铁崖编. 中外旧约章汇编. 北京:生活·读书·新知三联书店,1957

120. 王彦威辑,王亮编. 清季外交史料,北京:书目文献出版社,1987

121. 王晓秋,尚小明. 戊戌维新与清末新政——晚清改革史研究. 北京大学出版社,1998

122. 王晓秋主编. 戊戌维新与近代中国的改革——戊戌维新一百周年国际学术讨论会论文集. 北京:社会科学文献出版社,2000

123. 王先谦. 葵园四种. 长沙:岳麓书社,1986

124. 王文韶著,袁英光,胡逢祥整理. 王文韶日记. 北京:中华书局,1989

125. 汪叔子编. 文廷式集. 北京:中华书局,1993

126. 吴廷嘉. 戊戌思潮纵横论. 北京:中国人民大学出版社,1988

127. 吴永. 庚子西狩丛谈. 上海书店出版社,1986

128. 吴相湘. 近代史事论丛. 台北:传记文学出版社,1978

129. 许国英. 指严随笔. 北京:中共中央党校出版社,1998

130. 许景澄. 许文肃公遗稿. 1918

131. 许毅等. 清代外债史论. 北京:中国财政经济出版社,1996

132. 徐义生. 中国近代外债史统计资料(1853—1927). 北京:中华书局,1962

133. 徐致祥等. 清代起居注册(光绪朝). 台湾联合报文化基金会国学文献馆,1987

134. [澳]西里尔·珀尔. 北京的莫里循. 福州:福建教育出版,2003

135. 夏东元编. 郑观应集. 上海人民出版社,1982

136. 夏东元. 盛宣怀传. 成都:四川人民出版社,1988

137. 夏晓虹编. 追忆康有为. 北京:中国广播电视出版社,1997

138. 夏晓虹. 追忆梁启超. 北京:中国广播电视出版社,1997

139. 相蓝欣. 义和团战争的起源. 上海:华东师范大学出版社,2003

140. 萧公权. 近代中国与新世界——康有为变法与大同思想研究. 南京:江苏人民出版社,1997

141. 谢俊美. 翁同龢传. 北京:中华书局,1994

142. 杨天石. 寻求历史的谜底. 北京:首都师范大学出版社,1993

143. 杨天石. 海外访史录. 北京:社会科学文献出版社,1998

144. 叶德辉. 觉迷要录. 1905

145. 于宝轩. 皇朝蓄艾文编. 1903

146. 苑书义. 李鸿章传. 北京:人民出版社,1991

147. 苑书义等主编. 张之洞全集. 石家庄:河北人民出版社,1998

148. 虞和平. 经元善集. 武汉:华中师范大学出版社,1988

149. 张灏. 梁启超与中国思想的过渡. 南京:江苏人民出版社,1993

150. 张謇研究中心,南通市图书馆. 张謇全集. 南京:江苏古籍出版社,1994

151. 张舜徽. 清儒学记. 济南:齐鲁书社,1991

152. 张树年主编. 张元济年谱. 北京:商务印书馆,1991

153. 张蓉初译. 红档杂志有关中国交涉史料选译. 北京:生活·读书·新知三联书店,1957

154. 张之洞. 张文襄公全集. 北京:中国书店,1990

155. 赵尔巽主编. 清史稿. 北京:中华书局,1997

156. 郑鹤声. 近世中西史日对照表. 北京:中华书局,1981

157. 郑曦原. 帝国的回忆——纽约时报晚清观察记. 北京:生活·读书·新知三联书店,2001

158. 郑振铎. 晚清文选. 上海书店出版社,1987

159. 中国史学会编. 中国近代史资料丛刊·戊戌变法. 上海:神州国光社,1953

160. 中国史学会编. 中国近代史资料丛刊·义和团. 上海:神州国光社,1953

161. 中国近代经济史资料丛刊编辑委员会主编. 中国海关与中日战争. 北京:

中华书局,1983

162. 中国近代经济史资料丛刊编辑委员会编. 中国海关与英德续借款. 北京：
科学出版社,1959

163. 中国近代经济史资料丛刊编辑委员会. 帝国主义与中国海关. 北京：中华
书局,1983

164. 中国科学院历史研究第三所编. 刘坤一遗集. 北京：中华书局,1959

165. 中国社会科学院近代史研究所. 沙俄侵华史. 北京：人民出版社,1990

166. 中国社会科学院近代史研究所等主编. 筹笔偶存. 北京：中国社会科学出
版社,1983

167. 中国社会科学院近代史研究所近代史资料编辑组编. 义和团史料. 北京：
中国社会科学出版社,1982

168. 中国社会科学院近代史研究所编. 庚子记事. 北京：中华书局,1978

169. 中国社会科学院近代史研究所资料编辑组编. 杨儒庚辛存稿. 北京：中国
社会科学出版社,1980

170. 中国第一历史档案馆编辑部. 义和团档案史料续编. 北京：中华书
局,1990

171. "中央研究院"近代史研究所. 近代中国对西方及列强认识资料汇编. 台
北:1989

172. "中央研究院"近代史研究所. 教务教案档. 台北:1977,1980

173. ［美］周锡瑞. 义和团运动的起源. 张俊义等译. 南京：江苏人民出版
社,1995

174. 朱寿朋编. 光绪朝东华录. 北京：中华书局,1984

175. 朱维铮校注. 梁启超论清学史二种. 上海：复旦大学出版社,1985

176. 朱维铮. 求索真文明——晚清学术史论. 上海古籍出版社,1996

573

人名索引

A

阿克谢耶夫　438,526,528
安治泰　361,362

B

巴布罗福　23，25，35，42—45，
　　47,228,231
毕盛　385,395—397,399,400,
　　402,404
毕永年　196,496,497
宾凤阳　177—180
伯夏里　381
卜克斯　378—382,389
布鲁斯　440

C

蔡钧　343
曹得礼　367,368
曹福田　469,470
曹泰　73
曹倜　375
岑春煊　159,303,307,308

长萃　444,554
陈宝箴　15，38，76，122，142，
　　168， 171—173， 175，
　　177， 179—181， 183，
　　185—189， 200， 202—
　　207， 210—215， 227，
　　276,289,296,297,346,
　　501
陈炽　90， 91， 102—104， 106，
　　108,112,136
陈和泽　73
陈季同　148
陈佩常　145
陈其璋　137
陈千秋　71—73,159
陈虬　140,154
陈去病　151
陈三立　122,141,148,174,175,
　　346
陈寿彭　140
陈玉得　368
陈兆文　80
崇礼　321,323,326,327,333—

335,344,400,428,430

崇绮 358,359,430,522

褚成博 104,106,107

慈禧太后 65,86,91,231,251,
260,263,265—267,
270,271,287,294,
295,300—303,309—
316,318,320,323—
328,332—335,339—
344,347—349,351,
353—358,384,398,
402,406,408,415—
418,420,422,424,
426,427,430,442—
451,456—458,462,
468,478,495,497,
498,519,520,546

D

戴尔卡赛 387

戴鸿慈 80

德璀琳 221,431

狄葆贤 148,501

蒂尔匹兹 220,221

棣利士 222

丁立钧 79,103,104,106,107

丁叔雅 138,500

丁韪良 135,362

董福祥 316,338,348,384,404,
420,422,429,430,432,
433,444,445,456,459,
460,469,513,542,
549—553

董康 143,145

董祖寿 154,156,157

窦纳乐 21,23—26,35—37,
42—45,228,231—
233,235,267,330,
332,336,354,355,
380—387,389,391,
395—397,400—404,
406,408,413—416,
421,423,427,428,
432,448,449,457,
460—464,513,517,
518,524,530,532,
533,540

杜士兰 403,405,426,431—
433,441,449,451,458

杜瓦德 471

端方 279

多德福 355

E

恩海 456

F

法磊斯 477—479,485

樊国梁 362,396,397

樊锥 179,192,203

范祎 143

方孝杰 53

斐理思 148,149

冯桂芬 152,257

福兰西斯 221

傅兰雅 135

G

嘎仕礼 488,490,529,533,534

刚毅 251,274,286,287,323,
327,358,384,417,418,
430,458,501,520,542,
551—553

高燮曾 239,337

格尔思 391,396,399,400,532,
546

葛尔士 384

葛络干 396,398,399,562,563

575

龚照瑗　9,10,51

辜鸿铭　253,254,258

顾洞宾　143,146

光绪皇帝　18, 65, 81, 87, 90,
102,238—245,251—
254,258,261,263—
279,281—295,297—
300,302—317,319—
329,331—333,335,
338, 339, 341—344,
348, 351, 353—357,
359, 381, 408, 415,
430, 444—447, 450,
451,456,519

H

哈洛托　51

海靖　221,224,229

韩秉义　368

韩理　222

韩森　478

韩文举　73,174,177,179—181

韩以礼　469,472

韩云台　128

杭辛斋　133

何乃莹　407,418

何树龄　112,115,117,118

何穗田　126

赫德　9,11—14,18—21,23,26,
27, 232, 264, 266, 267,
332,398,425,558

洪嘉与　250

洪用舟　374

胡孚宸　107

胡浚康　140

胡潏谟　145

胡聘之　53,54,170

胡惟志　145

胡燏棻　30—32,42,44,45,48,

55, 90, 98—101, 276,
283

华蘅芳　134

怀塔布　295,311,312,323,324,
346

怀特赫德　462,509,510,512

黄春圃　147

黄桂鋆　251

黄槐森　283

黄均隆　205,275

黄绍第　109

黄绍箕　65,108,109,111,112,
116,117,122,136,340

黄绍宪　68

黄体芳　109

黄尧圃　143,146

黄子贞　151

黄自元　171,179,212

黄遵宪　109, 117, 119—122,
128, 129, 148, 172,
175, 178, 181, 186,
187, 189, 205—208,
210, 212, 213, 215,
265, 275, 276, 297,
311,331

霍必澜　438,463,477,479,481,
485—492,497

J

基利杰勃兰特　438,439

贾礼士　421,426,436,440,458,
475

江标　148, 168, 169, 172, 175,
184,199—202,206,346

蒋德钧　171,172,203

蒋黼　140

蒋楷　376

蒋兰　150

蒋祖庚　153

焦连城　139

金达　32,42—44,528,530

金登干　12,19,23,266,332

金棩基　151

金四喜　463

经元善　119,121,148—150,359

敬信　300,332,423,430,521

K

喀西尼　17

康格　385,389,393,397,421,
516,544

康广仁　126,148,149,288,311,
315, 320, 334, 335,
340—342,344,345

康有为　59, 61—79, 81—89,
91—96,98,101—103,
105—119, 126, 128,
129, 131, 132, 136—
139, 148, 158—160,
170, 173, 175—180,
188, 190, 191, 199—
201, 213—215, 237—
248, 250—255, 257—
261, 264, 265, 268—
274, 276, 277, 279—
282, 285—293, 295—
299, 301—309, 311,
314—316, 319—326,
328, 331, 334, 335,
337—348, 351, 353,
354, 357, 417, 495,
496,501,502

柯达士　455

柯韪良　380

克林德　384—386, 399, 400,
424, 455, 456, 461,
464,512,513,540,564

恩布夫　440

孔昭晋　152

库罗巴特金　528

蒯光典　109

况士任　246

昆岗　358

L

拉姆斯多夫　511,539

赖际熙　81

兰士敦　545,550,560,563

劳乃宣　364

雷萨尔　46,526

雷延寿　139

李秉衡　80, 222—224, 367—
370, 373, 480, 518,
542,551—553

李端棻　170,296,300,305,346

李端惠　150

李鸿藻　103,106,107,137,288,
303

李鸿章　3, 5, 8, 9, 11, 15, 21—
25, 32, 34, 35, 40, 41,
48,79,87,89,90,103,
106,107,167,220,225,
227—229, 231, 234,
235,240,241,267,270,
274,300,321,322,325,
330—332, 336, 337,
358,417,430,431,442,
444, 469—472, 481,
482,494,509,517,533,
534, 539—541, 544—
547, 550—555, 560—
563,565

李佳白　90,104,362

李莲英　86,311,327,328

李盛铎　247,250,251,261,290

李提摩太　90,91,104,113,148,
321—323, 325, 333,

339

李维格 172,174,189,203

李文田 95,96

李岳瑞 122,139,246,338,346

立山 323,430,446—449,496,
551,552

利涅维奇 512,516,521

联芳 391

联元 430,442,447,448,451,
551,552

梁朝杰 73

梁鼎芬 108—112,116,117,125

梁启超 59,64,68,70—77,81,
82,85,96,101—103,
105—108, 113, 114,
116—118, 120—133,
136—141, 146—149,
158, 160, 170, 172—
183, 185, 186, 189—
191,200,201,203,204,
206—208, 213—215,
244, 246, 248, 249,
251—253, 264, 265,
274—276, 283, 286,
288, 290, 291, 295—
297,299,300,303,305,
310,311,315,334,335,
339,340,345,348,351,
356, 357, 495—497,
502,504

梁启勋 128

廖平 67—71,74,161,188

廖寿恒 240,274,292,307,321,
322,327,334,335

廖之华 150

林奎 73

林乐知 148,149

林梅芯 150

林启 153

林权助 325,331—337

林旭 137,246,260,296,297,
299,313—315,335,340,
343—345

刘鹗 53

刘光第 137,276,296,297,299,
300,314,335,343—345

刘靓 150

刘聚卿 151

刘坤一 30,101,103,140,150,
172,227,233,276,277,
279,282,308,321,331,
333,337,353,354,357,
358,368,407,417,442,
445, 447, 469, 477—
495,509,552

刘瑞芬 141

刘士端 365—368

刘仲文 368

柳念曾 151

柳亚子 151

龙应中 246

龙泽厚 73,109,128,146,148,
497

陆奥宗光 3

罗丰禄 22,24,462,463,483—
485,491,492,540

罗荣光 424,432,437,438,440,
441

罗沙底 53,54

罗秀惠 81

罗振常 140

罗振玉 140,141,278

M

马建忠 257

马沙尔 219,220

马天恩 374,375

马相伯(马良) 140,141,497

马玉昆　473,516,517,520

麦金莱　440,539

麦孟华　73,81,82,85,96,103,
　　　104,113,114,117,148,
　　　246

芒逊　387

莫理循　379

穆拉维约夫　46,47,49,514

穆默　408,540,541,561

N

那桐　420,423,445,558

那彦图　430

能方济　222

尼古拉二世　220,221,225,226,
　　　228,230,515

聂士成　103，316，348，411，
　　　414—416，419，422，
　　　424,432,472

牛金声(尤金声)　368

O

欧格讷　14,52,90

欧榘甲　73,174,177,181

欧阳中鹄　168—170，177，189，
　　　205

P

潘庆澜　250

潘彦　145

潘祖荫　65

庞三杰　368

彭桂林　368

皮锡瑞　67,75,175,179,186—
　　　192

璞科第　54

溥静(怡亲王)　356

溥隽(大阿哥)　358，359，385，
　　　　408，443，495，

　　　502

溥良　444

溥伟(恭亲王)　358

溥兴　420

Q

祁世长　66

启秀　346，358，417，420，430，
　　　551—553

钱恂　310,319

乔树枏　109,189

秦缓章　80

青木　476,508—510

区震　334

R

任锡纯　81,85

荣禄　13,96,214,229,240,250,
　　　260，265，268—270，274，
　　　280，283，297，299，317—
　　　320，323，337，338，340，
　　　342—344，346，348，353，
　　　357—359，402，416，417，
　　　420，422，427，429—432，
　　　442，444，445，447，456，
　　　460,463,464,485,519

容闳　36,37,339,497,498,500,
　　　503

柔克义　540

S

萨道义　543,545,549,550,559,
　　　560,563

萨尔瓦葛　385,404

杉山彬　422,462,564

邵友濂　8

绅珂　219

沈敦和　148

沈纮　140

沈晋熙　145
沈敬学　147,150
沈瑛　149,150
沈瑜庆　109
沈曾桐　68,103,104,136
沈曾植　65,66,102—104,106—108,119,122,136
盛宣怀　9,22,31—40,52,57,89,90,233,235,278,280,337,338,352,363,372,373,402,407,410,412,416—418,430,431,438,447,469,478,481,482,484,519,525,534,558
盛昱　65,66
施阿兰　17,19,20,35,51,52
施仁耀　145
施则敬　148
史念祖　140,141
矢野文雄　235,236,356
世铎(礼亲王)　305,420,430
世续　521
寿富　138
斯科特　46,47
松井　511
宋伯鲁　139,244,246,261,264,286,288,291,311,325,326,335,338
宋庆　103,348,473,519,534
宋恕　154,357
宋育仁　161
宋占标　472
苏舆　76,177,192,328
孙福保　143
孙浩　250
孙家鼐　76,95,96,102,107,170,290—293,306,309
孙毓汶　13,86

孙直斋　147
孙中山(孙文)　158,159,340,417,494,496,501,503
索尔兹伯里　45,486

T

谭继洵　297
谭绍棠　81,85
谭嗣同　127,128,140,141,148,151,162,167—170,172,179,184—189,195,196,201—203,205,206,208,209,213,215,265,275,276,296—300,310,311,314—316,318—320,334,335,338,339,342—346,348,495,496
谭钟麟　38,282,308,358
汤震　90
唐才常　169,175,177—179,186,188,195—197,199,200,202,203,205,206,208,209,213,495—497,500—504
唐端　385,387
唐景崧　80,159,160
陶模　92,96,101
陶湘　143,145
田贝　32,33
铁良　430
廷雍　533,534
屠仁守　65,109,133

W

瓦德西　512,513,515,531—533,535,552,553,556

汪大钧　140,141

汪大燮　104,107,108,114,119,122,136

汪康年　108, 109, 112, 114, 117—129, 133, 137, 140—143, 147—149, 153, 154, 156, 171, 172, 201, 211, 291, 321,497,500,501

汪贻书　181

汪曾武　80

汪钟霖　147

王步瀛　139

王德成　469

王丰镐　140

王凤文　139

王季锴　143

王觉任　73

王闿运　67,68,190

王鹏运　104,107,122

王仁俊(干臣)　143

王斯源　143

王文韶　30—33, 35, 38, 55, 79, 89, 90, 103, 233, 265, 266,269,280,304,327, 328,331,380,417,430, 431,442,448,520

王五　335

王锡蕃　276,296,297,346

王先谦　76,171,172,175,177—181, 189—192, 201, 202,205,212

王修植　133,148

王照　293—295, 311, 324, 335, 338,346

威廉二世　220—222, 225, 226, 228,515,556,561

维特　14,15,23,48,49,231

魏瑛　150

文焕　138

文俊铎　81,85

文琛　428,429

文廉　521

文瑞　464,465

文悌　251,328

文廷式　80, 81, 104, 137, 148, 340,497,501

翁同龢　8,13,25,65,66,79,81, 83, 86, 87, 89—92, 96, 100, 102—104, 107, 229, 233, 235, 237—242, 261, 265—270, 326,327,501

吴保初　148,149

吴德潇　120,121,127,128,141, 146,148

吴尔昌　140

吴克托　25

吴懋鼎　279

吴樵　118—120, 123, 124, 127, 128,136,137,146

吴式训　54

吴以棨　146,147

吴治俭　140

吴宗谦　145

伍光建　134

伍廷芳　39, 40, 90, 101, 283, 479,539

X

西摩　416, 420—426, 429, 431, 433—440, 443—445, 467—471,489—493,510, 512,514,519,528,531

奚世干(干臣)　150

夏虎臣　138

夏曾佑　114,128,133,134,136, 274

项思勋　143

熊希龄　171—175，177，178，
　　　181，186，203，205，346

徐承煜　551—553

徐郙　95

徐建寅　279

徐勤　66，73，82，86，88，96，112，
　　　115，117，118，148

徐仁镜　315

徐仁录　315，316

徐仁铸　75，178，192，201，202，
　　　206，346

徐世昌　104，137，315，379，382，
　　　383

徐树兰　140

徐树铭　53，205，213

徐桐　65，66，106，250，358，359，
　　　522，551—553

徐用仪　52，344，346，442，447，
　　　551，552

徐致靖　261，270，287，296，297，
　　　309，311，316，317，335，
　　　337，343，344，346

许家惺　156

许景澄　12—18，24，37，38，41，
　　　219，220，230，231，423，
　　　430，442，444，445，448，
　　　451，551

许应骙　248，286—288，295，
　　　328，417

Y

严复　130—135，276，311，497，
　　　498

严信厚　148

阎书琴　374，375

杨崇伊　107，117，326，340—342

杨临　153，154

杨模　145

杨儒　228，230，461，484，486

杨锐　103，107，137，246，276，
　　　296—299，312—315，335，
　　　343—345

杨深秀　246，261，286，335，338，
　　　339，343—345

杨寿臣　419

杨文会　151，152

杨文莹　153

杨宣霖　178

杨颐　248

杨子萱　148

姚洛奇　375

姚文起　375

叶德辉　177，179，190—192，
　　　205，250

叶瀚　119，122，123，125，127，
　　　497，500

叶觉迈　73，174，177，179—181

叶澜　147

叶临恭　83

叶耀元　139，150

叶祖珪　437，440—442

伊藤博文　3，86，87，320—326，
　　　332—335，337，339—
　　　341

易鼎　179，203—205，214

奕䜣（恭亲王）　9，13，31，228，
　　　229，240，242，
　　　261，263，266，
　　　302

奕劻（庆亲王）　13，31，52，138，
　　　225，229，263，
　　　302—304，306，
　　　321—323，326，
　　　327，333，334，
　　　342，354—356，
　　　359，385，386，
　　　391，394，395，

400, 401, 405,
413—415, 425,
427, 429, 430,
442, 453, 455,
459, 463, 464,
520, 524, 533,
534, 541, 544—
547, 550—555,
560—563, 565

英年　146, 458, 551—553

于荫霖　486, 504

余联沅　79, 479, 482, 491

裕德　346

裕禄　296, 300, 375, 381, 393,
394, 398, 399, 403, 405—
407, 409, 411, 416—418,
421, 422, 424, 426, 431—
433, 438—442, 449, 450,
458, 468, 469, 472, 473,
517

毓贤　370—373, 376, 378, 379,
382—384, 389, 542, 549,
551—553

袁昶　346, 423, 425, 428, 430,
442, 444—447, 451, 455,
551, 552

袁梅　148

袁世凯　96, 103, 104, 140, 237,
238, 266, 283, 315—
321, 338, 339, 342, 343,
348, 378—383, 393,
417, 445, 469, 480, 481,
485, 519, 553

恽积勋　143, 145

恽毓鼎　358, 393, 418, 430, 443,
444, 446, 448, 451, 523

恽毓麟　143

Z

载澜(辅国公)　358, 458, 520,

550—553

载勋(庄亲王)　520, 551—553

载漪(端王)　326, 342, 358, 359,
384, 393, 408, 417,
420, 421, 427, 429,
430,　443—446,
448,　456,　483—
485, 495, 498, 501,
502, 520, 522, 542,
550—553

载濂　358, 427, 429, 430, 444

载滢　358

曾广钧　148, 189, 191

曾广铨　147

曾廉　299, 300

增祺　458, 528

张百熙　346

张德成　411

张鼎华　62, 63, 65

张国珍　145

张翰　139

张亨嘉　183, 444, 522

张謇　109, 140, 141, 148, 149,
261

张佩伦　66

张汝梅　371—373, 375

张寿波　81

张书绅　145

张铁君　137, 246

张孝谦　103, 104, 106, 107

张一麔　152

张一鹏　153

张翼　38, 431—433

张荫桓　55, 231, 235, 240, 280,
303, 321, 322, 326—
329, 331—338, 341—
344, 346

张雨珊　171, 172

张元济　128, 136, 137, 265, 274,

/584

275,297,303,307,346,
500

张之洞　8—10,30,32—34,38—
40,57,67,68,76,80,
83,96—98,100,101,
103,108—112,115—
119,121,122,124—
126,133,140,141,153,
157,158,175,188,192,
200—202,205,214,
227,233,253—260,
266,276,277,280,289,
296,298,310,319,321,
331,333,337,347,
356—358,407,417,
442,447,469,470,
477—488,490,493,
495,501,504,509,519,
540,552,555

张仲炘　104,107
张祖同　179,212
章高元　222
章太炎　69,129,143—145,
154—156,494,496,
497,500—504

章钰　152
赵凤昌　148
赵金环　367
赵三多　365,374,375
赵舒翘　346,407,408,417,418,
423,520,551—553
赵元益　143,145
郑观应　148,158,352,481,500
郑思贺　54
郑孝胥　80,83,117,123,133,
326
志钧　109
钟天玮　148
周传谋　145

周舜卿　148
朱昌琳　211
朱次琦　61,62,77
朱红灯　365,370,375—377
朱树人　140,143
朱幼鸿　148
朱雨田　212
朱祖谋　445
朱祖荣　140
庄亲王载勋　520,551—553
邹代钧　109,120—122,125—
128,141—143,155,
171,172,175,186,
189,192,203,211
邹汉勋　141
左孝同　109